图书在版编目（CIP）数据

现代饭店管理概论 / 林璧属等编著 . —2 版 . —大连 : 东北财经大学出版社，2020.7

（普通高等学校旅游管理类教材新系）

ISBN 978-7-5654-3854-7

Ⅰ. 现⋯ Ⅱ. 林⋯ Ⅲ. 饭店–企业管理–高等学校–教材 Ⅳ. F719.2

中国版本图书馆 CIP 数据核字（2020）第 069891 号

东北财经大学出版社出版

（大连市黑石礁尖山街 217 号 邮政编码 116025）

网 址：http：//www.dufep.cn

读者信箱：dufep@dufe.edu.cn

大连日升彩色印刷有限公司印刷 东北财经大学出版社发行

幅面尺寸：185mm×260mm 字数：599千字 印张：28

2020 年 7 月第 2 版 2020 年 7 月第 1 次印刷

责任编辑：许景行 周 晗 责任校对：周小焕

封面设计：冀贵收 版式设计：钟福建

定价：59.00 元

"整体课程观"指导下的中国高校课程及其教材建设

"整体课程观"是反映当代世界特别是美欧发达国家高等教育课程观综合化趋势，通过博采诸多课程观之所长、避其所短而产生的一种课程理论取向，也是面向未来的中国高校课程及其教材建设的指导性理念。这种取向有着充分的历史依据、坚实的现实基础与深刻的逻辑反思背景。

一、当代美欧大学高校课程改革

（一）社会背景

当代美欧大学课程观及其指导下的高校课改，与时代发展、世界政治格局变化、科学文化走向、社会经济结构和职业结构转型等"社会背景"要素密切相关。

1.恢复与发展经济，打赢"冷战"

第二次世界大战（以下简称"二战"）后初期，世界政治格局发生变化，进入"冷战"时期。美欧主要发达国家面临两大任务：一是由战时经济转向战后经济的恢复与发展；二是使国家发展服务于美苏"冷战"需要。

战后经济恢复与发展需要培养大批高等专业人才，"专业化""职业化"一度引领美欧高校的办学方向，并推进了高校建设的数量增长与规模扩张；"冷战"对抗的加剧，使以"提高科技竞争力"和"强化西方价值观"为内涵的"普通教育"被视为战胜苏联的手段。

2.关注"职业流动性"

20世纪70—80年代以来，以原子能、计算机、微电子技术、生物工程技术和空间技术广泛应用为标志的第三次科学技术革命席卷美欧，传统工业时代的产业结构、市场需求结构和职业结构发生改变，行业内乃至跨行业的职业流动渐成常态。

联合国教科文组织国际教育发展委员会在《学会生存——教育世界的今天与明天》（1972）的报告中，最早提醒包括高等教育在内的世界各国教育要关注"职业流动性"。

3.转变国家发展战略

美欧主要国家发展战略经历了从"争办世界工厂"的"贸易战略"（1757年至第一次世界大战），到"争夺投资场所"的"资本战略"（两次世界大战期间），再到立足"科技创新"的"技术战略"（20世纪50年代以后）的转变。

1.职业高校课改

（1）"学术性"课改

二战后初期，随着美苏"冷战"对抗的加剧，科技竞争成为人们关注的焦点。美国把强化"普通教育"视为战胜苏联的手段；欧洲主要发达国家的高职院校也普遍重视"普通教育"。

在总体上由"学术性"向"职业性"转变的继起阶段，"学术课程"在美国社区学院的"转学教育"、英国第三级学院、德国完全中学和其他学术性高校等教育机构或职能中得以延续。

（2）"职业性"课改

20世纪60年代，美国经济发展迅速，技能型人才供不应求，高职教育朝着职业化、大众化和规模化方向发展。《职业教育法》（1963）出台后，初级学院规模迅速扩大，其功能由"转学教育"为主转向"职业教育"为主，"非学术课程改革运动"取代"学科结构运动"成为主流，培训与企业岗位对接的技能成为人们关注的重点，并催生了DACUM模式的CBE课程开发与推广。

20世纪70—80年代新技术革命席卷美欧国家，传统工业时代的产业结构、市场需求结构和职业结构发生改变，行业内乃至跨行业的职业流动渐成常态。为满足新时期职业需求，美国"职业群集课程"、德国"双元制"和英国BTEC等课程模式，通过导入"关键能力"或"通用能力"，将"能力本位"由"专能"提升为"'专能'与'通能'并重"。

20世纪90年代以来，德国不来梅大学技术与教育研究所（ITB）以菲利克斯·劳耐尔（Felix Rauner）教授为首的研究团队与德国大众汽车公司合作，提出并推广了一种"基于工作过程"的"学习领域"职业教育课程模式。

（3）"整合性"课改

从20世纪90年代起，美国"非学术课程改革运动"所导致的过度"职业化"和教育质量下降问题受到关注，一种倡导"职业教育与学术教育有机结合"的职业教育观应运而生。

在职业教育观和相关立法的推动下，美国各州社区学院进行了整合"学术课程"与"职业课程"的多种尝试。

进入21世纪后，在延续"整合性"课改策略的同时，着眼可持续发展，"从学校到工作"的课改主题被"从学校到生涯"的主题取代，"职业技术教育"更名为"生涯与技术教育"。

英国于21世纪初颁布实施了以整合"学术教育"与"职业教育"为特色的"基础学位"，该学位具有独立高等教育资格。新课程体系还把原为GNVQ体系组分的"关键能力"训练，扩展到Alevel各门课程的具体设计中。

2.本科以上高校课改

（1）美国大学课改

①多种课程思想竞争

二战后初期，受哈佛大学《自由社会的普通教育》报告书（1945）和美国总统高等教育委员会《美国民主社会中的高等教育》报告（1947—1948）的影响，经历了自

19世纪以来第三次也是规模最大的普通教育思想运动。这次运动致力于把博雅和人文传统注入大学的教育体制，为造就共同的美国公民而传递共同的文化传统与"民主"价值观，借以挽救普通教育，纠正大学本科过度专业化的偏向。

20世纪50年代末至60年代初，美国大学课程改革受国家功利主义和科学主义课程思想左右，将重点移至加强科学基础教育，课程设置向"科学中心"的方向发展，旨在造就足够多的科学家和工程师。

20世纪60年代末到70年代中期，美国大学教育规模迅速扩张。社会动荡和反"越战""柬战"所引发的学生运动相互交织，出现了冲击"普通教育"的反主流文化运动，大学课改一度转向"以学生为中心"，更多地关注与社会问题相关的知识需求，并向市场化、多元化、专业化方向发展。

20世纪70年代后期，强调大学"普通教育"课程思想的浪潮在美国高校重现。哈佛大学提出了强化"普通教育"课程思想的"核心课程计划"（1975—1978），推动了包括"分布必修型""核心课程型""名著课程型""自由选修型"等美国大学"通识"课程体系的研发。

②"整体知识观"指导下的课改

20世纪80年代至90年代，美国大学课改从"规模速度型"向"质量效率型"转变，致力于通过整合"普通教育"与"专业教育"，解决大学规模过度扩张和多种教育思想无序竞争导致的教育质量下降问题。其总体特征是：在"整体知识观"的指导下，通过建立融"'普通教育课程'（通识课程）和'专业教育课程'（专识课程）的平衡"，"自然科学课程、社会科学课程和人文科学课程的平衡"（"三种文化的平衡"），"国际化课程的设置"，"理论与实践的统合"，"道德与伦理知识的渗透"，以及"批判思维与创新能力的培养"于一体的大学本科课程体系。

20世纪90年代以后，美国高校通过倡导自主学习、合作学习、实践学习（体验学习）和以研究为基础的学习（探究式学习），进行了与上述改革相配套的教学方法改革。

③从"研究型"向"创业型"转型

自20世纪末以来，美国一些研究型大学凭借"知识创新"优势，投入"知识生产"浪潮，从"学术型共同体"进向"创业型共同体"，向"以创新性知识生产、应用和成果转让为中心"的"创业型大学"转型。这些"创业型大学"集"知识传承"、"科学研究"和"创新创业"三大任务于一体，依托大学内部的跨学科组织（研究中心、孵化器、科技园等），通过"大学、企业和政府的'三螺旋'"结构，在培养"高等'创新-创业型'人才"的同时，为国家经济发展服务。

（2）欧洲各国大学课改

①多样纷呈的课程改革

A.英国。二战后初期，英国高校致力于发展科技教育。1961年对原有高等教育模式进行调整，提出高等教育目的是"传授工作技能，发展一般智力，增进学问知识，传授共同文化和共同公民准则"。其后，经历了10年的再调整与收缩期，转向课程设置现代化，提高教学与科研的质量和效率，要求大学密切与企业之间的联系，并将市场机制引入高等教育。20世纪90年代，受同期美国大学课改影响，英国新型大

业时代职业结构的特定需求，其课程适用于该时段的基础教育、美国社区学院的转学教育和大学的"精英"教育，服务于少数高端学术人才培养。这是它的历史局限性。其二，"知识本位"侧重于"学会认知"，相对忽视"学会做事"和"学会做人"。如果用于造就今日高等人才，不仅存在"行为自律"欠缺问题，其多数还将面临结构性失业。这是它的现实局限性。其三，在"知识本位"课程理论的建构主义早期代表那里，未能完全摆脱经验主义影响①。这是它的哲学基础局限性。其四，"知识本位"诉诸的"学科导向"，主张依照学科的"纵向并行结构"或学者建构知识体系的"逻辑结构"展开教学内容，这个"纵向并行结构"和"逻辑结构"与"发生学"意义上的"学生认知心理发展次序"是有区别的。这是它的课程理论局限性。其五，"整体知识观"轻视"整体能力观"。这是它最新存在形式的局限性。

2."能力本位"课程理论

（1）代表性理论

在高职院校中，北美早期CBE课程理论以"学会在企业特定职业岗位做事"为宗旨，其"教学计划开发"着眼于"特殊技能培训与迁移"；美英德中期"能力本位"课程理论以"学会在行业职业群综合岗位做事"为宗旨，其"课程开发"着眼于"综合技能培训与迁移"；德国后期"学习领域"课程理论以"学会在行业职业群系统工作岗位做事"为宗旨，其课程设计着眼于"系统技能培训与迁移"；"进程"中的欧洲各国大学以满足欧洲"社会需要"为宗旨，其课程设置着眼于"整合'专能'与'通能'"的"整体能力"迁移。

（2）可取之处

"能力本位"课程理论主要可取之处有四：其一，将"学会做事"作为课程教学宗旨，依照"学会做事"有赖"技能迁移"，"技能迁移"有赖"技能训练"，"技能训练"有赖"课程设计"的基本思路进行课程建设。在优化其课程设计原则的前提下，这样的宗旨和思路有可取之处。其二，着眼于企业对"技术技能型"人才的需求，发掘被"学科导向"课程忽视的"职业工作要素"，有助于克服传统"学科导向"课程观的片面性，历史上功不可没，现实中有借鉴价值。其三，通过导入"横向组织"原则，将"工作要素"融入课程设计是其亮点。在面向未来的高等教育课程改革中，"横向组织"是课程设计中一个不可或缺的维度，而应否"横向为主"则须研究。其四，"整体能力观"反映了新技术革命以来当代职业结构变化及其流动性加剧的发展趋势，堪称二战后欧洲职业教育课改指导性理念的最重要提升。

（3）主要局限性

"能力本位"课程理论的主要局限性涉及更多层面：其一，该理论也产生于"脑力劳动"与"体力劳动"社会分工加剧的时代，在一定程度上满足了特定时期企业对"工匠"和"工程师"的规模化需求。随着世界由后工业时代进入知识经济时代，反映旧有产业结构和职业需求的"能力本位"课程观渐失根基，其历史局限性也越来越明显。其二，该理论侧重"学会做事"，忽视"学会认知"和"学会做人"，与21世

---

① 皮亚杰对于儿童认知发生的研究专注于个体的"结构-建构"经验，而忽视"社会化"过程中的"文化觅母"表达作用；布鲁纳要求学生通过"发现学习"体验科学家发现过程，既无视教师在课程教学中的诱导作用，又混淆了中小学生"认知发育"与"科学家成体活动"的原则区别。

纪的职业需求不符。这是它的现实局限性。其三，该理论主张学校复制企业，教学模仿工作，学生模仿工匠或工程师，反过来又向企业输送"克隆工匠"或"克隆工程师"。其所陷入的"克隆"怪圈，有导致产业结构落后和人才结构僵化之风险。这是它的模式局限性。其四，该理论倡导的"横向串行"建构原则，是将"高等职业个体发生机制"嫁接于"高等职业成体行动机制"，其做法有如生物学领域将"胚胎发育机制"嫁接于"成体生理活动机制"；而其要求学员通过"从生手到专家"的"工作情境"进行技能建构，又将"发生中的职业个体"混同于"职业成体"①。这是其理论局限性。其五，该理论在后期发展中，尽管立足于整体论反对 CBE 还原论，立足于格式塔心理学②反对构造主义和行为主义心理学，但未与经验主义彻底划清界限。这是其哲学与心理学基础局限性。其六，在该理论中，学员只扮演"工具理性"的角色，重"功利"而轻"人本"。不仅如此，将"工匠或工程师行动能力"作为目标，让学员围绕"工作过程"旋转，还会导致主体的缺失。这是其人才目标局限性。其七，"整体能力观"无视"整体知识观"的积极作用，舍弃"通识教育"，所培养的人才文化底蕴单薄，发展后劲不足。这是"能力本位"最新存在形式的局限性。

3."两极互渗"中的理论探索

（1）从"学术性"向"职业性"延伸

综观当代"知识本位"课程观发展，可发现其呈现一种趋势，即：其"学习迁移"理论内涵经历了由 E.L.桑代克的"文化共同要素"和"经验类化"、布鲁纳"学科的基本结构"和 D.P.奥苏贝尔的"认知结构"等迁移，进向 J.安德森"产生式迁移"和弗拉威尔"认知策略迁移"的发展；其"学习理论"指向的"知识"，经历了由概念原理知识、策略性知识和图式知识（鲁梅尔哈特，1977；威多森，1983；汤姆斯·迪瓦恩，1987）等"结构良好领域知识"，进向"结构不良领域"的"情境知识""从生手到专家"的业务知识（斯皮罗和乔纳森，1990）的发展；其研究重心经历了由一般性的"学术认知"进向较具体的"职业认知"的发展。

这种趋势表明：传统"知识本位"课程观在发展过程中，出于"突破自身发展瓶颈"的内在需要，已通过"职业性"要素的导入而渗入另一极，即"能力本位"的世袭领域。

（2）在"职业性"中导入"学术性"

当代"能力本位"课程观发展呈现的则是相反趋势，即：由北美 CBE 模式关注的"特殊技能迁移"，经过美国"职业群课程"、英国 BTEC 和德国"双元制"课程关注的"综合技能迁移"，进向德国"学习领域"理论关注的"系统技能迁移"和"能力导向新制"关注的"统整能力迁移"。这种由"特殊性"到"综合性"、"系统性"和"统整性"的发展，显示了"能力一般化"的倾向。应当指出的是：在"系统"与"一般"之间尚存有质的差异，这个差异不可能在"能力本位"范围内消除。要将"系统技能"和"统整能力"提升到"一般能力"，须借助于"学术性"的"一般性认知要素"或"普通认知要素"，无论这种"一般性认知要素"或"普通认识要素"是

---

① 不言而喻，"生手"也是职业成体，只不过是刚走上工作岗位的职业成体罢了。
② 格式塔理论自诩秉承了康德先验论，然而它至多接受了康德的整体论，却始终未将整体论提升到先验论高度。

4.“两化融合”与“两性整合”

在经济全球化大背景下，中国产业价值链正在由中低端向中高端提升，产业结构将沿着后工业化和信息化“两化融合”的道路发展：其结构重心在由一、二次产业向三次产业转移的同时，将与信息化同步推进，各次产业结构将日趋“软化”。产业结构的这种“两化融合”将导致科学、技术与生产朝着“一体化”方向发展。“一体化”的内涵之一是“科学技术化与技术科学化”：一方面，高新技术是知识密集型技术，其发展离不开科学的突破与指导；另一方面，科学的深化需要得到各种技术的支持和保证，更离不开各种类型技术人员的合作。科学与技术相互依赖、促进与融合，导致了技术科学化和科学技术化的发展。“一体化”的内涵之二是“产业科技化与科技产业化”：产业结构升级是通过科学技术向生产的高度渗透实现的；这种渗透反过来又使现代生产日益成为科技化的生产。

与产业结构“两化融合”和科学、技术与生产“一体化”的发展趋势相伴随，中国职业结构将沿着“‘职业性’和‘学术性’两性整合”的道路发展：其结构重心在由农业、制造业向服务业转移的同时，将与科技化同步推进，科学技术将日趋“产业化”，各次产业的生产性职业将日趋“科技化”“知识化”。

受中国产业结构“两化融合”和职业结构“两性整合”发展总趋势制约，中国高等教育的人才培养目标将沿着“‘知识’与‘能力’并重”的“复合型”道路发展。

5.“刘易斯拐点”和“库兹涅茨拐点”

中国经济发展正处于“刘易斯拐点”和“库兹涅茨拐点”：一方面，农业富余劳动力向非农产业转移正在逐渐减少，直至达到瓶颈状态；另一方面，随着收入差距的逐步缩小，经济发展的关注点将从“注重效率”向“注重公平”转化。两个“拐点”的到来，预示着中国剩余劳动力无限供给时代结束，面临“中等收入陷阱”。

通过“创新红利”和“人才红利”，在“创新驱动”中实现产业结构升级和经济转型，是“经济新常态”下超越两个“拐点”对策的重要选项。

6.其他“背景”要素

“当代美欧国家高校课程改革”之“社会背景”中的如下要素，也是今日中国高校课改不得不面对的：“关注‘职业流动性’”、“应对‘知识流变性’”、“现代科学发展趋势”、“‘全球化’与‘国际化’”和“社会转型”等。

（二）中国高校课改历程

1.高职高专层次课改

“文革”后初期，中国高职教育部分受苏联影响，部分受普通本科教育影响，“知识本位”一度占主导地位。高职院校的主要类型是“高等专科学校”，而专科学校早在“文革”前就已存在，其中有不少是借鉴20世纪50年代苏联模式建立起来的。“专科”被理解为“专门学科”，教学理论尚未完全摆脱凯洛夫“三中心”框架，开设的课程大都是“学科导向”。在这里，“专科”与“普通本科”的区别被理解为“‘专科’是简化和压缩的‘本科’”。

20世纪80年代中期起，中国职教界借鉴美欧模式，进入了类似20世纪60—80年代美欧高职“职业性课改”的发展阶段，由“学科导向”的“知识本位”向“工作导向”的“能力本位”转变，致力于培养“高端技能型人才”，其中包括20世纪80年代中期借鉴德国"双元制"模式，20世纪90年代借鉴北美-加拿大CBE模式和英国BTEC课程模式，20世纪90年代末借鉴德国"双元制"模式，21世纪初借鉴德国"学习领域"课程模式等。

目前，我国关于高职高专层次课改取向的较为流行主张是：建构与"'知识本位'学科体系"相对峙的"'能力本位'行动体系"。

2.本科及以上层次课改

改革开放以来，中国普通高校本科及以上层次课改的总趋势是告别"文革"前的"苏联模式"，转而学习和借鉴发达国家特别是"美国模式"。

"文革"后头几年，中国本科以上普通高校课改朝着"宽专业，窄方向"进行，拓宽了专业课程口径，细化了方向课程。

20世纪90年代以来，中国首先规划和启动了研究型重点大学建设，实施了旨在提高教学质量的一系列工程和计划（"211工程"，1995；"985工程"，1999）；随后，又将"质量工程"向1 000所本科高校整体推进（2007）。

在此期间，部分中国普通高校学习和借鉴发达国家特别是美国大学20世纪90年代以来的课改模式，探讨"素质教育"框架下的"通识课程"加"专业课程"的课程体系建设。教育部发布文件对包括"人才培养"、"教学理念"、"课程体系"和"教学方法"在内的普通高校教育教学改革，提出了许多重要意见和要求，诸如："加强实践教学，注重学生创新精神和实践能力的培养"（教高〔2001〕4号）；"积极推进研究型教学、讨论式教学、案例教学等教学方法和合作式学习方式，引导大学生了解多种学术观点并开展讨论、追踪本学科领域最新进展，提高自主学习和独立研究能力"（教高〔2005〕1号）；"推进高等学校在教学内容、课程体系、实践环节等方面进行人才培养模式的综合改革，以倡导启发式教学和研究性学习为核心，探索教学理念、培养模式和管理机制的全方位创新"，"激发大学生的兴趣和潜能，培养大学生的团队协作意识、创新精神和创新能力"（教高〔2007〕1号和2号）等。

进入21世纪第二个十年，中国普通高校在坚持"走以质量提升为核心的内涵式发展道路"的同时，开始探索旨在"克服同质化倾向的高校分类体系"，确定"特色鲜明的办学定位和人才培养规格"：研究型大学继续实施"985工程"、"211工程"和优势学科创新平台，"探索拔尖创新人才培养模式"，启动"以人才、学科、科研三位一体的创新能力提升为核心任务，以高校、科研机构、企业协同创新中心为载体，以创新发展方式转变为主线"的"211计划"，向"创业型大学"转型；普通高校经管类本科探索"科学基础、人文素养、创新能力和实践能力融合发展"、专业特色鲜明的"应用型""复合型"人才培养模式，其课改进入美国20世纪90年代以来的"整体知识观"发展阶段；行业高校或与新兴产业相关专业从"学术型"向"应用技术型"转型，"探索'应用技术型'或'技术技能型'人才培养模式"（《关于全面提高高等教育质量的若干意见》，2012；《关于加快发展现代职业教育的决定》，2014），其课改进入21世纪初以来"博洛尼亚进程"下的欧洲大学课改阶段。上述类型不同"定位各有侧重"（以下简称"类型不同各有侧重"）的高校皆通过倡导启发式、探究式、讨论式、参与式教学，促进科研与教学互动；并通过注重"学习过程考查"和"学生能力评价"等途径或措施，继续探索"教学方法"和"考核方法"创新。

"大学生心理发展顺序"等"两极对立"？其理论依据是什么？

在教学方法上，同美国20世纪90年代后的"教学方法改革"和"21世纪技能联盟"倡导的"新平衡学习"相比，还存在哪些差距？

4.因势利导，全面推进

解决中国高校课改面临的上述问题，需要立足中国国情，在充分反思"现实背景"的基础上，以《国家中长期教育改革和发展规划纲要（2010—2020年）》、党的十八大精神和教育部近年发布的相关文件为指导，扬美欧"整体知识观"和"整体能力观"之所长，发掘其"两极互渗"趋势中的积极要素，吸收"辩证课程观"、"21世纪教育基本要求"和"21世纪学习框架"的合理内核，深化课程理论研究，推进有中国特色的"整体课程观"指导下的课程与教材建设。

三、深化课程理论研究，推进面向未来的中国高校课程与教材建设

（一）建构"信息层面"的课程理论

深化课程理论研究，需要从"高等职业个体发生机制"的研究入手，探索"信息层面"的课程理论建设。

1.区别"两类高等职业个体"

所谓"两类高等职业个体"，是指"发生中的高等职业个体"和"高等职业成体"。前者指以"基础教育"阶段"学力结构"为"原格局"、接受高校学历教育的在校生；后者指高等职业岗位中"从生手到专家"的各级在职人员。高校学历教育的对象不是"高等职业成体"，而是"发生中的高等职业个体"。"高等教育过程"是后基础教育阶段"发生中的高等职业个体"向"高等职业成体"一系列有序的变化发展过程。就像高等动物个体的"发育过程"不同其成体的"活动过程"一样，"发生中的高等职业个体"之"教育过程"也不同于"高等职业成体"的"工作过程"。

2.从"文化信息"层面切入的必要性

布鲁纳的"结构课程理论"和始于皮亚杰的建构主义课程理论已在个体层面，分别将"学科知识结构"和心理发展的"结构-建构"活动置于课程中心地位；面向未来的中国高校课程理论建设需要从"文化信息"层面，将"教育过程"中的"人类职业文化信息传递"置于课程中心地位。

从"文化信息"层面研究"高等职业个体发生"机制，就是研究与"课程觅母"、"觅母表达"以及"觅母突变"相关、"纵向为主、纵横交错"的"高等学力"建构规律或法则。

3.需要导入的基本概念与原理

（1）"课程觅母"

道金斯（Richard Dawkins，1941—）在其开山之作《自私的基因》中，比照生物基因，将通过教育过程传递的人类"文化编码结构"称为"觅母"（Meme）。表征"高等职业个体发生"机制时有必要借用这一术语①。

我们用"课程觅母"指谓以教材为载体、教师为实现课程目标在教学活动中引导

---

① 在科学发展史上，不同领域（特别是层次相近领域）的学术研究相互借鉴并有所成就的例子屡见不鲜：康德借鉴比较解剖学创立了精神解剖学；皮亚杰借鉴胚胎学创立了"发生认识论"；道金斯借鉴"基因"学说创立了"觅母"学说；如此等等。笔者认为，在"高等职业个体发生机制"研究上，有必要借鉴分子生物学的"基因表达"理论。

学生建构"学力"的"职业文化信息编码系统",这个编码系统凝结着人类职业活动的历史积淀与现实发展各种要素之精华。"发生中的高等职业个体"之"高等学力"建构过程,应理解为"课程觅母"逻辑结构在高级阶段的程序化表达过程。

(2)"觅母表达"

在"高等职业个体发生"中,"觅母表达"起决定作用。所谓"觅母表达",是指浓缩在高校教材的"课程觅母"中被编码的"人类高等职业文化信息",通过教师(相当于高等职业文化"信使RNA")备课与授课(相当于高等职业文化"激活"与"转录")和学生的学习与训练(相当于高等职业文化"翻译"),到学生"高等职业胜任力"建构(相当于高等职业文化"蛋白")的信息流动过程。

比照分子生物学的"中心法则"(Francis C.Crick,1958,1970),可以把这种"觅母表达"机制称为现代教育学的"中心法则"。

(3)"觅母表达"的特异性、纽带和关键

人类的"觅母表达"在儿童接受早期教育时就开始了,贯穿于从那时起到高等教育乃至终生教育的始终。在所有各阶段,"中心法则"对于文化层面的人类"个体发生"都起决定性作用。"高等职业个体"的"学力建构"发生于"觅母表达"的高级阶段,即"后基础教育"阶段。通过"觅母表达",课程教材中关于"高等职业活动文化信息"的编码程序,一方面转化为具有时间特异性的"高等学力"结构发展,另一方面转化为具有逻辑特异性的"高等学力"结构形态。

在这一过程中:个体层面以"同化""顺应""平衡"为主要机制的"高等学力"之"结构-建构"活动,是"文化信息"层面连接"课程觅母"与"教学诱导"的纽带;教师对"人类高等职业文化信息"传递的有组织的"教学诱导"与调控,是学生"高等学力"之"结构-建构"水平发展的关键。

(4)"觅母表达"与"环境要素"的关系

"觅母表达"主导的"高等学力"建构,不是在一个自我封闭的系统中进行的,而是在与高等教育环境要素相互作用的开放系统中进行的。

高等教育的环境要素包括实体环境与虚拟环境。实体环境又包括内环境与外环境:前者指由课堂、学校及其规章制度、教育技术、设备设施等构成的要素;后者指由家庭、社区、社会(特别是由国家发展战略、现实产业结构与职业结构决定的高等职业需求,以及体现于国家教育体制、方针、政策、规划与机构中的"高等教育导向")和世界(特别是其政治、经济、科技、教育等现实发展态势)构成的要素。虚拟环境指以图书馆和互联网为载体和中介的人类科技文化信息要素。

着眼于"开放系统",可以将"发生中的高等职业个体"之"高等学力"建构过程,更具体地表述为"以高校教学活动为中介,受制于内外高等教育环境要素并与之非线性互动的'觅母表达'过程"。这个过程决定个体"高等学力"结构的最终形态。

(5)"觅母突变"

"课程觅母"在"自我复制"过程中,通过内因(课程与教材设计、师生互动、自主性选择等要素)与外因(各种教育环境要素)的交互作用,会发生结构性改变,包括组成、排序、量的变化与质的"创新"等,这种改变可称为课程的"觅母突变"。

导入"觅母突变"可以使"高等职业个体发生机制"进一步具体化,即:一方面承认"觅母表达"在高等教育过程中的"中心地位",从而与过分强调"自我活动"的自然主义、过分强调"从做中学"的经验主义乃至过分强调师生"主观目的"和"行为作用"的激进建构主义划清界限;另一方面承认"创新型教学""研究性学习"和实践(个体的与社会的)在高等教育过程中的"主动性""否定性"作用,从而同将高校课程视为一成不变的单纯"知识传承"、"社会化"和"心理转录"的保守建构主义划清界限。

从本质上看,现代课程论中的保守建构主义和激进建构主义分别立足于人类职业文化的历史积淀和每一代人对职业文化的现实创新:两种观点各有片面性,又各有合理内核;全盘否定其一,也就否定了其他。

(二)推进"整体课程观"指导下的中国高校课程及其教材建设

面向未来的中国本科及以上高校课程及其教材建设应当把"整体课程观"作为一个指导性理念来定位,其中包括课程类型、课程目标、课程方法、课程设计、课程组织、教学途径、教学方法及训练与考核等层面的"多元整合"取向。

1.课程类型取向

在课程类型上,应当着眼于"从学校到生涯",与时俱进地从"觅母库"中有选择地提取"人类高等职业活动的历史积淀与现实发展各种要素之精华",扬弃传统高校课程中"整体知识观"与"整体能力观"、"学术性"与"职业性"、"人本主义"与"工具主义"、"道德主义"与"功利主义"等"两极对立",推进以"课程觅母"建构为信息基础,以"整体课程观"为指导,"类型不同各有侧重"的"多元整合型"高校课程及其教材建设。

扬弃传统高校课程类型中"整体知识观"与"整体能力观"的"两极对立",就是既吸收20世纪90年代以来美国大学"'整体知识观'指导下'专识'与'通识'融合"的基本内核,也吸收"博洛尼亚进程"下欧洲大学"'整体能力观'指导下'专能'与'通能'整合"的合理内核,把整合"整体知识观"、"整体能力观"与"整体道德观"的"整体课程观"作为有中国特色高校课程与教材建设的"指导性理念",并强化作为其重要组分的当代中国"核心价值观"建构。

扬弃传统高校课程类型中"学术性"与"职业性"的"两极对立",就是"类型不同各有侧重"地使传统"学术性"课程"职业化",使传统"职业性"课程"学术化"。其中:"学术化"要兼顾"科学化"与"技术化"、"核心化"与"专业化";"职业化"要兼顾"类化"与"群化","全球化"与"本土化"。

扬弃传统高校课程类型中"人本主义"与"工具主义"的"两极对立",就是使其兼具"人本属性"与"工具属性":课程的"人本属性"是指坚持"以人为本",把全面提高学生的教育水平、文化品位、价值追求和道德修养作为课程的根本;课程的"工具属性"是指把树立大学生的"服务意识"作为课程的宗旨。

扬弃传统高校课程类型中的"道德主义"与"功利主义"的"两极对立",就是使其兼具"道德属性"与"功利属性":课程的"道德属性"是指把"社会公德"和"职业道德"作为课程价值的主导取向;课程的"功利属性"是指把"为社会、为国家、为人民谋利益"作为课程价值的基本取向,把"三个有利于"作为判断课程的最终标准。

2.课程目标取向

在课程目标上，应当借鉴"21世纪教育'基本要求'"，扬弃传统高校课程中"重认知轻做事"与"重做事轻认知"的"两极对立"，推进以"健全人格"为"高等学力"框架、兼顾学生发展后劲、"不同类型各有侧重"的"多元整合型"高校课程及其教材建设。

扬弃传统课程目标中的"两极对立"，就是在兼顾"整体知识"与"整体能力"目标的同时导入"伦理道德"与"价值观"目标，借以克服传统高校课程目标中"重成才轻成人""重文凭轻人品"的通病，用"健全人格"的"高等学力"框架来整合"整体知识"、"整体能力"、"伦理道德"与"价值观"等基本内涵，向培养"既会认知，也能做事，更懂做人"，兼备"通识"与"专识"、"通能"与"专能"、"社会公德"与"职业道德"和"核心价值观"的"健全型高等职业人"目标转型。

兼顾大学生发展后劲，就是兼顾其"高等学力"建构中的"通层"和"专层"，并用"与生涯对接"扬弃相对狭隘的"与工作对接"。

3.课程方法取向

在课程方法上，应当扬弃传统课程模式"学科中心"与"工作中心"、"知识中心"与"活动中心"、"教师中心"与"学生中心"等"两极对立"，推进以"觅母表达"为中心、"类型不同各有侧重"的"多元整合型"高校课程及其教材建设。

扬弃上述"两极对立"，就是将教材、教师与学生组成的"整合系统"作为高校课程主体，用"觅母表达中心"取代传统课程方法中的诸多"中心"。其中："课程觅母"是人类文化传递的信息基础；教师具有"文化信使 RNA"的地位，其"备课"与"授课"相当于对"课程觅母"的"激活"与"转录"，"教学诱导"（而非"主导"）与"调控"对学生学习水平的发展起关键作用；学生的"学习活动"是连接"课程觅母"与教师"教学诱导"的纽带；"中心法则"在"觅母表达"过程中起决定作用。

4.课程设计取向

在课程设计上，应当通过借鉴"21世纪学习框架"，扬弃传统高校课程"目标模式"（Ralph Taylor）与"'实践-历程'模式"（Jeseph Schwab，Lawrence Stenhouse）的"两极对立"，推进兼顾"情境模式"（M.Skilbelk，D.Lawton）、"类型不同各有侧重"的"多元整合型"高校课程及其教材建设。

扬弃"目标模式"与"'实践-过程'模式"中的"两极对立"，就是既承认基于"觅母表达"的"传承型"课程目标的中心地位，也承认基于教师和学生"问题思维"、"研究探索"和"实践活动"（个体的与社会的）等"创新型"、"创业型"课程目标的"否定性"作用；兼顾"情境模式"，就是兼顾课程设计对诸多"内外情境"要素的"高等文化选择"。

5.课程组织取向

高校课程的组织取向包括"要素组织取向"与"结构组织取向"。

（1）要素组织取向

在课程的"要素组织"上，应当扬弃传统高校课程中"纵向组织"与"横向组织"、"逻辑顺序"与"心理顺序"、"直线式"与"螺旋式"等"两极对立"，推进立足于"高等职业个体发生机制"、"类型不同各有侧重"的"多元整合型"高校课程及其教材建设。

扬弃"纵向组织"与"横向组织"的"两极对立",就是用"纵向为主、横向为辅、纵横交错"的基本原则取代传统"知识本位"课程的"纵向组织"与传统"能力本位"的"横向组织"基本原则;扬弃"逻辑顺序"与"心理顺序"的"两极对立",就是通过导入"高等职业个体发生机制",将两者统一于"觅母表达顺序"中,借以清除传统"学科导向"与"工作导向"课程模式中的经验主义残余;摒弃"直线式"与"螺旋式"的"两极对立",就是通过将"通用层面"的"道德要素"按照"顺从级、认同级和内化级","通用层面"的"知识要素"与"能力要素"按照"初级、中级和高级"分阶段螺旋式地融入课程中,将"专业"层面的"知识要素"与"能力要素"在课程教学中直线式展开,使其各得其所。

（2）结构组织取向

"结构组织"包括"层次结构组织"与"内容结构组织"。为从容应对不断加速的"知识更新"、"技术更新"和"生产更新"挑战,应当探索使知识"层次结构合理化""内容结构无限化""类型不同各有侧重"的"多元整合型"高校课程及其教材建设,借以克服现行高校课程中知识"层次结构单一""内容结构有限"的片面性。

①层次结构合理化

使高校课程中知识"层次结构合理化",就是合理配置"深层""中层""浅层"知识,通过深层知识对中层知识、中层知识对浅层知识的"一般性"、"稳定性"和"指导性"作用,赋予课程以应对"知识流变"的必要弹性。

②内容结构无限化

使高校课程中知识"内容结构无限化",就是在"授之以鱼"的同时"授之以渔",通过"学会学习",导入关于"学习理论"、"学习方法"与"学习策略"等"否定性"的"自主学习"机制,赋予课程以应对"从学校到生涯"的"知识流变"（＝"重建自身的一般性"）之无限潜力。

6.教学途径取向

在教学途径上,应当借鉴认知心理学和建构主义学习理论中的合理内核,克服传统高校课程模式中各教学环节相互脱节的弊端,推进"原理居先、实务跟进、案例同步、训练到位"、"类型不同各有侧重"的"多元整合型"高校课程及其教材建设。

借鉴认知心理学和建构主义学习理论中的合理内核,就是借鉴J.安德森"产生式迁移理论"关于"'产生式规则'的获得必须先经历一个'陈述性阶段'"、弗拉威尔"认知策略迁移理论"关于"'反省认知过程'是在新的情境下使用'认知过程'的前提"、斯皮罗（R.J.Spiro）和乔纳生（D.H.Jonassen）"认知灵活性理论"关于"'高级学习'以'初级学习'为前提"等研究成果,将各阶段"程序性知识"教学置于"陈述性知识"教学之后,将"认知策略知识"教学置于"反省认知过程"教学之后,将"结构不良领域知识"教学置于"结构良好领域知识"教学之后,将"实践教学"置于以之为据的"陈述性知识"、"程序性知识"和"结构不良知识"教学之后,将"创新型训练"置于"传承型训练"之后,围绕"觅母表达"这个"中心",进行以"整体知识"、"整体能力"和"整体道德"为基本内涵的系列阶段性建构,将

"高等学力"最终打造成各类"学习迁移"由以出发的结构中心与枢纽。

7.教学方法取向

在教学方法上，应当着眼每种方法的特定适用性，推进将各种方法"兼收并蓄""类型不同各有侧重"的"多元整合型"高校课程及其教材建设。

将各种方法"兼收并蓄"，就是将"学导教学法"、"互动教学法"、"案例教学法"、"讨论教学法"和"项目教学法"等诸多教学法，以及"自主学习"、"合作学习"、"实践学习"和"探究式学习"等学习方式有针对性地运用于相应教学环节，使其相辅相成、相得益彰，借以克服教学"重鱼""轻渔"，教师"一言堂""满堂灌"，和学生"轻交流""少体验"等传统教学方法的弊端。

8.训练与考核取向

在训练与考核上，应当扬弃传统课程模式中的各种片面性，推进"融多种训练与考核方式于一体""类型不同各有侧重"的"多元整合型"高校课程及其教材建设。

"融多种训练与考核方式于一体"，就是在实施"教学途径取向"各环节的训练时，融"传承型训练与考核"和"创新型训练与考核"、"过程性训练与考核"和"成果性训练与考核"于一体。

（三）概括性表述

一位伟人说过："把抽象的观念生硬地应用于现实，就是破坏了现实。"在世界教育领域，历史上的"抽象观念"，部分是"分化现实"的反映，部分是"认识局限性"的反映。

就前者而言，"知识本位"与"能力本位"两种"抽象观念"，是工业时代和后工业时代早期"脑力劳动"与"体力劳动"社会分工"两极对立"的反映。在这个可以称为"分化的现实"的历史阶段，人们在"理论的态度"中一面提炼出反映"脑力劳动"的"学术性结晶"，一面提炼出反映"体力劳动"的"职业性结晶"；在"实践的态度"中分别实施了"知识本位"与"能力本位"教育。两种做法因受制于那个时代产业结构与职业结构的"分化的现实"，皆属"历史性"无奈。

就后者而言，无论是"知识本位"与"能力本位"教育之理论与哲学基础局限性，还是体现于其课程类型、课程目标、课程方法、课程设计、课程组织、教学途径、教学方法等诸多传统观念的对立，都带有人类认识发展的阶段性烙印，皆属"认识性"无奈。

在今日中国，随着经济全球化、产业结构"两化融合"、职业结构"两性整合"和"'科学、技术与生产'一体化"纷至沓来，"脑力劳动"与"体力劳动"已由传统的"两极对立"转化为"两极互渗"和"两极相通"；"现实"正在由"分化的现实"转化为"联系的现实"。

在今日世界，以数字化、网络化、信息化为标志的信息革命已为人类认识"从抽象上升到具体"提供了方便、及时的信息共享平台，条件性"无知"再不能被用做"充足理由"。

在这种情况下，如果在"理论的态度"中仍止步于各种"分离的观念"之"两极对立"，在"实践的态度"中仍把这些"分离的观念"生硬地应用于"联系的、具体的现实"，就是破坏了现实。

　　从哲学层面概括以上阐述，可以将"'整体课程观'指导下的中国高校课程及其教材建设"简要地表述为：在"理论的态度"中，深入探索、研究与建构"反映联系的、具体的现实"之中国高校课程改革的各种"具体观念"；在"实践的态度"中，能动地将其运用于中国高等教育"联系的、具体的现实"，借以贯彻落实国家新时期发展战略，顺应并助推中国经济转型、产业升级与职业结构同步发展，服务中华民族伟大复兴。

许景行

2015 年 1 月初稿

2018 年 6 月修订

为满足新形势下中国产业结构升级和职业结构变化对旅游管理类新型高等人才的需求，研究和开发集"传承型"和"创新型"于一体的大学课程教材，笔者参与了东北财经大学出版社新近启动的"21世纪新概念教材：多元整合型一体化·'传承−创新'系列"之"普通高等学校旅游管理类教材新系"的教材建设项目，本书第一版于2016年出版。

本书根据"21世纪新概念教材：多元整合型一体化·'传承−创新'系列"的最新课程理念设计，以新时期"就业−创业"、"与生涯对接"和"人才竞争"为导向，紧紧围绕"十三五"时期我国高等教育新型人才培养目标，以现代饭店管理为研究对象，将饭店经营作为研究重点，研究饭店如何作为一种特殊企业，按照其特定的业务内容和运营规律运作。

在研究对象上，本书把饭店业作为一个整体来考虑，把饭店管理提升到一个产业的高度来探讨。在实际的饭店经营过程中，饭店投资者不仅要考虑单体饭店的经营管理，更要认真思索饭店业的产业特性和饭店整体产业的发展趋势。从饭店的规模看，饭店管理既可以是一家单体饭店的管理，也可以是一家连锁饭店集团的管理，更可以是一家大型国际饭店集团的管理，虽然都属于饭店管理问题，但管理对象、管理层次和管理幅度有天壤之别；从饭店档次看，既可以是五星级饭店的管理，也可以是家庭旅馆的管理，虽然管理方法相通，但服务对象差异大，顾客期望值差别大，管理的复杂程度不同；从运作的角度看，既可以是饭店的日常管理，也可以是饭店的投资管理，而在投资管理中，既可以是饭店的收购兼并，也可以是从购地、设计到开始建造饭店，虽然都是饭店管理，但管理层次和复杂程度不可同日而语；从产业发展角度看，既可以是单体饭店的发展管理，也可以是饭店产业整体的发展管理，单体饭店的发展管理是我们日常所说的饭店管理，饭店产业整体发展则是极其宏观的管理问题，既可以是政府的调控目标和管理对象，也可以是投资者的投资依据。因此，笔者认为，综合性大学的饭店管理教学不能仅仅停留于单体饭店的管理问题，而需要将饭店管理作为一个产业问题来考虑，以开阔学生的思维空间，打破学生的思维定式，为其未来进入饭店业提供更为坚实的知识基础。

在研究内容上，本书在饭店管理导论之后，把主要内容分为三篇：第一篇重点探讨西方饭店经营思想与发展模式，以西方饭店经营思想演变、中外管理思想比较、世界知名饭店集团发展模式为主要内容，通过西方饭店发展历程、经营思想演变、中外饭店业管理思想比较来厘清西方饭店经营理论与管理方法,深入探寻世界知名饭店集团化的直营连锁、特许经营、委托管理和战略联盟模式,第二版更新了部分参考文献。第二篇以饭店投资策划为主题,涉及饭店投资战略与选址方法、饭店投资可行性研究、饭店经营预测与经营决策,把饭店业作为一个独特的服务业投资项目,探究饭店的一般投资战略、宏观层面上的饭店区位选择与微观的饭店选址方法,把饭店投资环境考察、可行性研究、投资程序、饭店建筑设计和饭店投资测算与风险控制作为投资策划的主要内容,在饭店经营预测与决策上,为经营管理者提供一种思维方法,把产业经济管理的预测技术和决策技术介绍到饭店决策领域,重在提供分析技术的定量分析;第二版重点修改了饭店经营预测方法的部分内容,以更加贴近经济学的语境表述。第三篇以一般的饭店管理原理与方法为重点,探讨饭店营销管理、饭店服务质量管理与服务创新,以计划、组织、指挥、控制、协调和激励为手段的饭店职能管理方法,以及饭店人、财、物、信息的资源管理方法。第二版主要增加了线上营销的内容,修改了组织管理、人力资源管理和信息管理的部分内容,附件中的"范3-2"——"厦门市思明区 XX 饭店选址调研报告","范6-1"——"基于联立方程模型的饭店供需关系评价研究——以厦门市为例",进行了数据增补和论证。

第二版增加了 12 个二维码资源,其中:7 个二维码资源采用了厦门大学管理学院教学实验基地定位与装修设计等内容,1 个是林璧属教授的开课计划与市场调研的视频,1 个是林璧属教授的授课视频,2 个是林璧属教授负责制作的台湾馥兰朵酒店案例材料,1 个是整理他人成果的材料。

在结构设计上,本书在借鉴美欧大学 21 世纪以来课改经验的基础上,力求落实教育部关于"走以质量提升为核心的内涵式发展道路"、"克服同质化倾向的高校分类体系"、确定"特色鲜明的办学定位和人才培养规格"等的要求,探索"科学基础、人文素养、创新能力和实践能力融合发展"、专业特色鲜明的高等"应用型""复合型"人才培养模式。其主要特色如下:

1.课程观。(1)借鉴当代美国大学"'整体知识观'指导下的'专识'与'通识'互相融合"课程改革的基本内核,力求"专业知识"以"通识"为基础;(2)借鉴"博洛尼亚进程"下当代欧洲大学"'整体能力观'指导下的'专能'与'通能'整合"课程改革的合理内核,将"职业核心能力"训练融入本课程"专业能力"的训练中;(3)将"整体知识观""整体能力观""整体道德观"三位一体的"整体课程观",作为有中国特色的普通高校旅游管理类教材建设的指导性"课程理念"。

2.学力建构。引导学生建构以整合"专识"与"通识"的"全识"、整合"专能"与"通能"的"全能"和整合"行业道德"、"职业道德"和"做人道德"的"全德"为"三重本位",以"健全职业人格"为最高整合框架的旅游管理类专业"高等学力"。

3.学习模式。借鉴"美国 21 世纪技能联盟"提出的"学习框架"合理内核,引导学生体验"整合'传统学习'与'21 世纪学习'的'新平衡学习'"。

4.训练模式。"传承型训练"与"创新型训练"并重;"学术型训练"与"职业型训练"并重;"认知性训练"与"实践性训练"并重。

5.教学法。整合"学导式教学法""互动教学法""案例教学法""实践教学法"

"探究教学法"等教学方法，使其在教学设计中相得益彰。

应当说明的是：在本书各章的"单元训练"中，"实践题""自主学习""决策设计""拓展创新"四种新题型均要求提交书面报告或论文。笔者将这些题型中每种的数量大体压缩至总章数的1/4，以确保在本课程学时内学生能够较从容地全面完成训练任务。

为方便教学，本书"附录"编制了"职业核心能力强化训练'知识准备'参照范围"等各种参照规范，书后为各章"单元训练"课业提供了"范例"，并制作了与主教材相配套的"网络教学资源包"。使用本教材的教师可登录东北财经大学出版社网站（www.dufep.cn）使用或下载"网络教学资源包"中的教学大纲、教学日历、电子教案、PPT电子课件、参考答案与提示和试题题库等全套教学资源。

本书的编写以"总序"中阐明的"整体课程观"理念为基础，教材设计遵循了"21世纪新概念教材：多元整合型一体化·'传承-创新'系列"的统一布局。阅读"总序"，借以了解"整体课程观"指导下的课程建设要求，有助于更好地把握和使用本教材。

本书第二版的增补与修改中，饭店经营预测方法的修订主要由厦门大学管理学院旅游与酒店管理系的魏敏教授主笔，饭店人力资源管理主要由伍晓奕教授主笔，饭店职能管理主要由吕逸婧助理教授主笔，饭店营销管理主要由丘尚知助理教授主笔，饭店财力资源和信息资源管理主要由李慧颖副教授主笔。"基于联立方程模型的饭店供需关系评价研究——以厦门市为例"之增补与修改，主要由江西财经大学的林文凯博士完成。二维码资源中，第六章的二维码资源由魏敏教授整理而成，其余全部由林璧属教授完成。当然，全书的责任人也是林璧属。"总序"和书后5个"附录"由东北财经大学出版社许景行教授撰写和修订。

本书可作为普通高校旅游管理类各专业的通用教材，也可供旅游企业管理人员、旅游行政管理人员参考。

在编写过程中，本书借鉴了许多国内外专家学者的相关著作、论文和国内外同行的观点或成果，在此，谨向所有相关作者表示诚挚的谢意！东北财经大学出版社许景行先生在本书的课程理念定位，教材结构布局，各章的学习目标、功能性专栏、单元训练题型和"课业范例"设计等方面做了大量工作，并对初稿修改提出了不少宝贵建议，对他为本书付出的智慧和辛勤劳作表示衷心的感谢！

由于作者水平有限，书中难免有疏漏之处，敬请广大读者批评指正，以便通过修订使之日臻完善。

林璧属

2020年5月

目录

第1章　饭店管理导论/1

- 学习目标/1
- 1.1　饭店定义/2
- 1.2　饭店产品属性/4
- 1.3　饭店产业特性/7
- 1.4　中国饭店业发展趋势/11
- 1.5　可资借鉴于饭店管理的管理理论/14
- 本章概要/21
- 单元训练/22
- 建议阅读/26

第一篇　西方饭店经营思想与发展模式

第2章　西方饭店经营思想演变与中外饭店管理思想比较/28

- 学习目标/28
- 2.1　西方饭店发展历程/31
- 2.2　西方饭店经营思想演变/35
- 2.3　中外饭店业管理思想比较/43
- 2.4　现代西方饭店管理方法/47
- 本章概要/51
- 单元训练/52
- 建议阅读/55

第3章　世界知名饭店集团发展模式/56

- 学习目标/56
- 3.1　直营连锁是饭店集团起步期的基本模式/57
- 3.2　饭店特许经营模式/60
- 3.3　饭店委托管理模式/66

3.4　饭店战略联盟模式/74
■ 本章概要/83
■ 单元训练/85
■ 建议阅读/90

第二篇　饭店投资策划

第4章　饭店投资战略与选址/93

■ 学习目标/93
4.1　饭店投资战略/94
4.2　饭店区位选择/102
4.3　饭店选址/106
■ 本章概要/115
■ 单元训练/116
■ 建议阅读/120

第5章　饭店投资可行性研究/121

■ 学习目标/121
5.1　饭店投资环境考察/122
5.2　饭店投资测算/128
5.3　饭店投资可行性研究/135
5.4　饭店投资程序/139
5.5　饭店建筑设计/144
■ 本章概要/151
■ 单元训练/153
■ 建议阅读/156

第6章　饭店经营预测与经营决策/157

■ 学习目标/157
6.1　饭店经营预测/158
6.2　饭店经营决策/175
■ 本章概要/198
■ 单元训练/200
■ 建议阅读/206

第三篇　饭店管理

第7章　饭店营销管理/208

■ 学习目标/208

7.1　饭店营销观念/209

7.2　饭店营销策划/213

7.3　饭店关系营销/219

7.4　饭店服务营销/224

■ 本章概要/230

■ 单元训练/232

■ 建议阅读/237

第8章　饭店服务质量管理与服务创新/239

■ 学习目标/239

8.1　饭店质量管理/240

8.2　顾客满意与顾客期望管理/245

8.3　饭店服务质量管理模式/248

8.4　饭店服务创新——从体验和个性化入手/252

■ 本章概要/260

■ 单元训练/262

■ 建议阅读/266

第9章　饭店职能管理/267

■ 学习目标/267

9.1　饭店计划管理/268

9.2　饭店组织管理/276

9.3　饭店指挥与控制管理/286

9.4　饭店管理的协调与沟通/290

9.5　饭店激励管理/296

■ 本章概要/298

■ 单元训练/300

■ 建议阅读/304

第10章　饭店资源管理/305

■ 学习目标/305

10.1　饭店人力资源管理/306

10.2　饭店财力资源管理/315

10.3　饭店物力资源管理/323

10.4　饭店信息资源管理/332

■ 本章概要/339

■ 单元训练/340

■ 建议阅读/344

课业范例/345

主要参考文献/398

附　录/405

第1章
饭店管理导论

▶ **学习目标**

1.1 饭店定义

1.2 饭店产品属性

1.3 饭店产业特性

1.4 中国饭店业发展趋势

1.5 可资借鉴于饭店管理的管理理论

▶ **本章概要**

▶ **单元训练**

▶ **建议阅读**

▶ **学习目标**

▷ **传承型学习**

通过以下目标，建构以"饭店管理导论"为阶段性内涵的"传承型"专业学力：

理论知识：学习和把握饭店管理导论的相关概念、饭店的产品属性、饭店业特性、饭店的产业特性和弱势、饭店行业壁垒、中国饭店业发展趋势、可资借鉴于饭店管理的管理理论等陈述性知识；能用其指导"同步思考"、"延伸思考"、"深度思考"、"教学互动"和相关题型的"单元训练"；体验"饭店管理导论"中"理论知识"的"传承型学习"及其迁移。

实务知识：学习和把握下定义的方法、法约尔的职能管理设计、流行管理科学的主要模型、建立学习型组织的五项修炼及"业务链接"等程序性知识；能用其指导"同步解析"、"深度剖析"和相关题型的"单元训练"；体验"饭店管理导论"中"实务知识"的"传承型学习"及其迁移。

认知弹性：运用本章理论与实务知识研究相关案例，对"引例""同步案例""微笑是服务吗？"等业务情境进行多元表征；体验"饭店管理概论"中"结构不良知识"的"传承型学习"及其迁移；依照相关行为规范对"贴标签效应"和"实习生在客房用了马桶"等案例进行善恶研判，促进健全职业人格的塑造。

▷ **创新型学习**

通过以下目标，建构以"饭店管理导论"为阶段性内涵的"创新型"专业学力：

自主学习：参加"自主学习-Ⅰ"训练。在实施《团队自主学习计划》的基础上，通过阶段性学习和应用其"知识准备"所列知识，搜集、整理与综合"饭店发展趋势"前沿知识，讨论、撰写和交流《'饭店发展趋势'最新文献综述》等活动，体验关于"饭店管理导论"中的"自主学习（初级）"及其迁移。

引例：乔治·波特与华尔道夫饭店

背景与情境：这是一个发生在美国的真实故事：

一天夜里，一对年老的夫妻走进一家旅店，他们想要一个房间。前台侍者回答说："对不起，我们的旅店已经客满了，一间空房也没有剩下。"看着这对老夫妇疲惫的神情，侍者不忍心深夜让这对老人出门另找住处，而且在这样一个小城镇里，恐怕其他旅店也早已客满打烊了，找到住宿的地方对这对疲惫不堪的老人来说实在很难。好心的侍者将这对老夫妇引领到一个房间，说："它也许不是最好的，但现在我只能做到这样了。"老人见眼前是一个整洁干净的房间，就愉快地住了下来。第二天，当他们来到前台结账时，侍者对他们说："不用了，我只是把自己的房间借给你们住了一晚，祝你们旅途愉快！"侍者自己在前台值了一个通宵的夜班。两位老人十分感动。老先生说："小伙子，你是我见过最好的旅店经营人。你会得到回报的。"侍者笑了笑，说："这算不了什么。"他送老人出了门，转身接着忙自己的事，把这件事情忘得一干二净。

几年后，侍者收到了一封挂号信，信中描述了那个夜晚所发生的事，并附了一张邀请函和一张赴纽约的单程机票，邀请他到纽约一游。他乘飞机来到纽约，按信中所标明的路线来到了一个地方，见到了当年的老先生，而此时，一家金碧辉煌的大饭店耸立在眼前。

老先生说："我叫威廉·华尔道夫·阿斯特（William Waldorf Astor）。我说过，你正是我梦寐以求的员工，我希望你来经营眼前的这家饭店。"

这家饭店就是纽约最知名的华尔道夫饭店，于1893年开始经营，是纽约饭店的象征，也是各国政要下榻的首选饭店。

当时接下这份工作的侍者就是乔治·波特，一位奠定华尔道夫饭店世纪地位的推手。

2014年10月6日，安邦集团斥资19.5亿美元从希尔顿手里买下纽约华尔道夫饭店，该交易价格成为美国饭店业史上最高成交纪录。

在收购后，安邦集团委托希尔顿集团代为管理华尔道夫饭店，并授予其100年的管理服务期限。

资料来源：根据华尔道夫饭店宣传材料和新闻报道整理而成。

乔治·波特与华尔道夫饭店带给我们的思考是：什么样的饭店才能被称为饭店？什么样的经营者才能锻造出百年老店？饭店产品属性与饭店产业特性历经百年是否会改变？饭店的未来会是什么样？在资本运营时代，饭店是否会成为资金逐利的对象？现代饭店需要什么样的管理理论？这些都是本章需要一一回答的问题。

1.1　饭店定义

"饭店"一词，在中国的称谓不完全一样，北方大多称饭店，政府经营的称宾馆，南方大多称为大酒店，等等，即使在国外，称呼也不完全一致。但我们所讲的是英文中的"Hotel"，意即：既有客房又有餐饮的饭店，至少是食宿俱备的场所。那些仅有客房而无餐饮的旅馆，仅有餐饮而无客房的餐馆、酒家或仅有餐饮娱乐而无客房的娱乐场所均不作为我们的探讨范围。现在流行的家庭旅馆或相类似的民宿，也不作为教学研究对象，但其经营管理的原理与方法是相通的。

从概念上说，**饭店**是一个以提供客房住宿和餐饮服务为主的综合性服务企业。饭店是指能够接待宾客，为旅客提供住宿、饮食、购物、娱乐和其他服务的综合性、服务性企业。从本质上讲，饭店生产和销售的只是一个产品——服务。饭店的产品是由饭店本身产生的、为旅居者在饭店停留期间提供的使用价值的总和。饭店向宾客提供的是由设备设施和劳务服务相结合的使用价值，当这种使用价值从总体上被视为一个产品时，它是无形的，即没有在空间上可携带、可移动的实物的商品形态，这种饭店产品是就地消费的。这就决定了饭店是一个服务性行业，它所提供的产品是服务。

◈ 业务链接1-1

如何下定义

定义是将事情呈现、描述出来，是认识主体使用判断或命题的语言逻辑形式，确定一个认识对象或事物在有关事物的综合分类系统中的位置和界限，使这个认识对象或事物从有关事物的综合分类系统中彰显出来的认识行为。

"定义"作为一个词语，在不同的语言环境中具有不同的词性、含义和语法功能。"定义"作为动词使用时，它的含义是确定认识对象或事物的意义，是指人类的判断认识行为。"定义"作为名词使用时，它的含义是指认识对象或事物具有的确定的含义、位置、界限和规定。

人们之间的交流必须是在对某些名称和术语有共同认识的情况下才能进行的。为此，就要对名称和术语的含义加以描述，做出明确的规定，也就是给出它们的定义（Definition）。定义是通过列出一个事物或者一个物件的基本属性来描写或者规范一个词或者一个概念的意义。被定义的事物或者物件叫作被定义项，其定义叫作定义项。比如，在"一个单身汉是一个未婚男子"这个定义中，"单身汉"是被定义项，"未婚男子"是定义项。定义中的"一个"和"是"均可以使用符号取代，比如使用"="这个符号，则上面这个定义可以转化为："单身汉=未婚男子"。一般来说，像上面这个例子一样，一个定义往往是表达被定义项与定义项之间等同的句子。

那么，定义的实质是：对一种事物的本质特征或一个概念的内涵和外延所做的确切表述。最有代表性的定义是"属+种差"，即把某一概念包含在它的属概念中，并揭示它与同一个属概念下其他种概念之间的差别。换句话说，"属+种差"是一种常用的定义方法，又称真实定义、实质定义。

"属+种差"定义方法：定义项是由被定义概念邻近的属和种差所组成的定义。它的公式是：被定义项=种差+邻近的属。用"属+种差"方法下定义时，首先应找出被定义项邻近的属概念，即确定它属于哪一类，然后把被定义项所反映的对象同该属概念下其他并列的种概念进行比较，找出被定义项所反映的对象不同于其他种概念所反映的对象的特有属性，即种差，最后把属和种差有机地结合起来。例如，给"人"这个概念下定义，当我们对一个概念如"人"下定义时，首先要找到与这一概念最近的属概念——"动物"，然后我们就可以说"人是一种动物"。这样，相对大一点的属，就是"动物"，亦称母项，相对小一点的种，就是要下定义的"人"，亦称子项。所谓种差，在这里是指种概念"人"与属概念"动物"之下的其他并列（注意，一定是平行的并列，属种关系是不能构成并列的）的种概念（如狼虫虎豹、鸡鸭牛羊等）所反映的对象的差别，即人"能够制造和使用生产工具"，而狼虫虎豹、鸡鸭牛羊等却"不能制造和使用生产工具"。找到了种差，"人"的定义也就容易了。"人"的定义可表述为："人是能够制造和使用生产工具的动物。"也就是列宁所说的："人是高等动物。"

除了上面所述的"属+种差"定义外，还有一种发生定义。发生定义的方法实际上就是对发生过程的一种描述。当定义者受认知水平和范围的限制，难以用"属+种差"的方法定义认识对象时，往往就会使用发生定义。比如"燃烧"，我们现在知道"燃烧"是一种同时产生光和热的、剧烈的氧化反应，而古代的人就可能说它是"用两块干木头长时间使劲摩擦所产生的一种现象"，这就是原始的、关于"燃烧"的发生定义。

当然还会出现找不到一个概念的种概念，也就是说当这个概念"无所不包"时，对于这样的概念，你几乎没法准确地定义它，其一般属于哲学研究的范畴，如物质、质、量、度、时间、空间等。

资料来源：根据搜狗百科整理而成。

1.2　饭店产品属性

1.2.1　饭店产品的商品属性

饭店出售的产品是服务，而服务是一种特殊商品，其特殊性在于：

其一，饭店产品具有不可贮存性：饭店产品不存在独立的"生产"过程，是通过服务或劳务直接满足宾客需要的，只有当宾客购买它并在现场消费时，饭店产品才实现其价值。如未出租的客房对饭店来说是无法弥补的损失，因为昨天没有租出的客房，今日即使租出，那也是今天的产品出售了。同样，餐饮部门的产品，无论是原料还是成品都容易因变质而无法销售。因此，饭店产品的这种特点造成了它的不可贮存性，如一天无人购买，该产品的价值将随之消失。

其二，饭店产品生产、交换与消费的同步性：饭店产品的生产与消费是同步进行的，生产者（饭店工作人员）与消费者（宾客）之间是直接的、面对面进行的服务与消费，这是一个过程的两个方面。一般物质产品价值的实现需经历三个阶段：生产—流通—消费，饭店服务的生产与消费却是同步进行的，饭店的生产（提供服务）根据顾客的即时需要而定时、定量进行，即生产者（饭店员工）当面服务，消费者（客人）当面消费。饭店提供服务的好坏，必须接受客人的当面检验，并对饭店产生直接影响。饭店服务的这一特点，对饭店的服务与管理提出了更高的要求。

其三，产品的地域不可流动性：饭店业的竞争具有明显的地域性特征。这主要是由饭店的两大特征决定的：一方面，饭店产品供应的就地性，饭店产品无法输出，它具有地域不可流动性；另一方面，饭店产品消费的就地性，饭店消费者必须亲临饭店才能消费。

1.2.2　饭店产品的服务属性

饭店产品的本质是服务，饭店产品的服务属性表现如下：

其一，饭店服务的无形性。饭店服务是看不见、摸不到、非物化、非量化的产品。饭店服务的无形性使饭店企业很难向宾客描述、展示服务项目，而宾客也不可能在购买某一项服务前对其进行检验或试用。宾客在选择饭店和餐厅时，往往只凭他所知道的该饭店的声誉进行判断，而不像在购买商品时，有产品说明书和产品规格作为依据。于是，饭店必须十分重视"树声誉、创牌子、立形象"的工作。

其二，饭店服务的差异性。一家饭店提供的同一产品也会存在质量和水平的差异。例如，饭店职工不同，其服务品质也存在差异，即使同一职工，在不同的时间、不同的场合或对不同对象所提供的服务，也往往水平不一、质量不同。饭店服务存在差异的直接原因在于饭店服务是一种手工劳动，手工劳动作为饭店的主要生产手段，难以避免其服务品质的波动。要克服饭店服务的差异性，关键在于制定严格的质量标准，坚持每次服务都符合标准，其途径在于加强职工教育培训，提高从业人员的文化修养，讲究服务道德，改善行业素质和职业技能。

其三，饭店服务信息反馈的直接性。工业产品被生产出来后，要被拿到市场上，由商业部门组织销售，产品的生产者不直接与顾客见面，客人对产品的意见、投诉，要从商业部门或销售部门反馈到生产者那里，生产者有足够的时间对客人的意见和投诉做出反应。服务产品则是由生产者（服务员）当面向客人提供，客人对产品的意见和投诉会立即反馈给服务的提供者——服务员，因此，服务员必须机智灵活、训练有素，善于接受客人的意见和投诉，灵活应付和妥善处理各种情况。

其四，饭店服务的不可贮藏性。饭店向客人提供的各种设施和服务无法储存和搬运，只有当客人光顾或住进饭店时才能进行；当客人结账离店时，饭店的服务也随之终止。

◆ 同步案例1-1 ◆

希尔顿的微笑服务

背景与情境：希尔顿饭店是全球最大规模的饭店集团之一。希尔顿饭店成功的秘诀在于牢牢确立自己的企业理念并把这个理念贯彻到每一个员工的思想和行为之中：饭店创造了"宾至如归"的氛围，注重企业员工礼仪的培养，并通过"微笑服务"体现出来。

饭店的创立者希尔顿十分注重员工的文明礼仪培养，倡导员工"微笑服务"。他每天至少到一家希尔顿饭店与饭店员工接触，向各级人员询问最多的一句话必定是："你今天对客人微笑了没有？"1930年是美国经济十分萧条的一年，美国的饭店倒闭了80%，希尔顿的饭店也一家接着一家地亏损，一度负债50万美元。希尔顿并不灰心，他召集每一家饭店的员工，并向他们特别交代和呼吁："目前正值饭店亏损靠借债度日的时期，我决定强渡难关。一旦美国经济恐慌时期过去，我们希尔顿饭店很快就能云开日出。因此，我请各位记住，希尔顿的礼仪万万不能忘。无论饭店本身遭遇的困难如何，希尔顿饭店服务员脸上的微笑永远是属于顾客的。"事实上，在剩下的20%的饭店中，只有希尔顿饭店服务员的微笑是最美好的。经济萧条刚过，希尔顿饭店就率先进入了新的繁荣期，跨入了经营的黄金时代。希尔顿饭店购置了一批现代化设备。当时，希尔顿到每一家饭店召集全体员工开会时都要问："现在我们的饭店新添了一流的设备，你们觉得还必须配合什么样一流的东西使客人更喜欢呢？"员工回答之后，希尔顿笑着摇头说："请你们想一想，如果饭店只有一流的设备而没有一流的服务员的微笑，那些顾客会认为我们提供了他们最喜欢的所有东西吗？缺少服务员的美好微笑，就好比花园里失去了春天的太阳和春风。假如我是顾客，我宁愿住进虽然只有残旧地毯，却处处见得到微笑的饭店，也不愿走进只有一流设备而不见微笑的地方……"希尔顿饭店以其独有的微笑文化征服了世界的饭店业。

资料来源：林璧属. 饭店企业文化塑造——理论与案例［M］. 北京：旅游教育出版社，2014：202-203.

问题：希尔顿的"微笑服务"为什么能够成为大多数服务业的效仿对象？

分析提示：

（1）饭店是服务企业，饭店服务过程是由一线员工来完成的。一线员工的表现就代表了饭店的服务水平。希尔顿饭店为了创造"宾至如归"的氛围，从一开始就注重饭店员工礼仪的培养，尤其是通过"微笑服务"来展现服务价值。

（2）俗话说："伸手不打笑脸人！"微笑不仅可以展现服务者的服务意识，也可以弥补服务过程中可能存在的不足，甚至可以缓解服务失误所引起的不必要的紧张关系。"微笑服务"具有多种应用价值，成为大多数服务业的效仿对象不足为奇。

1.2.3　饭店服务的质量特征

1）服务质量的波动性

饭店服务质量受人为因素影响较大，这是因为：其一，饭店的服务对象是人，他们有着不同的兴趣、爱好、风俗、习惯，同时还有不同的动机和需要；其二，提供服务的也是人，饭店员工提供的服务也会受他们的知识、性格、情绪等因素影响。服务质量的不稳定决定了服务质量控制的难度较大。

2）服务质量评价的主观性和不确定性

服务产品质量的好坏最终是由客人做出评价的，不同的客人对服务有不同的期待，对同一服务也有不同的感受和评价，即使同一客人对同一服务在不同的时间、场合和不同的心情下，也会做出不同的评价。正是由于服务产品质量评价的这种主观性和不确定性，要求服务员必须要有灵活性，在提供服务时要因人而异、见机行事，不可墨守成规。

◆◆ 同步思考1-1

客人在选择饭店时，一般会根据某些信息来做出决定。这些信息来源包括：饭店的广告宣传、网络评价以及亲戚朋友的介绍等。有统计发现，通过网络评价和亲戚朋友介绍比看广告宣传而做出选择的客人所占比例要高。

问题：为什么饭店要重视网络评价？为什么要重视口碑效应？

理解要点：

（1）一般来说，广告宣传不可避免地带有宣传者的意识和认知，与事实有一定出入也是正常的。

（2）网络评价不受经营者影响，能表现出公正性与客观性，亲戚朋友介绍更不受经营者的影响，能反映出介绍者的认知和判断。

因此，饭店必须不断提高服务质量，树立良好的社会形象，这样不仅能吸引客人多次光临，还可利用客人的网络评价和口碑为饭店进行免费推销，增强客人对饭店的信心，从而提高饭店的竞争力。

1.3 饭店产业特性

旅游发展产业化的基础是旅游接待设施，旅游接待设施的主体是饭店业。深入了解饭店业的特性与产业特性，对于饭店投资与管理意义重大。

1.3.1 饭店业特性

饭店业的几个重要特性制约着饭店产业的发展空间。其中，一些特性与航空业相类似，但还是有其自身特征。

其一，不易保存性。今天的客房卖不出去，明天的客房就是明天的了。饭店的空房和航班的空机位或未出售的电视广告一样，不能搁置，不能存放，不能保留。

其二，地理位置的重要性与局限性。饭店所处的位置对于饭店经营来说意义十分重大。一般说来，在经济发达地区的市区很难找到又好又经济的地理位置，即使是具有优越地理位置的饭店，也会经常由于社区的变迁和不断变化的市场环境而影响其发展。饭店的位置是无法改变的。于是，饭店管理者要学会少依赖有利的地理位置而更多地依靠市场营销，少依赖潜在的客流量而更加依赖电子商务和中央预订系统。

其三，固定的供应量。饭店不仅位置固定，客房供应量也固定。航空公司可以通过增加或取消线路的航班来调节机位的数量，而饭店只拥有现有的建筑物及其附属设施和服务项目。

其四，高额的经营成本。饭店业既是资本密集型产业，又是劳动密集型产业。无论饭店生意如何，高比例的固定成本一直存在。

◆ 同步解析 1-1

从一年的销售量来看，饭店会遇到季节性的变化，旅游旺季业务量可能高出淡季好几倍，尤其是旅游饭店，其淡旺季差别最为明显。从一周的销售量来看，城市饭店前半周的营业额较低，周末营业额则大幅度攀升，尤其是餐饮部，在周末营业几乎是饱和的。商务饭店每七天就有一个下降周期，它必须努力补偿周末不景气的生意。

问题：饭店经营如何规避季节影响？

解析提示：淡旺季是一个不争的事实。为了提高经营效益，饭店经营者可以从多个方面着手，譬如：

（1）通过季节价格差异来解决问题，即淡季低价，旺季高价；

（2）通过饭店产品差异来减少淡旺季的影响；

（3）通过饭店服务营销，即增强饭店与顾客之间的联系来提高饭店的客房出租率；

（4）通过饭店服务延伸，即增加服务项目或内容来提高饭店出租率或增加销售收入，等等。

1.3.2　饭店产业特性与行业壁垒

1）饭店产业特性

饭店业作为一个相对独特的产业，其产业特性包括饭店分布的分散性、区域市场特征、饭店行业进入的容易性，以及顾客需求差异大、产品结构差异偏小等。

（1）饭店分布的分散性。

由于市场需求的分散性和饭店必须在所在地实现生产、交换及消费，因此，饭店供给在本质上具有空间分布的分散性特征。从经济角度来看，饭店业所具有的无形性、同一性、不可分割性等特征，决定它不同于那些生产、运输、销售、消费相分离的行业，它无法选择在最适宜的场所、以最低的成本组织生产，并将其产品转移到异地销售，或通过增加库存及增减生产量来调节供求矛盾，它必须高度依赖客源市场的流量及流向。饭店业的一体化过程更多地以异地横向联合方式来实现。在我国，还由于自有饭店数量多，它们在吸收就业人数、降低企事业单位内部食宿等费用上的优越性，使投资饭店业成为一些企业开展多元化经营的优先选择，致使出现业主方面的高度分散特征。

（2）区域市场特征。

饭店产品供应的就地性和饭店产品消费的就地性决定了饭店业的供需只存在城市的局部均衡，不存在全国或全省的总体均衡，同一区域内，一个城市的供过于求无法弥补另一城市的供不应求。政府在行业管理上要追求城市局部均衡，以实现总体均衡。

◆ 深度思考 1—1

问题： 商业城市、工业城市、旅游城市等不同类型的城市类型，直接影响着对饭店的需求，那么饭店区域市场影响因素到底有哪些？

理解与讨论：

（1）从饭店所属的城市类型来讨论。例如，商业城市的商务客流量比较大，工业城市则工业企业的客户比较多，旅游城市则旅游客流量大，因此，从城市类型来深入探讨，可以发现饭店区域市场影响因素包括：其一是城市类型；其二是客流量；其三是客源结构影响；其四是不同客源具有不同的消费能力；其五是客流的不同时间分布的影响，等等。

（2）从不同社区的社区属性来讨论，可以从饭店所属的城市区域——饭店店址所在地周边社区的社区属性或城市性质来进一步分析其影响因素。

（3）饭店行业进入的容易性。

构成行业进入障碍的规模经济、产品差别化、资金需求量、转换成本、分销渠道、原材料与技术优势、政府政策等，在饭店业投资中，均难以构成障碍。于是，饭店行业加盟者不断涌现，新的饭店投资者不仅冲击了原有的经营者，迫使其产品价格下跌或内在成本增加，降低行业的获利能力，有些地区还演化成恶性价格竞争，造成行业优势进一步削弱，丧失开展以横向联合为主体的一体化的规模发展能力。在我国，其他行业向饭店业转移并不难，其中有许多饭店便是各类企事业单位利用自有土地建造或将原有设施等拆除后改建而成的。

（4）顾客需求差异大，产品结构差异偏小。

在饭店业，顾客需求受政治、经济、社会、文化和技术等外部因素以及旅游者个人旅游动机、个性、经历、价值观念等内部因素的影响而呈现较大差异。例如，受个人收入制约的顾客，在选择饭店时往往倾向于经济实惠的中低档饭店，而高级公务人员和富裕的休闲人士则大多会下榻豪华型商务或度假饭店。不同动机的旅游者在对饭店设施及服务的要求上，也存在着差异。商务客人对上网、秘书、翻译等商务服务有更多要求；休闲客人则更关注 WiFi、价格、娱乐场所和设施等。饭店产品差别小，为了更好地满足不同客人的不同需求，饭店业通常会采取市场细分手段，利用不同的产品特性来满足顾客需求，以缩小饭店规模来实现专业化经营。

2）饭店产业弱势

其一，难以形成理想的规模经济。所谓规模经济是指一定时期内企业所生产的产品或劳务的绝对量增加时，其单位成本趋于下降。在饭店业中，存在一定的规模经济，即饭店所具有的客房数和其他产品的数量应具备相应的规模以分摊所有的经营及管理成本，从而实现理想收益。在这方面，理论上可以实现模型计量，但实践中尚缺乏完全量化的不同类型饭店的规模经济的经验数据。由于饭店业本身所具有的客房数量的固定性、不可储存性与不可异地销售特性，饭店企业通过内部规模经济来分享日渐扩大的份额就成了一件相当困难的事情，单体饭店通过扩大生产的模式来无限制地进行规模扩张几乎不可能。例如，为保持较高的利润水平，饭店只能经常进行超额订房和提高价格（旺季）；淡季则可能出现出租率下降的情况，饭店不得不采取降价措施。

其二，原材料与技术优势难以保持。在原材料方面，由于单体饭店规模有限，且其生产经营中所涉及的供应物品达几万种，大到洗衣房、消防监控系统、工程设备设施，小到客房内的低值易耗品等，批量小，品种多，难以具备足够的与供应商讨价还价的能力，因此，单体饭店很难在供应商方面形成原材料优势，只有饭店集团采用集团采购方能降低成本。饭店业作为以"人对人服务"为特征的行业，它无法像有些行业那样，其技术机密和商业秘诀可以掌握在少数人员手中，或通过专利等法律手段加以保密和控制。饭店顾客所购买的产品从本质上看是一种"经历"，对"经历"的感受因人而异，这就决定了饭店产品难以通过技术优势形成竞争优势。在饭店业中，除品牌外，其他一切都难以独享，任何创新都可能在短期内被模仿，且模仿者无须投入市场调研、产品开发等成本，往往可以获得更大的成本优势。

其三，饭店产品差异化程度低。由于饭店硬件和软件的同质化倾向，饭店产品很难有较大的差异。从硬件设施看，饭店是由建筑物内的住宿、餐饮、娱乐、保健、商务等设备设施所构成，在其基本用途上，并不因为是不同的饭店而存在本质的差异。从饭店服务规范来看，近几十年来，随着饭店业的成熟、旅游者权益意识的进一步加强，国际上越来越多地采用各种统一标准来规范饭店产品，如从饭店的建材到餐厅、客房的布局，从服务项目的确定到具体的客用品规格、档次，我国实行的饭店星级评定制度对其都做出了相应的具体规定。这些做法推动了饭店产品的标准化进程，在帮助饭店提高服务水平的同时，客观上也使同档次饭店之间的差异进一步缩小。从国际上看，世界知名饭店集团大多通过市场细分和品牌区隔来实现饭店产品的差异化。于是，饭店只能通过不同的营销在市场上形成产品及品牌形象区分来实现产品差异化，或进一步地通过建造不同的主题酒店来明确区分。

其四，分销渠道难以固定。饭店产品只能吸引消费者来店进行消费，要么使其入住，要么使其用餐，或向其提供其他饭店服务，不可能在空间上被位移到其他地方使消费者进行消费，因此，从严格意义上说，饭店产品不能像制造业产品那样进行分销。当然，饭店产品可以通过电子商务和酒店预订网络来进行分销，也可以通过旅游中间商如旅行社或会议组织进行分销，但分销渠道难以固定。随着旅游电子商务的广泛使用，尤其是网络直接订房的普及，饭店与客人之间的交易变得更加便捷，饭店企业可以依靠自身业务关系形成市场网络。

延伸思考1-1

问题： 从行业属性和产业发展来看，饭店难以建立固定的分销渠道。但是，随着旅游电子商务的广泛使用，尤其是网络直接订房的普及，网络预订能否成为饭店最强的分销渠道？

理解与讨论：

（1）从宏观的旅游电子商务的广泛运用与发展趋势来分析，可以发现旅游电子商务已经成为这一时代的主流，其对饭店分销渠道的影响可能是多方面的：对于大型网络，其可能成为主渠道；对于小型网络，其效果可能有限；对于饭店自建网络平台，其影响则可能更小。因此，网络预订能否成为最强的分销渠道还需要结合具体饭店做具体的分析。

（2）建议深入调查所在城市某一饭店的客源构成和购买渠道，以此来提高对这一问题的认识，增加问题分析的深度。

3）饭店行业壁垒

从投资行为来看，饭店行业壁垒主要包括结构性壁垒、行为性壁垒及退出壁垒三大类。

（1）结构性壁垒。

其一，饭店规模进入壁垒低。产品或服务的规模经济可以构成进入行业的障碍，迫使新加入者在考虑进入某行业时，针对两种令人难以接受的选项做出选择：要么以大的生产规模进入该行业，这需要较大的投资，从而增加进入的难度，要冒行业中现有企业强烈抵制的风险；要么以小的生产规模进入该行业，但需忍受成本过高的劣势。在存在规模经济的行业，厂商的最低经济规模越高，进入门槛越高，潜在进入者就越难以进入。饭店几乎不存在任何形式的规模进入壁垒。

其二，饭店投资资金门槛中等。饭店属于一般性的资金密集型行业，在我国旅游行业拥有的固定资产中，约90%为饭店资产。大型豪华饭店（五星级饭店）资金需求量大，而一般的经济型饭店、家庭旅馆的资金压力难以构成壁垒。

其三，技术与产品差异壁垒低。在许多行业中，已有的企业可能会凭借其自身在获取原材料或拥有专利技术等方面的优势，为潜在进入者设置障碍，尤其是当企业拥有独特的技术及核心竞争能力时。饭店业难以形成技术壁垒，真正具有技术性的饭店业预订系统、资产管理系统都能很轻易地通过从市场上购买而获得。饭店产品差异只能通过区位、星级和类型来区分，我国饭店业具有小而全的功能特征，饭店产品严重趋同。

其四，销售网络具有一定的市场壁垒，品牌壁垒较为明显。一般情况下，企业在进入一个新的行业时，如果没有自己的营销渠道，也会面临着市场进入障碍。饭店品牌和营销网络，特别是品牌作为一种进入壁垒越来越明显。目前，世界上有57%以上的饭店是以多种形式隶属于某一饭店集团的。尤其是近几年，国际饭店集团出现了大型化、垄断化的趋势，销售网络和品牌优势越来越明显。

（2）行为性壁垒。

任何现有的厂商都倾向于维持一个低价以阻止其他投资者进入，从而保住已有的市场份额与生产规模，特别是在市场容量小的行业，新的潜在进入者难以进入。在中国，饭店业很少采用阻止进入行为或驱逐竞争对手的行为，究其原因，在于市场过度分散，这些策略根本无效，只能通过低价竞争来获得市场份额。

（3）退出壁垒。

构成企业退出壁垒的因素包括：沉淀成本、劳动力安置成本、联合生产、法律或政策上的限制。由于饭店是上下游关联性极弱的行业，上游的原料具有广泛来源，而下游就是最终消费者，饭店产品只有最终产品而没有半成品，因此联合生产程度极低，联合生产问题构不成退出壁垒。由于劳动力管理社会化，重新安置饭店员工已不再是饭店业主需要解决的问题。

就目前来看，饭店业的退出壁垒主要是沉淀成本。沉淀成本是饭店最大的退出壁垒，沉淀成本的大小与资产专用性密切相关。专用性是指专门为支持某一特定的团队生产而进行的持久性投资，若改作他用，其资产价值将大幅下降。饭店的资产专用性较强，可以产权易主，但很难退出。饭店只能改成具有高度替代性的设施，如公寓、写字楼等，若改作工厂厂房或其他用途，其沉淀成本至少占其资产价值的60%以上，而饭店最重要的资产——品牌等无形资产将彻底丧失。

1.4 中国饭店业发展趋势

在中国，最早的饭店设施可追溯到春秋战国或更久远的时期。中国的唐、宋、明、清被认为是饭店业得到较大发展的时期。中国现代化的饭店主要兴建于20世纪80年代后，其中一些是经过改造的旧饭店，一些是中华人民共和国成立以后建造的宾馆、饭店和招待所，还有一些则是改革开放以来兴建的现代化新型饭店。近年来，因房地产业快速发展而带动发展起来的大型综合体饭店（如万达）比较多，经济型饭店（如如家、锦江之星、7天等）发展极为迅速。

1.4.1 古代饭店

在古代，饭店设施分为官办和民营两大类。官办的住宿设施有驿站和迎宾馆两类，它们在古代饭店史上占有重要的地位。驿站是我国历史上最古老的一种官办住宿设施，始于商代中期，止于清光绪年间"大清邮政"的兴办，它被用来专门接待往来信使和公差人员并为其提供车、马交通工具和食宿设施。但由于朝代更迭、政令变化，其名称常有变化，如传舍、驿舍、驿楼、驿馆、邮亭、邮铺、铺舍等均为这种官办设施在不同时期的称谓。迎宾馆是中国古代另一类官办住宿设施。"迎宾馆"的名称最早见于清末，在此之前，春秋战国时期称"诸侯馆"和"传舍"，西汉时期称"蛮夷邸"，南北朝时期称"四夷馆"，隋、唐、宋时期称"四方馆"，元、明、清时期称"会同馆"，这是专门用来接待各国使者和商客食宿的设施。

民营食宿设施也有很多。商周时期出现的专门供人在旅途中休息、食宿的场所称"逆旅"，且历代多有发展。到明、清时期，随着科举制度的发展，在各省城和京城出现了专门接待各地赴试学子的会馆，并成为当时住宿业的一部分。

1.4.2 近代饭店

中国是在遭受外国列强侵略并签订了一系列不平等条约的背景下翻开了近代历史篇章，在饭店设施上，近代饭店主要分为西式饭店、中西式饭店和招商客栈三类。

其一，西式饭店是19世纪外国资本侵入中国后所建造和经营的饭店，这类饭店在建筑式样、设施设备、内部装修、经营方法、服务对象等方面都传承西方，如英国人在广州经营的维多利亚饭店、法国人在昆明经营的商务饭店、德国人在济南经营的斯坦饭店、法国人在天津经营的泰来饭店、瑞士人在北京经营的六国饭店都属于这一类型。

其二，中西式饭店是从民国开始由民族资本投资兴建的饭店。中西式饭店多为楼房建筑，店内设施、服务项目和经营方式都受西式饭店影响，主要出现在民族资本较为集中的上海、北京、天津和南京等城市。

其三，招商客栈出现于20世纪一二十年代，随着近代铁路的兴建和商业活动的频繁，在铁路沿线兴起了各式招商客栈。这些客栈沿袭传统民间客店的经营方法，各种费用单列结算。

1.4.3 中国旅游饭店的发展

中华人民共和国成立后，我国兴建了一批政府高级招待所和一般招待所，旅游饭店在中国共产党第十一届中央委员会第三次全体会议之后才开始逐渐兴建。1978年，我国接待境外人员数量为180.9万人次，到1981年，接待人员数量猛增至776.7万人次。为了适应形势发展，我国先把政府招待所改成了涉外饭店，尤其是在沿海地区各主要旅游城市，同时引进个别的外资企业，如广州的东方宾馆。在这一时期，我国的旅游饭店尚属起步阶段，在设施设备、人员素质、服务质量、经营管理等方面，离国际市场上的要求还有很大差距。1982年，我国旅游饭店业进行了改革。1982年2月，杭州饭店、杭州华侨饭店率先进行试点，试行岗位责任制和浮动工资制，并在1983年向全国推广，实现我国饭店业从经验管理向科学管理、从事业单位向企业经营的重大转变。自此之后，我国旅游饭店业蓬勃发展，一些著名饭店纷纷开张营业，如广州的白天鹅宾馆，深圳西丽湖度假村，北京的建国、丽都和长城饭店，南京的金陵饭店等。时至今日，许多外资饭店、中外合资经营饭店、国资委下属的饭店、民营饭店在全国各大城市、各主要旅游城市开张营业。在国际知名酒店集团中，大部分集团都通过委托管理模式进驻中国饭店业，形成了一种千帆竞发的局面。

1.4.4 中国饭店业的现状

在对外开放、引进外资和借鉴先进管理经验的基础上，饭店业成为我国开放时间早、开放程度高、最早与国际接轨的行业之一。在管理经验方面，在积极引进外资和国际饭店集团的管理理念的同时，结合中国国情和市场实际，形成了一套相对比较规范的服务体系和先进的管理理念；在饭店行业发展上，依托星级标准引领行业发展，形成了规范的星级评定体制和饭店经营模式；在品牌建设上，锦江饭店集团、首旅集团、如家酒店等已成为国内饭店著名品牌，其经营业绩已进入国际酒店集团百强之列；在服务理念上，原有的微笑服务已深入人心，20世纪90年代以来，高星级饭店的个性化服务成为饭店经营的一个重要构成要素，如代表委托代办服务最高水平的"金钥匙"（Concierge）进入高级饭店，"金钥匙"国际组织被视为"百事通"、"万能博士"和解决问题的专家；在饭店技术创新上，以电子信息技术为代表的现代科技逐步进入饭店业，从连锁饭店的预订中心、互联网、饭店管理信息系统、视频点播（VOD）、IC房卡的使用，到综合布线、完全智能化饭店，新技术不断运用于饭店建造和饭店管理之中；在饭店资本运作上，不仅积极引进外资，也通过企业改制，成功地在国内A股市场上市多家旅游饭店公司，逐鹿国内资本市场，与此同时，也有旅游饭店公司成功在美国上市。

当然，中国的饭店业也存在着一些不足，如饭店在建设上缺乏宏观的规划和科学理论的指导，造成某些城市、局部区域的饭店存在严重的供大于求的现象；各饭店间为争夺市场纷纷削价竞争，形成了恶性价格竞争局面，也造成了饭店服务质量的下降；有些饭店在管理上缺乏科学的管理理论指导，企业管理常常受到行政干预，企业在推行现代化过程中常常受到传统意识的干扰，管理水平偏低，造成难以逾越传统经验管理障碍的局面；饭店管理专业人才奇缺，各类本科、专科、职业培训教育离世界平均水平还有差距。

1.4.5 中国饭店业的未来

为了更好地发展旅游业，提高饭店的总体管理水平，很有必要对中国饭店业的未来发展做出基本估计。

其一，随着我国社会经济的发展，尤其是国内旅游业的全面发展，中国饭店业仍将获得较大的发展机会。但是，各地供求市场不一，宏观控制不一定能奏效，供求矛盾难以一劳永逸地得到解决，很难实现和控制好饭店业建设与发展同旅游市场需求的良性发展关系。

其二，饭店业市场竞争愈来愈激烈，既有来自国际市场的竞争，又有国内同行的竞争。竞争本身是件好事，它可以促进我国饭店业向高水平、高标准的方向发展。但是，在激烈的竞争面前，各饭店间饮鸩止渴式的、传统的削价竞争方式将不断地削弱中国饭店业的竞争实力。

其三，世界著名饭店集团不断进入中国饭店业市场，既为中国饭店业优质高效服务管理提供典范，又给中国饭店业发展带来难题、提出挑战，倘若中国饭店业总体管理水平无法迎头赶上，将永远走不出国门。

其四，中国饭店业一方面各类专业人才奇缺，另一方面已培养和培训的各类专业人员队伍极不稳定，熟练的饭店业员工流失十分严重，严重制约着管理水平和服务质量的提高。

其五，在"一带一路"建设中，旅游业、饭店接待业将随着"一带一路"倡议的推进而发展。在未来的发展中，中国需要一大批具备国际视野与经营运作能力的国际化饭店管理人才。

1.5   可资借鉴于饭店管理的管理理论

饭店管理是以管理学的一般原理为基础，从饭店本身的业务特点和经营管理特点出发而形成的一门独特的学科。饭店管理理论既有管理学的一般理论，又有饭店管理的独特个性。诸如古典科学管理理论、人际关系方法、组织行为理论、线性规划、排队论、系统论等理论方法对饭店管理都有理论指导意义，企业流程再造、学习性组织理论等新型管理理论也都可以成为饭店管理的理论基础。饭店管理者必须了解各种管理理论和方法，善于从中选择最恰当的理论体系加以灵活运用。任何管理方法都不是解决管理问题的唯一方法，各种方法都有其长处，也有其不足。管理人员必须掌握现有的管理知识，并善于吸收发展过程中出现的新理论、新办法。

1.5.1   古典管理理论

随着生产的发展、科学技术的进步，自由竞争的资本主义也逐步走向垄断的资本主义，特别是资本主义大公司的兴起，使企业管理工作日益复杂，对管理的要求越来越高，单凭经验进行生产和管理已经不能适应这种剧烈争夺的局面。这就迫切需要改进企业管理，以增强企业的竞争能力。正是基于这些客观要求，西方国家的一些企业管理人员和工程技术人员开始致力于总结经验，进行各种试验研究以提高生产率。科学管理理论由此应运而生。

1）泰勒的科学管理理论

科学管理理论是19世纪末20世纪初在美国形成的。科学管理理论的产生是管理发展史中的重大事件，也是管理从经验走向科学的第一步。它的创始人是美国人泰勒（Frederick W.Taylor，1856—1915），其研究的范围主要是基层的作业管理。泰勒的科学管理理论的内容主要有以下几点：

其一，动作和工时研究。动作和工时研究的目的在于为工人寻找科学、合理、最有效的操作工具、程序和动作，使工人在不增加劳动强度的情况下，大幅度地提高生产效率。

其二，实行差别计件工资制。按照作业标准和时间定额规定不同的工资率。对完成工作定额的工人，以较高的工资率计件支付工资；对没有完成定额的工人，则按较低的工资率支付工资，从而极大地调动工人完成任务的积极性。

其三，科学地选择和培训工人。泰勒认为，每个工人都有自身的特点，管理者应为员工找到他们最适合的工作，并对其进行培训，激励他们尽最大的努力来工作。

其四，作业人员和管理者的分工协调。泰勒主张工人与管理部门实行分工，把计划职能从工人的工作中分离出来，由专业的计划部门去做，从而提高计划的科学性、可行性，也便于工人去执行。

泰勒的科学管理理论的最大特点就是实行标准化管理。其动作和工时研究适用于操作程序固定的饭店客房整理工作，以提高饭店客房整理的工作效率；其标准化管理对于科学地培训员工、提高饭店服务质量有重大的意义，对于按照统一标准来构建饭店品牌、促进饭店集团化发展都有重要作用。

◆ **深度剖析1-1** ◆

泰勒的动作和工时研究的目的在于为工人寻找科学、合理、最有效的操作工具、程序和动作，使工人在不增加劳动强度的情况下，大幅度地提高生产效率，这对于以手工劳动为主要劳动形式的饭店来说，其理论价值与实践价值非常大。

问题：在饭店业的发展过程中，标准化管理对饭店的影响甚至超过了动作和工时研究，这是为什么？

解析与讨论：

（1）动作和工时研究的应用价值在于提高劳动效率，经过严格的培训能够造就一大批熟练工人或操作者。饭店属于手工劳动型企业，动作和工时研究有利于极大地提高饭店的劳动生产率。

（2）标准化依赖于一整套操作标准、服务标准和服务规范，饭店标准化管理不仅可以提高饭店劳动生产率，更重要的是可以提高管理效率、实现标准化的复制管理，使饭店实现可复制的模式，即饭店的标准化连锁经营。

（3）可以结合实践，进一步探讨两者的深远影响，并进行比较分析。

2）法约尔管理理论

1916年，法国人亨利·法约尔（Henri Fayol，1841—1925）的《工业管理和一般管理》奠定了古典管理理论的基本框架。他侧重于从中高层管理者的角度去剖析具有一般性的管理，并因此被称为"一般管理理论"。

法约尔曾在法国的一个大型煤矿公司担任高层领导职务，积累了丰富的管理大企业的经验。法约尔认为，要经营好一个企业，不仅要改进生产现场的管理，而且要注意改善有关企业经营的六个方面的活动：技术活动、经营活动、财务活动、安全活动、会计活动和管理活动。一般管理理论把经营和管理分为两个不同的概念，认为管理就是执行计划、组织、指挥、协调、控制职能，管理的五大要素就是计划、组织、指挥、协调和控制，并在此基础上提出了企业管理中组织管理的十四项原则，即劳动分工、权利与责任、纪律、统一指挥、统一领导、个人利益服从整体利益、人员的报酬、集中、等级制度、秩序、公平、人员的稳定、首创精神和人员的团结。

法约尔第一次从一般的角度阐述了管理理论，构建了管理理论的基本框架，对之后的管理理论的发展产生了巨大影响，他的理论也是饭店管理的理论基础。

1.5.2 行为科学理论

1929—1933年的经济危机给西方国家带来了沉重的一击，同时也严重伤害了人们的心理，人们开始怀疑过去信奉的唯理主义哲学。此时实利主义经济学盛行，开始追求人在社会和心理方面的满足。在这种情况下，那种忽视人的因素的古典管理理论已不能完全适应新的形势。一些管理学家便开始尝试从不同的角度对管理理论和方法进行新的研究，行为科学就是当时的主流学派。行为科学是研究人的行为的一门综合性科学，它研究人的行为产生的原因和影响行为的因素，目的在于激发人的积极性、创造性，以达到组织目标。

饭店服务人员和工作人员除了具有人的一般行为特征之外，由于饭店属于服务行业，还具有强劳动特征和行业服务人员地位较低的问题，在很大程度上造成国内饭店一线服务人员较大的流动性。于是，饭店日常管理如能更好地考虑一线服务人员的心理需求问题，将在很大程度上提高饭店的服务质量。

行为科学理论对于饭店管理的借鉴意义很大。

1）梅奥人际关系学说

美国哈佛大学教授梅奥（G. Elton. Mayol，1880—1949）是人际关系学说的创造人，1924—1932年期间，梅奥应美国西方电器公司的邀请，在该公司设在芝加哥霍桑地区的工厂进行了著名的"霍桑试验"。通过这次试验，梅奥等人提出了人际关系学说，其主要论点如下：

其一，职工是"社会人"。工厂中的工人并非只是单纯追求金钱收入，他们还有社会、心理方面的需求，也就是追求人与人之间的友情、安全感、归属感和受人尊重等。

其二，企业中存在着"非正式组织"。企业职工在共同生产和工作中，必然会产生相互之间的人群关系，产生共同的感情，自然形成一种行为准则，要求个人服从。这就构成了"非正式组织"。这种"非正式组织"对于工人的行为影响很大，是影响生产效率的重要原因。

其三，满足工人的社会欲望，提高工人的士气，是提高生产效率的关键。梅奥等人认为，"士气"高低取决于安全感、归属感等社会、心理方面的欲望的满足程度，满足程度越高，"士气"就越高，生产效率也就越高。

其四，企业应采用新型的领导方法，主要是组织好集体工作，通过提高职工的满足程度和士气，以达到提高生产率的目的。这就要求转变管理观念，重视"人的因素"，采用以"人"为中心的管理方式。

人际关系学说是"行为科学"学派的早期思想，它只是强调了要重视人的因素。此后的行为科学学派经过进一步的研究，寻找出产生不同行为的影响因素，并深入探讨如何控制人的行为以达到预定的目标。

◆ **职业道德与企业伦理1-1** ◆

贴标签效应

背景与情境： 在第二次世界大战期间，美国兵力不足，而战争又需要一批军人，于是美国政府就决定组织关在监狱里的犯人上前线战斗。为此，美国政府特派了几名心理学专家对犯人进行战前的训练和动员，并随他们一起到前线作战。

在训练期间，心理学专家们对犯人们并不过多地进行说教，而是特别强调他们每周给自己最亲的人写一封信。信的内容由心理学专家统一拟定，叙述的是犯人在狱中是如何积极表现、如何改过自新等。专家们要求犯人们认真抄写后寄给自己最亲爱的人。三个月后，犯人们奔赴前线，专家们要求犯人们在给亲人的信中写自己是如何服从指挥、如何勇敢拼搏等。结果，这批犯人在战场上的表现比起正规军来毫不逊色，他们在战斗中正如他们信中所说的那样服从指挥、勇敢拼搏。后来，心理学专家们就把这一现象称为"贴标签效应"，心理学上也叫"暗示效应"。

资料来源：根据"百度百科"整理而成。

问题：

（1）在饭店工作中，有些员工的动手能力和理解能力的确不够好，管理者常常通过训导来强化培训，甚至恶言相向。你认为这种培训或谩骂能起到作用吗？

（2）"贴标签效应"能有效地改变人的行为，那么饭店培训能否更加强调人性化的培育？

分析提示：

（1）心理学认为，之所以会出现"贴标签效应"，主要是因为"标签"具有定性导向的作用，无论是"好"还是"坏"，它对一个人的"个性意识的自我认同"都有强烈的影响作用。给一个人"贴标签"的结果，往往是使其向"标签"所喻示的方向发展。

（2）如果贴的标签不是正面的、积极的，那么被贴标签的人就可能朝与所贴标签内容相反的方向行动。

（3）"贴标签效应"的结果是很显然的，它影响着人们的印象管理。在饭店培训中，培训者应以此为戒，不可轻易地对员工做出评定，不要给员工乱贴标签，否则会影响员工之间的交往和印象的管理。

2）马斯洛的需求层次论

美国威斯康星大学的心理学家马斯洛（A. Maslow，1908—1970）于1943年提出了关于人的需要结构理论——"需求层次论"。他认为，大多数人的需要可分为五类：①生理需要，是人类最原始的基本需要，包括食物、衣物、住房、异性等生理机能的需要。这些需要如不能得到满足，人类的生存就成为问题。②安全需要，包括摆脱失业、疾病、暴力的威胁，年老时有保障等。③社交需要，包括人与人之间的友谊、忠诚以及归属于某一个群体、组织的需要等。④尊重的需要，包括对一定社会地位、名望、个人能力及成就得到社会承认，能独立自主地工作和生活等的需要。⑤自我实现的需要，是指实现个人理想抱负、最大限度地发挥自己的才干的需要。由于个人抱负的不同，满足自我实现的需要所采取的途径也不同。马斯洛认为，上述五种需要是按次序逐级上升，下一级需要基本满足以后，上一级的需要就成为行为的主要驱动力。

◆ **教学互动1-1** ◆

主题：将参与互动的学生分为两组，一组作为管理者，另一组作为企业员工。按照重要性对下列两组需求排列，进行需求测定，见表1-1。

表1-1　　　　　　　　　　　　　　　　**需求测定表**

第一组：管理者 管理者认为员工最重要的需求	第二组：企业员工 员工认为对自己最重要的需求
高的薪水	高的薪水
稳定的工作	稳定的工作

第一组：管理者 管理者认为员工最重要的需求	第二组：企业员工 员工认为对自己最重要的需求
升迁的机会	升迁的机会
良好的工作环境	良好的工作环境
有趣的工作	有趣的工作
对企业的忠诚	对企业的忠诚
参与感	参与感
所做的工作被尊重和感谢	所做的工作被尊重和感谢
在个人问题上得到同情	在个人问题上得到同情

问题： 根据马斯洛的需求层次论，确定每组排序中各述项分属的需求层次，比较和研究其间的异同。

要求：

（1）教师不直接提供上述问题的答案，而是引导学生结合相关教学内容就问题进行独立思考、自由发表见解，组织课堂讨论。

（2）教师把握好讨论节奏，对学生提出的典型见解进行点评。

在马斯洛之后，赫茨伯格提出了双因素理论，麦克格雷戈提出了 X 理论和 Y 理论，洛尔施（Joy Lorsch）和莫尔斯（John Morse）提出了超 Y 理论，这些理论都是对行为科学的进一步研究，但对于饭店管理则不见得有直接的指导价值。美籍日裔学者威廉·大内（William Ouchi）提出了 Z 理论，他把由领导者个人决策、员工处于被动服从地位的企业称为 A 型组织。有人认为 A 型组织适用于饭店企业，这也许有一定的道理。

1.5.3　管理科学理论与模型

管理科学理论是继科学管理理论、行为科学理论之后，管理理论和实践发展的结果。这一理论是运用现代科学技术和方法研究生产、作业等方面的管理问题，使管理的定量化成分提高、科学性增强，尤其是一些数学模型的建立，使部分管理工作成为程序化的工作，从而使这部分管理工作效率大大提高。管理科学理论可以更好地运用于饭店的投资策划和饭店投资的前期可行性研究。

管理科学理论有以下三大特征：以决策为主要的着眼点，以经济效果标准作为评价的根据，依靠数学模型和电子计算机作为处理问题的方法和手段。

流行的管理科学模型主要有：

1）决策模型

决策模型是为管理决策而建立的模型，即为辅助决策而研制的数学模型。决策模型的目标是要在制定决策的过程中减少艺术成分，增加科学成分。随着运筹学的发展，出现了诸如线性规则、动态规则、对策论、排队论、存贷模型、调度模型等有效的决策分析方法。它们均由计算机予以实现，成为实用的决策手段，即决策方法数学化和模型化，因此对具有重复性的管理决策，如例行的管理决策，可利用数学模型来编写程序，用计算机实现自动化，以提高效率。但对较大量存在非结构化问题的求解和管理决策，就不能利用数学模型来解决，必须考虑人在决策中的重要作用，这涉及心理学、社会心理学和行为科学。对于需要大量日常决策的饭店管理来说，决策模型具有明确的指导意义。

2）盈亏平衡点模型

这一模型主要帮助确定一个公司的特定产品生产量与成本、售价之间的关系，得到一个确定的盈亏平衡点，在这个水平上，总收入恰好等于总成本，没有盈亏。这一模型是确定型的描述性模型。这一模型对于饭店产品销售有指导意义。

3）库存模型

这一模型回答库存有多少、什么时候该进货与发货等问题，因此，这一模型必须既要考虑库存适合生产与销售的需求，又要考虑减少仓储费用。这一模型的最佳方案就是经济订购批量模型（EOQ）。饭店日常消耗品特别大，研究库存是很有价值的。

4）资源配置模型

资源主要是指自然资源和实物资源，常用的资源配置模型就是线性规划模型，从各种限制条件的组合中，选择出最为合理的计算方法，建立线性规划模型，从而求得最佳结果。饭店需要考虑人力、财力和物力的资源配置。

5）网络模型

两种主要的和最流行的网络模型就是PERT（计划评审技术）和CPM（关键路线法）。PERT是计划和控制非重复性的工程项目的一种方法。CPM特别适用于饭店从前期策划经投资决策、基建、装修到营业的全过程的管理。

6）排队模型

排队模型解决服务设施与服务需求之间的供需关系问题。例如，在饭店服务过程中，如果顾客需要排队等候很长时间，顾客就会失去耐心而一走了之；如果开设很多服务台，却很少有人光顾，则又会导致成本增加。因此，排队模型试图解决这个问题，找到一个最优解。

7）模拟模型

模拟是指具有与某种事物相同的外表和形式，但不是真的事物。由于真实事物所具有的复杂性，以及对其管理作用的不可重复性，为了得到预计成果，有必要建立模拟的模型，在此模型上探讨最佳行动方案或政策，以便最后能用于实践操作中。模拟模型是描述性的，含有各种随机变量。

1.5.4　当代管理理论

当代管理理论是指自20世纪70年代开始至今的管理理论，在这一时期，国外的管理理论有了新的发展。

1）20世纪70年代至90年代的理论发展

其一，权变管理理论。自20世纪70年代起，周围环境复杂多变，人们越来越感到不可能找到一个以不变应万变的管理模式，在管理的指导思想上出现了强调灵活应变的"权变观点"。权变管理的基本含义是：成功的管理无定式，一定要因地、因时、因人而异。这种观点是针对系统管理学派的学者们建立万能管理模式的偏向而提出的。它强调了针对不同情况，应当采用不同的管理模式和方法，反对千篇一律的通用的管理模式。案例方法是其成功运用的主要方法。

其二，战略管理理论。如果说，在20世纪50年代以前的企业管理重心是生产，60年代是市场，70年代是财务，那么自20世纪80年代起，其重心转移到了战略管理上。这是现代社会生产力发展和社会经济发展的必然结果。企业依靠过去那种传统的计划方法来制订未来的计划已显得不合时宜，只有高瞻远瞩，审时度势，对外部环境的可能变化做出预测和判断，并在此基础上制订出企业的战略计划，才能谋求长远的生存和发展。

其三，企业文化理论。20世纪80年代开始注重比较管理学和管理哲学，强调的重点是"企业文化"。通常认为，"企业文化热"的直接动因是美国企业全球统治地位在受到日本企业威胁的情况下人们对管理的一种反思。企业文化的研究主要集中在把企业看作是一种特殊的社会组织，并承认文化现象普遍存在于不同组织之中，这些文化代表着组织成员所共同拥有的信仰、愿景、思想、价值观、态度和行为等，它是企业最稳定的核心部分，体现了企业的行为方式和经营风格。

2）20世纪90年代后的管理理论

（1）学习型组织理论。

美国人彼得·圣吉于1990年出版了《第五项修炼——学习型组织的艺术与实务》。圣吉认为，要使企业茁壮成长，必须建立学习型组织，也就是将企业变成一种学习型的组织，以增强企业的整体能力，提高整体素质。

学习型组织，是指通过培养弥漫于整个组织的学习气氛，充分发挥员工的创造性思维能力而建立起来的一种有机的、高度柔性的、扁平的、符合人性的、能够持续发展的组织。通过培育学习型组织的工作氛围和企业文化，引领人们不断学习、不断进步、不断调整新观念，从而使组织更具有长盛不衰的生命力。

彼得·圣吉提出了建立学习型组织的五项修炼，如下：

第一项修炼：自我超越。它是学习型组织的精神基础，要求不断深入学习并加入个人的愿望，集中精力，培养耐心，并客观地观察现实。自我超越需要不断认识自己，认识外界的变化，不断赋予自己新的目标，并由此超越过去，超越自我，迎接未来。

第二项修炼：改善心智模式。心智模式是根深蒂固于心中的，影响我们如何了解这个世界，以及如何采取行动的许多假设、成见，甚至图像、印象等。个人和组织往往不了解自己的心智模式，故而对自己的一些行为无法认识和把握。

第三项修炼：建立共同愿景。共同愿景是指一个组织中各个成员发自内心的共同目标，如果有一种理念能够一直在组织中鼓舞人心，那么这个组织就有了一个共同的愿景，就能够保证企业组织充满活力、长久不衰。

第四项修炼：团队学习。团体的智慧总是高于个人的智慧。当团体真正在学习的时候，不仅团体能产生出色的成绩，其个别成员的成长速度也比其他学习方式要快。

第五项修炼：系统思考。企业与人类的其他活动一样都是系统，都受到细微且息息相关的行为的牵连，彼此影响着，因此必须进行系统思考修炼。系统思考的修炼是建立学习型组织最重要的修炼。

学习型组织的出现不是简单地依靠各项修炼，而是五项修炼整合而成的新质。它的基本理念不仅有助于企业的改革与发展，而且对其他组织的创新与发展也有启示。人们可以运用学习型组织的基本理念，去开发各自所置身的组织创造未来的潜能，反省当前整个社会中的种种学习障碍，思考如何使整个社会早日向学习型社会迈进。

（2）企业再造理论。

企业再造也译为"公司再造""再造工程"（Reengineering）。它是 1993 年开始在美国出现的关于企业经营管理方式的一种新的理论和方法。企业再造是指为了在衡量绩效的关键指标上取得显著改善，从根本上重新思考、彻底改造业务流程。其中，衡量绩效的关键指标包括产品质量和服务质量、顾客满意度、成本、员工工作效率等。"再造工程"在欧美的企业中已经受到高度重视，得到迅速推广，带来了显著的经济效益，涌现出大批成功的范例。企业再造理论顺应了通过变革创造企业新活力的需要，这使越来越多的学者加入流程再造的研究中。作为一种新的管理理论和方法，企业再造理论仍在继续发展着。

✿ 本章概要

✿ 主要概念

饭店　学习型组织

✿ 内容提要

● 本章主要介绍了饭店、产品属性、产业特性、发展趋势和可资借鉴于饭店管理的理论观点。

● 饭店是一个以提供客房住宿和餐饮服务为主的综合性服务企业，是指能够接待宾客，为旅客提供住宿、饮食、购物、娱乐和其他服务的综合性、服务性的企业。

● 饭店出售的产品是服务，而服务是一种特殊商品，它具有商品属性和服务属性。

● 饭店具有分布的分散性、区域市场特征、饭店行业进入的容易性、顾客需求差异大而饭店产品结构差异偏小的产业特性，以及饭店难以形成理想的规模经济、原材料与技术优势难以保持、饭店产品差异化程度低、分销渠道难以固定等产业弱势。

● 中国饭店业发展趋势为：数千年来，中国的唐、宋、明、清被认为是饭店业得到较大发展的时期。中国现代化的饭店设施主要兴建于 20 世纪 80 年代之后，其中一些是经过改造的旧饭店，一些是中华人民共和国成立以后建造的宾馆、饭店和招待所，一些则是改革开放以来兴建的现代化新型饭店；21 世纪以来，因房地产业快速发展而带动的大型综合体饭店（如万达）比较多，经济型饭店发展极为迅速（如如家、锦江之星、七天等）。

● 可资借鉴于饭店管理的理论主要包括古典管理理论、行为科学理论、管理科学理论和当代管理理论。

✿ 内容结构

本章内容结构如图 1-1 所示。

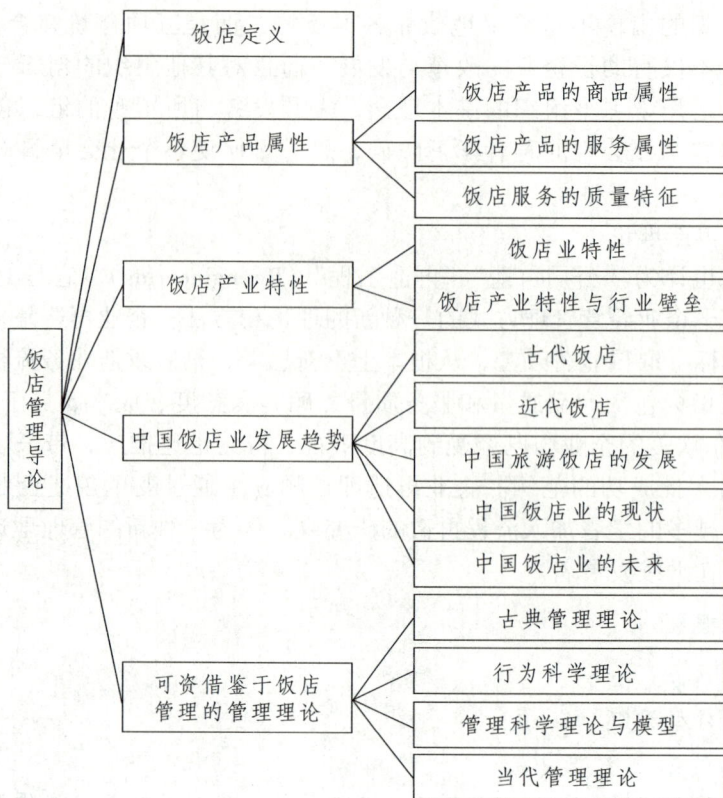

图1-1　本章内容结构图

☆　重要观点

观点1-1： 饭店是个产业，具有产业特性。

常见质疑： 饭店业不成为一个产业。

释疑： 饭店不是一个严格意义上的经济产业，但它是旅游业的重要组成部分，是旅游接待业的核心产业链中的核心一环，有着自己独特的产业特性和发展趋势。只有深刻理解饭店业特性和产业特性，才能深入洞悉饭店发展趋势，理解饭店所需要的管理理论和管理知识。

观点1-2： 泰罗的标准化管理模式特别适用于饭店一线服务流程的标准化。

常见质疑： 现代饭店服务特别需要人性化和个性化，标准化只适用于商业饭店。

释疑： 现代饭店服务的确需要人性化和个性化，但是肇始于商业饭店时代的标准化服务对于中国的饭店业来说，却具有特别重要的意义。在中国，只有标准化的普遍实施才有可能发展出人性化和个性化服务，也只有高端饭店和主题饭店才具备发展人性化和个性化服务的条件。

❋　单元训练

☆　传承型训练

▲　理论题

△　简答题

1）简述饭店产品属性。

2）简述饭店产业特性。

3）简述饭店产业弱势和饭店行业壁垒。

4）饭店区域市场的影响因素有哪些？

5）简述中国饭店业发展趋势。

6）可资借鉴于饭店管理的管理理论有哪些？

△ 讨论题

1）为什么说饭店是个产业？

2）为什么说泰罗的标准化管理模式特别适用于饭店一线服务流程的标准化？

3）饭店的标准化管理价值超过动作和工时研究的应用价值吗？为什么？

▲ 实务题

△ 规则复习

1）下定义有哪些方法？本教材对饭店所下定义依照了何种方法？

2）简述法约尔的职能管理设计。

3）流行的管理科学模型主要有哪些？

4）简述学习型组织的学习步骤。

△ 业务解析

1）为什么饭店要重视口碑效应？

2）饭店如何规避季节性影响？

▲ 案例题

△ 案例分析

【训练目的】

见本章"学习目标"中的"认知弹性"目标。

【教学方法】

采用"案例教学法"。

【训练任务】

1）体验本章理论与实务知识的具体运用。

2）体验对"附录二"附表2中各项"参照指标""训练考核点"的遵循。

3）体验对"附录三"附表3中"解决问题"能力"初级"的"基本要求"和各技能点"参照规范与标准"的遵循。

4）体验在"相关案例"的"背景与情境"中分析与解决问题的"结构不良知识学习"过程。

5）撰写、讨论和交流《案例分析报告》。

【相关案例】

微笑是服务吗？

背景与情境：遥想1994年，笔者正在某旅行社兼职锻炼，该年8月1日，本人作为全陪带领一个旅游团队从"告别三峡游"来到了武汉。是时武汉天气奇热无比，原本旅行社约定（等于购买的旅游服务用车）的空调车变成了大客车，经过旅行社经理和我的好说歹说，客人极为不情愿地上了车。本来事情已经结束，可是上车后导游多事，说了句："不好意思，今天空调车坏了，临时换成大客车。不过，硬件不足软件补，我会更好地做好导游服务！"此时一位客人就问："你用什么软件补？"导游答曰："我用微笑服务！"这位客人勃然大怒，说："你长成那样，有什么好笑！"从那时起，我一直在思考：微笑是服务吗？

问题：

1）本案例涉及了本章的哪些知识点？

2）运用这些相关知识表征这一案例。

【训练要求】

1）了解本教材"附录二"的附表2中"形成性训练与考核"的"参照指标"与"训练考核点"。

2）学生分析案例提出的问题，拟出《案例分析提纲》。

3）小组讨论，撰写小组《案例分析报告》。

4）班级交流、相互点评和修订各组的《案例分析》。

【成果形式】

1）训练课业：《"微笑是服务吗？"案例分析报告》。

2）课业要求：

（1）事实清晰，论据充分，逻辑清晰，不少于1 000字。

（2）将《案例分析提纲》作为《案例分析报告》的附件。

（3）规范要求：本教材"附录二"的附表2中"形成性训练与考核"的"参照指标"与"参照内容"。

（4）结构、格式与体例要求：参照本教材"课业范例"的"范例–1"。

（5）在校园网的本课程平台上展示经过教师点评的班级优秀《案例分析报告》，并将其纳入本课程的教学资源库。

△ 善恶研判

【训练目的】

见本章"学习目标"中"传承型学习"的"认知弹性"目标。

【教学方法】

采用"案例教学法"。

【相关案例】

实习生在客房用了马桶

背景与情境：某职业大学旅游酒店管理专业实习生小张，在一家国际知名品牌酒店的客房部实习，每天需要完成16间客房的整理和卫生清洁工作。有一天他吃坏了肚子，工作又无法临时换班，只好带病工作。工作期间，他感到内急但来不及回到员工休息室，于是就在客房的卫生间解决了问题。不巧的是，客房卫生尚未打扫好客人就提前回房了，而此时小张正在卫生间里。客人对此极为不满，遂将其投诉到大堂副经理处，大堂副经理在向客人致歉之后，向客房部经理报告，客房部经理再次向客人致歉，并当客人面严肃地批评了小张。

问题：

1）本案例中存在哪些道德问题？

2）试对上述问题做出你的善恶研判。

3）说明你所做善恶研判的依据。

4）请从客人入住后的客房使用权归属与实习生不当使用的角度，对这一投诉的后续处理提出建议。

【训练准备】

1）了解本教材"附录二"的附表2中"形成性训练与考核"的"参照指标"与"训练考核点"。

2）了解本教材"附录四"的附表4中各"道德范畴"及其"参照规范与标准"。

3）通过本案例了解"环境伦理规范体系的基本点"、"人类伦理责任"和"环境伦理的具体行为规范"。

【训练要求】

1）学生分析案例提出的问题，拟出《善恶研判提纲》。

2）小组讨论，撰写小组《善恶研判报告》。

3）班级交流、相互点评和修订各组的《善恶研判报告》。

4）小组总结本次训练，形成《善恶研判报告》。

【成果形式】

1）训练课业：《"实习生在客房用了马桶"善恶研判报告》。

2）课业要求：

（1）事实清晰，论据充分，逻辑清晰，不少于1 000字。

（2）将《善恶研判提纲》作为《善恶研判报告》的附件。

（3）规范要求：本教材"附录二"的附表2中"形成性训练与考核"的"参照指标"与"参照内容"。

（4）结构、格式与体例要求：参照本教材"课业范例"的"范例-2"。

（5）在校园网的本课程平台上展示班级优秀《善恶研判报告》，并将其纳入本课程的教学资源库。

✿ 创新型训练

▲ 自主学习

自主学习-Ⅰ

【训练目的】

见本章"学习目标"中"创新型学习"的"自主学习"目标。

【教学方法】

采用"学导教学法"和"研究教学法"。

【训练要求】

1）以班级小组为单位组建学生训练团队，各团队依照本教材"附录三"附表3中"自主学习"（初级）的"基本要求"和各技能点的"参照规范与标准"，制订《团队自主学习计划》。

2）各团队自主学习本教材"附录一"附表1"自主学习"（初级）各技能点的"'知识准备'参照规范"所列知识。

3）各团队以自主学习获得的"学习原理"、"学习策略"与"学习方法"知识（初级）为指导，通过院资料室、校图书馆和互联网，查阅和整理近年以"饭店发展趋势"为主题的国内外学术文献资料。

4）各团队以整理后的文献资料为基础，依照相关规范要求，讨论、撰写和交流《"饭店发展趋势"最新文献综述》。

5）撰写作为"成果形式"的训练课业，总结自主学习和应用"学习原理"、"学习策略"与"学习方法"知识（初级），依照相关规范，准备、讨论、撰写和交流《"饭店发展趋势"最新文献综述》的体验过程。

【成果形式】

训练课业：《"自主学习-I"训练报告》

课业要求：

1）内容包括：训练团队成员与分工；训练过程；训练总结（包括对各项操作的成功与不足的简要分析说明）；附件。

2）将《"饭店发展趋势"最新文献综述》作为《"自主学习-I"训练报告》的"附件"。

3）《"饭店发展趋势"最新文献综述》应符合"文献综述"规范要求，做到事实清晰，论据充分，逻辑清晰，不少于3 000字。

4）结构与体例参照本教材"课业范例"的"范例-4"。

5）在校园网的本课程平台上展示班级优秀训练课业，并将其纳入本课程的教学资源库。

✿ 建议阅读

[1] GEE C Y. 国际饭店管理［M］. 谷慧敏，译. 北京：中国旅游出版社，2002：5-136.

[2] 王大悟. 中国旅游饭店发展蓝皮书（1979—2000）［M］. 北京：中国旅游出版社，2002：3-18.

[3] 周三多，等. 管理学——原理与方法［M］. 上海：复旦大学出版社，1999：3-133.

[4] 邹益民. 中国饭店服务的过去、现在和未来［J］. 饭店现代化，2008（10）：17-20.

第一篇

西方饭店经营思想与发展模式

第 2 章
西方饭店经营思想演变与中外饭店管理思想比较

▶ **学习目标**

2.1 西方饭店发展历程

2.2 西方饭店经营思想演变

2.3 中外饭店业管理思想比较

2.4 现代西方饭店管理方法

▶ **本章概要**

▶ **单元训练**

▶ **建议阅读**

▶ **学习目标**

▷ **传承型学习**

通过以下目标，建构以"西方饭店经营思想演变与中外饭店管理思想比较"为阶段性内涵的"传承型"专业学力：

理论知识：学习和把握西方饭店经营思想演变与中外饭店管理思想比较的相关概念，西方饭店业的发展历程、世界饭店集团的发展特征、服务设施观念演变、服务理念演变、服务标准演变、服务质量观念演变、服务营销观念演变、中外饭店业管理思想比较等陈述性知识；能用其指导"同步思考"、"延伸思考"和相关题型的"单元训练"；体验"西方饭店经营思想演变和中外饭店管理思想比较"中"理论知识"的"传承型学习"及其迁移。

实务知识：学习和把握全面质量管理方法、收益管理方法、流程再造方法、绿色饭店方法，以及"业务链接"等程序性知识；能用其指导"深度剖析"、"教学互动"和相关题型的"单元训练"；体验"西方饭店管理新方法"中"实务知识"的"传承型学习"及其迁移。

认知弹性：运用本章理论与实务知识研究相关案例，对"引例"、"同步案例"和"洲际集团品牌"等业务情境进行多元表征，体验"西方饭店经营思想演变与中外饭店管理思想比较"中"结构不良知识"的"传承型学习"及其迁移；依照相关行为规范对"'极品'个性化服务"和"饭店职业经理人吃在饭店、住在饭店"等案例进行善恶研判，促进健全职业人格的塑造。

▷ **创新型学习**

通过以下目标，建构以"西方饭店经营思想演变与中外饭店管理思想比较"为阶段性内涵的"创新型"专业学力：

自主学习：参加"自主学习-Ⅱ"训练。在制订和实施《团队自主学习计划》的基础上，通过阶段性学习和应用"附录一"附表1"自主学习"（中级）"'知识准备'参照范围"所列知识，搜集、整理与综合"现代西方饭店管理新方法"前沿知识，讨论、撰写和交流《"现代西方饭店管理新方法"最新文献综述》等活动，体验"西方饭店经营思想演变和中外饭店管理思想比较"中的"自主学习"（中级）及其迁移。

引例：肯德基两度进军中国香港的失与得

背景与情境：第一次进军中国香港。

肯德基在首次进军香港之前，曾对香港的有关投资环境进行了分析。肯德基公司认为，进军香港市场有如下三个有利条件：

（1）20世纪70年代初的香港，由于经济发展、生活节奏日益加快，越来越多的居民改变中国传统的家庭厨房用餐习惯，转为户外用餐，从而对快餐食品的需求迅速增长，给予了快餐业一次发展的大好机遇。

（2）鸡在中国人的传统饮食中占有重要地位，不论是从营养价值还是从饮食偏好来看，肯德基都会投港人所好。

（3）肯德基在来港之前，很少有香港人吃过美式快餐，这种新式的快餐食品必然会引起香港人的注意，形成吸引力。

于是，肯德基于1973年6月进军中国香港快餐市场，第一家家乡鸡店在美孚新屯开业，接着以平均每个月一间的速度连续开了11家连锁店。在一次记者招待会上，肯德基公司某负责人夸下海口：要在香港开设50～60家分店。在肯德基家乡鸡店中，除了炸鸡之外，还供应其他食品，比如菜丝沙拉、薯条、面包以及各种饮料。炸鸡分5件装、10件装、15件装和20件装四种形式出售。另外，还有套餐出售。除了提供香港人前所未"尝"的美式快餐食品外，肯德基家乡鸡在香港首次推出时，还配合了声势浩大的宣传攻势。肯德基的广告占据了香港电视主要频道，还有铺天盖地的报刊广告和印刷品，这些广告都采用了家乡鸡世界性的宣传口号："好味到舔手指"，这迅速地吸引了香港人的眼球。

然而，让人万万没有想到的是，到1974年9月，肯德基公司突然宣布在香港的多家餐厅停业，只剩4家坚持营业。到1975年2月，首批进入香港的肯德基餐厅全部关门停业。虽然肯德基家乡鸡公司的董事坚称，这是由于租金上的困难而造成的歇业。但据有关人士分析，问题主要是出在投资者缺乏对香港本土文化特别是饮食文化的了解，以致未能吸引住顾客。

（1）在口味上，肯德基虽然知道鸡是中国人的传统食品，但没有进一步了解中国人的口味要求。虽然为了适应香港人的口味，肯德基采用了本地产的土鸡品种，但仍采用以前的喂养方式，即用鱼肉饲养，这种做法破坏了中国鸡特有的口味，不能令香港人满意。

（2）在广告上，家乡鸡采用"好味到舔手指"的国际性广告词。虽然肯德基的这句广告词在其他地区的市场上取得了良好的宣传效果，但却违背了香港人的观念，很难被深受儒家文化影响的香港人所接受。

（3）在价格上，虽然当时香港人的收入有了很大的增长，但他们还是认为肯德基太昂贵，因此需求量较小。

（4）在服务上，家乡鸡在香港仍采用美国式服务。在美国，快餐店一般为外卖店，人们驾车到快餐店，买了食物带回家吃，因此，快餐店内通常不设座位。但在香港则不同，香港人喜好三三两两结伴入店进餐、边吃边聊。肯德基不在店内设座位的做法，无疑失去了一大批潜在顾客。

第二次进军香港。

肯德基家乡鸡先后在马来西亚、新加坡、泰国和菲律宾投资成功。在总结了东南亚成功经营的经验之后，肯德基于1986年9月再度登陆香港。肯德基这次重新进军香港，其把特许经营权交给了香港太古集团的一家附属机构，以独家特许经营的方式取代合资方式，条件是不能分包合约，10年合约期满时可重新续约。特许经营协议内容包括购买特许的设备、食具和向肯德基特许供应商购买烹调用香料。首家新肯德基快餐店于1985年9月在佐敦道开业，第二家于1986年在铜锣湾开业。这时的香港快餐业发生了许多新的变化，市场份额已被本地食品和麦当劳分别占去7成和2成以上。肯德基在开业以前，公司的营销部进行了细致的市场调研和预测，谨慎地开拓市场，在营销策略上根据香港本地的情况进行了改动，这回家乡鸡吸引住了顾客，很快在香港快餐市场站稳了脚跟。在不到两年的时间里，肯德基家乡鸡在香港的快餐店就发展到716家，约占该公司在世界各地总店数的1/10。

启示：有人分析了肯德基家乡鸡第二次进军香港的成功原因，认为应该归因于肯德基在营销策略上所做的重要变动：

（1）在食品项目上，肯德基快餐店进行了一些革新。在品种上，以鸡为主，也有鸡组合装、杂项食品和饮品。杂项食品包括薯条、沙拉和玉米等。大多数原料和鸡都从美国进口，同时还供应"本地化"的配菜。

（2）在设计上，快餐店设计简洁、高雅，并设置了店内就餐的座位。

（3）在广告上，肯德基放弃了国际性的统一广告词"好味到舔手指"，改为带有浓厚港味的"甘香鲜美石岩口味"，很容易为香港人所接受，而且广告并不作为主攻方向。

（4）在市场定位上，肯德基家乡鸡进行了市场细分，确定了目标市场，把目标市场锁定为年龄介于16~39岁之间的顾客，注重年轻及受过教育的顾客层。

（5）在经营方式上，改变业务经营方式，以独家特许经营方式取代合资方式。

（6）在价格上，肯德基家乡鸡将家乡鸡以较高的价格出售，而其他杂项食品如薯条、沙拉和玉米则以较低的价格出售。

实际上，从肯德基20世纪70年代和80年代两次进军香港的成败可以看出，这些改变和取得的成绩都与它加深了对香港本土文化的了解或对香港文化投资环境的重新认识有很重要的关系。深入了解文化差异，从经营理念改变入手进行整体的产品、营销、经营方式的改变，才是肯德基在香港成功的根本原因。

随着时代的发展，美国文化对世界的影响与日俱增，不少香港的年轻人都将肯德基作为美国文化的代表予以接纳。肯德基用美国鸡取代中国土鸡，并以桑德斯上校的美国配方烹制，同时又附带供应本地化配菜的一系列做法，一方面迎合了香港人对西式生活的追求，另一方面又照顾到了香港人对传统文化的怀念，很恰当地把握了香港居民具有深层文化背景的消费心理。另外，肯德基在设计、广告、经营方式、价格等方面都根据香港的实际情况，对公司以前采取的统一的国际市场拓展方式进行了变革，以适应香港本土文化的变化，更好地适应香港本地的需求。所以，可以肯定地说，如果投资者对香港文化的变化没有进行充分了解和客观、细致的分析、评估，肯德基在香港就不能转败为胜。

资料来源：林璧属. 饭店企业文化塑造：理论与案例［M］. 北京：旅游教育出版社，2014：18-20.

"肯德基两度进军中国香港的失与得"带给我们的直接观感是：即便是像肯德基这样的西式快餐连锁企业，在首次进军中国香港时也以失败而告终。值得我们探讨的问题是：西方饭店业的发展历程与经营思想是什么？其与中国饭店业的管理有何异同？是否有什么管理的新方法？西式饭店能适应中国的水土吗？中国能否锻造出有自己民族特色的饭店业？这些都是本章需要深入回答的问题。

2.1　西方饭店发展历程

研究西方饭店业的经营思想演变，需要从饭店业的发展历程入手，再比较其经营思想演变。

2.1.1　西方饭店业的发展历程

在欧洲，从公元前 600 年左右出现的设备简单的客栈到如今大批涌现的高级豪华饭店，大致经历了早期的客栈时期，19 世纪后半叶专为富有的、特权阶层服务的大饭店时期，20 世纪初期为适应工商业大发展所需要的商业饭店时期，以及第二次世界大战后至今的饭店联号时期等四个时期。

1）客栈时期

客栈是现代意义上饭店的雏形，作为一种住宿设施早就存在，真正流行是在 12 世纪以后，盛行于 15—18 世纪之间，以英国的客栈最为著名。从设施上讲，客栈的特点是规模小、设备简陋，多设在乡间或小镇，一般客栈相距的距离是马匹一天可以行走的路程，除满足住宿者吃饭、睡觉与安全这些最基本的需求之外，无其他服务可提供，价格也很低廉。

2）大饭店时期

19 世纪工业革命之后的欧洲，随着上层社会生活方式的转变，专为王室、贵族、大资产阶级服务的豪华饭店应运而生。其中，德国巴登巴登——这一古罗马时期著名的温泉疗养地建立的巴典国别墅是第一座富丽堂皇的大饭店，而法国的"巴黎大饭店""卢浮宫大饭店"、英国的"萨伏依饭店"、德国的"恺撒大饭店""法兰克福大饭店"是这一类型的代表。大饭店大都建在最为繁华的大都市，规模宏大，建筑与设施豪华，装饰讲究，服务一流，讲究礼仪，尽全力满足客人的要求。这一时期，瑞士籍饭店主里兹（Ritz）建造、经营的饭店及他本人的名字，一下子变成了最豪华、最高级、最时髦的代名词，他提出的"The guest is never wrong（客人永远不会错）"成为饭店经营格言。

同步思考 2-1

1850 年在巴黎建成的巴黎大饭店，1874 年在柏林开业的恺撒大饭店，1876 年在法兰克福开业的法兰克福大饭店，1889 年在伦敦开业的萨沃伊饭店，都是 19 世纪下半叶最著名的饭店。

问题：为什么大饭店出现于 19 世纪工业革命之后的欧洲？

理解要点：从经济基础、工业技术与建筑技术、消费需求来理解、讨论。

（1）从历史过程来看，19 世纪工业革命带来了哪些变化？工业技术与建筑技术的发展是否能够支撑高端饭店的建造？经济的高速增长和社会财富的快速增长是否催生了新的消费能力？

（2）代表这一时期上层社会的是王室、贵族，他们的收入是否增长？生活方式是否发生了变化？是否催生了他们新的消费需求？

（3）工业革命的发展造就了大资产阶级的产生，这些大资产阶级的消费需求是否也体现在食宿方面？

3）商业饭店时期

20世纪初期，随着世界经济的发展，商务旅游人数急剧增加。商务旅游者没有资格住在大饭店，但又不愿住那些小客栈，这中间似乎存在着一个空白。20世纪初的美国出现了"一个房间一浴室，一个美元零五十"的斯塔特勒饭店。斯塔特勒1908年在布法罗建造的以他的名字命名的斯塔特勒饭店是商业饭店的代表，他提出的"客人永远是正确的"至理名言，迄今仍为饭店业主们推崇恪守。商业饭店的特点是提供完善的设备和设施，推行优良的服务，服务对象是从事商业活动的商务客人，它的设施与服务项目讲究舒适、方便、清洁、安全与实用，价格便宜合理。商业饭店格外讲究经营艺术，注意服务水平的提高与改善管理，降低成本以获得最佳利润，并开始向标准化、连锁化迈进。

延伸思考2-1

1908年，斯塔特勒在布法罗的斯塔特勒饭店（Buffalo Staffer）的每间客房里都设置了私人浴室、壁橱、24小时冰水供应、电话和门旁电灯开关。对客房采取的新举措包括在每个床前设置台灯和配备文具的写字桌。在建筑上创立了独特的垂直竖井用于走管线和其他设备，这是他的独创和首创。到了1927年，他已在克利夫兰、底特律、圣路易斯拥有饭店。在纽约，他建立了当时最大的、拥有2 002间客房的宾夕法尼亚饭店（Pennsylvania Hotel）。

问题： 斯塔特勒对商业饭店有何贡献？他为什么会成为商业饭店之父？

理解与讨论： 可以从斯塔特勒的商业饭店建造模式、服务模式、商业模式等方面进行深入的分析。

（1）斯塔特勒有大量的饭店建筑创新，这些创新奠定了新的饭店发展模式。

（2）服务模式与服务理念的创新，奠定了商业饭店模式。

（3）商业模式创新推动了饭店的集团化发展。

商业饭店时期是世界饭店发展史中最为重要的阶段，它从各方面奠定了现代饭店业的基础，并在此基础上形成了世界性的国际饭店协会，制定了饭店规章，建立了一些旅游管理、饭店管理的高等院校。

4）饭店联号时期（新型饭店时期）

从20世纪50年代起，随着旅游业的发展，特别是国际旅游业的发展，世界上一些大的饭店公司以出售特许经营权或签订委托管理合同等办法，大力向国外扩展，逐渐形成了一批使用统一名称、统一标识，在饭店建造、设施设备、服务程序、管理方法等方面实行统一标准进行饭店促销、客房预订、物资采购与人才培训的大小不等的饭店联号。饭店不仅提供食宿功能，满足舒适、卫生、安全的需要，而且满足客人的消遣、健身、公务等多种需要。饭店不仅为外来的旅游者服务，还是当地社会活动的重要场所。从此，世界上不仅出现了规模庞大的跨国饭店联号和与之相抗衡的各种饭店联合体，也出现了专门从事饭店经营管理或提供管理咨询的公司，饭店联号主宰着世界的饭店业，且目前仍处于这一时期。美国是世界上饭店联号公司出现最早、规模最大和数量最多的国家，最著名的希尔顿（Hilton）、喜来登（Sheraton）、假日饭店（Holiday Inn.）等公司在世界各地都拥有大量的客房。随着世界经济的发展和经营管理方法的增多，战略联盟等新兴的管理模式也在饭店业中得到发展，如最佳西方国际（Best Western）就是其中的一大代表。

2.1.2　当前世界饭店集团的发展特征

综观世界饭店业的发展可以发现，近30多年来，世界知名饭店集团控制着饭店业的发展。世界饭店集团发展具有如下特征：

1）大型饭店集团普遍实行多品牌战略

在没有实行多品牌战略以前，由于每一家饭店的市场定位不同，同一品牌的饭店往往提供的是差别极大的产品，这就严重地模糊了消费者对饭店形象的认知。为了解决这一问题，许多饭店联号在不同的细分市场采用不同品牌的多品牌战略，使每一类饭店都有自己独特的品牌和标识，以便同饭店联号内的其他饭店区分开来。

◆ **同步案例2-1** ◆

万豪的饭店品牌

背景与情境： 万豪所拥有的酒店品牌至少包括：万豪酒店（全面服务酒店）、丽思卡尔顿酒店（豪华酒店）、万丽酒店（优质酒店）、万怡酒店（中价酒店）、Residence Inn（长租酒店）、Fairfield Inn（经济型酒店）、Spring Hill Suites（高中价套房酒店）、Towne Place Suites（中等价位长租酒店）、华美达国际（在北美以外地区管理着192家经济型酒店），通过 Marriott Vacation Club、Horizons、Ritz-Carlton Club 及 Marriott Grand Residence Club 等品牌经营度假酒店（度假式酒店）及万豪行政公寓（高级酒店式公寓）。

资料来源：根据万豪酒店宣传资料整理而成。

问题： 希尔顿饭店、喜达屋饭店具有哪些饭店品牌？万豪与希尔顿饭店、喜达屋饭店品牌有何异同？

分析提示：

（1）从希尔顿饭店总部网站查找其品牌的细分市场，确定其品牌名称与市场定位。

（2）从喜达屋饭店总部网站查找其品牌的细分市场，确定其品牌名称与市场定位。

（3）通过列表分析万豪、希尔顿与喜达屋三大饭店在不同档次、不同细分市场的饭店品牌，由此判断其异同点。

2）饭店业日益向联号经营方向发展

在饭店业发展初期，许多饭店是家族所有并由家族人员经营。随着现代企业制度的不断建设，饭店经营日益规范化和集团化，饭店联号所经营的饭店数量巨大。饭店联号迅速发展的一个主要原因在于市场的客源优势、采购优势、管理优势和品牌优势。伴随着饭店集团的收购兼并，以及各类饭店纷纷向饭店联号靠拢，饭店业日益向联号经营方向发展。

3）饭店业国际化经营的程度越来越高

一般认为，从第二次世界大战结束以后，饭店业才开始了国际化经营的步伐。但是，这一进程的速度是惊人的。

4）经济型饭店发展迅速

20世纪八九十年代，经济型饭店在欧美地区发展较为迅速。以美国为例，1987—1998年，经济型饭店的数量从42万多间增加到72万多间，增长了73.8%，同一时期，高档饭店的增长仅为26.4%。经济型饭店发展的趋势是单一品牌、单一细分市场（经济型市场），它不仅成为大饭店公司扩张的重要对象，许多新的饭店投资者也纷纷进入经济型饭店市场。经济型饭店这一细分市场，成为目前世界上收购兼并的主要阵地。例如，法国雅高就以发展中等经济型饭店为目标，并以饭店连锁经营和合同管理等模式进入中国中等饭店市场。

5）兼并收购成为饭店发展的基本手段

其一，兼并收购愈来愈成为大企业进入某一地区的手段。国际化经营趋势使更多的饭店公司认识到，要成为一家世界范围内的大饭店公司，仅在一个或几个地区展开经营是不够的，必须加快向某些市场中的空白地区扩张，而兼并收购成为这种进入的主要手段。

其二，兼并收购的金额越来越大。近几十年来，饭店业中的兼并收购不单局限于某一饭店集团对某一家饭店的收购，而是更多地表现为饭店联号之间的兼并收购。这种饭店联号之间的兼并收购数额巨大，涉及金额动辄数十亿美元。这说明世界饭店业逐渐被规模巨大的少数几家饭店联号所控制，越来越多的客房不断地集中到少数饭店联号手中。

其三，跨国收购与产品线、品牌线收购增加。从20世纪80年代末开始，大型国际饭店纷纷开始进行大规模的跨国兼并收购，饭店集团采用同一类型饭店产品和品牌系列的收购扩张，以调整和完善现有饭店的经营结构。例如，雅高等大型饭店集团的发展正是沿着这一趋势推进。

其四，对不包括不动产的品牌的收购增加。进入20世纪90年代，特许经营和管理合同这两种饭店公司扩张方式日益流行，饭店业的兼并收购迎来了新的趋势。当某一家采用特许经营和饭店管理模式的联号被收购时，往往不涉及不动产产权的转移，只是对以品牌为代表的一系列知识产权和经营权利的收购。假如当某一家饭店联号不能在短时间内建立品牌而又确实希望进入某一市场，则往往通过购买品牌的方式达到目的。

此外，兼并收购的手段多样化，既有现金收购，也有股权置换，甚至开始出现以消灭竞争对手为主要目的的恶意收购。

2.2　西方饭店经营思想演变

在古希腊和古罗马早期，接待是一种"给予与接受"哲学，给予过路的陌生人食物与住宿是一种习俗。进入中世纪之后，基督教会提供的食物与住宿则是一种施予，中世纪晚期开始的客栈提供的则是一种包含食物与住宿的基本产品。现代饭店经营意识的真正体现始于 19 世纪大饭店时期，发端于大饭店时期的饭店经营理念，在历史发展中有了新的飞跃。

2.2.1　服务设施观念演变

1）19 世纪的饭店代表是最高档、最豪华的饭店

19 世纪的欧洲，随着上层社会生活方式的转变，为满足王室、贵族、大资产阶级的消费需求，不仅建造了一大批豪华饭店，而且大饭店全都建在最为繁华的大都市，其规模宏大、建筑与设施豪华、装饰讲究。最高档、最豪华成为大饭店时期的象征。

2）20 世纪前 50 年饭店服务设施重于设施的充分利用

随着斯塔特勒商业饭店经营模式的进一步发展，到 20 世纪二三十年代，为了适应社会经济发展的需要，饭店建筑与豪华设施逐步适应了市场发展的新需求，为了充分利用饭店设施，希尔顿酒店以神奇的方式挖掘饭店的每一寸空间，促进了饭店建筑水平和设施布局的进一步优化。希尔顿酒店管理的金科玉律之一为"挖金子"（Digging for Gold）的经营思想。

深度剖析 2-1

希尔顿酒店管理的"挖金子"思想就是把饭店的每一寸空间都变成盈利空间。充分利用每一寸可以利用的地方，使之发挥最大的效益。当希尔顿买下华尔道夫饭店后，其把大厅里 4 根做装饰用的圆柱改成了一个个玻璃陈列窗，并出租给纽约著名的珠宝商与香水商，把另外的小空地也租出去，这样一年的收入就达到了 42 000 美元。其还把朝圣饭店的地下室出租给别人当仓库，每年的收入就达 92 万美元；把书店变成高利润的酒吧，头一年的收入就达 49 万美元；餐厅每天都营业；把衣帽间改为小房间。这些辅助设施的收入与饮料、食品的收入，可以抵销这个拥有 2 200 间客房的饭店的全部经营开支。

资料来源：林璧属. 旅游饭店实务管理 [M]. 北京：清华大学出版社，2005：35-36.

问题：希尔顿饭店为什么要充分利用每一寸空间？适合什么条件下的市场？

解析与讨论：

（1）首先，需要了解不同时期的营销观。

（2）当希尔顿买下华尔道夫饭店后，其充分利用了每一寸空间，这说明每一寸空间都能产生盈利，这是生产产品观的时代。

（3）生产产品观的时代是否意味着供不应求？是否必须巧妙运用每一寸空间？

3）20世纪70年代以后，饭店集团通过多品牌和准确的市场定位，寻求设施与需求的合理配置

从20世纪60年代开始，国际饭店业在饭店集团化发展的同时，饭店集团内部逐步开始向多品牌战略方向发展，70年代之后基本形成了大饭店集团的多品牌战略。在集团化的发展过程中，根据目标市场需求，采用细分目标市场的经营策略，在对顾客做了细致的分类的基础上，利用各种不同的饭店提供不同档次的服务以满足不同的顾客需求，为消费者提供多样化的产品，寻求设施与需求的合理配置。

◆ 同步案例2-2

"一个尺码难以适合所有的人"

背景与情境：希尔顿饭店采用品牌延伸的方法把饭店集团区分成不同质量和档次的饭店。希尔顿集团的饭店主要分以下六类：

机场饭店：普遍坐落在离机场只有几分钟车程的地方。

商务饭店：位于理想的地理位置，拥有高质量服务以及特设娱乐消遣项目。

会议饭店：承办各种规格的会议、会晤及展览、论坛等。

全套间饭店：适合长住型客人，每一套间有两间房，并有大屏幕电视、收音机、微波炉、冰箱等。起居室有沙发床，卧室附带宽敞的卫生间。每天早上供应早餐，晚上供应饮料，还为商务客人免费提供商务中心。全套间饭店的一个套间有两个房间，然而收费却相当于一个房间的价格。

度假区饭店：提供顶尖的住宿、出色的会议设施及具有当地风味特色的食品和饮料。人们在这里放松、休养、调整，同时也可以享受到这里的各种娱乐设施。

希尔顿花园饭店（Hilton Garden Inn）：目标市场是新近异军突起的中产阶级游客，市场定位是"四星的饭店，三星的价格"。希尔顿花园饭店价位适中，环境优美，深得全家旅游或长住商务客人的喜欢。

面临日趋激烈的市场竞争，希尔顿在产品开发上越来越多地采取亲近客人的策略，以使客人获得最大便利。针对游客离家在外的种种不习惯与不方便，希尔顿饭店特别推出了TLC房间（即旅游生活中心）。其目的在于尽可能地缩小游客住饭店与住家里之间的感觉差异，保证客人能够有充足的睡眠、健康的旅游生活方式，以及帮助客人减轻外出旅游时感到的压力。饭店同时推出了各种特色服务项目，其中主要包括：

浪漫一夜：为庆祝周年纪念或新婚的情侣所设置，提供上乘的住宿、免费的香槟，到店的第一天免费提供双人早餐，免费使用健康矿泉水及旋涡式按摩水池，以及提供延后离店时间的特权。

轻松周末：以极低的房价为客人提供轻松、舒适的周末客房。每天提供欧陆式早餐，客人可提早入店和延迟离店。

对老年客人的服务：针对老年客人的特点，为其提供专门的特权、特殊的让利以及体贴周到的照顾。

资料来源：林璧属. 旅游饭店实务管理［M］. 北京：清华大学出版社，2005：36-37.

问题：希尔顿饭店的品牌定位是否准确？

分析提示：

（1）条件允许的同学，即学校所在地有希尔顿饭店的，建议最好的办法是去所在地的希尔顿饭店做实地调查，通过调查来判断所在地的希尔顿饭店的市场定位和品牌定位是否合适、是否科学。

（2）缺少条件的同学，即学校所在地没有希尔顿饭店的，建议从其宣传网站查找网络顾客评价，通过顾客评价来进行分析。

2.2.2　服务理念演变

1）19世纪的"客人永远不会错"

19世纪欧洲大饭店时期，不仅建筑与设施豪华、装饰讲究，而且在服务上强调一流的服务、讲究礼仪、尽全力满足客人的要求。瑞士籍饭店主里兹的"客人永远不会错"这一经营格言的提出，标志着现代饭店经营意识的诞生。

2）20世纪初商业饭店的"客人永远是正确的"

商业饭店的出现是人们公认的现代饭店的标志。作为商业饭店的创始人——斯塔特勒提出了"客人永远是正确的"这一至理名言，其迄今仍为饭店业主们推崇恪守。虽然"客人永远是正确的"比起"客人永远不会错"似乎前进了一步，但其实质没变。只不过大饭店时期面对的顾客是王室贵族等上层社会，而斯塔特勒的服务对象是从事商业活动的旅游者，但二者的目标是一致的，都是为了提供完善的设备和设施，进行优良的服务。

从"客人永远是正确的"这句饭店经营名言中可以推导出服务人员与顾客是平民与上帝的关系，这在无形中增加了服务人员的心理压力和服务行业的低级职业感，且不利于饭店员工积极性的充分发挥。如何提高饭店员工的职业自豪感、激励员工的积极性、创造员工的心理平衡便成为提高饭店服务水平的重要前提之一。

3）员工与顾客的平等关系

20世纪80年代以后，员工与顾客的平等关系得以张扬。里兹·卡尔顿酒店的座右铭是："我们是女士和先生，为女士和先生服务。"这个座右铭表达了两个含义：一是顾客与员工是平等的，不是主人与仆人或上帝与凡人的关系，而是主人与客人的关系；二是饭店提供的是人对人的服务，不是机器对人的服务，强调服务的个性化与人情味。其告诫员工："我们不希望你们为本公司工作，而是希望您成为公司的一部分。我们共同的目标是建立卓越的饭店，控制世界饭店业的高档细分市场，这需要你们大家的帮助，饭店的未来掌握在你们手中。"

◆ 深度剖析 2-2

瑞士籍饭店主里兹提出的"The guest is never wrong（客人永远不会错）"成为饭店经营格言。作为商业饭店创始人的斯塔特勒提出了"客人永远是正确的"这一至理名言，迄今仍为饭店业主们推崇恪守。

问题："客人永远不会错"与"客人永远是正确的"在服务理念上有进步吗？从"客人永远不会错""客人永远是正确的"到员工与顾客的平等关系，在服务理念上是否具有本质的飞跃？

解析与讨论:

第一,要针对"客人永远不会错"与"客人永远是正确的"的服务理念进行差异分析。

第二,从"客人永远不会错""客人永远是正确的"的差异分析,到员工与顾客的平等关系,深度剖析这一服务理念是否具有本质的飞跃。

里兹·卡尔顿酒店的一个信条、一句座右铭和三步服务,成为高档饭店的楷模。

◆ **业务链接2-1** ◆

一个信条、一句座右铭、三步服务

里兹·卡尔顿饭店公司是世界上最豪华饭店的管理公司之一,业务遍及北美、中美、欧洲、亚洲、澳洲。在20世纪80年代中期,饭店就设立了第一个质量目标,其全面质量管理集中表现在它的黄金标准,饭店通过黄金标准与战略规划过程,把顾客的需求转化为对员工的要求。其黄金标准包括一个信条、一句座右铭、三步服务。

其信条是:在里兹·卡尔顿,真诚的关心与顾客的舒适是我们的最高宗旨,我们发誓为我们的顾客提供最个性化的设施与服务,让顾客享受温暖、放松而高雅的环境。在里兹·卡尔顿的经历使顾客充满生机,给顾客带来幸福,满足顾客难以表达的愿望与需要。

其座右铭是:"我们是女士和先生,为女士和先生服务。"告诫员工:"我们不希望你们为本公司工作,而是希望您成为公司的一部分。我们共同的目标是建立卓越的饭店,控制世界饭店业的高档细分市场。这需要你们大家的帮助,饭店的未来掌握在你们手中。"

服务的三个步骤是:

(1)热情真诚地迎接,尽可能称呼客人的名字。

(2)预期并满足客人的需求。

(3)深情地向客人告别,热情地说声再见,尽可能地称呼客人的名字。

资料来源:林璧属. 旅游饭店实务管理 [M]. 北京:清华大学出版社,2005:43-44.

2.2.3 服务标准演变

1) 19世纪是豪华的饭店服务

发端于大饭店时期的最豪华饭店,其经营目的在于为王室、贵族、大资产阶级的豪华生活服务。无论是德国富丽堂皇的巴典国别墅,还是法国的"巴黎大饭店""卢浮宫大饭店",以及英国的"萨伏依饭店",其追求的都是最为繁华的建筑与设施、考究的装饰、一流的服务、竭尽全力地满足客人的要求。在这一时代,豪华、高级、时髦是著名饭店的代名词,饭店追求的是奢华服务。

2) 20世纪的商业饭店是标准化服务

20世纪初,美国出现的"一个房间一浴室,一个美元零五十"的斯塔特勒饭店,既是商业饭店的代表,又开创了饭店产品与饭店服务标准化的先河。商业饭店突出提供完善的设备和设施,进行优良的服务,其设施与服务项目讲究舒适、方便、清洁、安全与实用,价格便宜合理。它们格外讲究经营艺术,注意服务水平的提高,改善管理，降低成本以获得最佳利润，并开始向标准化、连锁化迈进。

产品服务标准化是国内饭店的普遍追求，并试图通过饭店服务的标准化来达到饭店的星级要求，既可以评定星级、符合大众的消费需求，又能与国际星级饭店接轨。所以，各种等级的饭店都在想尽办法实现饭店服务的标准化。饭店服务标准化的依据是饭店产品的标准化，只有产品的标准化，才能有效地评定星级，才能与其他饭店相比较，在竞争中与同等饭店较量。这已成为中国饭店业的普遍观念。

标准化服务对应的市场基础是大众化旅游需求。大众消费者追求观光旅游、会议、休闲等具有充足阳光的户外活动，这种消费需求单一、价格也单一。他们对价格较为敏感，追求标准化的旅游服务，要求获得同等价格的消费项目和消费内容。大众化旅游和饭店服务的标准化催生并进一步推动了联号经营的饭店管理模式，促进了饭店集团化发展。20世纪50年代以来，在世界范围内，由于经济的发展、大众化旅游的普遍化，饭店业供不应求，各式饭店只要能够扩大规模，就能够获得稳定的收益，并在市场中获得更大的份额。于是，饭店联号蓬勃发展，也就有了现今世界上著名的饭店集团，如假日饭店联号、希尔顿酒店集团、万豪饭店集团等。饭店集团的管理方式就是进行大众营销，面向大众推广产品与服务，在经济效益上靠的就是规模经济的收益，从而占有市场并获得大份额的市场收益。产品标准化应用于饭店业包括以下几个方面：饭店设计、服务程序、培训、设施家具及娱乐活动的标准化。

3）20世纪90年代后开始突出个性化服务

进入20世纪90年代后，个性化成为时代特征，没有需求完全相同的顾客，服务个性化已成为21世纪饭店业成功的关键。

服务个性化有两层含义：一是满足顾客的个性化需要；二是表现服务人员的个性。顾客寻求专门为他们定制的服务，而不是普遍的规范化的服务，他们寻求个人关注，越来越成熟的顾客总是在寻找"差异"。比如，顾客喜欢主题晚会与主题菜单专门为其订制。再比如，在餐饮服务上，顾客喜欢自己添加佐料或亲自参与，顾客的参与比员工服务显得更关键。饭店要有能力提供独一无二的、高接触的、高个人化的服务，满足顾客的个人需要。顾客越来越追求一个难以忘怀的经历。例如，会议、会务的举办除了鼓励饭店旅游规划者向其提供会场服务外，还想要其给个人提供特别服务，满足个人的特别需求，目标是维持一对一的个人服务。高接触成为饭店服务的一种典型特征。这无疑会提高饭店员工为顾客服务的比例。但无个性化的服务很难提高饭店的档次，很难获得高收益。

个性化服务的基础是信息管理技术的进步。个性化服务需要先进的信息管理系统来储存顾客的个人喜好信息。服务个性化意味着"当我入住登记时，请称呼我的姓名。当我抵达饭店时，请送上我最喜欢的杂志。当我结账离店时，请称呼我的姓名"。顾客希望能被给予特别对待。

为了提供个人关注，员工要预期顾客的需要而非被动地对顾客的需要做出反应。任何顾客的需要都应该在顾客向你提出之前准备好。美国的一些高档饭店，在顾客登记时就给予特别关注，顾客也期望更多的个人接触，并让员工提供友好的、个性化的服务。而这些个性化服务也意味着为顾客提供更多的选择。例如，越来越多的顾客喜欢神奇假日，如果您是一个赛车迷，您可以坐上一辆赛车在私人赛车场上驰骋。也许顾客想与海豚一起游泳，员工就可以为顾客提供与已受过训练的海豚一起游泳的机会。

职业道德与企业伦理2-1

"极品"个性化服务

背景与情境： 于先生经常因公务到泰国出差，第一次入住东方饭店时，优美的环境和良好的服务给他留下了深刻的印象，于是他第二次去泰国仍然选择住进东方饭店。入住后的第二天早上，于先生走出房门准备去吃早餐，楼层服务员看见他就殷勤地问道："于先生，您是要去餐厅吗？"于先生倍感惊讶，反问道："你怎么知道我姓于？"服务生微笑着回答："我们饭店规定，晚上要背熟所有客人的姓名。"这大大超出于先生的预料，尽管他频繁来往于世界各地，也入住过很多高档酒店，但还是第一次碰到这种情况。于先生心情愉快地乘电梯到达餐厅所在楼层，刚走出电梯，餐厅服务生就迎上前道："于先生，里面请。"于先生更感疑惑，因为餐厅服务员并没有看到他的住房卡，便又问道："你知道我姓于？"服务生微笑答道："我刚接到楼层服务员的电话，说您马上要下楼用餐了。"这样高的服务效率让于先生惊叹不已。

走进餐厅，服务小姐恭敬地问："于先生，还坐老座位吗？"于先生的惊诧再次升级，心中暗想：虽然我曾经在这里吃过早饭，但那已经是一年前的事情了，这里的服务人员怎会依然记得？看到于先生满脸疑惑的表情，服务小姐主动解释说："我刚刚查看了电脑记录，您去年的6月9日，坐在靠近第二个窗口的位子上用过早餐。"于先生听后非常高兴，连忙说："老座位！对，就要老座位！"服务小姐马上接着问："还是老菜单？一个三明治，一杯咖啡，一个鸡蛋？"这下于先生已不再惊讶，他十分开心地回答："对，还是老菜单。"

此后三年多，因为业务调整，于先生没再去泰国，可是在他生日的时候意外地收到了一张来自东方饭店的生日贺卡，卡片上写着：亲爱的于先生，您已经三年没有来过我们饭店了，我们全体人员都非常想念您，希望能再次见到您。今天是您的生日，祝您生日愉快。于先生看到贺卡的内容时很感动，心想如果下次去泰国，一定还会选择在东方饭店入住，而且要将这些事情告诉朋友，建议他们做出同他一样的选择。信封上贴了一张六元钱的邮票，东方饭店用六元钱就买走了顾客的一颗心。这充分体现了个性化服务的魔力。

资料来源：林璧属. 饭店企业文化塑造：理论与案例［M］. 北京：旅游教育出版社，2014：240-241.

问题： 泰国东方饭店个性化服务的经典案例，在今天看来，其意义是否继续存在，或是已经不复存在？倘若作为企业伦理，这一精神是否值得提倡？

分析提示： 这是一个耳熟能详的传奇的个性化服务的老故事。在10年前，这个故事是一个传奇。但在计算机系统异常发达，顾客关系管理系统化、日常化的今天，这一故事带给我们的启迪已经不是那传统的给予宾客无微不至的照顾，对于国内任何一家高星级饭店来说，只要它愿意花钱建立顾客关系管理计算机系统，愿意花些心思去做好顾客关系管理，对服务人员有足够的培训，它同样能够做到这种服务模式。

问题在于： 个性化服务时代的饭店服务已经超出了原有的顾客关系管理的层次，

跃升到了新的层次。因此，饭店的个性化服务，从产品到服务，都要有一个新的飞跃，才能做出新的个性化服务。这才是问题的关键。

建议：

（1）同学们循此思路，通过广泛地收集资料，整理出 10 个新的个性化服务的经典案例，并进一步整理出这 10 个经典案例的共同特征，总结出共性，以此拓展思维空间，提出个性化服务的新趋势。

（2）倘若作为饭店企业的服务理念和宾客服务精神，则此个性化服务是否很值得提倡呢？建议分 2 组进行正反两方面的论证。

（3）讨论这一模式是否可以作为企业精神。

学习微平台

延伸阅读 2-1

2.2.4　服务质量观念演变

1）质量就是生命

质量就是生命，饭店服务需要高质量是人所共知的常识，但这一问题的提出，本身有其必然的趋势。在 20 世纪 80 年代，旅游经济虽然有很大的发展，但饭店业规模日益扩大造成饭店供大于求，饭店业为顾客提供了更多的选择机会，而饭店经营者却面临着更为激烈的竞争。造成饭店供给过剩的原因有三：一是 20 世纪 80 年代充足的资金供给和优越的长期融资环境为建造饭店提供了充足的资金。二是大多数投资商都认为饭店业是投资少而盈利高的产业，盲目乐观导致投资过多。目前国内大部分地区都有这个问题，尤其是经济型饭店，由于它的建筑成本低、边际利润高，所以这一领域投资十分密集。三是人们对未来的旅游发展趋势盲目乐观，总是认为投资饭店最为安全，即使饭店经营效益不高，也能保住房地产，而国内又因为 1992 年和 1993 年的房地产热使大量写字楼闲置，因此有不少写字楼改造成了旅游饭店，增加了饭店业的竞争。

随着竞争的激化，这种强大的市场压力迫使饭店经营策略从资产投资组合管理转向服务质量管理。为了增强竞争能力，饭店业提出了全新的质量管理方法。

2）全面质量管理

全面质量管理是从制造业借鉴来的，目的是减少顾客的投诉、提高顾客的满意度。在 20 世纪 80 年代以前，假日饭店集团是以方便的位置、便宜的价格与标准化的服务而著称，20 世纪八九十年代以后，大多数饭店经营者深切关注服务质量，因此专门设立质量管理监督部门，以此来保证饭店的服务质量。其共同的做法是：（1）找出饭店经营中对顾客满意度及饭店盈利有消极作用的差错和存在的问题；（2）采用员工参与制定和积极发挥作用的服务标准来纠正这些差错；（3）用书面标准培训与再培训员工，让每个员工都了解饭店服务的质量标准。通过实践可以发现，成功饭店的共同标准是：产品质量、员工服务、顾客需求与满意度的高度一致性。但要做到这一点存在困难，为此提出了全面质量管理。

◆ 业务链接 2-2 ◆

里兹·卡尔顿饭店全面质量管理的基本原则

里兹·卡尔顿饭店全面质量管理的基本原则是：以顾客为中心，不断改进服务，饭店全员参与，服务一次到位。其全面质量管理的五个信条就是：全员承诺保证质量，强调顾客百分之百满意，建立企业文化，给员工以充分授权，监测质量改进效果。其中，全员承诺保证质量和强调顾客百分之百满意是其核心内容。

全面质量管理始于高层，无论是总经理还是普通员工，都要积极参与服务质量的改进。管理高层要确保每一个员工都投身于这一过程，把质量看成饭店的生命，把质量提高到经营成败的战略高度，每一个员工都要参与到质量管理中去。

资料来源：林璧属. 旅游饭店实务管理 ［M］. 北京：清华大学出版社，2005：43-44.

3）百分之百顾客满意

百分之百顾客满意是强调不断改进服务，不断提高服务质量，为顾客提供无差错服务，实现百分之百的顾客满意服务，希望为顾客提供非常可靠的产品，为客人提供超额价值的服务。在当今激烈的饭店业市场竞争中，饭店经营与管理的方法日益更新，有的强调市场定位，有的推崇企业组织结构重组，有的注重员工参与。在世界饭店业中，成功的经验很多，例如，斯塔特勒强调地理位置的重要，威尔逊认为服务标准化、程序化是成功的关键，希尔顿要求饭店的员工要把饭店的每一寸空间变成盈利空间，万豪则认为人最重要。

无差错管理强调99+"1"=0，或100-"1"=0。99+"1"=0或100-"1"=0的管理目标都是"零缺陷"、"零缺点"和"零突破"。所谓"零"，就是力求完美，强调企业在生产经营过程中，即使99道工序、99个零件、99次服务、99项工作都很优秀，但有1道工序、1个零件、1次服务、1项工作没做好，工作效率就等于零。饭店服务在99+"1"=0的管理哲学基础上，又提出了100-"1"=0的服务哲学。所谓100-"1"=0，就是要求服务要保证顾客100%满意，顾客有1%的意见，服务就等于百分之百的失败。

2.2.5 服务营销观念演变

发端于大饭店时期的最豪华饭店，其经营目的在于为王室、贵族、大资产阶级的豪华生活服务。

商业饭店的兴起，其市场意义在于满足日益增长的大众消费。自20世纪初以来，特别是第二次世界大战后，世界范围内兴起了大众旅游的饭店需求模式。大众旅游是"一种大量包装标准化旅游产品并以固定的价格卖给大众消费者"的市场现象。大众旅游的市场需求根基是大众消费者。大众消费者的消费需求单一，他们对价格较为敏感，追求标准化的旅游服务，要求获得同等价格的消费项目和消费内容。现代科技的发展为大众旅游提供了坚实的技术保证。因为现代交通业中的飞机、火车和各种汽车为大众旅游提供了可能，现代通信中的电话、电报、传真和计算机预订系统，以及信用卡的普及则推动了大众旅游消费的普遍化。第二次世界大战后，和平与繁荣是世界发展的主题，在世界范围内普遍实现了带薪休假制，也就是说，在休假期间，人们外出旅游也可以有工资，而且逐步实现了标准的五天工作制，人们闲暇时间大大增多了。有钱与有闲是旅游业发展的重要前提。这一时期以求大于供为典型特征。在经营上以大众消费者为对象，推行大众营销、国际扩张，在旅游业内部进行大规模的兼并，是这一时期最普遍的竞争策略。

所谓大众营销，即大多数饭店注重产品与服务标准化，服务采取单一标准，销售单一品牌产品，把所有顾客看成是具有相同需求与欲望的消费大众。假日饭店集团创始人威尔逊在其退休演讲中说："我得到一个别人没有得到的机会,我看见我的公司采用我的标准化住宿的概念,把它变成了世界上最大的饭店联号集团。"在标准化的服务中,饭店提供的服务基本上是实用性的,更多的是"产品导向"而非"服务导向"。假日饭店集团基本上是采用大众营销方式推销它的服务。其强调两个特征:价格适中和物有所值。

20 世纪 80 年代以后,饭店产品供大于求,市场销售从销售导向逐步向客户导向转化。饭店市场竞争日益激烈,而消费者即我们通常所称的客户却变得越来越挑剔,产品的卖方不仅必须使其产品更具竞争力,而且更重要的是要真正认清客户要求,激起和满足客户期望,把客户作为整个市场活动的起点和中心,一切都得从客户出发。于是,饭店市场营销出现了关系营销(Relationship Marketing),进入了客户关系管理阶段。

2.3　中外饭店业管理思想比较

2.3.1　不同文化背景下的企业管理思想

基督教文化是西方社会的主流文化,西方在基督教原罪精神引导下,经过宗教改革时期基督新教特别是路德教、加尔文教以"天职观"为核心的新教伦理的发展,逐步形成了强调平等权利的企业观与功利主义,从人本平权出发,强调进取、效率与控制的企业文化。文艺复兴时期,另外一个西方社会文化传统——个人主义得到强化,个人主义传统是西方文化发展的一个核心,个人主义强调以个人为中心,表现为利己主义、自由主义和无政府主义,为了规约个人主义,西方企业逐步发展并建立了企业管理的契约关系和市场法则。契约关系使资本、劳动力、专业技术人员、企业管理人员有效地组织起来,从事生产与分配工作。契约精神成为维系市场经济制度的根本体系,成为企业管理的基础,甚至把一切社会价值都看成进行市场交换的关系,劳资双方可以依据自身的意志,依照市场供需关系选择合乎条件的契约关系,也可以依照规定解除合约。有效的契约关系和市场法则促进了西方饭店业的集团化发展,发展出了连锁经营、特许经营和战略联盟的经营模式,走上了饭店经营的品牌化、连锁化与集团化之路。

中国的传统文化背景是以伦理为核心,以人本主义为特征,崇尚和谐、谦让、勤劳、节俭的本性,在价值认知上注重传统权威,在社会评价方面注重名声与家风。普通平民百姓特别重视血缘、地缘关系,重视差序的伦理观,讲求天人合一的企业自然观,缺乏法治观念,在宿命论的指引下,强调安分守己、乐天知命,因而缺乏改革的冲劲。在这些传统文化的影响下,中国的企业组织形成了一种"差序关系与家庭伦理式"的管理方式:等差有序,仁和中让。其基本导向是对个人权威的崇尚,其解决危机与冲突的方法是"让"、"恕"与"无争"。这种"差序关系与家庭伦理式"的管理方式导致在企业管理中形成一种建立在孝道文化基础上的权威人格,这种权威人格容易形成因袭惯例、遵守习俗、追求权势与独断专行的企业管理体制。

从中西不同文化传统所形成的企业管理思想看,既有不同的传统和企业管理发展优势,又各有弱势。中国传统管理的最大缺陷是缺乏效率与创新,而西方的管理方式易产生劳资对抗；中国传统思想中的安土重迁有利于职工的企业忠诚，而西方的个人主义与契约关系易导致高度流动。因此，要在中国特定的土壤中创造出全新的符合中国国情的企业管理思想，应当把西方现代管理技术与当前我国特有的企业管理环境及我国固有的文化传统三者有机结合起来，形成新的企业管理思想。

2.3.2　中外饭店业管理思想比较

1）经营宗旨差异

西方饭店的经营宗旨强调顾客利益、股东利益与员工利益之间的三者统一。虽然没有明确指出三者利益谁最重要，从根本利益看，当然是股东利益最大化最为重要，但股东利益最大化并不作为饭店的经营宗旨，许多饭店的经营宗旨首先是把顾客放在至高无上的位置，其次是员工的利益，最后才是企业利润，即股东利益放在最后。如此考虑，既明确了企业经营宗旨，把员工利益考虑在前，实际上又保证了股东利益的长期性与稳定性。在实际经营中，饭店把满足顾客作为企业宗旨的核心内容，一切服务管理、组织设计、人力资源配置都以客人满意为基本依据，实现了企业的长期效益。

中国人受孔子的儒家学说影响，在企业经营中强调企业经营的社会效益。孔子认为："君子喻于义，小人喻于利"，要把义放在主导地位，利应受到义的制约，鼓励人们见利思义。因此，即使在改革开放后才发展起来的饭店业在经营思想和管理制度上搬袭西方饭店业的经营模式，深受西方文化思想的影响，中国的饭店经营者们仍然强调要物质文明与精神文明一起抓，经济效益与社会效益并举，甚至提出经济效益是社会效益的基础，社会效益是经济效益的动力，只有两个效益同步提高，企业才能稳定长久地发展。在饭店经营宗旨上，大多数饭店都同样强调"宾客至上"的经营宗旨，提出要创造出"宾至如归"的饭店气氛，力图建立起"宾客至上、服务第一"的饭店管理体系。

在实际经营中，国内的一些饭店经营者对企业的经营宗旨不甚明确，即使名义上把顾客的利益放在企业经营的第一优先地位，在实际操作中仍然有诸多偏差。例如，有些饭店职工的服务意识较弱，有些内陆饭店的职工服务意识差于沿海发达地区，有些饭店甚至称不上是真正的商业饭店，还带有浓厚的接待性质，饭店经营的目的不是盈利而是为接待上级，是对上级服务而不是对顾客服务。只有真正对顾客一视同仁，提高服务质量，才能真正实现"宾客至上、服务第一"的企业宗旨，真正实现与国际饭店业的接轨。

2）经营标准差异

满足市场需要是饭店经营的根本标准。由于经济发展水平差异，反映在饭店经营标准上也有很大的差别。个性化服务是20世纪90年代以来西方高档饭店的经营标准，追求标准化仍然是中国饭店的普遍需要。

标准化服务在欧美国家的饭店管理中已经不是什么时髦的方式了。欧美国家中高档饭店绝大多数在推行个性化服务。个性化服务的目标是满足顾客的个人需要。

饭店产品与服务的标准化，对于中国这个古老的民族来说，在20世纪80年代是非常重要且迫切需要的。因为在改革开放之初，我们国家对于外部世界不太熟悉，对于需要具有超前意识和超前服务水平的饭店业来说，其只能借鉴外国的经验和现有的成果。我国的饭店业一开始就对外开放，有合资饭店、外资饭店和中外合作饭店，也就有了世界上著名饭店集团进入中国旅游饭店业，饭店业的标准化是必需的。在标准化过程中，大部分饭店都取得了一定的成果，虽然服务还不太规范，产品还不太稳定。但有些饭店仍然停留于情绪化服务，情绪化服务是一种以自我为中心的服务方式，缺乏设身处地为他人着想的意识，是"我想怎样服务就怎样服务"，其最大的弊端是服务质量的一致性差、波动大。中国饭店业在现阶段应当跳过标准化服务而进入个性化服务，我国饭店业应在实施标准化服务的基础上，在真正实现了饭店服务的规范化、程序化和技术参数化的基础上，能够逐步创建个性化的饭店服务体系。

◆ 深度剖析 2-3 ▶

我国饭店采用五星级饭店的星级标准，星级越高说明档次越高。在过去 10 多年的房地产热中，有饭店投资者不断追求高星级，于是，在五星级饭店之上又出现了白金五星。而国际上知名饭店集团在关注星级标准的同时，更注重饭店品牌，不同的品牌意味着不同的市场定位、目标客户和星级档次。

问题： 饭店是严格采用星级标准还是塑造饭店品牌？孰优孰劣？

解析与讨论：

（1）中国饭店业比较注重饭店星级标准，国际知名饭店集团比较注重品牌，两者的异同是分析讨论的起点。

（2）饭店星级标准能够促进饭店建设与经营管理的标准化，品牌则能突出品牌认知与品牌价值。

（3）国内委托管理饭店大多既重视星级标准又关注品牌，孰优孰劣应结合实践进行分析。

建议： 有条件的同学到所在地的饭店进行实地调研。

3）内部管理差异

西方饭店内部管理注重的是管理层与员工的沟通，目的在于满足顾客的需要，对顾客的需要能做出最快速的反应，要求员工以最少的时间与费用获得最大的效能与效率。为此，在饭店内部管理上，饭店让员工了解经营情况，明确自己工作的真相，将权力充分下放给一线员工，以便员工能更快速地对顾客的需要及其需求变化做出正确的反应，其核心是服务的充分授权与员工的沟通，突出的管理方法有巡视管理、信息共享与参与管理。

巡视管理的目的是弄清现场实际工作情况，弄清员工的实际困难，协助员工解决问题。信息共享是把饭店的某些经营信息传递给每一位员工，如饭店战略规划、工作重点、新技术、预算、各部门经营业绩等，利用新技术手段实现信息的上传下达与横向沟通，让员工在各种状态下懂得如何快速准确地满足顾客的需要。参与管理的重点在于给员工充分授权，减少饭店管理层级，缩减管理的中间层次，形成组织结构的扁平化，把更大的权力下放给员工，让员工参与决策。

我国饭店内部管理方式重模式、重监控，即使是借鉴西方饭店业的管理经验，也往往是借用其模式或者创立自己的模式，要求员工按模式行事，管理层的重要责任是监督员工严格按照模式操作，侧重于对员工的监控。在管理方法上，仍然停留于传统的重监控、轻授权的监督式管理。在饭店管理中，尚未确立一种能够与西方饭店管理相提并论的管理机制。我国许多饭店往往强调员工素质还未达到能完全自觉自律的程度，因此拒绝进行更充分的授权管理，似乎要从人种、员工素质方面找借口，但其实，它们缺少的是必要的管理机制与员工的信用体制。当然，我国饭店业在管理中不缺乏巡视管理，但很多巡视管理重在监控；也提倡信息共享与参与管理，但在本质上，由于组织结构层级化明显，没能给员工以充分授权，于是很多西方饭店业的管理方法运用于中国饭店业后就变成了监控管理。

4）市场竞争策略差异

西方的饭店注重通过外部扩张（连锁经营、特许经营、合同管理及战略联盟）来取得规模效益，同时采用品牌延伸的方法来迎合顾客需求差异化的倾向。在追求规模效益方面，通过规模经济垄断客源市场。即使是单体饭店，也能利用自己的市场营销网络建立自己的市场预测系统，及时了解旅游市场需求动态，洞察顾客需求，不断调整经营方针与营销策略，通过品牌策略、营销渠道垄断、联号经营或管理合同来稳定或扩张客源市场；同时建立计算机预订网络（CRS），使各成员饭店之间能够互相预订客房。因此，西方大多数饭店业都实行如下的市场竞争策略：针对顾客需求，面对激烈的市场竞争，把产品放在中心位置，以产品塑造饭店形象，增强品牌忠诚，实行产品与品牌差异策略，将市场竞争的重点放在产品差异化竞争上，并通过差异化竞争提高产品的附加值。

中国饭店的市场竞争策略比较传统，与国外差异较大，竞争重点放在客源市场结构调整、饭店产品改造升级与削价竞争上，对产品与服务的特性方面重视不够，看重饭店的档次，花大成本提升饭店星级水平，很少考虑饭店产品的差异化竞争。将竞争的重点放在削价竞争上往往会形成"五星的饭店、四星的服务、三星的价格"。恶性价格竞争的后果是会进一步削弱中国旅游饭店业的整体竞争水平，难以形成参与国际竞争的能力。

5）人力资源管理差异

西方饭店人力资源管理的重点在于激励、安抚员工，挖掘员工潜能。人力资源管理的实质并非管人而在于得人，谋求人与事的最佳结合。现代西方饭店人力资源管理的几个重要趋势是：内部营销、员工关系项目、交叉培训、建立团队精神与充分授权。内部营销是针对员工的营销，实际是一种沟通方式，强调公司向员工传播其企业经营价值、经营哲学、经营准则与长远目标，让员工了解当前饭店的经营状况等。员工关系项目是在员工中间形成共同的价值观与共同的目标，让管理者清楚地了解员工的感受与需要。授权是对员工的最大激励，将适当的决策权充分下放给一线员工，让员工根据当时的情况对顾客的问题做出迅速的反应，从而最快速地发挥员工工作效率，激发员工的工作积极性。

我国饭店人力资源管理的重点是培训、调整劳资关系和稳定员工队伍。我国饭店业对员工的培训包括：岗位操作技能、待客技能、沟通技能、语言技能和管理技能，培训重点由原来的岗位操作技能和语言能力的培训，转向待客能力及沟通能力的培训。员工跳槽已成为困扰我国饭店业的头痛问题，针对这个问题，饭店管理者只好将稳定员工队伍作为饭店头等重要的任务来落实，同时也努力地改善劳资关系，以稳定员工队伍。越来越多的饭店管理层意识到，不仅要把饭店变成宾客之家，更要变成员工之家，只有将员工放在重要的位置，才能留住员工。

总体看来，我国饭店管理与西方饭店管理存在较大差距，既有不同的市场需求、不同的管理文化差异，也有不同的管理体制问题。我国饭店业要走的路还很长，仍不可避免地要经历标准化的时代，通过标准化的推广、普及，提高我国饭店业服务水平。从发展的角度看，中国饭店业要先在全国范围内经历服务质量标准化过程，通过引进西方先进的管理模式或创立自己的模式，实现从情绪化服务到标准化服务的飞跃，把中国饭店管理的质量提升到一个更高的档次上；另外，中国饭店业同样需要进行集团化发展，但饭店集团化的内部连接方式不能仅停留于资产连接，更需要走品牌连接、管理连接、营销连接，创建出适合中国饭店业发展需要的集团化发展新路。

◆ **教学互动2-1** ◆

主题：人力流失

观点：在人力资源管理方面，我国饭店从业人员尤其是一线人员极不稳定，这一人力流失现象与我国的人力资源管理观具有密切的关系。

问题：提高一线人员的薪资待遇能避免我国饭店人力的大量流失吗？

要求：同"教学互动1-1"的"要求"。

2.4　现代西方饭店管理方法

在激烈竞争的饭店行业，其经营管理方法日新月异，有的强调地理位置的重要性，有的注重市场定位，有的推崇企业组织结构重组，有的尽全力推行员工参与。在总结成功的饭店管理经验时，斯塔特勒以地理位置取胜，威尔逊以服务标准化和程序化将其企业联号覆盖全球，希尔顿以"挖金子"的精神把饭店的每一寸空间转化成盈利空间，万豪则强调了人的重要性。尽管各方所强调的管理方法和管理理念不同，但每一家成功的饭店企业或饭店集团都充分运用了全面质量管理、收益管理、流程再造和可持续发展的绿色饭店等现代饭店管理方法。

2.4.1　全面质量管理方法

传统管理以股东利益和企业利润最大化为核心，以降低成本、提高效率为饭店经营的中心任务。自20世纪80年代开始的全面质量管理，强调饭店的一切经营活动应以顾客满足为核心目标，以提供无差错服务和不断改进服务、提高服务质量来实现百分之百的顾客满意。

全面质量管理以管理整个业务过程的方式，通过一套完整的分析方法和对员工不断进行培训，令员工人人参与及每个人做出承诺，在技能不断改进的支持系统配合下来实现产品的高质量和超额服务。全面质量管理起源于20世纪60年代的日本，朱兰推崇质量控制（QC），70年代引入美国，80年代在全世界普及。其中，费根堡姆（Feigenbaum）最早引入全面质量控制（TQC），戴明创立了质量管理的PDCA（Plan，

Do，Check，Action）循环法，Crosby 提出了"无差错"（Zero-defects）概念。无差错管理的管理目标是"零缺陷"、"零缺点"和"零突破"。所谓"零"，就是力求完美，就是要求服务要保证顾客 100% 满意。在无差错管理哲学的基础上，里兹·卡尔顿酒店提出了无差错管理的 20 条黄金质量标准。

2.4.2 收益管理方法

饭店的**收益管理**是与信息技术、决策理论、航空政策及航空市场的发展密切相关的。

◆ 业务链接 2-3 ◆

航空公司的收益管理

航空收益管理的真正兴起是在 20 世纪 80 年代的美国，随着美国航空客运市场管制开放，美国政府不再严格控制航空客运市场营运，使航空公司能够自由地增减飞行线路并自由地浮动票价。再加上美国航空公司中央计算机预订系统的出现，一批低成本定期航空线进入市场，航空公司之间的竞争变得异常激烈。为了摆脱困境，美洲航空公司于 1985 年首先开发使用了第一个收益管理系统，使公司很快赢回了其原有的市场占有率。许多航空公司认识到，不依靠收益管理系统就无法在竞争激烈的市场中生存，于是它们纷纷开始效仿。

收益管理在航空业获得了巨大成功，1989—1992 年，收益管理为美国航空业增加了 14 亿美元的收入，比同期的净利润高出将近 50%。其间，引入收益管理迟缓或者应用不当的航空公司大多举步维艰或已经破产。

应用收益管理的最终目的是增加总的收益，而应用的合理性与否决定了能否增加收益以及增加多少。航空收益管理的基本思想是将某一航班的座位划分为若干个等级，分别赋予不同的销售价格并附带上各自的限制条件。导致价格差异的因素可以是座位档次不同，如头等舱和经济舱显然不能以同等价格卖出。收益管理主要发挥作用的情况是对于同等条件的座位也标上不同的价格。1987 年，学者 Belobaba 提出了期望边际座位收入法，该方法就是要确定由高到低价格档次的一系列保护水平，实际操作中一般要求价格档次越低的座位，其预订的时间要求越提前。在座位总数固定的条件下，由高至低确定的保护水平是适宜的，这样既能够满足只愿付较低票价的顾客的需求，又不会挤走潜在的愿付较高价格的顾客，使总收益不受影响。但这种方法的缺陷是，当所有价格档次都被考虑进来时，其并未达到最优，既可能高估也可能低估保护水平。1993 年，学者布鲁梅立和麦克吉尔对上述方法做了改进，经过仿真实验，这种新方法能更有效地提高收入。美国西方航空公司 1987 年将期望边际座位收入法应用于实践，用编制的软件进行自动控制，与同样情况下座位预订分析员的操作结果进行比较，结果发现前者的平均收益比后者高 5.5%～22.6%。

资料来源：林璧属. 前厅、客房服务与管理［M］. 2版. 北京：清华大学出版社，2010：246-247.

饭店所提供的产品与同属于服务行业的航空公司所提供的产品具有许多相同的特征。随着计算机的普及，从 20 世纪 80 年代开始，许多国际饭店也开始使用收益管理系统，如万豪酒店安装了全国范围内的收益管理系统，假日饭店集团引进了假日预订优化系统等。收益管理在汽车出租业、影剧院业、广播电视业和公用事业等行业同样获得了成功。应用收益管理的企业，在没有重大支出的情况下，收益增加了 3% ~ 7%，利润增加了 50% ~ 100%。收益管理已成为服务业最重要的利润增加新模式。

收益管理是在适当的时间、以适当的价格、把适当产品销售给适当的顾客。

饭店出售的产品是特定时间内客房空间的使用权，如果一个房间某一晚没有售出，其带来的收益就永远丢失了。对饭店来说，未出租的客房就是一种机会成本。对饭店经理来说，如果能将每一间客房都销售出去，总是维持 100% 的出租率，似乎就可以充分实现客房的收益，产生最理想的结果。而事实上，一家饭店往往可以通过降低房价来努力提高出租率。这一策略有助于提高出租率，但却没有考虑到低房价所带来的收益损失。相反，提高房价，通常会伴随着出租率的下降。这说明，饭店经理必须在房价和出租率二者之中取得平衡。如果不考虑市场需求的任何变化，一家饭店的房价和出租率这两个因素之间确实存在着此消彼长的关系。

简单地说，收益管理是一种控制房价与出租率以实现收入最大化的方法。收益管理是一种市场导向管理，通常是在需求高峰日注重平均房价最大化，有时还采取适当的超额预订，在需求低潮时设定低房价以提高出租率。

2.4.3　流程再造方法

企业流程再造是关于变革企业经营管理方式的一种方法。1994 年，美国麻省理工学院教授哈默与钱比在其《再造企业——工商管理革命宣言》中首次提出这个方法。

企业再造是对企业的一次彻底的变革。它不只是对组织进行表面的调整修补，同时要进行彻底的改造，变革现有的、需要淘汰的业务流程和组织结构以及陈规陋习。企业通过"再造工程"可以期望取得显著的发展、"跳跃"式的进步。

企业**"流程再造"**就是重新设计和安排企业的整个生产、服务和经营过程，使其合理化。通过对企业原有生产经营过程的各个方面、各个环节进行全面的调查研究和深入分析，整合其中不合理、不必要的环节，使其流程合理化。

企业再造理论对于饭店管理来说，着重业务流程再造和组织结构扁平化。企业再造是从重新设计业务流程着手。业务流程再造是饭店以输入各种设施与服务产品和顾客需求为起点，通过流程再造，到以饭店创造出对顾客有价值的产品（或服务）为终点的一系列活动。在一个企业中，业务流程决定着组织的运行效率，是企业的生命线。

饭店的再造过程，一般可按照以下步骤进行：

第一，从顾客的角度确定流程的目标：饭店是为顾客服务的，不能只注重现有的程序，而少考虑顾客的真正需要。

第二，程序再造：找出现存程序不适应顾客需要的地方，运用流程再造工程原则，重新思考，确定新的流程程序。

第三，采用新的程序：流程再造会引起组织在关系和目的方面的根本性变化，包括工作分工、组织结构、管理结构、人事结构、奖励机制、晋升标准等都会发生变化，饭店企业内部各类员工的工作压力、心理压力和恐惧心理必然随之产生，这就需要一个比较长的时间过程来采用新程序，以使员工适应新程序。

2.4.4 绿色饭店方法

发展旅游与保护环境所构成的矛盾已成为当今世界各国所面临的严峻挑战。饭店作为消费场所，必然要占用、消耗大量自然资源，排放大量的废弃物质，导致人类赖以生存的生态环境日益恶化，自然资源日益枯竭。为此，人们终于达成共识，即传统的、不可持续的经济增长方式和消费模式是不可取的，创建"绿色饭店"已成为饭店管理的趋势。

绿色饭店是指那些为旅客提供的产品与服务符合充分利用资源、保护生态环境的要求和对人体无害的饭店，是饭店实现可持续发展的重要战略。

创建绿色饭店，一般采用如下步骤：

第一，转变观念，创建绿色企业文化：绿色企业文化是现代企业文化的一个子系统，是企业价值观的一种体现。这种价值观旨在保护资源、环境和人类自身的健康。绿色企业文化要求饭店必须认真履行社会责任和义务，切实做到节约资源、保护资源、保护自然环境及社会生态平衡。

第二，培养绿色员工：为了实现绿色饭店，饭店必须制定承担环境和社会责任的目标和策略。饭店除了设专门（绿色）环保管理人员之外，还应进行全员环境教育，通过培训，培养绿色员工，使员工具备绿色意识，积极贯彻实施饭店的绿色措施。

第三，吸引绿色消费者：绿色消费是指以可持续的和承担环境与社会责任的方式进行消费。凡进行绿色消费的人们称为绿色消费者。客人是饭店的特殊合作伙伴。饭店应向客人宣传饭店的环保计划和创意，为客人提供绿色产品与服务，让客人认识它、了解它并购买它，在消费过程中体现绿色消费的精神，摒弃传统消费模式。

第四，推出绿色产品，提供绿色服务：绿色产品是指生产过程及其本身节能、节水、低污染、低毒、可再生、可回收的一类产品。绿色产品可分为两大类：一类是"绝对绿色产品"，指那些具有改进环境条件的产品，如饭店使用的空气净化设备（除尘器、空气过滤器等）、保健服务等；另一类是"相对绿色产品"，指那些可以减少对环境的实际或潜在损害的产品，如绿色食品、绿色燃料等。

第五，推出绿色客房：从设计开始到提供产品的全过程所涉及的环境行为必须符合环保要求，修建能有效防止过敏反应的绿色客房，采用无污染的"绿色装饰材料"和低能耗、有利于生态平衡的"生态装饰材料"装饰客房。推出绿色食品：餐饮部的生产和供应必须严格遵守环保法令，做到清洁生产，产出绿色食品。提供绿色服务：饭店提供的服务是以保护自然资源、生态环境和人类健康为宗旨的，并能满足绿色消费者要求的服务。

第六，实施节约资源原则：A.减量化原则：饭店用较少的原料和能源投入，通过产品体积小型化、重量轻型化、包装简朴化的途径，做到既降低成本又减少垃圾，从而实现既定的经济效益和环境效益目标。B.再使用原则：饭店应贯彻物尽其用的原则，在确保不降低饭店的设施和服务标准的前提下，物品要尽可能地反复使用，把一次性使用变为多次反复使用或调剂使用，延长物品的使用期。饭店可将有些用品及其包装当作一种日常生活器具来设计，而不是用完之后一扔了之，减少一次性用品的数量，减少包装纸，减少垃圾量。C.再循环原则：在物品完成其使用功能之后，将其回收，把它重新变成可以利用的资源——再生物质，可包括物资回收和水资源的充分利用。D.替代原则：为了节约资源、减少污染，饭店使用无污染的物品（包括天然的材料）或再生物品，作为某些物品的替代物。E.节能节水：这是创建绿色饭店的一个重要环节。能源支出约占饭店总支出的5%，如果采取有力而得当的措施，至少可降低20%～30%，即能源支出可降低到占饭店总支出的3.5%～4%。

　　创建绿色饭店有利于节约自然资源、降低经营成本、增强市场竞争力、赢得更多的客源，可使饭店的环境效益、经济效益和社会效益达到高度一致。

✦ 本章概要

✿ 主要概念

百分之百顾客满意　收益管理　流程再造　绿色饭店

✿ 内容提要

●本章主要介绍了西方饭店业的发展历程、西方饭店经营思想演变、中外饭店管理思想比较和现代西方饭店管理新方法。

●顾客百分之百满意是强调为顾客提供无差错服务，不断改进服务，不断提高服务质量，实现百分之百的顾客满意服务。强调99+"1"=0，或100－"1"=0。99+"1"=0或100－"1"=0的管理目标都是"零缺陷"、"零缺点"和"零突破"。所谓"零"，就是力求完美。饭店服务在99+"1"=0的管理哲学基础上，又提出了100－"1"=0的服务哲学。所谓100－"1"=0，就是要求服务要保证顾客100%满意，顾客有1%的意见，服务就等于百分之百的失败。

●收益管理是一种控制房价与出租率以实现收入最大化的方法。收益管理是一种市场导向管理，通常是在需求高峰时注重平均房租最大化，采取适当的超额预订；在需求低潮时，同时设立高房租与低房租，以提高出租率。

●流程再造就是重新设计和安排饭店企业的整个生产、服务和经营过程，使其合理化。通过对饭店企业原有生产经营过程的各个方面、各个环节进行全面的调查研究和深入分析，整合其中不合理、不必要环节，使其流程合理化。

●绿色饭店是指那些为旅客提供的产品与服务符合充分利用资源、保护生态环境的要求和对人体无害的饭店，是饭店实现可持续发展的重要举措。

✿ 内容结构

本章内容结构如图2-1所示。

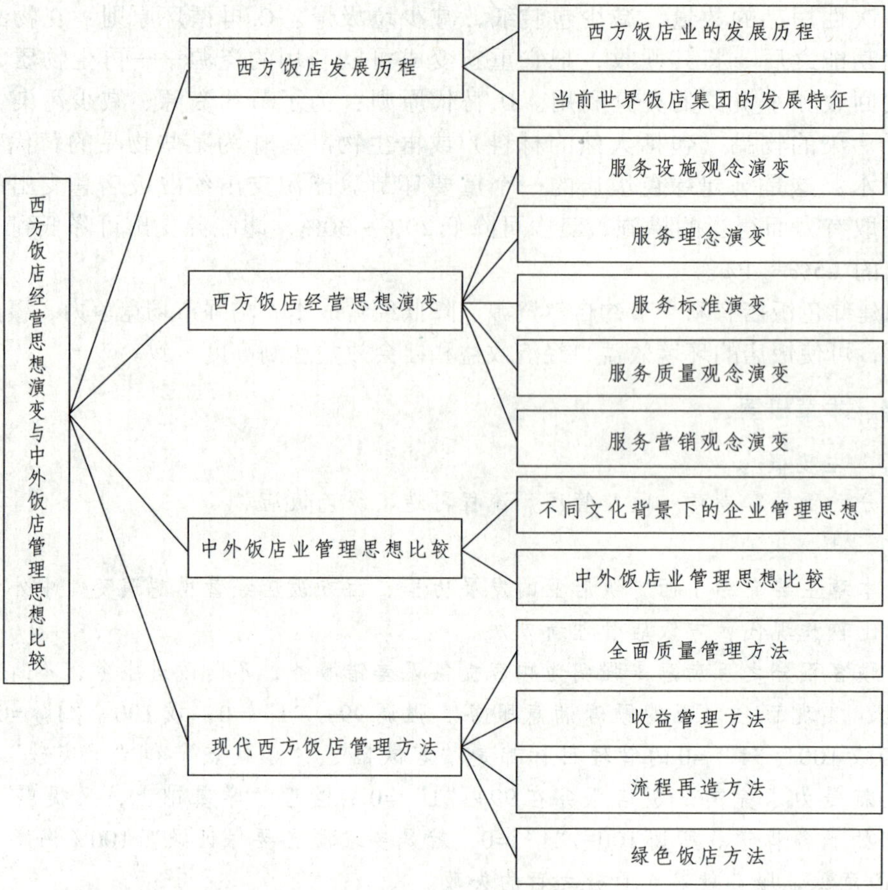

图 2-1 本章内容结构图

☆ 重要观点

观点 2-1："一个尺码难以适合所有的人"，饭店品牌需要多样化而不能单一化。

常见质疑：知名饭店集团的品牌是相对固定和比较单一的。

释疑：从世界知名饭店集团的饭店品牌来看，它们的品牌相对固定而且的确比较单一，但是它们大品牌之下的市场细分也是很清晰的，正如希尔顿酒店之"一个尺码难以适合所有的人"，饭店产品品牌已经多样化，着重饭店市场细分。

观点 2-2：百分之百的顾客满意是饭店全面质量管理的目标。

常见质疑：百分之百的顾客满意在饭店服务中是做不到的。

释疑：百分之百的顾客满意是需要高素质的饭店人员来服务的，在目前饭店业服务人才奇缺、饭店经营成本高的情况下，只有高端饭店才能实现全面质量管理的目标，做到百分之百的顾客满意。

✦ **单元训练**

☆ 传承型训练

▲ 理论题

△ 简答题

1）简述西方饭店业的发展历程。

2）简述世界饭店集团的发展特征。

3）简述服务设施观念的演变。

4）简述服务理念的演变。

5）简述服务标准的演变。

6）简述服务质量观念的演变。

7）简述服务营销观念的演变。

8）简述中外饭店业管理思想比较。

△ 讨论题

1）为什么大饭店产生于 19 世纪之后的欧洲？

2）从"客人永远不会错""客人永远是正确的"到员工与顾客的平等关系，在服务理念上是否具有本质的飞跃？

3）为什么斯塔特勒成为现代商业饭店之父？

▲ 实务题

△ 规则复习

1）简述里兹·卡尔顿饭店全面质量管理的基本原则。

2）简述全面质量管理方法。

3）简述收益管理方法。

4）简述流程再造方法。

5）简述绿色饭店方法。

△ 业务解析

1）希尔顿的"挖金子艺术"是如何实现的？

2）在饭店服务中怎样才能做到百分之百的顾客满意？

▲ 案例题

△ 案例分析

【训练目的】

同第 1 章本题型的"训练目的"。

【教学方法】

同第 1 章本题型的"教学方法"。

【训练任务】

同第 1 章本题型的"训练任务"。

【相关案例】

洲际集团品牌

背景与情境：洲际集团在 100 多个国家拥有 3 500 多家酒店，53 万多间客房。其包括洲际、假日、皇冠假日、丽晶、Kimpton 等品牌。

问题：

1）本案例涉及本章的哪些知识点？

2）洲际是单一品牌酒店集团吗？为什么？

3）请通过洲际酒店集团网站，统计分析洲际酒店集团中高档、中档饭店所占比例。

【训练要求】

同第1章本题型的"训练要求"。

【成果形式】

1）训练课业：《"洲际集团品牌"案例分析报告》。

2）课业要求：同第1章本题型的"课业要求"。

△ 善恶研判

【训练目的】

见本章"学习目标"中"传承型学习"的"认知弹性"目标。

【教学方法】

采用"案例教学法"。

【相关案例】

饭店职业经理人吃在饭店、住在饭店

背景与情境： 饭店职业经理人不是投资者，是投资者老板聘请的管理人。某五星级饭店的张总经理2015年5月在饭店签单消费20万元。投资者觉得签单偏多，就私下请饭店财务总监统计一下总经理签单消费趋向，结果发现：客户住宿签单消费35 000元，餐饮消费125 000元，不明消费40 000元。饭店聘请的职业经理人该如何界定签单消费权？

问题：

1）本案例中是否存在道德问题？

2）试对上述问题做出你的道德研判。

3）说明你所做善恶研判的依据。

4）请就职业经理人签单消费权问题提出你的建议。

【训练准备】

同第1章本题型的"训练准备"。

【训练要求】

同第1章本题型的"训练要求"。

【成果形式】

1）训练课业：《"饭店职业经理人吃在饭店、住在饭店"善恶研判报告》。

2）课业要求：同第1章本题型的"课业要求"。

✿ 创新型训练

▲ 自主学习

自主学习-Ⅱ

【训练目的】

同第1章本题型的"训练目的"。

【教学方法】

同第1章本题型的"教学方法"。

【训练要求】

1）以班级小组为单位组建学生训练团队，各团队依照本教材"附录三"附表3"自主学习"（中级）的"基本要求"和各技能点的"参照规范与标准"，制订《团队

自主学习计划》。

2）各团队自主学习本教材"附录一"附表1"自主学习"（中级）各技能点的"'知识准备'参照规范"所列知识。

3）各团队以自主学习获得的"学习原理"、"学习策略"与"学习方法"知识（中级）为指导，通过院资料室、校图书馆和互联网，查阅和整理近年以"现代西方饭店管理新方法"为主题的国内外学术文献资料。

4）各团队以整理后的文献资料为基础，依照相关规范要求，讨论、撰写和交流《"现代西方饭店管理新方法"最新文献综述》。

5）撰写作为"成果形式"的训练课业，总结自主学习和应用"学习原理"、"学习策略"与"学习方法"知识（中级），依照相关规范，准备、讨论、撰写和交流《"现代西方饭店管理新方法"最新文献综述》的体验过程。

【成果形式】

训练课业：《"自主学习-Ⅱ"训练报告》。

课业要求：

1）将《"现代西方饭店管理新方法"最新文献综述》作为《"自主学习-Ⅱ"训练报告》的"附件"。

2）《"现代西方饭店管理新方法"最新文献综述》应符合"文献综述"规范要求，做到事实清晰，论据充分，逻辑清晰，不少于3 000字。

3）同第1章本题型的其他"课业要求"。

✸　建议阅读

［1］林璧属. 饭店企业文化塑造：理论与案例［M］. 北京：旅游教育出版社，2014：156-158，231-240.

［2］袁学娅. 中外饭店管理比较［M］. 沈阳：辽宁科学技术出版社，2002：25-27.

第3章
世界知名饭店集团发展模式

▶ **学习目标**

3.1 直营连锁是饭店集团起步期的基本模式

3.2 饭店特许经营模式

3.3 饭店委托管理模式

3.4 饭店战略联盟模式

▶ **本章概要**

▶ **单元训练**

▶ **建议阅读**

▶ **学习目标**

▷ **传承型学习**

通过以下目标，建构以"世界知名饭店集团发展模式"为阶段性内涵的"传承型"专业学力：

理论知识：学习和把握"世界知名饭店集团发展模式"的相关概念、饭店集团的发展历程和各阶段的基本模式及其适用性、直营连锁的设置机理、委托管理的契约关系、特许经营的类型及存在条件、战略联盟的特征与合作机理等陈述性知识；能用其指导"同步思考"、"深度思考"、"教学互动"和相关题型的"单元训练"；体验"世界知名饭店集团发展模式"中"理论知识"的"传承型学习"及其迁移。

实务知识：学习和把握饭店集团直营连锁的管理控制、特许经营的制度设计、委托管理的机制设计及采用中应注意的问题、战略联盟的运行机制，以及"业务链接"等程序性知识；能用其规范"深度剖析"和相关题型的"单元训练"；体验"世界知名饭店集团发展模式"中"实务知识"的"传承型学习"及其迁移。

认知弹性：运用本章理论与实务知识研究相关案例，对"引例"、"同步案例"和"神州大厦应采用加盟还是委托管理模式？"等业务情境进行多元表征，体验"世界知名饭店集团发展模式"中"结构不良知识"的"传承型学习"及其迁移；依照相关行为规范对"管理费提成怎么算？"和"总经理常不在饭店怎么办？"等案例进行善恶研判，促进健全职业人格的塑造。

实践操练：参加"'世界知名饭店集团发展模式'知识应用"的实践训练。在了解和把握本训练及"能力领域"相关技能点的"参照规范与标准"基础上，通过对"知识准备"所列知识的运用，相关"参照规范与标准"的遵循，系列技能操作的实施，相应《实践报告》的准备、撰写、讨论与交流等有质量、有效率的活动，系统或分别体验关于"直营连锁模式""特许经营模式""委托管理模式""战略联盟模式"等"知识应用"专业技能的"传承型学习"及其迁移；通过"顺从级"践行"道德领域"所选范畴的"参照规范与标准"，阶段性体验职业道德的"传承型学习"及其迁移，促进健全职业人格的塑造。

引例：西方饭店集团的发展历程

背景与情境：饭店集团化发展肇始于20世纪，20世纪第一家较大规模的饭店联号是美国的斯塔特勒饭店（Statler Hotel Chain）。

斯塔特勒作为现代商业饭店的创始人，利用投资不动产建造了饭店联号。20世纪30年代，美国经济危机所带来的大萧条致使大量的饭店破产，不动产价格急剧下跌，一些饭店联号用低廉的价格购买了高质量的饭店，获得了迅速发展的机会。第二次世界大战结束前，斯塔特勒、希尔顿、喜来登等主要饭店联号占据了绝对的优势。

20世纪50年代前后，饭店集团扩张的基本方式是利用管理合同和特许经营方式。例如，希尔顿不愿意在美国以外的市场拥有饭店不动产，其第一家海外饭店就采用了管理合同方式。假日饭店联号是在20世纪50年代才成立的，它采取的是特许经营的扩张方式。几乎同时成立的华美达饭店联号，其采取自建饭店与特许经营并用的扩张模式。管理合同和特许经营既不必在不动产上投入大量资金，又能获得较好的利润，成为国际饭店集团扩张的基本方式。20世纪六七十年代，出现了一种只提供单纯的管理服务的组织形式——独立饭店管理公司。由于它们只提供单纯的管理服务，不提供品牌、营销、预订等服务，于是被独立饭店管理公司管理的饭店只好同这一饭店管理公司联系密切的某个饭店联号另外签订特许经营合同，以便使用其品牌和预订系统。20世纪70年代后期出现了一批以提供营销和销售服务为主的松散型的饭店联合体，即饭店联盟。饭店联盟向成员提供联号的某些优势，但成员加入所付的费用远远低于采用特许经营方式加入饭店联号的费用。90年代后期，信息技术渗入饭店预订和营销领域，饭店联盟的经营重点开始向提供各种信息技术服务转移，由两家或几家饭店联号建立某种战略伙伴关系，共同开展营销、预订或开拓新的市场。

资料来源：林壁属. 世界知名饭店集团发展模式——从案例分析入手［M］. 北京：旅游教育出版社，2014：3-4.

纵观世界知名饭店集团的发展历程，可以发现，采取直营连锁（指饭店集团公司通过投资、并购、控股等形式实现对成员饭店的直营）是饭店联号起步的基本模式，特许经营和管理合同是其扩展的最有效方式，战略联盟是一种新的扩展模式。面对这四种主要的发展模式，我们需要探究：究竟哪一种模式最好？

只有进一步深入分析各知名饭店集团的发展模式，才能理解四种主要发展模式都具有不同的发展特征和不同的适用性，不能简单地做出结论。

在世界知名饭店集团的发展历程中，连锁经营是一种最基本的经营模式，也是饭店集团的初始发展模式。

3.1　直营连锁是饭店集团起步期的基本模式

世界上排名前几名的饭店集团，其发展初期大多以直营连锁起步。之所以选择直营连锁，是由于饭店集团起步之时，资金实力、经营实力、管理模式和品牌影响力都不具有优势，此时采取其他形式的连锁经营很难。于是，诸如我们目前耳熟能详的假日饭店集团和希尔顿饭店集团，最初都始于直营连锁。

3.1.1 饭店直营连锁模式

从连锁经营的发展条件看，20世纪初似乎已经具备，但真正发展起来还是在第二次世界大战之后。为什么说20世纪初基本具备，是因为斯塔特勒饭店的经营模式已经具备了发展连锁经营的条件。1908年，美国人斯塔特勒在布法罗市设计、建造并经营了以他的名字命名的斯塔特勒饭店。斯塔特勒饭店以"一个房间一浴室，一个美元零五十"的模式横空出世，即**直营连锁**，是指采用标准化的设施、标准化的服务和标准化的管理模式来运营饭店。因此，斯塔特勒开创了新的商业饭店经营时代，他本人也成为商业饭店的创始人。应当说，从条件看，商业饭店的标准化模式已经具备了发展统一标准、统一品牌、统一服务的连锁经营的条件，但是他的斯塔特勒饭店没能在饭店业迅速建立起大规模的饭店集团，这也许是由于时机未到。

随着第二次世界大战后经济的飞速发展，以及大众旅游时代的到来，蓬勃发展的饭店集团以连锁经营的模式快速扩张，发展速度让世人瞩目。但是，在饭店集团发展之初，均以直营连锁起步，即便是世界最知名的希尔顿饭店集团，亦是如此。

◆ **同步案例3-1**

希尔顿饭店集团的初始发展模式

背景与情境：希尔顿饭店集团已是世界公认的饭店业中的佼佼者。2009年，希尔顿饭店集团拥有10个品牌饭店，在世界80多个国家和地区拥有超过3 300家饭店，在世界饭店集团中名列前茅。在希尔顿饭店90多年的经营与发展中，它不仅为广大的顾客提供了良好的住宿环境和服务，而且它的许多经营方法与思想对于饭店业来说都是创新之举。希尔顿饭店是第一家上市的饭店公司、第一家经营赌场的饭店公司、第一家免费发行饭店信用卡的饭店公司……希尔顿孜孜不倦的创新精神为世界饭店业的发展做出了巨大贡献。

1919年，康拉德·希尔顿投资5 000美元买下了他的第一家饭店——莫布利旅馆。1925年，其在达拉斯建立了第一家以"希尔顿"命名的饭店。在经济危机的萧条期间，由于他坚守信誉、善于管理，他的8家饭店保全了5家。到1939年，希尔顿又在加利福尼亚州、纽约、伊利诺伊州及其他地区兴建、租进和购买了一批旅馆。1945年，他购入位于芝加哥的世界最大的旅馆——拥有3 000个房间的史蒂文斯大旅馆。同时他建立了希尔顿饭店集团公司，自此他成为美国饭店业大王。1967年，希尔顿饭店集团公司在伦敦股票市场上市，最初上市的市值不足100万英镑，如今公司已是伦敦股票市场中最大的公司之一，也是FTSE100指数的股票公司之一。

资料来源：林壁属. 世界知名饭店集团发展模式——从案例分析入手 [M]. 北京：旅游教育出版社，2014：12-13.

问题：希尔顿饭店集团凭什么成为世界知名饭店集团中的领头羊之一？

分析提示：

（1）希尔顿的职业操守奠定了饭店集团发展的基石。

（2）希尔顿饭店精致的经营管理模式的影响。

（3）希尔顿饭店的经营信条的影响。

（4）希尔顿饭店以委托管理和特许经营为纽带的发展模式的影响等。

3.1.2 直营连锁的设置机理

一般而言，连锁经营是在核心企业（旗舰店）的引领下，或在企业总公司的领导下，由分散的、经营同类商品或服务的零售企业通过标准化的企业运作模式，采取专业化的经营、规范化的管理活动及现代化的统一的管理手段，使复杂的商业活动趋向于简单化，将独立的分布于不同地点、不同区域的经营活动组合成整体的规模经营，以实现规模效益的经济联合体组织形式。换句话说，连锁经营作为一种商业组织形式和经营制度，是指经营同类商品或服务的若干个企业，以一定的形式组成一个联合体，在整体规划下进行专业化分工，并在分工基础上实施集中化管理，把独立的经营活动组合成整体的规模经营，从而实现规模效益。

实现连锁经营的方式可以有很多种，本章所述的连锁经营专指直营连锁（又称正规连锁），直营连锁是世界上最早出现的连锁形式，也是连锁经营的基本形态。它是指连锁公司的分店均由公司总部全资或控股开设，在总部的直接领导下统一经营。饭店业的直营连锁是指饭店集团公司通过投资、并购、控股等形式实现对集团下属成员饭店的直营，采取纵深式的管理方式，直接掌管所有的饭店，各饭店完全接受总部的指挥，总部对各饭店的人、财、物及商流、物流、信息流等实施统一经营。

在直营连锁的管理中，总部对连锁饭店的管理控制主要表现在两个方面：一是对经营管理模式的标准化、模式化的贯彻；二是对信息流的把握和利用。

（1）经营管理模式的标准化、模式化。作为直营连锁，连锁总部必须运用先进的经营管理理念对员工培训、员工工作安排、职责、服务标准、广告、市场营销、顾客关系、顾客投诉处理程序、采购程序、会计程序、现金和信贷管理程序、安全生产、突发事件处理等成员饭店的所有经营方面的问题进行深入的研究，对连锁饭店经营管理过程中的每一项工作予以规范化并形成连锁店工作手册。工作手册是成员饭店员工最重要的培训教材，也是成员饭店日常经营工作的速查手册，连锁饭店据此开展所有日常经营工作，共享总部的经营技术。这是总部确保连锁饭店按照统一标准模式进行所有经营活动的必要保障，同时也是复制连锁饭店的必要条件。但是，在具体的饭店集团化发展过程中，饭店集团并不意味着所有同一饭店集团的成员都采用完全一致的设施设备，饭店多多少少会受饭店所在地的影响而有所差异。

（2）充分把握并利用信息流。在直营连锁的经营管理中，各饭店之间与饭店总部之间的联系主要表现为饭店客房预订系统的资源共享和成员饭店之间的信息共享及总部与成员饭店、成员饭店之间的联系。由于饭店分散分布，面对散处各地的连锁店，总部必须使所有销售前台和后台支持机构实时共享信息，总部管理机构必须对连锁饭店实施即时的管理，实现对业务环节的实时监控，并对这些方面所涉信息予以实时记录和分析。

◆ **深度剖析 3-1** ◆

问题：为什么世界知名饭店集团在起步期大多采用直营连锁，一旦饭店达到一定规模，建立了饭店品牌，饭店集团大都舍去直营连锁，而采用特许经营或委托管理模式？为什么直营连锁没能成为饭店集团化发展的唯一模式？换言之，饭店直营连锁有什么不足与运营难点？

解析与讨论：

（1）必须理解直营连锁是通过直接投资这一手段来实现的，这就要求要有充足的资金投入。

（2）分析直营连锁的投资成本与特许经营、委托管理成本的差异，这一差异的核心点在于投入成本。

（3）在前两者分析的基础上，进一步探究直营连锁与特许经营、委托管理在规模化运营中的差异。

3.2　饭店特许经营模式

特许经营模式是饭店集团化发展中应用最广泛的模式之一，它具有独特的运作模式和运作方法。

3.2.1　饭店特许经营

饭店特许经营是指饭店管理集团将其具有知识产权性质的品牌，包括先进的全球预订网络与营销系统、成熟定型的管理模式与服务标准等的使用权出售给饭店业主，由饭店业主依照品牌的质量标准与规范营运要求自主经营管理饭店。

特许方一般是指饭店管理集团，其提供的是品牌（不仅仅是商标），得到的是特许经营权使用费，这个费用有可能是固定的，也有可能是与营业收入有关的，并提供技术、市场营销、人员培训、物资采购、经营管理等方面的帮助。受许方一般是指饭店业主，其所提供的主要是饭店资产和资金，所得到的是品牌及特许经营店的营业收入的剩余索取权。受许方在饭店集团的监督与指导下，在产权和财务上保持独立，不受饭店集团的控制。

特许经营对特许者的品牌知名度、管理知识和经验要求很高，同时必须有强有力的销售网络和总部管理支持，对加盟饭店业主的要求也较高。特许经营的实质是用一个名牌去复制另一个名牌，再使名牌形成规模，由此产生规模经营和规模效益。特许经营模式吸引了大量的小型单体饭店加入其中，随着经营网络的拓展，特许经营系统成为当今饭店业最为重要的扩张方式。

在饭店系统最早使用特许经营模式的人应该是西萨·里兹，他在1907年允许他的品牌在纽约、蒙特利尔、波士顿、里斯本、巴塞罗那使用。21世纪50年代，凯蒙斯·威尔逊的假日集团开创了现代饭店特许经营的新局面，自此，特许经营在国际饭店集团的扩张中比比皆是，许多国际知名饭店集团纷纷采用了特许经营模式，万豪、喜来登、希尔顿等都是特许经营的佼佼者。有关数据表明，圣达特集团和精品国际的特许经营比例已经接近100%，洲际集团的特许经营比例达到了88.9%，万豪国际达到了53.1%，喜达屋为41.8%。全球饭店集团的前10强几乎都运用了特许经营模式，许多国际饭店集团在中国的扩张也采用了特许经营模式，并获得了迅速的发展。

为什么特许经营模式在饭店集团化发展中会产生如此之大的效应？

◆ **同步案例3-2** ◆

假日饭店集团

背景与情境：在世界知名饭店集团中，假日饭店集团的特许经营模式有其自身特点。

1) 假日饭店集团的特许经营

凯蒙斯·威尔逊在假日饭店集团经营初期起就采用了特许经营模式。1953年，威尔逊邀请了美国各地的65个建筑商到孟菲斯聚会，开始销售假日饭店的特许经营权。当时的特许经营是一种带有咨询性质的以投入少量资金来共同经营同一饭店品牌的模式。1957年，假日饭店公司更名为美国假日饭店公司（Holiday Inns of America）。为扩大规模，开始向公众出售股票。华莱士·约翰逊（Wallace Johnson，假日饭店联号的合作者）开展了假日旅馆与海湾石油公司建立联合信用卡的合作项目。1968年8月，公司在得克萨斯州的圣安尼奥建立了第1 000家假日饭店。1973年，假日集团在美国及20多个国家拥有或经营饭店1 500多家。同年，公司更名为假日饭店联号（Holiday Inns，Inc.）。1988年，英国最大的零售商，兼营酿酒、饮料、小酒馆、饭店、餐饮与娱乐业的巴斯集团（Bass PLC）以4.75亿美元的价格将除北美洲以外的假日饭店特许经营权和美国及境外一些假日饭店公司的所有权买下，成立了巴斯集团的国际假日饭店公司（Holiday Inns International，Inc.）。1989年，假日公司与巴斯集团经过一系列的资产重组，假日饭店公司成为巴斯集团的一家子公司，并改名为假日国际（Holiday Inn Worldwide），总部由孟菲斯移至亚特兰大。1998年，其收购了洲际集团，旗下品牌包括洲际、假日、皇冠、假日快捷等。在经营中，假日饭店集团的主要模式是特许经营，特许经营约占88.9%，委托管理约占6%，带资管理及其他只占5.1%。[①]

2) 假日饭店集团的特许经营模式的特征

假日饭店集团的特许经营模式具有如下特征：

其一，复制。假日饭店集团在10年内，利用特许经营发展了超过400家饭店；20年内，超过1 400家饭店；假日饭店集团的超常发展，正是归功于威尔逊将特许经营模式引入了饭店业。威尔逊是最早将"复制"概念引入产业化并实施于饭店产业化的先驱。

其二，服务。20世纪60年代，由于假日饭店集团经营成功，许多饭店申请购买它的特许经营权以便加入其集团。这时，假日饭店集团为特许经营的购买者提供除土地外几乎所有其他饭店开业所必需的全方位服务。

其三，按比例收费。随着假日饭店联号的加盟费不断提高，促进了经营管理水平的提升。由于获得特许经营权的饭店比独立的饭店更容易获得贷款，假日饭店集团的特许经营权的售价越来越高。

其四，筛选加盟者。20世纪70年代初是假日饭店集团发展的黄金时期。公司每年都要收到1万多份申请加入特许经营行列的申请书，但公司只批准200多份，其中

---

① CHEN J J，DIMOU I.Expansion strategy of international hotel firms ［J］． Journal of Business Research，2005（58）：1730–1740.

的大部分申请者是已经经营假日饭店多年并被证明是经营成功的企业家。

资料来源：林壁属. 世界知名饭店集团发展模式——从案例分析入手［M］. 北京：旅游教育出版社，2014：27-30.

问题：假日饭店集团的成功经验，有哪些值得我们借鉴？

分析提示：

（1）假日饭店集团是一个特许经营模式的典型案例。

（2）假日饭店集团的成功经验包括特许经营的运营模式、运营手段。

（3）假日饭店集团的经营业态（标准化的酒店）、战略合作（与石油公司和博彩业的合作等）。

（4）假日饭店集团的资本运营问题等。

◆ **同步思考3-1**

问题：在特许经营的成功复制中，与特许经营模式相关但又不完全属于特许经营复制模式的其他方法也起到了非常重要的作用。那么，到底有哪些因素直接推动了饭店特许经营的快速发展？

理解要点：

（1）全球预订系统的影响。

（2）饭店品牌效应的影响。

（3）饭店标准化服务的影响。

1）高效的电脑预订系统

现代饭店集团都拥有自己的中心预订系统。现代饭店集团都建立了独立的全国乃至全球的客房预订网络，通过免费预订电话、网上预订业务和成员饭店互相代办预订，实现全球范围内方便、快捷的预订业务。各饭店集团还采用了先进的信息科技成果，在成员饭店之间提供便捷的全球信息交流、数据共享和电子商务业务，从而具有较强的客源优势，并大大降低了由于信息不对称所导致的高额信息成本或交易费用。例如，假日饭店2000年开发的Holidex Ⅲ是世界上规模较大的民用电子计算机网络，其规模仅次于美国政府的通信网络，曾被指定为美国国家处于紧急状态时的通信后备系统。庞大、先进的电脑预订网络吸引了大批单体饭店加入集团，使集团能够在短期内迅速扩张，集团规模的不断扩大又促使客源市场进一步得到保证，进一步吸引众多饭店加盟其中，形成一种良性循环，一方面促进预订网络涵盖范围不断扩大、声誉不断提高，另一方面促进饭店集团规模不断增大。

2）品牌效应

声誉良好的品牌也有利于集团化扩张。品牌作为一种差异化的识别标志，具有个性特色是品牌的亮点和卖点，也是整个品牌的灵魂所在。成功的饭店品牌都有非常鲜明的个性特色。

3）标准化服务

饭店提供的服务分为两个层面：一是基础的标准化服务。饭店提供食和宿是人们最基本的两项需求，其必须达到卫生、舒适、安全、尊重、便利、亲切等共性的要求，而这些要求最根本的保障就是标准化，世界上具有较高品牌价值的饭店集团都有全面、严格、细致的服务标准和制度作为质量保障。二是针对不同饭店品牌所对应的客源需求的个性化服务。饭店集团旗下的每一个子品牌或分品牌必须根据自身的客源定位，尽可能地打造和提供投客所好的针对性服务。只有具备这些为实际需求而设计的服务，品牌在细分市场上才会产生美誉度和影响力。

◆ **深度剖析3-2**

饭店特许经营有何优势？

问题：特许经营与直营连锁不同，不存在总公司与下属饭店之间的产权关系，只有特许方与受许方之间的契约关系。因此，饭店特许经营有何优势？

解析与讨论：在特许经营中，特定的产权关系能够有效地降低代理成本、监督成本，解决激励问题，从而降低交易费用。

（1）特许经营节省了交易成本，特许经营通过把市场交易行为转化为特许经营系统的内部行为来节省成本，在此系统里实行的"统一采购、统一配送"，使采购、批发、配送等相互独立的产品分配职能转化为一个系统内部相关的行为，从而节约了交易成本和流通成本。

（2）特许经营优于其他一体化方式，通过垂直一体化的方式将市场交易内部化是低成本的，而特许经营的优势体现在降低了资产专用性程度，从而使特许者可以不通过垂直一体化就能够获得最小的交易成本。

◆ **业务链接3-1**

假日饭店集团的特许经营手册

在特许经营的复制生产中，如何能够保证饭店服务品质的同一性是实现同一品牌扩张的核心环节。假日饭店集团实行了统一的特许经营手册，为最早实现规模化的扩展提供了尝试。

特许经营手册保证了联号成员饭店标准化的服务，也实现了成员饭店服务品质的基本同一化。实现特许经营品牌成功的一个根本原因就在于规范的操作和服务，有一个高质量的加盟手册和可操作的运营手册。这一手册能使在全世界各地的受许人都能保证按照同一标准进行操作与服务。

假日饭店联号编印了《假日饭店标准手册》（以下简称《手册》）下发各成员饭店，保证每家假日饭店都有一本，各自有自己的编号，并要求严格保密，不得遗失或外传。《手册》对饭店的建造、室内设备、服务规程做出了详细规定，任何饭店非经总部批准不得更改。《手册》对饭店的所有经营项目和服务流程等都有严格的规定。之所以印发《手册》并强力推行，是因为威尔逊在当年选择特许经营权销售对象时，只考虑了饭店的选址和购买者的资本与信誉，没考虑他们个人经营饭店的经验，不少医生、房地产商、律师、银行家等都成了假日饭店特许经营权的买主；为了保证服务的标准化，威尔逊只能依靠《手册》使整个假日饭店联号在经营上、服务上能够保持一致。

资料来源：林璧属. 世界知名饭店集团发展模式——从案例分析入手［M］. 北京：旅游教育出版社，2014：32-33.

3.2.2　特许经营定义、类型与存在条件

1）特许经营的定义

国际特许经营协会将特许经营定义为：特许经营是特许人和受许人之间的契约关系，对受许人经营中的经营诀窍和培训领域，特许人有义务提供或保持持续的关注；受许人经营采用特许人的共同标识和经营模式，受许人自己投资。这个定义明确指出了特许经营的契约特征，指明了特许经营的核心——特许权的内容以及双方由契约所规定的义务。

2）特许经营的分类

特许经营作为一种经营模式，其适用范围比较广，就目前的研究与实际应用看，具体包括的业务范围极为广泛，仅在商业特许经营领域就可分为以下三大类：

（1）商品商标特许经营（Product and Trade Name Franchising）。这是产品与品牌的特许经营，又称"产品分销特许"，是指特许者向被特许者转让某一特定品牌产品的制造权和经销权。特许者向被特许者提供技术、专利和商标等知识产权以及在规定范围内的使用权，对被特许者所从事的生产经营活动并不做严格的规定。商标特许经营又可细分为商标特许、产品特许、品牌特许等。

（2）生产特许经营（Production Franchising）。它指的是受许人自己投资，使用特许人的专利、技术、设计和生产标准，然后向批发商或零售商出售产品，受许人不与最终用户（消费者）直接交易。

（3）经营模式特许经营（Business Format Franchising or Franchise Chain）。目前，人们常说的特许经营属于这种类型。它不仅要求加盟店经营总店的产品和服务，连质量标准、经营方针等都要按照特许者规定的方式进行。被特许者缴纳加盟费和后续不断的权利金（特许权使用费），这些经费使特许者能够为被特许者提供培训、广告、研究开发和后续支持。这种特许经营模式在国内外的发展速度最快。

根据特许权的授予方式，又可把特许经营分为以下四种类别：

（1）一般特许经营。特许人向受许人授予产品、商标、店名、经营模式等特许权，受许人使用这些特许权进行经营，并为此支付一定的费用。

（2）委托特许经营。特许人把自己的产品、商标、店名、经营模式等特许权出售给一个代理人，由该代理人代表特许人向其所负责地区内的加盟申请者授予特许权。跨国特许经营往往采取这种方式。

（3）发展特许经营。这是指受许人在向特许人购买了特许经营权的同时，也购买了在一个区域内再建若干家分部的特许权的经营模式。

（4）复合特许经营。这是指特许人将一定区域内的独占特许权授予受许人，受许人在该地区内可以独资经营，也可以再次授予给下一个受许人经营特许业务。

3）特许经营的存在条件

特许经营之所以能够广泛地渗透到各个领域，前提是这一行业可以进行标准化、专业化、简单化的复制。这是特许经营的前提条件。在双方都有利的前提下，通过取长补短，促成彼此间的合作而共同开创事业，这是特许经营的经济动因。通过特许经营组织意识的强化实现优势互补，这是实施特许经营的直接动机。技术、服务、管理及市场定位优势，是特许方所具有的向受许方转让的优势，是特许经营模式得以存在

的条件。

3.2.3　特许经营模式在饭店集团化发展中的作用

特许经营模式在饭店集团化发展过程中有其独特的作用，也有其独特的适用性。

饭店特许经营通常是饭店管理集团将其具有知识产权性质的饭店品牌，包括先进的全球订房网络与营销系统、成熟定型的管理模式与服务标准的使用权出售给饭店业主，由饭店业主依照饭店品牌的质量标准与规范营运要求自主经营管理饭店。

饭店特许经营的核心是知识产权的转让。特许方利用知识产权资本的可复制性、可消费性和可学习性，通过特许经营方式来扩张和发展分支机构，将饭店集团的无形资本的潜在价值转化为现实价值的规模效益，以便形成规模经济，并获得成本节约优势。在这种特许经营模式中，其优势是：特许人可利用极少投资迅速渗透市场，提高企业创业和扩张效率，极快地以同一品牌占有市场，稳定地获取特许经营权益费。从管理的角度看，由于总部和加盟店之间只有一级管理层次，缩短了信息流通距离，管理复杂程度大大降低，减少了管理层次，提高了管理效率，而且大多数饭店集团都采用管理信息系统，实现了动态管理。从经济效益看，成员饭店自负盈亏，总部不承担直接投资，不负担人员工资，不投入过多的监督费用，加速了特许经营饭店的扩张速度。受许人利用饭店集团成功的销售网络参与集团营销，直接借鉴和利用饭店集团的管理经验和运作模式，减少经营风险。

◆ 深度剖析 3-3 ◆

哪些饭店类型更适合特许经营模式？

问题： 在众多的饭店中，哪些饭店类型更适合特许经营模式？换句话说，在高档饭店、中档饭店、低档饭店中，哪种类型的饭店更适合特许经营模式？

解析与讨论： 从世界知名饭店集团的发展历程看，特许经营方式更适合于中低档饭店。这是因为：

(1) 中低档饭店的低成本更适合于特许经营模式。中低档饭店的"经济性"体现在价格"经济"、成本"经济"、标准"经济"，而这里所强调的成本"经济"是基于经济型饭店产品结构的"经济"基础上，以及由此延伸出的开发成本、人力成本和能源成本等方面的优势。

(2) 中低档饭店服务与管理的简单化，更有利于特许经营模式的复制，以复制为主要特征的特许经营更有利于饭店业主在统一的品牌之下所进行的自主经营。中低档饭店在饭店的环境、设备和服务上，以方便、简洁为准，创造了一个"经济、卫生、安全、方便"的饭店产品，使连锁店可以迅速复制，同时维持规范的作业，创造任何人都能轻松且快速掌握的作业条件。

(3) 中低档饭店的标准化作业更有利于维护饭店的品牌，饭店集团品牌的稳定性又反过来有力地促进了特许经营模式的推广。

(4) 中低档饭店的专业化操作更适合于特许经营。对于中低档饭店而言，运用专业化的策略，可以将饭店经营中重要而非核心专长的，或不能以较低成本自行处理的业务流程外包，把中低档饭店整个运作效率提升到最高水平，而所需费用则与"完全自给自足"的开支相等或更少，从而降低成本，提高效率，有效运作。

（5）特许经营有力地推动了中低档饭店的高速扩张。由于中低档饭店的单体规模小，所需的交易成本和运营成本小，退出壁垒小，这些特性使中低档饭店的投资周期短，与大规模的高星级饭店相比，无论在投资进程上还是物质生产损失上都处于更有利的地位。

3.3　饭店委托管理模式

委托管理又称管理合同，是饭店集团化发展的另一种最主要的模式。

同步案例3-3

万豪国际集团的委托管理模式

背景与情境：

1）万豪国际集团的委托管理模式

万豪国际集团是世界上知名的饭店管理公司和入选《财富》全球500强名录的企业。万豪国际集团创建于1927年，总部位于美国华盛顿，目前万豪国际拥有遍布全球130个国家和地区的超过6 500家酒店和30个品牌，多次被世界知名商界杂志和媒体评为首选的饭店业内杰出的公司。万豪饭店集团主要采取委托管理模式。

在管理合同推行过程中，万豪饭店管理集团受业主方委托，与业主方签订委托管理合同，并派出以总经理为首的经营管理团队对托管的饭店进行管理。万豪马里兰州贝塞斯达集团对饭店的经营结果负责，并按照经营业绩定期从业主方获得管理费用。

其委托管理的基本流程为：

首先，对被委托管理的饭店项目进行考察评估，并出具市场分析报告和可行性分析报告。

其次，根据市场分析报告和可行性分析报告，明确该饭店市场定位和星级标准，并结合万豪饭店管理集团各饭店品牌的相关标准，确定该饭店所适用品牌。

再次，与饭店业主签订国际标准的饭店全权管理合同。

最后，万豪饭店管理集团将任命和委派以外籍总经理为首的管理团队，并依据《万豪饭店管理标准手册》对被托管饭店实施全面管理。饭店将遵循万豪饭店管理理念，按照国际化标准建立饭店营销、运作和控制系统，以保证饭店高效的运营管理，确保饭店资产的增值，使饭店业主能够获得合理的投资回报。

2）万豪国际集团的委托管理方案

由于委托管理的饭店业主并不一定在饭店筹建时就进行委托，有可能是在经营出现困难时再行委托。于是，万豪饭店管理集团设定了几种介入饭店项目管理的不同阶段的方案：

（1）关于设计阶段的方案。万豪饭店管理集团建议饭店开发商在饭店设计的初期就与饭店管理公司确立合作关系，饭店管理公司的前期介入可以使饭店项目在设计、功能布局和建设过程中避免犯不必要的错误，避免不必要的浪费。

（2）关于筹建阶段的方案。针对尚处于筹建阶段的饭店项目，万豪饭店管理集团可以为饭店开发商提供专业化的国际饭店管理顾问及技术支持服务，其中包括：施工及设备配置要求、平面布局概念、饭店整体风格设计理念、建筑主题以及饭店文化的定位、员工的招聘和培训、策划筹办开业事宜等。

（3）关于建造阶段的方案。对于在建的饭店项目，万豪饭店管理集团可以对现有施工阶段或建筑结构进行评估和定位，以国际化的设计理念，结合饭店市场定位，以及就运营实际需求对原有规划设计进行分析和修订，从根本上提升饭店外在品质。

（4）关于经营阶段的方案。对于已经处于运营阶段的饭店项目，万豪饭店管理集团将首先借助于丰富的国际化饭店管理经验，对饭店现状进行全面分析，为饭店确立一揽子改进方案。该方案将结合各个国际化品牌优势、专业管理团队和服务管理标准，为饭店引入国际化营销系统、财务控制系统、培训系统以及服务运作系统等，从而彻底改变饭店经营管理状况，从根本上提升饭店的内在品质。

万豪饭店管理集团根据每家饭店所处的不同阶段，采取灵活的应对策略以满足饭店开发商在饭店开发的不同时期对饭店管理公司的需求。

万豪国际集团之所以能够顺利地开展以管理合同为主导模式的集团化发展策略，关键在于万豪国际集团是专注于旅游服务的专业集团，集团下属万豪饭店管理公司、旅游与饭店管理学院等，在饭店管理和旅游管理领域有着广泛的业界联系，拥有强大的人力资源库以及国际标准的专业管理、顾问咨询和培训团队。

资料来源：林壁属. 世界知名饭店集团发展模式［M］. 北京：旅游教育出版社，2010：88-92.

问题：万豪的委托管理方案有哪些值得我们借鉴？

分析提示：

（1）委托管理合同完备性的启示：由于委托管理的饭店业主并不一定在饭店筹建时就进行委托，有可能是在经营出现困难时再行委托。万豪饭店管理集团设定了几种介入饭店项目管理的不同阶段的方案，其方案的完备性很值得借鉴。

（2）委托管理方案的针对性：万豪饭店管理集团设定的几种介入饭店项目管理的不同阶段的方案，其针对性很强，也说明了其委托管理的全面考虑，这也是其优势。

3.3.1　饭店委托管理是一种以契约关系为核心的管理模式

饭店委托管理是一种以契约关系为核心的委托管理，在合同类型中属于委托合同。

饭店**委托管理**是通过饭店业主与饭店管理公司签署管理合约来约定双方的权利、义务和责任。饭店业主雇用饭店管理公司作为自己的代理人，承担饭店经营管理职责。作为代理人，饭店管理公司以饭店业主的名义拥有饭店的经营自主权，负责饭店日常经营管理，定期向饭店业主上交财务报表和饭店经营现金流，并根据合同约定获得管理酬金。饭店业主为饭店提供土地使用权、建筑、家具、设备设施、运营资本等，并根据合同约定承担相应的法律与财务责任。委托管理合同是一种具有委托关系的契约，是指饭店投资者或所有者与饭店经营者之间签订的书面合同，饭店所有者委托经营者全权负责饭店的管理业务，而经营者以所有者的名义，从经营所得的收入中支付经营管理的所有开支，并按一定比例获得管理费，同时上交剩余利润给所有者。所有者拥有饭店的全部产权，并承担所有法律和财务责任，而经营者行使的是饭店的使用权，经营者与所有者之间不存在产权关系。从合同性质的法律分类看，饭店业主与饭店管理公司之间订立的饭店经营管理合同属于委托合同，在这种委托合同中，饭店业主是委托人，饭店管理公司是受托人。饭店业主与饭店管理公司之间是委托人与受托人之间的委托关系，根据各方的责任进一步细分，它属于委托合同关系中的委托代理关系。

委托管理是现今国际饭店集团非常流行和常见的扩张方式之一，大多数饭店集团，如希尔顿、万豪等都向其他饭店提供管理服务。委托管理的最大优点在于能够减少风险；缺点是经营者获得的利润较少，没有重大决策权，依赖所有者的资金投入，对于管理公司来说，必须具备良好的经营管理能力。

◆ **深度剖析3-4**

委托管理中出现的问题很多，有时候会为了一个小问题而争论不休。

问题：

（1）委托管理的核心问题是什么？

（2）委托代理存在的主要风险是什么？

（3）代理成本是委托管理中存在的问题吗？

解析与讨论：

（1）在委托管理研究中，所有的理论框架都是建立在一些基本的假设前提之上的，委托代理理论遵循的是以"经济人"假设为核心的新古典经济学研究范式，并以以下两个基本假设为前提：第一，委托人与代理人的信息不对称；第二，委托人与代理人的目标函数不一致。

在对饭店管理公司的考核中，由于管理团队掌握饭店的经营管理信息，深知自己的行为和意图从而成为代理人，饭店业主处于信息劣势从而成为委托人。同时，双方目标函数不一致，饭店业主追求的目标是饭店收益最大化，管理团队则追求自身效用最大化。饭店业主（委托人）想使管理团队（代理人）按照饭店的利益选择行动，但是业主不能直接观测到管理团队选择了什么行动，能观测到的只是管理团队行为选择结果的另一些变量，如经营业绩、成本费用等，这些是由管理团队的行动和其他外生的随机因素共同决定的，只是管理团队的不完全信息。在假定其他经济政策不变的情况下，饭店业主和管理团队的预期报酬将取决于管理团队是否努力工作，即共同分享一个带有不确定性的成果。所以，饭店业主的问题就是如何根据这些观测到的信息来奖惩管理团队，以激励其选择对饭店有利的行动。由此可见，饭店业主与管理团队之间的关系表现为一种委托代理关系，具有典型的委托代理特征。

（2）委托代理存在的主要风险是道德风险。道德风险（Moral Hazard）最早出自保险业务，最初含义是一个人因为参加保险而降低了他防止风险的努力程度，而保险公司很难监督投保者所采取的安全措施，但"道德风险"却对保险公司的利润有直接影响。后来这一术语被激励理论借用，激励理论中的委托代理关系的实质是委托人不得不对代理人的行为后果承担风险，而这又来自信息的不对称和契约的不完备。

委托人对代理人的努力程度和信息是不完全了解的，导致委托人无法确切地识别饭店企业的经营业绩是代理人努力还是一些代理人所不能控制的外生随机因素所造成的。这样，代理人就可以不完全承担其行为的全部后果，代理人从而有动机也有可能从事高风险或者损害委托人利益的行动以实现自己效用的最大化，而风险则由委托人来承担，从而导致代理人的道德风险问题。

（3）在委托代理关系中，道德风险必然导致委托人利益的损失，这种损失通常被称作"代理成本"，它由三部分组成：委托人的监督成本、代理人的担保成本以及剩余损失。其中，剩余损失是委托人因代理人代行决策而产生的一种价值损失。激励机制便是围绕减少代理成本而提出的。它包括：①向代理人支付的管理费、奖励提成，以及奖金与津贴等费用；②代理人为追求非货币物品，如品牌宣传等所导致的企业成本上升和利润的减少；③由代理人决策与使委托人利润最大化的最佳决策之间存在的差异所导致的企业效率的损失。为了降低代理成本，委托人就要通过契约关系与对代理人行为的监督来约束代理人的那些有悖于委托人利益的活动，这又必然带来监督成本问题。代理成本和监督成本的变动方向是相反的。由于委托人上述两种选择的结果都是代理人努力工作，即预期的产出水平是相同的，所以，委托人只需要通过比较代理成本和监督成本的大小便能做出决定。契约关系中确定的约束规则越是完整、明晰，越能约束代理人的机会主义行为，代理成本就越低，但代理人的选择空间缩小，企业行为会变得僵化，可能丧失更多的获利机会。

3.3.2　委托管理实施机制设计

委托代理问题的存在，说明需要寻找一个可行的实施机制，以进行有效的委托管理实施机制设计。

委托代理理论认为，解决道德风险的激励合同设计实质上是一个激励机制设计问题。激励机制设计是一种特殊的不完全信息博弈。在所有的博弈过程中，都有一个"委托人"和一个或多个"代理人"，委托人的支付函数是共同知识，而代理人的支付函数只有代理人自己知道，委托人或其他代理人则不知道。由于信息不对称，委托人无法观测代理人所投入的努力，代理人就有动机采取不努力的行为。因此，委托人必须提供给代理人足够的激励，由于激励是有成本的，委托人实际上也就面临着在成本与收益之间进行权衡的问题。经济学中的激励和约束是一个问题的两个方面，二者缺一不可，构建激励机制就必须建立相应的约束机制，约束机制的建立是激励机制设计的关键。约束机制的作用是通过奖励和惩罚，使代理人认识个体行为（这里指的是管理团队的行为）在结果上的积极和消极的变化，从而在心理上产生公平感、认同感和满足感。然后，管理团队再把这种感觉外化为在工作中的努力程度、自觉程度与参与程度，提高管理效率，间接带来管理成本的减少和管理收益的提高。

典型的机制设计是一个三阶段的不完全信息博弈。在第一阶段，委托人设计一个"机制"或"契约"的"激励方案"。这里，机制是一个博弈规则（或简称博弈），根据这个规则，代理人发出信号，根据实现的信号决定配置结果。在第二阶段，代理人选择接受或不接受委托人设计的机制。如果代理人选择不接受，他得到外生的保留效用。在第三阶段，接受机制的代理人根据机制的规定进行博弈。

判断饭店管理公司的报酬优劣的关键在于它是否具有对饭店管理公司的激励约束机制，从而实现各要素主体的利益最大化。饭店的生产经营活动十分繁杂，各项活动包括的知识和信息量也不相同，饭店中的每一个人在某种程度上都有选择其活动及努力程度的自由。如果饭店各要素主体目标各异，个人目标也就很难与企业的总体目标一致，低效率问题在所难免。饭店业主需要设计一个激励合同，饭店管理公司及其管理者也需要设计一个面向所有员工的激励合同，根据观测到的工作成果对其进行有效的激励和奖惩。

3.3.3　采用委托管理需要注意的问题

通过对世界知名饭店集团采用管理合同模式所进行的分析，结合我国饭店发展实际，我们认为，以下五个方面是考虑实施这一管理模式时需要注意的关键因素。

1）饭店自身条件分析

选择什么样的饭店管理公司来管理饭店，并不取决于饭店管理公司，而是取决于饭店自身的条件。

首先，准确把握饭店市场定位。其衡量标准是饭店定位与当地市场需求的吻合度。需要对自己饭店现有的经营条件和市场状况进行全面评估，包括地理位置、所处地域的经济发展情况、当地的客源市场环境以及当地饭店业市场的竞争状况等，从而保证饭店的建设档次和定位符合当地的经济发展需求。

其次，严格控制饭店硬件质量。饭店的基础设施条件不仅指饭店的设备设施档次，还包括饭店的硬件设施的使用功能和布局。饭店的硬件设施是提高饭店产品质量和饭店整体形象的基础。如果单纯追求装修设计的富丽堂皇，不注重饭店的使用功能，饭店的使用价值将大打折扣。如果硬件水准建设不到位、设施设备功能布局不规范、饭店基础建设条件薄弱，那么单凭专业化的管理团队也不可能使饭店起死回生。

最后，尽量尊重管理公司的意见。对于正在建设的饭店而言，在选择好管理公司后，最好能让管理公司在饭店建设初期就介入饭店的筹建过程中。这样不仅可以就饭店的建设与管理进行深入的沟通，了解其经营思想，还能使管理公司为饭店的筹建提出建设性的意见，以解决日后经营管理的后顾之忧。对于已经建成的饭店，饭店业主也需要就饭店设计施工中的不良问题征询管理公司的意见，对有能力改变的设施设备在功能和布局上的问题应听取管理公司的意见予以纠正。

2）选择合适的饭店管理公司

首先，客观评估管理公司与单体饭店的适合程度并做出准确的选择，在单体饭店委托管理过程中起着至关重要的作用。对饭店业主而言，对管理公司的信誉、规模、管理经验、管理模式等实际情况的评估，将是衡量管理公司是否符合饭店业主委托经营需要的重要指标。只有通过认真、客观考核管理公司所具有的资源能力，才能保证管理公司对饭店的经营管理能够实现业主的利益。

其次，对于饭店委托管理的实施过程而言，起到重要作用的是管理公司对合同的实施情况，即管理公司外派人员的实际经营管理表现。准确选择管理公司将确保管理公司能够派出具有较高能力及丰富管理经验的专业管理团队。具体而言，饭店业主可从以下几方面对管理公司进行评估：第一，饭店委托管理经验；第二，饭店管理模式考评；第三，考察素质高且具有经验的管理人员的储备情况；第四，考核财务运营能力；第五，考察客源销售网络；第六，饭店企业信誉和品牌考察。品牌蕴含着国际知名度、商业信誉、顾客信任度、经营管理经验与模式、垄断客源市场等巨大商业价值，品牌还可以为饭店带来更多的客源。饭店业主可以通过调查饭店管理公司所管理饭店的顾客口碑和市场认知程度了解饭店管理公司的整体管理水平和对饭店管理项目的控制能力。在对管理公司进行选择的过程中，饭店业主需要充分考虑管理公司的各方面条件。

饭店业主也要注意，选择是双向的。饭店业主在对众多承接经营者进行筛选的同时，也应该向管理公司提供饭店方面的相关信息，给饭店管理公司一个了解饭店、选择自己的机会。

3）签订全面、合理的管理合同

一份全面、合理的管理合同将明确饭店业主和管理公司在委托管理过程中各自的权利、责任和义务，保障饭店业主在委托管理期间获得最大程度的权益，保证管理公司对饭店的日常经营能够获得物质上的奖励，激励其完成饭店业主的利益目标，使饭店经营管理得到较好的绩效。在合同谈判过程中，饭店业主需要注意以下六个方面的问题：

第一，明确双方利益要求。通过与管理公司交换意见，饭店业主应该让管理公司了解自己经营投资饭店的目的以及对管理公司的要求；同时，业主也应该了解管理公司选择饭店实施委托管理的需要，并注意把双方的需要清楚而完整地列入管理合同中。

第二，拟定管理合同条款。委托管理具有极强的专业性要求，管理合同文本中的具体内容和条款在饭店业内已有一些通用的格式，但对于单体饭店而言，具体的经营环境、市场状况、业主要求、对管理公司的要求都存在很大差异。因此，在管理合同的拟定上，通常没有固定的模式，可以由管理公司拟定合同文本，饭店业主再与管理公司就合同中的每一条款做出具体的商讨。

第三，平等划分权、责、利。管理合同中对业主与管理公司双方的权利、责任和利益的分配应该是以平等为原则，任何一方得到的利益应与其支付给对方的代价相平衡。对于饭店业主而言，利益需要自己争取。这就需要注意合同谈判的技巧。谈判的内容应包括：管理公司经营管理权限的设定；管理合同期限以及延期的说明；管理公司经营回报要求的设置；管理公司受限经营范围的界定；饭店员工任用权限的说明等。每一项具体的内容都需要饭店业主与管理公司充分协商，将没有歧义的条款写入管理合同中。

第四，明确饭店管理费用及结构。饭店业主应该与管理公司就管理费用的设定以及结构划分安排进行详细的协商，明确管理费用的提取情况，以及提取奖励费用的结构安排。通过协商明确管理费用，充分反映双方的利益需要。

第五，明确饭店经营业绩考核指标。在谈判的过程中，需要明确管理公司的经营业绩考核指标设定方法和具体指标要求，将它们明确写入管理合同中，以此作为日后出现矛盾以及意外情况时的依据和保障。

第六，达成共识，签订合同。对于合同的签订应该认真对待，通过签订合同，可以避免业主在日后经营中处于不利的地位。通过商议，对饭店管理合同的各项条款达成一致，再签订合同。

总之，饭店业主应该重视谈判过程，通过管理合同，合理地表达自己的利益目标，并且通过合同条款反映自己的利益需要。借助管理合同约束双方行为，并通过谈判对合同条款达成共识，建立双方合作共赢关系。

4）建立有效的激励机制

管理公司对合同的有效实施是饭店委托管理成功最为关键的影响因素。在饭店委托管理中，业主与管理公司之间是典型的委托代理关系，因此，作为委托人的业主就需要采用有效的激励和约束机制来防止代理人——饭店管理公司的"道德风险"和"逆向选择"问题，通过激励机制和监督机制确保饭店委托管理的实施效果。

对于委托管理而言，设置科学合理的激励机制非常重要。如何确定费用定额和提成比例是饭店业主与管理公司激励机制设计的核心问题。

（1）设置科学的管理费定额。

管理费定额是饭店业主与管理公司之间讨价还价的核心。如果管理费定额水平较低，管理公司可能不签订合同，即使签了合同，工作的努力度不足也会对饭店业主不利；反之，随着管理费定额的增加，管理公司可能对获得超过定额后的提成不感兴趣，工作的努力程度不一定会逐步提高。也就是说，当定额超过一定的限度后，管理公司感觉获得提成无望时，其努力程度会再次下降，激励就无效了。从饭店业主的角度讲，一方面，管理费定额的设置要尽量低，以减轻企业的负担，增加企业的利润；另一方面，完成定额后的提成应足够高，以激发管理公司的努力程度，但又必须尽量减少企业的成本负担。

（2）选择科学的业绩奖励提成方案。

业务链接3-2

业绩奖励提成方案

在业绩奖励提成方案的选择中，有六种方案可供参考。

第一种是单一激励比率方案。单一激励比率方案是所有奖励提成方案中最简单的一种。单一激励比率方案表现为与业绩对应的百分比或者每一个单位业绩的固定给付额。这种奖励方案重点非常突出，激励力度非常强。但是，这种方法可能导致管理公司不计成本地提高经营业绩，以便提高奖励提成。

第二种是多激励比率方案。多激励比率方案包含两个或者两个以上的激励比率。根据不同的组合情况，分为组合激励比率方案和可变激励比率方案。组合激励比率方案包含两个及两个以上的激励比率，对不同业绩区间给予不同的激励比率，形成组合的激励方案。激励比率发生变换的点叫作临界点，在达到临界点之前，管理公司的激励性报酬按前一激励比率给付，达到临界点之后，激励性报酬按后一激励比率给付。可变激励比率方案最常见的形式是对不同种类的饭店产品支付不同比率的激励报酬。该方案通过激励比率上的变化引导管理公司获得最佳业绩，从而实现饭店业主的目标。

第三种是梯式激励性报酬方案。该方案将管理公司的业绩划分为若干区间，每一区间内的业绩对应唯一的激励性报酬金额。当管理公司的工作成果可以用一种业绩指标衡量，且对业绩的认可范围较宽时，可以采用梯式激励性报酬方案。

第四种是计算点数的激励性报酬方案。它是通过为多个不同的绩效指标制定不同的对应点数，然后根据管理公司的实际业绩，计算总点数。总点数乘以点数转换比率，得到管理公司的激励性报酬金额。这种方案非常灵活，当经营业绩目标涵盖多个绩效评价指标时尤为适用。

第五种是关联激励性报酬方案。关联激励性报酬方案又叫连锁方案，是能够设计出的最先进的报酬方案之一。当对管理公司的工作业绩的评估需要两个或者更多绩效评价指标来衡量，而且任何一个绩效评价的结果都对管理公司的最终激励性报酬收入产生影响时，可以采用关联激励性报酬方案。它把一个绩效评价的报酬给付与另一个绩效评价的绩效表现联系起来。虽然关联方案对管理公司的要求更高，但是它对所有达到经营目标的行为给予了充分的肯定和奖励。

第六种是分享方案。这种方案是指经营业绩是在管理公司所派出的管理团队与饭店管理公司总部之间相互支持、共同协作下完成的。

资料来源：根据现有学术研究总结整理而成。

在实际运作中，由于管理公司占尽优势与先机，在信息不对称的情况下，天平很难向饭店业主倾斜。不过，在管理公司越来越多、市场竞争和饭店经营压力越来越大的情况下，选择科学的业绩奖励提成方案也是一件比较容易的事。

5）实施明确的监督机制

对管理公司的监督，建议在建立科学的评价指标的基础上，从财务预算控制和日常监督管理两方面加强进行。在日常的管理经营中，业主应该对管理公司外派人员的工作给予适度的配合和参与，在财务预算控制之外的经营管理范围内充分放权给管理公司。

（1）建立完善的考评体系。

激励机制设计的最终成果就是针对代理人的一套考评体系和与之相适应的业绩奖励提成方式。管理公司业绩奖励提成的基本特征是其收入与业绩相挂钩，这就要求饭店业主设计一套科学有效的业绩考评体系。这个考评体系需包括：选择什么样的激励指标才能恰当地评价管理公司的"不可观察性"投入，全面、客观地反映其业绩及其指标体系，制定可以实施和操作的考评原则和程序及其指标体系。

（2）财务预算控制。

饭店委托管理的基本要求是管理公司全权掌握饭店的经营管理权，因此，饭店业主需要通过年终经营报表和月度报表等经营数据了解饭店的具体运营状况，采用预算作为保证饭店运行质量的监督手段。预算管理通过将企业的目标及其资源的配置方式以预算方式加以量化，使企业的经营目标得以实现。饭店业主在审批预算计划时，应注意计划的科学性和合理性。对于管理公司的财务控制不仅需要以保护饭店业主资产安全和查弊纠错为目标，更要注意目标的效率性，从而保证饭店经营的效益，保证饭店业主营运目标的实现。管理公司根据饭店的实际经营目标，设定年度市场销售计划（确定收入目标）、年度经营费用预算（确定成本目标）以及资本更新计划（解决固定资产更新改造问题）。饭店业主应该放手让管理公司在预算的框架里运作，以免干扰管理公司的正常经营。

（3）日常监督管理。

在饭店的日常经营过程中，对于饭店业主需要把握的饭店工作，可以考虑在饭店内部委派饭店管理领域的专业人员，代表自己对饭店行使管理和监督职责。饭店业主外派的管理人员在参与饭店经营工作时应该注意以下几点：首先，应该遵循规范的工作程序，饭店业主需要事先与管理公司协商，征得管理公司的同意，由管理公司聘任外派的管理人员担任职务。其次，在饭店的日常工作中，饭店业主方的管理人员应该严格遵守饭店的规章制度，按照自身的职务行使权力。再次，饭店业主方的管理人员应该按照正常的管理程序汇报工作，对于管理公司权限范围内的工作，不越级请示和汇报，饭店业主也要注意，不对这一类问题随意发表意见。最后，饭店业主方的管理人员需要注意与管理公司的实时沟通，代表饭店业主的利益与管理公司对饭店的经营进行协商，尊重管理公司在管理水平上的专业性，及时处理不同的意见。

◆ **职业道德与企业伦理 3-1** ◆

管理费提成怎么算？

背景与情境： A酒店投资者委托B酒店管理公司对其"老胡营大酒店"进行委托管理，双方约定按照营业额4%的比例收取管理费。协议约定代理经营管理期间的财务会计内容为：营业收入是指经营（含出租）酒店及其设施所得的应纳税营业性收入总和，经营成本是指维持和经营酒店及监督酒店经营的营业成本、全部费用和税金开支（其中由业主独立承担的一切"所有权成本"不计入经营成本），经营利润是各会计年度内的营业收入超出该年度经营成本的金额。在实际委托管理期间，B酒店管理公司按照应纳税营业性收入总和的4%收取管理费。经营满一年后，A酒店投资者认为：B酒店管理公司故意做大餐饮收入，不计成本地降低餐饮收益，以便按4%的比例收取管理费，造成A酒店实际收入降低；B酒店管理公司认为：老胡营大酒店所处区域经济较为落后，餐饮消费能力较弱，只能薄利多销。

问题： 请你分析以上双方分歧是否涉及企业职业道德问题？如何区分正常经营与不当经营？

分析提示： 就案例所描述的情况很难做出判断。其判断前提是B酒店管理公司是否为恶意经营。

（1）倘若老胡营大酒店所在地的旅游业发达，当地居民可支配收入较高，周边酒店的餐饮经营收益也较高，则B酒店管理公司在某种程度上有故意做大餐饮收入以便提升管理费的嫌疑；反之，如所处区域经济较为落后，餐饮消费能力较弱，只能薄利多销，则B酒店管理公司无恶意经营行为。

（2）双方分歧的确是一个涉及企业职业道德的问题。如果B酒店管理公司恶意薄利多销，则有企业职业道德问题；若正常经营，则无此问题。

3.4　饭店战略联盟模式

饭店战略联盟模式是饭店集团化发展中的一种新模式，按照战略联盟的原理和方法来看，饭店战略联盟模式有很大的发展空间。在世界知名饭店集团中，最佳西方国际的战略联盟最成功。

◆ **同步案例 3-4** ◆

最佳西方国际的战略联盟模式

背景与情境：

1）发展历程

美国最佳西方国际集团（Best Western International, Inc.）是全球单一品牌最大的饭店连锁集团，拥有4 200多家成员饭店，分布在100多个国家和地区。1946年，拥有23年管理经验的旅游业主Guertin建立了最佳西方汽车旅馆。1966年，"最佳西方"的7人董事会成立，该董事会成员是由成员饭店逐级推选产生的。1968年，"最佳西方"开通了统一号码的电话预订系统。1970年，"最佳西方"启用正式的饭店质量监控体系。1976年，"最佳西方"加速其在国外的扩张，与墨西哥、澳大利亚和新西兰的411家饭店签订了加入协议，增强其国际影响力。1988年，"最佳西方"建立了常客奖励制式。1996年，"最佳西方"启动全新的中央预订LYNX系统。2001年，"最佳西方"建立了成员饭店专用的网站。2002年，"最佳西方"开始拓展中国饭店业市场。2005年4月18日，"最佳西方"网站推出8个语种服务。

2）联盟模式

最佳西方国际是一家总部设在美国菲尼克斯的由会员组成的收取会员费的联盟组织。其会员服务包括国内和国际的预约系统、国际行销、品牌创建、质量保证以及其他相关服务，提供这些服务的资金完全来自成员的会费。此外，该联盟组织还为成员饭店提供一些单独收费的额外服务，包括集中采购、经常性项目、电子预约、行销和无线电通信网络项目，这些项目被称为自费项目。

为了保证联盟的正常运转和聚合效应的发挥，最佳西方国际组织设计了一整套完整的组织结构以提高联合运作的效率。其机构主要分为：信息部、财政部、市场营销部、品牌质量与成员服务部、综合业务部、全球销售部、国际业务部、企划供给部以及北美发展部。理事大会基本由全体理事单位组成，由7个代理区的成员共同构成常务理事会，每个代理区都选出一名代表构成常务理事会，这些代表都在所在辖区拥有自己的成员饭店。这7个代理区的常务理事成员每年由本地区选举产生。其组织机构如图3-1所示。

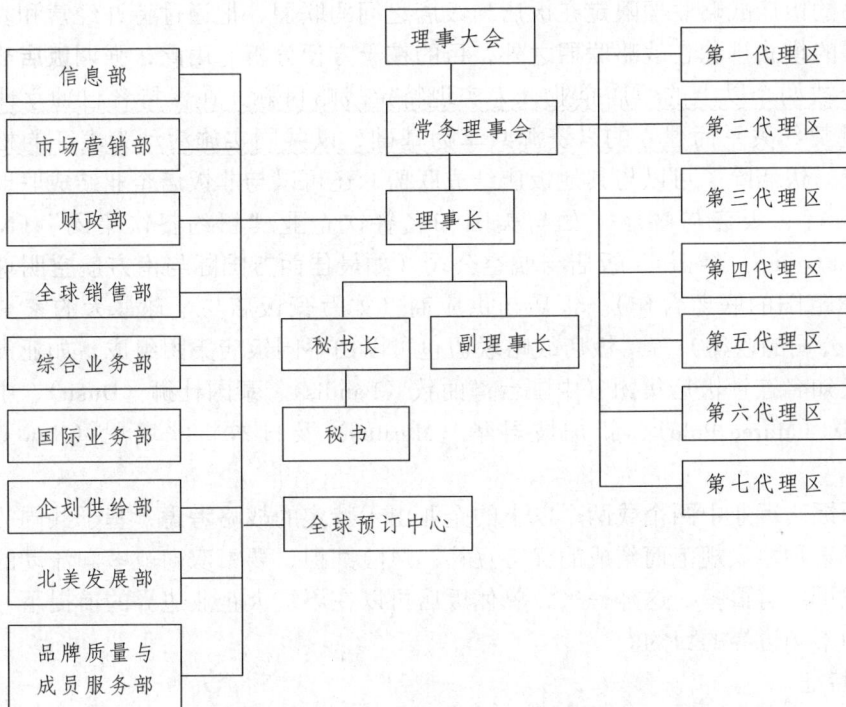

图3-1　最佳西方国际组织机构图

从其组织机构图可以看出，最佳西方国际战略联盟的管理模式是一种系统化的管理，在该系统中，管理行为通过不同的决策层实现，这些决策层包括联盟理事会、指导委员会、执行委员会、联盟管理人员及各种项目委员会。最佳西方国际各管理层具有明确的权利与责任，能够避免引起内部的冲突和决策的缓慢以及相互之间的责任推诿，从而实现该联盟组织管理的有效性和迅速反应性，增强联盟组织的稳定性。

资料来源：林璧属. 世界知名饭店集团发展模式——从案例分析入手［M］. 北京：旅游教育出版社，2014：106-107.

问题： 最佳西方国际组织何以能独步江湖？

分析提示：

（1）最佳西方国际组织结构是否有优势，这是一个很值得讨论的问题。

（2）最佳西方国际会员制和会员服务模式是否为其生存提供了保障，也是一个很好的分析视角。

（3）建议登录其网站，通过其产品、服务项目来做进一步的分析。

3.4.1 饭店战略联盟

1）定义

战略联盟的概念最早由美国 DEC 公司总裁简·霍普兰德（J. Hopland）和管理学家罗杰·奈杰尔（R. Nigel）提出。他们认为，战略联盟是由两个或两个以上有着共同战略利益的企业（或特定的事业和职能部门），出于对整个市场的预期和企业自身总体经营目标、经营风险的考虑，为达到共同拥有市场、共同使用资源等战略目标，通过契约而结成的优势互补、风险共担、要素双向或多向流动的松散型网络组织。

本书的饭店战略联盟限定在饭店与饭店之间的联盟，把通过特许经营和委托管理形式发展的模式排除在战略联盟之外，目的在于方便分析。由此，强调**饭店战略联盟是指两个或两个以上的饭店企业，为实现特定战略目标，在保持各自独立性的前提下，通过契约关系而建立的以资源共享为基础，以共同实施活动为表征的松散型组织。**当然，饭店除了可以与其他饭店结成联盟，还可以与非饭店企业结成联盟，比如饭店与银行、饭店与餐厅（如与美国知名餐饮企业"纽约餐饮集团"（New York Restaurant Group）结盟）、饭店与航空公司（如最佳西方国际与南方航空明珠俱乐部开展全球范围的联盟合作）、饭店与供应商（如万豪饭店与全球最大的家具制造商 Steelcase 公司的联盟）等。饭店战略联盟也可以由不同饭店集团组成，如亚洲饭店联盟由五大知名连锁饭店集团（中国台湾丽致（Landis）、泰国杜狮（Dusit）、中国香港马可波罗（Marco Polo）、新加坡君华（Meritus）及日本新欧塔尼（New Otani））组成。

由于饭店行业中两个或两个以上的企业出于特定的战略考虑，基于共同的利益基础，通过某种协议规范而结成的优势互补、风险共担、要素双向或多向流动的松散型网络组织可以有很多，这样一来，单体饭店可以在不扩大企业边界的前提下，达到扩展饭店的市场边界的目的。

2）特征

饭店联盟组织通过契约的形式联结，不涉及产权关系的变更，是一种复杂的社会经济组织形态，充分体现出统一兼独立的经营模式。其具有如下特征：①平等性。饭店联盟内部的各参与饭店在资源共享、优势相长、相互信任基础上通过事先达成的条款或协议结成平等关系，这不同于按照出资数量多少决定控制权分配的企业集团的形式，参与饭店在平等的基础上相互合作实现资源和知识的多向流动。②松散性。联盟成员饭店合作各方的关系十分松散，主要是通过协商的方式解决各种问题。联盟的协议往往看上去更像"谅解备忘录"，一般只阐明共同拥有市场、日常经营中彼此交流经验等基本目标，强调协商，从而创造出一种弹性机制。③高效性。联盟组织的实力是单体饭店所无法比拟的，它可以综合各方面的资源优势来完成单个饭店难以胜任的各项经营任务，尤其是预订系统的创建更超出单体饭店能力之外，联盟具有提升单体饭店竞争力、分担风险、扩张市场以及获得规模经济效应等高效功能。

◆ **深度思考 3-1** ◆

　　问题：股权式集团与契约式战略联盟的差异有多大？

　　理解与讨论：股权式集团与契约式战略联盟之间的差异很明显。相对于股权式集团而言，契约式战略联盟由于更强调相关企业的协调与默契，从而更具有联盟的本质特征。其在经营的灵活性、自主权和经济效益等方面比股权式集团有更大的优越性：

　　（1）股权式集团要求组成具有法人地位的经济实体，对资源配置、出资比例、管理结构和利益分配均有严格规定；而契约式战略联盟无须组成经济实体和固定的组织机构，结构比较松散，协议本身在某种意义上只是无限制性的"意向备忘录"。

　　（2）股权式集团各方按出资比例有主次之分，且对各方的资金、技术水平、市场规模、人员配备等有明确规定，股权大小决定发言权的大小；契约式战略联盟各方一般都处于平等和相互依赖的位置上，经营上保持相对的独立性。

　　（3）在利益分配上，股权式集团按出资比例分成，合资各方的利益体现在最后的分配上；契约式战略联盟中各方可以根据自己的情况，在各自承担的工作环节中进行经营活动，取得自己的利益。

　　（4）股权式集团的初始投入较大，转置成本较高；契约式战略联盟则可避开这些问题。

　　（5）在性质上，饭店集团是一种非竞争性关系，而饭店战略联盟则是竞争性联盟与非竞争性联盟并存。对于跨区域饭店组成的战略联盟来说，联盟饭店之间没有直接竞争关系，但同地区饭店组成的战略联盟则是竞争性联盟，在联盟内是合作伙伴，在联盟外则是竞争对手。

3.4.2　饭店战略联盟的合作机理

　　饭店与饭店之间为什么要合作？为什么要结成战略联盟？

　　1）以合作求"共赢"的合作竞争

　　"合作竞争"（Co-opetition）一词首次出现在美国哈佛商学院的亚当·布拉顿伯格（Adam Brandenburger）教授和耶鲁大学商学院巴里·纳尔巴夫（Barry Nalebuff）教授合著的《合作竞争》一书中。该词将"合作（Cooperation）"与"竞争（Competition）"合二为一，形成合作竞争。合作竞争指企业为提高竞争能力、获取最大战略利益，而与其利益相关成员进行的各种合作行为。这两位教授认为，当今的企业家应当摒弃立足于打垮对手、抢夺市场、锁定顾客的"竞争第一"的传统经营思想，从竞争第一战略中解脱出来，更多地关注企业间的合作，将合作经营作为企业的经营战略来加以应用，通过合作而不仅是竞争来达到自己的经营目的。

合作竞争对于竞争对手分析的重要意义在于：企业不仅要关注竞争者，也要关注互补者；企业不仅关注"你死我活"的竞争，也要寻求把市场做大、我赢你也赢的"共赢"合作。这种在开拓市场时合作、在瓜分市场时竞争的理念，为分析竞争对手提供了新的思路和视角。

2）合作剩余

"合作剩余"最早产生于古典经济学。亚当·斯密的分工理论强调劳动分工可以提高劳动生产率，认为效率的提高来源于分工后每个人从事简单生产过程的熟能生巧和机器的发明与采用，从而带来合作剩余。马克思认为，合作功能不是单个要素的简单相加，而是众多单个要素资本聚合而产生的一种倍增效应，实现生产力的集体创造。亚当·斯密和马克思将企业视为要素所有者为分享合作剩余而缔结的特别合约。只要合作的这种特别利益大于由于合作产生的各项费用之和，即存在合作剩余，企业就得以产生。而这种合作剩余源于生产成本与交易成本的节约，以及个人生产力的提高和获得集体生产力。

合作剩余的创造与分配是企业契约的核心内容。在市场经济条件下，要素所有者采取合作或不合作的策略，是因为这种策略会给他带来收益。行为人到底选择何种方式，关键看哪一种方式能够为他们带来更大的收益，即进行单干收入 D_i 与合作收入 X_i 之间的比较。要素所有者之所以会选择合作，就是 $X_i - D_i > 0$ 的结果。其中，合作收入之所以能够大于单干收入，是因为建立在分工基础上的合作能够产生"协作力""集体力"，从而产生"合作剩余"的结果。合作剩余的源泉在于合作可以提高资源互补或提高资源配置的合理程度。单体饭店之间的合作扩大了企业边界，饭店集团之间的战略联盟进一步实现了强强联合。

3）饭店联盟动机

企业的行为模式主要有三种：市场交易、内部化（兼并、收购和内部发展）和联盟。如饭店在需要开展某项业务活动时，可以在市场中通过交易由其他公司完成，也可以由饭店自己完成，还可以通过联盟与合作伙伴共同完成。饭店之所以选择与其他饭店甚至与有直接竞争关系的饭店进行联盟合作，根本原因在于联盟合作能带来比不联盟更大的效益。从联盟整体看，协同可以"把蛋糕做大"，使联盟整体效益大于各饭店联盟前个体效益的简单加总；从联盟饭店个体看，变大了的蛋糕可使其瓜分到更大的蛋糕块，获得比不联盟更大的效益，即合作剩余。所以，在经济利益驱动下，饭店与饭店之间通过资源共享、成本与风险共担、优势互补，进行协同合作，实现联盟整体效益最大化，在此基础上获得各自最大化的"合作剩余"。[①]

★ **教学互动3-1**

观点： 在一定的区域范围内（如一座城市），单体饭店价格竞争比饭店之间结成价格联盟具有更大的灵活性，也具有更强的市场竞争力。

---

① 这里有几点需要注意：第一，本书所提到的联盟效益指纯效益，即扣除联盟成本后的效益；第二，联盟效益不仅指财务性收益，还包括其他非财务性收益；第三，合作剩余有"正"有"负"，为便于论述，书中"合作剩余"指"正"的"合作剩余"。

问题：单体饭店价格竞争与饭店之间的价格联盟究竟哪一种更好？

要求：同"教学互动 1-1"的"要求"。

【附】

甲、乙饭店博弈得益分析

假设某地区有两家饭店甲和乙，甲、乙饭店提供的产品完全没差异，假设在相同价格水平下，顾客选择入住甲或乙的概率是相同的。在一定时期内，该地区的饭店产品需求量是一定的，需求量为 2。甲、乙最初的客房定价均为 3。这时由于顾客入住甲或乙的概率相同，甲、乙均获得收益 3（2÷2×3），甲、乙的总收益为 6。如果甲、乙合作，结成价格联盟，把价格提高到 5，这时甲、乙均获得收益 5（2÷2×5），甲和乙的总收益为 10。在价格联盟中，如果其中一方背叛另一方，暗地报出比联盟价格低的价格 4，这时背叛方获得收入 8（2×4），被背叛方由于价格较高而没有顾客入住收益为 0，这时甲和乙的总收益为 8。因此，双方可有 4 种行为策略组合，甲、乙博弈模型得益矩阵见表 3-1。

表 3-1　　　　　　　　　　**甲、乙博弈模型得益矩阵**

乙饭店 甲饭店	合作	不合作
合作	5，5	0，8
不合作	8，0	3，3

在这一得益矩阵中，当一方不合作而另一方合作时，不合作的一方不仅获得比合作方高的收益（8>0），而且由于不合作一方在对方合作的同时，还利用对方的合作谋取了额外的收益（8-5=3），这时不合作方所攫取的收益实际上来自合作伙伴收益的减少，即出现"一赢一输"的状况；合作的一方由于采取了合作行为，当对方不合作时，导致自己利益受损。所以，不管甲或乙选择什么策略，都会担心对方出现背叛行为而使自己的利益受损，对自身利益的理性考虑导致甲、乙产生强烈的不合作动机。很显然，甲或乙都更希望得到以下结局，即其不合作而另一方合作的结局，但实际上并非如此。如果甲、乙之间的交易仅限于一次，根据博弈理论的经济人假设和信息完全假设，双方都从各自利益出发，若考虑不合作者所受到的惩罚太小，那么甲、乙均不会选择（合作，合作）的策略组合，最终导致出现（不合作，不合作）状况。尽管这一策略组合是纳什均衡[①]（总收益为 6），但并没有达到帕累托最优[②]，没有实现双方的利益最大化（总收益为 10），最终结果只能是"共输"。甲、乙共同策略共同作用的最终结果是试图做出"最佳"决策却带来"最坏"的结果。

在现实经济社会中，经济人的理性假设是有限的，且由于不完全信息的存在，使无限重复博弈成为可能。甲、乙双方可能再次相遇，同样的或类似的情形将再次出现

---

① 纳什均衡是指这样一种均衡：在这一均衡中，每个博弈参与人都确信，在给定其他参与人战略决定的情况下，他选择了最优战略以回应对手的战略。纳什均衡是一种最常见的也是最重要的博弈均衡。它是美国数学家纳什在 1950 年提出来的。纳什巧妙运用数学技巧，证明了如下定理：对任何一个 n 人参与的非合作博弈（零和或非零和），如果每个参与者的策略是有限的，那么一定存在至少一个纳什均衡解集。

② 这个概念最早由意大利经济学家维弗雷多·帕累托（Vilfredo Pareto）提出，他是福利经济学的创始人，在 20 世纪初就认为，"如果不存在使某些人获益而同时又不使其他人利益减少的其他可行方案，那么当前的资源配置方案就是最优的"，即达到帕累托最优。

在双方未来的博弈中。但如果有一方在某一阶段选择了不合作策略，从下一阶段开始的以后所有阶段中，对方肯定也选择不合作策略，双方只能以不合作策略应对对方的不合作策略。对未来的这种期望或担心意味着现在做出的选择不仅决定当前的博弈结果，而且影响着甲、乙未来的选择。因此，未来影响当前博弈的局势，只要甲、乙看重未来收益，看重合作能给双方带来较大的收益，当前合作就成为可能。如果博弈重复多次，甲、乙为了长远利益而牺牲眼前利益从而选择不同的均衡策略，使得在一次性博弈中往往不可能存在的合作成为可能，那么就会实现帕累托最优均衡（总收益为10），出现"共赢"局面。

资料来源：林璧属. 世界知名饭店集团发展模式——从案例分析入手［M］. 北京：旅游教育出版社，2014：129-130.

3.4.3 饭店战略联盟的稳定性

与采用委托管理、特许经营建立起来的饭店集团运行模式不同，饭店战略联盟作为一种松散式的契约联盟，其存续的根基不牢，存活率低，也就是说，如何构建一个稳定的联盟，是研究饭店战略联盟的核心问题。饭店战略联盟的成功运作必须依赖于成功的运营，只有成功的战略联盟才可能提高经济效益或创造新的附加值，才能使联盟成为一个稳定的战略联盟。一旦各成员饭店利益出现不均衡，将会直接影响到联盟的稳定性。

要想化解饭店战略联盟中的种种风险，提高战略联盟的稳定性，就需要联盟组织建立一套行之有效的治理机制。对饭店战略联盟的管理机构而言，就需要确定一套机制并约束盟友按照这些机制行动。这些机制实际上是一套支配特定的活动方式和相互关系的行为规则，也可以具体理解为是旨在约束追求个体福利或效用最大化的饭店企业行为的一系列规则。如何构建一个稳定的战略联盟运行机制是饭店战略联盟运行的一个顶层设计问题。

1）稳定性的机制设置

从战略联盟的稳定性看，利益机制是最基本的机制。利益是合作的焦点。战略联盟通过共同努力，可以创造出比合作伙伴独立行为更多的利益。对于联盟伙伴而言，合作所创造的利益至少不低于不合作时所创造的利益。饭店之所以结成战略联盟，是因为可以形成合作剩余，通过建立战略联盟所形成的总绩效大于原先分散饭店绩效的总和，这是饭店战略联盟的利益得以存在的驱动机制。一旦饭店战略联盟发挥这种合作剩余和协同效应，没有一家饭店愿意分裂，因为它们无法比参与联盟做得更好，战略联盟就会趋于稳定。这一机制必须满足两个条件：其一是能够保证个体的合理的利益；其二是能够约束个体效用最大化行为，使个体利益行为与联盟的公共利益不相违背。

欲使利益机制发挥作用，就必须使控制机制、信任机制和协调机制共同发挥作用，形成一个完整的治理结构。只有围绕利益而运行的控制机制、信任机制和协调机制共同发挥作用，并以此来防范战略联盟的不稳定风险，才能促使饭店战略联盟稳定发展。

（1）控制机制是利益机制发挥作用的第一个要素。

控制机制要求饭店战略联盟中一家饭店的行为不能影响其合作伙伴甚至整个联

盟，其控制联盟中的成员饭店应遵守联盟的治理结构、协议的详细条款、日常管理以及其他措施。这种遵守主要是应用联盟的法律约束，也包括一些联盟中存在的行政约束和企业文化约束。以控制机制降低联盟稳定性风险的模式有正式控制和非正式控制两种方法，前者强调在联盟中建立和执行规范的制度、程序和政策来监督合作伙伴的行为，亦可称为契约机制；后者强调在联盟组织内建立共同的行为规范、价值观和文化来实现组织的内部目标，也称为文化融合机制。

契约毫无疑问是战略联盟的一种最主要的约束机制。联盟成员达成共识的标志就是契约合同的签订。合同是对联盟成员的行为直接具有法律约束力的文件，内容涉及联盟的组织方式、沟通与协调方式、利益分配方案、合作双方的责权利安排、例外情况的处理等。由于联盟在运行中还存在一些不确定因素，契约不完备的风险是随时存在的，契约机制主要针对契约不完备的情况进行制度安排，因此，契约签订时应在内容上明确包含例外情况、特殊情况的处理原则和方式。

联盟契约一般分为明示契约和隐性契约。明示契约是指订立书面化的完全合同，将所有有关情景及相应责任义务规定明晰，以避免冲突情形的出现。但明示契约的订立是非常困难的，因为各种偶然事件无法低成本地在合同中予以规定，甚至无法预料，并且由于法律解决冲突的成本很高，它不是解决问题的最佳方法。隐性契约属于关系契约的一种形式，是一种能实际起到约束双方行为的社会法则，一种能使违背者付出代价而使遵从者获利的契约形式。以隐性契约作为协调交易手段，需要具备几方面条件：一是互利，彼此形成双赢或多赢的关系；二是互信，立足于长久的合作关系；三是互补，取得资源及能力的相互补充；四是互通，进行充分的信息与知识交流。

（2）信任机制是利益机制发挥作用的第二个要素。

信任机制是指合作伙伴以自己的声誉和形象做承诺，遵守共同的行为规范、伦理和道德。也就是说，饭店战略联盟的治理机制不仅依赖具有法律效力的制度安排，还依赖诚实信用等社会准则，后者能有效降低交易中的道德风险。这就包括战略联盟的选择机制和道德自律机制。

在选择机制方面，饭店企业在选择战略联盟伙伴时应选择具有良好声誉的企业。所谓饭店企业的声誉，可以从两个角度来理解：其一是饭店企业的品牌声誉；其二是饭店企业的合作声誉。饭店产品具有明显的无形性特点，饭店产品在很大程度上是一种以提供服务为主的特殊产品。这种无形性特点决定了饭店企业必须树立企业形象才能增强顾客的信心。与一家拥有相同品牌价值和市场地位的合作者建立战略联盟才能提升饭店企业的形象，进而促进饭店企业竞争力的提升。

道德自律机制是战略联盟的软约束。契约机制是一种具有法律效力的硬性机制，而对成员饭店企业行为的调整校正和道德风险的防范还需要一种软性机制相配合。道德自律机制强调在战略联盟内部，以一种全局的观念、部分利益服从整体利益的观念来处理和其他盟员企业的关系，规范和约束自身的行为，提高自律的道德情操，以律己的方式完成联盟的目标。

（3）协调机制是利益机制发挥作用的第三个要素，也是一项重要的辅助机制。

协调是联盟组织实现既定目标的必要条件。饭店战略联盟的协调机制是指在饭店联盟中，为确保其目标的全面达成而建立的协调手段、方法和方式。其目标是通过科学的协调机制，以确保联盟的迅速形成、无间协作、有效运行、共担风险，来提高战略联盟的成功率。完善的协调机制，不仅可以确保联盟的协调活动更加规范化、制度化，而且能提高联盟的工作效率和敏捷度，降低由于协调困难而导致的诸多风险。目标一致、优势互补、信息共享、风险共担、利益共享都是协调联盟稳定性的关键因素。

2）稳定性的各相关机制的相互关系

在饭店战略联盟稳定性的机制设置过程中，控制机制、信任机制和协调机制是一种什么样的关系？三者之间的相互作用如何促进联盟的稳定性？

利益作为联盟伙伴共同的基础，利益机制是控制机制和信任机制的前提和基础，是整个联盟运行机制的根基。控制机制、信任机制和协调机制都是围绕利益机制这个中心发挥其功能的。作为独立的经济利益体，联盟店不可能不受到经济利益的诱惑，而较好的经济利益预期及合理的利益分配机制，可以促使成员饭店信守诺言，努力合作，从而增加彼此间的信任。因此，饭店联盟协议中应明确规定利益分配依据及原则，加强成员饭店利益的相关性，巩固和发展成员饭店间的相互信任。

在控制机制与信任机制之间，有人认为控制作为一种规则手段必然导致不信任，也有人认为正确的控制能够促进相互信任，因为对于一个好的合作伙伴而言，其实际业绩都能被联盟客观的行为规则和绩效评价指标等控制手段反映出来，好的合作伙伴通过这些积极的评价和肯定的反馈，会更加坚定对自己行为的信心，形成"轨迹效应"[1]。因此，在任何经济组织的控制过程中，都需要信任机制的支撑，企业战略联盟更是如此，合作伙伴的相互信任可以大大提高控制机制的效率。

联盟中合作伙伴的相互信任可以提高控制机制的效率。合作伙伴的相互信任可以减少控制者与被控制者之间的隔阂和阻力。如果联盟中合作伙伴缺乏信任，被控制者一定会怀疑控制者的行为动机和能力；如果合作伙伴缺乏对对方友好合作的信任，被控制者就会认为控制者的控制目的是为了自己企业的利益而不是联盟的整体利益。

信任机制是控制机制的有益补充。无论联盟的契约关系如何完备，也无法约束成员企业的所有行为，必须依靠成员企业间的相互信任来补充和规范。相互信任在联盟中发挥了联盟契约无法起到的作用：首先，相互信任可以降低交易费用和监督费用。以契约约束交易行为往往要付出较高的费用。而相互信任可以使交易各方的沟通更加坦诚有效，可以降低市场交易费用；同时，信任还可以使已达成的协议自我实施和遵守，不需要外部的监督，从而降低了防止联盟各方机会主义行为的监督成本。其次，相互信任有助于成员企业增加对联盟合作关系的投入。信任程度越高，成员企业对联盟目标的信心越大，就越愿意增加对联盟合作项目的资源投入，进而提高联盟合作成功的可能性。最后，相互信任能够增加联盟合作关系的灵活性。信任可以使成员企业自觉地根据环境变化，主动地相互配合来履行合同之外的义务，促使联盟的顺利运行，并可以避免因相互猜疑造成时机延误而产生的损失。

---

[1]　GOOLD, CAMPBELL. Strategies and styles: the role of the center in managing diversified corporations [M]. Oxford: Blackwell, 1987.

建立联盟协调机制能够加强成员企业的互动和协商。互动和协商有利于信息交流和学习，沟通和协调将成为饭店联盟凝聚在一起的重要机制，是联盟合作信任关系维持和加强的重要途径。通过互动和协商，成员饭店能识别并发展更多的公平机制，这些公平机制反过来又增强了信任。

在饭店战略联盟稳定性的治理模式中，利益机制为最基本的机制，控制机制、信任机制是降低联盟稳定性风险的主要途径，协调机制作为有益的补充。

学习微平台

延伸阅读与思考
3-1

延伸阅读与思考 3-1

林梧桐楼大堂公区设计方案

请结合此处二维码资源的幻灯片及其说明，思考林梧桐楼大堂公区设计方案的优缺点。

资料来源：根据厦门大学管理学院教学实验基地资料整理而成。

✿ 本章概要

☆ 主要概念

直营连锁　饭店特许经营　委托管理　饭店战略联盟

☆ 内容提要

● 本章主要介绍了世界知名饭店集团发展的主要模式，即饭店的直营连锁、特许经营、委托管理和战略联盟模式。

● 直营连锁是指连锁公司的分店均由公司总部全资或控股开设，在总部的直接领导下统一经营。饭店业的直营连锁是指饭店集团公司通过投资、并购、控股等形式实现对成员饭店的直营。

● 特许经营通常是指饭店管理集团将其具有知识产权性质的品牌，包括先进的全球预订网络与营销系统、成熟定型的管理模式与服务标准等的使用权出售给饭店业主，由饭店业主依照品牌的质量标准与规范营运要求自主经营管理饭店。

● 委托管理是指饭店业主与饭店管理公司签署管理合约来约定双方的权利、义务和责任。饭店业主雇用饭店管理公司作为自己的代理人，承担饭店经营管理职责。作为代理人，饭店管理公司以饭店业主的名义，拥有饭店的经营自主权，负责饭店日常经营管理，定期向饭店业主上交财务报表和饭店经营现金流，并根据合同约定获得管理酬金。饭店业主为饭店提供土地使用权、建筑、家具、设备设施、运营资本等，并根据合同约定承担相应法律与财务责任。

● 战略联盟是指由两个或两个以上有着对等实力或者互补资源的企业，出于对整个市场的预期和企业总体经营目标的考虑，为达到共同拥有市场、合作研究与开发、共享资源和增强竞争能力等目标，通过各种协议而结成的优势互补、风险共担的合作竞争组织。本书所指的饭店战略联盟限定在饭店与饭店之间的联盟。

☆ 内容结构

本章内容结构如图3-2所示。

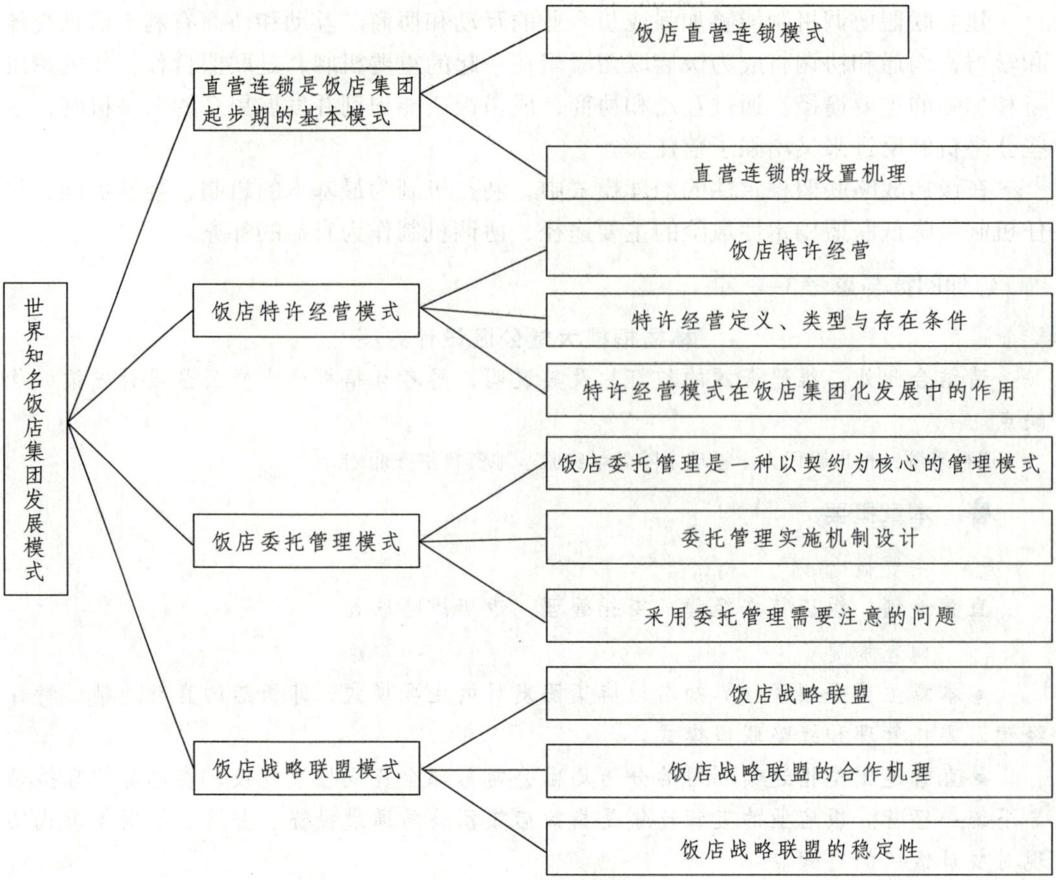

图3-2　本章内容结构图

✿　重要观点

观点3-1：直营连锁是世界知名饭店集团起步时期的基本发展模式。

常见质疑：连锁经营才是企业发展（包括饭店集团）的基本模式。

释疑：连锁经营是个常用词，人们常把直营连锁、特许经营、委托管理和战略联盟等模式都称为连锁经营，换句话说，连锁经营是个宽泛的词。本书明确地把连锁经营区分为直营连锁、特许经营、委托管理和战略联盟四种模式。只有明确界定了这四者之间不同的运行方式、管理手段和商业模式，才能真正有效地提炼饭店发展模式。

观点3-2：特许经营与委托管理在饭店集团化发展中具有不同的适用性。

常见质疑：特许经营与委托管理没有本质的区别，在饭店集团化发展中可以混用。

释疑：饭店特许经营与委托管理模式都属于契约模式，即饭店管理集团与饭店业主间长期的非股权关系。它通过载有双方权利和义务的合约安排创造了处理饭店业主和饭店管理集团关系的有效安排机制，这种有效安排机制由于建立起一种介于市场与组织之间的"混合体"，而使其具有广阔的发展空间。

饭店特许经营属于以知识产权转让为核心的企业制度安排，建立了一种知识产权许可使用关系，其特点是饭店管理公司通过将品牌等无形资产在集团内实现共享对成员饭店进行松散、间接的控制，是一种更接近于"市场"的组织模式。而饭店委托管理属于管理直接输出型企业制度安排，建立了一种委托代理关系，其特点为饭店管理公司保持无形资产的所有权，通过直接输出管理对成员饭店进行严格的控制和直接的经营管理，是一种接近于"等级森严"的组织模式。

在饭店特许经营模式中，饭店业主拥有自主经营权，饭店管理公司总部对其成员饭店的控制力度较弱，饭店的服务品质较难监控，而中低档饭店（主要为经济型酒店）的服务品质要求相对较低，因此，特许经营模式更适用于这一类型饭店。高星级饭店服务品质要求高，饭店规模一般也较大，可以承受一定幅度的管理成本，也只有训练有素的管理团队才能胜任品质管理要求，于是乎，委托管理适用于高星级饭店。

✿ 单元训练

✿ 传承型训练

▲ 理论题

△ 简答题

1）简述饭店集团的发展历程。

2）简述直营连锁的设置机理。

3）简述委托管理契约关系的内涵。

4）简述特许经营的类型及存在条件。

5）简述战略联盟的特征与合作机理。

△ 讨论题

1）哪些饭店类型更适合进行特许经营？为什么？

2）委托管理有哪些核心问题？如何理解这些问题？

3）比较股权式集团与契约式联盟的异同点。

4）委托代理会存在道德风险吗？

5）单体饭店价格竞争与饭店之间的价格联盟究竟哪一种方式更好？

▲ 实务题

△ 规则复习

1）简述饭店集团直营连锁的管理控制。

2）简述特许经营的制度设计。

3）简述委托管理的机制设计及采用中应注意的问题。

4）简述战略联盟的运行机制。

△ 业务解析

1）假日饭店集团是如何通过实行统一的特许经营手册来确保成员饭店服务品质基本同一化的？

2）万豪饭店集团是一家世界知名的饭店集团，其委托管理方案起到了什么作用？

▲ 案例题

△ 案例分析

【训练目的】

同第1章本题型的"训练目的"。

【教学方法】

同第1章本题型的"教学方法"。

【训练任务】

同第1章本题型的"训练任务"。

【相关案例】

"神州大厦"应采用加盟还是委托管理模式？

背景与情境："神州大厦"是一家三星级饭店，拥有258间客房，位于厦门市中山路繁华路段，年均饭店客房出租率65%，年均房价380元/间/天。从目前自营水平来看，经营业绩尚可。2016年春节之后，投资者提出必须让饭店上品牌，并明确希望加入世界知名饭店集团的品牌。

可问题是：这样一家有一定规模、经营绩效尚可的饭店，如果采用特许经营的加盟模式，则有可能降低饭店档次、影响饭店效益；如果采用委托管理模式，让知名饭店集团派驻管理团队，则饭店管理水平可提升、品牌可塑造，但委托管理费用高，一旦经营业绩下滑，也有可能得不偿失。

资料来源：作者根据相关资料整理而成。

问题：

1）该案例涉及本章的哪些知识点？

2）运用这些知识点的相关知识来分析"神州大厦"面临的抉择。

3）为投资者拟定一种模式。

【训练要求】

同第1章本题型的"训练要求"。

【成果形式】

1）训练课业：《""神州大厦'应采用加盟还是委托管理模式？"案例分析报告》。

2）课业要求：同第1章本题型的"课业要求"。

△ 善恶研判

【训练目的】

同第1章本题型的"训练目的"。

【教学方法】

同第1章本题型的"教学方法"。

【相关案例】

总经理常不在饭店怎么办？

背景与情境：一家国际知名的饭店集团与中国A市的五星级饭店"赫然饭店"签订合同进行委托管理。合同约定，饭店集团派出由总经理领衔的管理团队进驻饭店。经营一年后，饭店业主代表反映：饭店总经理一年之中未能履行当初合同规定的驻店时间不少于320天的约定，实际驻店时间仅为285天。饭店业主发现这一问题后，陷入了比较大的困扰：从努力程度看，管理公司的管理团队还是尽心尽职地工作了；从经营绩效看，饭店业绩与当地其他饭店的业绩基本持平。于是，饭店业主很为难：不说出这一问题，怕新的一年更严重，但明确提出的话，又担心影响与总经理的合作。

资料来源：作者根据相关资料整理而成。

问题：

1）本案例中存在哪些道德问题？

2）试对上述问题做出你的道德研判。

3）说明你所做善恶研判的依据。

4）请从委托代理的道德风险角度，对这一委托管理合同的后续处理提出建议。

【训练准备】

同第1章本题型的"训练准备"。

【训练要求】

同第1章本题型的"训练要求"。

【成果形式】

1）训练课业：《"总经理常不在饭店怎么办？"善恶研判报告》。

2）课业要求：同第1章本题型的"课业要求"。

▲ 实践题

"世界知名饭店集团发展模式"知识应用

【训练目的】

见本章"章名页"之"学习目标"中的"实践操练"。

【教学方法】

采用"项目教学法"和"实践教学法"。

【训练准备】

知识准备：

1）本章理论与实务知识。

2）表3-2中各技能点的"参照规范与标准"。

3）本教材"附录四"附表4"职业道德领域"选项的"参照规范与标准"。

4）与所选课业和技能操作相关的某种范本。

指导准备：

1）教师向学生阐明"训练目的"和"训练内容"。

2）教师指导学生设计《实践计划》和撰写《实践报告》。

3）教师向学生说明本次实践应该注意的问题。

【训练内容】

专业能力训练：其"领域"、"技能点"、"名称"和"参照规范与标准"见表3-2。

表 3-2　　　　　专业能力训练领域、技能点、名称及其参照规范与标准

能力领域	技能点	名称	参照规范与标准
"世界知名饭店集团发展模式"知识应用	技能 1	"直营连锁模式"知识应用	1）能全面把握"直营连锁模式"的理论与实务知识。 2）能正确应用上述知识，有质量、有效率地进行以下操作： （1）运用先进的经营管理理念，深入研究员工培训与工作安排、职责、服务标准、广告、市场营销、顾客关系、顾客投诉处理程序、采购程序、会计程序、现金和信贷管理程序、安全生产、突发事件处理等成员饭店经营中的某方面问题。 （2）对连锁饭店经营管理的某项工作予以规范化，参照相应范本，出具《连锁饭店工作手册》目录和关于该项内容的条款。 （3）参照相应文本，就销售前台和后台支持机构共享信息、连锁饭店即时管理，对业务环节的实时监控的某项业务提出具体意见
	技能 2	"特许经营模式"知识应用	1）能全面把握"特许经营模式"的理论与实务知识。 2）能正确应用上述知识，有质量、有效率地进行以下操作： （1）参照相应范本，拟定特许经营的某项制度。 （2）参照相应文本，草拟《特许经营授权函》法律文本目录和其中的某项具体条款
	技能 3	"委托管理模式"知识应用	1）能全面把握"委托管理模式"的理论与实务知识。 2）能正确应用上述知识，有质量、有效率地进行以下操作： （1）参照相关范本，起草较为规范的《委托管理合同》。 （2）研究和解决委托代理中某个核心问题。 （3）参照相应范本，制定委托管理的某项可行实施机制。 （4）就兼顾诸方面因素选择饭店管理公司提出具体意见
	技能 4	"战略联盟模式"知识应用	1）能全面把握"战略联盟模式"的理论与实务知识。 2）能正确应用上述知识，有质量、有效率地进行以下操作： 参照相应范本，就制定稳定的战略联盟运行的某项机制提出具体意见

职业道德训练："道德范畴"、"名称"、"等级"、"参照规范与标准"与"选项"

见表3-3。

表3-3　　　　　　　　　　　　　　　　　**职业道德训练选项表**

道德领域	道德范畴	名称	等级	参照规范与标准	选项
职业道德	范畴1	职业观念	顺从级	同本教材"附录四"附表4的参照规范与标准	
	范畴2	职业情感	顺从级	同本教材"附录四"附表4的参照规范与标准	√
	范畴3	职业理想	顺从级	同本教材"附录四"附表4的参照规范与标准	
	范畴4	职业态度	顺从级	同本教材"附录四"附表4的参照规范与标准	√
	范畴5	职业良心	顺从级	同本教材"附录四"附表4的参照规范与标准	√
	范畴6	职业作风	顺从级	同本教材"附录四"附表4的参照规范与标准	√
	范畴7	职业守则	顺从级	同本教材"附录四"附表4的参照规范与标准	√

【组织形式】

将班级学生分成若干实践团队，根据训练内容和项目需要进行角色划分。

【训练任务】

1）对表3-2所列专业能力领域各技能点，依照其"参照规范与标准"实施阶段性基本训练。

2）对表3-3所列"职业道德"选项，依照本教材"附录四"附表4的"参照规范与标准"实施"顺从级"相关训练。

【训练要求】

1）训练前，引导学生了解并熟记实践的"训练目的""训练准备""训练内容""训练任务"，将其作为本实践的操练点和考核点来准备。

2）通过"训练步骤"，将"训练任务"所列两种训练整合到本实践的"活动过程"与"成果形式"中。

3）系统体验"专业能力训练"各技能点和"职业道德训练"所选范畴"参照规范与标准"的遵循。

【情境设计】

将学生组成若干实践团队，结合实践训练项目，分别选择一个课业题目和当地一家知名饭店集团，应用"世界知名饭店集团发展模式"的理论与实务知识，对其"饭店集团发展"的某方面现状进行调查研究，参照相关文本，就该"饭店集团发展"中的某项业务进行模拟策划，体验相关技能点的操作与"职业道德"选项的融入活动，分析总结此次实践活动的成功与不足，在此基础上撰写相应《实践报告》。

【训练时间】

本章课堂教学内容结束后的双休日。

【训练步骤】

1）根据本项目需要，将班级学生组成若干个实践团队，每个团队确定1～2人负责。

2）各团队分别选择一个课业题目和一家知名饭店集团，结合"情境设计"进行角色分工，制订本次《实践计划》。

3）各团队实施《实践计划》，结合所选课业题目，应用"世界知名饭店集团发展模式"的相应理论与实务知识，有选择地体验如下技能操作：

（1）选择"课业（1）"的团队，依照"技能点1"的"参照规范与标准"，体验"'直营连锁模式'知识应用"中的三项技能操作之一，形成相应文字资料。

（2）选择"课业（2）"的团队，依照"技能点2"的"参照规范与标准"，体验"'特许经营模式'知识应用"的两项技能操作之一，形成相应文字资料。

（3）选择"课业（3）"的团队，依照"技能点3"的"参照规范与标准"，体验"'委托管理模式'知识应用"的四项技能操作之一，形成相应文字资料。

（4）选择"课业（4）"的团队，依照"技能点4"的"参照规范与标准"，体验"'战略联盟模式'知识应用"的技能操作，形成相应文字资料。

4）在"'世界知名饭店集团发展模式'知识应用"之"专业能力"的上述基本训练中，融入表3-3"职业道德"（顺从级）选项的相关训练。

5）各团队在此基础上撰写、讨论和交流作为成果形式的相应《实践报告》，其内容包括：团队成员与分工；训练过程；训练总结（包括对"知识准备"所列知识的学习收获、"相关知识应用"情况、本次训练"成功与不足"等方面的分析说明）；附录（指在"实践步骤3"中形成的相应"文字资料"）。

【成果形式】

1）实践课业（任选其一）：

（1）《"'世界知名饭店集团直营连锁发展模式'知识应用"实践报告》。

（2）《"'世界知名饭店集团特许经营发展模式'知识应用"实践报告》。

（3）《"'世界知名饭店集团委托管理发展模式'知识应用"实践报告》。

（4）《"'世界知名饭店集团战略联盟发展模式'知识应用"实践报告》。

2）课业要求：

（1）《实践报告》的内容包括：实践团队成员分工；实践过程；实践总结（包括对"专业能力"各技能点和"职业道德"选项训练的成功与不足之分析说明）。

（2）将《实践计划》和相关"文字资料"以"附件"形式附于《实践报告》之后。

（3）《实践报告》的结构与体例参照本教材"课业范例"的"范例-3"。

（4）在校园网的本课程平台上展示班级优秀《实践报告》，并将其纳入本课程的教学资源库。

✿ **建议阅读**

［1］PRITCHARD A，MORGAN N.Hotel Babylon？Exploring hotels as liminal sites of transition and transgression［J］．Tourism Management，2006（27）：762-772.

［2］林壁属．世界知名饭店集团发展模式：从案例分析入手［M］．北京：旅游教育出版社，2014：2-189.

［3］谷慧敏，田桂成．饭店集团案例库：中国卷［M］．北京：旅游教育出版社，2008：2-251.

［4］谷慧敏，克里斯．饭店集团案例库：国际卷［M］．北京：旅游教育出版社，2009：9-214.

［5］奚晏平．世界著名酒店集团比较研究［M］．2 版．北京：中国旅游出版社，2012：2-502.

第二篇

饭店投资策划

第4章
饭店投资战略与选址

▶ **学习目标**

4.1 饭店投资战略

4.2 饭店区位选择

4.3 饭店选址

▶ **本章概要**

▶ **单元训练**

▶ **建议阅读**

▶ **学习目标**

▷ **传承型学习**

通过以下目标，建构以"饭店投资战略与选址"为阶段性内涵的"传承型"专业学力：

理论知识：学习和把握饭店投资战略与选址的相关概念，饭店战略管理理论，企业战略投资的定义与类型，饭店可资借鉴的战略理论，商圈的概念、层次性特征和形成因素，以及"知识链接"等陈述性知识；能用其指导"同步思考"、"深度思考"和相关题型的"单元训练"；体验"饭店投资战略与选址"中"理论知识"的"传承型学习"及其迁移。

实务知识：学习和把握企业投资的三大基本选择，饭店投资战略，目前可供我国饭店选择的发展战略，饭店选址需要考虑的变量，饭店选址的中观因素、微观因素，商圈的五种定量分析方法，以及"业务链接"等程序性知识；能用其指导"同步解析"、"深度剖析"、"教学互动"和相关题型的"单元训练"；体验"饭店投资战略与选址"中"实务知识"的"传承型学习"及其迁移。

认知弹性：运用本章理论与实务知识研究相关案例，对"引例"、"同步案例"和"酒香不怕巷子深"等业务情境进行多元表征，体验其"结构不良知识"的"传承型学习"及其迁移；依照相关行为规范对"非饭店消费者到饭店停车场停车"和"员工连同餐厅一起转让吗？"等案例进行善恶研判，促进健全职业人格的塑造。

▷ **创新型学习**

通过以下目标，建构以"饭店投资战略与选址"为阶段性内涵的"创新型"专业学力：

决策设计：参加"决策设计－Ⅰ"训练。通过学习和应用其"知识准备"所列知识，对"开什么类型的餐饮店？"案例情境的多元表征，相关《决策方案》的设计、交流、点评与修订，以及《"决策设计－Ⅰ"训练报告》的撰写等活动，体验"饭店投资战略与选址"中"结构不良知识"的"创新学习"（初级）及其迁移。

引例：假日饭店的选址

背景与情境：Location，Location，Location

1951年，假日集团创始人凯蒙斯·威尔逊（Kemmons Wilson）带家人外出旅行，旅途中遇到诸多烦恼，而最令其不满意的是住宿，因为大多数旅馆设施低劣简陋、卫生条件差且价格昂贵。从这次不愉快的旅行中，威尔逊发现住宿业是一个潜力巨大、尚待开发的行业，而驾车旅行度假的家庭旅游所需要的汽车旅馆正是一个市场空白。于是，1952年，威尔逊从银行贷款30万美元，在通向孟菲斯城的主要通道——夏日大道（Summer Avenue）上建成了一家拥有120个单元房的汽车旅馆，取名假日旅馆（Holiday Inn）。假日旅馆每间客房的成本为8 000美元（包括土地价格），客房宽大舒适，每间客房配备2个床位，有空调、卫生间和沐浴设施，停车场宽大，客房提供免费的电视、电话，特别配备了餐馆和游泳池。这家旅馆经营得非常成功。在此之后，威尔逊又相继在进入孟菲斯城的其他三条公路上建立了另外三家假日旅馆。

凯蒙斯·威尔逊非常注重饭店的地理位置，也就是选址，强调饭店的首要因素是选址，即Location，Location，Location。他在创业时所建造的饭店大多沿高速公路分布，市场定位面向中产阶级，依据中档大众市场的消费水平与需求设计饭店，突出洁净、舒适、卫生与安全的经营模式。

资料来源：林璧属. 世界知名饭店集团发展模式——从案例分析入手 [M]. 北京：旅游教育出版社，2014：10-11.

假日饭店的选址不仅仅是选址问题，也是一个区位的选择问题，更是饭店的投资战略问题。本引例提醒我们：饭店投资要从战略出发，找准区位，科学选址。

4.1 饭店投资战略

4.1.1 战略管理理论

在西方，战略源于希腊文"Strategos"，是指挥军队的艺术和科学之意。在我国，战略的本意是指将帅的谋略和对战争全局的谋划。

安索夫首次正式提出战略管理的概念。企业战略管理是指企业确定其使命，根据组织外部环境和内部条件设定企业的战略目标，为保证目标的正确落实和实现进行谋划，并依靠企业内部的能力将这种谋划和决策付诸实施，以及在实施过程中进行控制的一个动态管理过程。

企业战略理论的发展经历了从传统战略理论、竞争战略理论到信息社会新的战略理论的发展，传统战略理论包括战略设计、战略计划、战略创意、战略认知、战略学习、战略权力、战略文化和战略环境等理论体系，竞争战略理论包括行业结构理论、核心能力理论和战略资源理论。

随着战略管理理论的不断发展，涌现出了大量的战略管理学派，它们分别从不同的角度对战略管理做出了界定。

安德鲁斯（战略规划学派）认为，战略形成过程实际上是匹配企业内部条件与外部环境，使企业内部的优势和劣势与外部的机会和威胁相协调，具体过程包括搜集与分析资料、制定战略、评估和选择战略、战略的实施。

迈克尔·波特（行业结构学派）以行业结构分析为战略制定的起点，构建了五种竞争力模型（进入威胁、替代威胁、买方竞价能力、供方竞价能力和现有竞争对手），提出了总成本领先战略、差异化战略和集中化战略，认为战略之间不具备相容性，战略制定者只能从中选择一种战略。

◆ **同步思考 4-1** ◆

问题：波特的理论研究的侧重点是什么？有何局限性？

理解要点：波特的理论仍然以产业作为研究对象，研究的侧重点是产业的特性、产业的发展趋势、产业内外相关企业的相互关系和力量对比，对企业内部重视不够，不能突破把企业视为"黑箱"的局限。这对企业短期战略是适用的，对中长期战略则明显存在缺陷。企业中长期发展和竞争优势依赖于企业自身构建、培育和拥有的特殊资源和能力，这已是当今各国战略管理专家学者的共识。

沃纳菲尔（战略资源学派）等认为，战略管理的主要内容是培育企业稀缺的、有价值的、难以模仿的和不可替代的战略资源，最大限度地优化配置这种战略资源。

斯多克、伊万斯和舒尔曼（核心能力学派）等认为，企业战略的核心在于识别和开发他人难以模仿的核心能力，核心能力来源于企业内部的集体学习、经验规范和价值观的传递以及组织成员的相互交流和共同参与。企业通过分析企业内部环境，了解自身的能力并制定战略。

◆ **知识链接 4-1** ◆

西方最新战略管理思想

战略管理思想是指指导战略制定实施的基本思路和观点，是企业战略管理的灵魂。目前主要有三种战略管理思想：战略联盟、战略竞标和战略再造。

战略联盟（Strategic Alliances）是 20 世纪 90 年代以来国际上流行的一种新兴的战略管理思想。战略联盟是指两个或两个以上的企业之间为了实现某种共同的战略目标而达成的长期合作安排。

战略竞标主要有以下几层含义：竞争的对象是产品、服务和管理；目标是争作领头羊；过程是针对外部环境持续地进行；方法是比较和衡量。

企业战略再造的范围是整个经营单位，关注的焦点是所有重要的核心流程，再造小组对组织结构、目标体系、激励机制、公司文化、工作流水线采取全局观念；战略再造直接与战略目标相联系。战略再造的核心思想是在竞争中合作、在合作中竞争，即"竞合"思想。

◆ **深度思考 4-1** ◆

问题：试析战略联盟中竞争与合作的相互关系。

理解与讨论：战略联盟中各企业间的竞争与合作，一方面并行不悖，为竞争而合作，靠合作来获得更强的竞争力；另一方面也存在矛盾，竞争与合作具有不同的内涵，对企业的要求各不相同，合作联盟有可能培养比自己更为强大的对手。应当在竞争与合作之间进行权衡与平衡，保持必要的张力，避免对联盟发展不利的过度竞争与过度合作。

4.1.2　企业投资战略

企业投资战略对于饭店投资战略具有直接的指导意义。

1）企业投资战略的定义与类型

企业投资战略是指根据企业总体经营战略要求，为维持和扩大生产经营规模，对有关投资活动所做的全局性谋划。它是根据企业战略目标，评价、比较、选择投资方案或项目，将有限的企业投资资金投入，以获取最佳的投资效果所做的选择。企业投资战略是企业总体战略中较高层次的综合性子战略，是经营战略化的实用化和货币表现，并影响其他分战略。

企业投资战略的主要类型有：（1）扩大现有生产能力的投资战略；（2）寻求规模经济的投资战略；（3）联合型的投资战略；（4）兼并型的投资战略；（5）盈利型的投资战略；（6）垂直扩张型的投资战略；（7）水平扩张型的投资战略；（8）开发型的投资战略等。

影响企业投资战略的因素有很多，主要有以下五个方面：第一，国家经济形势、经济政策及企业自主权的大小；第二，企业所属行业或即将进入的行业的技术结构、技术水平和竞争结构差异及平均利润率水平；第三，企业自身经营状况及自身素质；第四，市场需求状况及企业的市场开发能力；第五，企业筹集与调配资源的能力。

任何一个层次上的投资主体都有三类决策，即战略决策、结构决策、项目及其组合的优化决策，即项目决策。战略决策是全面性的，核心内容是依据投资主体的发展方向及行动方针确定投资总规模；结构决策是根据投资总规模确定如何组织人力、物力、财力以及投资的优先顺序，将企业资源有效地分配到各投资方向并确定相应的规模，以期最优地实现投资主体的发展战略目标；项目决策是在选定的结构下最有效地实现战略目标的投资项目及投资方案的组合。

2）企业投资三大基本选择

企业投资具有投资战略类型选择、投资时机选择和投资规模选择这三大基本选择。其中，企业投资战略类型的选择依赖于企业在竞争中的强弱、市场时机和市场占有率这三个因素。

（1）投资战略类型选择。

企业投资战略可分为发展型投资战略、稳定型投资战略与退却型投资战略。

①发展型投资战略是企业在现有水平上向高一级迈进的战略，在国民经济高速发展的时期及企业经营状况良好的情况下，推行这一战略会收到良好的效果。这一战略的特点是增加对企业设备、原材料、人力资源等的投资，以扩大企业生产规模，提高产品市场占有率。

②稳定型投资战略适用于处于稳定或下降行业中的企业。这些企业的市场规模已很难扩大，其战略特点是在投资方向上不再将本企业的老产品作为重点，不再追加设备投资，而是努力寻找新的投资机会，不再扩大现有企业规模，尽可能地保持市场占有率、降低成本和改善企业的现金流量，以尽可能多地获取现有产品的利润，积聚资金为将来的发展做准备。

③退却型投资战略是指在经济不景气、资源紧张、企业内部存在重大问题，如产

品滞销、财务状况恶化、政府对某种产品开始限制，以及企业规模不当、无法获得一个有利的经营角色等情况下所做的投资战略。其实施的对象可以是企业，也可以是事业部、生产线或一些特定的产品、工艺。这种投资战略的特点是从原先的经营领域撤出资金，减少产量，削减研究和销售人员。这种退却型战略的关键是把握住时机，以退为进，不能错失良机。

（2）投资时机选择。

成功的企业投资一般是将多种产品分布在生命周期的不同阶段进行投资组合，主要模式包括：

其一，投资侧重于导入期，兼顾成长期和成熟期的投资时机，这是一种为获得领先地位而勇于承担风险的投资策略。

其二，投资侧重于成长期和成熟期，几乎放弃导入期和衰退期，这是一种实力不足而力求稳妥快速盈利的企业通常选择的模式，是一种重视盈利而回避风险的投资策略。

其三，投资均衡分布于4个阶段，这是一种综合实力极强且跨行业生产多种产品的企业通常选择的模式，是一种选择多元化经营战略谋求企业总体利益最大的策略。

其四，投资侧重于导入期和成长期而放弃成熟期、衰退期，多见于开发能力强而生产能力弱的企业。

（3）投资规模选择。

投资规模选择包括两层意思：单个投资项目的规模选择和企业总体投资规模的确定。

物质技术条件决定企业能够达到的规模；社会需要决定投资项目需要达到的规模；经济效益决定投资项目实际达到的规模。企业在对投资环境、自身能力和资源进行尽可能深入透彻的分析后，方可决定投资规模。

4.1.3　饭店投资战略具体内容

1）饭店可资借鉴的战略理论

饭店可资借鉴并与饭店经营密切相关的战略理论包括战略环境理论、行业结构理论、核心能力理论。

（1）战略环境理论。

任何一家企业的发展都离不开对周边市场环境、自身环境的分析，都需要以对环境的认识为起点。战略环境理论强调企业组织在其所处的环境里如何获得生存和发展，起到了引起人们关注环境因素的作用。

饭店发展依赖于良好的社会经济环境，饭店投资首选当然也是社会经济环境优越的地区或城市。

（2）行业结构理论。

行业结构理论的创立者和代表人物是波特（M. E. Porter）。波特通过引入产业结构、竞争优势、壁垒分析等经济学概念和相关理论，解释企业的战略需求并提供制定战略的有效方法，实现了产业组织理论与企业竞争战略理论的创新性兼容。波特明确提出，企业在考虑战略时，首先必须将企业与所处的最直接的环境——行业相联系。行业的结构决定了企业的竞争范围，极大地影响着竞争规则以及可供企业选择的竞争战略，决定了企业的潜在利润水平。行业结构分析是确立竞争战略的基石。其次是企业在行业内的相对竞争地位分析，即在进入行业时进行自我定位。通过这些分析，可以大大减少企业之间由于程式化的产业结构分析而带来的定位趋同，并降低企业之间的竞争强度。因此，在行业结构理论看来，企业战略制定人员应该是"分析家"，其首要任务是选择利润潜力比较大的行业。波特为此创造性地建立、提供了各种方法和技巧，以用于分析企业所处行业的情况和企业在行业中的竞争优势。其著名的分析方法有竞争力分析模型、价值链分析模型、公司地位和行业吸引力分析矩阵等。

对于饭店来说，饭店的行业特性决定了单体饭店的经营规模有限，其规模经济只能通过特许经营、委托管理和战略联盟等连锁经营方式来实现。

（3）核心能力理论。

20世纪80年代，库尔与申德尔通过对制药业若干个企业的研究，发现企业的特殊能力是造成企业间业绩差异的重要原因。1990年，普拉哈拉德与哈梅尔发表《企业核心能力》一文，提出竞争优势的真正源泉是企业的技术和生产技能的合并可以迅速适应变化机会的能力。实际上，核心能力是企业具备的独特的、持续的竞争力。一般来说，核心能力具有如下特征：①核心能力可以使企业进入各种相关市场参与竞争；②核心能力能够使企业具有一定程度的竞争优势；③核心能力应当不会轻易地被竞争对手所模仿。事实上，现代市场竞争与其说是产品竞争，不如说是核心能力竞争。企业战略的目标就在于识别和开发竞争对手难以模仿的核心能力，只有具备了这种核心能力，企业才能很快适应快速变化的市场环境，不断满足顾客的需求，才能在顾客心目中将企业与竞争对手区别开来。企业要获得和保持持续的竞争优势，就必须在核心能力、核心产品和最终产品三个层面上参与竞争。

同步解析4-1

问题：饭店能否培育核心竞争力？

解析提示：不少国际知名品牌的饭店集团力图通过核心竞争力的培养和发展，获得在饭店行业的垄断地位。它们的核心竞争力大多是全球网络预订系统与数据管理能力，以及高端酒店管理能力与管理人才的系统支持能力。

2）饭店投资战略定义和分类

饭店投资战略是在市场经济条件下，饭店企业为谋求长期生存与发展，在分析研究外部环境和内部条件的基础上，以正确的指导思想，对主要目标、经营方向、重大经营方针、战略和实施步骤做出的长远的、系统的和全局的谋划。**饭店投资战略**是指根据饭店总体经营战略要求，为维持和扩大经营规模，对有关的投资饭店活动所做的全局性谋划。它是根据饭店战略目标、评价、比较、选择投资方案或项目，将有限的饭店投资资金投入，以获取最佳的投资效果所做的选择。

企业投资战略划分为发展型投资战略、稳定型投资战略与紧缩型投资战略，所以，饭店投资战略也可相应地按照这一模式进行划分。

（1）发展型投资战略。

它是指饭店不断发展以保持和增强其市场竞争地位。其具体包括：第一，饭店一体化战略，即饭店按照业务活动扩展的战略，包括纵向一体化（指对现有业务之外的活动扩展，承担某一完整的业务活动的不同业务阶段）、横向一体化（扩展与现有饭店业务活动相互竞争的活动）。第二，饭店连锁经营战略，即直接经营、特许经营、委托管理。第三，饭店资产运营战略，即通过现有资本或可获资本实施投资，实现兼并、控股、参股，从而实现饭店的扩展，包括吸收合并和新设合并、直接资产收购、子公司兼并、股票控股等。第四，饭店联盟战略，即两个或两个以上有共同战略利益和对等经营实力的饭店为达到拥有市场或共同使用资源等战略目标，通过各种协议或契约而结成的优势互补或优势相长、风险互担、生产要素水平双向或多向流动的一种松散的战略合作模式。

（2）稳定型投资战略。

它是指饭店保持现有的经营规模和范围。其具体包括：无变化战略（按照原有方针，使饭店的战略地位保持不变，各项指标停留在原有水平）、盈利战略（为保持目前的盈利而牺牲未来发展，使饭店在短期内成功而长期内处于停滞）、停顿战略（降低目标水准、放慢快速发展的步伐，使饭店将各项资源合并在一起使用）。

（3）紧缩型投资战略。

它是指饭店收缩和撤退目前的经营规模和领域。紧缩型投资战略可分为：第一，调整战略，即希望扭转饭店财务欠佳的局面，提高运营效率，使饭店顺利渡过危机，如修订现有战略、提高收入战略、降低成本战略等。第二，撤退战略，即饭店在面对利润下降、现金流紧张等困难时，削减各项费用，以保存实力，等待时机继续发展，包括放弃战略（饭店预计难以通过调整战略来扭转局面或采取调整战略失败后，可以采取这一战略将经营资源从这一领域内抽出，以尽快收回现金）、分离战略（将某一单体饭店从公司中分离出去，公司只保留部分所有权或不保留所有权，也可以将这一单体饭店出卖给愿意进入该经营领域的买主）。第三，清算战略，即当饭店无法扭转亏损时，停止全部经营业务，销售或转让全部资产以偿还债务或停止全部业务，结束饭店生命。

3）目前我国饭店可供选择的发展战略

目前我国饭店业总体供需关系为：饭店总体规模供略大于求，饭店业进入微利时代，饭店业间的竞争逐步加剧，饭店消费者日益成熟，消费选择余地逐步扩大，饭店业逐步国际化，饭店新品种和新的服务模式在短时期内难以产生，存量饭店只能围绕低成本、低价格展开竞争，或走主题化发展战略。

（1）差异化战略成为饭店同业之间竞争的首选。

顾客消费水平的日益提高和饭店产品选择范围的扩大，迫使饭店产品寻求越来越细的细分市场，单体饭店只能通过某一个或两三个细分市场来进行战略营销，这种差异化营销战略将逐步取代饭店产品供不应求的无差异营销时代。

在客源多元化、需求差异化的基础上，饭店产品和服务只能走多品种、个性化的发展路线。每一家饭店企业都应该在尽可能地区分需求、差异营销的基础上，以准确的市场定位为基础，选择与自己的产品、服务相一致的目标市场，将饭店产品定位在服务专业化、市场专一化的营销战略上。

（2）品牌战略成为差异化战略实施的主要形式之一。

实现差异化可以有很多形式，如在产品设计、服务质量、技术含量、客户管理、营销网络等方面建立其独特性，其中品牌战略是实现差异化的首选方案。所谓品牌战略，就是通过创立品牌来增强饭店的竞争力，扩大市场份额，提高饭店效益，加快饭店发展步伐。

品牌战略包括品牌认知、品牌联想和建立顾客忠诚度。良好的品牌意味着广泛的知名度、良好的信誉和高品质的产品，可以在市场中获得广泛的顾客认同。良好的认知和信誉需要好的品牌。但是，饭店的品牌创立是一个复杂的过程，可以通过饭店自身的有效宣传，以良好的信誉逐步建立自身品牌（但这将是一个复杂而漫长的过程），也可以通过加盟、合资或以管理合同等形式获得著名饭店集团的良好品牌，但这不是对所有饭店都可行的路径，各类饭店需要根据自身条件确立自己的品牌战略。

（3）低成本战略成为同档次饭店不可避免的竞争手段。

由于饭店产品的不可贮存性、高比例的固定成本和销售量的不稳定，以及饭店退出壁垒和资源转换成本高等特点，决定了同档次饭店如果不能有效地建立起品牌效益或产品差异，不能在产品、服务上创出新的衍生产品，则价格往往成为饭店常见的最后的竞争手段。

深度剖析4-1

问题： 饭店低成本是否会降低品质和服务质量？

解析与讨论： 建立在成本有效控制基础上的有质量的服务水平与高效率、低成本运营是饭店取得有利竞争地位的最后的有效手段。但是，要实现低成本，首先需要有低成本投入，即在投资初期就要有有效的成本控制意识，严格控制饭店投资的无序和浪费。其次，要在日常经营中加强成本控制，可供考虑的方法有降低采购成本、控制生产经营过程的浪费以及降低劳动力成本等。我国大多数单体饭店在采购方面的优势不明显，可供挖掘的潜力不小。在劳动力成本方面，对于用工规模控制相对较弱的饭店来说，则可以减少不必要的管理层和一线员工，而对于用工严格的饭店来说，则应尽力降低员工流失率，培养高素质的员工队伍，这样既可以减少培训费，还能有效地提高服务水平。

（4）营销组合战略是现有饭店灵活应对市场的有效方法之一。

营销组合是饭店经营中的一种常见的有效方法，营销组合的产品策略、分销策略、价格策略、促销策略都可以在饭店经营中获得良好的效益。未来饭店的营销组合将更加重视各营销因素的综合运用，根据饭店的不同特点采用不同的营销因素，如中低档饭店在价格、销售网络、中间销售渠道和有效促销上下功夫，高档饭店则应重视服务、产品质量和品牌竞争。

（5）规模竞争战略是理想。

扩大饭店规模将直接有利于降低饭店采购成本和运营成本，扩大市场占有率，这是绝大多数饭店梦寐以求的战略。但是，由于饭店产品的特殊性，饭店自身的规模扩大很难通过扩大再生产来获得，只能通过现代资本运作来提高饭店经营效益，如可采用购并、连锁经营、管理合同、特许经营加盟或战略联盟等形式获得饭店的规模优势。但是，饭店规模扩大需要认真考虑，权衡利弊。例如，饭店企业购并或连锁经营需要有良好的品牌和强有力的资本作为支撑；管理合同或特许经营加盟国际知名饭店集团需要大笔的加盟费；战略联盟似乎是个好主意，但其不仅需要拥有一个好品牌，更需要大幅度地让利经营。当然，在有效的资本运作下，我国未来饭店业的发展仍然将经历一个进一步集团化的过程。

饭店发展战略可以有很多，但不论采用何种战略，都需要优先考虑饭店的自身实际，根据实际情况采用新战略才能获得良好的发展机遇。

◆ 同步解析 4-2 ◆

饭店采用多元化战略还是专一化战略？

问题：多元化战略是指多产品、多品牌或跨行业发展；专一化战略是指做精一个专业产品、专业品牌。饭店究竟应采用多元化战略还是专一化战略？

解析提示：饭店规模、档次、所处地理位置和城市类别的差异，都直接影响饭店的经营战略和经营方式。对于具体的饭店而言，需要根据不同的规模制定不同的经营战略和经营方式。例如：

小型饭店：小型饭店具有市场适应性强、容易管理、贴近市场等优势，同时也具备资金不足、成本高和风险大等弱点。小型饭店由于规模较小，设施比较简单，服务项目比较单一，在经营活动中投入的人力、财力和物力都比较少，所以在经营上具有更强的适应性和灵活性，能够充分利用各种市场机会；由于小型饭店规模小、管理机构简单，所以管理容易；还由于小型饭店服务项目单一、市场范围单一，所以更容易了解客人需求。但是，由于饭店规模小、资金量也少，所以收益低。而且，由于我国不少小饭店均为机关单位建造或改造而来，饭店建造前期的可行性研究不足，造成饭店投入成本偏高，高成本的饭店经营必然带来较大的市场风险。小型饭店的经营应着重于饭店经营的特色性、集中性、边缘性和灵活性战略。小型饭店由于规模较小、服务项目单一，不应采用大众化的经营方针，应集中力量建立自己的产品特色，走特色取胜之路；或者，根据饭店自身的经济实力，选择合适的目标市场。小型饭店可以选择市场边缘地带或某些市场容量较小的细分市场，利用小型饭店灵活机动的优势，在市场边缘与空隙中寻找自己的发展机会，或者利用小型饭店"船小好掉头"的特点，建立灵活的市场适应机制。

大型饭店：大型饭店具有明显的资源优势，但是资源优势并不等于市场优势。为了适应瞬息万变的经营环境，为了在激烈的竞争中获得有利地位，大型饭店同样应该确立正确的经营战略。大型饭店具有经营规模大、成本相对较低的特点，所以能以更低的价格吸引客人，取得良好的规模效益。大型饭店服务项目多，收入涉及客房、餐饮、娱乐等项目，综合经济效益明显。大型饭店往往对外联系也较多，具有较好的对外市场开拓能力。当然，大型饭店组织结构复杂，市场反应较慢，而且经营成本较高。大型饭店的经营特点决定其战略重点在于在保持已有的资源优势的前提下努力提高各种服务设施的利用效率，并通过强化成功因素，建立饭店长期的竞争优势。其经营战略应着重建立目标明确的经营指标，建立稳定发展的目标市场及其经营体系，适当开展饭店业内的多种经营以分散市场风险，或进行综合经营，扩大自己的经营范围，最大限度地满足客人的各种需求。

4.2 饭店区位选择

区位选择源于选址，就是选择地理位置。对于一个企业来说，选址是建立和管理企业的第一步，也是事业扩大的第一步。企业的地址一旦选择不当，它所带来的不良后果不是通过建成后的加强和完善管理等其他措施可以弥补的。在进行选址时，必须充分考虑到多方面因素的影响，慎重决策。实际上，选址包括两个层次的问题：第一是选位，即选择什么地区（区域）；第二是定址，即具体选择在该地区的什么位置，也就是说，在已选定的地区内选定一片土地作为该企业的具体位置。对于一个特定的企业而言，其最优选址取决于该企业的性质。譬如，工业选址决策主要是为了追求成本最小化，物流选址可能要综合考虑成本及运输速度的问题，而零售业或专业服务性组织机构一般都追求收益最大化等，它们的侧重点有所不同。但是，企业选址的战略目标是使地址的选择能给企业带来最大化的收益，这一点是相同的。因此，**饭店区位选择**是指选择什么地区（区域）投资饭店，在实施饭店投资战略过程中，最首要和最迫切的任务是选择合适的城市、在合适的地点建造饭店，即如何运用科学的方法决定饭店选取的区位，使之与饭店的整体经营运作有机结合，以便有效、经济地达到饭店收益最大化的经营目的，这是决策者的头等大事。

迄今为止，有关饭店区位选择的论析并不多，为了能更好地说明问题，本节拟通过3个案例分析来说明饭店的区位选择原理。

◆ **同步案例4-1** ◆

艾美酒店全球选址

背景与情境： 1972年，法国航空建立了艾美（Le Méridien）酒店品牌，其以"提供客户宾至如归的感受"为目标。第一家艾美酒店在巴黎开业，共有1 000间客房，2年内，共有10个分店在欧洲和非洲开业。1994年年底，艾美酒店被英国的福特集团买下，1996年又被福特集团的母公司格拉纳达集团（Granada Group Plc.）收购，2000年与康柏司集团（Compass Group Plc.）合并，2001年2月分家，福特集团原有的三家酒店品牌最后全归康柏司集团所有。2001年5月，野村财阀宣布以19亿英镑买下艾美酒店，并于2001年2月将艾美酒店与Principal酒店合并。2003年12月，雷曼兄弟控股公司收购了艾美酒店。2005年11月24日，艾美酒店被喜达屋酒店及度假酒店国际集团并购。

通过网络搜索，本案例对艾美酒店在全球的选址进行了统计，共含110家艾美酒店，其中包括15家未正式开业但选址已确定的酒店。通过对艾美酒店全球分布进行研究，可以发现艾美酒店在全球分布具有如下特点：

第一，艾美酒店多分布在大城市。据统计，艾美酒店在全球的分布中，有21家位于首都或首府，如金字塔艾美酒店位于埃及首都开罗；4家分布在国际化大都市，如纽约、上海、中国香港；5家选择在某国家的第一大城市，如伊斯坦布尔、迪拜；9家选址在某国家的第二大城市，如凡尔赛艾美酒店坐落在加拿大第二大城市蒙特利尔；3家位于某国家的第三大城市，如芝加哥、慕尼黑等；23家分别分布在省会、州首府、直辖市或所在省份较大的城市。一般来说，酒店位于大城市，其交通、基础设施相对较为完善且人流量大，对酒店的经营有利。

第二，艾美酒店多分布于旅游城市。旅游城市的流动人口多，对酒店的消费需求量大，因此，艾美酒店注重在旅游城市拓展品牌。其中，32 家选址在旅游城市、旅游小镇、旅游岛或海滨城市等风景优美、旅游景点较多、人气旺盛的城市，如普吉岛、大溪地等。

第三，艾美酒店多分布在经济、金融中心。经济、金融中心会涌现大量的商务旅客，而商务旅客对住宿条件较为敏感，多倾向于高端品牌的酒店，艾美酒店正符合此要求，因此，有 46 家酒店分布在各国重要的经济、金融中心，如旧金山艾美酒店选址在美国西部最大的金融中心。

第四，艾美酒店交通便利，大部分酒店靠近机场。通常商务旅客是高端酒店最大的客源之一，而商务旅客对交通的要求相对较高，靠近机场的优越地理位置受到商务旅客青睐，在 110 家艾美酒店中有 62 家酒店至国际机场的交通非常便利。

第五，艾美酒店倾向于分布在市中心。据统计，共有 71 家酒店坐落在城市市中心，交通便利且与旅游景点或商业中心临近，如泰国清迈艾美酒店位于中心商业区，毗邻众多历史景点。

资料来源：艾美酒店网站。

问题： 艾美酒店在全球区位选择中考虑了哪些因素？

分析提示： 这是一项复杂的基础工作。

（1）制作艾美酒店全球区位分布图。

（2）对所分布的城市区位进行分类。

（3）通过分类得出不同的区位类别，再归纳出酒店区位选择考虑了哪些因素。

◆ 教学互动 4-1

观点： 艾美酒店区位选择主要集中于大城市，说明大城市的酒店发展机会大于旅游城市。

问题： 艾美酒店区位选择考虑了哪些因素？

要求： 同"教学互动 1-1"的"要求"。

◆ 同步案例 4-2

希尔顿酒店及度假村全球布局

背景与情境： 希尔顿全球控股有限公司是一家跨国酒店管理公司，截至 2013 年 12 月，希尔顿品牌在 84 个国家有 4 080 家酒店，超过 672 000 间客房。本案例通过搜集全球 60 个国家 338 个城市 500 家希尔顿酒店及度假村的信息，发现该品牌酒店区位选址具有以下特点：

第一，在国家或地区选择上，受宏观经济环境的影响，希尔顿酒店及度假村倾向于选择经济发达国家或地区（如美国和英国），在这些国家或地区建立酒店的数量多、频率高；相反，在社会不稳定或者经济欠发达的国家或地区建立的酒店数量较少。

第二，当国家或区域确定后，在选择具体城市时，经济发展较好的城市占据优势，旅游城市或者交通枢纽城市因其与酒店行业的天然适应性使其颇受投资者青睐，例如，一部分希尔顿酒店及度假村建造在海滩、河畔、丘陵地等旅游度假胜地，还有一部分则建在港口或者空运枢纽城市。

第三，随着特定城市的选定，希尔顿酒店及度假村或选择经济发达城市中心的心脏地带（如商业区、娱乐区、景点区），或选择城市宁静优美但交通较为方便的郊区地带。一般而言，第一类地区的酒店大体比较豪华，更多服务于商务旅客；第二类地区的酒店则更倾向于休闲度假型酒店，多数酒店自身也是一道靓丽的风景。城市郊区靠近机场区域也聚集了大量的酒店，这与机场交通中转站的功能密不可分。

第四，希尔顿酒店及度假村的区位选择不仅受外部政治环境、经济发展程度、制度障碍等宏观环境因素的影响，还受竞争者、市场需求、消费能力等中观环境因素以及土地租金、交通通达性等微观环境因素的影响；同时，酒店位置还受到酒店市场定位（经济型/豪华型或者商务型/度假型）等内在定位的影响。

资料来源：希尔顿酒店网站。

问题：希尔顿酒店区位选择考虑了哪些因素？

分析提示：这是一项复杂的基础工作。

（1）制作希尔顿酒店全球分布城市图。

（2）对所分布的城市性质进行分类。

（3）通过分类得出不同的城市类别，再归纳出酒店区位选择考虑了哪些因素。

◆◇ **同步案例4-3** ◇◆

凯宾斯基在中国

背景与情境：凯宾斯基饭店集团于1897年成立于德国柏林，是欧洲历史最悠久的豪华饭店，公司总部位于瑞士的日内瓦，是全球饭店联盟（Global Hotel Alliance）的创始会员之一。集团现拥有并经营超过60家国际性饭店，分布于欧洲、亚太、中东及非洲等地区。其中中国区共有20家饭店，分布于18座城市，具体为：北京、上海、成都、长沙、大连、贵阳、惠州、三亚、沈阳、深圳、苏州、无锡、西安、银川、重庆、太原、厦门、宜兴。通过对凯宾斯基在中国的20家饭店的分析，可以大概总结出宏观与微观两类影响因素。

1）宏观因素

第一，城市特性及其发展空间。城市特性指的是城市的人口密度、生产管理建设活动、设施集中度、物质文化先进程度及开发程度等方面的性质。城市特性是饭店选址时的首要考虑因素，只有选择具有优异特性及良好发展前景的地点，才能充分利用选址城市的优良特性，并借助城市的发展空间作为自身机遇来促进发展。从凯宾斯基在中国区的分布可以看出，选址城市都是具备优异特性或良好发展潜力的城市，都处于国家或区域的政治、经济、文化、交通等中心或枢纽地位，或是在某一产业具有广阔的发展前景。

第二，区域特征。根据对市场的调查和自身接待旅客的层次，凯宾斯基通常选择进驻城市的高档商务区或者休闲度假胜地。这些区域的共同特征涵盖了以下因素：具有高档写字楼、高档住宅区、高档商场等多种业态，形成良好的商务氛围。这些因素对凯宾斯基饭店形成了有效的配套支撑并提供了潜在的目标客群。从凯宾斯基在北京、上海、成都、深圳等城市已经开业的饭店来看，其进驻区域都是城市的重要商务中心。城市的休闲度假功能成为凯宾斯基进驻的另一要素。由于休闲度假的目标客人属于同一群体，良好的自然景观属性成了凯宾斯基在选址方面的基本要求。海南三亚是目前中国较好的休闲度假胜地，该城市一年四季都可以供游客游玩，而其他地方的休闲度假胜地大多会受到季节的限制。在选址时，凯宾斯基就看重了该区域拥有独立沙滩的三亚湾景色及其便利的交通。

第三，竞争环境。自凯宾斯基1992年在北京开设第一家饭店至今，20多年来，其饭店数量仅增加了19家。除了在北京、上海等一线城市开设2家饭店之外，其余的城市仅开设1家饭店。这样的扩张方式是基于凯宾斯基的单一品牌发展策略，其在中国的发展规模即是在一线城市开设两家，其余城市开设一家。此种战略的本质就是规避竞争风险。凯宾斯基在某个城市选址时力求做到规避区域存在的竞争风险。作为定位于高档次的五星级饭店，凯宾斯基在进行选址时，会详细调查所在区域内现有的饭店设施情况，以判断区域内同档次饭店业的竞争情况。由于凯宾斯基并不以数量和规模取胜，因此在选址过程中着重考虑单一饭店在未来的长期盈利空间。如果某个城市区域高档饭店业竞争已十分激烈，凯宾斯基通常不会选择在此区域开设新店。

2) 微观因素

第一，地段价值。在圈定进驻城市的大致范围后，地段价值便成为凯宾斯基选址层面更为具体的核心因素。由于区域内不同地段各具特点，而饭店业作为满足人们住宿需求的服务产业，保证客源成为选址的基本要素，具体从区域周边的配套设施、道路交通、未来的发展规划、消费者因素等方面来进行调查。例如，如果该街道有诸多高档写字楼、高档商场、大型会展中心等需要提供住宿服务的活动场所，就意味着有大量潜在高档客源作为饭店未来营业的保障。对所进驻区域周边的这些设施与场所的现状与发展做出分析是凯宾斯基评判地段价值的重要依据。

第二，交通状况。地段的交通状况是凯宾斯基考量的另一因素，包括对选址周边铁路、航空及其他交通方式乘客的流动数量、交通的发展及可能改变的规划、交通的通达性和交通工具的变化等方面都要进行专门的调查。以北京燕莎中心凯宾斯基饭店为例，其交通设施可以方便旅客去机场或者到北京各大商场、景点游玩。厦门源昌凯宾斯基大酒店位于市区中心，距离市内各交通枢纽及中转站，如火车站、轮渡、快速公交站都很近，便于住客入住和出行。

第三，周边规划。在具体地段上建造什么样的饭店规模和结构亦是选址之初必须考虑的工作。饭店除客房外，其他公共活动部分和饮食部分也占了很大比例。只有结合地段特征来科学划分饭店结构，才能充分发挥出地段的价值。通常，饭店经营部门包括以下几个部分：客房、餐饮、宴会厅、会议室、健身设施、娱乐设施、商业中心等；非收益部分包括大堂、前厅、办公室、仓库、锅炉房、停车场等。根据地段周边餐厅、商场的饮食设施、规模特色、营业时间、顾客层次、消费单价、营业额、菜系和菜单内容等具体细节来划分饭店内餐厅和文化娱乐设施的比例面积，从而形成饭店内部设施与周边配套设施良性发展的局面。

第四，物业与业主。为了避免未来潜在的经营风险，凯宾斯基在选址过程中会把进驻物业业主的综合素质考虑进来。在区位条件大致相等的物业下，凯宾斯基会优先选择产权明晰且与凯宾斯基发展理念相吻合的业主进行合作。

资料来源：凯宾斯基酒店网站。

问题：凯宾斯基在中国的区位选择与选址考虑了哪些因素？

分析提示：这是一项相对复杂的基础工作。

（1）制作凯宾斯基酒店在中国的城市分布图。

（2）对所分布的城市性质进行分类。

（3）对酒店所在城市的店址的街区性质进行分类。

（4）通过分类得出不同的城市类别和街区类别，再归纳出酒店区位选择与选址考虑了哪些因素。

4.3 饭店选址

饭店选址是指在选择什么地区（区域）之后，如何具体选择在该地区的什么位置建造饭店。也就是说，在已选定的地区内选定一片土地作为饭店的具体位置，即在合适的城市、合适的地点建造饭店。

4.3.1 饭店选址的考察因素

地理位置的选取是现代商业饭店创始者斯塔特勒成功的关键因素之一，也是后来零售商、服务商，甚至地产商的经营信念之一。综合各行业的选址方法，归纳饭店选址需要考虑的各种因素，对于指导饭店投资具有直接的意义。需要考虑的选址变量主要有以下 5 个方面：

1）需求性变量

需要调查的因素包括所在地的需求性变量，即所处区域的总人口数、所处区域人口密度、所处区域人均年可支配收入、所处区域商品零售总额、所处区域工业经济效益指数、交通流量；所在地吸引饭店消费者的需求性变量，如商业水平、经济水平、旅游业发展趋势、外来流动人口量等。

2）竞争性变量

竞争性变量调查因素包括拟投资地与最近的星级酒店之间的距离、与拟投资地距离最近的星级酒店的平均房价、与拟投资地距离最近的星级酒店的客房数、3 千米以内的饭店数量、3 千米以内饭店的客房总数。

3）规模性变量

规模性变量需要考虑的因素包括拟投资饭店的星级水平、客房数、平均房价、投入成本、所有权性质。

4）物理性变量

物理性变量调查因素包括所处街道性质、停车场面积、饭店建筑物可见度状况、与市内繁华区的距离、与最近旅游景点或旅游目的地的距离、与最近城镇的距离。

5）消费偏好变量

消费偏好变量调查因素包括客源构成比例、营业收入构成比例、客源中旅游者人数比例等。

通过各种饭店选址因素的确定，可以科学、准确地选择饭店投资地点。

4.3.2　饭店选址的中观因素

1）饭店选址中的地段、区域评价因素

饭店选址中的地段、区域评价因素见表4-1。

表4-1　　　　　　　　　　　**饭店选址中的地段、区域评价因素**

分类		活动内容	活动场所
商业业务		国内外贸易交往、交易会、展览会、商业业务旅行	办公大楼、陈列馆、展览厅、商场、公司、商业广场、步行街
会议		各种集会、会议、学术交流	会议中心、会堂、会议厅、多功能厅、大学、研究中心
旅游	风景游览		海、湖、河滨、山、森林、风景区、公园、自然保护区
	文化活动		展览馆、博物馆、古迹、纪念地、大学、研究中心、医院
	宗教活动		教堂、庙宇、寺院、圣地
	娱乐活动		剧院、电影院、夜总会、音乐厅、娱乐中心、游乐园
	体育活动		体育场、体育馆、各类球场、赛场、滑雪地、海滨浴场
	疗养		疗养院
探亲		暂住、中转	城市交通枢纽附近

在上述评价中，下列地段适宜建造饭店：

第一，交通方便。由于时间关系，饭店与车站、码头、航空港之间的交通方便，很受旅客欢迎。

第二，靠近市中心或闹市区。市中心是城市的商业、政治、文化中心，也是饭店中心，由于能够提供参加各种中心区活动的便利条件，客房出租率高。

第三，环境安静，具有一定私密性。

2）社区经济环境

第一，主要客源地国民生产总值和居民消费状况。了解和研究这两个数据指标（要注意的是，这里指的是主要客源地的状况），研究当地消费层次的收入状况，以确认新建的饭店客源是否充足和它的规模投资额度，明确投资收益，辅助做出投资决策。当然，这种研究只能通过主要客源地的数据分析和目的地的游客调查来进行。

第二，投资地未来的经济发展速度。投资地未来经济发展有潜力，意味着它与外界经济交往的加强，各种经济成分流动加快，商务会议客人的往来增加，并且吸引到的资金将大大增多。投资兴建饭店，可以在合理的周期内取得投资的回报，并且可利用当地吸引外资的优势，加强融资的力度，加快资金周转，从而进一步发展。

第三，有关投资的优惠政策、限制政策和土地征用的规定。投资前充分了解这些限制，运用优惠政策成为一个知法守法的企业，可以避免在日后的建设、运营过程中产生不必要的纠纷，以免对饭店形象和饭店效益产生不利的影响。

3）社区文化环境

这一因素是几个影响因素中较为重要的一点。21世纪是体验经济时代，饭店企业要赢得客人的认同和忠诚，唯有充分考虑消费者的情感需求和体验需求，接近他们的心灵，了解他们的内在需求，将周围特有的文化因素引入饭店的建设和管理。饭店不仅仅是一个"借宿"的场所，也将成为文化的展示台。创造条件使其成为宣扬某一地区特有文化的展示场所，提高文化含量，既可成为饭店吸引客人的一面旗帜，也将获得更佳的社会效益。

4）社区生态环境

饭店在建设时要调查所选地址是否为自然环境保护地带，是否在重要的风景保护区范围内，是否有在生物学上具有重要价值的某种生物生存，是否会对周围生态环境造成一定的负面影响。饭店建筑属于一劳永逸的建造项目，选址错误不仅难以通过环境评估，造成前期投资延误，而且投产后也可能因环境问题增加经营成本或因环境问题而被拆除，特别是对于位于风景保护区内的饭店，更需注意这类问题。

◆ 职业道德与企业伦理4-1 ◆

非饭店消费者到饭店停车场停车

背景与情境：一天下午，林先生要到厦门生态环境局办事，生态环境局停车场早已停满车，无奈之下他只好将车开到了与厦门生态环境局仅一墙之隔的某三星级酒店的停车场。该酒店位于厦门BRT总站边上，停车场本身也很小，也没有进出大门。当林先生开到停车场时，那里并没有保安也没有明显的禁止外来车辆停车标志，于是他将车停好后便离开了。等他快走到生态环境局大门时，后方有保安大声喊他，要求其返回将车开走。林先生返回，向酒店保安说明他只停一个小时，并顺手拿出钱要交停车费。但保安强调，非酒店消费者一律不让停车，否则后果自负。于是，林先生只好把车开走再寻停车场。

问题：潜在消费者算不算消费者？酒店保安的态度是否符合饭店企业伦理？

分析提示：

（1）停车困难是一个不争的现实问题。

（2）酒店应秉持什么样的待客之道，才能将潜在消费者转变为显在的消费者？

（3）该酒店保安的态度明显不符合饭店企业伦理。

4.3.3　饭店选址的微观因素

从饭店地点选择的微观条件看，应注意以下因素：

1）自然气候条件

第一，西北及北方地区的饭店，在选址时要注意气温和降雨条件，设计的方位要坐北朝南，保证有足够的日照时间，确保店里的良好环境。

第二，西北地区的风沙大，常有沙尘暴发生，必须重视选址的避风避沙条件。

第三，选址若处于板块交界或临海地区的地震多发地，尤其要注意地震条件和风力条件，不能选在地震断层带或滑坡及风力条件不好的地点。建筑本身也要特别注意防震的设计。

2）水文地质条件

临近江河湖泊的饭店，可将其纳为自己的水景，成为吸引客源的一大优势，同时要注意雨季大量降雨引起的洪涝状况，将洪水位标高与店址标高进行比较，确保饭店的安全；临海的饭店，要注意台风、暴雨等灾害，要与海岸线保持安全距离，设立隔离带。

第一，地下水位及水质：防止建筑物建在地下水层上，以防开采地下水造成下陷危险。

第二，地质构造：影响投建饭店的楼高、规模、地基和管线的布置。

第三，上游的排放污染和下游的纳污条件：饭店也属于一种住宅区域，要提供给客人良好、舒适、清洁的消费居住环境。其所处的位置，特别是对于度假型饭店来说，必须注意和防止上游的排放污染，不处于烟尘排放的下风处；另外，要考虑下游的纳污条件，生活垃圾和废水等的排放不能影响到其他居民的生活环境。

3）地形交通条件

（1）店址的位置和方位。

作为一种公共的休闲、住宿设施，有时甚至是一个地区或者是一个城市的标志，所选的方位要易于在地图上、画册上、宣传单上说明和标注，使外地的游客方便寻找和确认该地点。

（2）距城市中心和交通集散地的距离。

①商务型饭店趋向于建在市中心的繁华地段以及城市的商业金融区，各地的商务客人和常住型的白领阶层可以快捷地穿梭于办公室和住所之间，并且利用店中先进的商务设备及时处理事务，高效省时。

②度假型饭店是指高档次的趋向于奢侈性的豪华饭店，店内有全面的休闲设备设施，客人可以足不出户静心休养，远离日常的生活模式，得到全身心的放松。这要求饭店避开都市的喧哗和骚扰，建在相对隐蔽、远离市中心的地区，以满足客人的享受及独特品位要求。这一类的饭店往往选址于海岸线附近独立的岛屿、市郊的林区，客人大多拥有自己的交通工具，饭店也具有比较完善的交通设施配置，地形、交通条件的影响不大。

③市场细分不明确的中档次饭店接待的人员层次复杂，多为观光游客或普通的过境者，人员的流动率高。这种饭店应建在交通条件好、靠近铁路公路运输线和景区景点外围的地方，有利于客人做出选择。这类饭店应尽可能地靠近已有的企业和居民区，有利于利用现有的市政和生活设施。

（3）饭店建造前基地评价内容。

这里包括：基地面积、土地价格、街面长度、深度、地形、地貌、市政设施条件与进出方向；与道路、公路的连接情况；有关规划、法规、规定对基地的限制；汽车出入是否方便；基地的日照、通风、阴影面积、周围建筑与环境、背景噪音等；影响饭店建成后的形象的因素，包括饭店景观的优点等。

（4）饭店规模。

区域饭店业供需关系评价是饭店投资的首要考虑因素之一，在确定了饭店供需关系之后，需要重点考虑拟投资饭店规模。一般而言，饭店建造规模首先取决于投资地的土地规模，其次为市场前景，再次是投资资金，在前三者都具备的前提条件下，最后需要重点考虑投资饭店的规模经济效益。

客房所带来的效益撑起饭店经济的半壁江山，一般采用五分法划分饭店的规模，即分为5个档次：500间以上；300～499间；200～299间；100～199间；99间以下。其中拥有300间以上客房的称为大型饭店。单体饭店规模主要是考虑饭店的规模经济效益。

4.3.4 饭店选址方法

人们在经过大量的理论研究和实践运用的基础上，在选址决策方面已经积累和形成了诸多方法。其中，商圈分析法对于提高饭店投资效益具有积极的借鉴意义。

1）商圈

商圈（Trading Area；Market Area），又称商势圈或购买圈，是西方商业理论中的一个重要概念。商圈通常是指商店吸引顾客的空间范围或者是来店顾客的地域范围。通过商圈不仅可以具体了解消费者的构成及其特点，确定自己的目标市场，而且对新建企业的选址起着非常重要的基础作用。

商圈具有明显的层次性特征，一般由三个层次构成：①主要商圈，或称基本商圈，是指接近该店并拥有高密度顾客群的区域，通常本区域有50%左右的顾客来本店消费；②次要商圈，位于主要商圈之外围，顾客光顾率较低，通常这一区域有15%～20%的顾客来本店消费；③边际商圈，位于次要商圈之外围，属于本企业的辐射商圈，在此区域的顾客来本店消费的比例更低，一般企业的顾客有10%左右来自边际商圈。

影响商圈形成的因素是多方面的，主要归纳为企业外部因素和内部因素。外部因素包括家庭与人口、产业结构、交通状况、城市规划、集聚状况等；内部因素包括商店规模、经营范围和性质、经营水平和信誉等。

2）商圈的测定

企业在进行选址时，必须先测定周围商圈的大小。测定商圈的方法应以定性分析方法为主，辅以定量分析方法。

定性分析方法主要通过市场调查进行测定，可以根据选址位置、周围人口分布、城市规划、交通状况、流动人口状况，以及是否为城市商业中心区等，进行综合分析测定。

3）定量分析法

根据国外的测定商圈研究，定量分析法主要有以下5种：

（1）雷利法则。

雷利法则是雷利对美国的都市商圈调查后发表的法则。雷利法则认为：具有零售中心地机能的两个都市，对其中间的某一都市或城镇的零售交易的吸引力与两个都市的人口成正比，同两个都市与中间地都市或城镇的距离成反比。用公式表示如下：

$$\frac{B_a}{B_b} = \frac{P_a}{P_b}^N \times \frac{D_b}{D_a}^I$$

式中：B_a——A都市从中间地C都市吸引来的零售销售额；

B_b——B都市从中间地C都市吸引来的零售销售额；

P_a——A都市人口；

P_b——B都市人口；

D_a——A 都市与中间地 C 都市之间的距离；

D_b——B 都市与中间地 C 都市之间的距离；

N——与 I 相等。

业务链接 4-1

雷利法则计算示例

C 都市有 13 000 人，A 都市有 423 000 人，距离 C 都市 80.4 千米；B 都市有 92 000 人，距离 C 都市 61.8 千米。利用雷利法则，可计算 C 都市有多少消费量流向 A，多少消费量流向 B，如图 4-1 所示：

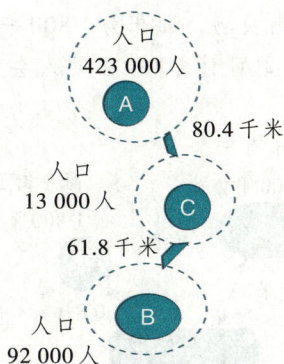

图 4-1　雷利法则计算系列

$$\frac{B_a(A市)}{B_b(B市)}=\frac{P_aD_b^2}{P_bD_a^2}=\frac{42.3\times61.8^2}{9.2\times80.4^2}=\frac{2.7}{1}$$

利用该比率，可知在 C 都市的 13 000 人中，去往 A 都市的消费者有：

$$\frac{13\ 000}{2.7+1}\times1=3\ 514(人)$$

去往 B 都市的消费者有：

$$\frac{13\ 000}{2.7+1}\times2.7=9\ 486(人)$$

再根据 C 都市人均消费支出额数据，即可计算出 C 都市到 A、B 都市的消费额流量。这对于零售店估计开业后的初期营业额有直接影响。

该法则也证实了一个城市的人口越多、规模越大、商业越发达，则该城市的零售吸引力就有越大的空间相互作用规律。

（2）哈夫法则。

哈夫法则认为，当数个商业集聚区集中于一地时，居民利用哪一个商业集聚区的概率，是由商业集聚区的规模和居民到商业集聚区的距离决定的。商业集聚区的规模可根据销售场地面积算出，距离为时间距离。如果通过哈夫法则可在一定程度上知晓对顾客吸引力的话，则零售企业就能够制定出对消费者的营业对策，并且也为开店选址、网点布局等提供判断依据。其公式如下：

$$P_{ij}=\frac{\dfrac{S_j}{(T_{ij})^\lambda}}{\displaystyle\sum_{j=1}^{n}\dfrac{S_j}{(T_{ij})^\lambda}}$$

式中：λ——据经验推出的范围值；

P_{ij}——居住在I地区的消费者选择J商业集聚区购物的概率；

$\sum\limits_{j=1}^{n}$ ——J商业集聚区店铺数累计；

S_j——J商业集聚区的面积；

T_{ij}——从I地区到J商业集聚区所需时间。

业务链接4-2

哈夫法则计算示例

若有一A超市决定进驻J区开设商店，选址为一处面积3 000平方米、距离I社区1.2千米的地方；附近有B商业街卖场，面积为1 800平方米，距离I社区0.8千米。而I社区共有1 000人，运用哈夫法则可计算I社区的人去A超市购物的可能性（如图4-2所示）。

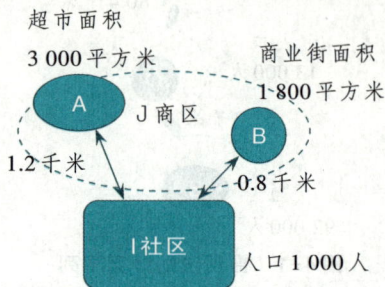

图4-2　哈夫法则计算示例

利用该比率，可知在I社区的1 000人中，将有42.5%，即425人前往A超市购物。

$$P_{ij} = \frac{\dfrac{S_j}{(T_{ij})^\lambda}}{\sum\limits_{j=1}^{n}\dfrac{S_j}{(T_{ij})^\lambda}} = \frac{\dfrac{3\,000}{1.2^2}}{\dfrac{3\,000}{1.2^2} + \dfrac{1\,800}{0.8^2}} = \frac{2\,083}{4\,896} = 0.425$$

由此可知：根据哈夫法则就能求出从居住地去特定商业设施的出行概率，预测商业设施的销售额、商业聚集区的集客能力等，从而得知商圈结构及竞争关系会发生怎样的变化。在调查大型零售店对周边商业集聚区的影响力时也经常使用这一模型。

（3）康帕斯法则。

康帕斯法则是在雷利法则的基础上发展而来的，用于求出商圈的分界点。其公式如下：

$$Da = \frac{Dab}{1 + \sqrt{\dfrac{Pb}{Pa}}}$$

式中：Da——A都市所见的A都市与B都市间的商圈分界点；

　　　Dab——A都市与B都市间的距离；

　　　Pa——A都市人口；

　　　Pb——B都市人口。

由此可见，运用康帕斯法则，只需有两个都市人口和距离便可求出分界点，从而界定商圈。

康帕斯法则计算示例

X都市有9.2万人，距离A都市（22万人）有48.8千米，距离B都市（3.3万人）有29千米，距离C都市（24.7万人）有48.1千米。以X都市为中心，可求出X与A、B、C各个都市之间的城市商圈均衡点（即X的商圈界限）（如图4-3所示）。

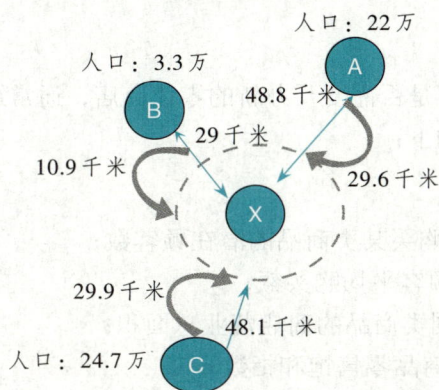

图4-3　康帕斯法则计算示例

注：图4-3中的灰色虚线圆圈即代表了由均衡点连接成的X都市的商圈范围。

利用该法则，可知X与A、B、C各都市的商圈均衡点距离分别为Da、Db、Dc，计算如下：

$$Da = \frac{Dax}{1+\sqrt{\dfrac{Px}{Pa}}} = \frac{48.8}{1+\sqrt{\dfrac{9.2}{22}}} = 29.6（千米）$$

同理：Db=10.9千米；Dc=29.9千米

根据计算依次类推，对于某商业区或商业中心，通过平滑连接各个均衡点，便可确定该都市或商业中心的商圈范围。在实际应用中，则可以利用GIS等分析工具，通过计算描出实际载体、相邻商圈之间的边界曲线。

（4）阿普波姆法则。

阿普波姆法则从不同都市销售场地面积的角度，界定商圈分界点，求取商圈大小。其公式为：

$$Da = \frac{Da+Db}{1+\sqrt{\dfrac{Pb}{Pa}}}$$

式中：Da——A都市到分界点的时间距离；

Da+Db——A都市与B都市之间的时间距离（小汽车行驶时间单位为分钟）；

Pa——A都市的销售场地面积；

Pb——B都市的销售场地面积。

阿普波姆法则计算示例

若A、B两地距离时间60分钟，在A地的销售总面积为2 000平方米，在B地的销售总面积为8 000平方米，则利用该法则可计算商圈的分界点：

$$Da = \frac{Da + Db}{1 + \sqrt{\dfrac{Pb}{Pa}}} = \frac{60}{1 + \sqrt{\dfrac{8\,000}{2\,000}}} = 20\,(分钟)$$

即商圈分界点在距 A 地 20 分钟行车距离的地方。

阿普波姆法则的创新之处有两点：一是把两地的卖场面积作为影响因素之一，舍弃了人口方面的影响因素；二是将两地间距离换算为小汽车的行驶时间，更符合现代社会的特点。

（5）饱和指数法则。

商店的饱和度决定了是否需要开办新的零售商店，通常运用饱和指数来测定商圈商店的饱和度。其公式如下：

$$IRS = \frac{C \times RE}{RF}$$

式中：C——某地区购买某类商品的潜在顾客数；

RE——某地区每一顾客平均购买额；

RF——某地区经营同类商品的商店营业总面积；

IRS——某地区某类商品零售饱和指数。

▶ 业务链接 4-5

饱和指数法则计算示例

若商圈的潜在顾客数为 10 万人，每周每人在食品上平均支出额为 25 元。该商圈内共有 15 个餐饮店铺，共有 144 000 平方米经营面积，则该商圈内餐饮店的饱和指数为：

$$IRS = \frac{C \times RE}{RF} = \frac{100\,000 \times 25}{144\,000} = 17.36$$

一般而言，饱和指数越高，意味着该商圈内的饱和度越低，说明该地区这类产品的市场潜力很大，适合开设新店；反之，则说明市场空间已经非常小，不适合再开设新店经营此类商品。

从实践来看：商店过少的商圈内，只有很少的商店提供满足商圈内消费者需求的特定产品与服务；商店过多的商圈内，则有太多的商店销售特定的产品与服务，以致每家商店都得不到相应的投资回报。一个饱和的商圈，商店数目恰好能够满足商圈内人口对特定产品与服务的需要。饱和指数恰恰表明这样一个道理——一个商圈所能支持的商店不可能超过一个固定数量。

4）商圈理论实用价值

以上这些理论法则主要适用于都市、商业街、商业中心或者大中型零售企业商圈的测定。这些法则都是以都市人口肯定具有购买力、人口多的都市更具有吸引力为前提进行计算的。这些法则并非必须要与实际的调查结果相符，还要考虑其他因素，结合其他方法来综合考虑。至于小型店铺商圈的测定，则主要通过简便易行的实态调查方法，如家庭调查法、来店调查法、顾客登记簿法、市场调查法等。

商圈分析法对于饭店选址只具有借鉴意义，不可直接运用于饭店选址。

延伸阅读与思考 4-1

林梧桐楼的实验客房设计样本

作为教学实验基地，样板房的目的在于启迪学生思维、迸发学生的创作激情。请结合此处二维码资源，阅读与思考林梧桐楼实验客房设计样本的优缺点。

资料来源：根据厦门大学管理学院教学实验基地资料整理而成。

学习微平台

延伸阅读与思考
4-1

✸ **本章概要**

☆ 主要概念

饭店投资战略　饭店区位选择　饭店选址

☆ 内容提要

● 本章主要介绍了饭店投资战略，以世界知名饭店集团为例介绍了饭店的区位选择和饭店选址方法。

● 饭店投资战略是指根据饭店总体经营战略要求，为维持和扩大经营规模，对有关投资饭店活动所做的全局性谋划。它是根据饭店战略目标，评价、比较、选择投资方案或项目，将有限的饭店投资资金投入，以获取最佳的投资效果所做的选择。

● 饭店区位选择是指选择什么地区（区域）投资饭店。在实施饭店投资战略过程中，最首要和最迫切的任务是选择合适的城市、在合适的地点建造饭店，即如何运用科学的方法决定饭店选取的区位，使之与饭店的整体经营运作有机结合，以便有效、经济地达到饭店最大化收益的经营目的。

● 饭店选址方法是指在选择什么地区（区域）之后，如何具体选择在该地区的什么位置建造饭店。也就是说，在已选定的地区内选定一片土地作为饭店的具体位置，即在合适的城市、合适的地点建造饭店。

☆ 内容结构

本章内容结构如图 4-4 所示。

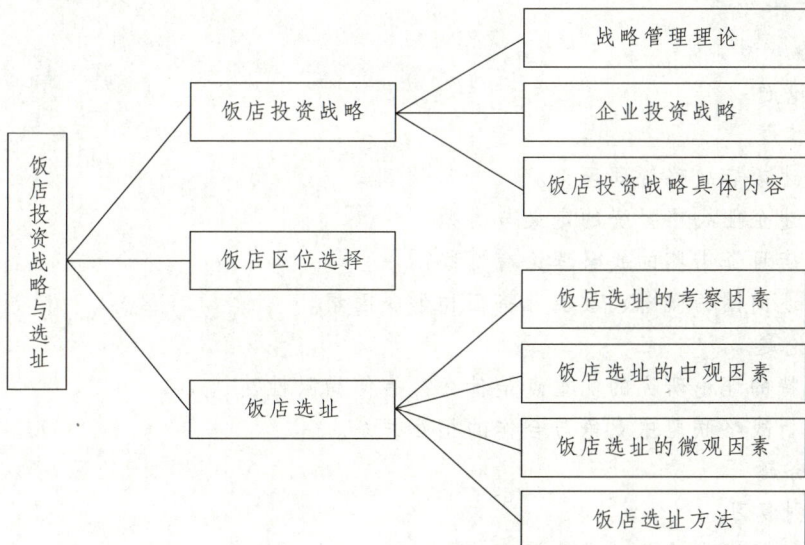

图 4-4 本章内容结构图

✿ **重要观点**

观点 4-1： 饭店区位选择优于选址。

常见质疑： 选取一座好城市的好位置是最重要的。

释疑： 对于一家饭店来说，选址是建造和经营饭店的第一步。一般而言，人们想到的饭店选址是指在某一城市中的地址选择问题。实际上，饭店选址要先选所在的城市。例如，商业城市优于工业城市，大型工业城市优于一般旅游城市，因为旅游城市往往有淡旺季之差。因此，一旦选择的城市不当（区位选择），它所带来的不良后果不是通过建成后加强和完善管理等其他措施可以弥补的。在进行选址时，必须充分考虑多方面因素的影响，慎重决策。饭店选址的战略目标是使地址的选择能给饭店带来最大化的收益，以便有效、经济地达到企业最大化收益的经营目的。在实施饭店投资战略过程中，最首要和最迫切的任务是选择合适的城市、在合适的地点建造饭店。

观点 4-2： 差异化战略成为饭店同业间竞争的首选。

常见质疑： 低成本才是饭店同业间竞争的首选。

释疑： 差异化战略的目标是确定饭店的主题，目的在于避免饭店的价格竞争。低成本是指饭店的运营成本，是企业经营与生存的根基，不是竞争的手段。于是，两者之间不可比，也就分不出彼此。差异化战略是指在客源多元化、需求差异化的基础上，饭店产品和服务只能走多品种、个性化的发展路径。每一家饭店企业在尽可能的区分需求、差异营销的基础上，以准确的市场定位为基础，选择与自己的产品、服务相一致的目标市场。将饭店产品定位在服务专业化、市场专一化的营销战略上。低成本是指由于饭店产品的不可贮存性、高比例的固定成本和销售量的不稳定性，以及饭店退出壁垒和资源转换成本高等特点，决定了同档次饭店如果不能有效地建立起品牌效益或产品差异，不能在产品、服务上创出新的衍生产品，价格往往成为饭店常见的最后的竞争手段。

✦ **单元训练**

✿ **传承型训练**

▲ 理论题

△ 简答题

1）简述饭店战略管理理论。

2）简述企业战略投资的定义与类型。

3）饭店可资借鉴的战略理论有哪些？

4）简述商圈的概念、层次性特征和形成因素。

△ 讨论题

1）波特的理论研究的侧重点是什么？有何局限性？

2）试析战略联盟中竞争与合作的相互关系。

▲ 实务题

△ 规则复习

1）企业投资有哪些基本选择？

2）简述饭店投资战略。

3）目前可供我国饭店选择的发展战略有哪些？

4）简述饭店选址需要考虑的变量。

5）简述饭店选址的中观因素。

6）简述饭店选址的微观因素。

7）简述商圈的五种定量分析方法。

△ 业务解析

1）为什么饭店区位选择优于选址？

2）何为饭店同业间竞争的首选？为什么？

3）A 城市有 20 000 人，B 城市有 375 000 人，C 城市有 78 000 人。其中 A、B 城市相距 72 千米，B、C 城市相距 48 千米。请使用雷利法则，计算 B 城市有多少消费量流向 A 城市，多少消费量流向 C 城市？

4）有一 A 商铺决定进驻 H 区开设商店，选址为一处面积为 2 500 平方米、距离 F 社区 1 千米的地方；F 社区附近有商业街卖场 B，面积为 2 000 平方米，距离 F 社区 1.5 千米；F 社区共有 1 800 人。请运用哈夫法则计算 F 社区中的人去 A 商铺和 B 卖场购物的可能性分别是多少。

5）有 4 个都市分布在 X 市的周边，其中 X 市有 8 万人，距离 A 市（25 万人）有 48 千米，距离 B 市（32 万人）有 30 千米，距离 C 市（18 万人）有 25 千米，距离 D 市（22 万人）有 18 千米。以 X 市为中心，请运用康帕斯法则计算 X 与 A、B、C、D 各个城市之间的城市商圈均衡点。

6）若 A、B 两地距离时间 100 分钟，A 地的销售总面积为 3 000 平方米，B 地的销售总面积为 6 000 平方米。请使用阿普波姆法则计算商圈的分界点。

7）若某商圈的潜在顾客数为 18 万人，每周每人在食品上的平均支出额为 75 元，商圈内共有 21 个餐饮店铺，共有 175 000 平方米的经营面积。请运用饱和指数法则测算该商圈的餐饮饱和指数。

▲ 案例题

△ 案例分析

【训练目的】

同第 1 章本题型的"训练目的"。

【教学方法】

同第 1 章本题型的"教学方法"。

【训练任务】

同第 1 章本题型的"训练任务"。

【相关案例】

"酒香不怕巷子深"

背景与情境："酒香不怕巷子深"是人们形容各类名店的形象写照。2014 年 12 月，李先生购买了一家转让的名气较大的传统餐饮店，他深信"酒香不怕巷子深"这一经典语句。至 2015 年 7 月，李先生这家传统餐饮店只在购买后的第一个月生意较好，之后因周边道路施工，生意一日不如一日，历经半年多的努力，生意不见好转反而陷入亏损，面临再次转让的困境。

问题：

1）该案例涉及本章的哪些知识点？

2）运用这些知识点的相关知识表征李先生购买的这家店存在的问题。

【训练要求】

同第1章本题型的"训练要求"。

【成果形式】

1）训练课业：《"酒香不怕巷子深"案例分析报告》。

2）课业要求：同第1章本题型的"训练要求"。

△ 善恶研判

【训练目的】

见本章"学习目标"中"传承型学习"的"认知弹性"目标。

【教学方法】

采用"案例教学法"。

【相关案例】

员工连同餐厅一起转让吗？

背景与情境：张先生受让了一家450平方米、位于市中心三星级酒店里的餐厅，其中主厨师已经离开该店，店里还有30位员工表示要留下来继续工作。张先生重新招聘主厨师，主厨师也同意继续留用原来员工。经营半个月后，员工要求张先生支付上个月的工资。此时，张先生方知转让餐厅的店主未结清员工工资。

问题：

1）本案例中存在哪些道德问题？

2）试对上述问题做出你的道德研判。

3）说明你所做善恶研判的依据。

4）请从合同管理的角度提出转让可能存在的风险，并对后续处理提出建议。

【训练准备】

同第1章本题型的"训练准备"。

【训练要求】

同第1章本题型的"训练要求"。

【成果形式】

1）训练课业：《"员工连同餐厅一起转让吗？"善恶研判报告》。

2）课业要求：同第1章本题型的"课业要求"。

✿ 创新型训练

▲ 决策设计

决策设计-Ⅰ

【训练目的】

见本章"学习目标"中"创新型学习"的"决策设计"目标。

【教学方法】

采用"学导教学法""案例教学法""项目教学法""创新教学法"。

【训练任务】

1）体验对"知识准备"所列知识的学习和运用。

2）体验对"附录三"附表3"解决问题"能力"初级"各技能点"基本要求"和"参照规范与标准"的遵循。

3）体验在"相关案例"的情境中"结构不良知识学习"的"创新学习"（初级）及其迁移过程。

4）撰写《"决策设计－Ⅰ"训练报告》。

【训练准备】

1）知识准备

学生自主学习如下知识：

（1）本章理论与实务知识。

（2）本教材"附录一"附表1"解决问题"（初级）各技能点的"知识准备参照范围"所列知识。

（3）"决策理论"与"决策方法"初级知识。

（4）本教材附录三"附表3"解决问题"能力"初级"各技能点"基本要求"和"参照规范与标准"。

2）指导准备

（1）教师向学生阐明"训练目的"和"训练任务"。

（2）教师指导学生结合本项目进行自主学习。

（3）教师指导学生结合本项目进行决策设计。

【相关案例】

开什么类型的餐饮店？

背景与情境： 王先生是一位经营着5家套餐连锁的经营者。他在准备开第6家店时，看中了一个面积达350平方米、层高4.5米的餐饮店。在这家店周边2千米范围内，是几家效益一般的国有老纺织厂，主要人群以女工为主。但是，毕竟这个区域聚集着大量人群，客流很大，只是年龄、职业、消费水平及消费偏好可能与目标顾客特征不符。

问题：

1）请从商圈分析的方法出发，预测这一区域未来可能的用餐客流量。

2）根据本章所学知识，请从王先生的角度来决定开什么类型的餐饮店。

【设计要求】

1）形成性要求

（1）学生分析相关案例的"背景与情境"及相关问题，运用"知识准备"中列示的"决策理论"与"决策方法"知识，拟出《决策提纲》。

（2）小组讨论并展开《决策提纲》，撰写小组《决策方案》。

（3）班级交流、相互点评和修订各组的《决策方案》。

（4）小组总结本次训练，形成《"决策设计－Ⅰ"训练报告》。

2）成果性要求

（1）训练课业：撰写《"'开什么类型的餐饮店？'决策设计"训练报告》。

（2）课业要求：

①《训练报告》重点总结对"知识准备"所列知识学习和运用的体验，以及对"附录三"附表3"解决问题"能力"初级"各技能点"基本要求"和"参照规范与标准"遵循的体验。

②将《决策提纲》和《决策方案》作为《"'开什么类型的餐饮店?'决策设计"训练报告》的附件。

③结构、格式与体例要求：参照本教材"课业范例"的"范例-5"。

④在校园网的本课程平台上展示班级优秀《"'开什么类型的餐饮店?'决策设计"训练报告》，并将其纳入本课程的教学资源库。

✿ **建议阅读**

[1] MAGNINI V P，FORD J B. Service failure recovery in China ［J］. International Journal of Contemporary Hospitality Management，2004（16）：279-286.

［2］胡志毅，张兆干. 城市饭店的空间布局分析——以南京市为例［J］. 经济地理，2002（1）：106-110.

［3］霍云霈，杨新军，张兴国. 我国高档旅游宾馆空间分布特征与配置研究——以五星级宾馆为例［J］. 人文地理，2006（2）：28-32.

第5章
饭店投资可行性研究

▶ **学习目标**

5.1　饭店投资环境考察

5.2　饭店投资测算

5.3　饭店投资可行性研究

5.4　饭店投资程序

5.5　饭店建筑设计

▶ **本章概要**

▶ **单元训练**

▶ **建议阅读**

▶ 学习目标

▷ 传承型学习

通过以下目标，建构以"饭店投资可行性研究"为阶段性内涵的"传承型"专业学力：

理论知识：学习和把握饭店投资可行性研究的相关概念、饭店投资外部一般与特殊环境的内涵、饭店设计计划任务书的主要内容、高层建筑的饭店功能分区等陈述性知识；能用其指导"同步思考"、"延伸思考"、"深度思考"和相关题型的"单元训练"；体验"饭店投资可行性研究"中"理论知识"的"传承型学习"及其迁移。

实务知识：学习和把握饭店投资的要求和步骤，饭店投资估算，饭店投资指标分析，饭店投资可行性研究的目的、原则、要求与内容，饭店投资程序，饭店建筑设计准则，饭店规划指标，饭店流线设计，以及"业务链接"等程序性知识；能用其指导"教学互动"和相关题型的"单元训练"；体验"饭店投资可行性研究"中"实务知识"的"传承型学习"及其迁移。

认知弹性：运用本章理论与实务知识来研究相关案例，对"引例""同步案例""投资者不知如何决策"等情境进行多元表征，体验"饭店投资可行性研究"中"结构不良知识"的"传承型学习"及其迁移；依照相关行为规范对"饭店装修设计公司设计结果未能满足委托方的要求怎么办"和"还是这份市场调查报告"等案例进行善恶研判，促进健全职业人格的塑造。

▷ 创新型学习

通过以下目标，建构以"饭店投资可行性研究"为阶段性内涵的"创新型"专业学力：

自主学习：参加"自主学习-Ⅲ"训练。在制订和实施《团队自主学习计划》的基础上，通过阶段性学习和应用"附录一"附表1"自主学习"（高级）"'知识准备'参照范围"所列知识，搜集、整理与综合"度假酒店设计"前沿知识，讨论、撰写与交流《"度假酒店设计"最新文献综述》等活动，体验"饭店建筑设计"中的"自主学习"及其迁移（高级）。

引例：柯达的倒下

背景与情境： 2012年1月20日，柯达正式宣布，柯达及其美国子公司已经提交了破产保护申请。柯达胶卷这个"黄色胶卷巨人"的倒下意味着胶片时代的结束。

作为一家有着131年历史的老公司，柯达曾在20世纪90年代达到巅峰，业务遍布150多个国家和地区，是世界最大的影像产品生产商、供应商，而柯达的影像历史几乎就是这100多年来的世界历史。实力雄厚的柯达为何走上了破产的道路？柯达破产的原因可能有很多，但主要还是以下三点：①

其一，胶卷时代已经过去，柯达虽然是数码摄影技术的发明者，但在发展上并未跟上数码摄影的脚步，而是将精力过多地放在传统模拟相机胶卷生意上。

其二，"胶卷巨人"的称谓使柯达管理层过分自信，致使柯达创新不够，未在正确的时间推出正确的产品。

其三，柯达未能把握住市场，淡漠了市场需求的趋势变化，产品更新缓慢，误判了市场发展趋势，甚至做出了一些错误的投资决策。

资料来源：盛夏. 柯达破产保护！记忆中的柯达经典广告［EB/OL］.（2012-01-20）［2016-04-15］. http://pcedu.pconline.com.cn/softnews/yejie/1201/2657588.html.

饭店产品与柯达胶卷产品完全不一样，也是两个全然不同的行业，柯达胶卷提供的是影像胶片消耗，饭店提供的是客房餐饮服务，影像胶片历经130多年的发展被替代，饭店客房餐饮服务短期内还有市场空间。从市场分析的角度看，饭店投资的整体行业分析是重点，饭店拟投资区域的市场竞争更需要深入考察，唯有这样，才能进行科学的投资测算和准确的可行性研究，从而做出科学的决策。此外，饭店投资还需要深入探讨投资程序，进行科学的、生态的、文化的、艺术的饭店建筑设计。

5.1　饭店投资环境考察

任何活动都是在一定的环境中进行的，饭店投资也脱离不了环境的制约与选择，环境的特点及其变化必然会制约投资的决策和投资内容的选择。考察投资环境就是要通过分析投资所在地日后经营过程中的内外影响因素，揭示投资环境的条件变化规律，预测其未来变化，为投资决策提供依据。

5.1.1　外部一般环境

企业经营所需的各种资源需要从外部环境的原料市场、能源市场、资金市场、劳动力市场中去获取。离开这些外部市场，企业经营便会成为无源之水、无本之木。没有外部市场，企业就无法进行销售和得到销售收入，生产过程中的各种消耗也得不到补偿，经营活动也就无法继续。当然，外部环境为企业生存提供了条件，必然也会限制企业的生存与发展。企业只能根据外部能够提供的资源种类、数量和质量来决定经营的具体内容和方向。企业的产品既然要通过环境中的市场去实现，那么在生产之前和生产过程中就必须考虑到这些产品能否被消费者所接受，是否受市场欢迎。因此，

---

① 资料来源：该视频由厦门大学管理学院旅游与酒店管理系制作。

外部环境在提供了经营条件的同时，也限制了企业的经营。

对经营活动有着如此重要作用的环境是在不断变化的。如果环境是静态的，那么它的影响再大，对其研究也无须反复强调、高度重视。在这种情况下，环境研究可以一劳永逸：对一成不变的外部环境进行一次深入细致的分析，便可把握它的特点，制定相应对策。然而，外部环境却是在不断变化的，如技术在发展，消费者收入在提高，教育不断普及，执政者也在经常更换。

外部环境的种种变化可能给经营带来两种不同程度的影响：一种是为投资企业的生存和发展提供新的机会，如新资源的利用可以帮助企业开发新产品，执政者的变化可能导致环保政策的修订；另一种可能是环境在变化过程中为投资企业的生存造成某种不利的威胁，如技术条件或消费者偏好的变化可能使饭店产品不再受欢迎或产品过时。要想在生存的基础上不断发展，就必须及时地采取措施，利用外部环境在变化中提供的有利时机，积极采取对策，努力避开外部环境变化可能带来的威胁。要利用机会、避开威胁，就必须认识外部环境，必须研究外部环境和分析外部环境。

外部一般环境或称总体环境，是在一定时空内存在于社会中的各类组织均会面对的环境，其内容庞杂，大致可归纳为政治、社会文化、经济、技术、自然等五个方面。

1）政治环境

政治环境包括一个国家的社会制度，执政党的性质，政府的方针、政策、法律制度等。不同的国家有着不同的社会制度，不同的社会制度对企业经营活动有着不同的限制和要求。即使社会制度不变的同一个国家，在不同时期，由于执政党的不同，其政府的方针特点、政策取向对企业经营活动的态度和影响也是不断变化的。因此，饭店投资者必须了解政治环境因素对投资可能产生的影响，使企业活动符合社会利益，受到政府的保护和支持。

2）社会文化环境

社会文化环境包括一个国家或地区的居民教育程度和文化水平、宗教信仰、风俗习惯、审美观念、价值观念等。文化水平会影响居民的需求层次，宗教信仰和风俗习惯会禁止或抵制某些活动，价值观念会影响居民对企业组织的认可与否，审美观念则会影响人们对企业活动内容、活动方式和活动成果的态度。饭店建造既要符合世界饭店业的发展趋势，也要融入当地文化，既能促进企业经营活动的本地化，又能保持饭店的特色。

3）经济环境

经济环境是影响饭店投资成功与否的重要因素，它主要包括宏观和微观两个方面的内容。

（1）宏观经济环境主要是指一个国家的人口数量及其增长趋势、国民收入、国民生产总值及其变化情况，以及通过这些指标能够反映的国民经济发展水平和发展速度。人口数量众多既为企业经营提供了丰富的劳动力资源，决定了总的市场规模，又可能因生活需求难以充分满足，从而构成经济发展的障碍。经济繁荣能为企业的发展提供机会，而宏观经济衰退则可能给所有饭店投资带来生存困难的威胁。

（2）微观经济环境主要是指企业所在地区或所需服务地区的消费者的收入水平、消费偏好、储蓄情况、就业程度、旅游地旅游资源吸引力、旅游交通方便度、区域饭店业规模等因素。这些因素直接决定饭店投资在目前及未来的市场量。

◆ 同步思考 5-1 ◆

问题： 饭店所在地的消费偏好对饭店经营有何影响？

理解要点： 总体看来，饭店所在地区居民的收入水平、消费偏好、储蓄情况、就业程度等因素主要影响饭店餐饮、娱乐等经营项目，所在地旅游资源吸引力、旅游交通方便度等因素影响饭店的客房出租率，区域饭店业规模这一因素直接决定了饭店之间的竞争程度。就微观因素看，消费偏好主要影响饭店的餐饮娱乐项目。

4）技术环境

技术环境对饭店业的经营影响明显。饭店经营过程是一定的劳动者借助一定的劳动条件生产和销售一定产品的过程。不同的产品，代表着不同的技术水平，对劳动者和劳动条件有着不同的要求。饭店投资主要需要考虑的技术因素包括通信、交通、物资采购、信息、饭店经营技术等技术环境。

5）自然环境

"天时地利"之"地利"主要取决于地理位置、气候条件和资源状况等自然因素对饭店投资的影响。

（1）地理位置是制约企业经营的一个重要因素。当国家在经济发展的某个时期对某些地区采取倾斜政策时，地理位置的重要性尤为明显。

◆ 延伸思考 5-1 ◆

问题： 我国东西部不同区域的饭店经营环境有差异吗？

理解与讨论： 总体看来，目前我国沿海地区的开放政策吸引了大批外资，高档饭店的需求空间大，这不仅改善了投资环境，也给原已位于这些地域的各类饭店提供了发展机会。我国西部地区经济发展相对落后，已建造的高档饭店较少，从短期看，西部地区高档饭店的发展机会也较少。但进一步分析东西部地区的差异，则可以发现：我国四川、云南、贵州、广西、重庆等西南地区的旅游资源丰富，旅游人次数量猛增，旅游消费需求大，饭店业整体发展空间大，只是在目前以观光旅游为主要旅游方式的背景下，高档饭店需求较弱，中档饭店需求强劲。西北各省、自治区的旅游资源也非常丰富，旅游业也迅猛发展，中档饭店需求也大。

（2）气候条件及其变化也是饭店经营的重要因素之一。气候趋暖或者趋寒会影响饭店投资建造及其设计，会影响旅游业的客流量。四季如春、气候温和会促进旅游，从而为与旅游有关的饭店产品提供发展机会。

（3）资源状况则与地理位置有着密切的关系。对饭店业投资影响最大的资源包括客源市场、劳动力资源、物资资源、交通与通信的发达程度等。

5.1.2 外部特殊环境

饭店企业不仅在一般环境中生存，而且在特殊领域内活动。行业环境的特点直接影响着企业的竞争能力。波特认为，影响行业内竞争结构及其强度的主要有现有厂商、潜在的参与竞争者、替代品制造商、原材料供应者以及产品用户等 5 种环境因素。就饭店投资环境来说，主要的经营环境有区域饭店业供给规模、旅游业发展趋势、现有竞争对手、潜在投资者、消费者的需求趋势等。

1）城市饭店需求评价

不同城市具有不同的市场需求。一般而言，有大量批发商品销售的商业城市是建造饭店的理想地；观光城市由于季节变化的影响，饭店出租率也大幅波动；生产型、消费型城市对饭店的需求不如商业型城市和观光型城市。

区域饭店布局是一个重要的规划课题，目前，大多数旅游发展规划在饭店供需研究上的力度和可行度不高。一般来说，城市饭店需求评价涉及内容见表5-1。

表5-1　　　　　　　　　　　城市饭店需求评价表

地理位置	·从全国或大区域看城市的地位 ·与周围城市和经济区的关系
城市能力	·居住人口，经济圈人口 ·各种产业的销售量与外销量 ·企业的规模、数量、工人数 ·居民的收入水平、国民经济能力系数 ·有无政府机构、重要企业、文化教育机构
城市性质	·产业的不同构成、消费倾向 ·企业规模特征与销售额 ·地区风俗、气候、风土特征 ·名胜古迹、风景、娱乐场所 ·城市类型（观光游览型、消费型、行政型、生产型、商业型）
交通状况	·高铁、航空及其他交通的乘客数 ·进出客人数 ·交通发展及可能改变的计划、交通枢纽及交通工具的变化
城市前景	·各种统计数字的变化 ·增长率、国民经济能力的变化 ·城市的发达程度
供需关系与竞争	·住宿、饮食、婚礼、宴会的市场状况 ·消费单位与季节变动 ·竞争对手评估

◆ 延伸思考 5-2 ◆

问题：工业城市、商业城市与旅游城市对饭店的需求有差异吗？

理解与讨论：工业城市的主要住宿需求应当来自与制造业相关的差旅人员、正常往来的政府等公共部门的公务人员，以及部分探亲访友者；商业城市的主要住宿需求应当来自与商业相关的差旅人员、正常往来的政府等公共部门的公务人员，以及部分探亲访友者；旅游城市的主要住宿需求应当来自与旅游相关的旅游者、商务人员，正常往来的政府等公共部门的公务人员，以及部分探亲访友者。从需求面看，旅游城市好像更具需求吸引力。但实际上，我国旅游城市的饭店需求深受淡旺季影响。建议学有余力者，选取武夷山、张家界、庐山、黄山和九寨沟等所在的旅游城市做进一步的饭店需求分析。

2）区域饭店业供需关系评价

饭店投资者最关心的首要问题是：拟投资区域饭店的总体规模及市场需求状况。投资所在地市场需求旺盛，现有饭店规模偏小，甚至供不应求，则投资空间大；倘若现有饭店规模大，而市场需求在可预见的将来不可能有大幅度的提高，则投资需要谨慎。因此，需要对该区域饭店业供给规模、未来市场需求量等做出科学的评价，简单的、可利用的评价指标包括区域平均客房出租率、饭店投资资金利润率、区域饭店客房平均房价等。

深度思考 5-1

问题： 高铁的飞速发展缩短了各目的地之间的距离，北京与上海之间也可以一日往返，既极大地拉动了客流，也不可避免地减少了酒店住宿需求。那么，在高铁普及的背景下，饭店住宿需求是否降低了？

理解与讨论： 分析这个问题应从两个方面考虑：一方面，高铁的飞速发展缩短了各目的地之间的距离，北京与上海之间也可以一日往返，在极大地拉动客流的同时，的确也不可避免地减少了酒店住宿需求；另一方面，在高铁普及的背景下，出门的人更多了，客流量大幅度增加，饭店住宿需求的总量也在增加。因此，各位同学在参与讨论时，请结合当地的实际情况来讨论、验证这一问题。

3）饭店业发展趋势预测

自21世纪以来，随着国内的如家、锦江之星、7天等经济型酒店品牌的迅速发展，以及速8、DAYS等国际经济型酒店品牌的进入，中国饭店业的结构发生了重大的变化，出现了以下新的特点：

其一，21世纪进入感性消费和体验经济时代，消费者行为往多元化、复杂化的方向发展，追求饭店的人性化、个性化、舒适便捷，因此，饭店的投资建设及策划就必须成为消费者的生活方式追求和情感的表达，必须摆脱刻板的服务模式和传统的"借宿之所"模式，往体验消费方向发展。

其二，主题酒店发展方兴未艾。从饭店外观到客房的内部装饰，追求主题突出，风格迥异，将饭店建筑与外部自然环境高度融合。

其三，21世纪是知识经济时代。知识经济是一种新型的经济形态，消费者购物已普遍超越了或模糊了商品这一"物"的概念，而被大量的消息所左右，饭店投资将往智能化方面发展。网络、WiFi已成为饭店必备的设施之一。

其四，高端饭店追求独特的饭店文化，将饭店文化作为吸引住客的最有力手段之一。

4）旅游业发展趋势预测

饭店投资者拟投资饭店所在地的旅游业发展趋势将直接影响饭店投资后的客源市场。一个经济发展水平高、商务繁忙、旅游资源丰富、旅游业发达的城市，将是理想的饭店投资地；如果纯粹是一个旅游业发达的地区，则饭店投资难免要同样经历淡旺季的客源需求变化及经营之苦。拟投资区域旅游业发展趋势是饭店投资需要科学准确预测的主要方面之一。

5）现有竞争对手分析

在饭店业竞争结构分析中，投资者要通过对各种竞争力量的具体分析，确定饭店所处的微观环境，寻求饭店投资的最佳市场定位，制定切实可行的发展规划。

评价已进入市场的饭店数量及其竞争结构是研究饭店投资的重要环节之一。由于各地在饭店数量与结构上的不一致，不同区域的饭店之间的竞争激烈程度是不一致的。

◆ **业务链接 5-1** ◆

竞争模式

第一种是纯粹竞争抗衡模式。在同一市场中存在着竞争实力差距不大的饭店，每家饭店在市场中所占的份额较小，产品相互间存在着较高的替代性，没有明显的特色与差别，饭店业的进退障碍较小，在饭店经营景气时会有企业进入，在普遍亏损时又有企业退出，但是，由于饭店数量较多，很难形成饭店间统一的决策与共同的企业行为，竞争主要集中在饭店产品定价上。因为产品相似，消费者选择饭店产品的主要依据是价格。如果哪一家饭店能够提供比其他饭店更低的价格，那么这家饭店就能将其他饭店的客人吸引到自己的饭店来消费。削价行为一旦成为一种销售工具，竞争者就会采取类似的方法进行销售，以致陷入恶性价格竞争之中，所带来的不利影响包括：第一，由于恶性价格竞争，行业的平均生产成本相对较高，造成资源的低水平重复配置与浪费。第二，过度的价格竞争造成低下的经济效益，抑制了人们改善与提高服务质量的积极性，削弱了饭店业的发展后劲。

第二种是纯粹垄断抗衡模式。这是一种没有竞争对手的抗衡模式。在市场中，只有一家饭店，它占据着市场的全部份额。在纯粹的垄断市场中，通常有很高的进入障碍，这种障碍可以是自然因素，也可以是人为因素。由于垄断经营，饭店虽然可以获得丰厚的垄断利润，但在管理上，企业经营缺乏效率与活力，资源浪费和闲置。

第三种是垄断竞争抗衡模式。这是一种介于纯粹竞争与纯粹垄断之间的竞争模式。在垄断竞争市场中，存在着一些规模大小不等、相互间产品差别不大的饭店，其中规模较大的饭店占有了较大的市场份额。饭店在垄断竞争抗衡中，可以通过产品差异，采用灵活的价格策略来争取客源，也可以通过饭店之间的合作来稳定价格，巩固自己的市场份额，以谋求饭店利益的最大化。

判断现有饭店市场的竞争程度可以用区域饭店业的集中度来表示。如果整个行业的资源全部由某家企业或几家大企业单独占有，则该行业处于纯粹垄断状态；反之，全行业的生产要素与资源处于极其分散的状态，其中任何一家企业占有的比例都很小，任何一家企业的进退都不会影响该行业的总体供给水平，则此为纯粹竞争状态。在饭店投资前期，需要对饭店拟投资所在地现有的饭店规模集中度给出准确的评价。

6）潜在投资者

在市场容量与经济资源有限的情况下，潜在饭店的出现势必加剧原有饭店之间的竞争，原有的饭店必定要采取相应的措施以阻止新饭店的顺利进入，从而保证自己的既得利益不受损失。新投资饭店进入行业的可能性大小既取决于由行业特点决定的进入难易程度，又取决于现有饭店可能做出的反应。从饭店的行业特点看，利用产品的规模经济、产品差别、资金壁垒、转换成本等这些并不太强的因素来阻止新饭店投资的可能性不大，利用管理经验、政府管制来阻止其进入的可能性更大，而当地的市场容量则是投资者需要考虑的首要因素。

从饭店的替代品生产看，饭店产品的直接替代品只能是新投资饭店，但是，即使新投资饭店也不可能完全挤占原有饭店的市场份额，真正的替代产品来自非饭店内部的餐饮企业对饭店餐饮的挤压，以及某些单位的超范围经营，如以培训中心名义出现的大量的楼堂馆所。

7）消费者的需求趋势

饭店产品的购买者与资源的供给者是饭店市场运作中的两头。在一定意义上，饭店既是购买者，又是供给者，只不过是在不同的市场中扮演不同的角色。在饭店竞争结构的竞争要素中，唯有购买者愿意支付的价格才能形成饭店的收益，亦即消费者的购买意愿决定饭店的收益水平。消费者的购买水平取决于：

（1）市场信息的充分程度：信息不畅，购买者需要支付较高的价格；信息通畅，购买者就有了讨价还价的余地。

（2）购买者收入水平：购买者收入水平的变动会直接改变他的货币边际效用，改变其在获得同样效用时的支出水平。

（3）购买产品的数量：如果购买者购买的数量较多，如旅游业的中间商，饭店总是愿意以较低的价格出售自己的产品，因为较多的数量可以给饭店节约一定的费用，提高饭店设施设备的利用率。

（4）购买者消费偏好：如果饭店产品较为普遍，购买者存在着众多的选择机会；如果饭店的产品富有特色，消费者就会首先选择有特色的产品；如果饭店培养了顾客对饭店产品的绝对忠诚，则饭店可以获得消费者愿意支付的最高价格。

作为饭店投资者，除了关心饭店投资所在地消费者的购买能力，更需要关注外地消费者到拟投资地的购买能力。

5.2 饭店投资测算

饭店投资资金需求较高，固定资产投资在饭店总投资额中占有很大的比重，如何选择和确定一个适当的饭店投资决策是一个非常重要的问题。

5.2.1 饭店投资的要求和管理步骤

饭店投资决策，对其未来发展方向、发展速度和获利能力都有重要的影响。在投资决策之前，一定要对投资方案的预期经济效益做出全面的分析评价，用审慎的态度、科学的方法选择最有利的投资方案，以达到用最少的投资和最小的风险获取最大效益的目的，充分利用财力资源。为此，要求饭店投资要做到：①建立严密的投资管理程序。在投资前必须进行周密的可行性研究，在广泛深入的调查基础上，论证项目的经济可行性，避免投资决策失误。②制订投资计划。投资要有投资计划，通过经济技术评价，选出最有利的项目方案进行投资，以最合理的投资项目和投资顺序去完成投资计划，提高经济效益。③进行投资项目的资金预算，及时筹集项目所需资金，避免由于资金不足造成半截子工程，影响投资效益。

为保证投资的有序性和有效性，需要确立饭店投资管理步骤：①在正式确定投资意向之前，进行必要的可行性研究。②根据投资意向，进行可行性研究，要求制订出若干个投资方案，以供筛选。③逐一筛选投资方案，对每一个方案进行经济评价，最终选出最优方案。④制订详细的投资计划，监督资金的安排和使用。

5.2.2　饭店投资估算

为了加强饭店投资管理，进行投资项目决策前的财务分析十分必要。

1）项目总投资估算

投资总额一般是指一个投资项目投入使用前的全部支出，应包括固定资产投资估算、流动资产投资估算和建设期间借款利息的估算三大部分。

（1）固定资产投资估算。

固定资产投资通常由下列各项费用相加组成：

施工前期准备费用主要包括：①土地补偿费、安置补助费、勘察设计费等；②工程用材料费；③工程设备费，包括设备购置费；④工程用工工资；⑤预付工程价款；⑥工程管理费；⑦工程水电费；⑧其他费用，包括试运营费、职工培训费、办公和生活用家具购置费等。

各种费用的估算可以参照同类饭店不同规模的项目投资。

（2）流动资产投资估算。

流动资产的估算方法有以下两种：

①产值资金率法。

经营流动资金=正常年份销售收入×产值资金率

②固定资金比例法，即以流动资金占固定资金的比例来估算，通常用固定资金乘以12%～20%的比例进行估算。饭店收益以现金结算收入居多，流动资金所占比例可略低一些。

（3）建设期间借款利息的估算。

一般情况下，各年投资支出并不是于年初一次支出，而是在全年中陆续支出的，因此，在计算当年投资借款的利息时，应按照当年借款总额的二分之一计算全年利息。计算公式如下：

建设期间当年借款利息=（年初借款累计+本年借款÷2）×利率

2）项目投产后年收入和年成本估算

（1）项目投产后年收入估算。

饭店投资建设项目投产后的年销售收入可根据项目设计生产能力、生产能力利用率、产品销售单价进行估算。

年销售收入=项目设计生产能力×生产能力利用率×产品销售单价

◆ 业务链接 5-2 ◆

销售收入估算

某投资商进行饭店收购改造，投资后有 300 间标准房可供销售，每间客房日平均售价 260 元人民币，预计年客房出租率为 65%，则该饭店新客房投入运营后第一年的销售收入为：

300×260×365×65%=18 505 500（元）

以后各年的销售收入则主要取决于房价（单价）和客房出租率是否有较大变化。

（2）项目投产后年成本的估算。

产品成本是反映产品在企业生产经营过程中物资资料和劳动力消耗的综合指标。通过项目投产后年成本和年销售收入的比较，可以反映项目的盈利水平。对于产品的总成本，一般是按照原材料、燃料和动力、工资、职工福利基金、固定资产折旧费、生产管理费、企业管理费、销售费用等项目加以估算。饭店按制造成本法的成本分类项目进行估算，即分别对直接费用、制造费用、管理费用、销售费用、财务费用加以估算。在估算过程中，还要把各成本按其构成内容分为变动成本和固定成本两个部分。

5.2.3　饭店投资指标分析

用于判断投资决策的经济指标有很多，对于大多数投资者来说，经常采用的决策标准是评价经济效益的非贴现方法和贴现方法。二者的主要区别在于是否考虑了货币的时间价值。非贴现方法是早期投资决策中普遍应用的方法，它简单易懂，可用于项目的快速评估。贴现方法考虑了货币的时间价值，计算精度较强，是现代投资决策中广泛运用的方法。

1）非贴现方法

（1）投资回收期法。投资回收期是指以项目的净现金流量抵偿全部投资所需要的时间长度。其计算公式为：

$$投资回收期 = \frac{投资总额}{每年现金净流量}$$

式中：现金净流量———一定时期内现金流动的数量。

现金净流量作为一项财务指标是指饭店的现金流入量与现金流出量之差。其计算公式为：

$$现金净流量＝（投资所增加的收入－投资所增加的费用－投资的折旧）×（1－所得税税率）+折旧$$

从公式中可看出，现金净流量等于税后利润加上折旧，所以投资回收期公式可以以写成：

$$投资回收期 = \frac{投资总额}{该项投资每年可获税后利润 + 每年提取的折旧费}$$

从公式可以看出，现金净流量越大，投资回收期越短。就饭店的投资回收期来讲，一般为6～7年，因为这时恰好是饭店设备的更新期，如果此时投资还未收回，势必影响投资者再投资的信心。效益较好的饭店4年便可收回投资，6～7年可作为饭店投资回收期的一个指标。

◆ **业务链接5-3** ◆

投资回收期计算 Ⅰ

某饭店进行扩建改造，总投资额为1 320万元，折旧期为6年，建成后每年增加收入450万元，增加费用220万元，所得税税率25%，则投资回收期为多少年？

解：总投资额=1 320万元

年折旧额 $= \frac{1320}{6} = 220$（万元）

现金净流量＝（450−220−220）×（1−25%）+220＝227.5（万元）

投资回收期＝$\frac{1320}{227.5}$≈5.8（年）

该项投资需要近6年才可收回。6年收回投资并略有盈余，符合饭店投资的基本规律，故可采用。如果是对多项投资方案进行筛选，则选择投资回收期最短的方案。

如果投资后每年的现金净流量不相等，那么可以通过累计现金净流量来计算投资回收期。设一个投资方案的回收期为n，应该满足下列方程：

投资总额＝$\sum_{i=1}^{n}$净现金流量I

式中：n——投资回收期；

　　　i——投资年份。

◆◆ **业务链接5-4**

投资回收期计算 II

某饭店投资1 200万元，5年内现金净流量分别为：50万元、300万元、350万元、400万元、450万元，则：

1 200＝50+300+350+400+$\frac{1200−50−300−350−400}{450}$

投资回收期为：1+1+1+1+0.222＝4.222（年）

运用投资回收期法进行投资评价，其优点在于计算简单，缺点在于没有考虑货币的时间价值。

（2）投资利润率。投资利润率是指项目年平均利润与总投资额的比率，反映每百元投资每年可创造的利润额，其计算公式为：

投资利润率＝$\frac{年平均利润}{总投资额}$×100%

如果计算出来的投资利润率高于现行市场资金利率，那么此方案就是可行的。

◆◆ **业务链接5-5**

投资利润率计算

某饭店投资1 500万元，平均年度销售利润为350万元，如果现行市场资金利率为20%，则：

投资利润率＝$\frac{350}{1500}$×100%＝23.33%

即每百元投资每年可创造23.33元的利润，高于市场资金利率，该项投资从财务上看是可行的，但盈利力度不大。

投资利润率同样没有考虑货币的时间价值，而且平均年度的销售利润难以把握，所以要对投资方案的经济可行性做出正确的评价，就必须运用贴现方法。

2）贴现方法

贴现法就是考虑货币时间价值的复利贴现方法，包括净现值（NPV）法、净现值比率（NPVR）法和内部收益率（IRR）法等。

（1）净现值法。净现值是指项目按资本成本或设定的折现率（i），将各年的净现金流量贴现到建设起点的现值之和，用NPV表示。公式为：

$$NPV = \sum_{t=0}^{n}(CI - CO)_t(1+i)^{-t} = \sum_{t=0}^{n}\frac{(CI-CO)_t}{(1+i)^t}$$

式中：NPV——在整个计算期内，项目投资对企业的超额净贡献；

CI——现金流入；

CO——现金流出；

（CI-CO）$_t$——第 t 年的净现金流量；

i——折现率。

净现值的计算步骤为：A.确定投资项目各年的净现金流量；B.选择适当的折现率（一般为资本市场中长期贷款利率），通过查表确定投资项目各年的贴现系数；C.将各年的净现金流量乘以相应的贴现系数，求出其现值；D.将各年的净现金流量现值加以汇总，便可得出投资项目的净现值。

若 NPV＞0，说明项目不仅达到了资本成本要求的获利水平，而且带来了与净现值等额的超额净贡献；若 NPV=0，表示项目正好达到资本成本要求的获利水平，但未带来超额净贡献；若 NPV＜0，表示项目未达到资本成本要求的获利水平，负号表示亏损，数额等于净现值。可知，项目可以接受的必要条件是 NPV≥0，而且 NPV 越大的项目越是好项目。

◆ **业务链接 5-6** ◆

现值计算

某饭店准备进行一项投资，共有两个投资方案，其投资额为 18 万元，各方案各年的净现金流量、现值系数及净现值见表 5-2。

表 5-2　　　　**某饭店两个方案各年的净现金流量、现值系数及净现值**

年	方案1			方案2		
	净现金流量	现值系数18%	现值	净现金流量	现值系数18%	现值
1	70 000	0.847	59 290	62 000	0.847	52 514
2	68 000	0.718	48 824	65 000	0.718	46 670
3	72 000	0.609	43 848	73 000	0.609	44 457
4	62 000	0.516	31 992	78 000	0.516	40 248
现值总额	183 954			183 889		
减：原始投资	180 000			180 000		
净现值	3 954			3 889		

方案 1、方案 2 净现值之和均为正数，说明投资盈利率在 18% 以上，两个方案均可接受。但方案 1 净现值之和大于方案 2，故应选方案 1。

（2）净现值比率法。净现值比率是指投资项目净现值与全部投资额之比，亦即单位投资额能获得的净现值，其计算公式为：

$$净现值比率 = \frac{净现值}{全部投资额}$$

◆ 业务链接5-7

净现值比率计算示例

有两个不同的投资方案，甲方案投资额为25万元，净现值为10万元，乙方案投资额为18万元，净现值为7万元，则两方案的净现值比率为：

甲：净现值比率 $= \dfrac{100\ 000}{250\ 000} = 0.4$

乙：净现值比率 $= \dfrac{70\ 000}{180\ 000} = 0.389$

从计算结果可以看出，甲方案净现值绝对额比乙方案大，但投资也大。如果单从净现值来比较，就难以确定，而通过净现值比率计算可看出，甲方案的净现值比率大于乙方案，甲方案仍为优选方案。

净现值指标的优点在于它考虑了货币的时间价值，并且能够反映出投资项目可获得的收益额；其缺点在于不能反映投资利润率的高低，特别是在投资额不等的几个方案进行比较时，仅看净现值绝对数是很难做出正确评价的，因此必须结合其他方法综合运用。

（3）内部收益率。

<u>内部收益率</u>（Internal Rate of Return）就是使投资项目各年净现金流量现值之和等于零的折现率。用公式表示为：

$$\sum_{t=1}^{n}(CI - CO)_t\,(1 + IRR)^{-t} = 0$$

式中：IRR——内部收益率。

内部收益率公式和净现值公式是一样的，不同的是，使用净现值公式，折现率是已知的，求净现值；而使用内部收益率公式时是令净现值为零，求净现值等于零的折现率（即内部收益率）。

内部收益率一般不易在上述公式中直接求得，通常用"试算法"结合插值公式求解。求解步骤如下：

①选一贴现率（折现率）i代入上式，求出NPV值，若NPV＞0，则换一较大的贴现率值重新计算NPV；若NPV＜0，则换一较小的贴现率值重新计算NPV。

②一直试算到相邻两个贴现率i_1、$i_2(|i_1 - i_2| \leqslant 5\%)$对应的$NPV_1$、$NPV_2$符号相反为止。

③利用插值公式，求得IRR值。

$$IRR = i_1 + \frac{|NPV_1|}{|NPV_1| + |NPV_2|} \times (i_2 - i_1)$$

如果项目内部收益率大于等于资本成本或期望投资报酬率，项目就可以接受。

◆ 业务链接5-8

内部收益率计算 I

某饭店用130 000元购入一台新设备，可用5年，每年的收入依次为35 000元、40 000元、45 000元、50 000元、55 000元，求内部收益率。

①先按18%的贴现率进行测试，结果见表5-3。

表 5-3　　　　　　　　　　　内部收益率测试表（一）

年	现金流入量	贴现系数	现值
1	35 000	0.847	29 645
2	40 000	0.718	28 720
3	45 000	0.609	27 405
4	50 000	0.516	25 800
5	55 000	0.437	24 035
总计			135 605
原投资额			130 000
净现值			5 605

②估计的贴现率偏低，按 20%的贴现率进行第二次测试，结果见表 5-4。

表 5-4　　　　　　　　　　　内部收益率测试表（二）

年	现金流入量	贴现系数	现值
1	35 000	0.833	29 155
2	40 000	0.694	27 760
3	45 000	0.579	26 055
4	50 000	0.482	24 100
5	55 000	0.402	22 110
总计			129 180
原投资额			130 000
净现值			−820

③估计内部收益率为 19%~20%，按 19%再测试一次，结果见表 5-5。

表 5-5　　　　　　　　　　　内部收益率测试表（三）

年	现金流入量	贴现系数	现值
1	35 000	0.840	29 400
2	40 000	0.706	28 240
3	45 000	0.593	26 685
4	50 000	0.499	24 950
5	55 000	0.419	23 045
总计			132 320
原投资额			130 000
净现值			2 320

④用插入法计算内部报酬率的近似值。

$$IRR = 19\% + 1\% \times \frac{2\,320}{2\,320 + 820} = 19.74\%$$

若资本成本在 19% 以下，说明此方案是可行的。资本成本高于 20%，则此方案不可接受。

如果各年的现金流入量相等，则计算收益率就更简单了。因为这时可以把各年的现金流入量看作与年金相仿。用年金现值公式求出现值系数，反查年金现值系数表即可求出内部报酬率，其计算公式为：

年金现值=年金×年金现值系数

$$年金现值系数 = \frac{年金现值}{年金}$$

$$= \frac{原始投资额}{每年现金流入量}$$

◀ **业务链接 5-9** ▶

内部收益率计算 Ⅱ

某饭店投资 18 万元，在未来 8 年内每年现金流入量为 4.25 万元，则内部收益率为：

$$年金现值系数 = \frac{18}{4.25}$$

$$= 4.23529$$

反查年金现值表（在年金现值表中找到系数为 4.23529 的地方，此点相对应的贴现率便为内部收益率），得 IRR≈17%。

5.3　饭店投资可行性研究

5.3.1　可行性研究目的与原则要求

1) 目的

饭店投资可行性研究是立项前的决策活动，是对饭店投资决策前进行技术、经济、社会、生态等方面的评价和科学预测，并对拟建饭店的设计方案进行综合论证和比较选优，对拟建饭店的技术方案、工程设计、经济活动的合理性和先进性进行分析论证，进行多方案分析比较，提出全面的评价意见，为投资者的决策和审查批准提供科学的依据。因此，饭店投资可行性研究是项目实施前的一项基础工作，是依法定程序必须由专门部门进行的一项科学实践工作，是决定项目能否建设和成效如何的一项至关重要的工作，是一种广泛采用的科学方法。

2) 原则要求

在进行饭店投资可行性研究时，必须坚持以下四个方面的原则：

其一，使用的数据资料必须准确可靠。由于各方面的原因，目前旅游方面的统计数据不是第一手数据，而是从有关调查中再生出来的，往往会出现不实的情况，必须要求承担任务的部门进行详细调查和补充调查，使基础数据准确可靠。

其二，多方案比较，保证可行性研究的合理性和先进性。评估一个方案的合理与否，从一个角度出发，很难一次办到，必须对多方案进行比较，以必要的投入保证方案的先进性。

其三，项目目标与投入相平衡的原则。在项目中，以最少的投入争取最大的产出和效益，这是必须遵循的一条原则。要做到这一点，必须建立在科学分析并有保证措施的条件下。目前存在的问题是盲目性较大，保证措施不实，目标和投入中包含主观意愿，缺乏科学分析。

其四，注重效益原则。项目的最终结果是效益。效益不好的项目不是好项目。这方面的问题是，理论计算出的效益与项目最后产生的效益差距大，这就影响或否定了可行性效益原则。

5.3.2 可行性研究内容

饭店投资的可行性研究，应当包括以下 10 个方面的内容。

1）项目背景与必要性分析

拟建饭店所在地的优势资源，对技术、资金、劳动力的容纳程度，以及可能的市场机会，在符合这些条件的地区建设拟议中的饭店，实际上回答了项目必要性问题。分析研究该地区的经济发展战略、旅游区划、旅游规划和社会发展规划、饭店规模与饭店供需关系等基本资料，地方政府或部门对于项目的意见等。

2）项目重点建设内容和建设条件的研究

首先确定重点内容，进行以下内容的分析研究：

其一，自然资源和自然条件：包括气候资源、土地资源、店址选择等的数量和质量评价等。

其二，社会经济技术条件：饭店投资所在地的生产水平、收入水平，商品经济发展的水平，旅游业发展水平、客源市场状况，现有饭店服务设施和功能发挥的状况等。

其三，拟采用的工程技术、建筑水平、环境保护等的成熟度、可靠性和先进性以及项目操作、运用的可行性。

其四，提出解决资源、建筑技术、施工管理运用过程中的制约因素、存在的问题、技术难点的设计方案和措施。资源在存在优势的同时，一般也存在一定的限制因素，要发挥资源的优势和潜力，必须通过比较先进的技术措施，而先进的技术措施（或设施）必须靠先进的管理手段，需要可行的方案。

3）市场研究

饭店投资项目开发的市场预测：区域饭店的供求关系变化及出现的价格波动、市场开发能力等，必须在市场调查和预测的基础上，制定出经营战略和应变措施或多种产品互补的项目结构，进行科学、准确的市场定位。

4）项目目标研究

饭店投资由于客源市场比较复杂，形成了目标多元化的特点。其往往是由多个目标市场组成一个总目标，一般包括投入产出比、单位面积工程造价、客房数、客房出租率、平均房价和资金利润率等指标。在一系列目标分析研究的基础上，根据给定或严格限制的条件，充分分析客源市场，保证有长期良好的经济效益和社会效益，将项目的目标确定在切实可行、先进合理的水平上。

5）采取多方案比较的方法

大的饭店项目或工程内容和工程条件都比较复杂，如饭店建造规模问题、饭店市场定位问题，在可行性研究中都会遇到。同类项目在不同地区因各地条件不同，可行性方案和结论意见都是不同的，很难通过一种方案、一次决策而进行定论，也不可能使所有目标、指标都达到最佳水平。因此，一个大的项目建设方案必须通过进行多方案比较，并且根据项目建设的主要限制条件，以实现主要目标为标准，以及以突出和保住重点的原则，经多次研究，实事求是地确定下来。

6）投资估算和资金筹措研究

饭店投资项目一般是在熟地进行，亦即有政府投资建设的基础工程和三通一平工程等。投资者重点考虑饭店主体建筑和装修工程。饭店主体建筑工程一般在建设期间完成，服务设施等饭店装修则最后建设。建设内容应该是一个有机的整体，运用系统的观念进行研究，形成一个完整的、系统的计划安排，争取同步或先后有序地在预期内完成。对各部分工程、工程量、投资（量）、物资等，应分别做出分析与计算，研究制订一个完整、严密可行的投资、筹资和实施的计划方案，提出切实可行的建议和具体措施。

7）对饭店经济效益的研究评价

饭店投资效益取决于饭店经营后的平均客房房价、客房出租率，以及餐饮、娱乐等其他服务设施的经济效益。对于饭店经济效益的研究评价，应当坚持科学公允的态度，运用科学方法予以预测评价，避免盲目乐观，造成不必要的投资损失。

8）经营机制与管理体制的研究

饭店的经营机制和管理体制是很多投资者在决策时所忽略的重要问题，需要在投资前的可行性研究阶段，就将未来拟采用的独立经营、连锁经营、委托管理或聘请外方管理等重大经营战略问题考虑好，或直接与管理方共同商讨应采用的经营机制和管理体制。

9）项目管理机构

根据项目的性质（外资、内资、贷款、无偿援助）、规模的大小、投资方或投资管理部门的要求、项目区的实际，以及当地政府的要求，研究提出包括项目管理机构的规格、隶属关系、各级的职责与职能界定划分、人员配置数量和素质要求等内容的方案，提出项目计划审批、计划管理、财务管理、物资管理、施工管理、工程进度、质量监测、控制管理、统计报表、检查验收办法和工程运行管理等制度。

10）项目可行性研究结论

根据获取的资料、调查报告、规划设计、专题研究等，采取综合分析的方法和多方案比较后综合评价、综合平衡得出最后的结论。在完成了可行性研究报告后，根据项目区的地域特点和一些重大技术难题，设立饭店投资区内不同的调查研究课题，委托有关的科研单位开展可行性研究工作，为项目的可行性研究提供理论依据和调查数据，最后得出可行性研究结论。

5.3.3　可行性研究的依据

1）指导性依据

（1）国家、地区或部门的国民经济、社会发展计划和远景发展目标。

（2）有关的产业政策。

2）指令性依据

（1）经过有关部门批准的项目建议书和项目建议书中确定的内容。

（2）已经完成初步规划设计报告或初步设计报告。

（3）主管部门或委托单位的设想意见和要求。

3）参考性依据

（1）有关部门或单位完成或提供的自然、社会、经济方面的资料、调查报告等。

（2）国家统计部门公布的资料。

4）规范性依据

（1）国家、部门或行业颁布的工程技术方面的标准、规范、指标等。

（2）国家、部门公布的用于项目评估、评价、计算的有关参数和指标等。

5.3.4　饭店投资项目可行性研究报告编制提纲

1）项目概要

简述项目名称、主办单位、项目的由来、依据和主要目标；项目与国家或地方发展规划的关系；项目的优势条件和项目选择的理由；项目规模、基本内容、投资来源、投资数量、预期产出、项目效益评估，以及尚待解决的主要问题。

2）项目背景

介绍项目所处的地理位置和环境条件，从客观上论述项目成立的理由。其主要内容应包括：

（1）自然条件。

其一，地理位置。用适当的比例尺绘出项目区具体的位置，准确标定项目区的界限范围。

其二，土地资源。项目区的地形、土地利用现状及其评价。

其三，气候资源。分析研究主要气候要素对旅游的适宜度，尤其要注意当地的灾害性天气。

（2）社会经济条件。

介绍和论述项目区的街道、人口、劳动力、收入水平、经济水平，文化、教育、医疗、卫生状况，能源及交通情况，区位优劣势等。

（3）政策条件。

国家和地区的社会经济发展状况，旅游规划特别是饭店发展规划与项目目标的关系；国家对当地的政策，如资金和物资的投放政策、价格税收政策等。

（4）基础设施状况。

基础设施状况包括高铁、公路、水运、道路等交通运输状况，通信条件、物资供应、商业收购、储存设施状况，资金供应和管理状况，与项目建设、经营等有关的机构情况。

3）项目内容

这是整个报告的重点，要求具体细致、上下衔接、互为因果。

（1）项目工程。

项目各个组成部分的工程类别和工程量，各项工程都要详细列出其规格、数量、工程量、投资额、用工量、三材用量以及施工周期和工程进度等。

（2）费用估算。

项目费用的主体是工程投资，以及管理费用和项目建设期的经营费用。在计算总费用时还应增加不可预见费和预计涨价费。

（3）饭店投资项目发展预测。

由于饭店投资项目建设而使当地饭店规模扩大、经营内容发生变化，必然会引起新的市场格局，要进行详尽的预测。

（4）旅游市场、价格及收益预测。

收益预测是否科学准确，将直接关系到饭店投资的成败。

4）资金筹措及财务分析

根据投资方和项目需要进行科学安排，合理使用资金，考虑利用资本杠杆来运作投资项目。

5）项目组织管理

（1）阐述项目的组成形式、资金管理、贷款办理、工程承包、物资供应、工人调配、土地调整、工程监理、监测评价、竣工验收等。

（2）项目管理机构，包括机构设置、职能和权力、内部组织、管理制度、人员配备、经费预算，以及与项目所在地区其他政府机构的关系等。

6）社会效益评价

社会效益评价包括饭店产品贡献、提供的就业机会、对社会经济的作用等。

7）存在的问题及建议

在可行性研究中发现但尚未解决的问题，应在报告中提出解决问题的途径和办法。

8）结论

做出决策判断，简明扼要地对项目的可行性做出基本结论，使相关者（投资者、贷款者、评估者和审批单位）能对项目的基本情况（资源、市场、工程、技术、效益等），以及可行或不可行有一个清晰的判断。

5.4　饭店投资程序

饭店投资者在研究了拟投资地的社会、经济环境和进行可行性研究之后，需要考虑的问题是如何启动饭店投资。其中，需要明确饭店（仅指单体饭店）的投资程序。

5.4.1　饭店投资方案的确定

在投资建设饭店中，固定资产的投资额占总投资额的80%，一旦投入，往往难以改变。因此，需要在通过初步可行性分析、可行性研究等前期研究工作后，再做出决策。

1）确定投资规模和类型

其一，根据经济预测和市场调查预测确定项目的规模和方案。根据投资饭店项目的规模、客房及餐饮方案，以及饭店经营机制、管理方案，经过技术经济分析比较、需求预测、调研，运用客源市场考察，细分客源市场，针对投资地同行业状况和生产能力的评估，同类、同档次饭店经营状况及特色的调查，特定的区域内饭店密度的调查，以及销售预测、销售价格分析、产品竞争能力分析，来确定饭店投资规模。

其二，周围的资源及公用设施情况。

其三，建店条件、选址方案。

其四，环境保护、城市规划、防震、防洪、防空等要求和采取的相应措施。

其五，经济效益和社会效益评估。

2）制订固定资产投资计划

估算并确定投资额，进行投资项目预算，及时筹集投资项目所需的资金，避免由于资金不足而造成半截子工程，从而影响投资效益。其中，需要重点注意的是：

其一，对目标市场进行调研，多方试验投资定位的正确性，根据目标市场来确定饭店投资的规模与额度。在投资建设时必须考虑回报收益，在建造时必须确定饭店的市场定位，选用的设备和装修用料要与其档次相适应。国家星级饭店评定标准是通过客房数、经营项目数、服务设施及服务能力、质量等多方面来评定星级的。有的饭店按评定标准只能被评为二三星，但其装修往往采用进口石材、木料，片面地追求高档次材料，投入很大，产出很少。

其二，计算投入和产出之比，建造、装修、改造投入要与饭店自身还本付息的能力相适应。为了确保投资获利或收回成本，在饭店投资规模的控制上，必须掌握这样一个原则，即确保饭店投产后的收益能够按期还本付息，最起码也要守住支付投资利息这条底线。如果是贷款建造的饭店，连利息都支付不了，就会利滚利而逐渐亏空投资。即使是自有资金投资，不需付息，守住了这条线也能确保投资收益。因此，饭店的投资者，尤其是经济实力不强、自有资金不多的企业，必须事先对客源市场情况和饭店的获利能力进行分析，计算投入与产出之比，把投资额控制在饭店投资者还本付息的能力范围之内。还要根据饭店定位，合理分配资金。否则，盲目投资，摊子过大，后果将不堪设想。

5.4.2　管理模式的确定

自主经营还是聘请管理公司进行饭店管理，是饭店投资者需要重点考虑的问题之一，主要有独立自主经营管理、聘请管理顾问和委托饭店管理集团管理等三种模式。饭店投资者需要在投资决策前充分考虑是否加盟饭店管理集团。加盟国际饭店管理集团，需要考虑与所加盟饭店集团的管理模式是否相衔接，在饭店设计之初，充分考虑日后经营的实际需要，在建筑结构、内部设计、组织安排上提前做好规划设计。

5.4.3　设计方案招标、投标

工程设计方案招标、投标的性质与建筑施工招标、投标的差异，不以标底作为评标的主要尺度，而是以质论价，优质优价。

1）准备阶段

（1）成立招标组织。

在政府行政管理部门的指导下，由委托方（开发商或业主）向有关部门提交招标申请，经批准后成立招标机构，招标小组成员可聘请有关部门人员和行业内专业人士。

（2）编制招标文件。

招标文件的内容包括：招标公告或邀请书；投标企业资质审查表；投标须知；项目说明书（包括工程内容，设计范围和深度，图纸内容、张数和图幅，设计进度，建设周期等）；设计资料供应内容、方式、时间；组织现场勘察的时间和地点；投标起止日期。

2）招标阶段

（1）设计招标的评标主要以设计方案的优劣、工艺技艺水平、投入产出和经济效益的好坏、设计进度的快慢、设计资历和社会信誉的好坏为标准。同时，饭店作为一种具有公共设施性质的建筑，是一个城市风貌的窗口，也代表着自身的品位和特色，甚至可成为一个城市、地区的标志。它的设计首先要在外观上和布局上体现这些特色，并给人以深刻的印象。饭店设计建议以邀请式招标为主，即由招标单位向有能力承担该任务的、有较高信誉的、3 家以上（通常为 3～4 家）设计单位发出邀请。这样可以免去资格预审的步骤，节省时间和费用。

（2）组织现场观察、勘测，解答文件中的问题。

3）投标阶段

（1）在规定的时间内报送标书。

（2）提供的内容包括：方案综合说明书、设计内容及图纸、建设工期、主要技术要求和施工组织方案、投资估算和经济分析、设计进度和收费等。

4）开标评标阶段

依据方案的优劣、投入产出和经济效益好坏、设计进度快慢等方面确定设计方案。

5.4.4　施工的招投标与施工的组织管理

根据国家对工程建设施工投标的管理办法，凡持有工商执照、资格证书的勘测设计单位、建筑安装企业、工程承包公司、城市建设综合开发公司，均可参加投标，建设工程的招投标不受地区部门限制。工程项目主管部门和当地政府，对外区、外部门的中标单位应一视同仁，提供方便。

1）招标投标

（1）招标阶段。

其一，准备阶段招标组织。

招标组织由能参加评标的技术、经济方面的专家人才组成，有能编制招标文件和组织评标的相应专业力量。

其二，提出招标申请。

其三，编制招标文件。其主要内容包括：饭店工程的综合说明，包括项目名称、地址、工程内容、建设工期和现有的基本条件；合同主要条款、投标须知；工程款项支付方式；实物工程量清单和单价表；物资供应方式；设计图纸和技术说明书。

其四，编制标底。标底是建设工程造价的表现形式之一，是由招标单位自选编制或委托经建设行政主管部门批准具有编制标底资格和能力的中介机构代理编制，并经当地工程造价管理部门核准审定的发包造价。标底是招标工程的预期价格，是招标者对招标工程所需费用的自我测算和控制，也是判断投标报价合理性的依据。

（2）投标阶段。

其一，发布招标公告或邀请书：公开招标方式，由招标单位公开发布公告或公开网络招标，招标单位可自选投标数量。这种方式打破地区、部门的界限，取得广泛的横向的经济联系；促进竞争，有利于优选施工单位，取得最低报价，并推动施工企业技术的进步和管理水平的提高，取得较好的经济效益。但是，这样的招标工作量大，在下一步的投标单位资格审查中将花费大量时间。

其二，投标单位资格审查：营业执照，经营范围；企业资质等级证书；企业工程技术人员、管理人员是否符合招标规定；拥有的施工机械设备；企业承担并已竣工项目工程等。

其三，发售招标文件：对于资格审查合格的投标企业，发售招标文件、设计图和技术资料。

其四，组织现场勘察，工程交底，召开标前会议。

（3）投标书。

投标企业的投标书除企业状况说明外，主要内容包括：综合说明、工程总报价和价格组成分析、计划开竣工日期、施工组织和工程进度计划表、主要施工方法和保证质量的措施等。

（4）开标阶段及评标、定标。

其一，按照招标文件规定时间公开开标，当众启封，公布标底。

其二，专家评委组成的评标小组依据价格是否合理、能否保证质量和工期、经济效益好、社会信誉好等条件，对每个参投的企业进行打分。

2）施工的组织管理

（1）施工组织设计大纲编制。

为了提高工程设计方案的合理性、合理地组织施工、提高经济效益、缩短建设周期，需要编制好建设工程的施工组织设计文件。一般分为两个阶段：初步设计阶段编制施工组织设计大纲，由初步设计的设计单位负责编制；施工阶段编制施工组织设计大纲，由施工单位负责编制。

（2）施工管理。

施工管理有二重性，不仅有技术方面还有社会方面，具体要求是实现"三高一低"，即高速度、高质量、高工效、低成本，以及文明施工，主要包括施工任务、施工程序、施工准备、施工组织设计和施工调度、总平面管理、图纸会审、技术交底、材料构件试验检验、工程质量基层管理等几个部分。

5.4.5　装修方案的确定

1）装修设计要求要点

（1）装修设计以及材料设备设施配置首先要严格按照国家对饭店的星级划分标准进行。根据投资档次进行装修，不要盲目地用高级材料，浪费资金，增加成本。

（2）为了避免建筑设计师与室内装修设计师之间的脱节，招标装修设计方案可由饭店建筑设计师来提出整体的设计。作为建筑的设计师，其对自己的作品有更深刻的体会和理解，自己进行装修设计可以体现整体风格、思想的协调一致，可以合理地布置管线，选择适当的装修建材。另外，可以通过招标方式，向其他的装修设计单位取得方案，其过程、步骤类似。

2）装修招标

过程和步骤类似于土建工程的招标、投标。标底非常重要，是衡量的主要标准。在标书中，主要考察装修承包商的材料来源渠道是否可靠，是否有质量保证，进货价格是否合理，总报价与价格组成分析，装修进度计划表、施工方法和保证质量的措施等方面。

◆ 职业道德与企业伦理 5-1

饭店装修设计公司设计结果未能满足委托方的要求怎么办？

背景与情境：某企业建造了一栋新建筑，拟装修成具有概念性特征的饭店。根据招标、投标要求，业主方进行了公开招标、投标，共有 4 家装修设计公司应标。专家评标时发现，4 家装修公司在不同程度上均针对招标、投标要求做了该建筑的装修设计。评标后，1 家公司中标。中标公告后，该设计公司与业主签订了设计合同。没想到的是，该设计公司不理解什么是精品酒店、什么是概念性酒店，所设计的样板均以商务饭店为标准，未能满足业主的要求。于是，双方产生了分歧。设计公司认为，业主方的要求是多余的，其设计什么就做什么，而且要求业主方去告知消费者，让消费者知道饭店就是这样的。业主方认为，概念性酒店就是要有概念，不能照搬商务酒店的模式。

资料来源：作者根据实践案例总结而成。

问题：根据你所学知识，分析双方是否存在职业道德问题。

分析提示：可从概念性酒店的概念、国际上精品酒店的概念、设计公司以商务酒店为模板的设计是否合理，以及设计公司是否尽职尽心等方面进行分析研判。

5.4.6　饭店开业

1）饭店管理模式方案

在饭店投资过程的前期，就要根据本店的市场定位、投资方的性质、业主的性质来确定饭店管理模式。在不同的模式下，管理人员的权限不同，其对下一步的培训工作将产生很大影响。

2）人员的招聘和培训

饭店的竞争也是人才的竞争，而人才竞争的关键在于饭店企业是否最大限度地开发人力资源。要实现管理人员素质的现代化，必须规范饭店的培训制度，把培训作为饭店的发展战略，常抓不懈；采用计算机、摄像机、智能网络等先进手段，全方位、多层次地传输新理论，传授新技术；重点开展智能培训、电脑培训、外语培训和饭店管理"全员培训、全过程考核"等培训方法，使培训真正落到实处。

3）新员工入职培训

（1）介绍企业发展史、企业经营方针、企业理念、企业精神及管理目标等。

（2）员工手册培训：员工守则、礼仪行为规范、职业道德教育等。

（3）岗位专业技能培训。

（4）素质提高培训。

4）试营业

办理完工商营业执照、卫生经营许可证以及消防验收后，即可进入实质性的试营业阶段，为饭店正式经营铺平道路。

5.5 饭店建筑设计

5.5.1 饭店建筑规划与设计准则

1）饭店设计任务书

（1）饭店设计任务书的下达。

在饭店可行性研究批准后，投资单位即可编制"设计计划任务书"。设计计划任务书是饭店建造工程项目设计任务的一种指导性技术文件，是设计单位接受设计任务的依据。必须遵循可行性研究报告的原则，依照工程规模、饭店等级要求、设备配置、供水供电配置和排污管道铺设等各方面的要求，严格按照国家旅游局有关饭店星级评定标准的等级质量要求，编制饭店设计任务书。饭店设计任务书编制后，根据饭店设计要求，采取邀标方式，邀请几家具有丰富饭店设计经验的设计研究院进行招标、投标。

（2）饭店设计任务书的主要内容。

其一，项目概况：简述项目名称、投资单位、项目地址、企业法定代表人，说明项目的由来、投资规模、星级档次、建造要求和主要技术指标要求；同时附加说明项目与国家或地方的旅游发展规划的关系、项目的优势条件和选择项目的理由。

其二，项目设计要求和原则：明确饭店的等级指标、功能要求，提出建筑造型与建筑风格，列明饭店建筑特色与环境的协调性原则及应采取的设计标准和设计规范。

其三，建筑地址和总平面：复制建设用地的红线图，标明红线外的建筑名称、用途、体量，标明红线内建筑各分项的工程名称、面积、层高、用途、标准、建设期限，注明道路和管线的出入口，建筑周边的道路、车流和绿化。

其四，项目建筑的具体内容：饭店主体工程的总建筑面积、功能区域分布、流线要求和面积指标，各工程设备系统的功能要求和设计要求，包括供电、供水、供热、制冷、空调、通风、通信、视听、监控报警、电脑管理、电梯、厨房、洗衣房、娱乐设施等。

其五，环境要求：建筑设计要考虑消除或减少环境对饭店的影响，同时尽量减少项目对环境的影响。

其六，项目进度：按照工程建设需要，列明各项目工程的起止日期和进度。

2）饭店建筑设计准则

饭店是服务性企业，服务的宗旨是尽力满足宾客的需要。饭店的一切经营活动都要围绕着宾客服务这个中心来进行。饭店服务的对象是人，接待的对象是人，尽管人的要求各有不同，但都有其基本的需求规律和消费需要，于是，饭店的建筑设计应以"人"为中心，一切围绕"人"来进行。

（1）功能设计准则。

其一，准确的市场定位——接待什么样的人？

准确的市场定位要以客源市场为导向。不同星级的饭店，市场需求不同；不同类型的饭店，设计重点和设计要求也不同。商务饭店接待商务客人，讲究建筑外观和高效的商务服务布局；会议饭店的主要接待对象是各类会议客人，应配备大量的客房数量、大型的会议场所、大型餐厅和专为会议准备的出入口；度假饭店以接待游乐、度假的客人为主，应配有较为齐全的度假休闲设施和休闲空间，并尽力营造轻松愉快的度假氛围。现有不少饭店的设计失误就在于客房、餐饮、商场、健身娱乐和多功能厅等服务设施与服务功能配置或比例不当，造成饭店设施与服务功能不协调，与饭店特定的目标市场和市场需求不协调。

其二，准确的功能体现——以服务的对象为基点。

功能设计是饭店设计的基础，其后展开的环境设计、平面布局、空间组织、造型设计和室内陈设都必须以满足饭店的功能需求为依据。于是，准确的市场定位是饭店设计的基点，以满足服务对象的功能需求为设计标准。众所周知，饭店的市场需求会随着社会经济的发展和人们消费观念的变化而变化，准确的市场定位在饭店经营期内（如 3～5 年）不会有大的变化，但一般饭店经营 5 年之后，必须进行装修改造，以适应新的市场需求。饭店的设备、设施、装潢和用品可以进行改造和装修，但土建是固定的，所以饭店的建筑设计必须留有余地，需要向国际知名饭店的标准看齐，或在现有的基础上向前看 10 年或 20 年。以饭店的客房为例，从外墙到卫生间壁至少 6 米，从卫生间壁到房门（内墙）4 米，共 10 米。如果客房外墙增加 1 米，从土建来说，增加投入不多，但内部空间增大，可装修和改造的空间增大。

其三，快捷的服务需求——满足宾客需求的服务设计。

饭店服务水平的高低，在很大程度上表现为满足顾客需求的程度。要满足顾客需求，一方面需要高素质的服务员、一流的服务水准，另一方面也需要高品质的服务设施。尽最大可能方便客人，是每一家饭店努力追求的目标，无论是饭店的公共区域还是私密空间，都应该把最大的舒适留给客人。例如，在客人的动线安排上，在饭店外围，要把人流、车流的行走线路区分开；在饭店入口，如果餐厅、多功能厅和娱乐场所等客流集中，则应考虑多开一扇大门，避免客流集中滞留于大堂；大堂如果设有演奏区，则演奏区与客人的休息区应集中于直径 25 米之内，这是人们可以看清表演的最大视域范围；在大堂内，应尽量避免电梯厅与大堂之间有台阶，或大堂之内设有自动扶梯等商场设施。

其四，高质的服务体现——方便员工服务与管理需要。

顾客是上帝，员工更是上帝，只有具备了方便员工的服务设施，才能提供高品质的对客服务。饭店在设计时，往往能够较为充分考虑顾客的服务设施需求，而专为员工使用的饭店后台和员工通道的设计则常常被忽视。一般饭店设计者能着重考虑对客服务场所和后勤区域的配电房、空调房、锅炉房、监控室和电话机房等的设施设计，但对于饭店运作中所需要的各类库房的相应面积和所处位置、员工更衣室、员工餐厅、员工浴室、休息厅和夜班休息室等设施考虑不足，造成诸如库房设计不合理，影响前台运转；员工浴室、餐厅不足，造成员工生活不便；夜班休息室不足，员工上班精神不振；厨房平面布局不合理，影响操作流程，延误工作效率等情况发生。

为了方便饭店管理，国际上一些设计先进的饭店都十分强调管理设施的布局和一线管理人员的管理用房，让一线管理人员的办公室尽可能靠近其负责管辖的区域，以便对部门进行走动式管理，便于与客人沟通，提高对客服务品质。

（2）效益设计准则。

其一，以饭店星级评定标准为依据。

评星级饭店是饭店业标准化发展的一个条件。由于饭店星级评定有其严格的行业标准，于是，在饭店设计时就要根据拟评定星级标准进行功能规划，并为日后装修改造留有余地。新的饭店星级评定标准增设了具有选择性的项目，有利于饭店根据自身的客源市场确定其市场定位及营销策略。

其二，以经济效益为目标。

对于饭店经济效益的高低，人们一般都把建造后的经营活动和经营者的水平作为衡量标准，实际上，不少饭店在设计和建造时，由于设计不当、投资过大，或在设计时只考虑星级档次，少考虑资金能力和投资回报，造成饭店设计的失误和日后经营的困难。因此，在饭店设计时，最需要认真考虑的，应该是哪些空间产生效益，哪些空间不产生效益；如何合理配置饭店内部空间；如何进行合理布局，扩大能产生效益的空间，压缩不产生效益的空间，以减少投资；如何在功能合理的基础上，提高饭店的整体效能、空间效益和资源利用率。

（3）生态设计准则。

21世纪是生态世纪，要发展生态旅游，而饭店作为旅游业的重要组成部分之一，生态也应是其应有之意。饭店的生态源于生态环境塑造，源于饭店的生态设计，包括饭店的生态环境设计、环境对饭店住宿者的生态影响和饭店住宿者与环境生态的沟通协调。

其一，饭店建筑生态环境设计。

饭店建筑是建筑群体中的有机组成部分，饭店建筑主体应与周围景观相协调。首先，饭店建筑应着重考虑建筑物的朝向、布局、地形地貌、气候条件、植被和景观轮廓线的结合，也需要与周边道路、建筑相协调。这不仅是所有建筑设计需要着重考虑的问题，更是饭店设计的首要因素。其次，饭店建筑应尽可能减少环境污染，如饭店在选材时应尽可能采用无污染、易降解、可再生的建筑材料，避免使用破坏环境、易产生废物，尤其是具有放射性的建筑材料。最后，应注重饭店建筑耗能和饭店能源系统的节约化。饭店建筑体作为一个经营单位，需要保持冷暖气、电梯、通风等建筑体本身的运转，这就需要消耗大量的能源。饭店建筑在设计时应强调降低能源消耗，如饭店可采用限制建筑高度、小体量、简单结构、功能多样、低耗能、低维护费用的建筑模式，尽可能利用可再生能源如太阳能、风能、水能等，利用生态工程技术处理饭店垃圾和生活污水等。

其二，饭店内部环境生态设计。

饭店作为宾客旅途中的生活住所，外部环境是宾客选择饭店的首选因素之一，饭店内部微观环境则是高品位饭店设施的重要体现。

首先，创造宜人的温度、湿度环境。饭店一般采用封闭式的中央空调系统，但中央空调能源消耗大，其恒温环境又容易使人体抵抗力下降，产生空调病。在饭店设计时应尽可能采用自然方法创造宜人的温度、湿度环境，如高层建筑的中庭空间设计就是当今生态建筑学中广泛采用的能够解决自然通风和自然采光问题的技术措施。

其次，创造良好的声、光环境。饭店设计应注意合理的房间进深和良好的照明系统，应尽可能采用自然光，减少人工照明，以节约能源；同时，饭店的隔音系统非常重要，既要注意外部环境隔音，还要避免内部噪音影响，创造舒适的休息环境。

最后，增强饭店抗震、防火、抗灾能力，提高安全性能。饭店的抗震、防火和抗灾能力设计是饭店建筑的基本要求，除了必须具备一般建筑的安全性能之外，完备的预防设施和逃生设施是饭店安全设计首要考虑的因素。

其三，饭店与环境之间的生态沟通。

能够体现饭店设计的高品位的其中一种方法就是实现饭店客房居住环境与室外自然条件相协调，实现饭店室内空间室外化、室内空间场景化。室内空间室外化是指引入自然因素，使饭店室内外通透，不仅让宾客获得更多的阳光、新鲜的空气，同时扩大室内的向外空间，实现室内空间与室外空间"共享"。场景化设计是通过具体的形象、空间层次、主题创意设计来创造适合生活的场景化空间，它能勾起人的遐思与联想，陶冶人的情操，摆脱旅途带给人的疲劳情绪，创造高品位的生活空间。

（4）文化设计准则。

优秀的饭店建筑本身也是一道风景。旅游者在整个外出行程中，饭店是其停留时间最长、长途劳顿之后体力和心神得到最好休息的地方，是整个旅游行程中最重要的部分之一。于是，饭店不能仅提供食宿产品，更需要专注于提供高品位的文化休闲产品，饭店建筑设计需要在文化上多下功夫。

其一，饭店设计的国际化和地方特色的结合。饭店作为一种世界性产品，其功能需求必须满足旅游业的发展需要，跟上世界发展潮流。但是，作为一种建筑设计，其不一定要以欧美发达国家的建筑设计为标准，可以突出地方民族、文化特色，正所谓"越是民族的，越是世界的"。

其二，饭店设计的传统气息和现代意识的结合。将时代精神与地方传统气息恰到好处地结合在一起是饭店建筑与饭店产品的创新与特色的最好表现形式，特别是那些位于传统文化名城和著名风景旅游城市的饭店建筑，更需彰显地方文化。

其三，高科技、高技术与地方文化的结合。一栋饭店建筑的成功设计，还需要高科技、高技术的强力支持，以及高科技、高技术与地方文化的完美融合。

◆ 同步案例5-1

上海金茂大厦

背景与情境： 1998年建成的上海金茂大厦，可谓是西方高科技与东方文化的结晶（由美国SOM公司与上海建筑设计研究院合作设计）。金茂大厦高420米、88层，落成时为世界第四高摩天大厦、上海十大标志性建筑之一。金茂大厦的设计提炼了"塔"的形状意境，以"塔"为设计原型，采用现代玻璃与不锈钢外墙材料，突出了刚劲有力而又不失优美的外形轮廓，用强化透视的方法增加建筑的高度感，以寻求创造一座经久不衰、充满东方与西方文化完美结合的超高层建筑形象。

资料来源：金茂大厦宣传网页。

问题： 请分析评价所在地代表性饭店的建筑外观。

分析提示： 可从建筑主体、建筑外观和流线、造型等方面进行分析。

其四，体现饭店建筑与其所在地气候、植被等自然交融的环保建筑特色。以传统建筑形式表现所在地场所和气候、植被的独特建筑结构，利用地方习俗和象征性的外化形式为饭店建筑设计提供源泉。创造饭店建筑的新形式是饭店产品特色化的基础，利用外在的建筑特色，结合所在地的文化氛围，创造饭店产品的新模式，对于竞争日益激烈的饭店市场来说，意义十分重大。

5.5.2　饭店的规划指标与流线

1）饭店规划指标

饭店建筑除了要满足一般建筑物的各项通用规范和标准外，还必须满足饭店所特有的建筑功能。

（1）饭店建筑的一般建筑规划指标。

饭店建筑的一般建筑规划指标包括以下项目：①征地面积；②总用地面积；③总建筑面积；④建筑占地面积；⑤容积率；⑥建筑密度；⑦绿地率。

（2）饭店建筑特有功能指标。

饭店一般要根据市场定位来确定其星级档次，星级档次不同，饭店的建筑功能要求也不同。一般而言，饭店建筑功能主要分为公共区域、客房、餐厅、行政、后勤和辅助建筑物等。

其一，公共区域。饭店的公共区域是指与客人接触，为宾客提供常规服务的区域和连接各区域的通道，主要包括大堂和中堂，各饭店布局虽有所区别，但一般都包括门厅、大堂、总服务台、大堂休息厅、商务中心和商场等。公共区域的建筑面积是以饭店总的客房面积按一定的比例配备的，一般为每间客房配备0.6~2.0平方米的前厅面积。

其二，客房单间面积。客房是饭店的设计重点。客房间数和客房面积应根据饭店的星级档次来确定。根据我国星级饭店评定标准，最小规模的饭店客房数不得少于20间，客房实际使用面积为14~30平方米，建筑面积为20~50平方米，卫生间面积为4~8平方米。

其三，餐厅面积。饭店餐厅不仅面向住店客人，还为当地社区居民服务。饭店的餐饮收入，不仅是饭店收入的重要组成部分，更是现代饭店获取高收益的重要手段。

因此，饭店的餐厅面积和用餐座位数应以市场需求为依据，并受饭店规模、等级和经营方式的制约。一般而言，餐饮部分包括大餐厅、宴会厅、包厢、酒吧、饮品室和厨房。在设计餐饮部分时，主要应考虑厨房的相对位置、客人行走通道、服务通道和厨房设备布局，餐厅面积与厨房面积之比一般为 $1:0.5 \sim 1:0.85$。

其四，饭店会议、娱乐和健身等建筑面积。饭店的会议、娱乐和健身服务设施成为现代饭店争夺客源的重要产品。为了更有效地增强饭店投资效益、提高饭店收益，饭店应根据自身的市场定位设计相应的服务设施，再根据服务设施需要设计相应的建筑构造。

其五，行政、后勤服务部门设计。行政、后勤服务部门一般应占饭店总面积的20%，具体空间设计、配备和要求要结合建筑功能确定。行政、后勤服务部门应包括行政办公室、员工餐厅、员工更衣室、员工活动室、配电房、锅炉房、冷冻机房、空调机房、水泵房、电梯机房、煤气瓶库、消防中心、音像机房、电脑机房、电话机房和工程维修机房，以及洗衣房、垃圾房和各类库房等。

2）高层建筑的饭店功能分区

高层建筑具有紧凑集中的功能特点，大量标准客房在竖向叠合，为了合理组织、充分利用竖向空间，有必要分清各功能区。

竖向一般可分为地下室、低层公共区域、客房层、顶层公共部分和顶部设备用房。

（1）地下室。

城市用地紧张，高层饭店为了尽可能开拓地面层的有效空间和收益面积，充分利用地下室作为饭店的后勤基地。地下室一般设置车库、库房、员工更衣室、员工浴室、教室和活动室，以及部分管理用房。噪音较大的空调机房、泵房等设备用房也可置于地下室，对顶棚、墙体、地板等进行隔音处理，可大大降低对地面以上公共区域的干扰。对于有危险性的干式变压器、燃油锅炉或燃煤气锅炉、用煤气厨房炊具等设备，有自动切断、报警、自动灭火等安全装置的，也可以置于地下室。地基条件好的，地下室可深达三、四层，其设备放置于地下二层以下，地下一层可以考虑作为公共活动区域。地下室设计需要考虑地基条件、施工技术水平、功能流线，做到人与车、物以及清与污的区分。考虑到消防与防潮等问题，在地下室外墙做防潮层或在墙内筑隔水墙是非常重要的。

（2）低层公共区域。

由于饭店所处环境、用地、规模、等级、档次和经营特点各有不同，低层公共区域设置也不完全一样。一般而言，需要设置入口大门、门厅以及美化环境的中庭，然后考虑饭店经营需要的各服务项目，如大厅的总服务台、行李房、管理用房，休息茶座或咖啡座，公共卫生间，服务项目的会议设施、结婚礼堂、商务中心、商场，娱乐设施，健身设施的游泳池、球场、健身浴和健身房，餐饮部分的餐厅、宴会厅、多功能厅、酒吧，以及厨房设施及用房。

（3）客房层。

客房层是饭店最主要的组成部分，需要考虑饭店的星级、档次及经营特色，根据饭店建筑体量，以饭店星级评定标准对客房的基本要求为依据，设计客房层规模和可供装修使用的客房实际使用面积。客房层设计需要特别注意客房单元，要争取最好的景观和朝向，客房交通枢纽居中，宾客流线与服务流线分开，提高客房层平面使用效率，创造客房良好的环境气氛。在设计中，还要注意客房功能分析和空间尺度及与客房类型配置的衔接，注意卫生间设计的舒适度。

（4）顶层公共部分。

位于顶层的空中餐厅、咖啡厅、酒廊、旋转餐厅、观光层等是高层饭店的竖向独有功能，充分利用这些空间，可以为客人提供广阔的视野，满足人们登高望远的需求。设计时重点考虑视线，要利于客人俯视、远眺。

（5）顶层设备用房。

高层饭店的顶层是电梯机房、给水水箱等设备用房。电梯停靠的顶层需留出一定高度，不同型号的电梯对机房高度有不同的要求，设计时就需要考虑好拟使用的电梯性能。竖向分区给水方式一般需要在顶层设水箱，区分生活用水和消防用水，利用重力给水时，要注意水箱底标高距离顶层用水点至少10厘米，以防止顶层用水点水压不足。

3）饭店流线

饭店流线是指人员、物品在饭店内的移动路线，包括水平流线和竖向流线，具体分为客人流线、服务流线、物品流线和信息系统流线。饭店流线设计的优劣直接影响饭店的经营效益和管理效益，既反映饭店设计师的设计水平，也表现饭店经营的科学管理水平。流线设计的原则是：客人流线直接、明了，服务流线紧凑、短捷，物品流线安全、迅速，各种流线互不交叉、互不干扰。

（1）客人流线。

抵达饭店的客人分为两大部分：住店客人和宴会客人。为避免住店客人进出饭店大堂及办理手续等候时与宴会的大客流量相互混杂、引起不快，凡在市场定位时考虑向社会开放餐饮的饭店，在设计时都要将住店客人与宴会客人的流线分开。

其一，住店客人流线。设计住店客人流线要以进入客房层的简捷通道为主线。住店客人随身携带行李，需要考虑方便客人行走、乘坐电梯和行李进出。住店客人的访客虽然属于非住店客人，但也是进入楼层的客人，因此，对于进入楼层的客人，除了要为其提供直接的通道外，还要考虑其安全、方便。

其二，宴会客人流线。宴会厅作为当地居民的主要社交和活动场所，需要充分考虑其同时集散的功能，单独设立宴会厅出入口。宴会厅出入口应有过渡空间，与大堂、公共活动场所和餐厅相连，避免各部分单独对外，从而影响整体性和饭店安全管理。

（2）服务流线。

服务流线是现代饭店的基本设计要求之一。客人流线与服务流线应分开，中间避免交叉。工作人员从专用的出入口进出，上下班时统一打卡计时，集中更衣，穿好制服方可进入各自的工作岗位。注意，在餐厅、宴会厅、客房服务场所和其他服务场所的设计中，客人流线与服务流线都要分别进行设置。

教学互动 5-1

观点：在饭店公共区域，特别是空间比较狭小的区域，客人流线与服务流线的混淆会引起客人的不适或极大反感，如餐厅过道等。

问题：多大的空间能让客人感到比较舒适？

要求：同"教学互动 1-1"的"要求"。

（3）物品流线。

饭店的布件、食品、垃圾是其主要的物品，每天的进出量都很大，为了提高工作效率、保证清洁卫生，需要设计专门的物品流线。大型饭店的客房数多，倘若饭店自身没有洗衣房，则更需要注意布件的更换和进出。食品每日补给应按照食品卫生法，严格设计清污分流、生熟分流流线。垃圾则应保证从收集、分类到处理的路线的统一性，避免垃圾混杂。

（4）信息系统流线。

信息系统流线是由饭店主机与各营业场所的终端机及连接两者的通信电缆构成的，务必将饭店的预订系统、收银系统、办公系统等信息流动系统与其他管线等统一进行规划、设计、安装，避免因管线埋设不足而影响日后线路安装。

最后，还需特别强调，饭店管网特别多，务必做好管道与管网设计。

⭐ **本章概要**

✿ **主要概念**

贴现法　内部收益率　饭店流线

✿ **内容提要**

- 本章主要介绍了饭店投资可行性研究，即饭店投资考察因素、饭店可行性研究报告、饭店投资测算、饭店投资建造顺序和饭店建筑设计。

- 贴现法就是考虑货币时间价值的复利贴现方法，包括净现值（NPV）法、净现值比率（NPVP）法和内部收益率（IRR）法等。

- 内部收益率（Internal Rate of Return）就是使投资项目各年净现金流量现值之和等于零的折现率。用公式表示为：

$$\sum_{t=0}^{n}(CI - CO)_t (1 + IRR)^{-t} = 0$$

- 饭店流线是指人员、物品在饭店内的移动路线，包括水平流线和竖向流线，具体分为客人流线、服务流线、物品流线和信息系统流线。饭店流线设计的优劣直接影响饭店的经营效益和管理效益，既能够反映饭店设计师的设计水平，也能够表现饭店经营的科学管理水平。流线设计的原则是：客人流线直接、明了，服务流线紧凑、短捷，物品流线安全、迅速，各种流线互不交叉、互不干扰。

✿ **内容结构**

本章内容结构如图 5-1 所示。

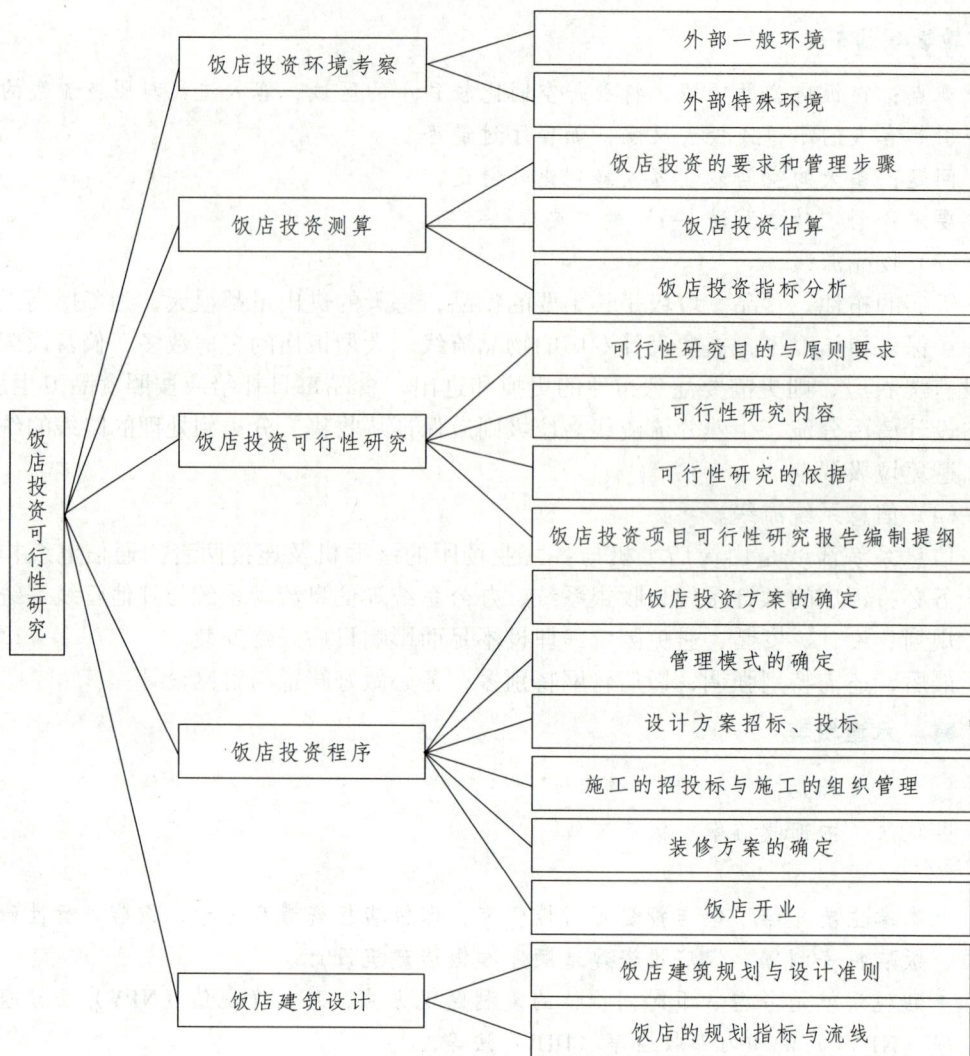

图 5-1 本章内容结构图

✿ **重要观点**

观点：区域饭店业的供需关系是可计量的。

常见质疑：区域饭店业的供需关系难以评价。

释疑：饭店投资者最关心的首要问题是：拟投资区域饭店的总体规模及市场需求状况。若投资所在地市场需求旺盛，现有饭店规模偏小，甚或供不应求，则投资空间大；倘若现有饭店规模大，而市场需求在可预见的将来不可能有大幅度的提高，则投资需要谨慎。因此，需要对该区域饭店业供给规模、未来市场需求量等做出科学的评价，简单的、可利用的评价指标包括区域平均客房出租率、饭店投资资金利润率、区域饭店客房平均房价等；可用如联立方程等科学、复杂的方法进行饭店供需关系评价。因此，区域饭店业的供需关系是可计量的。

✿ **单元训练**

✿ 传承型训练

▲ 理论题

△ 简答题

1）简述饭店投资外部一般环境的内涵。

2）简述饭店投资外部特殊环境的内涵。

3）简述饭店设计计划任务书的主要内容。

4）简述高层建筑的饭店功能分区。

5）简述饭店竞争的主要模式。

△ 讨论题

1）学校所在地的饭店构成比例如何？判断依据是什么？

2）饭店投资为什么要进行可行性研究？可行性研究能解决什么问题？

3）饭店为什么要进行生态环境设计？

4）饭店空间规划与功能分区要依据什么原理来进行？为什么？

▲ 实务题

△ 规则复习

1）简述饭店投资的要求和步骤。

2）简述饭店投资估算内容。

3）简述饭店投资指标分析。

4）简述饭店投资可行性研究的目的、原则、要求与内容。

5）简述饭店投资程序。

6）简述饭店建筑设计准则。

7）饭店规划有哪些指标？

8）简述饭店流线设计。

△ 业务解析

1）你所在的城市现有的饭店规模集中度如何？是处于纯粹竞争状态吗？

2）你所在的城市新饭店的投资者是谁？从他们身上能看出大概的潜在投资者吗？

3）区域饭店业的供需关系是可以计量的吗？为什么？

4）请分别介绍 3 种不同的竞争模式，并分析其主要差别之处。

5）某投资商在 A 地区投资建造一家酒店，酒店客房规模为 400 间，每间客房每天的预售价为 480 元人民币，预计每年的客房出租率为 78%。请估计该饭店投入运行后每年的销售收入为多少（一年按 365 天计）。

6）某投资商在 A 地区投资饭店，总投资额为 4 000 万元，建成后每年收入 1 200 万元，增加费用 300 万元，所得税税率为 25%。请计算该饭店的投资回收期，并对该投资方案进行简要评估。

7）某投资商在 A 地区投资饭店 4 000 万元，7 年内的现金流量分别为 180 万元、400 万元、560 万元、700 万元、820 万元、900 万元、950 万元。请计算该酒店的投资回收期。

8）某饭店投资 18 000 万元，平均年利润为 400 万元，如果现行资金市场的利率为 13%。请测算该饭店的投资利润率，并判断该饭店的投资可行性。

9）某饭店准备进行一项投资，总投资额为 150 万元，现有两种方案可供选择，两种方案各年的净现金流量见表 5-6，请协助该饭店进行方案选择。

表 5-6　　　　　　　　　　　　两种方案隔年的净现金流量　　　　　　　　　　　单位：元

年份	1	2	3	4
方案 1	60 000	65 000	68 000	70 000
方案 2	66 000	68 000	60 000	65 000

10）有 3 种不同的投资方案，A 方案的投资额为 30 万元，净现值为 15 万元；B 方案的投资额为 15 万元，净现值为 10 万元；C 方案的投资额为 20 万元，净现值为 12 万元。请对 3 种方案的净现值比率进行比较，并对方案的选择提供建议。

11）若饭店用 120 万元购入一台新设备，可用 8 年，每年的收入依次为 40 000 元、48 000 元、53 000 元、60 000 元、65 000 元、69 000 元、72 000 元、75 000 元，求内部收益率。

12）饭店投资某项目为 50 万元，在未来 5 年内每年的现金流量为 3.5 万元，则内部收益率为多少？

▲ 案例题

△ 案例分析

【训练目的】

同第 1 章本题型的"训练目的"。

【教学方法】

同第 1 章本题型的"教学方法"。

【训练任务】

同第 1 章本题型的"训练任务"。

【相关案例】

投资者不知如何决策

背景与情境：泛海旅游公司准备在 A 市投资一家五星级饭店，为了科学决策，其委托 A 市所在地的一家市场调查机构进行市场调查。该机构利用一天时间在 A 市的大街上随机发放了 300 份问卷，回收 285 份，据此进行统计分析，得出了该市可投资五星级饭店的市场调查报告。

问题：

1）该案例涉及了本章的哪些知识点？

2）运用这些知识点的相关知识表征该问卷结论的可信度。

【训练要求】

同第 1 章本题型的"训练要求"。

【成果形式】

1）训练课业：《"投资者不知如何决策"案例分析报告》。

2）课业要求：同第 1 章本题型的"课业要求"。

△ 善恶研判

【训练目的】

见本章"学习目标"中"传承型学习"的"认知弹性"目标。

【教学方法】

采用"案例教学法"。

【相关案例】

还是这份市场调查报告

背景与情境：泛海旅游公司在收到该份市场调查报告之后，认为还应增加调查问卷的份数，至少做到500份。该市场调查机构人手不足，遂委托在校学生补做200份问卷。学生在校内请同学帮忙填了50份问卷，在景区发放了100份问卷，在火车站发放了50份问卷，并据此进行了统计分析，再次得出了可投资五星级饭店的可行性结论。

问题：

1）本案例涉及哪些道德伦理问题？

2）试对上述问题做出你的善恶研判。

3）说明你所做研判的依据。

4）请结合研判依据，对市场调查机构的行为做出评价。

【训练准备】

同第1章本题型的"训练准备"。

【训练要求】

同第1章本题型的"训练要求"。

【成果形式】

1）训练课业：《"还是这份市场调查报告"善恶研判报告》。

2）课业要求：同第1章本题型的"课业要求"。

☆ 创新型训练

▲ 自主学习

自主学习-Ⅲ

【训练目的】

同第1章本题型的"训练目的"。

【教学方法】

同第1章本题型的"教学方法"。

【训练要求】

1）以班级小组为单位组建学生训练团队，各团队依照本教材"附录三"附表3"自主学习"（高级）的"基本要求"和各技能点的"参照规范与标准"，制订《团队自主学习计划》。

2）各团队自主学习本教材"附录一"附表1"自主学习"（高级）各技能点的"知识准备参照规范"所列知识。

3）各团队以自主学习获得的"学习原理""学习策略""学习方法"知识（高级）为指导，通过院资料室、校图书馆和互联网，查阅和整理近年以"度假酒店设计"为主题的国内外学术文献资料。

4）各团队以整理后的文献资料为基础，依照相关规范要求，讨论、撰写和交流《"度假酒店设计"最新文献综述》。

5）撰写作为"成果形式"的训练课业，总结自主学习和应用"学习原理""学习策略""学习方法"知识（高级），依照相关规范，准备、讨论、撰写和交流《"度假酒店设计"最新文献综述》的体验过程。

【成果形式】

训练课业：《"自主学习-Ⅲ"训练报告》。

课业要求：

1）将《"度假酒店设计"最新文献综述》作为《"自主学习-Ⅲ"训练报告》的"附件"。

2）《"度假酒店设计"最新文献综述》应符合"文献综述"规范要求，做到事实清晰、论据充分、逻辑清晰，不少于3 000字。

3）同第1章本题型的其他"课业要求"。

✿ 建议阅读

［1］QU H，XU P，TAN A. A simultaneous equations model of the hotel room supply and demand in Hong Kong ［J］. International Journal of Hospitality Management，2002，21（4）：455-462.

［2］STEPHEN F W，et al. Impact of financial/economic crisis on demand for hotel rooms in Hong Kong ［J］. Tourism Management，2011，（32）：172-186.

［3］HENRY T，BOMI K，RONNIE J Y，et al. Examining the hotel room supply and demand in Las Vegas：a simultaneous equations model ［J］. International Journal of Hospitality Management，2006，（25）：517-524.

［4］BAILEY B，FLANEGIN F，RACIC S，et al. The impact of exchange rates on hotel occupancy ［J］. Journal of Hospitality Financial Management，2009，17（1）：33-46.

［5］VANI K B. The supply of hotel rooms in Queensland，Australia ［J］. Annals of Tourism Research，1999，4（26）：985-1003.

［6］伍蕾，郑向敏. 基于AHP方法的我国酒店投资决策指标体系研究 ［J］. 重庆工学院学报，2009（5）：77-81.

第6章
饭店经营预测与经营决策

▶ **学习目标**
6.1 饭店经营预测
6.2 饭店经营决策
▶ **本章概要**
▶ **单元训练**
▶ **建议阅读**

▶ 学习目标

▷ 传承型学习

本章学习的目标是学习饭店经营预测方法，并据此做出科学的经营决策，具体知识如下：

理论知识：学习和把握饭店经营与经营预测的相关概念、预测的基本原理、饭店经营预测分类、饭店经营决策属性与特点、确定型决策必须具备的条件、风险型决策必须具备的条件，以及"知识链接"等陈述性知识；能用其指导"教学互动"和相关题型的"单元训练"；掌握"饭店经营预测与经营决策"中"理论知识"。

实务知识：学习和把握饭店经营预测程序、定量预测方法、因果分析预测法、饭店经营决策的步骤、饭店经营决策的原则、饭店经营决策方法分类、饭店管理决策技术、确定型决策方法、风险型决策方法、不确定型决策准则，以及"业务链接"等程序性知识；能用其规范"同步解析"、"深度剖析"和相关题型的"单元训练"；体验"饭店经营预测与经营决策"中"实务知识"的应用。

认知弹性：运用本章理论与实务知识研究相关案例，对"引例""同步案例""投资者还是头大"等情境进行多元表征，理解"饭店经营预测与经营决策"中"结构不良知识"；依照相关行为规范对"饭店员工是否要培训""泛海旅游公司决策者茫然的事"等案例进行分析，饭店员工职业素养。

▷ 创新型学习

通过以上目标，建构"饭店经营预测与经营决策"知识体系：

决策设计：参加"决策设计-Ⅱ"训练。通过阶段性学习和应用"知识准备"所列知识，对"究竟采用哪个方案？"案例情境进行多元表征，设计、交流、点评与修订《决策方案》，撰写《"决策设计-Ⅱ"训练报告》，体验"饭店经营预测与经营决策"中"结构不良知识"的"创新学习"（中级）及其迁移。

引例：天梦之床

背景与情境：威斯汀天梦之床有着非凡的睡眠体验，自1999年8月起，全球超过40 000间威斯汀客房配备了50 000张天梦之床。这个3 000万美元的投资造就了无与伦比的客户满意度、媒体反响和消费者对此系列产品的青睐。"纵情于超凡睡眠体验，带回十层天梦的舒适。"天梦之床共18件套，包括定制的床垫——保护垫、999根独立弹簧组成的特制床垫（弹簧床垫3层）。它不仅使整个床体体验更加舒适，而且独立弹簧的设计减少了因人体翻动造成的睡眠困扰，真正做到酣然好梦。床单的成分是80%纯棉和20%化纤，采用了特有的250支纱；还有适应不同气候、舒适无比的羽绒被单（由90%的优质白鹅绒和10%的白鹅毛组成的羽绒被和五个枕头及枕套）、两个超级柔软的大型羽绒枕头（由50%的优质白鹅绒和50%的白鹅毛组成）、两个洁净雪白的标准枕头（填满100%不过敏中空纤维、提供中度至坚实的睡眠支持），以及一个含100%不过敏中空纤维、配有条纹装饰的小枕头。

为了推广品牌体验，威斯汀特别提供送货上门服务，让顾客自己的睡房也能拥有一套全白、豪华的天梦之床，无论晚上或白天，都能使其纵情于这现代的豪华享受，真正地让顾客把天梦带回家。

问题：威斯汀酒店的"天梦之床"能卖得动吗？

资料来源：根据威斯汀酒店网页资料整理而成。

"天梦之床"是威斯汀的新产品，是饭店产品中的一个小产品。为了测试"天梦之床"的市场接受度，威斯汀运用了体验营销。饭店作为一个整体的产品，在投资与否的决策上，不能直接采用体验营销，只能运用科学的预测与决策方法。

6.1　饭店经营预测

预测是指对未来发生的或不确定的事件做出分析和推断。预测的目的是清楚相关事物之间的因果关系及其发展变化趋势，其中包括事物发展的规律，即根据事物的过去和现在，预测其将来的发展变化趋势。

预测的应用具有广泛性、复杂性和多样性。按其对象分类，可分为社会预测、科学预测、技术预测、经济预测、军事预测、人才预测等方面。饭店经营预测是经济预测的一个分支，是饭店经营中必不可少的一项基础工作。饭店经营预测正是根据饭店经营过程中的相关变量自身的发展规律和变化趋势来揭示其将来的发展变化情况。通常的做法是根据历史数据，运用相关理论，建立描述系统的动态数学模型，然后利用相关软件求解这个数学模型，最后反过来根据计算结果对饭店经营进行预测。饭店管理者在制订经营计划和进行经营决策时，必须对未来的经营环境做出估计，以此作为制订饭店计划和经营决策的依据。饭店可以通过客源量的市场需求预测、市场趋势预测、市场占有率预测、市场容量预测和饭店的销售预测、营业收入与营业利润预测、损益分析预测等手段制订符合实际的营销计划，进行经营决策。通过预测，将未知状态转变为已知状况，使饭店少担风险、少受损失，在竞争中求生存、求发展。

预测是一门实用科学，并非凭空想象和主观臆断，它必须建立在市场调查和科学分析的基础之上。旅游市场预测开始于20世纪60年代，一直以来是国内外学术界和实业界研究的一个热点问题。随着研究的深入和科技的进步，预测方法也迅速发展，在20世纪90年代之前，预测研究大多采用传统的定性或定量的研究方法，而20世纪90年代之后，随着人工智能理论的成熟以及其在各行业的广泛应用，学者们将这些方法逐渐引入到预测的研究当中来，尤其是需求的预测。目前运用于管理中的具体预测方法已达数百种之多，其中常用的预测方法也有20多种。我们选择一些适用于饭店经营预测的方法加以介绍，以期达到事半功倍之效。

6.1.1 预测的基本原理、分类和程序

预测是指对事物的演化预先做出的科学推测。广义的预测，既包括同一时期根据已知事物推测未知事物的静态预测，也包括根据某一事物的历史和现状推测其未来的动态预测。狭义的预测，仅指动态预测，也就是指对事物的未来演化预先做出的科学推测。饭店的市场预测，既需要静态预测分析，更需要有关未来发展的动态预测。

1）预测的基本原理及原则

（1）预测的基本原理。

科学的预测一般有以下几种途径：一是因果分析，通过研究事物的形成原因来预测事物未来发展变化的必然结果；二是类比分析，如把单项技术的发展同饭店技术进步与技术创新下的增长相类比，把正在发展中的事物同历史上的"先导事件"相类比等，通过类比分析预测事物的未来发展趋势；三是统计分析，运用一系列数学方法，通过对事物过去和现在的数据资料进行分析，去伪存真，由表及里，揭示出历史数据背后的必然规律性，明确事物的未来发展趋势。

同步解析6-1

问题：因果分析、类比分析与统计分析在预测中的运用，其科学性如何判断？

解析提示：首先，通过文献检索因果分析、类比分析与统计分析三种不同方法各自的优缺点；然后，比较、分析因果分析、类比分析与统计分析三种不同方法在预测中的适用性；最后，评价各自的适用范围。

（2）预测的基本原则。

为保证预测工作的科学、有效，必须坚持以下几条基本原则：

其一，坚持正确的指导思想：要以马克思主义为指导，把预测建立在对客观事物进行科学分析的基础之上，对未来研究采用科学的方法，其结论来源于科学的逻辑推断。

其二，坚持系统性原则：任何事物都有自己的过去、现在和将来，都存在着一种因果关系，这种因果关系要受某种规律的支配。预测者必须全面分析事物本身及与其本身有关联的所有因素的发展规律，将事物作为一个相互作用和反作用的动态整体来研究，将事物本身与周围的环境组合成一个系统进行综合研究。系统性原则要求预测者只能客观如实地反映预测对象及其相关因素的发展规律和组合方式，不能随意增减某些因素或改变它们的组合方式。

其三，坚持关联性原则：预测对象的相关因素之间及预测对象与相关因素之间存在某种依存关系。关联性原则就是要充分考虑相关因素的横向联系及其作用与反作用

的依存关系。

其四，坚持动态性原则：预测对象的相关因素和环境总是处于不断发展变化之中。相关因素或外部环境是预测对象内部矛盾性的外因或外界条件，如果外因（或外部环境，或相关因素）变化很平稳，或处于相对稳定的状态，则预测者可以利用历史数据进行外推，预测事物的发展趋势，但是，自然灾害、意外变故都会影响预测结果。通常使用的生长曲线法、趋势外推法和投入产出法都是建立在条件不变的前提下的，一般只能用于短期预测。中长期预测可以考虑用包络曲线法代替生长曲线法，或对趋势外推法或投入产出法进行修正。

2）饭店经营预测分类

（1）按方法分类。

经营预测的具体方法有很多，根据不同的预测对象，可采用不同的方法，但可运用于饭店经营预测的可归为四类。

其一，直观法。这是一种定性的预测方法，主要依靠预测者的经验和综合分析能力来预测。

其二，外推法。外推法是一种定量的预测方法。这种方法主要是利用过去的资料与数据来对未来进行预测。由于过去与未来之间有着必然的联系，这种内在的必然性是外推法赖以建立的基础。

其三，因果法。有因必有果，有果乃有因。因果法就是一种强调通过分析事物变化的原因和后果，找出事物变化的原因和后果之间的联系规律，并以此规律进行定量的预测方法。

其四，随机法。在现实中，许多经济现象的变化并不是时间或其他因素的确定性函数，而是具有很大随机性。随机性预测法就是利用随机时间序列预测法和概率预测法来进行预测。

（2）按时间分类。

预测时间的长短是预测者要充分考虑的一个问题。对不同的预测期，必须采用不同的预测方法，以增加预测的准确性。对饭店而言，预测期可分为：

长期预测：预测期一般为5年或更长时间；

中期预测：预测期一般为2～3年；

短期预测：预测期一般在1年以内，以月、季计。

（3）按内容分类。

饭店预测的内容应包括三个主要方面：

其一，社会需求量预测。社会需求是指饭店所在地区对饭店产品的总需求量。例如，预测整个厦门地区在预测期对客房的需求量。社会需求量预测的目的是了解市场对饭店产品的总需求量。

其二，客房出租率、市场占有率预测。

其三，发展趋势预测。发展趋势预测是指该区域未来饭店的总体供需关系。这一预测对饭店具有深远的意义，它将为饭店制定长远经营管理战略提供依据。

（4）按预测方法的性质分类。

其一，定性预测。定性预测法（Qualitative Forecast Methods）即经验判断法，是凭借市场研究人员较高的专业理论素养、长期的实践经验和敏锐的观察能力，通过逻辑分析、归纳演绎等对市场进行预测的方法。定性预测法的优点主要有：一是它充分利用和发挥了市场研究人员的经验及逻辑思维能力；二是进行预测所需要的历史资料和数据较少，也并不要求资料的完整性和系统性；三是定性预测法较为简便且容易被人们理解和应用。定性预测法的不足在于预测分析存在很大的主观随意性，不能精确地确定预计量的程度，而且准确性很难保证。

其二，定量预测。

（5）按预测时是否考虑时间因素分类。

其一，静态预测。静态预测是指不考虑时间因素和变动因素，对事物在同一时期的因果关系进行预测。

其二，动态预测。动态预测是指包含时间因素和变动因素，根据事物发展的历史和现状，对其未来发展前景做出的预测。

3）预测程序

为了保证预测工作的顺利进行，以期取得应有的成效，预测程序如下：

其一，明确预测目标，制订预测计划。从饭店决策和管理的需要出发，紧密联系实际，明确预测目标，确定要解决的问题。预测计划是根据预测任务制订的预测方案，包括预测的内容、项目，预测所需要的资料，准备选用的预测方法，预测的进程和完成时间，编制预测的预算，调配力量，组织实施等。

其二，收集、审核和整理资料。预测需要大量的数据，掌握与预测目的、内容有关的各种数据和资料以及影响未来发展的现实资料，从多方面收集资料。资料按来源不同有内部资料和外部资料之分。内部资料是反映该单位历年经济活动的统计资料、市场调查资料和分析研究资料。外部资料是从外部收集到的统计资料和各种信息，包括政府的统计数据、经济数据，以及国外的经济信息和市场商情资料等。在充分收集资料的基础上，根据资料的直接相关性、可靠性和最新性三个标准进行筛选。对于重要预测，应建立资料档案和数据库，系统地积累资料，以便连续地研究事物的发展过程和动向。

其三，选择预测方法和建立数学模型。选择适当的预测方法和建立数学模型是准确预测的关键步骤。当掌握的资料不够完备、准确程度较低时，可采用定性预测方法，如新投资项目、新产品的发展预测。当资料比较齐全、准确程度较高时，可采用定量预测方法，运用一定的数学模型进行定量分析研究。为充分考虑定性因素的影响，在定量预测基础上要进行定性分析，经过调整才能定案。

在进行定量预测时，一般根据掌握的资料和分析要求选择时间序列预测法或因果预测法。当只掌握与预测对象有关的某种经济统计指标的时间序列资料，并只要求进行简单的动态分析时，采用时间序列预测法；当掌握与预测对象有关的、多种相互联系的经济统计指标资料，并要求进行较为复杂的依存关系分析时，可采用因果预测法。

时间序列预测法和因果预测法都离不开数学模型，所采用的数学模型也就是预测模型，是指反映经济现象过去和未来之间、原因和结果之间相互联系和发展变化的规律性的数学方程式。数学模型可能是单一方程，也可能是联立方程，可能是线性模型，也可能是非线性模型。预测模型选择是否得当，直接关系到预测的准确性。要建立数学模型，还必须估计模型参数（常数）。常用的参数估计方法是最小二乘法。

其四，检验模型，进行预测。模型建立之后必须经过检验才能用于预测。模型检验主要包括参数估计在理论上是否有意义、统计显著性如何、模型是否具有良好的超样本特性。评价模型优劣的基本原则有：

（1）理论上合理。参数估计值的符号、大小应和有关的经济理论相一致，所建立的模型应能恰当地描述预测对象。

（2）统计可靠性高。模型及其参数估计应通过必要的统计检验，以确定其有效性和可靠性。

（3）预测能力强。预测效果好坏是鉴别模型优劣的根本标准。为保证模型的预测能力，一般要求参数估计值有较高的稳定性，模型外推检验精度较高。

（4）简单适用。一个模型只要能够正确地描述系统的变化规律，其数学形式越简单，计算过程越简便，模型就越好。模型应能在预测要求和条件变化的情况下做调整和修改，并能在不同情况下进行连续预测。

其五，分析预测误差，评价预测结果。分析预测值偏离实际值的程度及其产生的原因。对预测结果进行评价时还要对预测过程的科学性进行综合考察，这种分析和评价可由有关领域的专家参加的预测评论会议讨论做出。

其六，向决策者提交预测报告。以预测报告的形式将预测评论会议确认的可以采纳的预测结果提交给决策者，其中应当说明假设前提、所用方法和预测结果合理性判断的依据等。

6.1.2 定量预测方法

定量预测法（Quantitative Forecast Methods）是借助数学和统计学的工具，对系统和完整的数据进行定量分析，从而对市场进行预测的方法。定量预测法的优点是：一是根据系统和完整的数据，建立对市场分析和预测的模型，通过模型得到的预测结果较为准确和精确；二是能够较为深入地分析相关因素间的相互关系和影响程度；三是能够动态地反映市场的状态和发展趋势。定量预测法的不足之处在于对数据收集要求较高，且模型的建立是在一定假设的基础上进行的，这会影响到预测的准确度，定量预测法的成本高，且需要花费大量的时间，时间序列法、因果分析法和随机预测法中均有适合饭店经营预测的方法，我们摘取其中一些常用预测方法进行介绍。

1）时间序列预测法

从统计意义上讲，所谓**时间序列**就是指将某一个指标在不同时间上的不同数值，按照时间的先后顺序排列而成的数列。该数列可能会受到种种偶然因素的影响和干扰，往往表现出某种随机性以及统计上的依赖关系。该预测方法的优点在于：当预测期限为短期时，可以节约成本；当建立回归模型所需的数据不充分时，提供了一种简捷的解决方案。

从数学意义上讲，如果我们对某一个过程中的某一个变量或一组变量 $X(t)$ 进行观察测量，在一系列时刻 t_1，t_2，…，t_N（t 为自变量，且 $t_1<t_2<\cdots<t_N$）得到的离散有序数集合 X_{t1}，X_{t2}，…，X_{tN} 称为离散数字时间序列，即随机过程的一次样本实现。设 $X(t)$ 是一个随机过程，X_{t_i}（$i=1$，2，…）是在时刻 t_i 对过程 $X(t)$ 的观察值，则

X_{t_i}（i=1，2，…）称为样本实现，该数列是一个时间序列。

从某种意义上讲，时间序列实际上是某一系统在不同时间（条件）的响应。上述定义从系统运行角度进行分析，明确指出时间序列是按一定顺序排列而成的，其中，"一定顺序"既可以是时间顺序，也可以是其他物理量（温度、速度或其他单调递增地取值的物理量）。可见，时间序列只是强调研究序列的顺序情况，而并非要求以时间顺序进行排列。常用的时间序列模型有三种：

（1）自回归模型

一般自回归模型（Auto Regressive Model，AR 模型），即 AR（p）预测模型的表达式如公式（6-1）所示：

$$X_t=\varphi_1 X_{t-1}+\varphi_2 X_{t-2}+\cdots+\varphi_p X_{t-p}+\alpha_t \tag{6-1}$$

此时，X_t 和 X_{t-1}，X_{t-2}，…，X_{t-p} 同属于一个时间序列 $\{X_t\}$，是同一时间序列中不同时点上的随机变量，并且它们之间存在一定的相关性，可见该时间序列是一种动态数据模型，也是对随机过程的动态描述。该模型所描述的 $\{X_t\}$ 是对其自身历史观察数值进行回归，故称它为 p 阶自回归（Auto-regressive）模型，简称 AR（p）模型，其中 p 代表模型阶数，而 φ_1，φ_2，…，φ_p 称为模型系数，α_t 是均值为 0，方差为 σ_α^2 的白噪声序列。

白噪声（White Noise）序列：随机过程 X（t），如果是由一个不相关的随机变量的序列构成的，即对于所有 s≠t，随机变量 X_t 和 X_s 的协方差均为零，则称其为纯随机过程。如果一个纯随机过程的期望和方差均为常数，则称之为白噪声过程。白噪声过程的样本实现往往可称为白噪声时间序列，或简称其为白噪声。其主要原因是由于白噪声与白光的特性类似，白光的光谱在各个频率上有相同的强度，白噪声的谱密度也在各个纯随机过程中的值相同。白噪声时间序列是一种典型的平稳时间序列。如果时刻 t 以前的信息不能对时刻 t 的值 X_t 提供任何信息，并且如果对 X_{n+h} 的期望值都等于 0，那么这样的时间序列就是白噪声时间序列。白噪声序列 α_t 的数学定义如下：

$$E(\alpha_t)=0, t=1, 2, \cdots, n \tag{6-2}$$
$$E(\alpha_t^2)=\sigma^2, t=1, 2, \cdots, n \tag{6-3}$$
$$E(\alpha_t\alpha_s)=0, t=1, 2, \cdots, n 且 s≠t \tag{6-4}$$

该定义表示白噪声序列 α_t 的均值等于 0，α_t 在所有观测点上具有同样的方差 σ^2，α_t 的任何过去、现在以及将来的观测值都不存在相关性，即它们是独立同分布随机变量，根据平稳时间序列的定义可知白噪声序列 α_t 是平稳的。在旅游市场预测的实践中，白噪声过程很难找到，但是在时间序列模型的结构中，它作为基本构件起着重要的作用。所以，通常的做法是把一个时间序列分解成一个"趋势项"加上噪声项，这个噪声项也许就是白噪声的。

一般地，对于 AR（p）模型来说，假设 X_t 仅与 X_{t-1}，X_{t-2}，…，X_{t-p} 有线性关系，而在 X_{t-1}，X_{t-2}，…，X_{t-p} 已知条件下，X_t 与 X_{t-j}（j=p+1，p+2，…）无关，α_t 是一个白噪声序列，上述公式构成一般自回归模型 AR（p）的基本假设。由 AR（p）模型的数学表达式可以很容易地得到：AR（p）模型是由 n+1 个部分组成的，第一个部分是依赖于 X_{t-1} 的部分，用 $\varphi_1 X_{t-1}$ 表示；第二部分是依赖于 X_{t-2} 的部分，用 $\varphi_2 X_{t-2}$ 表示，……，

第 p 个部分是依赖于 X_{t-p} 的部分，用 $\varphi_p X_{t-p}$ 表示，第 p+1 个部分是独立于前 p 个部分的白噪声 α_t。

式（6-1）还可以表示为：

$$\alpha_t = X_t - \varphi_1 X_{t-1} - \varphi_2 X_{t-2} - \cdots - \varphi_p X_{t-p} \tag{6-5}$$

可见，AR（p）模型的响应 X_t 具有 p 阶动态性，AR（p）模型通过把 X_t 中依赖于 X_{t-1}，X_{t-2}，$\cdots$，X_{t-p} 的部分消除掉之后，使得具有 p 阶动态性的序列 X_t 转化为独立序列 α_t。因此，拟合 AR（p）模型的过程也就是使相关序列独立化的过程。

（2）移动平均模型

在 AR（p）模型中，模拟仿真系统的特征是系统在 t 时刻的响应 X_t 仅与其以前时刻的响应 X_{t-1}，X_{t-2}，$\cdots$，X_{t-p} 有关，而与其以前时刻进入该仿真系统的扰动无关。如果一个系统在 t 时刻的响应 X_t 与其以前时刻 t-1，t-2，$\cdots$进入仿真系统的扰动 α_{t-1}，α_{t-2}，$\cdots$存在着一定的相关关系，那么，这一类系统可称为 MA 系统，其生成的模型就是移动平均模型（Moving Average Model，MA 模型）。

一般的 MA（q）模型的数学表达式为：

$$X_t = \alpha_t - \theta_1 \alpha_{t-1} - \theta_2 \alpha_{t-2} - \cdots - \theta_q \alpha_{t-q} \tag{6-6}$$

移动平均模型在旅游市场预测中可以根据现实干扰与过去干扰的有限项来确定模型的现时值。由式（6-6）可以看出，X_t 仅与 α_{t-1}，α_{t-2}，$\cdots$，α_{t-q} 有关，而与 α_{t-j}（j=q+1，q+2，$\cdots$）无关，且 α_t 为白噪声序列，这就是一般移动平均模型的基本假设。同时，上式还表明，X_t 由 q+1 个部分组成：第一部分是依赖于 α_{t-1} 的部分，用 $\theta_1 \alpha_{t-1}$ 表示；第二部分是依赖于 α_{t-2} 的部分，用 $-\theta_2 \alpha_{t-2}$ 表示，$\cdots\cdots$，第 q 个部分是依赖于 α_{t-q} 的部分，用 $-\theta_q \alpha_{t-q}$ 表示，第 q+1 个部分是独立于前 q 个部分的白噪声 α_t。

（3）自回归移动平均模型

一个饭店经营的预测模型，如果它在时刻 t 的响应 X_t，不仅与其以前时刻的自身值有关，而且与其以前时刻该预测模型的扰动存在一定的依存关系，那么，这个预测模型就是自回归移动平均模型。AR（p）模型和 MA（q）模型均可以用来进行预测工作，然而它们使用的场合是不相同的，如果把这两类模型结合起来，就得到另一类模型，即自回归移动平均模型（Auto Regressive Moving Average Model，ARMA 模型），其数学形式为：

$$X_t - \varphi_1 X_{t-1} - \varphi_2 X_{t-2} - \cdots - \varphi_p X_{t-p} = \alpha_t - \theta_1 \alpha_{t-1} - \cdots - \theta_q \alpha_{t-q} \tag{6-7}$$

其中，p，q 分别是自回归部分和移动平均部分的阶数，φ_1，φ_2，$\cdots$，φ_p 是自回归系数，θ_1，θ_2，$\cdots$，θ_q 是移动平均系数。

一个随机时间序列预测模型可以通过一个自回归移动平均过程生成，即该序列预测模型可以由其自身的过去或滞后值（观察值）以及随机干扰项来解释。如果该序列是平稳的，即它的行为并不会随着时间的推移而变化，那么就可以通过该序列过去的行为来预测其未来的发展趋势。这也正是随机时间序列分析模型在旅游市场预测的优势所在。

基于上述意义，一方面可以把 AR（p）和 MA（q）两个模型都归结为 ARMA（p，q）模型；另一方面在 ARMA（p，q）模型中，当 q=0 时，则 ARMA（p，q）模型就是 AR（p）模型；若当 p=0 时，则 ARMA（p，q）模型就是 MA（q）模型。由此可看出 AR（p）、MA（q）和 ARMA（p，q）三类模型之间存在着深刻的联系。从预测模型形式上可以直观地看出，AR（p）模型描述的是系统对过去自身行为的状态认识，而 MA（q）模型描述的是预测模型系统对过去时刻进入系统的噪声的记忆，而 ARMA（p，q）模型则是系统对过去自身行为状态以及各时刻进入预测系统的噪声的记忆。

对饭店经营进行预测时，具体采用哪种形式的模型，要根据饭店经营时间序列的特性而定，要通过对其进行科学的分析，选择合适的模型。

时间序列分析通常包括对以下四个成分的分析：

（1）趋势分析。它是指长期的发展或下降趋势。

（2）季节性分析。它是指一年内的季节性变化，这种变化有一定程度的规律性。

（3）周期性分析。它是指在几个阶段内在发展趋势中所表现出来的周期性波动，周期的长度和幅度是不规则的。

同步解析 6-2

饭店产品有周期性吗？

所有产品都有其周期性，饭店的核心产品是服务，有形产品是客房、餐饮等。

问题：饭店服务、饭店客房、餐饮等产品都有周期性吗？

解析提示：从哲学的角度看，所有的产品都有其周期性，只是各有不同。饭店作为一种经营性企业，其经营的周期性也可以被界定。饭店需求与人们的出行存在强因果关系，根据游客数量的预测可以推断饭店的需求，因自然风景等具有四季周期性，所以旅行也具有冷淡季之分。

（4）不确定因素分析。它是指无法预见的随机因素的干扰，如政治环境改变、天气突变、自然灾害或突发事故的发生等影响销售的因素。这个成分最难预测。

时间序列预测方法有很多，包括常用的比率法、移动平均法、加权平均法、指数平滑法。本书着重介绍季节指数法在饭店预测中的应用。

2）季节指数法

季节指数法要求先建立描述整个时间序列发展趋势的数学方程，再考虑季节变化对预测对象的影响，算出季节指数，最后将两者结合起来，得到描述总体发展趋势季节性变化的预测模型。此法适用于季节性市场，旅游业季节性变化大，饭店客房出租率的季节性变化很大，采用此法预测的准确性高。

饭店产品销售受季节因素影响较大，尤其是客房，旅游旺季和淡季的销售额波动很大。运用季节指数法可以预测一年中各月、各季预测对象的波动程度，如接待人次、出租率、营业收入等。季节指数法又有不同的计算公式，下面介绍平均季节指数及其在预测中的应用。

季节指数是显示一年中不同的时间阶段在全年预测值中所占的比例系数。我们通过一个实例来说明季节指数的计算方法。

业务链接 6-1

平均季节指数计算

某饭店 2×14 年至 2×18 年每年四个季度的客房出租率见表 6-1 中（1）、（2）、（3）列。

表 6-1　　　　　　　　某饭店 2×14 年至 2×18 年每年四个季度的客房出租率

（1） 年	（2） 季	（3） 出租率（%）	（4） 四期移动平均数（%）	（5）=（3）/（4）×100% 出租率与移动平均数之比
2×14	1	46		
	2	78		
	3	85	66.5	127.82
	4	57	68	83.82
2×15	1	52	68.75	75.64
	2	81	69.75	116.13
	3	89	70.5	126.24
	4	60	70	85.71
2×16	1	50	70.25	71.17
	2	82	70	117.14
	3	88	70.5	124.82
	4	62	71.75	86.41
2×17	1	55	71.25	77.19
	2	80	71	112.68
	3	87	71.75	121.25
	4	65	71.5	90.91
2×18	1	54	72.75	74.23
	2	85	73.25	116.04
	3	89	74.5	119.46
	4	70	—	—

　　根据表 6-1 中数据作图如图 6-1 所示。可以看出图中折线起伏的波动相当大，很难看出发展趋势。通过计算（4）列的四期移动平均数，即用表 6-1 中（3）列的 1、2、3、4 季度的客房出租率之和除以 4。如（4）列中第三行：

$$\frac{46+78+85+57}{4}=66.5$$

　　第四行则将（3）列中出租率向下移动一行：

$$\frac{78+85+57+52}{4}=68$$

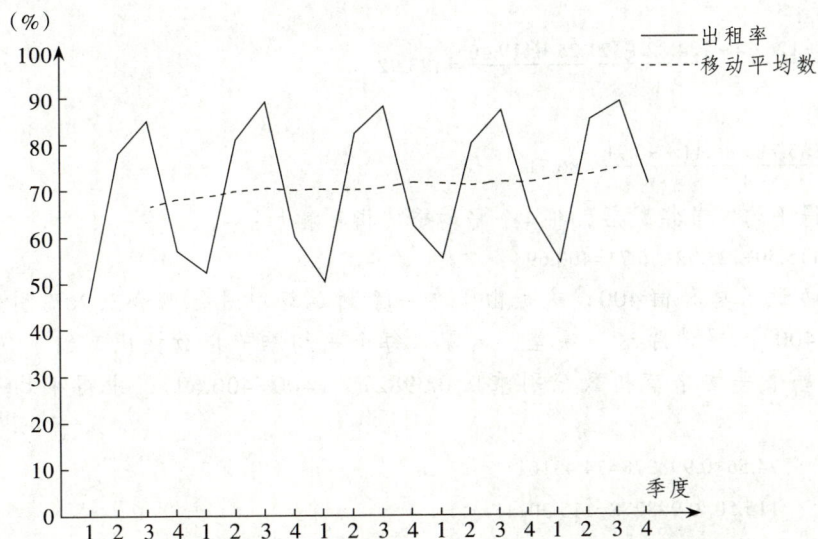

图6-1 某饭店 2×14 年至 2×18 年每年四个季度的客房出租率

依此类推。需要注意的是，移动平均法的期数是由季节时间分段得出的，在此例中以季节分段，以一年的四个季节做四期滑动平均。若以两个月为季节时间，则一年分为六个时间段，移动平均为六期移动平均。时间分段也可按预测要求决定。

由图6-1可见，通过取移动平均数，使原波动幅度较大的折线转化为比较平滑的曲线。

表6-1中（5）列为一年中各季度的季节指数，其公式可表示为：

$$季节指数 = \frac{实际出租率}{移动平均数} \times 100\%$$

如 2×17 年第3季度：

$$\frac{87}{71.75} \times 100\% = 121.25\%$$

如此计算，依次得出（5）列的数值。

将各年中同季度的季节指数进行排列，见表6-2。求平均季节指数：

表6-2 **各年同季度的季节指数**

年	1	2	3	4
2×14	—	—	127.82	83.82
2×15	75.64	116.13	126.24	85.71
2×16	71.17	117.14	124.82	86.41
2×17	77.19	112.68	121.25	90.91
2×18	74.23	116.04	119.46	—

1季度：

$$\frac{75.64 + 71.17 + 77.19 + 74.23}{4} = 74.56$$

2季度：

$$\frac{116.13 + 117.14 + 112.68 + 116.04}{4} = 115.50$$

3季度：

$$\frac{127.82 + 126.24 + 124.82 + 121.25 + 119.46}{5} = 123.92$$

4季度：

$$\frac{83.82 + 85.71 + 86.41 + 90.91}{4} = 86.71$$

在求得平均季节指数后，将4个平均季节指数相加：

74.56+115.50+123.92+86.71=400.69

数值超过了总和值400，这是由于在一系列运算中进行四舍五入而引起的（也可能小于400）。要消除这一误差，只需将每个平均季节指数按比例缩小（或扩大）即可，将每个平均季节指数分别乘以0.998278（400÷400.69），求得平均季节指数如下：

1季度：74.56×0.998278=74.43161

2季度：115.50×0.998278=115.3011

3季度：123.92×0.998278=123.7066

4季度：86.71×0.998278=86.56069

四个季度的季节指数相加之和约等于400。

平均季节指数求取后，即可利用平均季节指数得出每季度的预测值。

假设经过预测已知2×19年全年的客房出租率为75%，则四个季度出租率的预测值为：

1季度：75%×74.43161%=55.8%

2季度：75%×115.3011=86.48%

3季度：75%×123.7066=92.78%

4季度：75%×86.56069%=64.92%

四个季度的客房出租率之和除以四季度的平均数恰好为75%。

如果原始统计数据中包含了季节因素，见表6-1中的（3）列。由图6-1中折线可见其波动幅度很大，无法直接用于预测。对于这种问题，必须先排除季节因素的影响。只需将每季度的实际出租率除以该季度的平均季节指数即可消除季节因素，如2×18年四个季度值为：

1季度：54÷74.43161×100%=72.54982%

2季度：85÷115.3011×100%=73.72%

3季度：89÷123.7066×100%=71.94442%

4季度：70÷86.56069×100%=80.86812%

这些数据波动较小，即可用这些数据求取回归方程，用回归方程预测以后的预测值。但用这些数据预测所获得的预测值是不含有季节因素的。因此，在获得预测值后仍需分别乘以该季度的平均季节指数。

平均季节指数还可用于计划值的划分、利润的分配等，只要已知全年的销售额或全年的计划，即可乘以季节指数予以分摊。

6.1.3　因果分析预测法

因果预测就是根据引起预测对象变化的原因，预测它的变化结果。**因果分析预测**

法预测的基本过程一般都是先根据样本数据分析预测对象经济变量（因变量）与影响因素（自变量）之间的逻辑关系，据此选择合适的数学模型，再用样本数据确定模型中的参数，从而建立可用的数学模型，模型经过检验便可用来进行实际预测。因果分析预测方法的优点在于：可以将需求与众多因素之间的关系模型化，可实现假设预测，可为预测者提供有关回归精确度和显著性的统计数据，经营者可将未来发展战略和发展计划与预测结果结合考虑。该方法的限制在于，其远比非因果分析复杂，只有在经营者的充分理解及参与下，才能使需求函数建立在正确的因果关系的基础上，并且过分依赖于有限的变量，会使一些主要影响因素被排斥于模型之外。

在现实经济生活中，经济现象之间客观地存在着各种各样的有机联系，一种经济现象的存在和发展变化必然受到与之相联系的其他现象存在和发展变化的制约与影响。回归分析预测法就是从各种经济现象之间的相互关系出发，通过对与预测对象有联系的现象变动趋势的分析，推算预测对象未来状态数量表现的一种预测方法。它是在收集预测对象和各种影响因素的大量统计资料的基础上，用回归分析来区别变量之间的相关关系和相关密切程度，从而近似地确定出它们之间的数量关系，然后对关系中的参数进行估计和统计检验，最后根据求得的回归方程进行预测，并分析预测误差范围和精确度。

回归分析分为线性回归和非线性回归，非线性回归可通过变量变换转化成线性回归来处理，因为线性回归数学形式简单，便于处理。线性回归又可分为一元线性回归和多元线性回归。

在运用因果法进行预测时，首先要确定变量之间的相关关系。变量之间的关系一般有两种：

其一，确定性关系。如果变量之间的关系明确，而且这种关系可以用一个数学公式来表示，则称为确定性关系。例如，某饭店客房标准间房价为 P（市价），销售量为 R 间，房间的总销售额为 V，那么，其关系式为：$V=P \times R$。显然，R 是自变量，V 是因变量。这两个变量的关系为 V 是 R 的 P 倍。这个关系就是我们熟悉的函数关系。

其二，相关关系。在很多情况下，两个变量之间存在关系，可是这种关系并不确定，如房价与客房出租率之间的关系。一般来说，房价提高，出租率就会降低；房价降低，出租率就会上升。但是，我们无法确切地断定，房价提高多少，出租率会降低多少。不一定房价提高出租率就下降，可能房价提高出租率也会短期上升。这是因为影响出租率高低的不仅仅是房价。如果两个变量之间存在着某种关系，但这种关系又不是确切的，并且无法通过一个已知变量的值准确地求出另一个变量的值，我们称这两个变量之间的关系为相关关系，称这两个变量为相关因素。

回归分析预测法就是分析和处理变量之间相关关系的一种方法。它要求：首先确定变量之间是否存在相关关系，其次求出相关因素之间的相关公式（称经验公式），最后用所得经验公式进行预测。

1）单因素预测

（1）一元线性回归模型的数学形式和参数估计。

在回归分析预测方法中，最简单和最基本的是线性回归。如果在预测中只考虑两个变量之间的关系，我们称之为一元线性回归。

如果变量 y 和 x 之间的线性相关关系显著，利用观测数据（x_1，y_2），（x_2，y_2），…，（x_n，y_n）求出的一元线性回归模型为：

$$y=a+bx \tag{6-8}$$

其大致反映了变量 y 和 x 之间的变化规律，可以用回归方法进行预测。

设这条直线的方程为：

$$y=a+bx$$

用最小二乘法解方程，得：

$$\hat{\beta}_0 = \bar{y} - \hat{\beta}_1 \bar{x} \tag{6-9}$$

$$\hat{\beta}_1 = \frac{\sum\limits_{i=1}^{n}(x_i - \bar{x})(y_i - \bar{y})}{\sum\limits_{i=1}^{n}(x_i - \bar{x})^2} \tag{6-10}$$

式中：$\bar{x} \rule[-0.5ex]{2em}{0.4pt} \dfrac{1}{n}\sum\limits_{i=1}^{n}x_i$；

$\bar{y} \rule[-0.5ex]{2em}{0.4pt} \dfrac{1}{n}\sum\limits_{i=1}^{n}y_i$。

（2）一元线性回归的应用。

业务链接 6-2

某饭店近 8 年来销售收入与该市国民生产总值有密切关系，统计资料见表 6-3。预计 2×19 年该市国民生产总值达到 700 亿元。

表 6-3　　　　　某饭店 8 年来销售收入与该市国民生产总值统计资料

年份	2×11	2×12	2×13	2×14	2×15	2×16	2×17	2×18
饭店销售收入（万元）	850	890	920	970	1 050	1 120	1 180	1 250
该市国民生产总值（亿元）	130	180	240	290	350	430	510	590

每年某市的国民生产总值 x 与饭店销售收入 y 这一对数据可在直角坐标系上表示出来，如图 6-2 所示，x 轴表示国民生产总值，y 轴表示饭店销售收入。

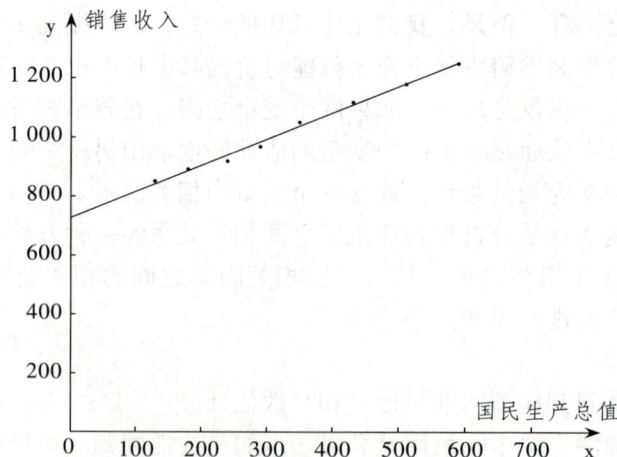

图 6-2　国民生产总值与饭店销售收入的关系

从图6-2中可以看出，这些点大致呈直线，可以用回归方程进行预测。

计算过程见表6-4。

表6-4   **回归方程计算**   单位：y_i（万元）、x_i（亿元）

年份	y_i	x_i	$x_i \cdot y_i$	x_i^2	y_i^2
2×11	850	130	110 500	16 900	722 500
2×12	890	180	160 200	32 400	792 100
2×13	920	240	220 800	57 600	846 400
2×14	970	290	281 300	84 100	940 900
2×15	1 050	350	367 500	122 500	1 102 500
2×16	1 120	430	481 600	184 900	1 254 400
2×17	1 180	510	601 800	260 100	1 392 400
2×18	1 250	590	737 500	348 100	1 562 500
$\sum$	8 230	2 720	2 961 200	1 106 600	8 613 700

$n=8$ $\bar{y}=1\,028.75$ $\bar{x}=340$

$$b = \frac{2\,961\,200 - 8 \times 340 \times 1\,028.75}{1\,106\,600 - 8 \times 340^2} = 0.8965897$$

$a=1\,028.75-0.8965897 \times 340=723.909502$

则预测方程为：

$\hat{y} = 723.909502 + 0.8965897x$

2×19年某市国民生产总值700亿元，代入方程，则预测数为：

$y_{2\times19}=723.909502+0.8965897\times700$

     $=1\,351.5223$（万元）

2×19年该饭店销售收入将达到13 515 223元。

◆ **业务链接6-3** ◆

相关系数

在业务链接6-2中，我们考察了某饭店收入与某市国民生产总值之间具有线性相关关系，通过作图，以图示法来表示。实际上，以相关系数表示才能给出一个准确的数量指标，并用这一数量指标来描述饭店销售收入与某市国民生产总值之间的相关程度。相关系数计算为：

$$r = \frac{\sum_{i=1}^{n}(x_i - \bar{x})(y_i - \bar{y})}{\sqrt{\sum_{i=1}^{n}(x_i - \bar{x})^2 \cdot \sum_{i=1}^{n}(y_i - \bar{y})^2}} \tag{6-11}$$

将业务链接6-2数据代入，解得r=0.996788，可见x与y的线性相关性很强。因此，用国民生产总值作相关因素进行预测是非常合适的。

但是，利用回归线性方程进行预测就准确无误了吗？我们考察图6-2可以发现，以实际数据描绘的点并不全都在直线上，而是在直线附近。因此，用直线方程进行预测必然会产生误差。考察直线方程的预测误差可以用标准离差（s）检验公式来进行。这是因为，$y_i - \hat{y}_i$ 为实际值与预测值之差，实际上就是点到直线间的直线距离。

为了方便说明，可以在直线 $\hat{y} = a + bx$ 上、下作二条平行线，如图6-3所示。

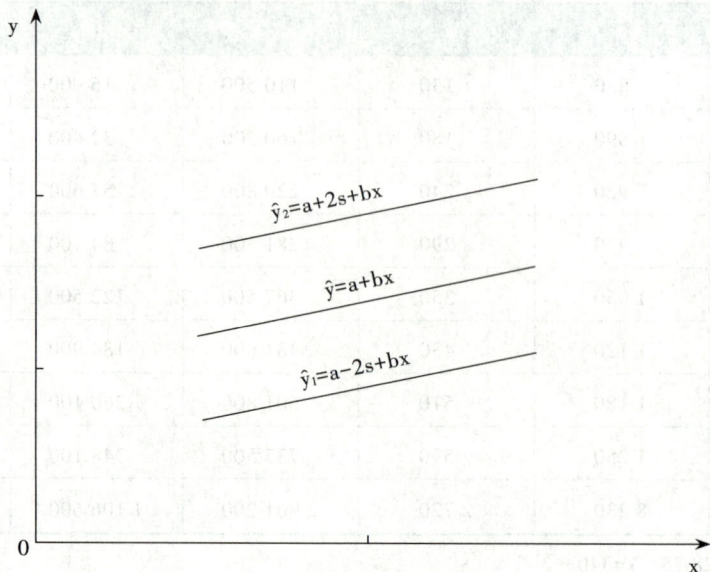

图6-3　y值的预测区间

由图6-3可知，$\hat{y}_1 - \hat{y}_2$ 之间为预测区间，这个区间可以进行人为调节。由正态分布性质可知，预测值 y 在 $(\hat{y} - s, \hat{y} + s)$ 范围内的概率为68.3%；在 $(\hat{y} - 2s, \hat{y} + 2s)$ 范围内的概率为95.5%；在 $(\hat{y} - 3s, \hat{y} + 3s)$ 范围内的概率为99.7%（这里的概率是指预测值在这个预测区间的可能性）。由此亦可见，预测区间越大，则预测的准确性越大。

业务链接6-4

计算业务链接6-2的标准离差，将表6-4中的数据代入标准离差（s）检验公式，即：

$$s = \sqrt{\frac{\sum(y_i - \hat{y}_i)^2}{n - 2}} = \sqrt{\frac{\sum y_i^2 - a(\sum y_i) - b(\sum x_i y_i)}{n - 2}} \qquad (6\text{-}12)$$

$$s = \sqrt{\frac{8\,613\,700 - 723.909502 \times 8\,230 - 0.8965897 \times 2\,961\,200}{8 - 2}}$$

$$= 12.538275$$

则 $\hat{y} - 2s = 1\,351.5223 - 2 \times 12.538275$

$$= 1\,326.4458（万元）$$

$\hat{y} + 2s = 1\,351.5223 + 2 \times 12.538275$

$$= 1\,376.5989（万元）$$

2×19年饭店销售收入有95.5%的可能性是在 1 326.4458 万元 ~ 1 376.5989 万元之间。

2）多因素预测

饭店经营要受到众多因素的影响。在进行经营预测时，只考虑因素是不够的，往往需要考虑多种因素对预测值的影响。在业务链接6-2中，我们选取的因素是某市的国民生产总值，事实上，影响饭店销售收入的还有该饭店所在城市急剧增长的旅游者。该城市旅游接待总人数的增长直接刺激着饭店的销售收入，因此，该市旅游接待总人数也是预测值的相关因素。在预测时，考虑的因素越多，预测值越准确。

为了在预测中能考虑到多种因素的影响，我们可将一元线性回归预测模型 $y=\beta_0+\beta_1 x+\varepsilon$ 加以延伸，扩大自变量的个数，其数学公式如下：

$$y =\beta_0+\beta_1 x_1+\beta_2 x_2+\cdots+\beta_p x_p+\varepsilon \tag{6-13}$$

◈ 业务链接 6-5

多元回归公式的应用

影响业务链接 6-2 中饭店销售收入的还有该饭店所在城市急剧增长的旅游者，根据历年统计资料，从 2×11 年至 2×18 年年底某市旅游接待总人数依次为 10.5 万人次、11.2 万人次、11.5 万人次、12.1 万人次、12.8 万人次、13.6 万人次、14.3 万人次、14.8 万人次，预计 2×19 年将达到 15.5 万人次。预测 2×19 年饭店的销售收入。

首先，根据直接影响饭店销售收入的有关因素来确定 n 的数值。现在，我们需要考虑国民生产总值与旅游接待总人次这两个因素。若不再考虑其他确定性因素，则 n =2，预测方程为：

$$y =\beta_0 + \hat{\beta}_1 x_1 + \hat{\beta}_2 x_2$$

在确定确定性因素时，需事先检验一下每个因素与预测值之间的相关程度，即用单因素回归方程中求相关系数 r 的方法。如果相关系数接近 1，则说明这一因素对预测值有较大影响，可将该因素作为变量 x_i 引入（6-6）式中。

根据表 6-4 的资料，前文已测得饭店销售收入与国民生产总值的系数 r_1=0.996788，再求得饭店销售收入与旅游接待人次的相关系数 r_2=0.9970697。由相关系数的性质可知，这两个因素对预测饭店销售收入都有很大影响，都要考虑。

其次，求出 $y = \beta_0 + \hat{\beta}_1 x_1 + \hat{\beta}_2 x_2$ 式中的待定系数 β_0、$\hat{\beta}_1$、$\hat{\beta}_2$。从理论上讲，仍可采用最小二乘法求解。但实际上，在多因素情况下，最小二乘法甚为复杂。为此，可用解方程的方法求解。

在 $y = \beta_0 + \hat{\beta}_1 x_1 + \hat{\beta}_2 x_2$ 方程中，等号两边分别乘以 x_1、x_2（根据方程的性质，等式仍成立），然后取统计量，可得下列方程组：

$$\begin{cases} \sum y = n\beta_0 + \hat{\beta}_1 \sum x_1 + \hat{\beta}_2 \sum x_2 \text{（取统计量）} \\ \sum x_1 y = \beta_0 \sum x_1 + \hat{\beta}_1 \sum x_1^2 + \hat{\beta}_2 \sum x_1 x_2 \text{（乘 } x_1 \text{ 后取统计量）} \\ \sum x_2 y = \beta_0 \sum x_2 + \hat{\beta}_1 \sum x_1 x_2 + \hat{\beta}_2 \sum x_2^2 \text{（乘 } x_2 \text{ 后取统计量）} \end{cases}$$

式中：x_1——国民生产总值；

x_2——旅游接待总人次；

y——已知的饭店销售收入。

n=8，可得 $\sum y =8\ 230$，$\sum x_1 =2\ 720$，$\sum x_2 =100.8$，$\sum x_1 y =2\ 961\ 200$，$\sum x_1 x_2 =36\ 003$，$\sum x_2 y=105\ 256$，$\sum x_1^2=1\ 106\ 600$，$\sum x_2^2=1\ 286.68$，将上述数值代入方程，即为求 β_0、$\hat{\beta}_1$、$\hat{\beta}_2$ 的三元一次方程组。

$$\begin{cases} 8\,230 = 8\beta_0 + 2\,720\hat{\beta}_1 + 100.8\hat{\beta}_2 \\ 2\,961\,200 = 2\,720\beta_0 + 1\,106\,600\hat{\beta}_1 + 36\,003\hat{\beta}_2 \\ 105\,256 = 100.8\beta_0 + 36\,003\hat{\beta}_1 + 1\,286.68\hat{\beta}_2 \end{cases}$$

解得：

$\beta_0 = 249.05056$

$\hat{\beta}_1 = 0.4136794$

$\hat{\beta}_2 = 50.718131$

则预测方程为：

$y = 249.05056 + 0.4136794x_1 + 50.718131x_2$

预测 2×19 年饭店销售收入为：

$x_1 = 700$，$x_2 = 15.5$

$\hat{y} = 249.05056 + 0.4136794 \times 700 + 50.718131 \times 15.5$

$= 1\,324.7572$（万元）

多因素回归预测较为准确，但计算比较复杂。

回归分析预测法强调找出事物变化的原因，找出原因与结果之间的联系，并以此来预测未来。其最大优点是可以利用其他方面的资料（如政府部门公布的统计数字）。这种方法是经营预测中最常用的方法，做短期、中期预测比较适宜。

6.1.4　组合预测模型

1）线性组合预测和非线性组合预测

在饭店经营预测中，按组合预测与各单项预测方法的函数关系，组合预测可以分成线性组合预测和非线性组合预测。设预测对象存在 m 个单项预测方法，利用这 m 个单项预测方法得到的第 i 个单项预测方法的预测值为 f_i，若预测值 f 满足：

$$f = w_1f_1 + w_2f_2 + \cdots + w_mf_m \tag{6-14}$$

式（6-8）则称该组合预测为线性组合预测。其中 w_1，w_2，$\cdots$，w_m 为各种预测方法的加权系数，且 $\sum\limits_{i=1}^{m} w_i = 1$，$w_i \geqslant 0$。

若组合预测值 f 满足：

$$f = \phi\ (f_1,\ f_2,\ \cdots,\ f_m) \tag{6-15}$$

其中：ϕ 为非线性函数，则称该组合预测方法为非线性组合预测。目前，非线性组合预测方法主要是一些与计算机技术相结合的智能算法，如：各种人工神经网络（ANN）、支持向量机（SVM）、遗传算法（GA）、粒子群算法（PSO）、模拟退火算法、模糊逻辑（Fuzzy Logic）、小波神经网络（WNN）、数据处理组合算法（GMDH）等。

2）最优组合预测和非最优组合预测

按组合预测加权系数的计算方法的不同，组合预测方法可以分为最优组合预测方法和非最优组合预测方法。最优组合预测的基本思想就是根据某种准则构造目标函数，在一定的约束条件下求得目标函数的最大值或最小值，从而求得组合预测方法的加权系数。

最优组合预测方法一般可以表示为如下数学规划问题：

$$\max\ (\min)\ Q = Q\ (w_1,\ w_2,\ \cdots,\ w_m) \tag{6-16}$$

其中 $Q\ (w_1,\ w_2,\ \cdots,\ w_m)$ 为目标函数，w_1，w_2，$\cdots$，w_m 为各种预测方法的加权

系数，加权系数可以考虑允许负的和非负的两种情况。

在求解一些最优组合预测模型时可能出现组合预测的权系数为负的现象，而负的组合预测的权系数没有实际意义。非负最优正权组合预测方法正好可以克服这个不足。显然非最优正权组合预测方法目标函数值一般要劣于最优正权组合预测方法目标函数值。

3）非劣性组合预测和优性组合预测

从某个准则的结果优劣程度来看，组合预测方法可以分为非劣性组合预测和优性组合预测。

按某个准则把组合预测的结果和各个单项预测方法的结果进行对比。若组合预测的结果介于各个单项预测方法结果"最差"和"最好"之间，则称该组合预测为非劣性组合预测。

若组合预测的结果比各个单项预测方法结果"最好"的还要"好"，则称该组合预测为优性组合预测。显然组合预测方法是建立在充分利用已知信息基础上的，它集结各个单项预测方法所包含的信息并进行组合。所以只有当组合预测为优性组合预测时，组合预测方法才有实际的意义。也就是说，通过组合预测可以达到提高预测精度、改善预测结果的目的。

6.2　饭店经营决策

决策就是对方案、对策的决定，它是从多个目标、方案中选择最优目标或方案的过程。饭店经营决策是经济决策的一个分支，是指运用一定决策方法，对饭店经营活动过程的方案、目标等所做的选择和决断。饭店经营决策是饭店经营管理活动中最重要的内容，它贯穿于饭店经营管理的全过程。决策的正确与否，直接决定着经营管理的效益，直接影响着经济效益的高低和经营活动的成败。

饭店的经营决策就是饭店经营人员在经营活动之前做出如何行动的决定。决策是对行动的选择，而行动则是对决策的执行。饭店的决策涉及饭店经营活动的各个方面。

6.2.1　饭店经营决策属性、步骤、原则与方法

1）关于决策的代表性理论

（1）完全理性决策论

完全理性决策论又称客观理性决策论。代表人物有英国经济学家 J.边沁、美国科学管理学家 F.W.泰勒等。他们认为人是坚持寻求最大价值的经济人。经济人具有最大限度的理性，能为实现组织和个人目标而做出最优的选择。其在决策上的表现是：决策前能全盘考虑一切行动，以及这些行动所产生的影响；决策者根据自身的价值标准，选择最大价值的行动为对策。这种理论只是假设人在完全理性下决策，而不是在实际决策中的状态。

（2）连续有限比较决策论

连续有限比较决策论的代表人物是 H.A.西蒙。他认为人的实际行动不可能合于完全理性，决策者是具有有限理性的行政人，不可能预见一切结果，只能在供选择的方案中选出一个"满意的"方案。"行政人"对行政环境的看法简化，往往不能抓住

决策环境中的各种复杂因素，而只能看到有限几个方案及其部分结果。事实上，理性程度对决策者有很大影响，但不应忽视组织因素对决策的作用。

（3）理性、组织决策论

理性、组织决策论的代表人物有美国组织学者 J.G. 马奇。他承认个人理性的存在，并认为由于人的理性受个人智慧与能力的限制，必须借助组织的作用。通过组织分工，每个决策者可以明确自己的工作，了解较多的行动方案和行动结果。组织为个人提供一定的引导，使决策有明确的方向。组织运用权力和沟通的方法，使决策者便于选择有利的行动方案，进而增加决策的理性。而衡量决策者理性的根据，是组织目标而不是个人目标。

（4）现实渐进决策论

现实渐进决策论的代表人物是美国的政治经济学者 C.E. 林德布洛姆。该理论的基点不是人的理性，而是人所面临的现实，并对现实所做的渐进的改变。他认为决策者不可能拥有人类的全部智慧和有关决策的全部信息，决策的时间、费用又有限，故决策者只能采用应付局面的办法，在"有偏袒的相互调整中"做出决策。该理论要求决策程序简化，决策实用、可行并符合利益集团的要求，力求解决现实问题。这种理论强调现实和渐进改变，受到了行政决策者的重视。

（5）非理性决策论

非理性决策论的代表人物有奥地利心理学家 S. 弗洛伊德和意大利社会学家 V. 帕累托等。该理论的基点既不是人的理性，也不是人所面临的现实，而是人的情欲。他们认为人的行为在很大程度上受潜意识的支配，许多决策行为往往表现出不自觉、不理性的情欲，表现为决策者在处理问题时常常感情用事，从而做出不明智的安排。

2）决策的属性与特点

决策是一个主观思维活动的过程，无论是对目标的选择，还是对实现目标的手段的选择，都是由决策者或者决策群体做出的。决策者是决策的灵魂，任何决策都是人的智能活动。决策的这一特点，说明决策者本人素质对决策的影响。

（1）决策的目的性。

任何决策都是有一定目的的，没有目的的决策等于无的放矢，也就是没有决策。因此，在决策时首先要明确问题之所在，问题愈清楚，决策也愈准确和有效。很多失败的决策都是由于问题不明确而造成的。

（2）决策的选择性。

决策的核心是选择，没有选择也无所谓决策。决策的主要活动就是对未来活动的预定目标和达到该目标的各种途径做出符合客观规律的合理选择，寻求达到目标的最理想方案。

（3）决策的风险性。

由于决策的未来环境是不确定的，无论采用什么样的决策方案都具有风险，因此，决策人对待风险的态度也成为决策的主要影响因素之一。

（4）决策的科学性。

决策虽然是一种人的主观活动，但它也有一定的规律。任何决策都需要一定的条件和信息，人的思维判断也有一定的程序，现代的数理方法和计算机技术也为决策提供了选优的手段。因此，只要掌握足够可靠的信息，遵照一定的决策程序和借用一定的决策方法及技术，就可以使主观判断最大限度地符合客观实际。从这个角度来说，决策是一门科学。

（5）决策的人本性。

由于决策的灵魂是人，决策者的意志和行动可以对决策起重要作用。由于问题的复杂性、信息的不完全性和人们认识的局限性，所以在决策中有很多环节需要人来判断和估计。最后方案的取舍，要由人来确定。而人的经验、知识结构、所处的背景和环境以及心理状态都会影响人们抉择的结果。从这个角度讲，决策又有非科学的一面。

（6）决策的实践性。

决策的实践性有两层意义：第一，决策的目的就是实践，不必实践的决策，也不必去决策。决策总是针对需要解决的问题或需要完成的任务而做出，它对实际行动具有直接的指导意义。第二，决策的技能和本领也是实践的结果。尽管决策是一门科学，有其一定的规律，但仅从理论上掌握这些规律，并不一定能做出正确的决策。只有在实践中积累经验、增长胆识，才能真正掌握决策的技术和本领。从这个角度来说，决策又是一门艺术。

（7）决策的时间性。

决策的时间性，是指任何决策都要求在一定的时间范围内完成。时间太短，可能会因信息不足、决策匆忙、考虑不周而造成投资错误；时间太长，又会失去占领市场的机会。因此，决策的时间性是决策的一个重要属性。

（8）决策的经济性。

决策过程是一个发挥决策者的主观能动性，对未来事物的发展规律进行调查、分析、判断的过程，是一个主观适应客观的过程。在这个过程中，信息是重要因素，任何决策者做出决策的正确程度与获得的第一手资料——信息有关。一般来说，信息量愈大，愈有助于正确决策。但收集资料需要时间和资金，收集的信息愈多，所需的时间愈长，资金也愈多。当决策所带来的效益不足以抵偿花在信息上的费用时，那么收集更多的信息只是一种浪费，因此，从费用的角度来看，收集信息不应当是无止境的，而是有一个最佳的决策点。

（9）决策的动态性。

决策结果要付诸实施。由于收集的资料的不可靠性、人们认识的局限性和决策环境的变动性，对客观事物的认识不可能一次完全符合，因此任何决策都要在实践中经受考验。发现决策不符合客观情况，就应随着客观环境的变化不断修正原来的决策，因此，决策又是一个动态过程，要不断根据决策执行结果的反馈信息和决策环境的变动信息来做出新的决策，直到基本上达到原定的目标为止。

（10）决策优化准则的模糊性。

由于决策具有主观性、风险性、时间性、经济性等特点，使得衡量一个决策方案的好坏并非只有一个绝对的标准。因此，在决策理论中，不可能有最优解，而只能有符合决策人偏爱的满意解。

3）饭店经营决策的步骤

饭店经营决策的全过程应该包括六个基本步骤。

（1）发现问题。这是决策的起点，是领导者的重要职责。

（2）确定经营决策目标。在决策之前，首先要根据需要提出问题，确定需要进行决策的问题，找出决策对象。然后，要确定通过决策而采取行动后希望达到的效果，即确定决策效果，确立决策目标。

决策的目的是达到一定的经营目标。因此，确定决策目标是决策的前提。目标必须明确，绝不可似是而非、模棱两可。决策理论注重定量分析与定性分析相结合，确定目标也应尽量做到定量化，如饭店的出租率、投资利润率、投资回收年限等。在确立目标时，必须考虑目标的可行性，必须把目标建立在确实有可能实现的基础上。目标确定之后，就应以确定的目标作为经营的方向和原则，不可轻易地更换或放弃目标，更不可由于某些个人的影响而改变既定目标。

（3）价值标准。价值标准是确定目标和评价选择方案的基本判据。它包括三个方面：

第一，把目标分解为若干个层次的确定的价值指标。衡量这些指标实现的程度即衡量达到决策目标的程度。价值指标有学术价值、经济价值和社会价值三类。每类又可分为若干项，每项又可分为若干条，从而构成一个价值指标系统。例如，我们决策的目标是设计一个市场需要的新产品，那么就要考虑：学术价值——产品的性能与世界水平、国内水平的对比；经济价值——基本投资、制造成本、经济效益；社会价值——产品使用后对从环境保护到伦理道德等的社会影响。

第二，规定价值指标的主次、轻重缓急及发生矛盾时的取舍原则。在大多数情况下，同时达到整个价值指标体系是不可能的，只能以"满意决策"作为决策的目标。

第三，指明实现这些目标的约束条件。确定价值准则的科学方法是环境分析，即了解各种背景材料，包括问题的来龙去脉，国内外、历史上同类问题的情况、现状等。

（4）拟订行动方案。拟订方案就是为目标实现设计可供选择的多种方案。根据饭店确定的行动目标，拟订两个或两个以上的可行方案。如果行动方案只有一个，就不存在选择的余地，也就不存在决策，因此，必须有两个或两个以上的方案以供选择。拟订方案是科学决策的关键和基础工作，拟订的各种行动方案必须是切实可行的。只有当方案切实可行时，才能从中选择出最佳的方案。

拟订方案的过程也就是对资料、信息进行调查、分析和研究的过程。饭店管理人员应该善于发动和启发下级管理人员和饭店全体员工提出各种方案、提出合理化建议，然后从各种方案（建议）中吸取可取之处，概括并提炼出若干个可供挑选的方案。拟订方案应尽可能采用量化的方法，对不确定的随机因素可根据统计资料估算其概率。

（5）方案的评价和选择。方案选择是决策成败的关键。方案拟订后，就必须进行方案的最优选择。方案优选必须建立选择标准，并结合实际对各种方案进行分析、比较、评价，才能选出切实可行的方案。

（6）实施方案。方案一经确定，就应不失时机地组织实施，并且在实施过程中要及时反馈、加强控制、不断进行决策修正，这样才能最终实现决策目标。

4）饭店经营决策的原则

决策必须有决策的标准。在饭店经营决策中，应着重强调如下四个原则：

（1）有限理性原则。1978年，诺贝尔经济学奖获得者西蒙提出决策的标准是**"有限理性原则"**，即在一定环境中寻找一个符合要求或令人满意的行动方案，而无须对所有的方案都进行评价和选择。这一原则同样适用于饭店经营决策。决策面对的是未来，而未来总是存在着大量的未知因素。况且，合理本身就是一个相对性的概念。在决策中，想达到决策的绝对合理是不可能的。现实生活中不可能进行绝对合理的决策。

（2）时效性原则。决策的标准与时间有着密切的联系，因为我们必须在特定的时间条件下进行决策，并且决策的确定也依赖于相应的时间背景。某一项经营活动也许现在需要进行决策，可过了若干时间之后，再进行决策或许已毫无意义，或许早已错过了时机。当然，制订决策的行动方案需要一定时间，但当你制订完善的方案时，也许已经失去了实施该方案的时机。

教学互动6-1

观点： 任何决策都只能是有限的合理性，而且任何决策都有非常明确的时间性。

问题： 请同学们回想自己高考与大学入学志愿填报，分析判断该决策是否为有限合理？是否还有从头再来的机会？

要求： 同"教学互动1-1"的"要求"。

（3）政治性原则。由于饭店的经营决策直接决定或影响着饭店的经营方向、经营目标、经营方针和具体的经营活动，而且饭店经营政策性又强，因此饭店决策首先应遵守国家方针政策，强调社会利益，指导饭店走正确的发展道路。

深度剖析6-1

问题： 澳门的博彩业是否可以有选择地引入内地沿海城市？

解析与讨论：

①什么是博彩业？

②博彩业为什么要限制？

③内地引进博彩业可能产生哪些社会问题？

④社会制度与法律为什么限制博彩业？

（4）优选和可行兼重的原则。决策的本质特性就是优选，即从几个方案中选择最优方案。经济决策中优选的标准关键在于经济效益，因此，优选应以提高经济效益为中心，但饭店经营仅以经济效益为衡量标准还不够，它必须争取经济效益和社会效益并重。总而言之，决策要综合考虑各种制约因素，保证决策具有经济、技术上的可行性和法律上的可行性。

5）饭店经营决策方法分类

根据不同的分类标准，可以有多种分类。

（1）以决策重要性进行分类，根据决策内容的性质可分为战略决策、管理决策和业务决策三种。战略决策是对整个饭店战略性的经营管理活动所进行的决策，包括饭店的经营目标、经营方针、经营策略、经营计划、经营组织、管理方法、管理体制、重要管理人员的选聘以及饭店的更新改造计划和发展计划等。管理决策包括各部门的工作计划，是具体执行的决策。业务决策是短期的具体决策，如服务员的工作安排、人员局部调整、重大接待任务等。

（2）根据决策的组织层次可分为高层决策、中层决策和基层决策。饭店投资者这一层次的人主要进行战略决策，适当考虑管理决策。饭店总经理这一层次的管理人员则主要进行管理决策，适当参与战略决策并过问业务决策。饭店中层和基层管理人员主要从事业务决策，适当参与高层次的决策。

（3）根据决策的性质，即决策所依据的条件与决策目标的关系，可分为确定型决策、不确定型决策和风险型决策。确定型决策是指已拟订的各种行动方案与决策目标之间都有明确的数量关系，且各种行动方案都只有一个自然状态。风险型决策是指已拟订的各种行动方案与目标之间的数量关系虽然明确，但方案中存在两个或两个以上的自然状态，但各种状态出现的概率（即出现的可能性）既可以利用统计资料计算得到，也可用预测的方法求得。不确定型决策与风险型决策的其他条件都相同，只是状态出现的可能性无法估计。

（4）根据决策程序分类可分为常规决策和非常规决策。常规决策是指一些经常反复出现的决策问题。这种类型的决策一般都有章可循，形成了一定的决策程序，如库存决策、销售计划决策等。非常规决策是指那些不经常出现的决策问题。这类决策没有一定的决策程序，而往往又是比较重要的问题。对这类问题的决策在很大程度上需要决策者利用其经验来解决。决策者不但要有丰富的经营管理经验，而且必须熟悉与决策问题有关的各方面知识。

◆ **深度剖析6-2**

常规决策与决策风险

问题：常规决策是指一些经常反复出现的决策问题。这种类型的决策一般都有章可循，形成了一定的决策程序，那么，遵循一定决策程序所进行的常规决策是否可规避决策风险？

解析与讨论：如果把常规决策都界定为诸如库存决策、销售计划决策等这种类型的决策，那么，可以说，遵循一定决策程序所进行的常规决策是可以规避决策风险的。而一旦进入投资市场，诸如股市、期货、外汇等波动幅度特别大的市场，那么，遵循一定决策程序所进行的这类常规决策是否可以规避决策风险，就需要另当别论了。建议经过深入的讨论，灵活掌握决策的灵魂。

6）饭店管理决策技术

在饭店管理决策中，应用的决策技术有定性和定量决策技术两种。

定性决策技术是在决策的各个阶段根据已知情况和资料，提出决策目标、方案、参数，并做出相应的评价和选择。它适用于受社会影响因素较大的、所含因素错综复杂的、综合性的战略管理决策。定性决策技术常用的方法有专家调查法、经验判断法、定性计量决策法、集合意见法、头脑风暴法等。

现代饭店管理决策往往涉及大量信息和数据的处理、分析，并且现代管理也要求决策必须尽量精确，因此，定量决策技术就成为管理决策技术的核心内容。定量决策技术是建立在数学方法的基础之上的，它是把决策的变量与变量之间的关系用数学关系表示出来，即建立数学模型，然后根据决策条件，通过计算求得决策答案。它主要适用于重复性的程序化决策。定量决策法采用何种技术工具主要取决于决策问题的确定性。

运筹学是决策的数学基础，可以说运筹学的所有部分都具有决策的数理工具作用，可以从图论、网络技术、排队论、线性规划、概率论、模糊数学等数学理论或其分支的角度来叙述它们在决策中的应用和进行决策的技术。

图论是从各种实际问题中抽象出它们的共性，用图表示其性质、规律，从而获得解决问题的方法。其中，决策树就是用树状结构图表示出不同的决策方案在不同自然状态下的结果，而且能够显示出决策的步骤和过程。

网络技术是通过对网络图的绘制、计算，求解网络图，确定关键路线，从而做出科学决策。

线性规划是指如何用尽可能简单的方法，在各种相互关联的多变量线性约束条件下，去解决或规划一个对象的线性目标函数最优的问题，即解决两类问题：一是给定一定数量的人力、物力、资源，如何应用它们来取得最大的经济效益；二是给定一定的任务，如何统筹安排才能以最小的消耗去完成最多的工作。其中，目标函数是指决策者要求达到目标的数学关系式，用一个极大或极小值表示。约束条件是指实现目标的能力资源和内容条件的限制因素，用一组等式或不等式表示。

排队论是为解决随机服务系统中因拥挤产生排队现象的数学方法，以求得既减轻拥挤又花费最小人力、财力的最优结果。它可以用概率和数理统计原理进行分析求解，也可用模拟方法求解。

模糊数学是研究现实世界中许多界限不分明甚至很模糊的问题，使其清晰化，获得有用的结果的数学方法。

6.2.2　确定型决策

确定型决策必须具备以下四个条件：①有一个决策者希望达到的明确目标，如利润最大或损失最少；②有两个或两个以上可供决策者选择的可行的行动方案；③只有一个确定的自然状态；④每个可行方案在确定状态下的损益值（收益或损失值）都可以计算出来。对以上所列的这些条件进行评比之后就可以选出最优方案。由于这种决策的约束条件十分明确，因此，相对说来，这种决策的分析、计算和比较都较为简单、准确。目前，人们已发展的确定型决策方法种类繁多。常用的方法有简单优选法、成本效益法、盈亏平衡法（量本利分析法）、经济分析法，以及图论、线性规划法等。

本书重点介绍盈亏平衡法和线性规划决策法。

1）盈亏平衡法

这是利用量-本-利（销售量、成本、利润）之间的关系进行决策的方法，特别适用于饭店的规模经营、利润预算、成本控制等方面的决策，以及用于饭店购置设备计划的决策等工作。

这种方法的基本公式为：

$$X_1 = \frac{F}{P - Cv} \tag{6-17}$$

$$X_2 = \frac{F + m}{P - Cv} \tag{6-18}$$

式中：P——单位价格；

Cv——单位变动费用；

F——固定费用；

m——预算利润；

X_1——盈亏平衡时的业务量；

X_2——完成一定利润 m 的业务量。

业务链接6-6

盈亏平衡决策计算

某饭店拟购置设备增设娱乐项目。设备购置、安装费用预计需56万元，人员年度工资、维修、增值税等费用10万元。使用此娱乐设施每人次可获利30元，其中每人次变动费用6元，要求3年收回全部投资。据调查，平均每天可接待50人次。饭店是否该购置此设备增设娱乐项目？如果要求年度利润为10万元，又是否该购置设备增设此项目？

在不考虑其他因素的情况下，年度固定费用为：

$$F = \frac{56}{3} + 10 = 28.666667 (万元)$$

根据条件，若3年收回投资，则每天应接待人次为：

$$X_1 = \frac{F}{P - Cv} = \frac{286\,666.67}{30 - 6} \div 365 = 33 (人次/天)$$

若还要求每年利润完成10万元，每天应接待人次为：

$$X_2 = \frac{F + m}{P - Cv} = \frac{286\,666.67 + 100\,000}{30 - 6} \div 365 = 44 (人次/天)$$

计算表明，每天接待33人次就可在3年内收回全部投资；每天接待44人次，则可在3年内收回投资的情况下每年还获利10万元。而市场调查表明，每天可期望接待50人次，说明可购置此设备用于增设娱乐项目。

2）线性规划决策法

线性规划是应用于解决生产问题的一种定量分析决策方法。这种方法在决策时，可用作解决对可供使用资源进行控制的问题。线性规划主要解决的决策问题有两类：

第一类：在可供使用的人力、物力资源有限的情况下，如何筹划决策使其产生最大的经济效益。

第二类：在决策目标已确定的情况下，如何筹划使完成目标所消耗的资源最少。

线性规划的具体方法有很多，下面通过两个计算示例来介绍线性规划在决策中的最基本用法。

（1）决策筹划资源分配问题。

◆ 业务链接6-7 ◆

决策筹划资源分配计算

某餐饮部的人员分为4组，这4个小组将去完成4项不同的工作。由于各小组的人员数量和对每个项目的操作熟练程度不同，由此每个小组完成各个项目所需时间也各不相同，具体所需时间见表6-5。

表6-5　　　　　　　　　**4个小组完成4项工作所需时间**　　　　　　　　　单位：小时

项目 小组	1	2	3	4
甲	6	9	7	12
乙	5	9	8	10
丙	8	7	9	11
丁	9	8	7	10

显然，这属于第二类问题。

假设：甲做项目1，乙做项目2，丙做项目3，丁做项目4，则总工时为：6+9+9+10=34（小时）；

若甲做项目2，乙做项目3，丙做项目4，丁做项目1，则总工时为：9+8+11+9=37（小时）；

若甲做项目3，乙做项目4，丙做项目1，丁做项目2，则总工时为：7+10+8+8=33（小时）。

由上述分析可知，不同的安排将产生不同的人力资源消耗。对资源分配问题进行安排可采用匈牙利法，用匈牙利法可获最优安排。匈牙利法步骤如下：

①列出矩阵。"矩阵"是借用数学的名称，即将一些数字按一定的行和列的顺序排列。矩阵的行数和列数称为阶数。在矩阵中，因为用于生产计划的决策安排不可能让某些人员干过多的工作而另一些人则无事可做，以致造成人力资源浪费，因此矩阵的行和列必须是相等的（数学中无此规定）。若班组数与项目数不等，可通过合并等措施，使行数、列数相等，在本例中，矩阵为4阶矩阵，如矩阵1。矩阵中的每个数字称为元素。

$$
\begin{bmatrix} 6 & 9 & 7 & 12 \\ 5 & 9 & 8 & 10 \\ 8 & 7 & 9 & 11 \\ 9 & 8 & 7 & 10 \end{bmatrix} \qquad
\begin{bmatrix} 0 & 3 & 1 & 6 \\ 0 & 4 & 3 & 5 \\ 1 & 0 & 2 & 4 \\ 2 & 1 & 0 & 3 \end{bmatrix} \qquad
\begin{bmatrix} 0 & 3 & 1 & 3 \\ 0 & 4 & 3 & 2 \\ 1 & 0 & 2 & 1 \\ 2 & 1 & 0 & 0 \end{bmatrix}
$$

矩阵1　　　　　　　　　　矩阵2　　　　　　　　　　矩阵3

②逐行缩减矩阵。逐行缩减矩阵的方法是将每行中各元素减去该行中最小元素。如矩阵1中第一行的最小元素为6，第一行各元素减去6得0、3、1、6。各行依此类推，使每行中至少出现一个元素为0，见矩阵2。

③逐列缩减矩阵。与逐行缩减矩阵一样，按列进行，使每列都至少出现一个元素为0。若该列已有零元素，则不必再缩减。在矩阵2中，只有矩阵第4列需要缩减，得矩阵3。

④检验。这一步骤是检验经过以上缩减步骤后是否已产生最优的分配方案。方法是做零元素的最少覆盖线，即将矩阵中零元素全部覆盖的线。最少覆盖线的条数称为维数。若维数与阶数相等，则说明已经有最优分配方案。零元素的位置就是最优分配方案。如果维数少于阶数，则还需进一步进行优化。经过检验的矩阵4，其维数少于阶数，必须进一步进行优化。

$$
\begin{pmatrix}
0 & 3 & 1 & 3 \\
0 & 4 & 3 & 2 \\
1 & 0 & 2 & 1 \\
2 & 1 & 0 & 0
\end{pmatrix}
\quad
\begin{pmatrix}
0 & 2 & 0 & 2 \\
0 & 3 & 2 & 1 \\
2 & 0 & 1 & 0 \\
3 & 0 & 0 & 0
\end{pmatrix}
\quad
\begin{pmatrix}
0 & 2 & 0 & 2 \\
0 & 3 & 2 & 1 \\
2 & 0 & 1 & 0 \\
3 & 0 & 0 & 0
\end{pmatrix}
$$

矩阵4　　　　　　矩阵5　　　　　　矩阵6

⑤优化。将未被覆盖线覆盖的元素减去其中最小元素，将覆盖线交点上的元素加上这个最小元素，其余元素不变，得到矩阵5。

然后，对矩阵5再进行检验。检验和优化可能会反复进行多次，直到通过检验。矩阵5经过一次优化已通过检验，得矩阵6。在矩阵6的零元素位置上找出最优分配方案。

由矩阵6可见，甲可安排项目1、3，乙只可安排项目1，丙可安排项目2、4，丁可安排项目2、3、4。最优方案的确定是先安排无选择余地的班组乙。

最优分配方案为：甲做项目3，乙做项目1，丙做项目2，丁做项目4（项目2由丙做，项目4只能由丁做）。如此安排，总工时为：7+5+7+10=29（小时），且以最少的人力资源消耗完成决策所要达到的目标。

如果将此匈牙利法应用于获取利润的分配问题，则我们希望出现的结果不是最小，而应该是最大值。用匈牙利法求最大值是先将整个矩阵中的最大元素挑出，然后用最大元素分别减去矩阵中每个元素。以后的各步骤与求最小值相同。最后在零元素的位置上可找到获得最大值的项目方案。

（2）决策筹划获取最佳经济效益问题。

▶业务链接6-8◀

决策筹划获取最佳经济效益计算

某饭店餐厅为拓展餐饮业务，决定推出特色套餐和特色快餐两种经济型项目。生产每百客套餐，餐厅可获利1 500元；生产每百客快餐，餐厅可获利800元。每百客套餐需耗费主料50千克，辅料100千克；每百客快餐需耗费主料30千克，辅料120千克。餐厅每天采购的主料和辅料必须既能保证供应又不至于积压造成变质，每天采购主料150千克，辅料420千克。餐厅应如何决策才能获取最佳利润？

显然，这是一个在餐厅可供使用资源有限的情况下，怎样进行生产决策以获取最佳利润的问题，属于线性规划要解决的第一类问题。

设生产套餐为 x（百客），生产快餐为 y（百客），获利：

maxS=1 500x+800y

这是一个目标函数问题，经营者当然希望S越大越好。但x、y都要受到原料供应的限制，有其约束条件。

$$\begin{cases} 50x + 30y \leqslant 150\,(主料限制) \\ 100x + 120y \leqslant 420\,(辅料限制) \\ x \geqslant 0, y \geqslant 0 \end{cases}$$

由解析几何知识可知，求最优解点（最佳方案）实际上就是对下列方程组求解。

$$\begin{cases} 50x + 30y = 150 \\ 100x + 120y = 420 \end{cases}$$

解得：$x=1.8$　$y=2$

即 $maxS=1\,500 \times 1.8 + 800 \times 2 = 4\,300$（元）

在餐厅采购原料有限的情况下，为了获取最佳经济效益，餐厅决策生产套餐 180 套、快餐 200 套时，获利最大。

6.2.3　风险型决策

饭店的决策者在进行经营决策时，既可能获得成功，也可能面临决策失误造成亏损，亦存在着达不到预期决策目标的可能性。只要存在两种以上的可能，决策者就要承担风险。在现实中，经营环境经常变化，决策的风险随时存在，应学习掌握风险型决策法。

风险型决策面临两种以上自然状态且每种状态都是随机的。决策者采取任何一种方案都可能遇到由两种以上自然状态引起的不同结果，但结果出现的概率是可以通过计算或判断获得的。风险型决策的最优方案是成功可能性较大或损失较小的方案，所以称这种决策为风险型决策或随机型决策。风险型决策一般需具备以下 5 个条件：①存在决策者希望达到的目标；②存在两个或两个以上的方案可供决策者选择；③存在两个或两个以上的不以决策者的主观意志为转移的自然状态；④不同的行动方案在不同的自然状态下的收益或损失值是可以计算的；⑤在几种自然状态中，未来究竟出现哪一种状态，决策者无法肯定。但是，每种状态出现的可能性（概率）是可以计算或估计的。

风险型决策的方法有很多，本书重点介绍决策树法、敏感性分析法等。

1）概率和风险型决策标准

（1）概率。

饭店经营者在经营管理中经常要对一些事先无法肯定是否发生的事情进行估计，如第 2 天饭店的客房出租率是多少，有多少散客将入住本饭店。这些事先不能确定的事情我们称为随机事件。随机事件的特点就是可能发生也可能不发生，对其发生的可能性大小的估计称为该随机事件的概率估计。

◆◆◆ **知识链接 6-1**

概率的基本属性

数学家对随机事件进行了许多研究，如抛投硬币试验。将一枚硬币往上抛，掉下来后可能是正面朝上，也可能是反面朝上。你试验一次（抛一次）只能得到一个结果，正面或是反面。经过大量试验后，将发现出现正反面的次数基本相等。曾有人进行了 24 000 次试验，结果正面出现的次数是 12 012，比率是 0.5005。因此，抛投硬币试验有一条规律，试验次数逐渐增多时，出现正面或反面的频率总是在 0.5 附近摆动，稳定于 0.5。当试验次数增大时，一个事件出现的频率稳定于某一数值，这个数值即为这一事件的概率。概率是衡量一个事件出现的可能性的尺度。

在某一试验中，可能出现的结果称为基本事件，基本事件的总数用m表示。对基本事件中出现的我们感兴趣的事件用A表示，出现的次数用n表示，则事件A的概率用 P（A）表示。

$$P（A）=\frac{A事件出现的次数}{基本事件总数}=\frac{n}{m} \qquad\qquad (6-19)$$

例如，某饭店一年内客房出租的记录整理见表6-6。

表6-6　　　　　　　　　　　　某饭店一年内客房出租的记录

客房出租率	45%	55%	65%	75%	85%	95%
天数	30	60	110	80	60	25

如果用A₁，A₂，…，A₆分别表示出租率，为45%，55%，…，95% 这6个事件，则这6个事件出现的概率（可能性）分别为：

$$P（A_1）=\frac{30}{365}=0.08219$$

$$P（A_2）=\frac{60}{365}=0.1644$$

……

$$P（A_6）=\frac{25}{365}=0.06849$$

这种用统计数据计算出来的概率称为统计概率，是我们经营管理中求取概率最常用的一种方法。用这种方法求取概率必须注意两个问题：①要有足够多的统计资料；②饭店系统具有正常的、系统的统计制度。

在经营决策中，如不可能进行重复试验，即无足够多的统计数据，就只能用主观概率。主观概率是以决策者的经验和对现实世界的判断为依据的。

在计算概率时，必须注意概率的基本特性：

①事件的完备性。事件的完备性就是把可能出现的事件全部包括进去。

②事件的互不相容性。事件的互不相容性是指在某一次试验中不可能同时出现两个或更多的事件。

③概率的基本性质。

a.任何事件 A 的概率总是处于 0 和 1 之间，即 0≤P（A）≤1。

P（A）=1，则 A 事件为必然发生的事件；

P（A）=0，则 A 事件为不可能发生的事件。

b.一个完备事件组的概率之和等于 1，即 $\sum_{i=1}^{n} P_i = 1$。

例如，在表6-6中，出租率为一完备事件组，概率之和为：

$$\sum P_i = P（A_1）+P（A_2）+P（A_3）+P（A_4）+P（A_5）+P（A_6）$$

$$=\frac{30}{365}+\frac{60}{365}+\frac{110}{365}+\frac{80}{365}+\frac{60}{365}+\frac{25}{365}=1$$

利用完备事件组的概率之和等于1的性质，有时可以简化概率的计算。例如，将饭店经营状况分为盈利 A₁ 和亏损 A₂ 两种情况，则盈利与亏损便构成一完备事件组。例如，已知盈利的概率为0.6，则亏损的概率便是0.4。因为 P（A₁）+P（A₂）=1，现在 P（A_1）=0.6，则 P（A_2）=1−P（A_1）=1−0.6=0.4。

（2）风险型决策标准。

①期望值准则。期望值就是最期望、最可能达到的最大数值。

例如，某饭店过去60个月的月客房销售统计见表6-7。

表6-7　　　　　　　　　　某饭店过去60个月的月客房销售统计

月销售额（万元）	80	85	92
销售月数	12	18	30
概率	0.2	0.3	0.5

那么，下个月的计划销售额应为多少？

如果运用平均数方法，则下个月的计划销售额应为：

$$\frac{80+85+92}{3}=85.67（万元）$$

只要仔细分析就可以发现，85.67万元肯定低于该饭店客房的实际经营能力。因为，采用平均数的方法，实质上是把3种营业状况出现的概率视为均等，而事实上，出现销售额为92万元的概率大大超过另两种情况。如果采用以下方法计算，则比较客观地估计了该饭店客房的实际接待能力。

80×0.2+85×0.3+92×0.5=87.5（万元）

这样计算不仅考虑了该饭店客房的销售额，而且考虑了达到每个销售额的可能性。这个结果即称为收益期望值。

显然，以87.5万元作为计划销售额，该饭店客房在某一个月份可能达不到，也可能超过，但从长期经营情况来衡量，这一计划数还是比较准确的，因为这个计划数是建立在该饭店客房长期经营的统计数据之上的。

期望值准则运用于风险型决策问题，由于发生的自然状态不能事先人为确定，但已知其发生的概率，所以方案的优选是按照各方案的收益或损失的期望值来进行比较而得到的。如果决策的问题是收入，则称为收益期望值，选最大值；如果决策的问题是成本支出，而不是收益值，则称为损失期望值，选最小值。

运用期望值准则进行决策，利用了各自然状态发生的概率。概率只说明了自然状态发生的可能性，并不是肯定会发生，所以其决策要冒一定的风险。但是，因为我们运用了统计规律，生产连续进行下去，则收益值将趋向于期望值。采用期望值准则决策比主观想象要合理得多，这是一种有效和常用的决策准则。

②最大可能准则。某一种自然状态的概率越大，则其发生的可能性就越大。基于这样的规律，风险型决策还有另一种决策准则，就是在各自然状态中挑选一个概率最大的状态进行决策。这种决策方法就是最大可能准则的决策方法。

用最大可能准则进行决策的最大特点是比较稳定。这种方法适用于若干自然状态中有某个状态出现的概率比其他状态的概率大得多，而在该状态下，各方案的收益或损失值差别不是很大的情况。反之，各状态概率都很小，且相差不大，采用最大可能准则的效果不好，有时甚至产生决策失误的后果。

2）决策树法

决策树法是一种以图解为辅助来进行风险型决策的方法。这种决策方法的思路如同树状，所以起了一个形象化的名字——决策树。

（1）决策树和决策方法。

决策树是由不同节点和分枝构成的树状图形。决策树图形如图6-4所示。

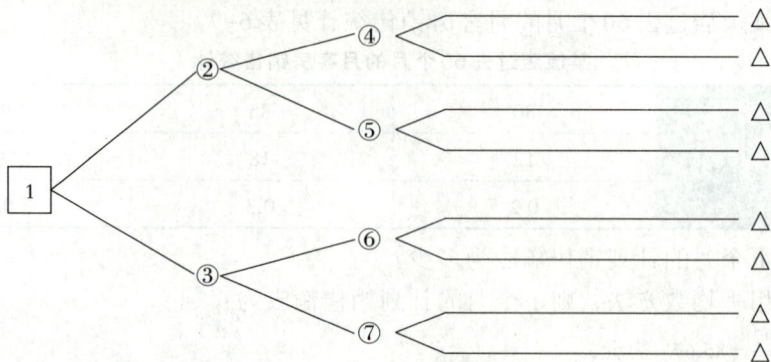

图6-4   决策树图形

图6-4中的符号说明如下：

□表示决策点。需要决策一次，就有一个决策点。从决策点上引出的分枝称为方案枝，方案枝的枝数表示可行方案的个数。

○表示方案的状态节点。从状态节点引出的分枝称为状态枝，状态枝的枝数表示可能出现的自然状态。

△表示结果节点。在结果节点旁列出不同状态下的收益值或损失值，供决策使用。

（2）应用决策树进行决策的过程和方法。

①由左向右作图画决策树，把某个决策问题未来发展的可能性和结果用树状图形反映出来。画决策树的过程，也就是拟订各种方案的过程。在作图过程中，为了使整个决策有顺序，应从左到右、从上到下将每个结点标上序号。

②将各个数值、状态及概率标在树上，特别要注意状态概率的准确性。

③计算各方案的收益或损失期望值。从树的末梢开始，以从右到左的方向计算各点的期望值，把计算结果标在节点上方。

④按照期望值准则进行决策，把优选方案的损益期望值标在决策点上方。

⑤对落选方案，在方案枝上画上"//"符号，表示删枝。

（3）单级决策树。

单级决策是只需进行一次决策（一个决策点）就可以选出最优方案的决策。

◆◆◆ **业务链接6-9**

单级决策树计算

某地拟建一饭店，提出甲、乙两方案，甲为建高档饭店，投资25 000万元，乙为建中档饭店，投资13 000万元。建成后饭店要求15年收回投资。根据预测，该地区饭店出租率较高的概率是0.7，较低的概率是0.3。若建高档饭店，当出租率较高时，每年可获利3 000万元，出租率不高时，将亏损300万元；若建中档饭店，当出租率较高时，每年可获利1 200万元，出租率不高时，可获利300万元。另据预测，在15年中，情况会发生变化，必须将15年分成前6年和后9年两期进行考虑。如果在前6

年里，本地区旅游业发展较快，则后9年可发展得更好，饭店出租率较高的概率可上升至0.9；如果前6年发展较慢，则后9年的情况相应较差，饭店出租率较低的概率为0.9。请决策应采用哪一个方案。

按已知条件可列出决策表，见表6-8（前6年）和表6-9（后9年）。

表6-8　　　　　　　　　　　　**两方案前6年的决策表**　　　　　　　　　　单位：万元

状态概率 收益值状态 方案	较好（出租率较高） 0.7	较差（出租率较低） 0.3
建高档饭店	3 000	−300
建中档饭店	1 200	300

表6-9　　　　　　　　　　　　**两方案后9年的决策表**　　　　　　　　　　单位：万元

状态概率 收益值状态 方案	前6年较好则后9年更好		前6年较差则后9年较差	
	较好0.9	较差0.1	较好0.1	差0.9
建高档饭店	3 000	−300	3 000	−300
建中档饭店	1 200	300	1 200	300

按题意画出决策树，如图6-5所示。

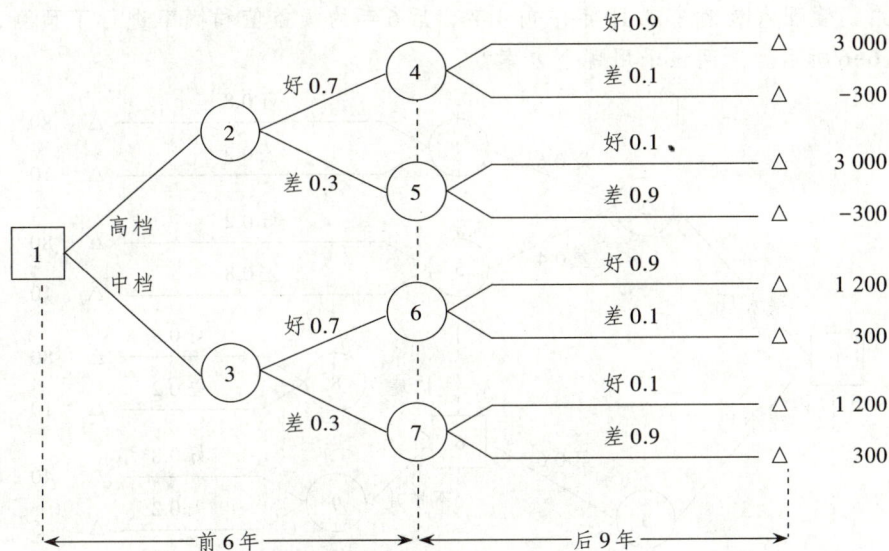

图6-5　两方案的决策树

首先计算后9年的收益期望值：

点④：［3 000×0.9+（−300）×0.1］×9=24 030（万元）

点⑤：［3 000×0.1+（−300）×0.9］×9=270（万元）

点⑥：（1 200×0.9+300×0.1）×9=9 990（万元）

点⑦：（1 200×0.1+300×0.9）×9=3 510（万元）

再计算两个方案全部收益期望值：

点②：［3 000×0.7+（−300）×0.3］×6+24 030×0.7+270×0.3=28 962（万元）

点③：（1 200×0.7+300×0.3）×6+9 990×0.7+3 510×0.3=13 626（万元）

收益期望值由两部分构成，前一部分是方案前6年的收益期望值，后一部分是后9年的收益期望值。但是，两段收益期望值不是简单地相加，获得后9年收益期望值的可能性是建立在前6年的基础上的，即点④的24 030万元必须乘以获得此值的概率0.7，点⑤的270万元乘以获得此值的概率0.3。点⑥和点⑦也必须乘上各状态获得的概率。

各方案实际收益期望值：

高档饭店：28 962−25 000（投资）=3 962（万元）

中档饭店：13 626−13 000（投资）=626（万元）

结论：根据期望值准则进行决策，应采用建高档饭店的方案，净收益期望值为3 962万元。将建中档饭店的方案删除。

（4）多级决策树。

需要进行两次或两次以上的决策才能选出最优方案的称为多级决策。其决策原理与单级决策相同，但要分级计算收益期望值。

业务链接6-10

二级决策树计算

某饭店决定投资建饭店消耗品生产厂，提出3个方案：一是建大厂，投资350万元；二是建小厂，投资170万元；三是先建小厂，如果经营得好再扩建，扩建再投资150万元。管理人员对未来10年中前4年、后6年的损益值和概率进行了预测，其数据如图6-6所示。请问该采用哪个方案？

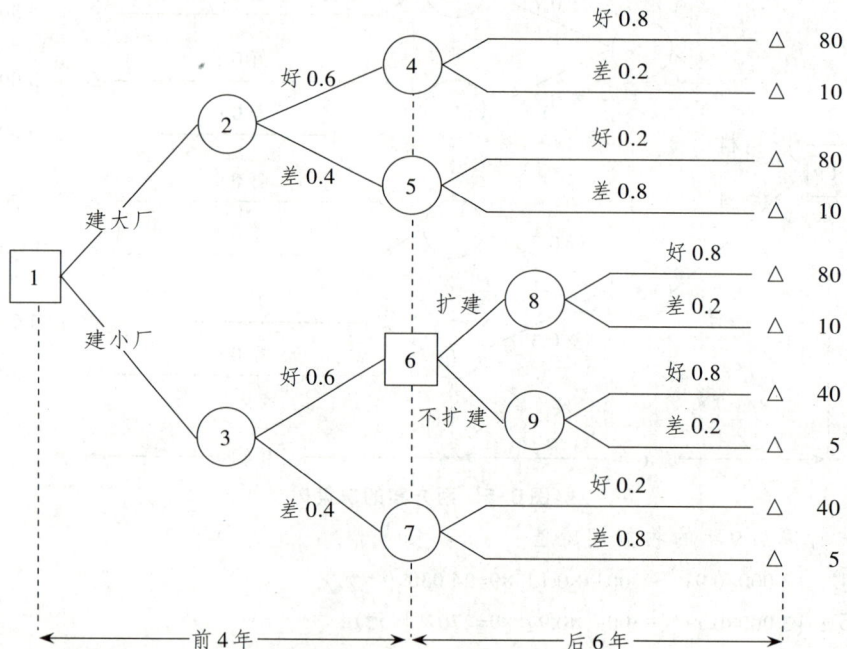

图6-6　3种方案的决策树

计算各点的收益期望值：

点⑧：（80×0.8+10×0.2）×6=396（万元）

点⑨：（40×0.8+5×0.2）×6=198（万元）

点⑧与点⑨的期望值相比，前者较大，所以应选择扩建，对不扩建进行删枝。把点⑧期望值减投资后所得246万元移到点⑥上来，这是第一次决策。

点④：（80×0.8+10×0.2）×6=396（万元）

点⑤：（80×0.2+10×0.8）×6=144（万元）

点⑥：396-150=246（万元）

点⑦：（40×0.2+5×0.8）×6=72（万元）

点②：（80×0.6+10×0.4）×4+396×0.6+144×0.4=503.2（万元）

点③：（40×0.6+5×0.4）×4+246×0.6+72×0.4=280.4（万元）

各方案实际收益期望值：

建大厂：503.2-350=153.2（万元）

建小厂：280.4-170=110.4（万元）

结论：应采用直接建大厂的方案，净收益期望值为153.2万元。

本例进行了两次决策才选出最优方案，所以是二级决策。

用决策树方法进行决策的优点是：①它构成一个简单的决策过程，使决策者可以按顺序有步骤地进行。②决策树法有直观的图形，便于决策者进行科学的分析、周密的思考。③将决策树图形画出后，便于集体讨论和共同分析，有利于进行集体决策。④决策树法对比较复杂的问题，特别是对多级决策问题进行决策尤为方便，甚至在决策过程中，通过画决策树逐级思考可以走一步看几步，三思而行之。

3）敏感性分析

在拟订方案时，通常是通过计算或估计来得到各自然状态出现的概率以及方案的收益或损失值，这些数值并非十分准确，有时甚至有很大的偏差。在实施决策所选定的方案中，实际所产生的数据与拟订方案时预测和计算或估计的数据之间的变动，不仅会影响决策方案的选定，有时甚至会产生决策时被淘汰的方案恰恰是较好的方案的情况。对此，决策者必须事先进行分析，这种分析可通过转折概率的稳定性分析和逐项替换的敏感性分析来进行。

（1）转折概率的稳定性分析。

如"业务链接6-9"中建高档还是建中档饭店的决策问题，以一年的收益进行决策。

①当较好状态概率为0.7时，两方案的收益期望值为：

高档饭店：3 000×0.7+（-300）×0.3=2 010（万元）

中档饭店：1 200×0.7+300×0.3=930（万元）

高档饭店为优选方案。

②当较好状态概率下降为0.5时，两方案的收益期望值为：

高档饭店：3 000×0.5+（-300）×0.5=1 350（万元）

中档饭店：1 200×0.5+300×0.5=750（万元）

高档饭店仍为优选方案。

③当较好状态概率下降为0.3时，两方案的收益期望值为：

高档饭店：3 000×0.3+（-300）×0.7=690（万元）

中档饭店：1 200×0.3+300×0.7=570（万元）

高档饭店仍为优选方案。

④当较好状态概率下降为0.2时，两方案的收益期望值为：

高档饭店：3 000×0.2+（-300）×0.8=360（万元）

中档饭店：1 200×0.2+300×0.8=480（万元）

结果相反，中档饭店为优选方案。

可见，当自然状态的概率发生变化后，就有可能影响决策的结果。因此，我们在进行决策时必须对方案进行稳定性分析，以免做出错误决策而给饭店带来灾难性的后果。

由上例分析可知，当较好状态的概率逐步下降时，必定存在某个较好状态出现的概率值恰好使两个方案的期望值相等。我们称这个概率值为转折概率。这个概率值可以通过使两方案的期望值相等来求出它的数值。

设较好状态概率为α，则较差状态的概率为（$1-\alpha$）。令两方案的期望值相等：

3 000×α+（-300）×（$1-\alpha$）=1 200×α+300×（$1-\alpha$）

整理后得：2 400α=600

α=0.25

α的值即为转折概率。当α>0.25时，即较好状态概率超过0.25，建高档饭店为优选方案；当α<0.25时，建中档饭店为优选方案。

将计算或估计的状态概率与转折概率进行比较。如果两者相差较大，则说明决策是比较稳定的。如此例，较好状态的概率与转折概率相差0.45（0.7-0.25）。在一般情况下，没有特别原因，概率的变动不会有如此之大，因此，这个决策是比较稳定的。如果状态的概率与转折概率相差甚微，则意味着外部环境只要稍有变化，就可能导致决策结果的变化，说明这种决策是不稳定的。

（2）逐项替换的敏感性分析。

逐项替换的敏感性分析是将方案中的变动因素逐项替换其中的一个，以求得该因素的敏感性。在计算时，只变动某一个因素而令其他因素不变，观察这一变动因素对方案结果的影响如何，从而确定其敏感性。依照与此相同的办法，逐次替换其他因素，通过分别计算分析各项因素的敏感性，直到把最优方案中全部因素的敏感性分析完毕为止。根据这些因素的敏感性，再综合判断该方案的最优性有无变化，以及允许变化的程度。

敏感性分析可以帮助决策者了解方案的最后结果对于估计值变化的敏感程度。以下通过一个例子说明这种分析方法。

◆ 业务链接6-11 ◆

逐项替换的敏感性分析计算

某饭店计划建一家面包房出售花色面包，估计10年之内销售不成问题，该面包房需要投资28万元，每天可生产面包2 500个，每年开工350天，生产销售能力的利用程度可以达到80%，每个面包平均售价1.2元，可变成本占60%，利润率规定为15%。其中，人工工资为120 000元，管理费为100 000元。计算结果如下：

年度收入：

2 500×350×1.2×0.8=840 000（元）

年度支出：

①折旧费：280 000÷10 = 28 000（元/年）

②人工工资：120 000元

③材料费：2 500×350×1.2×0.8×0.6=504 000（元）

④管理费：100 000元

利润：

840 000−504 000−120 000−28 000−100 000=88 000（元）

利润率：

$$\frac{88\ 000}{280\ 000} \times 100\% = 31.43\%$$

在上述几项因素中，生产销售能力的利用、产品售价、面包房的使用寿命三者占有重要的地位，需要进一步研究。材料费虽然也很重要，但它对其他面包房的影响也一样，可以不加考虑。下面分别对前三种因素进行敏感性分析。

生产销售能力利用程度的敏感度：生产销售能力利用程度分别有50%、60%、70%、75%、85%5种情况，假定其他因素不变，我们分别计算其利润和利润率，计算结果见表6-10。

表6-10　　　　　　**5种生产销售能力利用程度的利润和利润率**　　　　　金额单位：元

	50%	60%	70%	75%	85%
年度收入	525 000	630 000	735 000	787 500	892 500
年度支出					
材料费	315 000	378 000	441 000	472 500	535 500
折旧费	28 000	28 000	28 000	28 000	28 000
人工费	120 000	120 000	120 000	120 000	120 000
管理费	100 000	100 000	100 000	100 000	100 000
年度利润	−38 000	4 000	46 000	67 000	109 000
利润率		1.43%	16.43%	23.93%	38.93%

经过计算可以看出，利润率对生产销售能力的利用程度是非常敏感的，只有生产销售能力的利用程度达到70%以上，这个面包房才值得建。

售价的敏感度：我们假定面包房的生产销售能力利用程度为80%，使售价变化，计算结果见表6-11。

表6-11　　　　　　　　**不同售价下的利润和利润率**　　　　　　　金额单位：元

	售价			
	1.2元	1.5元	1.0元	0.8元
年度收入	840 000	1 050 000	700 000	560 000
年度支出	752 000	878 000	668 000	584 000
利润	88 000	172 000	32 000	−24 000
利润率	31.43%	61.43%	11.43%	−8.57%

从表6-11可以看出，售价对利润率的影响是很敏感的，如售价降至每个面包1元，还有利可图。因此必须对售价进行更加细致的调查研究，同时，要了解该地区其他面包房的竞争情况。

使用寿命的敏感度：我们假定面包房的生产销售能力的利用程度为80%，售价每个面包1.2元不变，使使用寿命变化。这时只有折旧费不同，计算结果见表6-12。

表6-12　　　　　　　　　　不同使用寿命下的利润和利润率　　　　　　　　　金额单位：元

	5年	8年	10年	15年
年度收入	840 000	840 000	840 000	840 000
折旧费	56 000	35 000	28 000	1 866 667
年度支出	780 000	759 000	752 000	742 667
利润	60 000	81 000	88 000	97 333
利润率	21.43%	28.93%	31.43%	34.76%

由表6-12可以看出，使用寿命对利润的影响是存在的，但不敏感，即使这个面包房只使用5年，利润率仍可达到21.43%，超过投资要求。

因此，根据以上分析，决策者就可以对建面包房方案做出比较全面、合理的判断，为决策提供更为详尽的分析方法。

6.2.4　不确定型决策

不确定型决策是指决策人无法确定未来各种自然状态发生的概率的决策，即风险型决策问题的五个条件中缺少第五个条件，是在不稳定条件下进行的决策，只要可供选择的方案不止一个，决策结果就存在不确定性。不确定型决策需要决策者的经验判断和观念。不同的决策者会运用不同的决策标准来进行判断，其决策方法主要是一些方案选择的准则问题。常用的决策方法有乐观准则、悲观准则、最小的最大后悔值准则、乐观系数准则、等可能性准则等。

1）乐观准则

乐观准则的决策原则是仅在最好自然状态下比较各方案的损益值，选择收益值最大或者损失值最小的方案为最优方案。其假定各方案的采用总是遇到最好结局，反映了决策者的乐观性，是对客观事态持乐观态度、"大中取大"的决策准则。

◆ **同步案例6-1** ◆

乐观准则下的决策

背景与情境：某餐厅提出扩大再生产的三种方案，见表6-13。

表6-13　　　　　在不同销售状态下各方案的收益值（乐观准则）　　　　　单位：万元

	销路好	销路一般	销路差	乐观准则取方案中最大值
扩建	50	26	10	50
改造	30	24	18	30
推出新品种	25	22	20	25

问题：预测在不同销售状态下各方案的收益值。

分析提示：

（1）在各方案中找出最大收益值。

（2）按照"大中取大"的乐观准则，应采用扩建方案。

（3）若给出的是损失值表，则选取最小损失值的方案为最优方案。

2）悲观准则

这是一个"小中取大"的决策准则。其思想方法是对客观情况总是持悲观态度，认为事情的结果总是向着不利的方向发展，即认为每种方案选择总会遇到最坏结局，遇上最小收益的自然状态。于是，为保险起见，仅在最差自然状态下比较各方案损益值，选择收益值最大或者损失值最小的方案为最优方案。

◆ **同步案例6-2** ◆

悲观准则下的决策

背景与情境：同上例的决策问题，根据题意列表6-14。

表6-14　　　　　**在不同销售状态下各方案的收益值（悲观准则）**　　　　　单位：万元

	销路好	销路一般	销路差	悲观准则小中取大
扩建	50	26	10	10
改造	30	24	18	18
推出新品种	25	22	20	20

问题：用悲观准则进行决策。

分析提示：

（1）在各方案中挑选最小的收益值。

（2）用悲观准则进行决策。

（3）根据"小中取大"原则，选择推出新品种方案为最优方案。

3）最小的最大后悔值准则

这个准则以选择最大后悔值最小的方案为最优方案。这个后悔值实质上是最优方案选择的机会损失。一方案中某自然状态的后悔值为该状态下的最大收益值与该方案在该状态下的收益值之差。决策时，首先，确定标准值，即比较每种市场状态下各方案的损益值，选出最大损益值作为该市场状态下的标准值；其次，计算后悔值，用第一步选出的各市场状态下的标准值减去该市场状态下的各方案的损益值；再次，确定各方案的最大后悔值，比较每个方案各市场状态下第二步计算出的后悔值，选出最大后悔值；最后，选择最大后悔值"最小的"方案为最优方案。决策者总是希望决策后的后悔值能够减到最小。

◆ **同步案例6-3** ◆

最小的最大后悔值准则决策

背景与情境：还是上例的决策问题，根据题意列表6-15。

问题：用最小的最大后悔值准则进行决策。

表6-15　　　在不同销售状态下各方案的收益值（最小的最大后悔值准则）　　　单位：万元

	销路好		销路一般		销路差		最小的最大后悔值准则
	收益值	后悔值	收益值	后悔值	收益值	后悔值	
扩建	50	0	26	0	10	10	10
改造	30	20	24	2	18	2	20
推出新品种	25	25	22	4	20	0	25

分析提示：

（1）将每种状态中的最大收益值减去各方案在该状态下的收益值，得到各状态下各方案的后悔值。

（2）在最大后悔值中取最小的一个后悔值的方案作为决策方案。

（3）选择扩建方案。

4）乐观系数准则

乐观系数准则，又称折中原则。其思想方法是对客观条件既不乐观，也不悲观，主张两者平衡，决策原则是选择折中损益值最大的方案。平衡方式用一个数字来表示乐观程度，这个数字称为乐观系数，用 α 表示，$0 \leq \alpha \leq 1$，即最优自然状态发生的概率，（$1-\alpha$）即表示最差自然状态发生的概率。决策方法是将各方案的最大收益值乘上乐观系数加上最小收益值乘上（$1-\alpha$），然后按照各方案的乐观期望值进行决策。当 $\alpha=0$ 时，结果与悲观原则相同；当 $\alpha=1$ 时，结果与乐观原则相同。

业务链接6-12

还是上例的决策问题，用乐观系数准则进行决策。

设乐观系数 $\alpha=0.6$，则 $1-\alpha=0.4$。

扩建：50×0.6+10×0.4=34（万元）

改造：30×0.6+18×0.4=25.2（万元）

推出新品种：25×0.6+20×0.4=23（万元）

决定采用扩建方案。在乐观系数准则中，显然，α 的值不同，决策结果也可能不同，α 的值取多少应视具体情况而定。若客观状态比较乐观，则 α 的值可取大一些；反之，则应取小一些。

5）等可能性准则

等可能性准则的思想方法是对各自然状态出现的概率"一视同仁"，然后按期望值准则进行决策。其决策原则是选择损益值的平均数最大的方案为最优方案。具体说来，当决策人在决策过程中不能肯定哪种状态容易出现、哪种状态不容易出现时，就认为它们出现的可能性（概率）是相等的。如果有几个自然状态，则每一个自然状态出现的概率为 $1/n$，然后按期望值准则进行决策。首先，计算出各方案所有市场状态损益值的平均数；接着，选择损益值的平均数最大的方案。

业务链接6-13

还是上例的决策问题，用等可能性准则进行决策。

根据题意，可见有三种自然状态，运用等可能性准则，则各状态出现的概率为1/3。

扩建：（50+26+10）×1/3=28.67（万元）

改造：（30+24+18）×1/3=24.00（万元）

推出新品种：（25+22+20）×1/3=22.33（万元）

决策应采用扩建方案，因为扩建方案的收益期望值最大。

6）运用不确定型决策准则应注意的几个问题

针对不确定型决策问题，采用不同的决策准则会有不同的决策。到底哪一种准则更好，它们之间并没有一个共同的评价标准。决策者到底运用哪种准则进行决策，要视其自身决策心理和客观约束条件而定。

（1）决策者的心理差异。

决策必定要承担风险，而决策者愿意承担风险的程度却各不相同。例如，被称为"开拓型"的决策者可能甘愿冒较大风险，在成功的概率很小的情况下去争取较高的利润，而不愿稳拿较低的利润；被称为"保守型"的决策者倾向于进行比较稳定的决策。又如，当决策的失误不会危及决策者本人的地位、名誉和经济利益时，决策者可能甘愿冒较大的风险，而一旦危及其自身利益，则不愿意去冒较大风险。

根据决策者对风险型决策所持的态度，决策者可分为以下四种：

一是"理性型"的决策者。这类决策者完全以计算所得的收益（损失）期望值为决策标准，既不乐观，也不悲观，决策的主观性最低。

二是"保守型"的决策者。这类决策者对收益的反应迟钝，而对损失的反应敏感，是谨慎小心、避免风险、不求大利的决策者。其对肯定得利的决策予以采用，对冒较大风险的决策则犹豫不决，事实上，大部分决策者都属于这种类型。

三是"冒险型"的决策者。这类决策者宁愿接受挑战，也不肯错失良机。其对损失的反应迟钝而对收益则比较敏感，是一种不怕冒风险、敢于谋取大利的进取型决策者。

四是"投机型"的决策者。这类决策者在收益值（损失值）较小时，愿意冒风险；而在损益值较大时，则趋向于保守。

（2）决策者的客观环境差异。

饭店环境的约束对决策者采用何种决策准则有很大的影响。一个饭店总经理与一个管理学家对同一个问题的决策往往是不同的。管理学家做出的决策可能是出人意料的，因为他希望一鸣惊人，或是考虑长远发展而不惜牺牲眼前的或短期的利益。而饭店总经理面对的是当前的现实问题，他所考虑的是饭店的实际经营状况，他必须力求增加经济效益，避免风险。又如集体决策与个人决策的差别，集体决策往往趋向于保守或走中间道路。这是因为在集体这一群体中必然存在着保守型、中间型和开拓型等各种人员的不同意见，而持极端意见的人通常是少数的，如果充分发扬民主而又希望大家都能通过，最后就必然要采用折中方案。个人决策则与其自身的性格、知识、心理意识紧密相关。

◆ **职业道德与企业伦理6-1** ◆

饭店员工是否要培训？

背景与情境：张志武受聘担任一家有350间客房的四星级饭店的总经理。这家饭店6年前开业，开业后曾是当地最著名的饭店。开业3年后，业主频繁更换总经理，已换了8名总经理，还从境外请过4家酒店管理公司来管理。张志武到任时，发现服务人员对客人冷漠、缺乏礼貌，以及不规范的服务时常发生。通过调查，张志武发现饭店实质上存在两个问题：一是饭店为了节省劳动力成本，从乡镇招了不少临时工，这些人服务意识差；二是饭店经营效益差，培训严重不足，如岗前培训只有半天，有时甚至没有进行岗前培训就直接上岗，以至于形成"舍不得花钱培训—培训不足—投诉越多—顾客更少—效益越差—越舍不得花钱培训"的恶性经营怪圈。

资料来源　作者根据相关资料整理而成。

问题：

（1）饭店服务人员职业道德有问题吗？

（2）加强培训能够提高服务质量进而提高经营效益吗？

（3）饭店业主也在频繁更换总经理，他是否也存在职业道德问题？

分析提示：

（1）如果就表象看，饭店服务人员存在职业道德问题。

（2）问题不在于是否存在职业道德问题，而在于为何存在。如何确立正确的职业道德观，才是需要深入研究的问题。

（3）培训能够解决部分问题，但不能挽救这样一家存在诸多问题的饭店；换言之，张志武总经理想采取的措施远远不够。

（4）饭店业主也存在职业道德问题，频繁更换总经理也说明其管理上存在不少问题。于是，张志武要解决饭店问题，需要从业主方开始沟通，再进一步采取一揽子措施来解决与提升。

✿ **本章概要**

✿ 主要概念

时间序列　季节指数法　因果分析预测法　有限理性原则　决策树法

✿ 内容提要

• 本章主要介绍了时间序列分析法、季节指数法、因果分析预测法、有限理性原则、决策树法。

• 时间序列分析法主要研究一个对象的历史行为（客观记录数据体现），因而它包含了系统结构状态及其发展变化规律。可以通过对时间序列的研究来研究饭店经营的结构特征（如某一饭店的客户流量周期波动、客房需求变化规律与趋势等）；揭示系统的运行规律，进而用以预测、解释和控制系统的未来行为，并在此基础上修正和重新设计预测系统（如采用季节平滑指数解决周期问题），使之按照新的结构运行。

• 季节指数法要求先建立描述整个时间序列发展趋势的数学方程，再考虑季节变化对预测对象的影响，算出季节指数，最后将两者结合起来，得到描述总体发展趋势季节性变化的预测模型。此法适用于季节性市场，旅游业季节性变化大，饭店客房出租率的季节性变化也很大，采用此法预测的准确性高。

- 因果分析预测法就是根据引起预测对象变化的原因预测它的变化结果。采用因果分析法进行预测的基本过程一般是先根据样本数据分析预测对象经济变量（因变量）与影响因素（自变量）之间的逻辑关系，据此选择合适的数学模型，再用样本数据确定模型中的参数，从而建立可用数学模型，模型经过检验便可用来进行实际预测。

- 有限理性原则是1978年诺贝尔经济学奖获得者西蒙提出的决策标准。这一原则同样适用于饭店经营决策。决策面对的是未来，而未来总是存在着大量的未知因素。况且，合理本身就是一个相对性的概念。在决策中，想达到决策的绝对合理是不可能的。现实生活中不可能进行绝对合理的决策。

- 决策树法是一种以图解为辅助来进行风险型决策的方法。这种决策方法的思路如同树状，所以起了一个形象化的名字——决策树。

✿　内容结构

本章内容结构如图6-7所示。

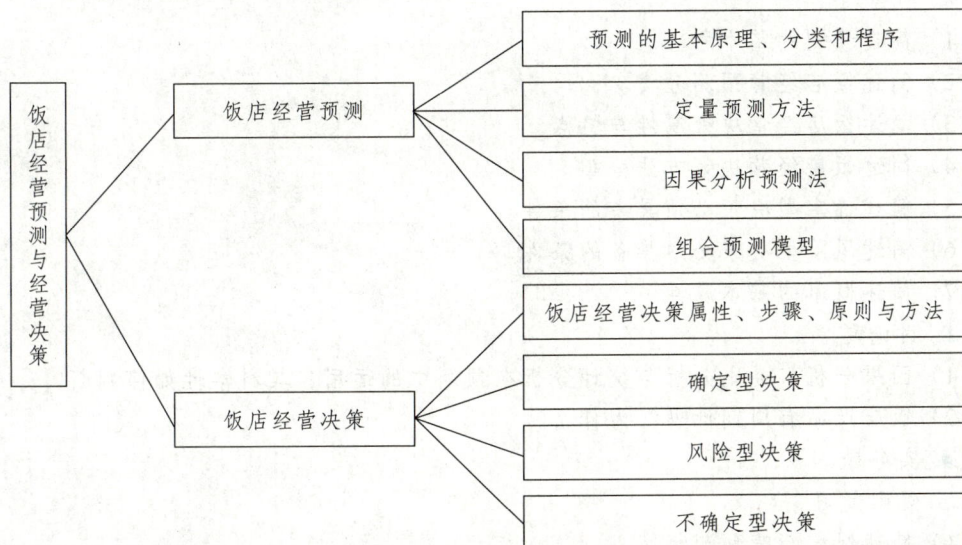

图 6-7　本章内容结构图

✿　重要观点

观点 6-1：提高预测的准确性是当今社会经济生活中最重要的一项工作，但预测本身是很困难的。

常见质疑：预测是一项重要工作，但预测并不难。

释疑：预测是指对未来发生的事实或不确定的未知事件做出分析和推断。进行预测的主要目的是弄清那些对现实决策至关重要的不确定事件的发展趋势，也是饭店经营中必不可少的一项基础工作。饭店管理者在制订经营计划和进行经营决策时，必须对未来的经营环境做出估计，以此作为制订饭店经营计划和经营决策的依据。饭店可以通过客源量的市场需求预测、市场趋势预测、市场占有率预测、市场容量预测和饭店的销售预测、营业收入与营业利润预测、损益分析预测等手段制订切合实际的经营计划，进行经营决策。通过预测，将未知状态转变为已知状况，使饭店少担风险、少受损失，在竞争中求生存、求发展。当今社会信息千变万化，预测要准确真的很难。

观点6-2：再科学的决策也不可能百分百正确，决策过程可以实现科学化，但结果只能相对合理。

常见质疑：决策可以实现科学化。

释疑：在决策过程中，为了提高决策的科学性，量化是必需的。问题在于，通过计算或估计所得到的各自然状态出现的概率以及方案的收益或损失值并非十分准确，有时甚至有很大的偏差。当实施决策选定的方案时，实际所产生的数据与拟订方案时预测和计算或估计的数据之间的变动，不仅会影响决策方案的选定，有时甚至会产生决策时被淘汰的方案恰恰是较好的方案的情况。

✿ **单元训练**

✿ **传承型训练**

▲ 理论题

△ 简答题

1）简述预测的基本原理。

2）简述饭店经营预测分类。

3）简述饭店经营决策属性与特点。

4）简述饭店经营决策方法分类。

5）简述确定型决策必须具备的条件。

6）简述风险型决策必须具备的条件。

7）简述概率的基本属性。

△ 讨论题

1）因果分析、类比分析与统计分析在预测中的运用，其科学性如何判断？

2）饭店产品有周期性吗？为什么？

▲ 实务题

△ 规则复习

1）简述饭店经营预测程序。

2）简述定量预测方法。

3）简述因果分析预测法。

4）简述饭店经营决策的步骤。

5）简述饭店经营决策的原则。

6）简述饭店管理决策技术。

7）简述确定型决策方法。

8）简述风险型决策方法。

9）简述不确定型决策准则。

△ 业务解析

1）遵循一定决策程序所进行的常规决策是否可规避决策风险？

2）决策能百分之百正确吗？为什么？

3）A饭店2×16—2×18年各个季度的客房出租率见表6-16，请根据表中数据测算平均季节指数。

表6-16　　　　　**2×16—2×18年各个季度的客房出租率**

年	2×16				2×17				2×18			
季度	1	2	3	4	1	2	3	4	1	2	3	4
出租率（％）	48	70	75	55	50	73	78	52	52	78	81	55

4）A饭店2×11—2×18年的销售收入与该市国民生产总值具有很大的关系，相关统计数据见表6-17。预计2×19年该市国民生产总值将达到800亿元，请对A饭店2×19年的销售收入进行预测（提示：一元线性回归）。

表6-17　　　　**A饭店2×11—2×18年销售收入与该市国民生产总值**

年	2×11	2×12	2×13	2×14	2×15	2×16	2×17	2×18
饭店销售收入（万元）	950	990	1 020	1 070	1 150	1 220	1 280	1 350
该市国民生产总值（亿元）	230	280	340	390	450	530	610	790

5）如题4）所示，A饭店与所在地区的国民生产总值具有线性相关关系，请通过相关系数指标来描述该饭店销售收入与该市国民生产总值之间的相关程度。

6）以题4）中的数据来计算标准差，并判断该饭店2×19年销售收入在95%显著性水平下的变动范围。

7）事实上，影响该饭店销售收入的因素不只有国民生产总值，每年的旅游接待总人数对饭店的销售收入也具有重要的影响。历年相关数据见表6-18，其中预计2×19国民生产总值为800亿元，旅游接待总人数为16.5万人次。请使用多元线性回归方法预测2×19年饭店的销售收入。

表6-18　　　**A饭店2×11—2×18年销售收入与该市国民生产总值和旅游接待总人数**

年	2×11	2×12	2×13	2×14	2×15	2×16	2×17	2×18
A饭店销售收入（万元）	950	990	1 020	1 070	1 150	1 220	1 280	1 350
国民生产总值（亿元）	230	280	340	390	450	530	610	790
旅游接待总人数（万人次）	11.5	12.2	12.5	13.1	13.8	14.6	14.3	15.8

8）B饭店拟购置设备增设娱乐项目。设备购置、安装费用预计需60万元，人员年度工资、维修、增值税等费用15万元。使用此娱乐设施每人次可获利46元，其中每人次变动费用6元，要求4年收回全部投资。据调查，平均每天可接待60人次。饭

店是否该购置此设备增设娱乐项目？如果要求年度利润12万元，饭店又是否该购置设备增设此项目？

9）某饭店的前厅部门分为4个小组，分别完成4项不同的任务。由于各个小组成员的人数不同及对任务熟悉程度的差异，不同小组完成不同任务的时间存在差异，具体时间见表6-19。请根据表6-19中提供的信息，使用线性规划的方法为前厅部门提供最高效的任务分配方案。

表6-19　　　　　　　　　　4个小组完成4项任务的时间　　　　　　　　单位：小时

项目\小组	1	2	3	4
甲	8	7	9	10
乙	6	7	10	8
丙	9	5	11	9
丁	10	8	9	8

10）C餐厅为了提高经济效益，决定针对商务群体推出经济商务套餐和豪华商务套餐两种中等餐饮项目。生产每百客经济商务套餐，餐厅可获利2 000元；生产每百客豪华商务套餐，餐厅可获利3 500元。每百客经济商务套餐需耗费主料40千克，辅料110千克；每百客豪华商务套餐需耗费主料60千克，辅料90千克。餐厅每天采购的主料和辅料必须既能保证供应又不至于积压而造成变质，每天采购主料150千克，辅料420千克。餐厅应如何决策才能获取最佳利润？

11）某投资商拟在H市投资建一饭店，现有甲、乙两种方案可供选择。甲为建高档饭店，投资35 000万元；乙为建中档饭店，投资18 000万元。建成后饭店要求15年收回投资。根据预测，该地区饭店出租率较高的概率是0.8，较低的概率是0.2，若建高档饭店，当出租率较高时，每年可获利4 500万元，出租率不高时，将亏损450万元；若建中档饭店，出租率较高时，每年可获利1 800万元，出租率不高时，可获利400万元。另据预测，在15年中，情况会发生变化，必须将15年分成前6年和后9年两期进行考虑。如果在前6年，本地区旅游业发展较快，则后9年可发展得更好，饭店出租率高的概率可上升至0.9；如果前6年发展较慢，则后9年的情况相应较差，饭店出租率低的概率为0.9。请决策应采用哪一个方案。

12）某饭店决定投资建饭店消耗品生产厂，提出3个方案：一是建大厂，投资400万元；二是建小厂，投资200万元；三是先建小厂，如果经营得好再扩建，扩建再投资180万元。管理人员对未来10年中前4年、后6年的损益值和概率进行了预测，其数据如图6-8所示。问该采用哪个方案？

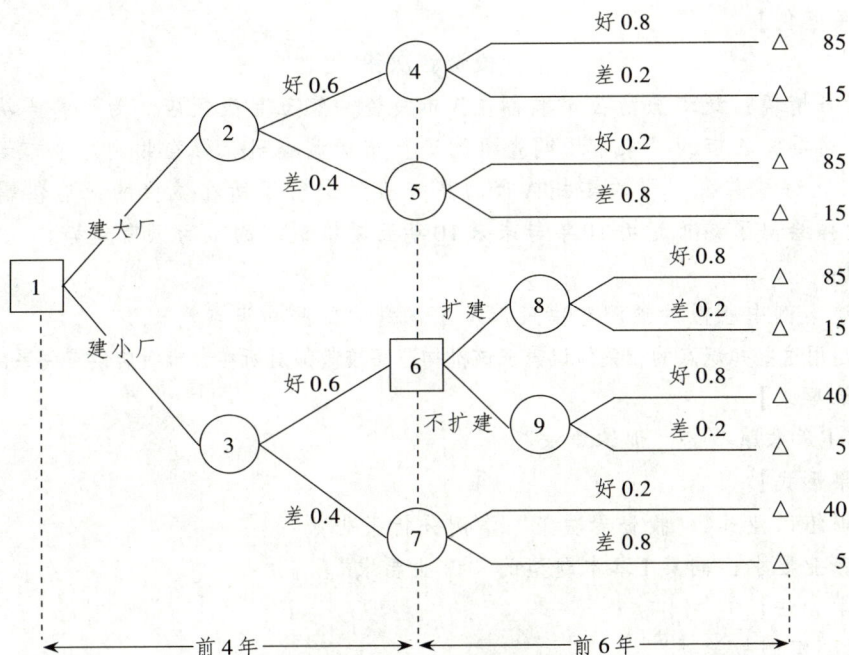

图6-8　该饭店的决策树

13）某饭店计划建一家甜点站，出售各种甜点，估计10年之内销售不成问题，该甜点站需要投资30万元，每天可生产甜点2 500个，每年开工350天，生产销售能力的利用程度可以达到85%，每个面包平均售价2.5元，可变成本占60%，利润率规定为15%。其中，人工工资为150 000元，管理费用100 000元。请对该项目的利润率进行测算，并进行敏感性分析。

14）C餐厅推出扩大再生产的3种方案，并预测在不同销售状态下各方案的收益值，见表6-20。假设乐观系数为0.7，请采用乐观系数准则协助C餐厅进行决策。

表6-20　　　　　　　　　　　**3种方案在不同销售状态下的收益值**　　　　　　　　　单位：万元

	销路好	销路一般	销路差
扩建	60	32	15
改造	40	28	18
推出新品种	30	25	20

▲ 案例题

△ 案例分析

【训练目的】

同第1章本题型的"训练目的"。

【教学方法】

同第1章本题型的"教学方法"。

【训练任务】

同第1章本题型的"训练任务"。

【相关案例】

投资者决策

背景与情境： 泛海旅游公司准备在 A 市投资一家五星级饭店。为了科学决策，泛海旅游公司委托 A 市的一家市场调查机构进行市场调查研究。在收到这个市场调查报告之后，泛海旅游公司再次委托 A 市的高校教师进行了所在城市的饭店供需关系评价，大致描绘出了该市过去 10 年与未来 10 年五星级饭店的市场供需趋势。

问题：

1）该案例中所做的预测与决策涉及了本章的哪些知识点？

2）运用这些知识点的相关知识表征该机构与高校教师对所在城市饭店供需关系的评价。

【训练要求】

同第 1 章本题型的"训练要求"。

【成果形式】

1）训练课业：《"投资者决策"案例分析报告》。

2）课业要求：同第 1 章本题型的"课业要求"。

【教学方法】

采用"案例教学法"。

【相关案例】

泛海旅游公司决策者茫然的事

背景与情境： 泛海旅游公司在收到市场调查报告之后，再次委托 A 市的高校教师进行了所在城市的饭店供需关系评价。由于该市历年的饭店统计数据不全，在过去的 10 年里，只能找到 8 年的数据，2 年缺失。于是，该供需关系报告评价者采用回归分析的方法对数据进行修复与补充，从而大致描绘出了该市过去 10 年与未来 10 年五星级饭店的市场供需趋势。

问题：

1）请对泛海公司决策者的行为进行评价。

【训练准备】

同第 1 章本题型的"训练准备"。

【训练要求】

同第 1 章本题型的"训练要求"。

【成果形式】

1）训练课业：《"泛海旅游公司决策者茫然的事"报告》。

2）课业要求：同第 1 章本题型的"课业要求"。

✿ 创新型训练

▲ 决策设计

决策设计-Ⅱ

【训练目的】

见本章"学习目标"中"创新型学习"的"决策设计"目标。

【教学方法】

采用"学导教学法""案例教学法""项目教学法""创新教学法"。

【训练任务】

1）体验对"附录三"附表 3"解决问题"能力"中级"各技能点"基本要求"和"参照规范与标准"的遵循。

2）撰写《"决策设计-Ⅱ"训练报告》。

3）同第 4 章本题型的其他"训练任务"。

【训练准备】

知识准备：学生自主学习如下知识。

1）本章理论与实务知识。

2）本教材"附录一"附表 1"解决问题"（中级）各技能点的"知识准备参照范围"所列知识。

3）"决策理论"与"决策方法"基本知识。

4）本教材"附录三"附表 3"解决问题"能力"中级"各技能点"基本要求"和"参照规范与标准"。

指导准备：同第 4 章本题型的"指导准备"。

【相关案例】

究竟采用哪个方案？

背景与情境：某饭店决定投资建饭店消耗品生产厂，提出 3 个方案：一是建大厂，投资 1 500 万元；二是建小厂，投资 800 万元；三是先建小厂，如果经营得好再扩建，扩建再投资 1 000 万元。管理人员对未来 10 年中前 4 年、后 6 年的损益值和概率进行了预测，其数据如图 6-9 所示。究竟该采用哪个方案？请用决策树法进行决策，并进行敏感性分析。

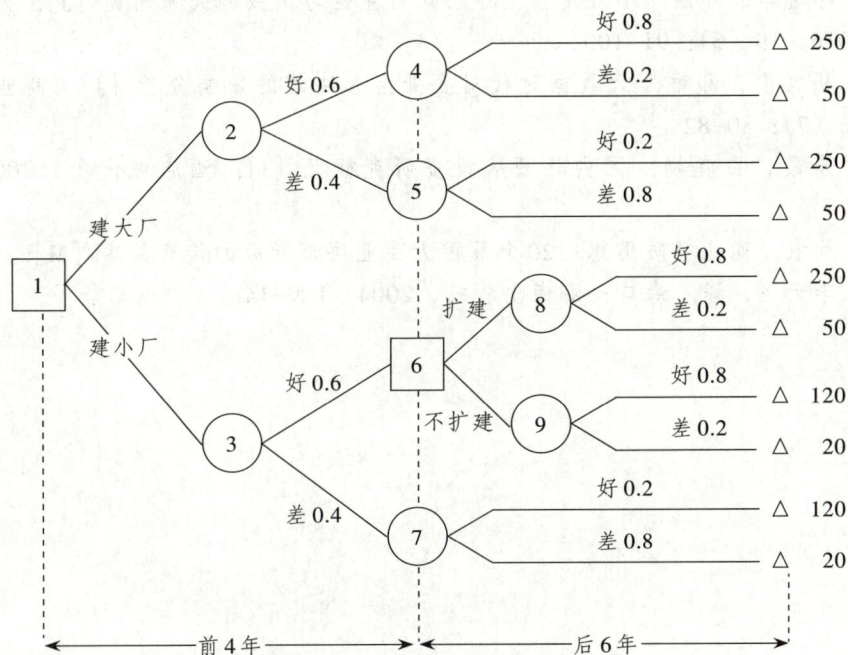

图 6-9　该饭店是否建消耗品生产厂的决策树

问题：

1）这一决策属于什么类型的决策？

2）该决策问题涉及哪些知识点？

3）如果你是饭店投资者，试应用预测与决策原理与方法知识，就如何提高饭店决策的科学性进行优化设计。

【设计要求】

1）形成性要求：

（1）同第4章本题型（4）以外的其他"设计要求"。

（2）小组总结本次训练，形成《"决策设计-Ⅱ"训练报告》。

2）成果性要求

（1）训练课业：撰写《"'究竟采用哪个方案？'决策设计"训练报告》。

（2）课业要求：

①将《决策提纲》和《决策方案》作为《"'究竟采用哪个方案？'决策设计"训练报告》的附件。

②在校园网的本课程平台上展示班级优秀的《"'究竟采用哪个方案？'决策设计"训练报告》，并将其纳入本课程的教学资源库。

③同第4章本题型的其他"成果性要求"。

✿ 建议阅读

[1] 蔡维灿. 经营预测与决策分析：理论、实践、案例 [M]. 北京理工大学出版社，2012.

[2] 陈志军，郑丽. 不确定性下子公司自主性与绩效的关系研究 [J]. 南开管理评论，2016，19（6）：91-100.

[3] 胡文俊，邓虹. 大数据时代对企业经营决策的影响分析 [J]. 商业经济研究，2016（7）：80-82.

[4] 李霞，白晓娟. 国内外酒店投资研究概况 [J]. 酒店现代化，2009（5）：51-53.

[5] 坎农. 商业突破思想：20个最重大商业决策背后的传奇故事 [M]. 仇朝兵，张健康，李云飞，译. 海口：海南出版社，2004：119-148.

第三篇

饭店管理

第7章
饭店营销管理

▶ **学习目标**

7.1 饭店营销观念

7.2 饭店营销策划

7.3 饭店关系营销

7.4 饭店服务营销

▶ **本章概要**

▶ **单元训练**

▶ **建议阅读**

▶ **学习目标**

▷ **传承型学习**

通过以下目标，建构以"饭店营销管理"为阶段性内涵的"传承型"专业学力：

理论知识： 学习和把握饭店营销管理的相关概念，生产产品观，推销观，市场营销观，策划的含义、特征及其与决策的区别，关系营销与传统营销的区别，饭店产品服务包的主要体现形式等陈述性知识；能用其指导"同步思考"、"延伸思考"、"深度思考"、"教学互动"和相关题型中的"单元训练"；体验"饭店营销管理"中"理论知识"的传承型学习及其迁移。

实务知识： 学习和把握饭店营销策划要素、饭店营销管理过程、饭店如何推行关系营销，饭店客户关系营销价值分析与营销推行、饭店服务营销组合与有形展示，以及"业务链接"等程序性知识；能用其规范"同步解析"、"深度剖析"和相关题型的"单元训练"，以及"饭店营销管理"中的相关技能活动；体验"饭店营销管理"中"实务知识"的传承型学习及其迁移。

认知弹性： 运用本章理论与实务知识研究相关案例，对"引例""同步案例""三人众策划"等案例情境进行多元表征；体验"饭店营销管理"中"结构不良知识"的传承型学习及其迁移；依照相关行为规范对"重做的浓汤""傍名人销售"等案例进行善恶研判，促进健全职业人格的塑造。

实践操作： 参加"'饭店营销策划'知识应用"的实践训练。在了解和把握本训练所及能力与道德领域相关技能点的"参照规范与标准"的基础上，通过对"知识准备"所列知识的运用，相关"参照规范与标准"的遵循，系列技能操作的实施，相应《实践报告》的准备、撰写、讨论与交流等有质量、有效率的活动，系统体验本章诸多技能的"传承型学习"及其迁移；通过践行职业道德选项的行为规范，体验职业道德规范的"传承型学习"（认同级）及其迁移，促进健全职业人格的塑造。

引例：照顾好那些照顾顾客的人

背景与情境：里兹·卡尔顿饭店从内部营销入手，明确提出："照顾好那些照顾顾客的人。"里兹·卡尔顿饭店不仅对服务人员进行极为严格的挑选和训练，使新职员学会悉心照料客人的艺术，更注重培养职员的自豪感。同时，给予员工充分的授权，为了不失去一个客人，职员可以做任何他们能做的事情。全体职员无论谁接到顾客的投诉，都必须负责到底，授权当场解决问题而不需请示上级。每个职员都可以花2 000美元来平息客人的不满，并且只要客人高兴，可以暂时离开自己的岗位。

里兹·卡尔顿饭店的成功正是基于其简单的内部营销原理，要照顾好顾客，首先必须照顾好那些照顾顾客的人。满意的职员会提供高价值的服务，会带来满意的顾客，感到满意的顾客又反过来给企业带来利润。

资料来源：根据里兹·卡尔顿饭店的宣传资料整理而成。

在饭店营销中，无论是关系营销还是服务营销都离不开饭店服务人员。于是，"照顾好那些照顾顾客的人"是里兹·卡尔顿饭店的成功基石，其原理就在于："满意的职员会提供高价值的服务，会带来满意的顾客，感到满意的顾客又反过来给企业带来利润"。

7.1　饭店营销观念

纵观世界饭店业发展史可以发现，现代饭店营销观念的确立并非一朝一夕之功。随着饭店业的发展，指导饭店经营活动的经营观念也在不断发展。**营销观念**是指饭店市场营销所经历的一系列营销理念，从传统的生产产品观和推销观，再到后来兴起的多元化的营销理念，具体包括：绿色营销、网络营销、分时营销、主题营销、内部营销、关系营销等。

7.1.1　生产产品观

商业饭店发展前期，市场竞争相对不激烈，指导饭店经营的观念是生产产品观。根据生产产品观，饭店的所有经营活动都围绕生产而进行，强调饭店产品的生产，至于顾客的需要和要求则无暇顾及，坚持"我生产什么就卖什么"的观念。在这种经营观念的指导下，饭店经营者主要考虑如下一些问题：①饭店如何生产和提供更多的产品来获取利润，如扩建饭店、增加服务项目、增强接待能力等。②如何降低生产成本，从而降低产品价格去参与竞争，如控制客房消耗用品、餐饮成本、人工费用等，以便获得更高利润。③如何提供高质量服务。根据生产产品观，产品质量越高、性能越好、特色越多，必然越受消费者喜爱，所以饭店会全力以赴提高服务质量。④如何不断采用新技术来提高饭店员工的工作效率。生产产品观在供不应求，即在"卖方"市场的情形下能产生一定的效果。因为在这种市场情形下，卖者具有支配权，买者只能听从卖者的安排。饭店经营者不关心顾客的特殊需求，而只重视市场大众化的需求，如解决旅途中的食、宿，而不管顾客来自何处、什么年龄、有何偏爱，饭店经营者甚至认为所有旅客对饭店的需求都是一样的，彼此的需求无甚差别。在生产产品观情形下，饭店经营者过分强调生产而忽视顾客的需要和要求，它只适合饭店市场中严重供应不足的地区和城市，一旦供求矛盾缓和，倘若再大量投资建造饭店，产品有可能销不出去而造成灾难性后果。从世界饭店业的发展过程看，生产产品观在第二次世界大战以前十分流行。我国在改革开放后的20世纪80年代，饭店业处于供不应求的卖方市场，许多饭店经营者认为自己的饭店是"皇帝的女儿不愁嫁"，不必搞预订，也无须进行推销，只要守在饭店里，客人就会主动上门。他们主要关心产品生产，提高生产效率，加快客房和餐厅的周转，设法提供足够的客房、食品与饮料。当然，他们也注意留出一部分空房，以便接待重要客人，并且关心提高服务质量及产品生产成本及其他经营费用的控制，以便提高饭店的利润。

7.1.2 推销观

在饭店市场供过于求时，代替生产产品观的便是推销观。随着旅游业的不断发展，饭店业也得到高速发展，各地建了许多饭店，开始面临竞争局面。在竞争形势下，市场形态发生变化，由卖方市场转向买方市场。旅游者可任意支配收入和闲暇时间，对饭店产品的需求发生变化，旅游者开始有了选择饭店的机会。市场形势的变化迫使饭店经营者不能坐等顾客上门，必须采取积极主动的推销手段招徕客人，饭店的工作重点从产品生产向产品销售转化，进入了以销售为导向的经营阶段。20世纪70年代以后，随着饭店业竞争的加剧，西方饭店业逐渐进入了"细分市场时代"。饭店经营者根据人口分布的特点、消费者的兴趣和生活方式、收入水平等对饭店消费者进行分类，依此提供与之相适应的饭店产品和服务。在销售过程中，"市场定位理论"逐渐得到推广，使得饭店企业努力在众多市场公众中树立良好形象。进入20世纪90年代后，饭店企业能否满足消费者的特殊需求和爱好，依然是决定饭店企业经营成败的关键。消费者对饭店产品和服务选择的余地扩大了，使饭店企业的竞争进一步加剧。企业的经营者必须注重研究市场竞争、消费者行为及饭店企业在市场中的不同地位，采取"重新定位"或"渗透已确立的细分市场"的策略，以便在竞争中获胜。

7.1.3 市场营销观

随着旅游业的不断发展，饭店市场营销呈现了一些新的特点与发展趋势。饭店市场营销兴起了多元化的营销理念：绿色营销、网络营销、分时营销、主题营销、内部营销、关系营销等。

1）绿色营销

绿色营销是指在20世纪80年代后期，随着环境破坏、人口增长、能源过度消耗等世界性问题日益严重，为保护环境、促进人与自然的和谐发展而产生的一种全新的营销理念。消费者逐渐树立起环保意识，并以使用无公害产品为荣。因此，企业在营销中注重强调产品对环境影响的评估，以体现企业的道德水准和赢得消费者的认可。绿色营销作为一种理念，首先要树立一种正确的绿色消费观念，并在此基础上进行绿色管理活动。绿色营销的主要内容可以概括为"6R"，即减员（Reducing）、再使用（Reusing）、替代（Replacing）、循环使用（Recycling）、研究（Research）、储备或保存（Reserve）。

绿色饭店把生态环境保护纳入饭店的决策要素之中，重视研究饭店的生态环境对策；注重采用新技术、新工艺，减少有害废弃物的排放，对废旧物品进行回收处理和再利用；变普通商品为绿色产品，实现饭店产品绿色化；积极参与社区内的环境整治，推动对员工和公众的环保宣传，树立绿色饭店的良好形象。

2）网络营销

网络营销是以因特网为传播手段，通过对市场的循环营销传播，达到满足消费者需求和实现商家诉求的过程。它作为一种新的营销方式，由因特网将消费者与企业联系起来，使彼此之间的信息传递更加迅速，饭店企业可以及时了解消费者的要求，提供产品咨询、个性化设计、售后跟踪等一条龙服务，准确把握市场脉搏。在价格方面，网上产品的价格对于因特网的用户而言完全是公开的，并受到同行业、同类饭店产品的价格约束，制约了饭店企业通过提高价格获得高额垄断利润的可能；在渠道方面，因特网是一种最快捷的销售渠道；在促销方面，网络的全天候与实时性，使传统的促销由一种消极的刺激转变为消费者的信息源，给消费者提供了极大的方便和超值服务，而且网络营销具备信息互动的优势，通过网上聊天和消费热点的讨论，为饭店企业提供了适时的产品设计思路与顾客支持。网络营销给传统市场营销带来了新的内容，它代表了一种新的趋势和营销方式。

学习微平台

阅读与赏析7-1

3）分时营销

分时营销（Time Share Marketing）是20世纪60年代产生的，目前已在全世界得到迅速发展和推广。分时营销以其销售价格低廉、使用方式灵活和服务质量优良等特点，得到全球广大消费者的青睐，其实质就是将饭店客房的使用权分时段卖给宾客，即不同的消费者购买不同时段的使用权，宾客也可以通过网络与其他消费者交换不同饭店客房的使用权。

分时营销带来了饭店理念的创新，它成功引入了分时入住和分时交换两大概念，消费者可以在每年的特定时段来享用饭店的客房，也可以将自己的使用权与同处于一个交换服务网络中的任何一家饭店具有某段时间使用权的消费者进行等价交换，还可以享用时段权益的转让、赠送、继承等系列权益。按照国际惯例，一般将饭店客房每年的使用权分为52周，将这52周中的51周分时销售给宾客，其中1周用于维修保养，消费者每年可以拥有1周的使用权，使用年限一般为20~40年，也可以是永久。

分时营销按其发展的历程一共经历了双边式、三边式和多边式的营销运营模式。双边式是最早的运营模式，就是购买方与饭店之间进行直接的交易，饭店先组建自己的客户网络，然后将客房按时段以一定的价格提供给消费者。三边式是在双边式的基础上增加了一个销售代理商，饭店委托专门的销售公司来进行客房时权销售。多边式是在三边式的基础上又增加了一个交换公司，专门负责帮助消费者按照其意愿实现饭店时权之间的相互置换，这样就拓展了分时度假类市场范围，使饭店能更好地满足分时度假饭店消费者的需要。

4）主题营销

主题营销是饭店在激烈的市场竞争中营销制胜的重要营销策略，它的关键之处是选定一个或多个具有标志性的主题，通过主题的设置来吸引公众的注意并令其产生购买行为。可见，主题营销的主题选定是成功的关键。

饭店主题营销理念的核心是选定营销的主题。概括来说，主题选定应遵循如下几点原则：第一，主题要符合公众的现实和潜在的消费需求，必须是从公众的立场出发，通过分析顾客的各种需求而制定；第二，主题要符合饭店特色，饭店主题营销要与本饭店的经营理念、企业文化等相适应，要在正确分析自身优劣势的基础上确定与本饭店经营相适应的营销主题；第三，饭店营销的主题必须具有个性化和差异化，切忌与市场同类主题相重复或随大流、模仿他人，要通过塑造与众不同的主题形象，使自己的产品优于竞争对手，形成竞争优势；第四，饭店主题要具有文化性，文化是一切事物能够生存下去的法宝，因此，充分挖掘文化内涵，制作文化产品和服务是饭店营销管理者要做好的重要事情。

饭店在组织策划各种类型的主题营销活动时，可以根据消费时尚、竞争对手的表现、时令季节、客源市场需求、社会变动的趋势等多方面来选择合适的主题。在主题活动实施时，可以依靠自身的实力独自组织并推出主题营销活动，也可以联合其他单位或企业，如竞争对手、旅游公司、旅行社等，共同策划、组织主题活动。除此以外，饭店还可以定期或不定期地与一些大型企业进行合作，推出各种会展或节日活动，以达到营销的目的。

5）内部营销

内部营销理念产生于20世纪80年代，该理念有别于传统的仅把外部市场作为营销主要活动领域的营销思想，它将企业分为内部市场和外部市场，企业不仅要做好外部市场的营销，同时还必须做好企业的内部营销，即建立良好的企业内部工作环境，全面满足员工的工作需求，激发员工的工作积极性和创造性，建立全员服务营销意识，为企业拓展外部市场提供有力的动力支撑。

内部营销理念对饭店企业尤其适用，饭店服务的特殊性决定了饭店员工工作的重要性，饭店服务质量的高低取决于饭店员工素质的高低，宾客满意度的提高离不开员工的满意，只有员工对工作和企业环境满意了，才会尽心尽力地去工作，提供令消费者满意的产品和服务。

同步思考 7-1

内部营销辨析

问题：在部分饭店日常经营中，为了更好地调动员工的工作积极性，要求无论岗位和工种，员工在一年之内均需完成一定额度的饭店产品推销，倘若未能完成，年终扣除一定的奖金。请问这是内部营销吗？

理解要点：请根据内部营销的基本定义来理解、讨论这一问题。

6）关系营销

关系营销是指通过企业与社会公众长期、稳定、互利的伙伴关系以增强竞争力。该理念到20世纪90年代才开始受到重视，它对于提高饭店市场营销的服务质量具有重要的指导意义。关系营销不仅要求饭店利用计算机系统管理消费需求、提供个性化服务，而且要求饭店主动与消费者发展成一对一的关系，其目的主要是提高常客的忠诚度，促使饭店形成"顾客导向""顾客忠诚"的经营机制。饭店通过艰苦的努力向新消费者表明自己的能力，逐渐把新消费者培养为忠诚的老消费者，老消费者比新消费者更能使饭店提高经济效益。已有研究数据表明，企业增加一位新消费者所花费的成本是维系一位老消费者所花费成本的6倍，由此可以看出关系营销在消费者关系管理方面所具有的极大优势。饭店关系营销的对象不仅包括饭店产品和服务的消费者或购买者，还包括其他与饭店有着重大利益关系的相关组织和个人，如饭店员工、同行竞争者、政府部门和媒体等。因此，饭店不仅要同消费者搞好关系，同时也必须与饭店员工、企业内部各部门以及同行业或相关行业等搞好关系，与其建立长期共存共荣的合作伙伴关系。

7.2　饭店营销策划

饭店营销策划是在对饭店企业内部环境予以准确分析，并有效运用经营资源的基础上，对一定时间内的饭店营销活动的行为方针、目标、战略以及实施方案与具体措施进行设计和计划。

7.2.1　营销策划

1）策划的含义

人类将策划作为一门科学加以系统研究，起源于 20 世纪 60 年代日本人的"企划"。古人的"凡事预则立，不预则废"的"预"就是策划。自古以来，人们就懂得找出事物之间的因果关系，衡量未来可采取之法，作为目前决策之依据。策划既是一门科学，也是一门艺术。策划中的"策"，是一种创造性思维过程。创造性思维的关键在于灵感。通过灵感使各种信息组合成创造性的思维成果，使策划的结果具有高度的创造性和鲜明的个性与特色。策划是谋略或对策，是人们为取得未来成功而进行的谋划过程，它是领先一步的超前行为。

2）策划的特征

其一，系统性。策划是按程序运作的系统工程。策划工作要求方案制订者站在整体的角度，研究全局与局部以及各个局部之间相互关联、相互制约的关系，找出内部规律，制订正确的策划方案。制订策划方案必须按照系统的程序进行，经过前期的调查和环境分析后确定策划目标，拟订初步方案，进行方案评价与筛选，最后进行调整与修正。策划活动不是一成不变的，必须根据环境的变化适时调整，因时而变，因势而变，如此才能构成一个完整的策划系统。

其二，逻辑性。策划的逻辑性体现在不论进行何种具体的策划，对策划项目的前因后果、发展过程中的逻辑关系，都要考虑周全；策划过程中的各个环节必须周密安排，策划方案必须环环相扣、层层推进，最终达到预期的目的。

其三，创意性。策划是一种创造性的活动，它非常注重打破框框的想象力，要求不断推陈出新，通过奇妙的构想、别致的手法、周密的计划和精心的安排，使之具有出奇制胜的效果，而不是人云亦云、亦步亦趋。策划作为科学和艺术的结合体，必须结合丰富的知识和经验、丰富的想象力、充分的预见力、敏锐的反应力、灵活的思维力、严密的谋划力等特质，熟练地驾驭发散思维、聚合思维、逆向思维、换元思维、变形思维、联想思维等。

其四，预见性。策划是对未来的事件和活动事先进行规划的工作，一项成功的策划应体现在预见将来执行过程中可能遇到的障碍和难点，以及对各种环境变化情况的估计上，这将使策划者可以在策划时就事先考虑好各自应变的对策和措施。

其五，可行性。策划方案既要有较强的操作性，也必须具备充分的可行性，没有现实条件的策划是毫无意义的。因此，策划者既不能过于保守，又不能脱离现实的基础；否则，再独特的构思，再新颖的创意，都只是纸上谈兵、空中楼阁。

◆ **深度思考7-1** ◆

策划与决策

问题：策划与决策的区别是什么？

理解与讨论：

1）决策是人们在进行社会实践、采取实际行动之前对实践方案或行动方案的选择过程，即做出决定的过程。决策的重点在于"决"，关键在于做出决定，选出最优方案，是对当前事物进行抉择的过程。

2）策划是决策的基础和前提，没有策划过程，不经过深思熟虑的决策，绝不会是成功的、合理的决策。策划的重点是"策"，在于策略设计，在于设计方案，而设计方案是一种创造性的活动，是关于未来的事物的创造过程。

7.2.2 营销策划要素与营销管理过程

1）饭店营销策划要素

营销策划可以采用各种各样的方式，但要获得策划的成功，必须具备一些基本的条件或基本的要素，那就是明确的目标、丰富的信息、独特的创意、有效的控制和良好的理念。

（1）选定一个明确的、有价值的目标。明确的、有价值的目标，是成功策划的首要因素，也是策划的起点。这个目标是指策划希望达到的预期效果。确定了策划的目标，才能规定策划设计的范围、集中策划的灵感、控制策划的实施。

◆ **同步案例7-1** ◆

最豪华的巴黎里兹饭店

背景与情境：巴黎里兹饭店将营销目标定位在"永远无法超越的豪华"。其围绕这一目标展开了一系列的营销活动，使人们产生了一种印象，即世界上最豪华的酒店是巴黎里兹饭店。酒店创建于1898年，其中以英国温莎公爵夫妇在巴黎多次指定要住的"温莎套房"为最。这个套房面积达300平方米，套房内除了主人卧室、客人卧室与客厅外，光卫生间就有3个。地板与天花板全由大理石铺砌，到处镶嵌着玉石。套房的家具制造于路易十五时期，部分来自宫廷。浴室的水龙头与门把手以及电灯的开关全都是镏金的。酒店规定，每间客房都要有两名服务员专门服务，随叫随到，客人用餐时常有六七个人服务。酒店可以供应百年以上的陈酿白兰地。其豪华套房每晚要花3 500美元以上，如果将一日三餐、咖啡、饮料及其他消费等加在一起，每天的花费将达5 000美元以上。巴黎里兹酒店的营销策略在于"豪华"二字，处处体现出与众不同。巴黎里兹酒店以其明确的策划目标给世人留下了深刻的印象，获得了空前的成功，成为老饭店的经典之作。

资料来源：根据百度百科资料整理而成。

问题：为什么巴黎里兹饭店将营销目标定位在"永远无法超越的豪华"上，能够获得100多年以来经久不衰的成功？

分析提示：

（1）"永远无法超越的豪华"是否具有广阔的市场前景？

（2）将营销目标定位在"永远无法超越的豪华"，是否意味着饭店服务与服务质量必须永远跟上？

（3）"永远无法超越的豪华"是否在经历了百年之后依然如此？

（2）掌握尽可能充分的信息。重视调查研究，掌握尽可能多的内部和外部信息是策划的基础。与营销策划有关的信息资料包括三个方面：一是企业目标和资料信息，如企业目标和任务的具体内容、企业的资金和技术实力等；二是与营销策划项目直接有关的市场信息，如需要收集目标市场的规模、结构、主要特征等；三是对实现营销策划目标可能产生影响的环境信息，如政策法规的变化、宏观经济形势的变化等。

（3）提出独特、新颖的创意。一般来说，创意设计是否新颖、合理，是营销策划能否取得成功的关键。创意来源于独特的灵感。创意是一个设计过程，是一个创造性思维过程，需要营销策划者根据策划目标和所掌握的大量信息，运用创造思维，厚积薄发，产生各种创造意念和激发出各种灵感。创意必须新颖而又合理，而非异想天开、不切实际，创意应具有现实可操作性。

（4）有效控制营销策划方案、预防风险。创意设计只是提出了一种思路和方法，它还需要转化为具体的营销策划方案，从创意设计到策划方案的制订，是一个由抽象到具体、由感性到理性的过程。要将创意具体化，转化为现实的结果，达到策划的预期目标，需要进行有效的控制，预防可能发生的风险。有效的控制需要分析、落实需要经历哪些环节，每个环节是否可以控制。营销策划都有风险，敢于冒风险不等于根据凭空想象而盲目行动，应事先估计到可能出现的风险及其防范措施，要考虑一切可能的后果。饭店必须建立一个包括年度计划控制、盈利控制和战略控制的营销控制系统，以保证营销活动的顺利进行。

（5）树立良好的营销理念。由理念延伸而确定下来的策划目标，在行动过程中不能出现漂移，否则就达不到最终的目的。当营销策划没有明确理念的时候，就难免在行为上出现偏差。当一个企业前后行为缺乏一致性的时候，就很难赢得社会的信誉，即使策划得再巧妙也没有价值。营销理念是建立在企业的核心能力上，以企业当前阶段所处的市场环境和前瞻性预测为依据，以企业的发展方向为标准而主动设定的企业使命。

2）饭店营销管理过程

现代市场营销的目的是在寻找、服务和满足消费者需要的同时，实现企业自身的目标。所谓饭店市场营销管理过程，就是识别、分析、选择与发展市场营销机会，以实现饭店任务和目标的管理过程，即饭店与最佳市场机会相适应的全过程。现代饭店市场营销过程与企业在营销观念支配下的价值创造和传递过程的次序相对应。这一过程包括四个步骤：分析饭店市场营销机会、选择饭店目标市场、确定饭店营销组合、管理饭店营销活动。

（1）饭店市场营销机会分析。

其一，饭店营销环境分析。饭店营销环境可分为内部营销环境与外部营销环境。饭店内部营销环境是能否把握住营销机会的主观决定因素。首先，营销机会只有适合饭店的经营目标、经营规模与资源状况，才能具有较大的可行性。其次，营销机会必须有利于饭店内部差别优势的发挥才会具有较大的可行性。所谓饭店的内部差别优势，是指该饭店比市场中其他饭店有更优越的内部条件，包括先进的工艺技术、优质的服务、良好的饭店声誉等。最后，饭店内部的协调程度也影响着营销机会可行性的大小。饭店的外部营销环境从客观上决定着营销机会可行性的大小。外部环境中的每一个宏观、微观因素都影响着营销机会的实现。

其二，饭店消费者行为分析。只有理解饭店消费者的购买行为，对其购买行为的决策过程和购买规律进行详细而具体的分析研究，才能创造出成功的营销策略。饭店消费者的消费行为一般都要经过一个较为具体的行为决策过程，也就是饭店消费者购买决策过程。这个过程一般要受到多种因素的影响和制约，包括社会因素、文化因素、经济因素以及个性因素等。饭店消费者购买决策过程一般可分为认识需求、寻求信息、选择评价、购买决策、购买后行为五个阶段。

①认识需求。认识需求是饭店消费者产生购买行为的第一步。购买某项产品的需要是由人体内部刺激而引起的，如由于身体饥饿而产生购买食物的需要；也可能是由外部刺激引起的，如消费者看到广告宣传而产生购买动机。对饭店的需求主要是由外部刺激而产生的，因此，饭店营销要通过各种方式刺激旅游者对饭店的需求。

②寻求信息。一般来说，顾客会从私人来源（如从家庭、亲友、同事等处得到）、商业来源（如从广告、销售人员、中间商、展示会等处得到）、公共来源（如从报纸、广播、电视、国际互联网等大众媒体及消费者评估组织等处得到）和经验来源等四个途径得到饭店产品的信息。认真研究顾客的信息来源以及各类信息的作用和重要性才能制订出有效的信息传递计划。

③选择评价。掌握了一定数量的相关信息后，消费者就会在此基础上进行评价选择。不同的评价标准会产生不同的选择，因此，掌握消费者心理、了解消费者采用的评价标准、投其所好设计与宣传产品是营销活动取得成效的保障。

④购买决策。影响顾客最终购买产品的因素还有他人态度与不可预期的环境因素。他人态度可以是家庭中妻子影响丈夫或者孩子影响父母的购买决策；不可预期的环境因素可以是顾客收入的突然减少、突然爆发政治冲突等原因使顾客改变或放弃购买本饭店的产品。

⑤购买后行为。俗话说"好事不出门，坏事传千里"，在饭店消费者购买产品后，饭店营销人员的工作并没有结束。如果消费者对购买的产品产生不满情绪，会影响将来自己或其他人的购买行为。调查显示，一个满意的顾客只会向3个人讲述他对该产品的美好感受，而一个不满意的顾客会向11个人进行抱怨。显然，差的口碑远比好的口碑传播得更广，影响更深，因此饭店营销工作是一项持续性的工作，一直要延续到顾客离开饭店才算结束。

（2）选择饭店目标市场。

其一，市场细分。饭店应明确自己"应该干什么""为谁服务"。市场细分是饭店选择目标市场的前提。市场细分就是企业根据顾客的需要、欲望、购买习惯和购买行为等方面明显的差异性，把某一个产品的市场整体划分为若干不同的顾客群的市场区分过程。每一组顾客群就是一个细分市场，即"子市场"、"亚市场"或"市场部分"。

　　饭店营销人员可以使用许多因素来对饭店市场进行细分，如地理细分方法、人口细分方法、心理细分方法以及行为细分方法等。细分市场的因素具有动态性，不是一成不变的，消费者的年龄、收入、习惯与爱好等会随着时间的推移有所变化，进行营销策划时必须予以注意。

　　其二，选择目标市场。在市场细分的基础上，根据饭店具体的营销管理能力，选择一个或几个细分市场从事经营的选择过程叫作"市场目标化"。正确的目标市场选择本身就能提供极佳的营销创意，获得意想不到的效果。

同步案例 7-2

希尔顿酒店的细分市场

　　背景与情境： 在全世界酒店行业中，希尔顿酒店是最早注意到单身女性顾客的特殊性的酒店，为此，其将单身女性顾客作为目标市场。1974 年，美国阿尔克茨希尔顿酒店开设了女子专用楼层，为单身女性提供旅途中的一切便利。40 多年来，希尔顿酒店一直致力于为单身女性提供更专业化、更精细的服务，从而赢得了一片相当稳定的市场。希尔顿酒店对目标市场的把握精确到位，是对本身实力的正确估计与独特创意的结合。

　　资料来源：根据希尔顿酒店网站资料整理而成。

　　问题： 细分市场需要细分到什么程度？

　　分析提示：

　　（1）细分市场是细分到个体还是一个群体？

　　（2）市场划分标准需要细到什么程度？

　　（3）如果加入饭店细分市场应当细分到一个群体，并以这一群体的消费能力为依据，那么，希尔顿酒店的女子专用楼层是否已细分到位？

　　其三，市场定位。市场定位就是根据自己的竞争优势，让自己的企业和产品在目标市场的消费者中树立起一个与竞争对手不同的卓越形象。例如，里兹饭店的市场定位就是"豪华"，说到"豪华"，消费者就会首先想到它；假日酒店定位于汽车旅馆，第一家假日酒店就开办于美国田纳西州孟菲斯的公路旁，以创新的规划和服务领先潮流，尽力满足中等市场客户的需要。

　　（3）确定饭店营销组合。

　　饭店营销组合是指饭店针对选定的目标市场，综合运用各种可能的营销策略、手段而组合成若干系统化的整体策略，以实现饭店市场战略目标。市场营销组合策略实际上就是市场策略或手段的组合。

　　第一，饭店营销组合的特别之处在于将顾客与员工统一起来，既要以顾客满意为导向，也要开展内部营销，重视饭店内部员工对营销策划实施的重要作用。

　　第二，饭店营销组合还包括成本、交流以及便利，这三者与顾客合在一起成为饭店营销策划的新组合。

　　（4）饭店营销活动管理。

　　分析市场机会、选择目标市场、确定和实施营销组合等活动在实际的操作与运行中都离不开营销管理支持系统的支持。这一活动需要有四个管理系统的支持，分别为饭店市场营销信息系统（包括内部报告系统、营销情报系统、营销调研系统及营销分析系统）、饭店市场营销计划系统（包括饭店战略计划、饭店市场营销计划）、饭店市场营销组织系统和饭店市场营销控制系统（包括年度计划控制、盈利控制和战略控制）。饭店营销管理的四个系统相互联系、相互制约。营销信息是制订计划的依据，营销组织负责实施营销计划，实施的结果又被考察与控制。这四个系统构成了完整的饭店市场营销管理体系。

要把营销活动管理好，需要做到两点：一是建立完善的营销信息体系，不断地收集、挑选、分析、评价各种适用的、及时的、精确的信息，以供营销决策人员使用，便于制订、执行、改进营销计划。二是建立完整的营销管理组织，由总经理主持总体营销计划的制订和计划执行的监督，由独立的营销部管理日常的营销工作。

为了确保饭店实现预期的营销目标，加强饭店营销控制势在必行。在饭店营销活动过程中，营销控制问题包括以下六个方面：

其一，饭店决策当局对营销部的控制，使其营销活动具有成效，能有利于饭店的生产、经营、财务、人事等部门的活动和成效。

其二，营销部对饭店其他部门的控制。饭店营销部的工作必须得到其他部门的密切配合和支持才能顺利地进行。营销部要加强同其他部门的沟通，使饭店的各部门都能朝着营销目标努力进取，致力于饭店的整体利益。

其三，营销部对外界中间商的控制。饭店中间商能给饭店的营销带来积极的实际成效，但中间商的行为不一定总有利于饭店营销活动。因此，饭店营销部应对那些贡献大的中间商给予适当的奖励，对那些不守信用的中间商则考虑放弃或采取必要的惩处措施。

其四，营销部对营销人员的控制。饭店营销负责人应加强对营销人员的控制，通过设置良好的权责关系、预算制度、成效审查制度、报酬制度等，来强化营销控制。

其五，营销部对营销计划成效的控制。这是饭店营销控制最重要的内容。由于饭店营销环境中的各因素，如市场、竞争、需求等将不断地发生变化，从而使饭店营销计划的预期成效与实际成效发生偏差，加强营销计划控制尤显重要。

其六，饭店决策者对饭店营销费用的控制。在执行营销计划时，必然要花费一定比例的营销费用。饭店决策者必须在制订计划的同时对实现市场营销目标所需要的费用进行预算，并在执行过程中加以控制，使实现市场目标所需要的费用与销售收入具有一定的比例，以免营销费用过大甚至失控，造成不必要的浪费。

◆ 扩展阅读 7-1 ◆

饭店"线上"营销策划

随着信息技术的发展，移动互联平台已成为饭店业者进行营销活动的主战场。人们可以通过各种网络平台获取大量的饭店产品信息，甚至通过手机应用随时随地查看和预订感兴趣的饭店，也可以随时撰写饭店服务点评。消费者通过互联网完成饭店预订的比例逐年增加，许多饭店已经开始将营销的重点工作放在移动互联平台上，这些平台主要包括饭店自己建设的网站和手机应用、第三方预订平台（如携程、同程）、旅游虚拟社区（如途牛、驴妈妈）以及各种大众社交媒体平台（如微信、微博、QQ）

等。因此，饭店在进行营销策划时必然无法绕开这些"线上"平台，必须充分了解"线上"营销活动的特点。

以目前中国最大的第三方预订平台携程网为例，消费者可以通过该网站浏览、筛选和比较各种各样的饭店，找到最适合自己此次旅行的下榻地点。对于许多知名度不高的饭店而言，这样的平台可以有效地提高曝光率和预订数量，但是代价就是高昂的佣金和推广费。携程不仅从饭店预订的金额中抽取一定比例的佣金，还会根据饭店的点击量收取推广费。因此，如果某饭店想要提高被顾客搜索到的概率，它就要向携程支付更高的推广费用。对于连锁品牌饭店而言，它们可以利用自身的知名度吸引客人，引导客人使用饭店的网络平台预订房间，减少对第三方平台的依赖和佣金成本。但对于知名度不高的饭店而言，则高度依赖这些第三方平台来获取潜在顾客的关注。因此，饭店企业在利用网络进行销售时需要权衡和对比不同渠道的成本与收益，制定合理的网络营销策略。

"线上"营销的特点是信息传播速度快，规模大，可以让饭店信息在短时间内被大量网络用户获取，也可以让消费者花更短的时间找到自己心仪的饭店，相比传统渠道大大提高了营销宣传的效率。同时，也正是这一特点要求饭店对自身的服务水平和网络舆情进行有效的监督与管理。人们可以在网络平台对居住过的饭店进行点评，这些评论为其他消费者提供了更多参考，帮助消费者更好地进行决策。但正所谓好事不出门，坏事传千里。网络差评获取的关注度可能要高于好评的关注度，也更容易影响消费者对饭店服务质量和住宿体验的判断。因此，许多饭店会关注评论区里的差评，并做出专业的回应，以期让其他消费者对饭店保持信心。对差评放任不管或回应方式不当，则会对饭店的口碑造成严重的负面影响。同时，如果饭店在网络平台进行不恰当的宣传或促销活动信息存在欺瞒消费者的嫌疑，也会导致饭店声誉的急剧下滑。由于网络上的宣传信息可以被大量用户阅读，通过网络平台发送的虚假广告和促销信息会迅速成为舆论的焦点，尤其是那些具备点评功能的平台。总而言之，通过移动互联平台进行营销宣传的饭店企业需要将网络口碑的管理纳入重要的营销策划内容，在获取大量用户关注的同时时刻监督自身的服务质量和顾客的反馈，尽最大努力做到对客人诚恳负责，令客人满意，减少负面评价。

7.3　饭店关系营销

7.3.1　关系营销与传统营销的区别

关系营销与传统营销方式不同，它强调的是"关系"二字，即要把任何企业的经营发展放到社会经济大环境里考察，通过与消费者、竞争者、供应商、政府机构以及其他利益相关者进行的各种交互活动，来提高企业的营销绩效。

传统营销以利润为中心，以经济交易为导向，认为企业和消费者之间是纯粹的经济交易关系。它以"4P"作为基本的营销组合策略，把产品或者销售摆在主导地位，首先考虑企业内部的可控因素，根据外部宏观环境的变化做出被动的反应。

关系营销突破原先单纯的买卖关系，力求与顾客、供应商、竞争者等建立非交易的关系，以保证与各方的经济交易能够顺利进行。这种营销理念不仅隐含着企业对顾客的忠诚，以"承诺和信赖"为基础，提高顾客的满意程度和忠诚程度，还充分考虑到企业与竞争者、供应商、政府机构等关联公众的关系。相对于传统的"4P"营销组合，关系营销提出了以顾客（Customer）、成本（Cost）、便利性（Convenience）以及沟通性（Communication）为主要内容的"4C"营销组合策略。这样的营销策略为企业在面对外部因素的挑战时创造了更多的机遇。

7.3.2　饭店如何推行关系营销

在饭店的关系营销过程中必须要考虑众多关联对象，与其建立长期、密切的关系，包括顾客、旅行社、竞争对手、政府机构以及内部员工等。饭店关系营销围绕关系展开，力求各关系方的协调发展，为饭店的发展建立良好的内外部环境，并从中获利。

1）主动沟通

主动创造整体性的互动沟通，消除不必要的隔阂和误解。饭店的关系营销是与顾客、旅行社、竞争对手、政府机构和社会组织的互动过程，正确处理与这些个人和组织的关系是饭店营销的核心，是饭店成败的关键。因此，在饭店关系营销过程中应该主动与这些关联方接触，沟通消息，保持联系，相互交流各方的意见以及利益变动情况，并且根据其需求和问题主动为其提供力所能及的帮助，增强合作伙伴关系。

2）建立承诺和相互信任的关系

饭店通过与各关系方达成一系列书面或者口头承诺，并且以自己的实际行为履行诺言，树立诚信的形象，以保持与各方的长期稳定的协议关系。

3）坚持互惠互利的原则

虽然关系营销与传统的营销模式相比附加了更多的感情因素，但是不能否认，任何企业行为的落脚点都是为了物质因素和利润因素。所以，要保证在营销活动中满足各关系方的经济利益，不仅要对饭店本身有利，还得考虑协作方能够获得公平、公正的实惠和利益。

7.3.3　饭店客户关系营销

在饭店诸多关系中，客户与饭店的关系最为关键，也是本质。客人才是财富的真正来源，没有客源就没有财源，其他的关系营销都是围绕客户关系营销进行的。在众多的关系方中，顾客是饭店生存和发展的基础，因此，建立和维持与顾客的良好关系是饭店关系营销活动的核心和重点。饭店业市场竞争的实质在于争夺顾客，如何在激烈的竞争中留住老客户、开发新客户是饭店经营管理活动的重心。根据"帕累托80/20法则"，企业80%的营业收入来自20%的老客户，而开发一个新客户的成本费用要远远大于维持一个老客户所需要的成本费用。因此，饭店在招徕新客源的同时，应该更加注重提高顾客回头率，即培养顾客的忠诚度。这正是客户关系营销能够给饭店带来的绩效。

1）饭店客户关系营销价值分析

首先，关系营销把买卖双方的关系视为合作性的而非对立和冲突的，因此可以使客人在饭店消费过程中体会到更多的感情因素和人性关怀，降低客人的购买风险。其次，关系营销不仅要求饭店利用计算机系统管理、记录不同客人的需求，提供有针对性的个性化服务，而且要求饭店主动发展与客人的一对一关系，提高顾客的满意度。

再次，减少销售成本，提高投资回报率。饭店吸引新顾客需要大量的费用，如广告的投入、各种促销活动的费用以及熟悉、了解新顾客的时间成本等，但维系与现有顾客的长期关系却不需要大量花费的成本，而且呈逐年递减的态势。最后，获得老客户的口碑宣传，带来更多的后续销售。通过忠诚客户的推荐，消除潜在客户内心的疑虑，促使他们成为饭店的现实顾客，往往比饭店直接采取各种形式的广告宣传更为奏效。

利用客户关系营销，还可以进行客户的创利能力评估。并非所有的客户都能给饭店带来源源不断的利润，通过关系营销的知识库和数据库可以了解哪些客户是真正的创利客户，哪些客户永远无利可图，哪些客户驱动了未来的业务发展。

2）饭店客户关系营销的推行

传统营销把营销看作是营销部门的事，与其他部门和工作人员无关。实际上，顾客到饭店消费，从进入饭店的那一刻起就在接受饭店的服务，任何一个部门员工的言行都会影响客户对饭店的印象。客户关系营销的实施就是要求饭店所有部门都把营销作为自己部门关心的一个问题来对待，形成统一管理的整体营销机制，坚持以顾客为中心的指导思想，一切从顾客的需求出发，将以提供服务功能为核心转变成以高度重视客户的利益为核心，提高顾客的满意度。

其一，改变一次性交易的观念，注重与客户保持长期的关系，通过感情投资让客户切实感受到饭店的重视，构筑客人的消费跳槽壁垒，以此保持顾客的忠诚度。根据消费心理学的观点，当客人改变购买选择所付出的代价（转换成本）大于改变购买选择所能达到的好处时，客人会倾向于保持原先的购买选择。饭店可通过实施简化入住等级手续、弹性退房制度、允许特别指定房号、提高娱乐项目的优惠尺度等措施，提高顾客感觉中的消费价值，以保证与客人之间的长期关系。

◆ 同步解析7-1 ◆

250 的账单

几位客人在餐厅用餐，结账时，服务员拿着账单走到餐桌旁，只是简单地对客人说："先生，二百五。"客人听到这句话很不高兴，便提醒服务员说："是不是算错了？"服务员快速核实后，再次向客人说："没错，是二百五。"客人感到很生气，便向餐厅经理投诉。

资料来源：佚名. 250的账单［EB/OL］.［2016-05-13］. http://www.canyin168.com/glyy/glzx/hyfx/201603/66220.html.

问题：这样的服务还会有回头客吗？

解析提示：某些地方对数字有忌讳，如广东人喜欢6、8，不喜欢4；上海人不喜欢13。这个服务员看到账单是250元，说二百五是没有错，但是二百五有调侃的意思。顾客明明提醒了服务员是不是算错了，所以服务员应该换一种说法："先生，今天一共消费了250元。"有时省事却导致了不必要的纠纷。

其二，提高服务质量是关系营销的坚实后盾。质量是任何产品或服务的特色和品质的总和，这些品质和特色将从根本上影响顾客的消费感知，从而影响饭店的整体形象。全面的质量包含了顾客欲望—销售—消费—满足—反馈等各个循环过程中各部门、各员工优质高效的服务。质量是在以顾客为核心的策略思考下以价值创新为保证的质量。"速度"将是饭店未来经营不可忽略的一个因素，饭店除了快捷地提供给顾客满意的服务、达到顾客的期望外，更重要的是利用信息技术进行数据分析处理，进而能够创造需求，进行价值创新。

其三，注重客户的期望管理。客人对饭店存在两个不同层次的期望：一是称心的服务，指客人希望得到的服务；二是合格的服务，指客人能容忍的最低服务质量。介于二者之间的是客人满意的服务质量。顾客在消费之前往往会通过饭店自身的宣传介绍或者他人的口碑传播得到一个期望值，因此，饭店在进行营销活动时，应该如实介绍服务情况，使客人形成正确的期望，还要尽量满足客人的期望。不可否认，饭店受客观条件的限制，不可能满足客人所有的需求，但饭店不应该对客人的需求和期望一概熟视无睹，而应投入必要的资金、时间和精力，借助于新技术、新理念、新知识，改变传统的经营方法，充分满足客人的需求，创造惊喜。

其四，与顾客全面沟通，增强信任程度。饭店各部门员工与顾客的每次接触都可能帮助饭店发现潜在机会，如果每次接触都有良好的沟通与交流，就可以发现顾客不同的潜在需求，从而采取相应措施力求满足顾客的要求。特别是在处理顾客投诉问题时，更应该主动与其沟通，避免产生误解。通过沟通让客户对饭店的各个方面有一个全面的了解，并辅以与之相吻合的行动，树立饭店诚实守信的形象，培养顾客对饭店的信任度，在沟通的基础上增进饭店与客户相互之间的信任。信任是任何竞争对手都难以模仿的，只有达成相互间的信任，合作才有长期维持的可能。

其五，根据顾客的个性化需求，提供差异化的服务和产品。在个性化消费时代，消费价值的高低很多时候取决于服务或产品的稀缺性，特别是当客户感受到某种服务或产品是专门为其定制的时候，消费者将在心理上获得最大程度的满足感。这种满足感不是普通物质消费所能带来的，但是它一旦产生必然会增强客户对饭店的忠诚感。因此，饭店营销应突出其与众不同的个性特色。

其六，顾客组织化。以某种方式将顾客纳入企业的特定组织中，使企业与顾客保持更为紧密的联系，实现对顾客的有效控制。这包括两种形式：无形的顾客组织和有形的顾客组织。无形的顾客组织要依赖计算机技术，利用数据库建立顾客档案，从而与顾客保持长久的联系。有形的顾客组织是饭店通过各种俱乐部形式（如贵宾卡）与顾客保持联系。俱乐部成员主要是饭店的现有顾客和潜在顾客，为会员提供各种特制服务。通过建立顾客组织，使饭店更易于了解每一个顾客，使服务更加人性化和个性化，从而增强饭店与顾客的社会性联系，增加顾客留在饭店的可能性。

其七，应用电子信息技术，建立完整的客户档案或购置现成的软件系统进行客户关系管理，进而分析客户资源，进行科学的分类，制定相应措施。分析时要遵循"帕累托80/20法则"，把精力放在对饭店贡献最大的20%的客户上。根据客户在饭店的消费金额，用"客户金字塔"法来分类，将客户群分为VIP客户、主要客户、普通客户、小客户四种。VIP客户是位于金字塔最上层的客户，指那些在特定时间段内，消费金额最多的前1%的客户；主要客户指金字塔中包括VIP客户在内的，消费金额最多的前5%的客户；普通客户指包括VIP与主要客户在内的，消费金额最多的前20%的客户；除上述三种以外剩下的对饭店贡献不大的80%的客户都是小客户。

　　分析和掌握客户层级的分布之后，饭店就可以认真规划，根据客户的不同价值制定相应的关怀和优惠措施，一方面可以留住有价值的老客户，另一方面可以提高这些客户对饭店的满意度和忠诚度，吸引他们的后续消费，使他们保持或升级为金字塔的上层客户。

◆ 扩展阅读 7-2

移动互联时代的饭店关系营销

　　充分掌握客户的喜好和饭店消费习惯是饭店关系营销的基础。那些重视建立和维系长期客户关系的饭店通常会努力收集此类客户信息，以便在客户下一次到访时能够给客户提供个性化的服务以及惊喜的入住体验。在过去，那些优秀的饭店管理者会要求员工留意重要客户的行为习惯，积极与客户沟通以了解他们的性格和喜好，并将这些信息详实地记录下来，形成最原始的饭店客户档案。饭店员工可以有效地利用这一数据库，在客人再次到访饭店之前提前了解客户的喜好和习惯，为其定制服务和产品，例如提前安排客人偏好的房间类型，使用客人喜欢的称呼，制作欢迎小卡片，送上客人喜欢的小礼品等等，给客人创造满意与惊喜。客户档案的建立和有效运用为饭店吸引并留住 VIP 客户做出了重要的贡献，也为那些优秀的饭店带来了巨大的长久利润。

　　在计算机和互联网系统普及的今天，饭店收集、保存、整理和使用客户信息变得空前的便利。客户档案的建立不再是饭店脱颖而出的法宝，而是每个饭店应做的基本工作。通过互联网预订平台，客人的每一次预订信息包括姓名、出生日期、性别、偏好的房型等都可以自动保存在饭店电脑中。客人在饭店的所有消费活动也都可以自动记录在电脑数据库里，并与其他相关信息进行匹配，形成完整的客户档案。饭店不再需要像以前一样做大量的沟通和记录工作，凭借计算机软件和互联网平台就可以收集丰富的客户信息，在短时间内建立庞大且易于使用的客户档案。在这一时代背景下，关系营销的理念和工具开始普及，那些不懂得运用先进信息技术、不重视客户档案的饭店企业将很快被市场淘汰。

　　由于客户档案的建立与使用变得空前便利，市场竞争变得更为激烈，饭店的关系营销手段也需要相应调整。饭店为了进行更有效的关系营销，赢得市场竞争，需要更好地运用移动互联技术和网络大数据来优化客户档案并深度挖掘客户价值。例如，过去饭店与客户保持联系的方式主要是电子邮件和电话，记住客人的重要日子并寄送礼品等。饭店单方面与客人主动沟通较多，而互动较少。如今，许多饭店都开始通过社交媒体公众号与客户进行联系，不仅能够主动向客人发送信息，还能与客人实时互动。饭店可以通过社交媒体获得客户的主动关注，例如在社交媒体平台上更新饭店活动信息，邀请客户参与线上或线下活动等。客人通过手机随时随地与饭店进行互动。因此，饭店可以将关系营销的精髓与移动互联技术相融合，在社交媒体平台上与优质客户进行更深入的互动，利用客户档案的信息进行精准营销，向客户发送个性化的促销信息或问候，而不仅仅是在平台上发布统一的信息，或通过网络大数据技术在庞大的客户档案中对客户进行更合理的分类，针对不同产品筛选目标客户，对其进行重点培育，提高客户的忠诚度。

移动互联时代下，客户关系经理有更多的机会与VIP客户进行互动，甚至进行深入的交流，增加客户对酒店的好感。许多客户关系经理开始利用社交媒体与VIP客户进行互动。例如，有的饭店客户关系经理会与VIP客户成为微信好友，通过关注对方微信"朋友圈"的方式了解客户动态和生活方式，并与客户进行一系列非正式的类似朋友或熟人一样的交流，保持客户对饭店的良好印象，在恰当的时机进行精准的产品推荐。客户关系经理还可以通过这些互动获取重要的独家的客户信息，用以补充客户档案，以便将来饭店为该客人提供服务时创造更多的惊喜与顾客价值。总而言之，技术手段的进步以及虚拟社交空间的普及为饭店关系营销提供了更多的工具，同时也加剧了饭店业在获取忠诚客户方面的竞争，有效的关系营销变得更为重要，也更具挑战性。饭店管理者需要将新的技术手段与关系营销的前沿理论进行有机的整合，制定适合自身发展的关系营销策略。

延伸思考7-1

信息技术对饭店经营的影响？

问题： 通信和互联网等信息技术在饭店对客联系、对客服务和营销管理、内部管理等方面产生了极大的影响。在信息技术日新月异的发展中，信息技术还能对饭店经营产生什么影响？

理解与讨论：

（1）建议从通信、互联网等信息技术的发展方面分析其对饭店经营的影响？

（2）在目前APP软件极其发达的情况下，能否进一步分析其对饭店营销的影响？

7.4 饭店服务营销

饭店服务营销是饭店在充分认识、满足消费者需求的前提下，为充分满足消费者需要，在营销过程中所采取的一系列活动。饭店服务营销是一种营销理念，营销的是服务而不仅仅是具体的产品。消费者购买了饭店产品仅意味着销售工作的开始而不是结束，饭店关心的不仅是产品的成功售出，更注重的是消费者在享受饭店产品所提供的服务的全过程中的感受。

7.4.1 饭店产品服务包

饭店产品服务包主要体现为以下三种形式：

1）产品的核心服务

饭店产品的核心服务就是为客人在住店过程中解决各种基本问题，但这些核心服务并不一定都能使客人满意。从旅游者消费行为来看，许多客人不仅要求饭店能为他们解决吃、住等基本问题，还要求在饭店中过得愉快舒服。因此，他们还要饭店为他们提供核心服务以外的东西，那就是饭店产品的便利服务和支持服务。客人在选择饭店时不完全根据产品的核心服务，还根据饭店产品的展现因素及产品的附加成分来做出购买决策。

2）产品的便利性服务

如果A、B两家饭店提供给客人的核心服务是一样的，但A饭店有邮电服务、婴儿照顾服务、客房送餐服务等，而B饭店却没有。如果这两家饭店吸引同一个目标市场，A饭店肯定比B饭店更有吸引力。因此，现在许多饭店经营人员常常采用产品附加的便利性服务来展开竞争，并取得了十分显著的效果。

◆ **深度剖析7-1** ◆

饭店便利性服务

客房部提供的便利性服务：方便的预订手续、客房送餐服务、处理超额预订服务、信息中心、信用保证、行李服务、小孩或小动物看管、同行优惠待遇、洗衣服务、商务中心等。

餐饮部提供的便利性服务：快速提供食品，进餐预订服务，食品饮料保证规格，客人饮酒忠告，提供特色菜肴，按客人要求制作菜肴，营养成分的考虑，提供稀有菜肴，提供食品热量等信息，功能厅服务，隐私权、自主权的保证，24小时供餐服务等。

其他便利性服务：邮电服务、出租汽车、修鞋等。

问题： 饭店便利性服务提供到什么程度最合适？

解析与讨论：

（1）客房提供的便利性服务项目需要做到多细？列举说明。

（2）过多的便利性服务项目是否会增加饭店的经营成本？

（3）细致的便利性服务项目能否增加饭店的品牌影响力？能否提高饭店的声誉？

3）产品的支持性展现因素

产品的展现因素是指从物质上能展示出产品核心服务的各种因素。饭店服务的展现最主要的就是服务本身，此外，饭店的建筑特色、地理位置、周围环境、饭店的气氛、价格及饭店员工的精神面貌等一系列因素都能展示出饭店产品的核心服务，使产品的核心服务更容易被客人认识。也就是说，这些展现因素使饭店产品的核心服务有形化。正是由于这些产品的展现因素才使世界上的饭店各有特色，营销人员常利用这些展现因素将自己的饭店与竞争对手的饭店区分开来。

7.4.2　饭店服务营销组合

1）"7P"服务营销组合

这是在原有"4P"（产品Product、价格Price、渠道Place、促销Promotion）的基础上将服务营销组合要素修改和扩充成7个要素，增加的3个要素是"人"、"有形展示"和"过程"。

其一，人（People）：包括服务者和顾客两个方面。饭店员工在服务中承担着服务表现和服务销售双重任务，在顾客眼中，他们已经被纳入服务产品的组成部分，服务人员的一举一动都可能对顾客的产品评价产生影响。另外，由于顾客的多样化需求以及他们的知识构成、价值观方面的差异，不同顾客对同一服务产品的感知可能会有很大差别，这也是饭店服务营销要格外关注和研究的一点。

◆ **职业道德与企业伦理7-1** ◆

重做的浓汤

背景与情境： 在某高级酒店的西餐厅里，一位客人正在宴请朋友，当浓汤上来后，这位客人尝了一下，对服务员说，自己是吃西餐的行家，能够尝出来这个汤味不正，而且不热，要求重做。服务员向客人道了歉，把汤拿回厨房，过了一会儿，把汤重新端了上来，厨师长跟在旁边。当客人对重做的汤表示满意时，冷不防厨师长说出一席话："老实告诉你，这就是你刚才尝过的汤，只不过稍稍热了热。可见你根本不懂西餐，是个十足的外行！"客人大怒。

资料来源：佚名.餐厅10个失败服务案例分析，回头客是这样没的［EB/OL］.（2016-03-11）［2016-04-15］. http：//www.canyin168.com/glyy/glzx/hyfx/201603/66220.html.

问题：厨师长这样的做法是否得当？

分析提示：顾客自诩行家，也许有点夸张。服务员和厨师长知道对方是外行也不应该直接当面说出来。顾客要求将汤重做，如果不是菜品有问题，可以直接说明。既然拿回去重做，那么就应该息事宁人。厨师长这样的做法虽然是解气了，但得罪了客人，更不是饭店应提倡的职业道德与企业伦理。

其二，有形展示（Physical Evidence）：因为服务的无形性特点，许多服务产品必须要通过有形展示才得以提供，所以，在服务交易中，如何将无形寓于有形，成为服务营销的重要手段。这样一方面便于饭店为服务制定统一的标准，另一方面可以消除顾客心中隐藏的疑虑，让顾客放心。例如，在饭店预订网站上展示精美的酒店外观、整洁的房间布局等方式有利于增强顾客对饭店服务质量的信心，增加预订的机会。另外，饭店员工制服的美观和整洁程度也会一定程度上影响顾客对酒店服务人员专业素质的判断。

其三，过程（Process）：服务的提供就是一个过程。饭店的服务理念、企业文化、管理水平都可以通过服务来传递。由于饭店服务产品的不可分离性，即生产与消费的同时性，所以对服务过程的控制应该更加重要，稍有不慎就可能引起顾客的不满甚至投诉。对于服务的运作程序、服务策略、服务的机械化程度以及员工的参与程度，都要求服务管理者特别关注，并且，管理者应该意识到饭店为顾客提供的服务包含了从顾客预订开始到离开饭店的一整个过程，这一过程中顾客会与饭店的方方面面发生各种各样的互动。因此，管理者应该注意到客人与饭店发生互动的每一个环节，并确保每一个环节都能带给客人满意的体验。

2）"4P+3R"营销组合

这种服务营销组合理论强调，以顾客忠诚度为标志的市场份额质量比市场份额规模还要重要。它注重的是如何保留顾客，如何使顾客购买相关产品，即相关销售，如何让顾客向他们的亲朋好友推荐饭店的产品和服务，这就是"3R"概念。

其一，保留顾客（Retention）：保留顾客是指通过持续地和积极地与顾客建立长期的关系，以维持与保留现有顾客，并取得稳定的收入。这一理念也是关系营销的实质。

其二，相关销售（Related Sales）：通过有效的服务，饭店还可以了解到顾客的其他需求。饭店可以围绕核心产品和核心服务开发其他特色产品或特色服务，以满足顾客的需要，这就是相关销售。由于相关销售主要是针对已经在饭店消费的顾客，他们对饭店产生一定的认可后，对于新产品也就更加容易接受，所以相关销售的市场引入费用低、时间短，而且会促使饭店的业务范围不断拓展，从而提高销售利润率。

其三，顾客推荐（Referrals）：广告信息的"爆炸"使人们对大众传媒越来越缺乏信任，而在进行消费决策时越来越看重朋友及亲人的推荐，尤其是已有消费经验者的推荐。实施服务营销、提高顾客的满意度和忠诚度的最大好处之一就是忠诚顾客对其他潜在顾客的推荐。顾客推荐将形成对饭店有利的效应，最终提高饭店的盈利水平。

7.4.3　饭店服务的有形展示

饭店服务并非完全不可触摸，在服务现场总会有一些有形的物质内容来承载无形的服务。应该说，饭店建筑物的环境、建筑本身，厅堂、客房、餐厅的装修，服务设施和服务环境等都是饭店服务最直接的有形展示。宾客通过这些有形实物的感知来建立对饭店企业形象和服务质量的认识。饭店应有意识地设计、突出、完善服务传递系统中的有形展示内容，以增加软性服务的透明度。利用服务过程中可传达服务特色及内涵的有形展示手段来辅助服务产品推广的方法是饭店服务营销的重要手段，其最终目的是使饭店服务易于被顾客把握和感知。

在实施有形展示策略的过程中，服务环境的设计往往是饭店营销努力的重点，因为顾客在实际接触服务之前，他们最先感受到的就是来自服务环境的影响，尤其对于那些易于先入为主的顾客来说，环境因素的影响更是至关重要的。饭店服务环境是指饭店向顾客提供服务的设施设备、场所以及附属氛围效果的总体。设计一个理想的饭店服务环境必须考虑到如下三个方面的因素：

其一，实物属性。饭店的建筑构造设计，包括其规模、造型、建筑使用的材料、所在地理位置以及与邻近建筑物的比较，都是塑造顾客观感的因素。至于其他相关因素，诸如停车的便利性、可及性，橱窗门面、门窗设计、招牌标示等也很重要。因为外在的观瞻往往能与牢靠、永固、保守、进步或其他各种印象相联系。

其二，气氛。气氛往往是通过饭店内部的空间设计来营造的。良好的氛围不仅影响客人在饭店内的消费意向，而且对饭店员工的工作情绪也会产生很大的影响。有的饭店内部装潢得豪华气派、富丽堂皇，有的简约朴素、色彩明朗，不论何种设计，都力求为客人营造一种温暖和亲切的气氛。影响气氛的因素包括：视觉效果，如照明、采光、颜色的运用、家具的摆设等；味觉效果，饭店餐厅应当充分运用香味来刺激客人的消费，但应当注意避免因气味引起顾客的不适，甚至反感；听觉效果，音乐通常是气氛营造的背景，不同的音乐会营造出不同的气氛，饭店应该使用高雅、舒缓的轻音乐，营造典雅、宁静的氛围；触觉效果，地毯的厚度、壁纸的材质、家具的木质感和大理石的冰凉感，都会给宾客带来不同的感觉，辅助饭店营造独特的气氛。

其三，员工的着装、外貌。服务员的着装、外貌在饭店服务环境中容易被忽视，但是特别重要。对到饭店消费的宾客而言，一个蓬头垢面、衣衫不整的员工就意味着一家饭店的管理很混乱。尤其是一线服务人员，他们与顾客的接触机会最多，他们的形象代表了饭店的形象。

同步案例 7-3

馥兰朵乌来度假酒店

中国台湾的馥兰朵乌来度假酒店将饭店服务诗化与仪式化，可以作为饭店个性化

学习微平台

阅读与赏析 7-2

服务和饭店服务文化的经典个案之一，也是饭店形象的极致化表现。

1）饭店服务理念创新——馥兰朵酒店创造出了"家的舒适感与抽离感"

其诗云：

旅店是个奇特的空间。

一方面我们在创造家的舒适感，

一方面我们在创造家的抽离感；

人为的服务与态度创造了家的舒适感，

环境的氛围与设计创造了家的抽离感。

家的舒适感在于服务与服务态度，家的抽离感在于环境氛围与服务设计。正是山涧河谷、清澈溪水、翩翩彩蝶、温泉潺潺等特殊的地域环境与饭店服务设计的巧妙结合，创造了馥兰朵酒店奇特的空间与服务文化。

2）艺术导入生活的仪式

艺术导入生活的仪式是馥兰朵酒店最精彩的篇章。

馥兰朵酒店高薪聘请台湾著名的舞台剧导演加盟饭店管理团队，通过诗化的仪式创造出饭店奇特的服务文化。具体的服务仪式包括："离尘嚣""夜行空""即静音""棋不语""绕空鼓"。

（1）仪式一："离尘嚣"

时间：08：00和16：00，地点：温泉泡汤厅。

饭店利用艺术雕刻的原木框悬挂着状似明月的大小铜锣。每天准时敲响铜锣，目的不仅是唤醒大地灵气，也提醒来到馥兰朵的您，不妨放下烦恼，享受难得的清静！

于是，锣声响起：

"一声锣响，

震落一身尘嚣；

两声锣响，

震起大地灵气。"

饭店将这一仪式取名"离尘嚣"。通过敲锣，表达难得清静的意境。正如"蝉噪林逾静，鸟鸣山更幽"这一句千古传诵的名句，又如王维的"倚杖柴门外，临风听暮蝉"，杜甫的"春山无伴独相求，伐木丁丁山更幽"，都是用声响来衬托一种静的境界。

馥兰朵用足了唐诗的意境，提醒来到馥兰朵的人们，放下日常的万千事，享受难得的清静界。在"离尘嚣"之后，所进行的"夜行空""即静音""棋不语""绕空鼓"是要表达饭店的清静界。

（2）仪式二："夜行空"

时间：16：00和18：00，地点：饭店大堂。

在悬挂着铜锣的独木舟上，每到傍晚就点上烛光，随着敲响的铜锣声，引领旅人进入旅途中的安稳港湾，迎接日出的扬帆出航！

于是：

"白天与黑夜的交界处，

宁静在烛光闪耀里点亮了温暖；

一种宇宙间神圣的转换，

一场松林间心灵的祭仪；

悬挂在浪起的星空就会响起，

那锣声等待着晚归的夜人。"

（3）仪式三："即静音"

时间：18：45—19：15，地点：二楼水廊。

饭店利用烛光点点的穿水廊道和涓涓流水，使水滴般的钵声在耳边萦绕。沉淀了您我的心灵杂念，感受转瞬间的美好。

于是：

"是此时此刻的你，

正走在两行烛光中。

我在穿水廊道，

摩着水晶钵音，

滴水穿心，

即静音。"

这一仪式，玩的是更加神秘、细巧的穿水廊道的滴水声，利用听得到滴水声的静来衬托饭店的幽静。

（4）仪式四："棋不语"

时间：08：45—09：00和15：45—16：00，地点：温泉池畔。

温泉池畔上漂荡着一艘小木板船，对坐着的俩人默默不语，他们恣意地敲击铜磬，用磬音对话，下着没有棋子的棋，引领着您进入当下的宁静。

于是：

"我坐一方界，你从一方来，

静待缘分出现，与我下着没有棋子的棋局。

观，其心不语，其棋不语，

只有那声声磬音，敲开了你我的对话。

没有语言，只剩心。

你是一方大丈夫，我是一方微君子，

一起手，一回眸，

已春秋多世。"

（5）仪式五："绕空鼓"

时间：16：00，地点：温泉池畔、山涧河谷之边。

当对岸传来低沉锣声，此岸便打击大鼓相应和……强而有力、缭绕不已，意念顿然澄澈，感官因此开启，盼您从中获得喜悦与宁静。

于是：

"我在此岸击鼓，

你在彼岸打锣。

相邀无形，

身已离，

心已空"。

每天下午4点，馥兰朵酒店的大鼓准时响起，山涧河谷对岸，表演人员击打阵阵铜锣，相互应和，形成天天如此的山涧河谷缭绕之声。

其诗，其境，其仪式，其意境，非亲临，难阐述。

3）仪式就是仪式，不是服务也不作为演出

馥兰朵的所有仪式，就只是作为一种仪式，它既不作为一种演出，更不是为了让住客观赏，而只是一种饭店服务的衬托，表现出那种"蝉噪林逾静，鸟鸣山更幽"的意境。

馥兰朵酒店的所有仪式均由饭店员工完成。从总经理到普通员工，人人参与，按序参加。

馥兰朵的仪式活动，一方面展现了饭店服务文化，提升了饭店服务档次；另一方面锻炼了饭店员工队伍，凝结了饭店艺术化的服务精神。

我有幸于2012年3次入住馥兰朵，对于这一高端温泉饭店，我只想用住后感想来做结论。

感想一：我很想知道为什么客人入住后可以一天都待在客房，一步也不出门，而客人竟然不烦躁。甚至如江总所介绍，一些来自日本、中国香港和新加坡的客人，飞来飞去只为在饭店住3天，他们住下后就再也不出门，直到返程去往机场。

感想二：每天从早到晚的服务仪式很多，这些服务仪式的推行并不是为了邀请住客观赏，而只是为了营造饭店的服务氛围。"离尘嚣""夜行空""即静音""棋不语""绕空鼓"表现了饭店服务的艺术化。

感想三：我一直以为艺术需要天分，在欣赏了馥兰朵酒店员工人人参与的仪式之后，才感悟到艺术细胞好像是可以培养的。

资料来源：林璧属.饭店企业文化塑造：理论与案例［M］.北京：旅游教育出版社，2014：247–251.

教学互动7-1

中国台湾新北市的馥兰朵乌来度假酒店已经加入国际知名的罗莱夏朵精品酒店集团（RELAIS & CHATEAUX），该集团于1954年在法国创建，旨在弘扬独有的传统法兰西生活方式。迄今为止，集团在全球60个国家和地区已严格甄选520家富有独特创意的顶级特色酒店以及美食餐厅加盟，让人尽享奢华生活方式的精髓。

问题：仪式化的饭店文化能否成为奢华生活方式的饭店产品？

要求：同"教学互动1-1"的"要求"。

✿ **本章概要**

☆ **主要概念**

营销观念　营销策划　关系营销　饭店服务营销

☆ **内容提要**

● 本章主要介绍了饭店营销管理的理论与方法，即饭店营销观、饭店营销策划、饭店关系营销和饭店服务营销。

● 营销观是指饭店市场营销所经历的一系列营销理念，从传统的生产产品观和推销观，再到后来兴起的多元化的营销理念，具体包括绿色营销、网络营销、分时营销、主题营销、内部营销、关系营销等。

●饭店营销策划是在对饭店企业内部环境予以准确地分析，并有效运用经营资源的基础上，对一定时间内的饭店营销活动的行为方针、目标、战略以及实施方案与具体措施进行设计和计划。

●饭店关系营销突破原先单纯的买卖关系，力求和顾客、供应商、竞争者等建立非交易的关系，以保证与各方的经济交易能够顺利进行。这种营销理念不仅隐含着企业对顾客的忠诚，以"承诺和信赖"为基础，提高顾客的满意度和忠诚度，还充分考虑到企业与竞争者、供应商、政府机构等关联公众的关系。相对于传统的"4P"营销组合，关系营销提出了以顾客、成本、便利性以及沟通性为主要内容的"4C"营销组合策略。

●饭店服务营销是饭店在充分认识、满足消费者需求的前提下，为充分满足消费者需要在营销过程中所采取的一系列活动。饭店服务营销是一种营销理念，营销的是服务而不仅仅是具体的产品。消费者购买了饭店产品仅仅意味着销售工作的开始而不是结束，饭店关心的不仅是产品的成功售出，更注重的是消费者在享受饭店产品所提供的服务的全过程的感受。

❀ 内容结构

本章内容结构如图7-1所示。

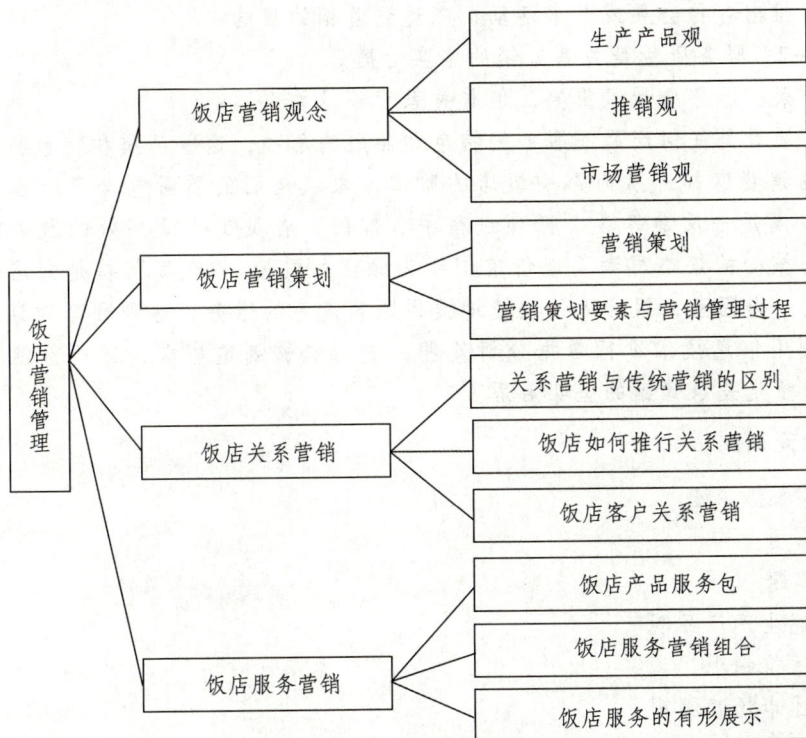

图7-1　本章内容结构图

❀ 重要观点

观点7-1：主题营销是饭店营销的最佳方式之一。

常见质疑：主题营销不适合于饭店营销。

释疑：主题营销是饭店在激烈的市场竞争中营销制胜的重要营销策略，它的关键之处在于选定一个或多个具有标志性的主题，通过主题的设置来吸引公众的注意并令其产生购买行为。可见，主题营销的主题选定是成功的关键。饭店主题营销理念的核心是选定营销的主题。概括来说，主题选定应遵循如下几点原则：第一，主题要符合公众的现实和潜在的消费需求，必须是从公众的立场出发，通过分析顾客的各种需求而制定；第二，主题要符合饭店特色，饭店主题营销要与本饭店的经营理念、企业文化等相适应，要在正确分析自身优劣势的基础上确定与本饭店经营相适应的营销主题；第三，饭店营销的主题必须具有个性化和差异化，切忌与市场同类主题相重复或随大流、模仿他人，要通过塑造与众不同的主题形象，使自己的产品优于竞争对手，形成竞争优势；第四，饭店主题要具有文化性，文化是一切事物能够生存下去的法宝，饭店营销主题赋予了一定的文化特性，因此，充分挖掘文化内涵、制作文化产品和服务是饭店营销管理者要做好的重要事情。饭店在组织策划各种类型的主题营销活动时，可以根据消费时尚、竞争对手的表现、时令季节、客源市场需求、社会变动的走势等方面来选择合适的主题。在主题活动实施时，可以依靠自身的实力独自组织并推出主题营销活动，也可以联合其他单位或企业，如竞争对手、旅游公司、旅行社等，共同策划组织主题活动。除此以外，饭店还可以定期或不定期地与一些大型企业进行合作，推出各种会展或节事活动，以达到营销的目的。

观点 7-2：服务质量是关系营销的坚实后盾。

常见质疑：服务质量很重要，但与关系营销没关系。

释疑：质量是任何产品或服务的特色和品质的总和，这些品质和特色将从根本上影响顾客的消费感知，从而影响饭店的整体形象。全面的质量包含了顾客欲望—销售—消费—满足—反馈等各个循环过程中各部门、各员工优质高效的服务。质量是在以顾客为核心的策略思考下以价值创新为保证的质量。"速度"将是饭店未来经营不可忽略的一个因素，饭店除了快捷地提供顾客满意的服务、达到顾客的期望外，更重要的是利用信息技术进行数据分析处理，进而能够创造需求，进行价值创新。因此，服务质量是关系营销的坚实后盾。

✷ 单元训练

✿ 传承型训练

▲ 理论题

△ 简答题

1）简述生产产品观。

2）简述推销观。

3）简述市场营销观。

4）简述策划的含义、特征及其与决策的区别。

5）简述关系营销与传统营销的区别。

6）简述饭店产品服务包的主要体现形式。

△ 讨论题

1）服务质量是关系营销的坚实后盾吗？为什么？

2）技术对饭店经营有何影响？

▲ 实务题

△ 规则复习

1）简述饭店营销策划要素。

2）简述饭店营销管理过程。

3）饭店如何推行关系营销？

4）简述饭店客户关系营销价值分析。

5）饭店如何推行客户关系营销？

6）简述饭店服务营销组合与有形展示。

△ 业务解析

1）主题营销是饭店营销的最佳方式之一吗？为什么？

2）馥兰朵诗化的服务为什么能成为常态的服务模式？

▲ 案例题

△ 案例分析

【训练目的】

同第1章本题型的"训练目的"。

【教学方法】

同第1章本题型的"教学方法"。

【训练任务】

同第1章本题型的"训练任务"。

【相关案例】

三人众策划

背景与情境：三人众策划是一家新的策划公司，其提出"品牌就是刀疤脸，长得帅不如长得怪"，强调品牌认知的关键词为：认知碎片、符号、刀疤脸效应、销售力。

资料来源：佚名. 三人众策划 [EB/OL]. [2016-03-12]. http://www.three3team.com.

问题：

1）该案例涉及本章的哪些知识点？

2）运用这些知识点的相关知识表征三人众策划公司的举措。

3）该案例是否超越了传统的营销模式？为什么？

【训练要求】

同第1章本题型的"训练要求"。

【成果形式】

1）训练课业：《"三人众策划"案例分析报告》。

2）课业要求：同第1章本题型的"课业要求"。

△ 善恶研判

【训练目的】

见本章"学习目标"中"传承型学习"的"认知弹性"目标。

【教学方法】

采用"案例教学法"。

【相关案例】

<h2 style="text-align:center">傍名人销售</h2>

背景与情境：某饭店餐厅接待过某明星，饭店总经理与明星合影留念。饭店总经理为提升名气，决定将当时明星用过的菜谱作为营销噱头，遂命名"××菜"，但该项命名未经某明星同意。

问题：

1）本案例中涉及哪些道德伦理问题？

2）试对上述问题做出你的善恶研判。

3）说明你所做研判的依据。

4）请结合研判依据对该饭店总经理的行为做出评价。

5）本案例的核心问题是道德问题还是侵权？为什么？

【训练要求】

同第1章本题型的"训练要求"。

【成果形式】

1）训练课业：《"傍名人销售"善恶研判报告》。

2）课业要求：同第1章本题型的"课业要求"。

▲ 实践题

<h2 style="text-align:center">"饭店营销策划"知识应用</h2>

【训练目的】

见本章"章名页"之"学习目标"中的"实践操练"。

【教学方法】

采用"项目教学法"。

【训练内容】

专业能力训练：其"领域""技能点""名称""参照规范与标准"见表7-1。

表7-1　　　　　　专业能力训练领域、技能点、名称及其参照规范与标准

能力领域	技能点	名称	参照规范与标准
"饭店营销策划"知识应用	技能1	"营销策划"知识应用	1）能全面把握"营销策划"的理论与实务知识。 2）能正确应用上述知识，有质量、有效率地进行以下操作： （1）应用"营销策划的系统性"特征知识，依照系统程序进行营销策划。 （2）应用"营销策划的逻辑性"特征知识，周全考虑策划项目的前因后果和发展过程中的逻辑关系。 （3）应用"营销策划的创意性"特征知识，推陈出新，通过奇妙的构想、别致的手法、周密的计划和精心的安排，使营销策划具有出奇制胜的效果。 （4）应用"营销策划的预见性"特征知识，在策划中预见将来执行过程中可能遇到的障碍和难点，充分估计各种环境变化情况，事先考虑好应变对策和措施。 （5）应用"营销策划的可行性"特征知识，使策划方案具有较强的操作性和充分的可行性。 （6）应用"策划与决策区别"知识，以"策"为重点，进行方案设计

续表

能力领域	技能点	名称	参照规范与标准
"饭店营销策划"知识应用	技能2	"饭店营销策划"知识应用	1）能全面把握"饭店营销策划"的理论与实务知识。 2）能正确应用上述知识，有质量、有效率地进行以下操作： （1）应用"饭店营销策划要素"知识，选定一个明确的、有价值的策划目标。 （2）应用"饭店营销策划要素"知识，进行充分调查研究，掌握尽可能多的与营销策划有关的信息资料。 （3）应用"饭店营销策划要素"知识，提出独特、新颖和具有现实可操作性的创意。 （4）应用"饭店营销策划要素"知识，充分估计可能出现的风险，采取相应防范措施，建立包括年度计划控制、盈利控制和战略控制的营销控制系统。 （5）应用"饭店营销策划要素"知识，着眼企业的核心能力，以企业当前阶段所处市场环境和前瞻性预测为依据，以企业发展方向为标准，主动设定好企业的经营理念
	技能3	"饭店营销管理过程"知识应用	1）能全面把握"饭店营销管理过程"的理论与实务知识。 2）能正确应用上述知识，有质量、有效率地进行以下操作： （1）应用"饭店市场营销机会分析"知识，搞好内部营销环境与外部营销环境分析和饭店消费者行为分析。 （2）应用"选择饭店目标市场"知识，搞好市场细分、目标市场选择和市场定位。 （3）应用"确定饭店营销组合"知识，针对选定的目标市场，综合运用各种可能的营销策略、手段组合成若干系统化的整体策略，以实现饭店市场战略目标。 （4）应用"饭店营销活动管理"知识，通过建立完善的营销信息体系，解决好营销控制的六大问题，搞好营销管理支持系统策划
	技能4	"饭店营销方案撰写"知识应用	1）能通过网络全面学习和把握"饭店营销方案撰写"的实务知识。 2）能正确应用上述知识，有质量、有效率地进行以下操作： （1）参照相应范本，拟定《饭店营销策划提纲》。 （2）参照相应文本，制订较具体、规范的《饭店营销策划方案》

职业道德训练：其"范畴""名称""等级""参照规范与标准""选项"见表7-2。

表 7-2　　　　　　　　　　　　　职业道德训练选项表

道德领域	道德范畴	名称	等级	参照规范与标准	选项
职业道德	范畴1	职业观念	认同级	同本教材"附录四"附表4的参照规范与标准	
	范畴2	职业情感	认同级	同本教材"附录四"附表4的参照规范与标准	√
	范畴3	职业理想	认同级	同本教材"附录四"附表4的参照规范与标准	
	范畴4	职业态度	认同级	同本教材"附录四"附表4的参照规范与标准	√
	范畴5	职业良心	认同级	同本教材"附录四"附表4的参照规范与标准	√
	范畴6	职业作风	认同级	同本教材"附录四"附表4的参照规范与标准	√
	范畴7	职业守则	认同级	同本教材"附录四"附表4的参照规范与标准	√

【组织形式】

将班级学生分成若干实践团队，根据训练内容和项目需要进行角色划分。

【训练任务】

1）对表 7-1 所列专业能力领域各技能点，依照其"参照规范与标准"实施阶段性基本训练。

2）对表 7-2 所列"职业道德"选项，依照本教材"附录四"附表4的"参照规范与标准"实施"初级"相关训练。

【训练要求】

1）训练前，引导学生了解并熟记实践的"训练目的""训练准备""训练内容""训练任务"，将其作为本实践的操练点和考核点来准备。

2）通过"训练步骤"，将"训练任务"所列两种训练整合到本实践的"活动过程"与"成果形式"中。

3）系统体验"专业能力训练"各技能点和"职业道德训练"所选范畴"参照规范与标准"的遵循。

【情境设计】

将学生组成若干实践团队，结合实践训练项目，分别选择一个课业题目和当地一家饭店，应用"饭店营销策划"的理论与实务知识，对其"营销策划"现状进行调查研究，分析其成功与不足，对该家饭店的营销既定策划进行模拟优化，制订《××饭店营销策划方案》，体验相关技能点的操作与"职业道德"选项"认同级"融入活动，分析、总结此次实践活动的成功与不足，在此基础上撰写相应《实践报告》。

【训练准备】

知识准备：

1）本章理论与实务知识。

2）表 7-1 中与各技能点"参照规范与标准"相关知识（必要时通过网络调取资料）。

3）表 7-2 所列选项的"参照规范与标准"。

指导准备：

1）教师向学生阐明"训练目的"和"训练内容"。

2）教师指导学生设计《实践计划》《饭店营销策划方案》和撰写《实践报告》。

3）教师向学生说明本次实践应该注意的问题。

【训练时间】

本章课堂教学内容结束后的双休日。

【训练步骤】

1）根据本项目需要，将班级学生组成若干个实践团队，每个团队确定1~2人负责。

2）各团队分别选择一家饭店，结合"情境设计"进行角色分工，制订本次《实践计划》。

3）各团队实施《实践计划》，结合课业题目，应用"饭店营销策划"的理论与实务知识，系统体验如下技能操作：

（1）依照"技能点1"的"参照规范与标准"，体验关于××饭店的"'营销策划'知识应用"各项技能操作，形成相应文字资料。

（2）依照"技能点2"的"参照规范与标准"，体验关于××饭店的"'饭店营销策划'知识应用"各项技能操作，形成相应文字资料。

（3）依照"技能点3"的"参照规范与标准"，体验关于××饭店的"'饭店营销管理过程'知识应用"各项技能操作，形成相应文字资料。

（4）在以上文字材料的基础上，依照"技能点4"的"参照规范与标准"，体验关于××饭店的"'饭店营销方案撰写'知识应用"各项技能操作，形成《××饭店营销策划方案》。

4）在"'饭店营销策划'知识应用"之"专业能力"的上述基本训练中，融入表7-2"职业道德"（认同级）选项的相关训练。

5）各团队在此基础上撰写、讨论和交流作为成果形式的《实践报告》，其内容包括：团队成员与分工；训练过程；训练总结（包括对"知识准备"所列知识的学习收获、"相关知识应用"情况、本次训练"成功与不足"等方面的分析说明）；附录（指在"实训步骤4"中形成的《××饭店营销策划方案》）。

【成果形式】

1）实践课业：《"'饭店营销策划'知识应用"实践报告》。

2）课业要求：

（1）将《实践计划》和《××饭店营销策划方案》以"附件"形式附于《实践报告》之后。

（2）同第3章本题型的其他"课业要求"。

✿ 建议阅读

[1] MAUREEN A B，PEGGY H C，JAY M H.How Philip Kotler has helped to shape the field of marketing [J]. European Business Review，2007（2）：174-192.

[2] WILKIE，WILLIAM L，ELIZABETH S M. Scholarly research in marketing:

Exploring the "4 eras" of thought development ［J］. Journal of Public Policy & Marketing，2003（2）：116-146.

［3］STEPHEN L V，ROBERT F L.Evolving to a new dominant logic for marketing ［J］. Journal of Marketing，2004（1）：1-17.

［4］GURSOY D. Routledge handbook of hospitality marketing ［M］. New York：Routledge，2018.

［5］FREDERICK E，WEBSTER. A perspective on the evolution of marketing management ［J］. Journal of Public Policy & Marketing，2005（1）：121-126.

第8章
饭店服务质量管理与服务创新

▶ **学习目标**

8.1　饭店质量管理

8.2　顾客满意与顾客期望管理

8.3　饭店服务质量管理模式

8.4　饭店服务创新——从体验和个性化入手

▶ **本章概要**

▶ **单元训练**

▶ **建议阅读**

▶ **学习目标**

▷ **传承型学习**

通过以下目标，建构以"饭店服务质量管理与服务创新"为阶段性内涵的"传承型"专业学力：

理论知识：学习和把握饭店服务质量管理与服务创新的相关概念、饭店服务质量的内涵与独特性、饭店质量管理的复杂性、消费心理定式、顾客期望与顾客满意的区别与联系、体验经济与体验消费、饭店产品发展的必然趋势等陈述性知识；能用其指导"同步思考"、"延伸思考"、"深度思考"和相关题型中"单元训练"；体验"饭店服务质量管理与服务创新"中"理论知识"的"传承型学习"及其迁移。

实务知识：学习和把握顾客期望管理的主要方面、顾客服务质量管理方法、饭店可采用的服务质量管理模式、饭店体验产品开发、从个性化入手的饭店产品价值塑造，以及"业务链接"等程序性知识；能用其规范"同步解析"、"深度剖析"、"教学互动"和相关题型的"单元训练"；体验"饭店服务质量管理与服务创新"中"实务知识"的"传承型学习"及其迁移。

认知弹性：运用本章理论与实务知识研究相关案例，对"引例""同步案例""里兹·卡尔顿的20项基本要求"等案例情境进行多元表征，体验"饭店服务质量管理与服务创新"中"结构不良知识"的"传承型学习"及其迁移；依照相关行为规范对"主动服务""值夜班人员趁客人未回进客房休息"等案例进行善恶研判，促进健全职业人格的塑造。

▷ **创新型学习**

通过以下目标，建构以"饭店服务质量管理与服务创新"为阶段性内涵的"创新型"专业学力：

拓展创新：参加"拓展创新-I"训练。通过其"知识准备"所列知识的学习和应用，系列技能操作的实施，《饭店服务创新研究》论文的准备、撰写、讨论与交流，《"拓展创新-I"训练报告》的撰写等活动，体验"饭店服务质量管理与服务创新"中的"创新型学习"（初级）及其迁移。

引例：我到饭店做什么？

背景与情境：1997年夏天的一个下午，我来到某省会城市，下榻某三星级酒店。当我提着行李来到总台接待处，放下行李准备登记时，接待员问我："你有事吗？"我立刻被惊呆了！我提着行李来到总台接待处，难道不是要来办理饭店入住，而是要来看这位服务员？惊呆中醒悟过来，我马上说："不好意思，我是来入住的！"服务员又问："你要住280元一间还是380元一间？"我马上说："两者除了价钱差别外，还有别的差异吗？"接待员说："有啊，280元的朝北，380元的朝南，还多了一双拖鞋。"我马上说："就住280元的吧，我一个人不用两双拖鞋！"

入住之后，我一直在想，莫不是我穿得不够好，接待员以为我付不起房费？！

资料来源：根据著者亲身经历整理而成。

"我到饭店做什么？"留给我们的问题是：饭店质量管理不是简单的、空洞的理论问题，而是实际的服务过程与服务质量问题。假如没有优秀的员工，饭店服务质量管理和饭店服务创新从何谈起？

8.1　饭店质量管理

饭店是服务性行业，其出售的产品是以服务为主的无形产品，饭店质量管理的实质与落脚点就是饭店的服务质量管理。服务质量是饭店的生命线，它不仅直接影响客户的消费感受、消费利益，也直接影响饭店的管理水平、经营效益和市场形象。因此，饭店的质量管理应该成为饭店经营管理的重要内容。

我国饭店质量管理以中国颁布关于饭店星级评定标准的时间为划分标准，经历了从无到有、从小到大、从不规范到规范的发展过程。1988年，国家旅游局正式颁布了旅游饭店星级评定标准，在这一评定标准颁布之前，可以称为饭店质量管理观念的培育阶段，此时期以"周到"服务为主要特征。自此之后，饭店不约而同地把"标准化、规范化、程序化、制度化"作为饭店质量的关键点，此时期质量管理以产品质量为导向。1997年，我国颁布了《旅游饭店星级的划分与评定》，不仅对不同产品的标准化和规范化进行充分阐述，还用不同顾客需求档次来区分产品层次，由此开启了饭店质量以顾客为导向的新历程，随后也有不少饭店引入以人文为导向和员工为导向的质量管理模式。

8.1.1　饭店服务质量的内涵

以服务为特征的第三产业的质量管理具有不一样的特征，服务质量具有无形性、非储存性、同步性、异质性。按照国际标准化组织（ISO）的定义，质量是反映实体满足显性和隐含需要的能力的总和。根据这一定义，服务质量也就可以理解为服务产品能满足规定的显性需要和潜在的隐含需要的能力的总和。服务质量是以是否满足宾客需要及其满足程度为原则来评价的，服务质量高低是指服务工作满足被服务者需要的程度。因此，对服务的提供者来说，分析宾客的需要是一项十分重要的工作。在分析宾客的需要时，不仅要分析其明确的、规定的显性需要，也要分析其潜在的隐含需要。

关于饭店服务质量的定义，大体可以分为两种：一种是狭义上的，指纯粹是由饭店服务人员所提供的服务劳动，不包括饭店实物产品的使用价值；另一种是广义上的，指服务的效用及其对顾客需要的满足程度，包括组成饭店服务的四要素，即设施设备、实物产品、环境质量和人员服务的质量，是一个完整的饭店服务质量的概念。本书强调以后者为标准。

饭店的设施质量是指饭店的建筑物和内部设施的规格及技术水平，它应与饭店的等级、规模相适应，其中包括饭店的服务项目的多少，设备的完好程度、舒适程度、方便程度和安全程度。

饭店的实物产品质量是指饭店提供的餐饮和购物品的质量，其中包括实物产品的花色品种多寡、质量好坏、外观颜色是否新颖和价格的合理程度。

饭店的环境质量是指饭店所处的自然环境和人际环境的水准。自然环境包括饭店的内外部自然风景、绿化布局是否美丽幽雅、是否具有艺术魅力。人际环境是指饭店的服务人员、管理人员和客人三者之间的相互人际关系是否友好、和谐、理解、互助。

饭店的劳务质量是指饭店员工对客人提供服务时表现的行为方式，它可以适应也可以超越饭店的等级规格，是饭店服务质量的本质体现。其中包括服务人员的气质、服务方式、服务技巧、服务效率、礼节仪表、语言风度、职业道德、团队精神等方面。

◆ 职业道德与企业伦理 8-1

主动服务

背景与情境：有两位客人在某大城市国际机场的高级餐厅里就餐。只见餐厅内杯盘狼藉，叫了半天，服务员才慢慢走来收拾。客人问她有什么饮料，服务员连珠炮般一下报出七八种，听都来不及听。客人反应不过来。之后的时间里，只见服务员们在聊天，再没有人问他们需要什么服务。客人等了半小时后，才问服务员，怎么没有人为他们服务。不料服务员却说："你们为什么不举手？不举手我们怎么知道你们需要服务？"客人只能愤然离去。

资料来源：佚名. 餐厅10个失败服务案例分析，回头客是这样没的［EB/OL］.（2016-03-11）［2016-04-15］. http://www.canyin168.com/glyy/glzx/hyfx/201603/66220.html.

问题：什么是主动服务？它涉及职业道德吗？

分析提示：

1）主动服务受欢迎，还是被动服务受欢迎？

2）顾客叫了才有人服务，这怎么能是主动服务？这样的服务相信无论哪位客人都不会满意。

3）服务员理直气壮地说，不举手怎么知道你要服务，这是不应该有的服务态度。

4）主动服务涉及职业态度，表明对职业选择或模拟选择有充分的认知和积极的倾向与行动。

设施质量和实物产品质量构成了饭店服务的技术质量，也可称为有形质量。饭店的技术质量高低具有客观的衡量标准，并且是可以衡量和容易衡量的。例如，饭店前厅和客房的装饰、面积、家具、照明度、温度、湿度、噪声度，餐厅菜品的色、香、味、形、美等，都有十分具体、详细、量化的技术质量规定和等级标准去检验、测量。技术质量是客人感受到功能质量的前提和基础，因为它主要提供的是物质方面的感受，直接影响客人的第一印象。劳务质量和环境质量构成了饭店服务的功能质量，也可称为无形质量。饭店功能质量的高低虽然有一定的客观衡量标准，但更大程度上依赖于客人的主观感受，它既可以衡量，也难以衡量。诸如服务的方式、技巧、效率，服务人员的体态、仪表可以按照饭店制定的服务标准、服务程序检查、衡量。然而，按照相同的服务标准、服务程序提供的服务也会因为客人的兴趣、爱好、国籍、职业、地位、年龄、家庭、收入水平、受教育程度、文化背景等多种不同因素，而产生不同的功能质量。功能质量还会因为每个员工提供服务时的心理状况、情绪、观念、所处环境而随时变化。功能质量的测定明显带有主观色彩，常常因人、因地、因时而异。

因此，从概念上讲，**饭店服务质量**是指服务的效用及其对顾客需要的满足程度，它包含组成饭店服务的四要素，即设施设备、实物产品、环境质量和人员服务的质量，是一个完整的饭店服务质量的整体体现。

8.1.2　饭店服务质量的独特性

饭店的服务质量不仅受到技术质量的影响，更受到功能质量的制约，与一般有形商品相比，存在很大的差别，其独特性包括：

1）服务质量评价标准多元化

饭店的服务质量由技术质量和功能质量两个方面构成，技术质量可以通过量化指标进行测定，但是功能质量却无法固定一个标准。所以，饭店服务质量的评价标准应当是硬性指标和"软性指标"的统一。所谓硬性指标，主要是为饭店设施质量和实物产品质量制定一套完整的、科学的评价标准。软性指标主要是针对劳务质量和环境质量而言，除了为服务人员制定一套系统的、规范化的服务规程以外，还应当将客人的反馈意见，甚至顾客的回头率作为衡量标准。

2）饭店服务质量是多方面、多层次的劳动服务相结合的结果

客人进入饭店，从前厅的登记入住开始享受饭店提供的各种服务。他们在饭店所体会到的服务不可能只是一次或者仅仅在一个部门发生，而是多次、连贯地进行，是由各个相互联系但又职责不同的部门提供的。因此，饭店的服务质量不能被独立地看待，其服务质量同饭店整体联系在一起，应将每一名员工、每一个部门提供的服务和客人感受到的全程服务作为一个整体来评价。客人在饭店消费过程中，有可能会因为一次小小的不愉快而对饭店产生反感，也可能因为一个环节超乎预期的细致服务而对饭店评价甚高。服务贯穿于从客人进入饭店到离开的整个过程，服务是连贯的，其整体质量受各个环节、各个部门的局部质量的影响。

3）饭店服务质量是服务意识和技术水平的统一

饭店的服务质量在服务人员与客人的直接接触过程中产生，因此，服务质量一方面取决于工作人员的服务技能，另一方面取决于员工的服务意识，而服务意识主要是指服务态度和服务精神。应该说，对于员工而言，服务意识比服务技能更重要。只有服务人员在服务过程中形成"乐于为顾客服务"的意识（这种意识比"顾客永远是上

帝"更为积极、主动），他才能够将最好的服务态度和服务精神展示出来，为客人提供最舒适、最温馨的服务。而技能只是一种工作技巧，它可以通过岗位培训获得，而且一般获得以后就能在实践中熟能生巧地得到提高。一个高服务技能、低服务意识的员工是不可能为客人提供完善的服务的；反之，一个具备积极服务意识的新员工却可以通过其优秀的服务态度和服务精神来弥补技能上的不足。因此，提高服务质量不仅要不断提高员工的技术水平，更要注意培养和提高员工的服务意识，从而提高顾客对服务质量的满意程度。

◆◇◆ **业务链接8-1**

希尔顿的微笑服务文化

希尔顿饭店是全球最大规模的饭店集团之一。希尔顿饭店成功的秘诀在于牢牢确立自己的企业理念并把这个理念贯彻到每一个员工的思想和行为之中：饭店营造了"宾至如归"的氛围，注重企业员工礼仪的培养，并通过"微笑服务"体现出来。饭店的创立者希尔顿十分注重员工的文明礼仪教育，倡导员工微笑服务。他每天至少到一家希尔顿饭店，与饭店员工接触，向各级人员询问最多的一句话必定是："你今天对客人微笑了没有？"1930年是美国经济十分萧条的一年，全美国的饭店倒闭了80%，希尔顿的饭店也一家接着一家地亏损，一度负债50万美元。希尔顿并不灰心，他召集每一家饭店员工向他们特别交代和呼吁："目前正值饭店亏损靠借债度日的时期，我决定强渡难关。一旦美国经济恐慌时期过去，我们希尔顿饭店很快就能进入云开日出的局面。因此，我请各位记住，希尔顿的礼仪万万不能忘。无论饭店本身遭遇的困难如何，希尔顿饭店服务员脸上的微笑永远是属于顾客的。"在纷纷倒闭后只剩下20%的饭店中，只有希尔顿饭店服务员的微笑是最美好的。经济萧条刚过，希尔顿饭店就领先进入了新的繁荣期，跨入了经营的黄金时代。希尔顿饭店购置了一批现代化设备。此时，希尔顿到每一家饭店召集全体员工开会时都要问："现在我们的饭店已经新添了一流的设备，你觉得还必须配合一些什么一流的东西使客人更喜欢呢？"员工回答之后，希尔顿笑着摇头说："请你们想一想，如果饭店只有一流的设备而没有一流服务员的微笑，那些旅客会认为我们提供了他们全部最喜欢的东西吗？如果缺少服务员的美好微笑，正好比花园里失去了春天的太阳和春风。假如我是旅客，我宁愿住进虽然只有残旧地毯，却处处见得到微笑的饭店，也不愿走进只有一流设备而不见微笑的地方……"希尔顿饭店以其独有的微笑文化征服了世界的饭店业。

资料来源：林壁属.饭店企业文化塑造：理论与案例［M］.北京：旅游教育出版社，2014：202-203.

◆◇◆ **同步思考8-1**

微笑能否提高服务品质？

问题：微笑本身不能作为服务。那么，什么样的服务才是真正的服务？是否只有良好的服务配以优美的微笑才能提高服务品质？

理解要点：

（1）微笑有利于营造良好的服务氛围，不仅可以提升服务质量，还可以成为处理饭店与顾客之间相互关系的一剂良药和有效手段。

（2）微笑不等于服务，优质的服务配以员工的微笑确实能够提升服务品质。

（3）从饭店服务的效用及其对顾客需要的满足程度看，设施设备、实物产品、环境质量和人员服务的质量，是一个完整的饭店服务质量的整体体现，因此，良好的服务配以优美的微笑是能够提高服务品质的，但只是四要素之一。

8.1.3　饭店服务质量管理的复杂性

饭店服务质量管理涵盖饭店的各个部门、各个环节。通常情况下，许多管理人员认为服务仅仅体现在服务的过程中，而忽略了服务的设计环节。实际上，高品质、高水准的服务应该从设计环节开始，因此，完整的服务质量管理应该包括下述三个方面：

1）服务项目设计的质量控制

饭店所提供的服务产品看上去是无形的且烦琐复杂的，但实际上可以通过对具体服务的划分、设计，将其变为具体并且有序的。对于饭店来说，把顾客的需求和愿望正确地变为特定的服务，实际上就是服务的设计和开发工作。通常将核心服务项目的设计进行细分，包括以下几个环节：

首先，进行市场调查，弄清顾客需要。对于传统的服务项目，比如为客人提供住宿、膳食，除了保留原先应有的服务以外，可以根据客人的需求提供新的内容。例如，饭店的开夜床这项服务对于美国、日本客人来说是一项必要的、非常标准的服务，但对于西欧的客人来说却是一项多余的、不标准的服务，因为欧洲人对于服务人员晚间进入自己的房间拉开床角、摆好拖鞋、放上印有"请勿在床上吸烟"的小标牌很反感，认为这触及了他们的隐私权或是对他们不尊重、不礼貌。因此，只有按照饭店的客源市场的不同需求来设计服务的标准和程序，才能使客人得到精神的满足。

其次，根据市场需求，制定并实施服务规范。服务规范就是对服务项目设计的一组操作规则，是对服务提供过程的规定要求。

最后，在新的服务项目得到实施、推广以后，应该采取措施收集市场的反馈信息，以便做进一步的修改，完善服务质量。

2）服务过程的质量控制

服务无法跟有形产品一样，顾客接受了不合格的服务之后不能"退货"。服务的这一特点对服务的过程质量控制提出了更高的要求。加强饭店服务过程的质量控制，使服务工作一次就能做好，必须做到：

首先，提高服务人员的技术素质。服务主要是通过服务人员与顾客"面对面"的劳务活动完成的，饭店管理人员除了要对服务人员的每一个动作、语言、表情给出细致严谨的规范外，还要注重对服务人员服务技能的培训和提高，使每个服务人员都能掌握准确的服务动作和高超的服务技术。更为重要的是，要加强对服务人员的服务意识、服务态度和职业道德教育，提高服务人员的品行、素质。

其次，建立服务质量责任制。建立服务质量责任制，使人人有专责，事事有人管。每个职工都有明确的岗位、职责和努力方向，做到心中有数、自我调控。

最后，开展服务检测是服务质量控制的手段。实行"三检三控制"，即自检自控，自己对照服务规范，发现偏差，马上进行自我调整；互检互控，其他人员一旦发现有人出现质量问题，主动上前帮助纠正或弥补；专检专控，检查人员发现不合格服务后，立即督促和帮助改正。

3）服务关键环节的质量控制

饭店进行服务质量控制，必须抓住关键环节、关键时刻的管理和控制。所谓关键环节、关键时刻是指饭店在接待客人过程中直接与客人打交道的时间。与关键时刻、关键环节相对应的是服务的关键岗位，通常被称为一线部门。一般来说，饭店服务中的关键环节包括客人入住和离开饭店，以及客人在客房与餐厅享受服务的过程。由此可见，加强对前台、客房以及餐厅的服务管理是提高饭店整体服务质量的重中之重。

8.2　顾客满意与顾客期望管理

8.2.1　消费心理定式

心理定式就是心理上的"定向趋势"，它是由一定心理活动所形成的准备状态。由于顾客期望与顾客满意都是顾客心里的感受，它们都受到顾客消费心理的左右，特别是顾客期望。因此，饭店的管理和服务人员需要对影响消费者心理状态的心理定式因素有所了解，做到心中有数。消费心理定式主要有以下三种：

1）首次效应

当一个人第一次进入一家饭店，第一次和饭店的服务人员接触，第一次品尝饭店餐厅的食物，第一眼看到饭店的客房时，他会留下深刻的印象，形成一种心理定式且难以改变，这种现象称为首次效应或第一印象。首次效应先入为主，实际上已经戴上了"有色眼镜"。在今后的类似活动中，人们常会不自觉地将当前的印象同第一印象相联系，进行对比。如果第一印象良好，对以后的不良印象也不会觉得反感。如果第一印象不好，以后的良好印象也会相形失色。

饭店工作人员必须了解顾客的这种心理定式，在第一次与客人接触的时候，就应该努力树立自己的美好形象，千万不能由于某种疏忽而影响客人对饭店服务质量的判断或认识。

2）晕轮效应

晕轮效应指的是从对象的某种特征推及对象的整体特征，从而产生美化或丑化对象的效果。"晕轮效应"意指它像月晕一样，会在真实的现象面前产生一种假象：当人们隔着云雾看月亮时，由于光的折射作用，围绕在月亮周围产生光圈。

如果说首次效应是从时间上说的，由于前面的印象深刻，后面的印象成为前面印象的补充，那么晕轮效应则是从内容上说的，由于对对象的部分特征印象深刻，这部分印象泛化为全部印象。因此，从本质上讲，这两种效应都带有强烈的主观色彩，常常是一叶障目，只见树木不见森林。从饭店的角度来看，为了使顾客对饭店产生一个好的印象，在提供饭店产品和服务时要避免劣质产品和劣质服务的出现，以防由于晕轮效应使客人把对劣质产品和劣质服务的印象扩大到饭店的整个产品和服务上。

延伸思考 8-1

问题：为什么中国的五星级饭店都有一个富丽堂皇的大堂？

理解与讨论：

1）请走访学校所在地的五星级饭店，看看其是否有一个富丽堂皇的大堂。

2）五星级饭店之所以有一个富丽堂皇的大堂，是评星的基本要求吗？请下载五星级饭店评级标准，分析其与评星的关系。

3）富丽堂皇的大堂是要给消费者一个震撼吗？是首次效应还是晕轮效应？

3）经验效应

经验效应指的是个体凭借以往的经验进行认识、判断、决策、行动的心理活动方式。经验应当说是一种财富，但也可以说是一种包袱。一般来说，经验越丰富，认识越深刻。但经验又有局限性的一面，不考虑时间、地点地照搬套用，往往在感知事物时发生偏差。对于饭店客人而言，以往的住店经验一定会影响他们再度对饭店的选择，同时，也会影响客人对饭店的期望值。如果曾经在一家饭店获得糟糕的经历，那么客人肯定不会再次入住那家饭店；反之，如果以前对该饭店的服务很满意，那么他就可能再度选择同一家饭店，并且希望获得像上一次一样的愉快经历。

对比首次效应和晕轮效应，经验效应显得比较客观，因为它是基于消费者的亲身经历，而这种效应也是影响顾客"回头率"的一个重要的心理定式，同时也可能是影响饭店口碑的因素。因此，饭店在为客人提供产品和服务的时候要尽量让客人觉得舒适、贴心甚至惊喜，以致把每一位第一次来到饭店的客人都发展成为稳定的忠实客户。

8.2.2 顾客期望

顾客对饭店提供的服务是否满意，在很大程度上是由顾客的期望所左右的。顾客期望（Expectations）是顾客尚未进入饭店，或者进入饭店之后尚未开始接受服务之前在心里产生的一种对饭店和饭店服务的预期，由此产生顾客的期望质量，就是在顾客头脑中所想象的或者期待的服务质量水平。

由于这种预期通常发生在顾客还没有与饭店接触之前，因此影响顾客期望质量的因素是多方面的，主要包括：

①市场信息，包括饭店运用的各种广告、网站宣传、公共关系等宣传手段、促销活动所产生的信息。市场信息，尤其是广告最容易使顾客对他们尚未感受到的产品或服务产生不同程度的主观印象和期望。市场信息是由饭店直接控制的。

②饭店的声誉和形象。声誉、形象越好，客人对饭店的期望值就越高。

③顾客的口头宣传，即口碑。它是饭店过去业绩的反映。它对顾客期望的影响实际上与市场信息是一样的，只不过它的影响面没有那么宽；另外，它也是不受饭店所控制的。

④顾客的需要。所谓"饥不择食"，就是如果顾客的需求越强烈、越紧迫，他们所期望的服务质量水平就会越低。

8.2.3 顾客满意

顾客满意（Customer Satisfaction），是指一件产品的绩效感知（Perceived Performance）满足顾客期望的程度。顾客服务满意是指产品售前、售中、售后以及产品生命周期的不同阶段采取的服务措施令顾客满意。这主要是在服务过程的每一个环节上都能设身处地地为顾客着想，做到有利于顾客、方便顾客。

顾客满意是指企业为了使顾客能完全满意自己的产品或服务，综合而客观地测定顾客的满意程度，并根据调查分析结果，从企业整体来改善产品、服务及企业文化的一种经营战略，它要建立的是顾客至上的服务，使顾客感到百分之百满意，从而使效益倍增的一种新的系统。

对于服务性企业而言，企业提供给顾客的服务能否使顾客满意既是顾客自身十分注重的感受，也是企业所关注的问题。因为顾客的满意与否直接决定着该客人对企业的评价和宣传，决定顾客的再次消费倾向，从而影响顾客的"回头率"和企业的社会形象。饭店亦是如此，客人会将在饭店所花费的金钱和时间同自己所获得的物质和精神上的感受相比较，从而衡量其满意度。简单地说，如果客人觉得自己在饭店的经历是一种愉快的享受，那么他一定对饭店的服务质量感到满意；反之，如果客人离开饭店的时候带着一种失望甚至厌恶的感情，那么饭店留给他的印象一定是恶劣的、糟糕的。

8.2.4　顾客期望和顾客满意的区别与联系

首先，顾客期望与顾客满意都是顾客消费心理的一种反映，都是顾客对饭店提供的服务质量和自身所获得的价值的评估。

其次，顾客期望是顾客满意的前提，顾客满意是期望的一种结果。期望产生于消费活动之前，而满意则是消费活动结束后的评价。

再次，顾客的期望与满意需要通过消费活动，即实际接受服务的经历才得以联系。

最后，通常情况下，客人在获得实际服务感受后，会产生以下几种不同的结果：①期望值低，实际感受好，客人感觉出乎意料，非常满意；②期望值高，实际感受好，客人如愿以偿，服务质量名副其实，感知服务质量高，此时客人觉得物有所值，比较满意；③期望值低，实际感受差，客人感受很一般，没有满意的感觉；④期望值高，实际感受差，客人感到名不符实，产生极大的失望，十分不满意，可能会对饭店进行投诉或进行不利的传播。

8.2.5　顾客期望管理

顾客期望管理是服务质量管理的一个重要内容，是对顾客需要管理的更高层次，同时也是企业形象识别（CI）建设的一个重要方面。传统的服务质量管理是从企业的角度展开，内部人员管理、财产管理、物流管理等是卖方市场管理的产物。而**顾客期望管理**，是一种面向顾客，以顾客为导向的管理理念；企业的一切事务围绕顾客需要展开，具有主动性、超前性等特点，企业希望能通过积极主动地管理顾客期望，采取一系列措施和行动来影响、改变并满足顾客期望，而不是被动地满足顾客的期望，从而提高顾客满意度。

在竞争日趋激烈的市场环境下，饭店只有掌握顾客期望的形成机制、变化动态，采取及时措施满足顾客期望，调整服务的竞争战略，指导饭店服务的系统设计，加强品牌管理，才能达到有效的质量管理。其中，积极的顾客期望管理是建立饭店长期竞争优势的有效策略。

饭店除了提供优质服务，还应该对客人的期望水平进行有效的管理，主要可从以下几个方面入手：

1）保证服务承诺能够反映饭店服务的现实水平

承诺是饭店对顾客在服务水平、服务质量上的一种允诺，这种承诺必须基于现实，既不能脱离现实，给予客人过高的期望；也不能落后于现实，这无疑会丧失一部分客户。因此，饭店的经营管理者在给市场提供承诺的时候，应当注意要与现实的服务水平相统一，要做到：①通过市场调查掌握主要客源的具体和特殊需求；②根据顾客的现实需求，补充、完善饭店的服务项目和服务设施；③杜绝做出不切实际、与实际相差甚远的承诺，以免造成顾客的失望；④关注市场信息的变化，随时追踪市场行情和走向。

饭店的承诺应当将主要精力集中在核心服务、特色服务上，对于暂时无法提供的服务，则要坦诚告知客人，不提供虚假信息，不夸大其词。

2）保证承诺的服务具有现实的可靠性

所谓保证承诺的服务具有现实的可靠性，即承诺能够得到兑现。任何承诺的价值在于服务的不折不扣，每次客人都能按照饭店的承诺而获得相应质量的服务。研究表明，承诺一旦离开服务的可靠性支撑是难以经受时间的考验的，其结果往往适得其反。

可靠性是饭店服务质量好坏的重要标准。一个高水平、高档次的饭店的重要衡量标准就是服务的稳定性和可靠性。只有提供可靠且稳定的服务，才可以稳定客源，赢得客人良好的口碑，获得更多的盈利机会，从而提高自己的市场竞争力与营业收入，才可以有效控制与减少服务失误造成的不必要的支出，提高员工士气，稳定员工队伍。

3）坚持服务的可靠性需要饭店采取的措施

这些措施包括：①饭店的管理层重视服务质量的监督和管理。②经营者应该经常与客户保持必要的联系，虚心听取客人的意见，不断改善服务质量。③要坚持不懈地检查质量，服务的准备工作、服务的程序和服务人员的服务素质是能够在事先加以控制的；对于某些新推出的服务项目，必要时可以先进行实验室模拟，在取得经验与相对可靠时再推出。④建立完善的服务制度，包括制定系统的饭店服务标准，推行责、权、利相统一的服务岗位责任制，培养部门之间真诚合作的精神，及时反馈信息，以及为一线员工提供服务的后勤保障等。

8.3 饭店服务质量管理模式

8.3.1 饭店服务质量管理方法

现有的饭店服务质量管理方法主要有以下四种：

1）ABC分析法

ABC分析法又称帕累托分析法、重点分析法、排列图法或ABC分类管理法，是指根据事物有关方面的特征，进行分类排队，分清重点和一般，从而有区别地确定管理方式的一种分析方法，由于把被分析的对象分为A、B、C三类，所以被称为ABC分析法。ABC分析法由意大利经济学家帕累托首创。1879年，帕累托在研究个人的分布状态时发现少数人的收入占全部人口收入的大部分，而多数人的收入却只占一小部分。他将这一关系用图表表示出来，就是著名的帕累托图。后来帕累托分析法被不断地应用于管理的各个方面，1951 年，管理学家戴克将其应用于库存管理，命名为 ABC 分析法。1951 年至 1955 年，美国质量管理学家朱兰将 ABC 分析法引入质量管理，用于质量问题的分析，称为排列图。1963 年，德鲁克将这一方法推广应用到全部社会现象，使 ABC 分析法成为企业提高效益的普遍通用的管理方法。ABC 分析法是发现影响饭店服务质量主要因素的一种有效工具。

2）因果分析图法

因果分析图又称鱼刺图、树枝图，是分析质量问题产生原因的一种简单有效的方法。在饭店经营过程中，影响服务质量的因素错综复杂，并且是多方面的。因果分析图对影响质量的各种因素之间的关系进行整理分析，并把原因与结果之间的关系用箭头线标出。

3）PDCA 循环法

PDCA 循环是一种科学的质量管理工作程序，最早是由美国贝尔实验室的休哈特博士提出，后经戴明博士应用于实践中，所以又称为"戴明环"。它反映了质量管理活动的规律。P（Plan）表示计划，D（Do）表示执行，C（Check）表示检查，A（Action）表示处理。PDCA 循环法是提高服务质量、改善饭店经营管理的重要方法，是质量保证体系运转的基本方式。

4）零缺点管理法

零缺点管理是美国人克劳斯比于 20 世纪 60 年代提出的一种管理观念。当时的马丁公司为提高制造导弹的质量，提出"无缺点计划"。进入 20 世纪 70 年代后，这种方法被美国、西欧、日本等国家广泛采用，并运用到服务行业管理中，成为现代企业质量管理的一种先进方法。

◆ 同步解析 8-1 ◆

100-1=0，饭店服务能做到吗？

问题： 高星级饭店都在推崇"100-1=0"的零缺点管理，问题是饭店真能做到吗？

解析提示： 如果说饭店服务质量是指服务的效用及其对顾客需要的满足程度，包含组成饭店服务的四要素，即设施设备、实物产品、环境质量和人员服务的质量，是一个完整的饭店服务质量的整体体现，那么就需要分别从设施设备、实物产品、环境质量和人员服务的质量四个方面来分析，判断出哪一个环节是最薄弱的环节，并从这一环节入手，制定出相应的措施和预案。

8.3.2　饭店可采用的服务质量管理模式

饭店服务质量实质上是一种顾客感知的服务质量，随着消费水平的不断提升，饭店的质量管理手段也必须随之不断提高。根据目前的消费需求、饭店服务项目和饭店业发展水平，饭店可采用的服务质量管理模式很多，这里介绍如下两种：

1）交互质量管理模式

从本质上讲，服务是过程而不是产品，服务的生产与消费是同步进行的，顾客要参与服务生产，与服务企业发生多层次和多方面的交互作用。交互过程的好坏直接决定着顾客对服务的评价，直接决定着服务水平的高低，于是，如何加强交互过程的服务质量管理便成为一种重要的质量管理模式。

饭店服务的生产与消费是同步进行的，从消费者的角度看，饭店服务虽然都是由饭店服务人员完成，但顾客同样要参与服务的生产过程，否则，服务就无法完成。从社会角度看，服务人员与顾客之间的交互过程具有与一般人际交往过程所不同的特点，它是有目的的、短暂的、利益驱动的过程。在决定饭店产品的购买时，饭店服务人员在交互过程中起到何种性质的作用，关键看消费者的认知水平和服务人员的推介水平，消费者的购买决策往往是在与服务人员的交互过程中决定的。对于初次到店的消费者，服务人员对其消费过程起主要的作用；对于熟谙饭店产品与服务过程的消费者，消费者自身的购买意愿起决定作用，饭店服务人员的影响相对较小。在消费过程中，消费者的首次效应、晕轮效应和消费经历都将对服务质量产生影响，但是，不论消费者的消费水平和消费成熟度如何，在该次服务中与饭店服务人员之间的交互过程将直接决定并影响服务质量。

饭店作为服务企业，顾客参与饭店服务产品的生产过程，增加了饭店服务质量的变异性和不稳定性。从管理角度看，提高交互服务质量需要的不仅仅是微笑和热情，具体可从以下几个方面改进和提升服务质量：

第一，调节服务供求关系，满足饭店消费的淡旺季需求。需求旺季，顾客蜂拥而至，饭店服务应接不暇，服务人员不足，将直接导致服务不畅，超出服务供应的正常水平，服务质量将直接下降；饭店淡季，顾客需求下降，服务人员过多将增加服务成本，甚至出现不必要的员工内部的非服务过程或服务工作的矛盾，增加组织内部的不协调，直至影响服务质量。饭店管理者应当根据淡旺季的需求特征，提早安排服务人员，调节工作需求。

第二，给予员工必要的授权，增强员工的工作主动性。由于饭店服务是面对面的直接交互过程，顾客提出的要求及服务过程中出现的问题需要员工当场解决，倘若员工缺乏必要的授权将激化顾客的不满，导致服务质量的大幅度下降。必要的授权有利于调动员工的工作积极性，提高处理应急事件的水平和提供个性化的服务，发挥员工的积极性和创造性，挖掘员工的潜能。

第三，及时进行服务补救，以免激化顾客的不满意情绪。在服务的交互过程中，要做到万无一失是很难的，只要服务人员能够在出现服务失误时及时采取措施加以补救，不仅能够将不利因素转化为有利因素，往往还能够增强顾客的好印象。导致服务失误的原因很多，不论出于何种原因，饭店都要通过员工向顾客承认失误的存在，向顾客真诚道歉，积极采取补救措施，这些都能起到很好的作用。

第四，提高人际技能，妥善处理与顾客的关系。交互服务过程是员工与顾客之间直接的面对面的服务，服务人员要与各种类型的消费者接触，服务人员的行为将直接成为顾客感知的主要部分。服务人员的工作表现从顾客的角度看，就是一种服务"表演"，表演水平的高低既取决于服务人员的服务意识、服务技能，更取决于服务人员的人际调控能力，恰到好处地处理各种顾客的消费需求和消费心理，满足顾客的各种需求，包括妥善处理部分顾客的无理要求。

第五，主动听取顾客意见，及时改进服务工作。饭店服务质量的高低取决于顾客的主观评价，听取顾客的意见反馈，不仅能够有效地降低顾客的不满情绪，而且能够有效地识别饭店的服务弱点、改进服务技巧、提高服务水平。

2）满足顾客期望的差距分析管理模式

服务质量实际上是顾客期望与其对服务表现的感知间的差距，顾客所反映的质量问题都是因为这个"差距"超过了顾客所能容忍的限度。因此，准确把握这个"差距"，并且找出缩小"差距"的解决办法，不仅能够帮助饭店管理者理智地找出饭店服务质量问题产生的根源，还能促使他们有针对性地改进和提高饭店的服务质量。

差距分析管理是指饭店出现的质量问题除了饭店本身的原因以外，还必须考虑客人的个体因素，包括客人因为从外界得到的信息或者以往的经验对饭店产生了过高的期望，从而导致客人对服务质量的不满。实际上，除了客人的期望与现实的差距以外，饭店的质量管理过程会出现多种差距，大致包括五种类型。饭店管理者进行服务质量管理的关键和主要任务就是准确分析本饭店产生了哪种差距，从而及时地、有针对性地对差距进行纠正和控制。

第一种差距是客人对饭店服务的需求和期望与饭店管理人员对客人需求和期望感知判断之间的差距，即饭店管理者不了解客人需要什么、期望什么，或者对客人的需求和期望错误地理解或缺乏理解。纠正这种差距的办法有：①改变管理者传统的经营观念，树立以满足客人需求为企业第一经营目标的现代市场营销的新观念；②加强市场调研，认真、准确地了解、分析客人对饭店服务的需求和期望；③不断改革饭店内部管理机制，保证客人、员工、管理者之间信息传递畅通。

第二种差距是制定的饭店服务质量规格标准与饭店管理者所判定的客人需求、期望之间的差距。这种差距有两种情况：一是对客人需求期望判断有误，制定的服务质量规格标准必然不能适合客人的要求和口味。二是判定是正确的，但制定规格标准时出现了错误。要纠正这种差距，第一，准确判定客人的要求和期望；第二，饭店管理者应该牢固树立服务质量第一的观念；第三，饭店要制定明确的质量目标，这样才会有准确的质量规格和标准；第四，强化质量管理的计划职能；第五，上下配合，管理者与服务人员共同制定服务质量规格和标准以及落实的措施。

第三种差距是饭店制定的服务质量规格标准与实际提供给客人的服务之间的差距，饭店员工在提供服务时没有按照饭店所制定的服务质量规格标准去做，使各项服务规格标准成为一纸空文。这是目前饭店经营管理中最常见、最严重的问题。解决这个问题的方法是：①根据客人的要求和饭店硬件、软件的实际情况制定和修正服务质量规格。②加强员工的培训，使他们在技术上、观念上、行为上都能够了解和适应服务质量规格的要求。③树立新的管理观念，改善饭店的管理、监督、激励机制。饭店每日大量发生的是人对人的服务、人对人的感情，只有管理者体贴关心自己的员工，员工才会体贴关心饭店的客人。因此，在饭店中实行感情管理是饭店管理者应当具备的领导方法和管理艺术，也是饭店提供优质服务的秘诀。

第四种差距是饭店的市场宣传促销活动与实际提供给客人的服务之间的差距，也可称为许诺与承诺之间的差距。当客人从饭店做的广告和其他营销活动中获得了良好的外部信息，同时也就形成了对饭店服务质量很高的期望值。如果客人慕名而来，亲身经历的服务却并不令人满意，使客人产生上当受骗或希望越大、失望越大的感觉，这便严重地破坏了饭店的声誉和形象。为此，饭店要抓好外部营销和内部营销两种营销活动，建立内外运转协调、统一的机制。力争做到对外宣传和许诺的服务是客人最需要的，且能够完全地、如实地在饭店得到落实。

第五种差距是客人期望的服务与实际服务之间的差距，即客人的期望值与实际感受的服务不相等。如果期望值过多地高于实际感受，将会造成客人强烈不满和严重的不良口头宣传；如果期望值过多地低于实际感受，将会使饭店付出不必要的高成本，有时成本、利益指数会出现负值。产生这种差距的原因与前四种差距密切相关，如果饭店的管理者能够正确判断客人的期望、需求，制定合理的服务规格和标准，按照规格标准提供给客人适当、满意的服务，并实事求是地做好市场宣传促销，即使存在着一定的客人主观因素，这种差距也能大大地缩小。

服务质量管理差距分析为饭店的管理者提供了科学地、有逻辑性地思考问题、解决问题的方法。它把服务质量的管理和控制作为一种战略，向饭店管理者表明：当一个饭店出现了服务质量问题时，应该从哪些方面去寻找原因，应该采取何种方式来缩小各种差距，从而从根本上解决问题。这种方法可供不同等级、类型、规模的饭店管理者参考、借鉴。

8.4　饭店服务创新——从体验和个性化入手

饭店服务质量管理非常重要，但是，饭店如果有独特的服务创新，则将极大地提高饭店的知名度，减少饭店服务质量问题。本书试图从体验和个性化两个角度入手，来探讨饭店服务创新。

8.4.1　从体验角度入手的饭店服务产品设计

体验经济时代的到来给全球经济都带来了新的面貌，对服务型企业更是提出了更高的要求。消费者体验需求的提高意味着饭店企业必然要为之设计富有体验性的产品，实现饭店服务创新。

1）体验经济及体验消费

人在满足温饱后，便向精神需求蔓延，而精神需求的高层次便是体验——体验痛苦、体验刺激，而最主要的体验则是快乐的体验。

这种经济现象及趋势受到经济学家的关注。美国经济学家约瑟夫·派恩二世和詹姆斯·吉尔摩于1999年出版了《体验经济》一书（中译本2002年出版）。该书认为，人类社会在经历了农业经济、工业经济、服务经济三个阶段后，下一个阶段将是体验经济阶段。怎样理解经济发展的这几个阶段？

◆◆ 深度剖析 8-1 ◆◆

不同经济形态下的饮酒形式

农民用粮食或果子发酵酿酒，或自己喝，或拿到市场去卖，这是农业经济；酿酒厂采用科学的生产工艺，大规模地生产酒，并通过分销渠道在市场上广泛销售，这是工业经济；在酒馆或餐厅里，服务员为你温酒、开瓶、倒酒，并为你提供下酒菜，这是服务经济；而到酒吧里去品酒、饮酒，除了享受服务外，主要是感受情调和氛围，但酒的价格比超市要高出 10~20 倍，这就是体验经济下的体验消费。

问题：在体验经济下，饭店能开发出何种体验产品？

解析与讨论：体验经济具有以下特征：聚焦于消费者的感受，竞争的方向在于争夺消费者；提供产品和服务的个性化、差异化，对传统批量生产、标准化表现出完全相反的倾向；强调产品和服务的知识性，旨在满足消费者对文化内涵的需求；延伸性是其又一特点，强调通过各种纵深渠道为客户增加价值；消费者更多地参与到生产与供给的各个环节之中，体现出高度的参与性；消费者的权益得到了更多的保障，这主要源于企业对消费者的抢夺，他们愿意为顾客提供更多的售后服务和补偿性服务。

根据体验经济的上述特征，饭店是否可开发更多的个性化、差异化、文化性、参与性、趣味性等体验产品？

体验经济下的消费行为是以体验为主要消费内容，是消费者在满足产品的基本使用价值后，追求自我概念实现的一种消费方式。体验依托于产品、服务，是一种精神需求，并且会随着体验需求的满足不断深化、升华，是消费者自我价值观念、内在追求的体系。消费者体验的获得不是以高物质消费为代价换取的，而是以消费者个性化方式的参与进行创造的。消费者在体验消费的过程中，一定是其对产品基本使用价值的需求被满足之后，基于这种基本使用价值而追寻价值认同。

2）体验性——饭店产品发展的必然趋势

体验经济使消费者的需求发生了很大的转变，在这种时代背景下，饭店如何应对新的需求挑战和市场竞争？饭店首先要明确一点：体验是饭店产品的核心。在体验经济时代下，饭店产品必须以提供体验经历、满足体验需求为主要任务。

将体验设定为饭店产品的核心具有其客观必然性。随着生活水平的提高，饭店提供单纯的物质产品已经不能满足顾客的需要。客人在享受物质的时候，会更多地追求丰富的精神享受产品，包括在饭店所产生的深刻印象、全新感受、美好回忆和不平凡的经历，以及其他从未有过的印象、感受、回忆、经历，即体验的过程和结果。因此，标准化形式的产品和服务不再是顾客们所追求的目标，他们在饭店消费的过程中会企求获得更多的东西。

饭店产品的体验化设计也会增强饭店的竞争力，从而在市场上脱颖而出。首先，顾客会愿意为自己所享受到的量身定做的体验性产品付出相应的高价格；饭店可以完全摆脱惯常的低价竞争的态势，基于饭店所提供的独特价值收取较高的费用。其次，体验产品会吸引那部分热衷于此享受和娱乐的顾客，从而不费吹灰之力提高顾客的忠诚度，留住忠诚顾客。最后，饭店体验化产品能够为饭店建立独特的形象，树立良好的口碑，争取到更多的客人。饭店体验服务是让客户对饭店产品全面体验的过程，它以提高客户整体体验为出发点，注重与客户的每一次接触，通过协调、整合售前、售中和售后等各个阶段、各种客户接触点或接触渠道，有目的地、无缝隙地为客户传递目标信息，创造匹配品牌承诺的正面感觉，以实现良性互动，进而创造差异化的客户感知价值，实现客户的忠诚。

由于饭店的物质环境是无法随意改变的，所以，实体性产品的体验化必须借助服务来实现。从这种意义上来说，饭店产品的体验性质主要通过服务来传达。在开发饭店体验产品之前，必须了解体验产品所应该具有的特性。

其一，呈现出情感化和多样化。情感服务和心理服务是当下全球普遍关注的一个话题，饭店更多地关注顾客的情感需求及其他多样化的需求，情感化服务及产品多样化将成为体验产品的主要表现形式之一。

其二，体现出高度个性化。个性化意味着饭店对顾客需求的划分越细，生产可供消费者选择的产品类型越多，即增加单位数量的服务项目，减少客人占有量，以此来增加客人受到重视的感受程度。

其三，高度"人本化"内涵。饭店需要向客人提供感觉体验、情感体验、创造性认知体验、身体体验和全部生活方式，以及与某一团体或文化相关所产生的社会特性体验。

其四，体验的美感化。通过研究，设计符合现代人生理与心理上需求的饭店产品，使饭店产品在外形、触觉上给人以美的体验，让产品充满人情味，使人产生爱不释手的快感，避免冰冷和机械的、单调的、缺乏人性的、不符合人的生理与心理使用习惯的产品，减少产品设计中感观不美的问题。

3）饭店体验产品开发

饭店的体验产品是指饭店以服务为舞台、以商品为道具，为顾客创造出值得回忆的活动；是将顾客的参与融入设计中，把服务作为"舞台"，产品作为"道具"，环境作为"布景"；是顾客在饭店消费过程中感受到的美好的体验过程。饭店必须营造独特的、更有价值的客户体验，而在客户体验的竞争中，饭店的品牌将深刻地印在消费者的脑海里。

一般而言，体验产品总是与主题相关，不同的主题带来不同的体验。饭店体验产品的开发是针对饭店预先确定的体验主题，凭借饭店所具有的资源，将现有产品加工改造成具有体验意义产品的技术经济过程。因此，在开发饭店体验产品时应遵循以下几点：

其一，独特性原则。饭店应把自身所特有的产品作为出发点，尽可能突出本饭店的特色，从战略上认识到所拥有资源的优势，并通过开发措施强化其独特性，从而形成强大的吸引力和完整、独立的饭店形象。例如，体验回归自然的"园林式饭店"，体验尊贵享受的"总统套房"，体验民俗风情的"窑洞客房"，以及体验特殊经历的"海底饭店"等。

其二，坚持市场导向。市场总是引导产品的标杆，任何经济时代都不可能忽略市场。由于顾客市场一直处于动态变化之中，要认清现实的基本需求，也要预测未来的发展方向，摸清其发展趋势。用一种动态、连贯、长期的发展战略进行饭店资源开发，并使该项工作富有前瞻性和应变性。

其三，吸纳顾客参与。大量心理学研究表明，深入参与和主动参与能给客人留下更加深刻的印象。顾客参与体验产品，要求饭店在产品开发过程中创造更多的空间和机会，便于客人自由享受。饭店的各种服务设施可以采用渗入、延伸或扩大视野等方法，设置于饭店所处的大环境中，使顾客在整个休闲娱乐活动过程中有充足的自主活动空间。

其四，明确体验主题。饭店开发的体验产品应有明确的体验主题，以作为体验产品设计的指导性纲领，将饭店的各种活动和产品有机地结合在一起。为了加深顾客对体验的印象，创造令人难忘的顾客体验，饭店应善于使用多种手段刺激顾客多方面的体验，这些手段必须支持体验主题。

其五，注重体验产品的内部化，即对服务人员解释体验产品的概念，传达体验产品的服务理念。在让员工创造期望的顾客体验之前，首先需要让员工了解他们应该提供什么样的顾客体验产品，为什么提供这样的体验产品，以及如何在实际工作中具体实施。

总之，饭店体验产品所蕴含的生命力说到底是产品本质的体现形式。

4）国际上饭店体验产品开发实例

目前国际上具有某种体验性质的饭店产品不少，我们在此以大概念的体验饭店为例说明其发展趋势。

◆◆◆ **同步案例 8-1** ◆◆◆

海底酒店

背景与情境：世界上首家海底五星级酒店——"海神圣地"位于巴哈马伊柳塞拉岛海面以下 20 米，耗资 5 300 万美元建造。佛罗里达的美国潜水艇公司老板布鲁斯·琼斯孩童时代就梦想着有朝一日能在水下生活。之前他曾经为富豪建造过豪华水下潜艇，他有 17 年设计、装修潜艇的经验。

"海神圣地"拥有 22 个单间和 2 个豪华套间。宾馆与陆地之间由一条隧道连接，顾客只需要乘坐自动扶梯穿过隧道，便可以置身于海底世界。

在"海神圣地"，每个度假者都拥有私人珊瑚园，置身其中即可亲身感受喂鱼的乐趣。当客人躺在按摩浴缸中，会看到周围有大螯虾、大海龟和鲨鱼缓缓游过的奇观。客人可以利用房间里的按钮调节温度，甚至可以在晚上点亮外面的珊瑚园，利用绚烂的光线吸引鱼儿前来游玩。虽然与海中的野生动物仅有咫尺之遥，但客人们完全不必为自身的安全担忧。整个宾馆由钢筋框架构筑，透明的玻璃门窗则由高科技的密封材料制成，海里的野生动物再大的劲儿也难以破门而入。

资料来源：林璧属. 饭店企业文化塑造：理论与案例 [M]. 北京：旅游教育出版社，2014：235.

问题：海底酒店如何突出其体验性？

分析提示：海底酒店是个性化、差异化的饭店产品，具有文化性、参与性和趣味性等体验性。

◆◆◆ **同步案例 8-2** ◆◆◆

监狱酒店

背景与情境：美国罗德岛的新港海岸有座建于 1722 年的古老监狱，几年前，商人格拉西把它改为"监狱酒店"，开办"铁窗生活旅游"。来此的游客每人发给一件黑白相间的囚衣，所用食具及作息时间与一般监狱完全一致，这些"游客囚犯"将同真正的罪犯一样过着铁窗内的生活。不同的是，这些"囚犯"毫无忧郁之情，"囚室"内有柔软的地毯、舒适的床铺、彩电及音响等现代化设备，因此很多人愿到此一尝牢狱生活。想尝试一下监狱生活的顾客每天需付 125 美元，顾客在住客登记时需填上"入狱时间"和"假释时间"。由于许多人想试一试"犯人"的滋味，从而使这家酒店在开业后天天客满。

资料来源：林璧属. 饭店企业文化塑造：理论与案例 [M]. 北京：旅游教育出版社，2014：236.

问题：监狱酒店是如何突出其体验性的？

分析提示：监狱酒店不仅是个性化、差异化的饭店产品，而且具有文化性、参与性和趣味性等体验。

同步案例8-3

隐身餐厅

背景与情境：德国柏林市有一家名为"隐身餐厅"的新饭店。与众不同的是，这家饭店内漆黑一片，前来就餐的顾客不仅无法看到自己吃些什么，就连入座也需人引导。

这家饭店的顾客不能按菜单点菜，但可以告诉服务员自己想吃鱼、肉还是蔬菜。由于看不见，一顿饭通常需要花费3小时，好处是服务员就在近旁随叫随到。

这家饭店有30名员工，其中有22人是盲人。在这家饭店里，有一位服务员罗兰·齐默尔曼，他自小失明，除了当服务员，他还是在读博士生。在黑暗中为顾客引座，指明桌椅、餐具和饮料对他来说易如反掌。

饭店的老板曼弗雷德·沙尔巴赫说，开这家饭店是为了让顾客体验非同一般的感觉、嗅觉和味觉。因为在黑暗中，人的注意力可以集中在菜的味道上，而不是视觉上。

资料来源：林壁属. 饭店企业文化塑造：理论与案例［M］. 北京：旅游教育出版社，2014：236.

问题：隐身餐厅如何突出其体验性？

分析提示：隐身餐厅同样是个性化、差异化的饭店产品，且具有文化性、参与性和趣味性等体验。

深度思考8-1

迪士尼的经验

迪士尼主题游乐园的停车、餐饮、纪念品及其服务都带来了可观的收入。通过对迪士尼主题游乐园的深入研究，人们发现，如果迪士尼没有主题游乐园、卡通片、电影、电视节目塑造体验，它的产品也就失去了吸引消费者的特点。人们在考察迪士尼时发现，迪士尼虽然是体验经济的先驱，但它在主题游乐园之外的专业零售店，却与其他商店没有区别，令人失望。这正是因为迪士尼零售店没有收门票，所以也不费心设计体验。

问题：迪士尼主题游乐园是否真正把体验推崇并发展到了极致？

理解与讨论：

（1）从游乐园的产品和服务项目来看，毫无疑问，迪士尼主题游乐园真正把体验推崇并发展到极致。

（2）从主题游乐园之外的专业零售店看，其却与其他商店没有区别，令人失望，称不上体验。

体验服务是全新的服务理念，它区别于传统的教唆式服务，转而实行客户参与产品的体验，以便饭店能通过直接与客户接触而改善和提升产品质量。

8.4.2　从个性化角度入手的饭店产品价值塑造

回顾饭店发展历程，可以发现，饭店服务方式总是围绕着顾客需求的变化而改变。从最先的标准化服务到今天的个性化、人性化服务，服务方式的日益复杂推动着服务管理方法的更新和成熟。随着时代的变迁，人们会创造出新的需求，届时饭店的服务方式也要跟随变化制定新的服务目标。

个性化是体验经济时代下的消费需求之一，国外饭店业于 20 世纪七八十年代提出并实施了个性化服务，这正是迎合新的消费需求的举措，开辟了饭店产品的新领域。通过个性化产品与服务的提供，饭店产品的价值得到了提升，顾客也获得更多的价值享受。可以说，个性化是饭店产品内在价值塑造的有效途径。

1）饭店实施个性化服务

由于顾客经验的不断增加，饭店所提供的产品和服务的质量不断提高，顾客变得越发成熟、老练和挑剔，对服务质量的期望值也在不断提高。因此，顾客不仅无法容忍产品质量差或服务恶劣等现象，他们对自身个性需求的认知程度也在提高，从"不满意"到"满意"的消费需求需要更多的优质服务来加以满足，而个性化服务正满足了这种需求。

饭店个性化服务通常是指服务员以强烈的服务意识去主动接近客人、了解客人、设身处地地揣摩客人的心理，从而有针对性地提供服务。个性化服务的内容相当广泛而又琐碎，大致有 6 种：灵活服务、癖好服务、意外服务、自选服务、心理服务、Concierge 服务。其中 Concierge 服务即饭店的委托代办服务——"金钥匙"服务，在国际上已成为高档饭店个性化服务的象征。

其一，个性化服务以客人需求为宗旨。客人提出一些规范之外的需求，饭店要以积极的服务意识去满足这种需求。个性化服务正是饭店进行优质服务宣传的有效途径。

其二，个性化服务建立在积极主动的基础上。客人提出任何要求后，要积极主动予以满足，而且能够预见客人的个性需求，在客人没有启齿之前，就提供给客人。

其三，个性化服务要注意顾客满意度与成本统一。饭店提供个性化服务在一定程度上会增加相应的成本，既包括使用设备的硬件成本，也包括人工费用。饭店必须考虑服务质量与服务成本的统一，在力所能及的范围内满足需求量与耗费人力、财力、物力的统一。当难度较大的个性化服务发生时，要考虑完成这项服务的若干可行方案，选择成本最低又确保质量的方案来实施。

2）饭店个性化服务塑造

饭店个性化服务的实现需要建立在一个完整的管理体系的基础上，不仅在理念上保证饭店全体员工理解并接受个性化服务意识，还要在硬件上保证个性化服务的提供手段。具体来说，饭店个性化服务的塑造必须通过以下几个方面来实现：

其一，培训、培育个性化服务意识。通过各种方式的培训，如授课、情景模拟等模式，并结合饭店收集的"个性化服务案例"等资料，让员工在意识和行动上都对个性化服务有一个感性和理性的认识。当然，个性化服务必须要建立在标准化服务的基础上，不能单纯为了个性化而忽略了客人的基本需求。因此，饭店必须要一手抓标准化服务，一手抓个性化服务，不能避重就轻。

其二，饭店要充分发挥客户档案的作用。应从收集客户资料着手，全程跟踪，完整、准确地建立客户档案。所谓"全程跟踪"就是从顾客进入饭店开始，到接受服务，再到服务结束的整个过程中，顾客的相关信息都必须记录在案。这就需要计算机技术和一线服务人员的配合。一方面通过计算机数据库详细记录顾客的基本信息，另一方面通过一线人员的信息捕捉、汇报顾客的喜好、习惯等，对已有信息做进一步的补充。

其三，市场部门应该负责从个性化消费角度来分析市场。饭店可以通过个性化消费的分析，充分了解市场需求的变化，挖掘出尽可能多的市场销售机会；也可以通过对客户特征和历史消费的分析，充分挖掘出顾客的消费潜力，扩大销售量，提高利润；还可以通过对客户的行为分析，做出正确的决策，改善服务模式。

其四，塑造新的营销观念，注重推行内部营销。饭店推行个性化服务必须依靠员工来实行，只有员工的需求得到满足，顾客的需求才会得到满足。饭店应尽可能满足员工的需求，有了满意的员工，才会有满意的顾客。一方面通过员工的真诚服务去感染顾客，另一方面通过内部营销把员工的积极性和主动性充分调动起来，只有这样，个性化服务才有坚实的基础。

3）个性化服务——饭店产品的增值点

在饭店实际经营活动中，出售的通常是一组综合有形产品和无形服务的价值，这些价值在标准化服务的阶段已经被顾客所认知和接受。但是，随着顾客需求的复杂化和高层次化，他们到饭店消费寻求更多的价值，这就需要饭店为他们提供富有增值点的个性化产品。在个性化产品中，顾客除了获得物质享受以外，还能获得文化、尊重、心理、身份价值等附加价值，这些内在价值也只有通过个性化服务才能得以实现。

其一，文化价值。通过个性化服务的提供体现了饭店的服务品质，显示出饭店服务人员的素质和文化内涵。让顾客感受到自己是在一个富有文化气息的地方享受着物质和精神双重服务。

其二，心理价值。个性化服务更多的是针对客人的心理需求，尽可能地让客人感到饭店的诚意和温馨。个性化产品和服务反映出饭店对客人心理需求的照顾和满足。

其三，身份价值。身份价值又是心理价值的细分。服务人员在提供个性化服务时，让宾客的身份得以彰显，让客人受尊重的心理得到最大满足，进而使顾客的身份价值得到提高。这种身份价值是饭店个性化服务提供给顾客的感受。

其四，情感价值。服务人员通过揣摩顾客心理并提供服务。客人接受服务并心存感激的过程实际上也是饭店与顾客情感交流的过程。通过个性化服务建立起饭店与顾客之间的信任，从而达到创造忠诚顾客的目的。

其五，沟通价值。饭店与消费者之间的有效沟通是促进饭店提高产品和服务品质的有效途径。在饭店中，通过提供个性化服务为饭店和顾客之间增加了交流的机会，使饭店能够更贴近顾客的需求，并从顾客那里获得更多有价值的信息，不断改善和提高品质。

泰国东方饭店服务设计

泰国东方饭店多年来一直被评为世界十大著名旅游饭店之一，它的服务质量和服务水平堪称亚洲饭店之最。这座饭店的历史非常悠久，早在 19 世纪就成了当时的"王室招待所"，接待来泰国的国宾和举办国宴的传统也保持了很多年，历史和传统成为它至今屹立不倒的两块金字招牌，而其热情、周到的服务则为它带来了蜚声国内外的知名度和有口皆碑的美誉度。为了保障顾客入住后可以得到无微不至的人性化和个性化服务，东方饭店建立了一套完善的客户关系管理体系。它非同寻常的客户服务和客户关系管理，并不仅仅是一套软件系统，而是一整套全面完善的服务理念和服务体系，以全员服务意识为核心，贯穿了所有经营环节，已经形成了一种企业文化。

1）东方饭店微小服务的塑造

常言道："细微之处见精神"，服务质量和水平的高低很大程度上体现在细节和小事上。东方饭店的服务之所以享有如此高的美誉度，与其对细节服务和小项服务的重视密不可分。

2）以它豪华客房的服务为例

在饭店服务中，当服务员敲门时，住客可能会在屋里不便起身，如泡澡等，因此敲门按铃的通常做法是比较没有礼貌的。东方饭店解决这一难题的秘诀可见其对细节服务的用心，服务员通常会插一根细小坚韧的标签在客房门下的缝隙之中，当客人离开房间时，标签自然就会掉在地上，巡房员由此便知客人出门了，就可以立即通知清洁人员进房整理。整理完毕后再将标签竖立，在客人回房后，标签又倒了，这就向巡房员提供了客人已回房的信息，他们会悄悄再将标签竖立，周而复始。以这种独特、细微的方法，既掌握了客人的行踪，又不会打扰客人。

3）东方饭店的细节和小项服务还体现在其他很多方面

所有顾客在登记之后，当他们刚进到陌生房间，还在东张西望的时候，服务员就会端来一杯被称为"迎宾饮料"的果汁给客人解渴。东方饭店有一张别致的"水果卡"。众所周知，泰国各式各样的水果举世闻名，那些顾客叫不上名字的水果多不胜数，味道当然就更无从知晓了。这张独具新意的水果卡将会为客人解决这个不大不小的难题提供帮助，卡片上介绍了各种水果的来源、味道和生长环境等常识，还配有精美的插图，每一幅都不失艺术的美感，不仅让顾客学到了知识，还平添了一份艺术的享受。

饭店特种产品是指饭店为客人提供的健身、娱乐、医疗等服务设施、设备，特种服务的提供需要饭店硬件设施做保证。在东方饭店的发展历程中，曾经有一段时间顾客对它比较狭小的游泳池颇为不满，饭店高层了解了顾客的抱怨后，为此召开了专门会议，最后一致认为游泳池的现状的确与饭店的整体形象不符，作为世界最佳酒店之一，应当有最豪华的设施和最精良的服务，其游泳池也应该是最好的，必须足够宽敞，让客人感觉满意和舒适，因此增扩游泳池的计划提上了议事日程。但是在制订扩建方案时，却遇上一个让管理者左右为难的问题：效果最理想的方案是拆掉一座拥有60间客房的建筑，而这栋建筑仅建成10多年，仍有很高的使用价值。那个时候，东方饭店几乎天天客满，60间客房能够带来非常丰厚的利润；而游泳池只是饭店中的一项免费设施，付出如此高的代价似乎太不合算。然而，为了保证客人能够在酒店中享受惬意舒适的服务，为客人营造良好的宜居氛围，东方饭店的董事会在讨论此方案时，不假思索地一致通过了改造方案，其服务理念和意识由此可见一斑。

◆ 教学互动 8-1

细节服务能否成为饭店个性化服务？

观点：细节服务不等同于饭店个性化服务，但饭店个性化服务离不开细节服务。

问题：如何区分细节服务与个性化服务？

要求：同"教学互动1-1"的"要求"。

✦ 本章概要

☆ 主要概念

饭店服务质量　顾客满意　顾客期望管理

☆ 内容提要

● 本章主要介绍了饭店质量管理、顾客满意与顾客期望管理、饭店服务质量管理模式、饭店服务创新。

● 饭店服务质量是指服务的效用及其对顾客需要的满足程度，包含组成饭店服务的四要素，即设施设备、实物产品、环境质量和人员服务的质量，是一个完整的饭店服务质量的整体体现。

● 顾客满意是指一件产品的绩效满足顾客期望的程度。作为饭店服务的顾客满意，是指饭店产品售前、售中、售后以及产品生命周期的不同阶段采取的服务措施令顾客满意，是在服务过程的每一个环节上都能设身处地地为顾客着想，做到有利于顾客、方便顾客。

● 顾客期望管理是一种面向顾客、以顾客为导向的管理理念，饭店的一切事务围绕顾客需要展开，饭店希望能通过积极主动地管理顾客期望，采取一系列措施和行动来影响、改变并满足顾客期望，而不是被动地满足顾客的期望，从而提高顾客满意度。

● 饭店体验服务是让客户对饭店产品全面体验的过程，它以提高客户整体体验为出发点，注重与客户的每一次接触，通过协调、整合售前、售中和售后等各个阶段、各种客户接触点或接触渠道，有目的地、无缝隙地为客户传递目标信息，创造匹配品牌承诺的正面感觉，以实现良性互动，进而创造差异化的客户感知价值，实现客户的忠诚。

☆ 内容结构

本章内容结构如图8-1所示。

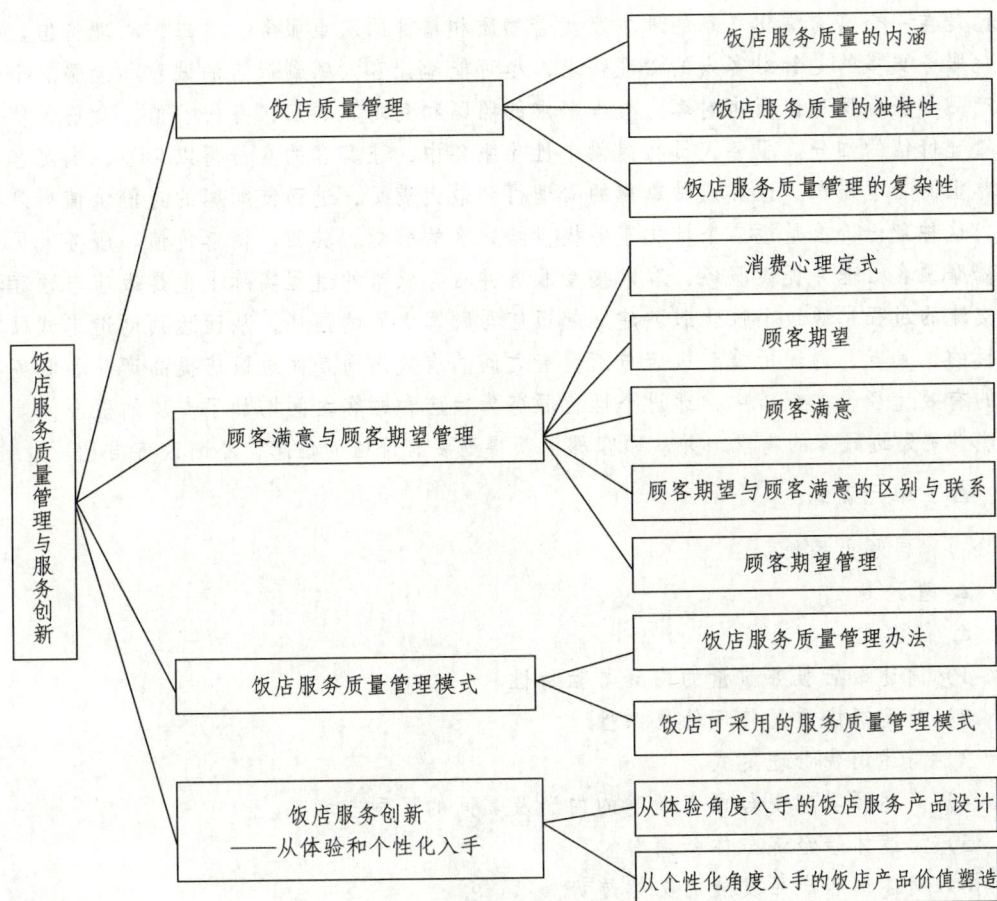

图8-1　本章内容结构图

✿ 重要观点

观点8-1： 饭店服务质量是指服务的效用及其对顾客需要的满足程度，是一种全方位的服务质量。

常见质疑： 饭店服务质量主要由产品品质来体现。

释疑： 饭店服务质量是指服务的效用及其对顾客需要的满足程度，包含组成饭店服务的四要素，即设施设备、实物产品、环境质量和人员服务的质量，是一个完整的饭店服务质量的整体体现。

观点8-2： 个性化服务是饭店产品的重要增值点。

常见质疑： 个性化服务只是一种服务方式。

释疑： 个性化服务不只是一种服务方式，而且是饭店产品的增值点。在饭店实际经营活动中，出售的通常是一组综合有形产品和无形服务的价值，这些价值在标准化服务阶段已经被顾客所认知和接受。但是随着顾客需求的复杂化和高层次化，他们到饭店消费寻求更多的价值，这就需要饭店为他们提供富有增值点的个性化产品。在个性化产品中，顾客除了获得物质享受以外，还能获得文化、尊重、心理、身份价值等附加价值，这些内在价值也只有通过个性化服务才能得以实现。其一，文化价值。通过提供个性化服务，体现了饭店的服务品质，显示出饭店服务人员的素质和文化内涵。让顾客感受到自己是在一个富有文化气息的地方享受着物质和精神的双重服务。其二，心理价值。个性化服务更多的是针对客人的心理需求，尽可能地让客人感到饭店的诚意和温馨。个性化产品和服务反映出饭店对客人心理需求的照顾和满足。其三，身份价值。身份价值又是心理价值的细分。服务人员在提供个性化服务中，让宾客的身份得以彰显，满足客人受尊重的心理需求。让客人受尊重的心理得到最大满足，进而使顾客的身份价值得到提高。这种身份价值是饭店个性化服务提供给顾客的感受。其四，情感价值。服务人员通过揣摩顾客心理并提供服务，客人接受服务并心存感激的过程实际上也是饭店与顾客情感交流的过程。通过个性化服务建立起饭店与顾客之间的信任，从而达到创造忠诚顾客的目的。其五，沟通价值。饭店与消费者之间的有效沟通是促进饭店提高产品和服务品质的有效途径。在饭店中，通过个性化服务为饭店和顾客之间增加了交流的机会，使饭店能够更贴近顾客的需求，并从顾客那里获得更多有价值的信息，不断改善自己。

✦ 单元训练

✿ 传承型训练

▲ 理论题

△ 简答题

1）简述饭店服务质量的内涵与独特性。

2）简述饭店质量管理的复杂性。

3）简述消费心理定式。

4）简述顾客期望与顾客满意的内涵及其间的区别与联系。

5）简述体验经济与体验消费。

6）简述饭店产品发展的必然趋势。

△ 讨论题

1）能否说饭店服务质量主要由产品品质来体现？为什么？

2）个性化服务只是饭店的一种服务方式吗？为什么？

▲ 实务题

△ 规则复习

1）顾客期望管理有哪些主要方面？

2）顾客服务质量管理有哪些方法？

3）简述饭店可采用的服务质量管理模式。

4）简述饭店体验产品开发。

5）如何从个性化入手塑造饭店产品价值？

△ 业务解析

1）在体验经济下，饭店能开发出何种体验产品？

2）迪士尼主题游乐园是否真正把体验推崇并发展到了极致？

▲ 案例题

△ 案例分析

【训练目的】

同第1章本题型的"训练目的"。

【教学方法】

同第1章本题型的"教学方法"。

【训练任务】

同第1章本题型的"训练任务"。

【相关案例】

里兹·卡尔顿饭店的20项基本要求

背景与情境：里兹·卡尔顿饭店的20项基本要求如下：

（1）所有员工必须了解、掌握公司的信条。

（2）我们的座右铭是"我们是女士和先生，服务女士和先生"，强化团队协助精神与边缘服务意识，创造积极的工作环境。

（3）所有员工必须执行三步服务。

（4）所有员工必须完成上岗培训，以确保掌握里兹·卡尔顿的服务标准。

（5）每个员工必须知道自己的工作职责与饭店的目标。

（6）所有员工必须知道内部顾客（员工）与外部顾客（客人）的需求，用顾客偏好卡记录顾客的特殊需求。

（7）每个员工要不断地检查整个饭店的差错。

（8）任何员工一旦接到客人投诉，就要把其当作对自己的投诉一样对待。

（9）每个员工必须确保迅速安抚顾客。对顾客的问题做出迅速的反应，20分钟后要进行电话追踪，确认顾客的问题得到满意的解决，尽一切可能绝不失去一个顾客。

（10）顾客事件处理表用来记录与交流每个顾客不满意事件，每个员工都被授权解决顾客的问题，以免其再次发生。

（11）洁净是每个员工义不容辞的职责。

（12）微笑，经常保持积极的目光接触，使用适当的语言。

（13）店内、店外都是饭店的大使，多方面的赞许，绝不做任何消极的评论。

（14）店内要为顾客引路而非只指方向。

（15）熟悉饭店信息以回答顾客的查询，优先推介饭店的商品与服务，然后才提出推荐顾客到店外购物。

（16）使用合适的电话礼节，铃响3声必须有人接，要面带微笑，不隐瞒电话，必要时可对客人说："请等一下"，尽可能不插转电话。

（17）制服必须整洁，鞋袜要得体安全，佩戴自己的胸牌，注重个人仪表，为自己的仪表感到自豪。

（18）确保每个员工知道在紧急情况下自己的角色，知道对于火灾、急救的处理方法。

（19）必要时要立即通告管理人员关于危险、伤害及设施、设备情况，要节约能源，保护饭店的设施、设备。

（20）保护里兹·卡尔顿饭店的资产是每个员工的职责。

资料来源：根据里兹·卡尔顿百度文库资料整理而成。

问题：

1）该案例涉及本章的哪些知识点？

2）运用这些知识点的相关知识表征里兹·卡尔顿饭店的20项基本要求。

3）试分析里兹·卡尔顿饭店经营信条的优势与劣势。

【训练要求】

同第 1 章本题型的"训练要求"。

【成果形式】

1）训练课业：《"里兹·卡尔顿饭店的 20 项基本要求"案例分析报告》。

2）课业要求：同第 1 章本题型的"课业要求"。

△ 善恶研判

【训练目的】

见本章"学习目标"中"传承型学习"的"认知弹性"目标。

【教学方法】

采用"案例教学法"。

【相关案例】

值夜班人员趁客人未回进客房休息

背景与情境： 小张是一位新来不久的客房部员工。一天晚上，值夜班的他发现 508 房的客人到了后半夜的 2 点还没回来，他自己累了一天，有点撑不住了，就用公用钥匙打开房间，反锁门，到客房的床上躺躺。他本想只是躺躺，没想到一躺就睡着了。意想不到的是，客人 3 点回来了，用自己的钥匙打不开房门，只好找总台，饭店值班经理用新开的房卡钥匙还是打不开，无奈，总台新开一间客房让客人先去休息，再请专业开锁人员来打开房门。房门一打开，发现竟然是值班人员小张躺在床上。

资料来源：作者根据学生实习汇报资料整理而成。

问题：

1）本案例涉及哪些道德伦理问题？

2）试对上述问题做出你的善恶研判。

3）说明你所做研判的依据。

4）请结合研判依据对值夜班人员的行为做出评价。

5）饭店值夜班管理有无改进空间？如何改进？

【训练要求】

同第 1 章本题型的"训练要求"。

【成果形式】

1）训练课业：《"值夜班人员趁客人未回进客房休息"善恶研判报告》。

2）课业要求：同第 1 章本题型的"课业要求"。

✿ 创新型训练

▲ 拓展创新

拓展创新-Ⅰ

【训练目的】

见本章"学习目标"中"创新型学习"的"拓展创新"目标。

【教学方法】

采用"学导式教学法""项目教学法""创新教学法"。

【知识准备】

学生通过院资料室、校图书馆和互联网等途径，自主学习如下知识：

1）本教材"附录一"附表1"能力领域"中"与人交流"、"与人合作"和"革新创新"能力"初级"各技能点"'知识准备'参照范围"的知识。

2）本教材"附录三"附表3"能力领域"中"与人交流"、"与人合作"和"革新创新"能力"初级"各技能点的"基本要求"和"参照规范与标准"。

【训练任务】

1）自主学习"知识准备"所列知识。

2）查阅关于"饭店服务创新"的各种观点信息。

3）应用"知识准备"所列知识，依照相关要求和"参照规范与标准"，进行"拓展创新"强化训练。

4）撰写、讨论和交流训练课业。

【训练要求】

1）体验对"知识准备"所列知识的自主学习过程。

2）体验对"知识准备"所列知识的应用，以及对相关"要求"和"参照规范与标准"的遵循。

3）体验将关于"饭店服务创新"的各种观点信息中的诸多拓展性观念要素整合为一个内在一致、功能统一的新整体，形成一个带有原创性成分的《饭店服务创新研究》的"拓展创新"（初级）过程。

【训练时间】

本章课堂教学内容结束后的课余时间，为期一周。

【训练步骤】

1）将班级同学组成若干"拓展创新"项目团队，每队确定一人负责。

2）各团队根据训练项目需要进行角色分工。

3）各团队自主学习"知识准备"所列知识。

4）各团队应用"知识准备"所列知识，并遵循相关"要求"和"参照规范与标准"，系统体验关于本项目的如下技能操作：

（1）通过队内分工与合作，收集和处理本训练项目中存有争议的关于"饭店服务创新"的各种观点信息，分析、研究、讨论与交流其各自所长与不足。

（2）将关于"饭店服务创新"的各种观点信息中诸多拓展性观念要素整合为一个内在一致、功能统一的新整体，撰写带有原创性成分的《饭店服务创新研究》论文。

（3）以相互置疑和答疑的方式，在班级讨论、交流、相互点评其《饭店服务创新研究》论文。

（4）根据班级讨论交流的结果，各团队修订和完善其《饭店服务创新研究》论文。

5）各团队总结本次"创新理论与方法知识应用"训练中的各项技能操作体验，形成作为最终形式的训练课业。

6）在校园网的本课程平台上展出经过修订和任课教师点评的优秀训练课业，以供相互借鉴。

【成果形式】

1）训练课业：撰写《"拓展创新- I "训练报告》。

2）课业要求：

（1）内容包括：训练团队成员与分工；训练过程；训练总结（关于"专业能力"和"通能"训练的总结）；附录。

（2）将《饭店服务创新研究》论文作为《"拓展创新- I "训练报告》的"附件"。

（3）《饭店服务创新研究》应符合科学论文写作规范要求，做到创新方法运用正确、观点独到新颖、论据确凿合理、文字简洁准确。

（4）结构与体例参照本教材"课业范例"的"范例-6"。

（5）在校园网的本课程平台上展示经过教师点评的班级优秀《"拓展创新- I "训练报告》，并将其纳入本课程的教学资源库。

✱ 建议阅读

[1] TSANG N，QU H.Service quality in China's hotel industry：a perspective from tourists and hotel managers ［J］．International Journal of Contemporary Hospitality Management，2000（12）：316-326.

[2] QU H，TSANG N.Service quality gap in China's hotel industry：a study of tourist perceptions and expectations ［J］．Journal of Hospitality & Tourism Research，1998（22）：252-267.

[3] MAGNINI V P，FORD J B.Service failure recovery in China ［J］．International Journal of Contemporary Hospitality Management，2004（16）：279-286.

第9章
饭店职能管理

▶ **学习目标**

9.1　饭店计划管理

9.2　饭店组织管理

9.3　饭店指挥与控制管理

9.4　饭店管理的协调与沟通

9.5　饭店激励管理

▶ **本章概要**

▶ **单元训练**

▶ **建议阅读**

▶学习目标

▷ 传承型学习

通过以下目标，建构以"饭店职能管理"为阶段性内涵的"传承型"专业学力：

理论知识：学习和把握饭店职能管理的相关概念、计划职能的内涵、饭店计划体系、组织的要素与类型、饭店组织变革的趋势等陈述性知识；能用其指导"教学互动"和相关题型中的"单元训练"；体验"饭店职能管理"中"理论知识"的"传承型学习"及其迁移。

实务知识：学习和把握饭店目标管理，饭店计划管理的任务，饭店计划指标，编制计划的步骤，计划编制方法，计划评价与实施，饭店组织原则，饭店组织结构，组织变革的阻力、方法、成本与收益分析，饭店指挥管理，饭店控制管理，饭店管理协调的原则、形式、范围与类型，沟通的基本条件、过程、渠道与改善，激励的过程、方式与原则等程序性知识；能用其规范"同步解析"、"深度剖析"和相关题型的"单元训练"；体验"饭店职能管理"中"实务知识"的"传承型学习"及其迁移。

认知弹性：运用本章理论与实务知识研究相关案例，对"引例""同步案例""客房清洁员该听谁的？"等案例情境进行多元表征；体验"饭店职能管理"中"结构不良知识"的"传承型学习"及其迁移；依照相关行为规范对"'飘飘香'酒吧"案例进行善恶研判，促进健全职业人格的塑造。

▷ 创新型学习

通过以下目标，建构以"饭店职能管理"为阶段性内涵的"创新型"专业学力：

拓展创新：参加"拓展创新-Ⅱ"训练。通过其"知识准备"所列知识的学习和应用，系列技能操作的实施，《饭店激励管理研究》论文的准备、撰写、讨论与交流，《"拓展创新-Ⅱ"训练报告》的撰写等活动，体验"饭店职能管理"中的"创新型学习"（中级）及其迁移。

引例：互联网时代饭店还需要做计划管理吗？

背景与情境：信息互联网时代，一方面使顾客有了充分的信息来源，让客人选择酒店产品的范围和权利大大提高；另一方面使酒店获得了更强大的信息处理和传输能力，使之对市场的调研和市场细分更加深入与可靠，并不受空间、时间的限制，及时满足消费者的个性化、特殊化的需求，实现"一对一"的特定营销，从而摆脱"非得批量才予办理"的惯常做法，进而逐步摆脱中间商的控制，能够更好地满足顾客的需求，以进行饭店产品的销售，并进行更为有效的市场营销活动。信息网络技术的发展，使饭店与顾客之间的沟通强化变得更自由、更方便，生产者与消费者之间的距离缩短，直销变得更为重要。网络营销可以改变过去被动反应的营销方式，使更为主动灵活的营销方式成为主导。网络将使饭店的组织结构由职能化分工向一体化、综合化方向发展，并形成以顾客为中心、以顾客为导向的全新组织结构体系。

资料来源：根据百度文库相关资料整理而成。

自法约尔提出计划、组织、指挥、控制和协调的职能管理方法以来，人类已经走过了工业经济时代、服务经济时代，进入了互联网与体验经济的时代。在新的时代背景下，传统的职能管理方法还适用吗？信息网络技术冲击了饭店营销模式，是否也将挑战职能管理？

9.1 饭店计划管理

9.1.1 计划职能内涵

计划职能就是企业组织根据环境的需要和自己的实际情况，确立组织在一定时期内的目标，并通过行动计划的编制、执行和监督来协调、组织各类资源以顺利达到目标的过程。简言之，计划就是要做什么和怎么做的行动指南。

1）计划的层次

目标——最高层次：目标是根据企业宗旨而提出的组织在一定时期内要达到的预期效果，是一个组织各项管理活动所指向的终点，也是计划的最高层次内容。

战略——中间层次：组织战略是对组织资源使用方向上的规划，是计划中间层次的内容，是连接目标和具体计划的桥梁。

具体的计划体系——基础层次：具体计划是各层次的具体活动安排，是计划最基层的内容，也是计划中最具操作性的成果。计划中的目标和战略必须逐层展开并形成各层次的具体计划，才能有效地组织和协调各类活动。

2）计划的构成要素

一个健全、完整的计划，一般包括以下构成要素：

（1）主题，即对计划内容的概括，反映饭店未来走向的一种规划。它具有特定的内容。

（2）时效，是指有效计划的时间幅度。任何有效的计划，必须有明确的实现目标的时间界限。计划根据其时效特征，可分为长期、中期和短期计划三种。

（3）行动主体，是指制订计划或执行计划的单位或个人。计划要求有明确的行动主体，无论是制订还是执行，都要有明确的责任者。根据不同的主体或组织层次，计划可分为不同类型，如饭店总体规划、部门计划，以及按职能划分的财务计划、人事计划等，乃至个人计划。

（4）形式，是指计划的表现形式。计划的形式大致可划分为目标、策略和规范三大类。目标规定着未来行动预期达到的数量界限与质量标准，它是由一系列指标或标准构成的系统。策略是指怎样实现目标，主要指各种资源的配置与运用以及对特定行动的筹划。它规定着实现目标的方式、途径及各种措施。规范则是在制定或实现目标、实施策略过程中对有关组织和人员所制定的行动指导原则或行为准则。它主要包括有关各重要方面的政策、工作程序、办事细则及各种用人、用财、用物标准等。一套科学、完整的计划应该包括目标、策略和规范等一整套体系，而不能只重视目标系统，忽略了相应的策略和规范。

3）编制计划的基本步骤

第一步，分析问题，确定目标。这是计划职能的起点，它包括管理者对经营管理的主客观条件的分析，以及在情况明、问题清的基础上确定的管理目标。管理目标应是管理者追求的目的与对主客观条件分析相结合的产物。

第二步，预测未来，确定前提。提出目标，就要解决如何实现目标的问题。要保证目标顺利实现，就必须弄清未来的环境、条件，并对未来的形势进行预测。借助科学的方法对未来的各种环境、条件进行推断与预判，从而确定实施计划、实现目标的前提条件。这一步骤既可以起到反思所立目标是否可行的作用，又可为决定如何实现目标问题提供分析和选择的前提。

第三步，设计方案，研究评价。目标和前提都清楚了，就要探索和设计可供选择的行动方案。用来实现某一目标的手段、途径是多种多样的，可以设计出若干种行动方案，再根据目标和前提条件，权衡各种利弊因素，并据此对各个方案进行评价。

第四步，选择方案，编制计划。借助决策技术，从多个备选方案中选出其中一个最佳方案，拍板决策。这是计划职能的关键一环，也是最能体现管理者计划能力的环节。做出决策后，就要进一步借助计划的具体形式，制定出符合决策要求的目标、策略、预算、政策等文件，正式编制计划。这一环节为组织未来的发展与走向奠定了至关重要的基础。

第五步，实施计划，跟踪控制。计划必须付诸实施，并影响、作用于组织、指挥、控制过程。计划实现后，要通过计划执行过程中的信息反馈，进一步调整、完善和发展计划，并对下一个计划期的计划产生影响，使计划职能发挥尽可能大的作用。

9.1.2　饭店计划体系

1）饭店目标管理

饭店的目标是指饭店组织在一定时期内要达到的数量和质量指标，它体现一定的目的要求。任何一家饭店的目标都不会是绝对单一的，而是一个多重目标有机结合的综合体系。饭店目标在内容上通常包括：提供优质产品和高效服务，饭店的增长规模和饭店的利润目标等。饭店目标在时间上一般可分为长期目标和短期目标。长期目标是指必须花三年以上的时间去完成的目标，但长期目标是一种远景性的目标，只有将其分解为几个短期目标，才有可行性和现实性；短期目标是指用一年以内的时间去完成的目标，它是为完成长期目标服务并为此而制定的具体目标，同时，它的执行情况还能为长期目标的修正提供依据。

目标是计划工作和一切管理工作的基础，在现代管理中受到高度重视。20世纪50年代兴起的"目标管理"作为一种有特定含义的现代化管理方法出现并风靡管理界。目标管理，不是实行自上而下的监督和控制，不是事事都由上级来指示推动，而是借助目标实现自我控制，各级人员都主动地按目标开展工作。实行目标管理，就是在年（期）初先确定饭店的总目标，经过协商，自上而下，层层分解，确定各部门的目标和个人目标，并为达到这一目标制定各种措施，以确保目标的实现。在完成既定目标的过程中，上级要充分信任下级，下级要充分利用拥有的权限，独立而自主地完成任务。到年（期）末进行评价，根据完成情况进行相应的奖励、表彰。至此，这一目标管理周期结束，进入下一个周期。

2）饭店计划管理的任务

饭店计划管理是饭店在计划期内，根据饭店内、外部条件，通过对计划的编制、执行和控制，完成饭店的经营目标。计划管理具有双重含义：一是指对计划编制本身的管理；二是实施计划，用计划指导饭店管理。计划管理作为一种管理职能，其任务具有以下三个方面：

其一，指导饭店科学地制定饭店目标。计划管理要根据饭店内外环境条件及自身的优劣势，对市场进行科学预测，并把市场预测的结果和饭店内部的有利条件结合起来综合考虑，提出切实可行的饭店目标。饭店可通过决策，制定出长远目标和计划目标，并据此制定出合理而有效的目标体系。

其二，计划管理可提前做好人力、财力、物力安排，扬有利因素，抑不利因素。饭店计划管理要面对现实，实实在在地分析现实中的困难和不可抗拒的不利因素，结合饭店本身设施、技术、人力、资金等方面的实际情况，强化效益较强的设施设备及专有技术，改造陈旧落后的设施与技术，加强配套设施及技术力量，提高优质服务水平。

其三，合理分配人力、财力、物力，在计划实施中搞好内部综合平衡。饭店提出了计划目标，实现目标就要投入一定的人力、财力、物力。饭店人力、财力、物力的投入要由计划来统筹安排并加以控制，在饭店各部门间的分配也要由计划来指导和确定。在各部门各自执行计划的过程中，不可避免会产生诸多不平衡。饭店的计划管理要尽可能做到公平合理地分配劳动占用量、能源消耗量，保证服务质量，并尽量平衡各部门的资源，以此保证饭店整体服务水平沿着计划所要求的目标有序渐进地发展。

3）计划指标

计划指标是饭店在计划期内用数值来表示的经营、接待、供应、效益等方面要达到的目标和水平。饭店指标要有概念明确的指标名称、指标数量、规范化的计量单位。饭店指标确定后才能着手制订计划。

饭店计划指标体系中所有的指标按其性质可分为两大类：一类是质量指标，另一类是数量指标。质量指标是用来表示计划期间饭店的人力、物力和财力的利用水平，以及在经营管理活动中，服务质量和工作质量应达到的水平。质量指标通常是用相对值（百分比）来表示，如饭店的客房（床位）出租率、利润率、毛利率、劳动生产率以及设备完好率等。数量指标表示在计划期间，饭店在经营管理活动中应该达到的数量要求，通常是用绝对值来表示，如饭店的接待人数、营业额、利润额、成本总额及能源消耗量等。

◆ **业务链接9-1**

饭店质量指标

客房（床位）出租率是饭店接待能力及资源利用情况的基本指标。

客房（床位）出租率=出租客房（床位）数÷可使用房间（床位）数×100%

不同等级的客房（床位）出租率应分别计算。饭店对这一指标要每天、每月、每个业务季度、每年都进行分门别类的统计，以此掌握客房在不同时期的出租情况，了解饭店业务运转信息，为饭店的经营管理及促销策略提供市场分析依据。

利润率是饭店经营管理水平的一个综合性考核指标。饭店经济效益的好坏程度主要从资金角度来考核。利润率是考核饭店经济效益的最主要指标。

利润率=利润总额÷资金总额×100%

劳动生产率是衡量饭店职工工作效率的指标，可以有多种表示法：人均创汇额、人均创利额、人均销售额等。其计算方法是类似的。

人均销售额=销售额÷饭店平均职工人数

设备完好率是指饭店可使用的设备与全部设备之比。直接供客人使用的设备的完好率应力争达到100%，以保证服务质量。

◆ **业务链接9-2**

饭店数量指标

客房（床位）数是表示饭店接待能力的最基本指标，是其他各指标的基础。

①接待人数。饭店接待人数是指计划期间饭店接待人数的总量。接待人数有两个指标，一个是住宿人次数，另一个是住宿人天（或人过夜）数。

②销售额（营业收入）。饭店的销售额是各部门销售额的总和。饭店营业收入是反映饭店经营效果的价值指标。这一指标要求用两种方法确定：一是以报告年的指标为基础，计划年增长若干百分比的办法测定；二是由饭店各种营业收入汇总而成。饭店的营业收入和营业外收入汇总称为饭店总收入。

③成本总额。饭店成本指标是指各部门为完成销售额指标而付出的营业成本和营业费用之和，还包括饭店的企业管理费。

④利润总额。利润总额是饭店在计划期内实现的全部利润。

利润总额=经营利润+营业外收入-营业外支出

⑤人均消费额。提高人均消费额对饭店经济效益的增长有着重大意义。人均消费额体现了饭店经营水平的好坏和饭店产品是否适销对路。

人均消费额=销售额÷接待人数

⑥能源消耗量。能源消耗量是指计划期间在达到接待人数和销售额的情况下消耗煤、电等各种能源的消耗指标。有些可制定各种能源的单耗指标。

（某种能源）单耗=某种能源消耗总量÷住宿人过夜总数

⑦基建改造投资额。这项指标是确定计划期用于基建和固定资产的更新改造所需

的投资金额、资金来源以及回收期限等。

⑧服务质量。服务质量管理要有相应的目标和实现目标的举措细则，这就需要制订服务质量计划。饭店各部门所提供的服务是不同的，饭店服务质量又是由各部门的服务质量来体现的。因此，饭店服务质量指标应由各部门根据自身的业务特点自行制定，饭店只从总体上制定质量标准、质量提高和质量控制的总目标，全饭店围绕服务质量提升而进行的各种主要工作，以及改进和控制服务质量的全局性措施。

⑨职工培训。饭店服务质量的提高主要依靠饭店全体工作人员素质的提高。培养和训练是提高员工素质的有效途径。因此，制定职工培训指标是提升饭店服务质量和实现饭店发展的需要。饭店应制订职工进行长、中、短期培训的各种计划，并具体规定培训要求达到的水平、参加人数和参加培训的层次。

上述指标是饭店计划管理中的主要指标。饭店可视自身具体情况列出各式指标体系。饭店在确定计划指标体系时，需要特别注意各项指标之间的内在联系，以及互相间的影响与制约，不能顾此失彼。

▶ 同步解析9-1 ◀

饭店计划指标怎么定？

饭店组织在一定时期内要达到的数量指标和质量指标，最终都要转化为具体的数字指标，这一具体数字指标的确定将涉及经营者、一般管理人员的奖励提成问题，于是，不可避免地也就成为饭店业主与经营者和一般管理人员之间的博弈问题。

问题：这一具体的数字指标如何确定才能既不损害饭店业主的利益，又能提高饭店经营管理人员的积极性？

解析提示：

（1）一般可参考饭店同行的标准。

（2）更要参考饭店所在地的实际经营情况。

（3）应以既不损害饭店业主的利益，又能提高饭店经营管理人员的积极性为原则。

4）计划体系

饭店计划种类较多，用途不同，为了便于管理，同时使计划真正起到指导作用，饭店应制订长期计划、年度综合计划、短期业务计划，以这些计划组成饭店的计划体系。

（1）饭店长期计划。饭店的长期计划是经营目标的具体化。长期计划的计划期一般为3～7年，是饭店的发展方向、设备、服务、经济、人员等各方面的战略目标和纲领性计划。饭店长期计划的主要内容有：饭店发展目标、饭店投资建设计划、饭店经营管理目标、饭店规模计划、管理人员培训目标、生活福利计划等。饭店长期计划的计划期较长，含有许多未来发展的不确定因素，因此制订长期计划时，应着重于明确规划指标，但各项指标具体程度如何，则可定得粗略一些，不必太细，并留有余地。

（2）饭店年度综合计划。它具体规定了饭店在计划期内各个方面的目标和任务。从时间上说，年度综合计划纵贯全年；从内容上说，年度综合计划包括全饭店及饭店各部门的各种业务。它包括两个部分：第一部分是饭店的综合部分，提出饭店的目标和任务，确定饭店所有的计划指标和附加指标，并对指标的分解做总体的说明，同时涉及全饭店的有关业务并做计划；第二部分是组成饭店年度综合计划的部门分类计划，由各营业和职能部门制订，提出各个营业部门与职能部门在各自业务范围内所执行的目标和任务。部门分类计划主要有：市场营销计划、前厅接待计划、客房部计划、餐饮部计划、劳动工资计划、质量计划、工程建设和设备维修计划、物资供应计划、财务计划、职工培训计划。饭店年度综合计划主要由以上这些计划所组成。各种计划都是以饭店年度接待计划为中心，并围绕年度计划开展设计的。饭店高层管理人员不仅要领导和组织这些计划的制订，更重要的是组织和控制这些计划的执行，协调好各部门分类计划之间的关系，使整个年度综合计划能够顺利完成。

（3）短期业务计划。为保证饭店与各部门能按计划完成任务，在编制年度综合计划的基础上，还要编制季、月短期的具体执行计划和重大任务接待计划。季、月计划并非简单地将年度综合计划平均分配，而必须具体规定每季或每月饭店各部门的日常接待业务活动和进度，以适应饭店的淡、旺季之别。重大任务接待计划是指饭店针对某一项重大任务而专门制订的接待计划。这一计划主要是根据接待对象的重要性和特点，对接待的标准和具体内容做出规定。该计划的特点是时效短、重点突出、任务重大。因此，要确定对象、规格、接待目标，拟定接待标准，确定接待的各个细节。

饭店的长期计划、年度综合计划和短期业务计划，组成了饭店的计划体系。这些计划在计划期内，在各种业务上指导和控制着饭店本身的发展和饭店业务的运转。

9.1.3　计划编制方法

1）编制计划的步骤

第一步，估量机会。计划工作的第一步就是要根据现实的情况对可能存在的机会做出判断，确定能够取得成功的机会。管理者应考虑的内容包括：企业组织期望的结果，存在的问题，成功的机会，利用这些机会所需的资源，自己的优势、弱点和在行业竞争中所处的地位。

第二步，确定目标。目标是组织期望达到的最终结果，目标的选择是计划工作中非常重要的环节之一。企业目标指明组织主要计划的方向，而这些主要计划又根据企业完成目标的方式，规定各个主要部门的目标。主要部门的目标又依次控制下属各部门的目标，依此类推，构建组织计划的目标网络。

第三步，确定前提条件。前提条件是关于要实现计划的环境假设条件。计划是对未来条件的一种情景模拟，这种模拟能够在多大程度上接近未来，取决于组织是否能够准确预测其将要面对的环境和状态。一般来说，环境中不可控因素越多，预测工作的难度越大。饭店应该遵循重要性原则，将主要精力放在与企业关系最密切的几个影响因素上。

第四步，制订备选方案。计划方案类似于行动路线图，是指挥和协调组织行动的工作文件，通过它可以清楚地告诉企业管理人员和员工要做什么、何时做、由谁做、何处做以及如何做等问题。这就需要计划制定团队集思广益、开拓思路，适量地编制几个可行的、合理的方案，以便在实际工作中分析、比较，或融合各个方案的优点，从而提高计划的质量。

第五步，评价备选方案。根据前提和目标权衡各种因素，比较各个方案的利弊，对各个方案进行评价。如果存在很多可供选择的方案，而且有很多可考虑的可变因素和限制条件，可以借助运筹学、计量方法和电子计算机技术等手段评价方案，从而提高评价分析的科学性。

第六步，挑选可行方案。这是整个计划工作中关键的一步，也是做出决策的紧要环节。有时候，可供选择方案的分析和评估表明两个或两个以上的方案是合适的。在这种情况下，管理人员在确定优先采用的方案的同时，可以将其他几个方案作为后备方案，以加大计划工作的弹性。

第七步，制订辅助计划。辅助计划就是总计划下的分计划。一个企业组织发展战略中的投资计划、生产计划、采购计划、培训计划等都是发展战略的辅助计划。总计划要靠辅助计划来支持和保证，而辅助计划又是总计划的基础。

第八步，编制预算。这是计划工作的最后一步，即把计划转变成预算，使之数字化。饭店的全面预算体现收入和支出的总额、所获得的利润或者盈余，以及主要资产负债项目的预算。如果预算编得好，则既可以成为汇总各种计划的一种手段，又可以成为衡量计划完成进度的重要标准。

2）计划编制方法

计划编制方法有很多种，在目前市场信息千变万化的过程中，为了适应饭店的发展，避免计划与经营实际相脱节，采用灵活的、有弹性的滚动式计划编制法是饭店实行全面计划管理的一种科学方法。本书仅介绍这一方法。

滚动式计划编制法是在每一次制订和调整计划时，将计划期按时间顺序向前推进一个计划期，即进行一次滚动，而不是等全部计划执行完再重新编制下一个计划期的计划。这是一种动态的计划编制方法，同样可用于饭店长期、中期和短期计划的编制。

滚动式计划编制法运用于编制饭店长期计划的程序如图9-1所示。

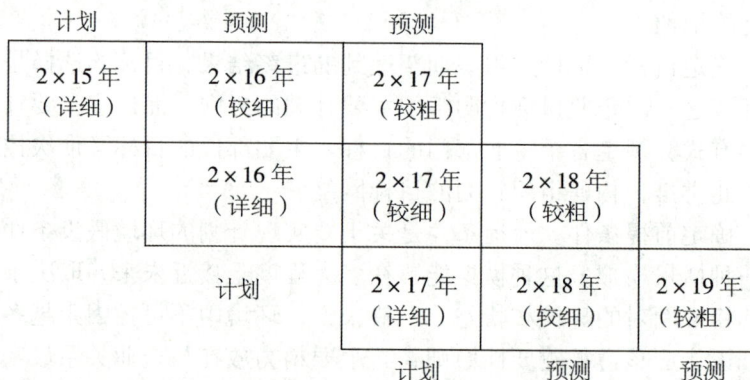

计划	预测	预测		
2×15年（详细）	2×16年（较细）	2×17年（较粗）		
	2×16年（详细）	2×17年（较细）	2×18年（较粗）	
计划	2×17年（详细）	2×18年（较细）	2×19年（较粗）	
	计划	预测	预测	

图 9-1　滚动式计划编制法原理图

从图9-1中可以看出，饭店在编制3年计划时，2×15年是即将实施的具体计划，计划要编制得具体详细，近期的计划要细致而精确，远期的计划则是一些粗线条的估计。

9.1.4　计划评价与实施

1）计划评价

计划本身的质量高低是正确实施计划的前提，这里介绍两种准确评价计划的质量的方法：

其一，程序性分析。评价一项计划能否成功的标准特征是计划的客观性、结构化程度和机动性。客观性是对相关资料正确观察、记录、分析和解释而产生的。在计划工作过程中，遵循科学方法的程度决定着这个过程的科学性程度及最后产生计划的客观性程度。应用于计划工作的科学方法包括以下几个方面：①目标的阐明。计划人员必须对饭店的目标和任何计划的具体目标有清晰的概念，计划人员明确了这些目标才有可能拟订出适当的计划。②问题的阐明。由计划过程来解决的问题必须明确提出，清楚地说明问题、确定出限制因素及必须达到的条件，决定计划过程的范围及最后产生的计划的范围。③数据资料的收集和解码。必须考虑现在和过去的适当信息资料，对可能的未来事件进行评估。只有客观地进行数据资料的收集和解码，才能确保做出一个成功的计划。结构化程度主要是分析和评价产生计划及计划工作过程的客观性程度。在测定结构化程度时，需考虑的因素有全面性、时间幅度、职责委派和控制特性。机动性并不意味着不明确或不稳定。相反，机动性是最有助于保证计划成功的一项特性。机动性来源于可以拟订可供选择的替换方案，拟订可供选择方案可以使管理者迅速而有效地适应外界的变化，避免由于重新制订计划而引起的反应延迟。程序性分析主要通过计划制订过程中的相关特征对计划进行评价。

其二，经济性分析。经济性分析的方法有两种：一种是有关资源有效利用的评价方法，主要是借助于边际收益与边际成本来进行计算、分析。它反映某一计划对资源有效利用的情况。在任何组织单位的管理上，必须不断地探询它的行动计划在实现其目标时是否使其资源的有效利用处于最优。计划工作中的经济效益是通过有效地利用现有资源，最大限度地达到饭店的计划目标。另一种方法是成本-效益分析，主要适用于那些不能用经济效果来评价计划的情况，以及难以衡量经济效益的计划。与程序性分析不同，经济性分析主要通过计划的经济效果对计划加以评价。

2）饭店计划的实施

执行计划是计划管理的关键。执行计划要有一个强有力且高效率的业务指挥系统作为保证。饭店中以总经理为首的行政业务指挥系统是执行计划的有力保证。在这一系统的指挥下，各层次、各部门按照本身的职责和业务范围具体执行计划，落实并实施计划中的各项任务和指标。

在执行计划过程中，要尽量克服和解决计划执行中的障碍和困难，充分运用各种检查手段来检查和控制执行中的计划。检查就是按计划的时间顺序和进程，对计划执行情况和计划指标的完成情况进行分析、比较、评价，保证计划的执行。在计划检查的基础上，饭店计划执行者应积极、主动地去发现计划的实际执行结果和计划本身的差异，分析其原因，采取相应的措施，进行计划控制。饭店计划控制主要由总经理或部门经理配合实施，并和管理控制职能结合起来。各级管理人员为了有效地控制计划的执行，应经常深入第一线，实时掌握业务运行情况，掌握经济和财务运行情况，对计划指标和计划进度十分明了，将计划控制在正常的轨道上。计划执行控制是计划管理的核心工作。

9.2 饭店组织管理

9.2.1 饭店组织管理理论

组织作为一种实体，是指人们通过某种形式的结构关系，为实现共同目标而协调工作、努力拼搏的集合体。组织又常常用来指管理的一种职能，指围绕一项共同目标建立组织机构，对机构中的全体人员指定职位、明确职责，进行信息交流，并协调其工作，以求获得高效率的一系列工作过程。

任何组织都有必不可少的六个要素：人员、职位、职责、职权、关系和信息。具有一定素质要求的人员占据某一职位、承担一定职责、行使一定职权、确定明确的相互关系并借助信息的流通，就能够形成各种形式的组织。这六大要素的科学组合就能形成健全、有效的组织。

组织可以区分为有形组织与无形组织，即组织机构与组织活动。其中，作为组织活动结果的那种无形"组织"的概念，有别于作为有形实体（如工商组织、事业单位、政府部门等机构或组织）存在的"组织"概念。有形的组织体即组织机构，无形的、作为关系网络或力量协作系统的组织，即组织活动。对于饭店来说，有形的组织是保证饭店经营业务日常运转的机构，无形的组织活动则有助于提升饭店员工的凝聚力，改善饭店与外界的联系。

9.2.2 饭店组织原则

自从1908年法国科学管理创始人法约尔提出组织管理的14项原则以来，各类工商企业都以其理论为指导进行了实践，证明了法约尔组织管理原则的适用性和正确性。

业务链接9-3

法约尔的14项组织原则

（1）专业分工：使之能各司其职，快速上手，操作熟练。若再佐以分段派工（第一段：完全照标准操作；第二段：依照手册处理变化中的状况；第三段：凭经验解决异常），新手可快速变熟手。

（2）权责对等：权力源于企业组织、制度、标准、默契，而非个人；愿承担多大责任，即可拥有相对执行权力。若再佐以三级授权（依标准执行80%，依职权判行15%，依政策/目标决定5%），就能加速完成行动及成就历程。

（3）遵守纪律：不论约定俗成，抑或是共同决议，任何团队成员必须遵守，以免内耗及失控。其原则是让个人有最大自由发挥空间，但不干扰他人，且不脱轨。并非井然有序，而是"乱"（活力与创意）中有序。

（4）统一指挥：早期的组织，在原则上是谁指挥向谁报告，采取单一对应模式。但当今组织的多元化趋势，加上职责明确，指挥报告体系由以属人为主转为以论事为主，以减少延宕及误传。

（5）统一方向：避免各自为政，力量分散，宜由共同的高层主管整合出一致的努力方向及目标。

（6）牺牲小我：个体目标不能妨碍整体目标。必要时先牺牲小我，以成就大我为最大利益，从而获取长期回馈的效益。

（7）报酬对等："每个人只顾做可被衡量的事"，"当努力与报酬成正比，才能激发一个人的动力"，"公平合理，信赏必罚"。若再佐以"高薪资、高绩效"策略，当可大幅提升绩效，员工工资奖金大幅增加，但薪资单位成本反而降低。

（8）分权管理：中央与地方均权，将决策权与执行权予以划分，凡有法规、标准可循者授权地方自治，凡需集中控制最有利者由中央集权。企业要做大发展为集团，且不致分崩离析，此为关键。

（9）交流网络：交流需通过下行指挥、上行报告、平行协调体系，以确保组织稳定运作。

（10）常态管理：凡任何例行有规律、稳定无问题、状况可控制、简明无疑难等事务，皆定成标准，纳入日常管理。管理之道在于分辨正常/异常、常态/偶发、通案/个案、长期/短期、内部/外在，予以分别管理。

（11）三公一合：公平（协议遵行），公正（没有特权、例外），公开（过程透明、交流管理畅通），合理（理念交集，大家同意）。再佐以全员参与，开发无尽的脑力与潜能。

（12）稳定维持：改善的成果需维持住，改善的经验需累积、扩散、传承，企业需保持稳定的成长，方能畅通升迁之路，造就全方位人才。此方面有赖PDC（合理化改善）与SDCA（标准化维持）的交互循环。

（13）自动自发：需激发员工内在的原动力，并促使其自动自发去改善、创新，勇于承担责任，并向高标准挑战。再佐以绩效管理体系，使有做/没做、做多/做少、做好/做坏、主动/被动、积极/消极等做到清清楚楚。

（14）团队合作：不在内部争排名，宜携手挑战自己、标准及同业，以产生团队精神，争取业界领先。要形成团队，促进合作，需让每个成员感到"利害与共，同舟共济"。

在饭店管理领域，至少应强调如下10条原则：

1）专业分工原则

将各种不同性质的工作分配给各个专门部门去完成，同时将职工安排到与其职务相关的工作岗位上，使组织内人员的任期有一个较为合理的稳定时间，以利于发挥每位员工工作优势，减少员工变换工作的心理调适及工作磨合等花费的额外时间，以提高工作效率。

2）集权与分权管理相结合原则

权力的平衡取决于各部门经理的工作能力和饭店规模的具体需要。饭店的组织管理需要根据饭店的规模和类型来决定。对于别墅式或度假村式的饭店及规模较大的大饭店，采用分权管理较为合适，而对于那些中小规模的饭店及饭店建筑设施在地理位置上较为集中的饭店，则可采用集权管理。

3）管理幅度原则

管理的客观因素是复杂的，管理者的能力是有限的，这就决定了一个管理者的管理幅度是有限的。这种幅度的限制导致组织中出现一定层次的组织结构。一名管理者所能管辖的、能使他们有效地进行工作的下属人数应该是多少呢？现代管理学家对此进行了广泛的研究，发现管理幅度并不是绝对的，而应综合考虑如下因素：上下级之间接触的频繁程度，下属人员的文化、专业水平，上级的交际与领导能力，员工工作的相似性，地理位置的接近程度，工作的复杂性，上级用来管理下属的时间、能力和精力等。如果员工所从事的是日常事务性工作，那么管理的下属可以超过6个人，劳动班组可有10人左右。如果管理的下属工作十分复杂，需要多方面的指导和协调，管理的幅度应当适当缩小。

◀ 深度剖析9-1 ▶

餐饮部在经理之外为什么要另设厨师长

饭店的组织结构一般为直线职能制。饭店餐饮部一般设餐饮部经理一名，负责关于餐饮的一切工作，但在厨房又另行设置厨师长一职来管理饭店的厨师。

问题： 为什么饭店的厨师不直接归餐饮部经理管而是要另设一名厨师长来进行管理呢？

解析与讨论：

（1）分析餐厅工作与厨师工作之间的差异。

（2）探讨中餐厨师管理的复杂程度。

（3）辨明一个人可能的管理幅度。

（4）明确厨师长的管理职责，理解饭店餐饮部的人事工作安排。

4）权力层次原则

每个组织必须具有一个最高权威，同时从最高权威到组织中的每个人之间，要有一个明确的权力层次，即所谓的"指挥链"或"等级制度"。组织中每位成员都必须清楚自己对谁负责，又有谁对自己负责。层次领导是必要的。组织分成若干层次和若干纵向系列，决策、指示按纵向系列由上层至下层逐级传达，执行情况和反馈信息则逐级向上汇报。这种关系越明确，组织的决策和信息传达越有效。

5）协调原则

组织的生命力就在于它作为一个整体，具有各方协调统一形成整体的优势。只有协调一致的组织才是有效的组织。在一个有效的组织中，做好协调十分重要，特别是在组织规模日益增大、专业化不断发展、相互联系广泛密切、社会心理因素十分复杂的现代饭店企业中，协调显得尤为重要。要处理好各部门、各层次的任务与资源、职权与职责等方面的平衡与分配，规定明确的职位、权责关系，构建畅通无阻的沟通渠道，做好上下级之间的纵向协调以及各部门之间的横向协调，由此达到组织的各层次、各单位、各人员步调一致，通力合作，形成合力，从而高效率地达成组织的共同目标。

6）权责相等原则

职权和职责是组织的两个基本要素。人们对负责的恐惧心理和对权力的偏好心理是同时存在的。在组织管理中，行使权力者就必须承担相应的责任，职权与职责应当是对等的。在饭店组织中，若一个管理人员的权力大于责任，会助长瞎指挥和滥用职权的不良现象。当一个管理者责任大于权力时，则会因缺少开展工作所需要的权力而使工作难以推进。贯彻权责相等原则必须正确处理职责划分和授权问题，以明确管理者的职责与权力，从而保证两者的一致性与对等性。

◆ **同步解析 9-2** ◆

对权力的渴望与承担责任的恐惧

问题：人们的心理都是对权力充满渴望，对承担责任则深怀恐惧。那么，在这种心理意识的驱使下，如何才能实现权责相等？

解析提示：

（1）先参考心理学的相关理论论述。

（2）理解人们的心理为什么都是对权力充满渴望，对承担责任则深怀恐惧。

（3）提出采用何种机制才能实现权责相等。

7）指挥统一原则

一个权威、有效的组织，从最高到最低的职位必须形成一个正式而连续的等级链，各职位的权责明确，沟通渠道清晰，命令层层下达，工作层层报告，从而形成一个连续的程式化的指挥系统。在等级链中，任何下级只能接受一个上级的直接指挥，并只对这个直接上级负责，以形成单一性的命令和报告渠道，从而避免多头指挥造成的混乱。要正确处理直线指挥与参谋之间的关系。直线人员，如总经理、直线部门经理，他们对下级有决策指挥的权力；而参谋人员，如财会、后勤等职能部门人员只是直线领导的参谋，对直线系统无权指挥。这两者之间关系处理得好，既能保证直线系统的统一指挥，又能发挥参谋人员的智囊作用。

8）有秩序原则

组织中应该维持良好的物资秩序和人员秩序。管理的每一层次、每一岗位都应在组织中占据一定的位置，处于一定的秩序之中。饭店要进行高质量、高标准的服务，就必须维持良好的人和物的秩序。要做到人有其位、物有其位、位有其人、位有其物，就应当以工作岗位为设置人、物的标准，精简闲杂人员，将所有的物资都按规定放置。经过严格的定岗定位，每个人员都应坚守其工作岗位，真正做到工作时间位有其人，需要的物资必须摆放在规定的位置上。

9）纪律原则

组织内每个人都应该服从组织的行动准则，这个组织的行动准则就是组织的纪律。纪律不应建立在制裁和畏惧的基础上，而应建立在尊重和自觉执行的基础上。纪律不仅仅是消极的制裁，更需要积极的奖励。

◆ **深度剖析 9-2** ◆

在组织建立管理约束机制后，如果有人违反组织纪律，就会受到严厉的惩罚，这就像用手触碰滚烫的火炉，会烫得立即将手缩回一样。此后再遇火炉，会尽量避免触摸。

问题：为什么说劳动纪律像火炉？企业为什么要建立劳动纪律？

解析与讨论：

（1）纪律就像冬天里的火炉，使组织内的每个人都能感觉到它的温暖，但任何人试图触碰它，肯定会被烫伤。对待犯有过错的人员，应以纪律为原则予以处理，杜绝所谓下不为例。

（2）这一效应的实质是在"人—组织规则—惩罚"间建立一种条件反射机制。

（3）企业建立劳动纪律，目的在于有效地管理全体人员。

10）公正原则

组织的高层管理人员应竭力设法将公正的观念灌输到组织的每一层次。在处理组织内发生的问题时，应明辨是非曲直、公正处理。对待组织人员，应一视同仁，切不可厚此薄彼。要使组织内全体人员都能竭尽全力、忠于职守，为达到组织的整体目标而努力工作。

9.2.3 饭店组织结构

饭店组织是一个由多层次、多部门组合而成的复杂系统。饭店组织结构的设置必须有利于提高饭店组织的工作效率，保证饭店各项工作协调、有序运行。组织结构设计涉及饭店组织的部门划分、组织结构模式等问题。每一家饭店都应在分析饭店自身特点的基础上确定合适的饭店组织模式。

1）饭店部门划分

饭店组织的部门划分，牵涉到如何根据饭店的任务或结构划分部门，如何在各部门间解决任务分工、职权划分和职责委派等问题。划分饭店部门通常有以下几种方法：

其一，按职能划分部门。按饭店的最基本职能来划分部门，每一部门专司一种职能，如设立业务、财务、人事、工程、采购等部门。按职能划分部门有利于贯彻专业化原则，且能保证饭店业务活动的正常进行。其局限性是各部门各自为政，不利于部门间的沟通和综合管理人才的培养。

其二，按区域划分部门。对于在地理位置上分布比较分散的饭店来说，如别墅式、度假村式饭店，按区域划分部门是一种比较普遍的方法，即把某个区域范围内的业务工作集中起来委派给一个主管人员，并组成部门。这种方法可以满足由于区域不同而产生的各项管理需要，也可提高工作效率，有利于培养综合管理人员。缺点是可能造成管理职能的重复，将一些本来可以集中到一起的同一职能进行了分割，增加了管理机构或人员。

其三，按产品（服务）划分部门。以饭店所提供的主要产品为基础，将与某产品有关的各项工作都置于同一部门内，如将饭店分成房务、客务、餐务、商务等。以各种产品为依据设立部门，其优点为有利于各部门按照其产品的特点，制定适合本部门的经营策略，有利于饭店整体目标的分解执行。其缺点是每个部门重复设置职能人员，造成人力、物力的重复与浪费。

其四，按事业结构划分部门。这是一种适用于饭店公司的组织结构形式，其特点是突出分权管理。饭店公司按地区、产品、市场等因素，成立若干个事业总部，每个事业总部即为一个饭店或公司拥有的企业。事业总部具有法人资格，进行独立的经济核算，对事业总部内的计划、财务、销售等有决策权。这种组织结构形式可以减轻高层人员的负担，有利于公司的发展和饭店公司产品的多样化。缺点是各事业总部之间不易协调。

在部门划分特别是部门职责委派时，应注意防止发生重复、遗漏、不当等问题。所谓重复，是把同类问题分派给不同部门，使其都有解决问题的权力和责任，从而发生职责上的重复，也就等于机构设置的重复。所谓遗漏，是指对于某项基本的例行工作，任何机构都没有把它列为自己的工作职责，这就发生了职责的遗漏。若为例外工作，当遗漏发生时应及时将其委派给有关部门作为例行的分内职责。所谓不当，是指每个部门都有其基本的职能及有助于完成这一职能的有利条件，应将工作交给能最有效地解决这一问题的部门去完成，如果交给解决能力低的部门，就是职责委派不当，势必产生低效率。

2）饭店组织结构类型

常见的组织形式有：简单结构、直线式结构、职能型结构、分部型结构以及附加型结构。

其一，简单结构。它是指低复杂性、低正规化和高度集权的组织结构。它是一种"扁平"结构，通常只有两三个纵向层次，有一个松散的员工队伍，并且决策权集中于某一个人手中。简单结构在小型饭店中最为常见，在这种组织中，经营者与所有者为同一个人。简单结构的优势在于它简便易行、反应敏捷、费用低廉、责任明确。其主要缺点是只适用于小型组织，而且由于独掌大权，组织决策具有明显的个人偏好，很可能造成决策日益迟缓，甚至停滞，稍有不慎便会导致小型组织倒闭。

其二，直线式结构。直线式组织部门是直接生产产品、提供服务的部门，要求机构简单、权责明确，如饭店中的客房部、餐饮部、前厅部等就属于直线式组织的部门。

其三，职能型结构。职能型结构的特点是通过职务专门化，制定非常正规的制度和规则，以职能部门划分工作任务，实行集权式决策，控制跨度狭窄，通过指挥链进行经营决策，使日常的组织运营顺利进行。职能部门不直接从事接待和供应业务，而是为业务部门服务，只执行自身职能的管理部门。它们的职能是为直线式组织部门出谋划策，提供建议和辅助性工作。

其四，分部型结构。分部型结构组织形式的基本原则是："政策制定与行政管理分开"，即"集中决策，分散经营"。每个单位或事业部一般都是自治的，各事业部经理对绩效全面负责，同时拥有充分的战略和运营决策的权力。公司总部对各事业部提供财务、人事和法律等方面的支援服务。总部也作为一个外部监管者，协调和控制事业部的活动。分部型结构的优点在于：它使总部高层管理人员摆脱了日常行政事务的负担，集中力量来研究和制定公司的长远战略规划，是培养高层经理人员的有力手段。其缺陷在于活动和资源的重复配置，导致组织总成本的上升和效率的下降。

其五，附加型结构。将有弹性的结构单位附加在稳定的组织结构之上即为附加型结构。任务小组和委员会结构就是这种附加型结构的两个例子。任务小组是一种临时性结构，设置其用来达成某种特定的、明确规定的复杂任务。它一般涉及许多单位的人员，小组成员在目标达成后自动解散，或转换到另一任务小组，或者回到他们永久隶属的职能部门，或者离开组织。委员会结构则是将多个人的经验和背景结合起来，跨越职能界限处理一些问题的另一种设计选择。委员会可以是临时的，也可以是永久性的。

3）现有饭店的组织结构模式

直线–职能制是目前我国饭店普遍采用的组织形式。这种组织形式是在"直线制"和"职能制"的基础上发展而来的，它吸收了"直线制"对组织控制严密的长处和"职能制"充分发挥专业人员作用的长处，兼有这两种组织形式的优点。

在现有经济条件下，星级饭店视其具体的外部环境和内部情况对组织结构模式加以调整和组合。采用直线–职能制的优点在于：①整个饭店实行总经理负责制，并把经营管理划分为业务和职能两大块，分工明确，脉络清晰，便于集中统一领导。②业务部门按直线制形式组织，责任明确，结构简单；职能部门的各项工作由专业工作人员负责，可保证相应的工作质量，也不会造成多头领导现象。③各有明确分工的业务和职能两个部分可通过总经理加以协调，便于业务部门和职能管理部门之间进行沟通、相互协作，使整个饭店的组织形式好像一座金字塔，上小下大，既可保证管理信息传递的有效性，也可适应现代饭店管理的需要。

9.2.4 饭店组织变革

一个组织要能够生存、发展、壮大，并不断地趋于成熟，不断取得成就，就必须依据外部环境及内部条件的变化而适时调整其目标与结构，不能一成不变。组织必须适应变化，否则就会在时代洪流中逐渐趋于老化、衰弱乃至灭亡。因此，组织为适应内外环境及条件的变化，需要对组织的目标、结构和组成要素等进行适时而有效的调整和修正，即实行组织变革。组织需要变革的主要原因可以归纳为以下三点，即组织外部环境的变化、组织内部条件的变化，以及组织成员的期望与实际情况的差异导致的组织变革。

1）组织变革阻力

一般而言，组织的变革，即使只是做微小的改变，也会有人提出反对意见，会有人以种种不同的方式来表示他们的抵制。抵制组织变革的现象集中在：业务开拓不力，工作效率持续降低；对组织中的所有事情都抱有一种无所谓的态度；损失、浪费日益加重，经济效益滑坡；工作被动、应付，没有主动性和积极性，消极怠工；要求离职调动的人数增加；发生争吵与敌视行为，人际关系趋于紧张，内耗加重。

2）组织变革方法

对于不同的组织状态，应采取不同的变革方法。一般来说，组织变革可以从以下几个方面进行：①通过改变结构实现组织变革。由于组织结构设计不合理造成机构过于庞大，授权不足或过度授权造成组织不协调等问题，可通过重新划分或合并新的部门、协调各部门工作、调整管理幅度与管理层次，以及授权等，改变原有的组织结构。这种方法直接、见效快，常常可以使组织发生根本性的转变。②通过改变人来实现组织变革。由于组织内人员与职位的矛盾、权责不对等等问题引起的组织不协调，可通过改变人来实现组织变革。改变人，既可通过改变人的职位重新安排人员，又可通过培训来提高人员素质，也可通过直接改变职工的动机、态度和技能来改变职工的行为，从而达到实现组织变革的目的。③通过改变技术实现组织变革。由于组织内部机构设置、管理方法不当，管理技术落后造成的组织效能低下，可通过技术改变来实现组织变革，即改变组织完成任务所用的方法和设备，同时加强质量控制、技术控制，以期实现组织变革目标。

◆ **同步案例9-1** ◆

饭店集团化经营后的组织结构调整

背景与情境： 2006年，X市的国有商业企业进行企业重组与改革，其主要措施之一便是将其集团下属的所有11家饭店组建成为一家饭店集团。随之进行集团组织结构调整，即集团设置董事长、总经理各1名，副总经理2名，业务部门若干，原有饭店的总经理一职改为店长，成为部门经理。这样一来，原来的11家饭店的总经理等管理人员几乎都成了下岗工人。

资料来源：作者根据真实企业调研案例整理而成。

问题： 本案例运用了哪些组织变革方法？这种组织变革方法是否会留下后遗症？

分析提示：

（1）本案例主要是通过改变结构来实现组织变革。本案例中，把因原来组织结构设计不合理而造成的机构过于庞大，或是因授权不足或过度授权等造成的组织不协调问题，通过集团化运营，协调了各饭店的工作，调整管理幅度与管理层次，改变了原有的组织结构。这种方法使组织发生了根本性的转变。

本案例部分地通过改变人来实现组织变革。各饭店都有一套完整的饭店组织管理人员，通过改变组织结构设置和重新调整人员配置来实现组织变革。

（2）从本案例看，这种组织变革方法有效地调整了饭店集团的组织结构设置，但不可避免地造成一批管理人员下岗。从饭店绩效看，减少管理人员意味着减少管理成本，能够有效地提升饭店集团效益，不利的后果是需要合理地安排下岗的管理者。

3）组织变革的成本-收益分析

由于变革需要付出巨大的成本，所以变革的提议并不总是必要的，应该进行审慎的分析来判断其有无价值，因此，每一项变革都需要进行详细的成本-收益分析。除非收益明显大于成本，否则就没有理由进行变革。强调收益而忽视成本不合乎逻辑，组织的目标总是收益大于成本。

在考虑成本与收益时，所有问题都要考虑在内。只分析经济上的收益和成本远远不够，因为即使经济上有净收益，社会成本或心理成本也可能很大。尽管将社会或心理损失的内容压缩到以数字表示会与实际情况有出入，但在决策过程中一定要考虑这两方面的因素。

对个体差异的了解能使我们预期人们对变革的反应，不同个体对于变革的反应必然不尽相同，并且有多种变化形式。一些人只感受到收益，而另一些人只看到他们为此付出的代价。即使变革的影响是积极的、有利的，也会有人在开始时顾虑重重。还有些人起初看来对变革持欢迎的态度，但随后就逐渐暴露出其对变革的顾虑与恐慌等真实的内心世界。

变革的现实对于各方往往并不存在清清楚楚的、百分之百的利益。相反，有一系列独立的成本和收益要在个体的基础上给予考虑，组织行为的支持和教育都暗示管理者应当认真考虑每一项重要变革，努力帮助员工更好地理解它，并尽可能让绝大部分人意识到变革可以为自己带来净收益。

4）饭店组织变革的趋势

其一，控制与权力观念的改变。传统组织强调通过直线主管的层层直接监督和专家职能作用的发挥，来对饭店运行活动进行最大限度的控制。这种控制观念导致管理职能与作业职能完全分离，使一线现场人员只负责执行上级的批示和贯彻职能专家制定的各种程序、规则，而无权进行独立思考和决策。这种远距离控制的结果，一方面使本应作为一个整体的责任核心被部分地分解开了，另一方面则促使管理机构逐渐演化为层次过于繁多、职能分工过细的复杂化机构。这样的权力与控制安排也许对于高容量、较稳定的市场是适宜的，但随着市场形势的变化，将决策活动及其辅助的专家机构推到部门，拓宽一线现场职责和权限的范围，已成为现代饭店组织加快市场反应速度的必然要求。

其二，组织结构的扁平化与蜂型化。在网络结构逐渐取代层级结构协调生产运行活动的同时，组织内部的组织设计也在朝着减少管理层次和中层管理人员的方向发展。由于充分授权和团队工作方式的采用，组织中许多现存的以向下传达指令和向上汇报情况为主要职责的中间管理层次，以及负责在专业领域内制定标准、提供建议、进行指导等活动的辅助管理部门得以大幅度减少。企业出现了缩减中层管理机构和人员的"减肥"运动，组织形态逐渐从传统的层次众多、高耸的"金字塔型"转变为层次扁平化、腰间细化的"蜂型"。

其三，团队协作精神得到进一步弘扬。所谓团队协作就是让组织成员打破传统的部门界限，绕过原来的管理层次，以任务为中心组成团队，直接面对服务对象，并对饭店总体目标负责，力争以群体协作优势赢得竞争。"团队"形式有两个：一是"专案团队"，成员主要来自各单位的专业人员，他们为解决某一特定问题而组织在一起，一旦问题解决，小组立即解散；二是工作团队，它通常长期存在，主要是希望通过群体协作来更有效地工作。目前西方的许多企业组织正在逐步地摈弃自工业革命以来所形成的传统的垂直式职能化管理组织模式，走向一种全新的以"团队"为核心的扁平式过程化管理组织模式。

◈ 深度剖析9-3

主题：饭店组织结构调整。

问题：

（1）是维持现状保留素质不高的员工和大量的管理人员，还是压缩中间管理层次，提高员工素质和待遇，进行组织结构创新？

（2）在饭店员工素质不高、一线服务人员难以胜任高水平服务的情况下，压缩中间层次的管理人员，进行组织结构创新是否可能？

（3）从饭店的人力成本和人事管理成本分析组织结构创新的可行性？

解析与讨论：

（1）自20世纪90年代以来，世界经济进入了一个剧烈变动的时期，80年代以前的企业经营理念、管理思想、组织结构、竞争优势正日渐失去昔日的辉煌，所有企业都竭力寻求重新定位，改革创新，探索新的生存与发展模式。饭店从历史的小客栈发展到今天的大型饭店，从原来只提供简单的食宿到今天包括食宿、会议、商务、旅游、娱乐等在内的综合性服务，饭店的组织结构也基于控制跨度和权责关系由简单结构变成了金字塔式的复杂结构，在原有的决策层和具体操作层之间增加了很多的层级。这些不断增加的层级更多的是考虑了"控制"，但并没有将增加效益这一目的考虑在内，工作效率与服务质量并不一定能够获得提高：

首先，中间层级太多，影响信息传递的速度与效率，容易造成信息传递的失真。从"顾客—员工—领班—主管—部门经理—总经理—部门经理—主管—领班—员工—顾客"这一信息传递反馈链可以看出，一条信息需要经过11个层级的传递才能返回到信息源头。

其次，酒店在日常销售和服务过程中存在着大量的信息需要传递与处理，有时候信息还需要跨部门传递，中间层级太多容易影响信息传递的速度与准确度，从而影响经营决策与对客服务，继而影响经济效益。

最后，在现有酒店层级中，由于对主管、领班在对待顾客、处理问题方面的要求高于一般的服务人员，酒店通常对这两个层级的培训和要求也较多，而服务人员因为工资待遇相对较低，且有不少为新招聘的员工，相应的培训往往有所欠缺，影响了对客服务的质量。

（2）在中国现有饭店组织结构下，员工配备一般为客房数的1.5倍。例如，一家拥有300间客房的酒店，其员工总数通常为450人，其中管理人员为总经理1名，副总经理或总经理助理若干名，有的酒店还设事务总监，如餐饮总监、人事总监、客务总监、房务总监、财务总监、工程总监等，部门经理包括前厅、客房、餐饮、娱乐、商场、工程、采购、人事、办公室、销售、财务、保安、公关、培训等正副经理或助理，还有大堂助理若干名，平均每个部门至少2人，共30多人，各营业部门（非营业部门可不设）下设主管若干名，总数与部门经理相近，领班人数则远远超过主管。作为管理人员，薪金待遇远比员工高，以现有国内饭店管理人员年均5万～10万元的待遇及成本计算，缩减中间层级可以节约人力成本数百万元。对于饭店来说，压缩的成本就是利润。因此，饭店组织结构扁平化的利益空间巨大。

（3）在传统人事管理向现代人力资源管理的转变中，随着我国市场经济的发展，现代饭店人事管理也面临着一些新的挑战，这些挑战包括：

①劳动力结构变化。现代饭店所招收的员工，文化程度都相对较高，眼界也比较开阔，要求也向纵深发展。他们已不仅仅把工作作为自己的责任，而是寻求自我实现，把工作过程作为发展自己的必由之路。当他们对现有工作环境有所不满时，跳槽成为他们改变工作环境的一种选择。过去那种一成不变的部门所有制和稳定的人事档案已不复存在，要保持一支稳定的职工队伍反而成了饭店人力资源管理的头等大事。

②价值观的变化。现如今人们的价值观发生了巨大变化，人们把在社会中的机会均等扩展为结果均等，把工作作为自我实现、自我满足的过程和工具。人们的价值观趋于多元化，需求趋于多层次、高层次，热衷于开拓和做他们自己想做的事。对于自己工作中的失误、失败往往较少进行自我反省，而是更多地把错误归于社会或团体，同时把个别人的特殊性上升为一种"普遍性"，强调个人利益而不顾国家、饭店的整体利益，尤其是在饭店劳动力中，年轻人集中，新一代的价值观突显，给人事管理带来了更大的挑战。

③跳槽一阵风。随着生活水平的提高，人们已不再为温饱操心，而是开始追求高收入、高享受、低付出。市场经济孕育出一大批想发大财并且急于发大财的人，人们已不再心甘情愿地服从别人指挥，一心梦想自己做老板。在经济发达一些的地区，饭店不仅很难招到员工，招来的员工也常常干不了几个月就跳槽，形成跳槽一阵风。即使接受过企业培训或出国进修过的人，照样对组织不屑一顾，扬长而去，给现代饭店人事管理造成了极大压力。

总体看来，在实际的饭店日常运营过程中，面对顾客的主要是饭店的一线员工，但员工往往培训不足、待遇不高，而领班、主管乃至部门经理由于忙于日常事务和管理工作，很难有时间真正面对顾客。由于一线员工缺乏相应的培训，在面对顾客的疑问或投诉时，往往难以圆满解决，而管理人员也未必有时间和精力长时间地面对顾客，因此，饭店服务质量的提升存在着较大的阻碍，要实现高水平的服务质量非常困难。于是，现代饭店组织只能采用尽可能合理的管理人员来加强员工控制和饭店质量管理，似乎目前饭店的直线－职能制组织结构成为最合理的选择。

9.3　饭店指挥与控制管理

9.3.1　饭店指挥管理

要使饭店各个部门、每个人员以及饭店的财和物都按饭店的目标统一运行而发挥效能，就要有一个强有力的联系纽带和指挥系统，并通过下达命令、指示等形式，使系统内部各个人的意志服从于一个权威的统一意志，将计划和领导者的决心变成全体成员的统一行动，使全体成员履行自己的职责，全力以赴地完成各自所担负的任务。饭店管理需要有力的指挥职能以完成饭店的经营目标。

1）指挥职能

饭店管理的**指挥职能**，就是运用组织权责，发挥领导权威，按照计划目标的要求，把饭店中各方面的工作统率起来，形成一个高效能的指挥系统。指挥是带有一定强制性的活动，强调命令要绝对服从，行动要雷厉风行、准确及时，以期提高管理的时效和质量。管理者在执行指挥职能时要充分注意以下两个方面的因素：一是饭店的决策计划；二是管理者的个人素质。决策计划要通过管理者的指挥转化为具体指令，管理者在执行指挥职能时，要尽量注意克服个人的感情色彩，切忌感情用事、瞎指挥，饭店的经营管理及各种因素的合理使用，都需要饭店领导者的正确指挥。一个饭店领导者是否能够做到精明能干、有效指挥，在于他是否能够及时了解外部环境，并根据饭店内部条件，适时地提出适合饭店发展的经营方针和经营目标，合理地把企业的人、财、物进行有机结合，使饭店接待能力不断提高，经济效益不断增加。从某种意义上说，指挥既是饭店管理的一项重要职能，又是饭店领导者的一项基本工作，还是饭店管理者的一门领导艺术。

2）指挥原则

饭店指挥职能要以现代饭店管理的等级链为指挥系统，以统一指挥为原则。指挥以直线的形式进行，管理者只对自己的直接下级指挥，不越级指挥，对于不属于本部门职责管理范围内的其他部门的下级也不能指挥。作为被指挥者，只服从其直接上级的指挥，对越级指挥者、越权指挥者、跨部门指挥者可以不予理会。如此强调反对越级指挥，是为了防止令出多头，造成多头指挥的现象，使饭店组织陷于混乱。只有令出一头，才能令行禁止，实现有效指挥。令出多头，则会使人无所适从，最终破坏饭店的指挥职能。

在饭店管理中，还要处理好上级管理人员与各下属人员之间的督导和被督导的关系。这种督导，是指下属各级人员的行为违背了饭店的服务规程、纪律，或是在饭店突然发生某些意外情况时，在场人员中不一定有其直接上级，但管理人员此时可针对这些情况及时指正、调配，或采取断然措施，使饭店运营恢复正常。这是对现状的一种临时督导或指挥，不存在强制性的力量。因此，管理人员在执行指挥职能时，既要遵守指挥统一原则，也应执行督导，以使饭店管理处于正常的运转之中。

3）饭店指挥类型

指挥要取得良好的指挥效果，就要确立指挥权威，并运用合理的指挥技巧。为达到指挥目的，可根据不同的指挥对象和需要而采用不同的指挥方式。指挥的类型可分为以下几种：

其一，直意指挥。它是由指挥者用明确无误的信息对下属发出不可更改的指令。直意指挥主要是针对环境情况清楚、指令下达迅速、效率高低可控的事情。其特点是指令明确、效率较高。其形式是由指挥者直接下指令，通常采用是或不是、是这样、要这样等肯定而明确的表达形式，避免模棱两可、含糊不清的指令。

其二，启发式指挥。它是由指挥者通过引导启发的形式使指挥对象的思路和指挥者的决策思路相一致时，再下达指令。启发式指挥不是由指挥者先下指令，而是通过引导启发，让指挥对象经过自我思考而发挥能动性，再下指令。被指挥者的自我思考可使其对所要解决的问题产生更为深入全面的认识。这时再下达指令，该指令就会为被指挥者所充分理解，从而使其能够坚决地、自觉地执行指令。启发式指挥可起到抛砖引玉的作用，有利于培养下属的决断能力。

其三，归纳式指挥。它是指挥者在做出一个重要指令前，先充分听取各方的见解，然后归纳为一个合理的决策，再下达指令实施指挥。归纳式指挥的关键在于归纳，即博采众长、提取精华、确立宗旨、形成决策。在饭店的实际经营过程中，时常会遇到一些复杂的问题，或牵涉部门较多、需要协调的问题，对于这些问题，当指挥者感到心中无底，或还无把握下指令，或担心因各部门利益不同而产生不利影响时，往往会听取各方见解，以充分了解情况，集思广益。

其四，应急式指挥。它是指挥者在一些较特殊的情况下临时发出的紧急指令。应急指挥往往只关注主要矛盾，并解决主要矛盾，其目的在于迅速、及时地解决问题。应急指挥适用于一些急于马上处理的事情，要求指挥者果断、准确、迅速、及时，同时要冷静、谨慎，切忌优柔寡断或鲁莽行事。饭店作为服务型企业，在日常事务中需要大量的应急式指挥。

9.3.2　饭店控制管理

1）控制职能

控制职能是饭店管理的一项重要职能。它通过不断地接受和交换企业内外信息，按照计划标准，监督、检查实际工作的执行情况，发现偏差，找出原因，采取措施并根据外部环境和内部条件的变化，纠正计划执行中的偏差，调整饭店的经营活动，有效地运用饭店的人、财、物和信息资源，使饭店的经营活动能按照预定的计划进行，或做适当调整，以确保计划的完成、目标的实现。控制的基本要求是使饭店的经营业务活动能与决策计划相一致。

饭店之所以采用控制职能，是因为：其一，饭店是生产无形的服务产品的企业，其生产过程主要是手工劳动而不是大机器生产，不存在机器对人的制约性；其二，饭店生产和销售的是服务而不是实物产品，其质量优劣不仅与员工所提供的服务质量有关，还与宾客的精神状态和心理感受息息相关；其三，饭店业务由各种各样的服务产品组成，具有综合协调性特点；其四，饭店劳动具有相对独立性，服务水准具有适度超前性，所以饭店对整体服务质量的控制尤为必要。

2）控制的标准、原则和关键点

其一，控制标准。饭店要按计划实施控制，其控制标准必然是决策计划。饭店决策中的各种具体标准、饭店计划中的计划指标体系和计划体系都可以作为控制的标准。如饭店及部门的年度综合计划指标、部门毛利润率、成本和费用指标，各部门、各岗位的服务规程、操作程序，各部门的卫生标准、库存定额等都可以作为控制标准。控制应针对各具体的对象而确定不同的标准，不宜搞一刀切。

其二，控制原则。控制原则主要包括适应性、及时性、灵活性及经济性。①适应性原则是指控制应当与计划和饭店的实际工作特点以及各级管理人员的具体情况相适应。首先，一切控制方法都应该与所拟订的计划要求相适应，对不同的计划要求应该采取不同的控制方法。其次，由于饭店内的各项工作都有其自身特点，因此，控制也应适应不同的工作要求。最后，控制方法还要与各级管理人员所处的权责位置以及他们自身的专业文化水平、管理能力相适应，这样才能更好地发挥其应有的控制作用。②及时性原则是指控制者能够及时发现偏差，纠正偏差。最理想的控制应当是在偏差未出现之前就能够预计偏差的产生，做到防患于未然。例如，饭店可根据上半年或上一个月的经营状况，及时采取相应措施以保证饭店总体计划的完成。③灵活性原则是指控制工作即使在面临计划发生变动、出现了未能预见到的情况或计划全盘错误的情况下也能发挥作用。④经济性原则是指所支出的费用必须是有效和合理的，应该是以最少的费用或其他的类似代价来检查和阐明偏离计划的实际原因或潜在原因，不要花费过多的费用去查明意义不大的偏差，防止在无效控制上花费精力和财力。掌握好适时而恰当的控制原则，有利于控制职能的发挥。

其三，控制的关键点。在计划的全部内容中，需要衡量的标准很多，因此，即使是一项简单的计划，管理者也很难将所有的结果与标准进行对照、衡量。在大多数复杂的经营活动中，这就更加难以实现了。所以，管理者要做的并不是去观测所有的活动，而是从中挑出关键控制点，通过它们对全部活动内容进行控制。关键控制点的"关键性"在于该因素对整个饭店工作过程和结果的影响大小。它可能是经营活动中的一些限定因素，也可能是能够使计划更好地发挥作用的因素。显然，饭店不同部门、不同层次的关键控制点是不一样的。管理者应对不同的计划和控制工作进行个别分析，同时还要考虑到控制条件、控制技术、对控制工作的要求等因素，在此基础上确定关键控制点。

3）饭店职能控制的范围

控制应该渗透到饭店的所有部门，实施于饭店的经营管理等各项业务活动过程中。传统上人们将控制重点放在食品原料成本和劳动力成本，而没有看到饭店职能控制是个系统工程，涉及方方面面。具体说来，可包括如下六个方面：

其一，目标控制。饭店制定切实可行的经营目标，既是计划管理的重点，也是职能控制的重点。饭店制定目标，本身就是一种控制，而控制的作用还在于修改或调整目标，使之更适合饭店企业的实际经营和管理需要。

其二，质量控制。质量是企业的生命线。饭店服务质量的高低直接关系到企业的生存和发展，应该列入控制检查的范围。

其三，潜在发展控制。饭店要发展，就要考虑企业发展的可能性。潜在发展包括饭店服务项目等产品的开发、从业人员的培养和领导管理水平的提高等方面。饭店在激烈的竞争环境中，随着时代和环境的变化，要考虑设置哪些新的服务项目或中止哪些不符合需要的服务，同时要培训从业人员，提高职工队伍素质和领导管理水平，培养各级管理人员和接班人。

其四，人员控制。饭店是一个以"人"为主的行业，因此，对从业人员的控制在饭店中尤为重要。人员控制包括劳力成本控制、人员潜力的发掘和发展控制、职工士气培养、加强饭店凝聚力的控制，还包括具体的人员补充、人员选聘、人员培训、工作评估等方面的控制。

其五，饭店资产控制。资产控制涉及饭店的建筑物和大型设备这类固定资产，也包括饭店的各种原料、家具摆件乃至一些单价不高的物品。资产控制的目的在于使所有财物能达到最佳的利用率，防止饭店从业人员挪用，导致饭店设施破损。

其六，现金和各种流通票据是特殊形式的财产，这种财产具有最直接的效益，必须加以特别控制。

4）饭店职能控制的类型

对饭店的经营业务活动实施控制，根据经营活动的三个阶段（计划、执行、结果），相应地可把控制分成预先控制、现场控制和反馈控制三种类型。

其一，预先控制。预先控制是在经营业务实际开展之前先行控制。预先控制的中心问题是防止饭店所使用的各种资源在质和量方面产生偏差。它的控制内容包括人力资源的预先控制、原材料的预先控制、资金的预先控制、财物资源的预先控制等。从饭店角度出发，要从总体上保证经营业务活动的正常开展，如确保足够的资金、保证编制定员、保证实现接待能力的配套设施等。

其二，现场控制。现场控制是指管理人员在现场指导、监督下级进行具体作业的活动，以保证作业人员按计划规定的目标和程序工作。在饭店管理中，管理人员尤其是中层管理人员必须在业务进行时在现场实施控制、指挥、监督，把握业务过程的正常进行，防止发生意外事件，一旦发现偏差，立即纠正。这是管理控制中最重要的一环。

其三，反馈控制。反馈控制就是根据最终结果产生的偏差来指导将来的行动。例如，饭店在检查各种统计报表、业务报表和财务报表时发现了偏差，分析产生偏差的原因，并采取措施纠正偏差。

◆ 同步解析 9-3 ◆

监控者的监控

控制工作是由组织内的监控者来具体实施的。组织内一切人的工作都应该得到监控，以确保其能符合组织的方向和目标，因此，监控工作和监控人员本身也应该得到监控。

问题：在饭店日常管理控制之外，如何加强对监控者的监控？

解析提示：以下三种方法是否有助于对监控者的监控：第一，通过健全有关法律使得对监控者的监控能够有法可依，从而能够从法制的角度约束企业监控者的行为。第二，通过公开渠道，宣传好的事例，树立好的榜样，揭露存在的问题，抨击反面典型。通过举办培训班、个别交谈等形式对在岗的或即将上岗的饭店领导者进行宣传教育，培养他们的职业道德，使他们在工作中能够自觉地进行自我监控，并将自己放在组织监控系统中，自觉接受监控。第三，建立健全组织的监控系统。通过制度规定对监控者，特别是饭店主要领导实施有效监控。目前，最有效的是以下方法：建立现代企业制度，确立公司法人治理结构，建立公司监事会制度，实施对监控者的监控。建立稽查制度，由上级有关管理机构派出稽查小组，对企业监控者实施监控。稽查小组成员由财务、管理、法律等方面的专家组成，定期或不定期地对企业管理者的经营行为进行检查，一旦发现问题，就责成有关方面进行纠正。

9.4　饭店管理的协调与沟通

9.4.1　饭店管理协调职能

在经营管理活动过程中，难免会发生一些矛盾和问题，这就需要协调。在饭店管理的各项职能中，协调是具有综合性、整体性的一项职能，它是管理的本质体现。从某种意义上说，管理就是协调。

1）协调职能

协调职能作为饭店管理的一项重要职能，是管理人员通过对不同部门、不同业务之间的沟通、联络等活动，使饭店各部门的业务活动和谐一致，既使饭店各部门、各业务的活动有条不紊地进行，又使饭店各部门、各业务的开展符合饭店经营目标的要求，使各部门、各业务活动互相配合、互相衔接、互相制约、互相促进，形成有节奏的协调运转。协调活动既发生在不同部门和不同业务之间，也发生在不同职权的上下级之间，还发生在饭店与宾客、饭店与外界经营环境之间。

2）饭店为什么要采用协调职能

饭店管理之所以需要协调职能，是由饭店的现代化企业性质所决定的。现代化企业的基本特征是分工与协作的高度发达。分工可以提高效率、增强工作熟练程度、提高工作质量，但分工之后员工容易各自维护自身的分工利益，产生局部观念和小范围的局部意识，如不加以协调，那么分工就无法进行有效的协作。饭店是一个多部门、多功能的综合性企业，众多的部门和功能在运作中都是互相联系、互相制约的，都是饭店整体的有机组成部分，任何一部分的不协调都会影响饭店的整体形象和服务质量。协调职能的发挥可以起到平衡各部门、协调各部门业务运转步调的作用。饭店之所以需要协调职能的发挥，还因为饭店业务具有非常鲜明的随机性。就饭店的总体而言，宾客的流量、宾客的抵离时间、宾客的需求、饭店经营的外部环境、员工服务的差异性，都具有很强的随机性。这种随机性很有可能造成饭店业务的不平衡、服务质量的不稳定、宾客需求满足程度的差异性。因此，饭店经营需要协调职能发挥强有力的作用。

3）协调的原则

协调是管理职能中最为复杂的一项。要做好协调工作需要注意掌握以下一些基本原则：

其一，及时性原则。它是指饭店管理者要能及时地发现和解决组织之间、部门之间、人员之间的矛盾和问题。这样既能减少经营的损失、提高服务质量，又能防止矛盾激化，利于及时解决问题。如果问题得不到及时解决很容易积重难返。

其二，关键性原则。对于要解决的问题，不能治标不治本，头痛医头，脚痛医脚，就事论事地泛泛解决，而应该抓住关键，从根本上加以解决，使问题解决一个少一个，并防止同类问题重复发生。

其三，全局性原则。饭店管理人员在协调各方关系时，要有全局观念，绝不能因小失大。

其四，激励性原则。协调要能调动各方的积极性，增强饭店员工的凝聚力和战斗力，杜绝拉一伙打一帮或坐山观虎斗行为。要通过协调使各部门的职责更加明确，更好地发挥各部门的作用，同心协力地做好饭店的整体经营活动。

4）协调的形式

协调既是管理的一项重要职能，又是饭店管理者的一项领导艺术。要做到协调及时、正确、有效，能调动各方的工作积极性，饭店管理者不仅要遵循协调的基本原则，还要选择合适的协调形式，并掌握协调的基本方法和技巧。协调的形式可以多种多样，既可以采用规章制度协调，也可以签订合同协调，还可以指定协调者和协调部门或采用会议的形式协调，甚至可以通过"非正式组织"的协商。至于具体采用何种形式，一要看协调的内容，二要看协调后可能产生的效果，三要看领导者的领导艺术。对于饭店大量需要协调的日常工作，则可直接采用"调度会"或"碰头会"或"店务会"等来解决"一揽子"的协调内容。

当然，无论采用何种协调形式，都必须讲究协调技巧，即协调的艺术性，才能使协调工作更有成效。

5）饭店协调的范围和类型

协调有广义和狭义之分。广义的协调不仅包括饭店系统内部的协调，而且包括饭店系统对外的协调，即饭店系统与饭店经营环境的协调。狭义的协调是指系统内部的协调，可分为纵向协调和横向协调。纵向协调就是垂直协调，是指系统内部上下级之间的协调。横向协调就是系统内同一层次中的部门之间、单位之间、班组之间，以及部门、单位与班组之间的多重协调。协调涉及饭店管理的所有方面。就饭店协调职能的发挥来看，饭店协调的类型主要有如下四种：

其一，计划协调。它是指把饭店计划的总目标和各部门计划的分解相互衔接起来，确保饭店计划的完成。计划协调涉及各部门的计划分解与饭店总计划目标的衔接，需要对完成饭店目标任务的资金、物资、人员、业务安排做出协调和平衡，加强对各部门业务进展和完成计划进度的平衡和协调。

其二，业务协调。饭店各部门、各种业务的进行都必定会与其他部门和其他业务发生联系，产生部门间和业务间的互相制约。发生联系要加强协作，互相制约要排除牵制，充分发挥协调职能的作用。饭店的业务协调量很大，要使业务能按计划整体衔接，共同完成饭店的经营，需要用制度的规定和联系，采用制度协调的形式来进行。饭店管理者的精力要放在制度协调的建立和完善上，而不能单靠领导者的事事躬亲、件件协调。

其三，饭店与消费者的协调。饭店的经营目的是最大限度地满足宾客的消费需要。宾客的需求多种多样、层出不穷，往往是千变万化、难以预计的，而饭店产品的消费特点是生产、销售、消费面对面，在宾客消费需求和饭店产品之间往往会出现不协调的情况。为了使饭店的各种产品（服务）能最大限度地满足宾客的需要，饭店应积极地根据宾客消费需要不断调整饭店服务和服务项目，使之与消费者的需求相一致。

其四，饭店与社会各界的协调。饭店经营活动的条件要靠外界来提供，只有适应国家经济发展的要求，适应市场变化的要求，协调好饭店与外界各方的关系，才能使饭店经营立于不败之地。饭店与外部关系的协调，是一种内容十分广泛、情况十分复杂的多方面的立体式协调。为了保证饭店的经营活动能正常进行，饭店的管理人员尤其是饭店的主要管理者，不仅要处理好饭店内部的各种矛盾，协调好饭店内部的各方面关系，还要善于搞好饭店与外部的各种协调。饭店和社会各界关系的协调主要通过饭店的公共关系部门来进行。

同步案例9-2

住店客人在饭店周边餐馆用餐的纠纷

背景与情境： 2007年，王总一行5人入住GL市一家三星级饭店。晚上9点多，他们到与饭店仅一墙之隔的"江明酒家"用餐。结账时，王总觉得菜价奇贵，便要求酒家打折，酒家老板不同意打折，双方处于僵持之中。与王总一同用餐的张先生发现形势不利，便以回饭店取钱为名，回到饭店请大堂副理协助处理。该饭店大堂副理马上起身随同张先生前往。到"江明酒家"后，大堂副理取过客人的用餐菜单，并请"江明酒家"老板第二天到饭店总台结账，随后便把客人带回饭店休息。

资料来源：作者根据饭店调研案例整理而成。

问题： 本案例涉及哪些饭店协调管理问题？大堂副理所为是否符合饭店管理要求？

分析提示：

（1）这属于饭店与社会各界协调的问题之一。饭店与外部关系的协调是一种内容十分广泛、情况十分复杂的多方面的立体式协调。

（2）为了保证饭店的经营活动能正常进行，饭店的管理人员尤其是饭店的主要管理者，不仅要处理好饭店内部的各种矛盾，协调好饭店内部的各方面关系，还要善于搞好饭店与外部的各种协调。

（3）大堂副理所为是饭店协调管理中处理得最好的案例之一。一般而言，饭店和社会各界关系的协调主要通过饭店的公共关系部门来进行，本案例则是通过快刀斩乱麻的方式减少不必要的冲突。

9.4.2　饭店管理沟通职能

任何一个组织的运行都离不开组织成员的分工与合作。组织成员的分工与合作有赖于相互之间传递信息，并了解这些信息表达的意思。组织成员间若缺乏相互间的信息沟通，不但不能进行协调与合作，还会给组织运行造成障碍，甚至导致组织的失败。

1）沟通的基本条件与沟通的过程

沟通具备的三个基本条件是：①沟通必须涉及两个人或两个人以上。当然，两个人以下也有相同的含义。例如，两个管理者在办公室开会，这是沟通；一个学生在图书馆阅读200年前某作家写的作品，这也是沟通，但不属于饭店管理沟通的范畴。②沟通必须有一定的沟通客体，即沟通的信息等。③沟通必须有一定的传递信息情报的方法，如语言、书信等。

沟通过程是信息交流的全过程。人际沟通过程如下：传递者把所要发送出去的信息按一定程序进行编码后，使信息沿一定通道进行传递，信息到达接收者时，接收者先对信息进行译码处理，接收信息，再将收到信息后的情况或反应发回给传递者，即反馈。

2）沟通的作用

管理者与被管理者之间的有效沟通是所有管理艺术的精髓。从人际关系来看，沟通不仅是一个人获得他人思想、感情、见解、价值观的一种途径，是人与人交往的一座桥梁，同时也是一种重要的、有效地影响他人的工具和改变他人的手段。

其一，信息沟通。沟通过程实际上就是信息双向交流的过程。通过企业内部的沟通可以了解员工的意见、倾向、价值观和劳动结果，以及各部门之间的人际关系、管理效率等，并作为决策的参数。

其二，改善人际关系。沟通可以解除人们内心的紧张和怨恨，使人们感到精神舒畅，而且在相互沟通中易使双方产生共鸣和同情，增进彼此间的了解，改善相互之间的关系，减少不必要的冲突。

其三，改变行为。在沟通过程中，信息接收者在接收并理解了信息发送者的意图之后，一般来讲会做出相应的反应，表现出合作的行为，否则沟通就是无效的。

其四，有利于创新。在有效的人际沟通中，沟通者通过相互讨论、启发，共同思考、探索，往往能迸发出有创意的火花。员工对于本企业有着深刻的理解，他们往往能最先发现潜在的问题和症结所在。有效的沟通机制使企业各层级能分享其想法，并考虑付诸实施的可能性。

其五，调动员工参与管理和决策的积极性。在饭店管理中，管理者的知识、经验及观念往往影响着员工的知觉、思维和态度，进而改变他们的行为。尤其是当管理者进行改革时，他的首要任务是通过信息沟通和情感沟通转变职工原有的抵触态度，改变其行为，这样才能实现他们之间的良好合作，搞好饭店的管理工作。因此，充分沟通既可以促进管理者改进管理，又可以激励员工的工作热情和参与管理的积极性，使员工提振信心，积极主动地为本饭店和本部门的发展献计献策，增强主人翁责任感，增强饭店内部的凝聚力，使管理工作更富有成效，饭店蓬勃发展。

3）沟通的渠道

其一，正式沟通渠道。正式的人际沟通是指通过组织内部或组织与组织之间正式安排的信息沟通渠道进行的人际沟通，如饭店组织内上下级之间在正式会议、会谈中发生的信息沟通，饭店与政府通过文件、电话、传真等发生的信息沟通。组织内的正式沟通与组织体系的内部结构有关。现代组织通常是金字塔式的管理层次安排，这种组织安排是出于管理成本和管理效率的考虑，但也基本上设定了组织内成员正式沟通的渠道框架。

其二，非正式沟通渠道。非正式沟通渠道指的是以社会关系为基础，与组织内部的规章制度无关的沟通渠道。这种沟通不受组织监督，也没有层次结构上的限制，是由员工自行选择进行的，如员工之间的交谈、议论，甚至传播小道消息等。非正式沟通涉及较多有关情感和情绪的问题，有很强的感情色彩，容易被出于不同动机和目的的人所利用。非正式沟通的建立与个性的相似性有关，"趣味相投"者更容易沟通，更易形成高效合作、凝聚力强的工作群体或小团体。非正式沟通传播速度较快，如果信息与其本人或其亲朋好友有关，则传递得更快。非正式沟通是正式沟通状态的晴雨表。一般来讲，在企业内部正式沟通不畅时，非正式沟通才会丰富起来，甚至特别活跃。

◆ 业务链接9-4 ◆

下行沟通、上行沟通与交叉沟通

下行沟通即自上而下的沟通，是指在组织的管理层次中，信息从高层成员向低层成员的流动。这种沟通的主要目的是向下属传递信息和指示、给下属提供相关资料、阐明组织目标、告知组织动态等。下行沟通不仅给组织的下层成员以行为的指导和控制，而且可以协调组织各层次之间的行为活动，增加互相了解，从而有效合作。下行沟通中常用的口头沟通方式有：指示、谈话、会议、电话、广播，乃至流传小道消息；常用的书面沟通方式有：各种备忘录、信函、手册、小册子、公司政策声明、工作程序以及新闻展示等。在运用这些媒介进行下行沟通时要特别注意，信息常常被传递过程中的中层和下层成员所遗漏或曲解，要注意信息传递的有效性。

上行沟通是指自下而上的信息沟通，按照组织职权层次从下属成员到上司持续向上的信息流动。上行信息通常包括组织目前运行的状态、遇到的问题、成员的士气等信息，是上级及时调整组织行为、组织激励等的信息支持和决策基础。但是，这种上行沟通常常会受到上行渠道中诸多中间环节上的信息传递角色即主管人员的阻碍，他们不把所有的信息真实地传递上去，尤其是不把对自己不利的信息传递给他们的上司，于是上行信息在他们那儿被加工、被删除、被组合，最终传递上去的可能是完全失真的信息。长此以往，他们的下级也会用失真信息搪塞，最终使上司犹如生活在黑夜中。因此，自下而上的信息沟通渠道要特别注意形式，主要是启发式的，它通常存在于参与式管理和民主的组织环境中。自下而上信息沟通的典型方法除正式报告外，还有提建议制度、申诉、请求程序、控告制度、调解会议、共同学习、小组会议、汇报会、成员士气问卷、离职交谈、信访制等。有效地进行自下而上的信息沟通需要有一个使下属感到可以自由沟通的环境。

交叉沟通包括两个方面：横向沟通与斜向沟通。横向沟通是指与其他部门同等地位的人之间的沟通；斜向沟通是指与其他部门中不同地位即职权等级不同成员之间的沟通。这些沟通方式主要用来加速信息流动，促进理解，并为组织的目标而协调各方面的努力和行为。一些人际关系学者认为，对于一个经理来说，运用交叉沟通是错误的，因为这样会破坏统一指挥。尽管这样的看法有一定的道理，但交叉沟通现在仍广泛应用于各种组织中，因为它有助于提高效率，跨组织层次交流可以比正式途径更快地提供和获得信息。例如，当有职能权限或有咨询权限的参谋人员同不同部门的业务主管交流时，此信息的沟通就超越了组织规定的渠道路线。然而，由于交叉沟通中信息不按指挥系统的规定流动，所以组织必须采取专门的防卫措施以免潜在问题的发生。交叉沟通的运用必须有赖于对以下几点的理解：①只要是合适的，交叉沟通在任何场合都应受到鼓励；②下属要自行限制做出超越其权限的承诺；③下级要及时向上级报告部门之间共同从事的重大活动。简言之，交叉沟通可能会造成麻烦，但运用得好会有助于组织内人际关系的协调和有效合作。

4）改善沟通

（1）信息有效沟通。

有效的信息沟通必须做到：

①增强信息的明确性。明确、清晰的信息是良好沟通的开端，在许多情况下，信息的发送者都很自信地认为自己发出的信息是明确、清晰的，对方应该可以理解。当他看到对方不能理解自己所发出的信息时，往往会把责任推给对方，而不检查信息源是否有问题。要做到信息的明确、清晰，信息发送者需要具备一定的沟通能力，并熟悉传送对象，如部属、同事、上司或其他相关人员的语言和非语言表达方式。

②提高信息接收的效率。沟通是否有效，这是双方的责任，对信息发送者有信息明确的要求，对信息接收者则有接收效率高的要求。由于需要注意的信息太多，而人的注意力有限，接收者应该集中精力，注意那些最有价值的信息，不放过任何有用信息。当信息发送者看到他的听众心不在焉时，他可能会转移话题或削减信息内容，沟通就不能有效地进行。

③建立合理的信息传播体系。饭店内部人数众多、机构复杂、信息流量大，为了使信息能有序地流动，管理者一定要建立稳定、合理的信息传播体系，以便控制饭店内部的横向及纵向的信息流动，使各部门及员工都有固定的信息来源。

（2）运用信息反馈手段。

当管理者问："你明白我的意思吗？"所得到的就是反馈。从严格意义上讲，没有反馈，就没有现代管理。很多沟通不能顺利进行就是由于缺乏反馈，因而产生不必要的曲解、误解而造成的。反馈是沟通的重要保证，没有反馈，管理者无法知道信息是否被传递到了接收者那里，以及接收了多少。管理者可以通过直接或间接的询问"测试"下属，以确认他们是否完全了解信息，以便及时调整陈述方式，使接收者更好地理解信息。当然，反馈并不一定完全是语言式的表述，也可以是非语言式的，可以从对方的动作、表情等方面看出，非语言式反馈有时更可靠，因为它们往往是接收者潜意识的流露。如果你正在演讲，从听众的眼神中，你就可以得到许多重要的暗示。例如，你看到听众眼睛随意转动，就表明他无心听话，或者他认为此事无关紧要，这时你就可以转移话题以引起听众的注意。

（3）提高表达能力。

这里的表达能力是人们通常所说的"说"与"写"的能力。据研究，经理们沟通时间的30%花在"说"上，有9%花在"写"上，要提高沟通的效率，就必须在"说"与"写"上多下功夫。要有效地"说"，必须先明确我们要表达什么，除非我们在心中已有明确的目的，否则，我们很难有效地组织要表达的语言。有效地"说"的另一个基本原则是口头表达的信息必须是听众感兴趣的，如果我们说的话无法符合听众的要求，那只不过是我们自言自语罢了，完全失去了沟通的效用。要有效地"写"，应该简洁地告诉读者写的目的，同时，也应该明确表示要读者去做什么、去想什么，以及能感受到什么。作为管理者，要多实践、多写，磨炼文笔，增强写作的信心，提高吸引读者注意力的写作技巧。

（4）积极倾听。

认真地听对方讲话，并力图听懂所听到的内容，这对于沟通双方都很重要。只有明白无误地听清了对方表达的内容，才能进行沟通。有一项研究表明，在管理者每天用于沟通的时间里，"听"占45%。人们用于听的时间虽然很多，但效率并不高，在一段10分钟的谈话中，大约只有25%的信息得到了接收。要提高倾听的效率，应由一般被动的"听"转化为积极主动的"听"。

（5）注重非语言信息。

在面对面的沟通中，有65%的信息是通过非语言形式传递的。如果能够准确地把握非语言信息并有意识地加以运用，则能在很大程度上跨越语言沟通本身的一些固有障碍，提高沟通效率。在面对面的沟通中，管理者要给予对方合适的表情、动作和态度等非语言提示，并使之与所要表达的信息内容相匹配，如轻松的谈话应面带微笑，严肃的话题应该庄重认真，否则，语言信息与非语言信息不一致就会影响沟通的效果。非语言信息是揭示交流双方内心世界的窗口，一个成功的沟通者必须懂得辨别非语言信息的意义，充分利用它来提高沟通效率。这就要求管理者在沟通时要时刻注意面对面交谈的细节问题。

（6）沟通要因人而异。

信息发送者必须充分考虑接收者的心理特征、知识背景等状况，依此调整自己的谈话方式、措辞或服饰仪态。例如，在与饭店一线员工进行沟通时，应直接明白、准确无误地表述你的意见，少用专业词汇。技术人员在与其他员工沟通时，也要尽量避免使用专业词汇。

学习微平台

延伸阅读 9-1

9.5   饭店激励管理

组织中人的积极性的高低直接影响工作的绩效，而要提高人的工作积极性，就离不开激励。和其他管理活动不一样，激励可能不直接对组织的利益有所贡献，但它却是组织目标能够得以实现的最重要保障。

9.5.1　激励的含义

激励作为饭店管理的一项重要职能，是通过科学的方法激发人的内在潜力，开发人的能力，充分发挥人的积极性和创造性，使每个人都切实感到力有所用、才有所展、劳有所得、功有所奖，自觉地努力工作。激励作为饭店的职能管理之一，要求管理者要根据人的心理规律，通过某种方式激发人的动机，使之成为动力，激发人的内在潜力和能力，充分发挥人的积极性和创造性，朝饭店所期望的目标前进。激励是看不见、摸不着和不能直接加以测定的，但可以通过观察人的行为，从研究人的行为入手，去掌握激励的模式和方法，掌握激励的基本原理，从而为饭店管理服务。

9.5.2　激励的过程

激励的实质就是通过影响人的需求或动机达到引导人的行为的目的，它实际上是一种对人的行为的强化过程。

人的行为的始点是需要。所谓需要，就是人们对某种事物或目标的渴求和欲望。当人的需要未得到满足时，心理上会产生一种不安和紧张状态，这种状态会促成一种导向某种行为的内在驱动力，这就是动机。当人有了动机之后就会产生一系列寻找、选择、接近和达到目标的行为。如果人的行为达到了目标，就会产生心理和生理上的满足。原有的需要满足了，新的需要又会产生，从而又引发人的新的行为，如此周而复始。

9.5.3　饭店管理中可采用的激励方式

激励方式有多种多样，从传统的物质奖励、精神激励到参与企业的民主管理。饭店业中常用的激励方式可包括：

1）奖励

奖励包括物质奖励和精神奖励。前者主要有增加工资或奖金等形式；后者主要通过一定形式的表扬，给予一定荣誉来调动人的积极性。

2）思想工作

思想工作主要通过宣传教育、个人思想交流、座谈会等方式来激发人的事业心、责任心。

3）适当的工作安排

适当的工作安排是指一切涉及工作内容本身的激励。例如，职位的提升、工作范围的扩大、安排更富有挑战性的工作等。

4）培训

培训是指给个人提供各种学习、锻炼的机会。培训意味着为自身能力和素质的提高、自身人力资本的增值以及为将来更好的发展提供机会和条件。

5）民主管理

民主管理主要表现在职工参与企业的管理决策工作以及有关管理工作的研究和讨论。

在饭店的实际管理工作中，有着多种多样的激励方式，管理者可以根据员工的实际情况，选择合适的激励方式，以达到调动人们工作积极性的目的。

9.5.4　激励的原则

最大限度地满足员工需要，激励员工的士气，除了采用合适的激励方式，还应注意遵循以下一些基本原则：

1）物质利益原则

人们进行社会活动，都是直接或间接地和物质利益联系在一起的，物质利益除了经济方面的重要作用外，还是人的安全、自尊的不可缺少的依据。因此，在员工的物质利益未得到充分满足时，对员工的激励应注重物质利益原则；即使在个人的物质利益已被认为得到充分满足之后，也不应忽视物质利益的激励作用。

2）公平原则

人是需要公平的，而公平是在比较中获得的，人们注重的不只是所得的绝对量，更注重的是可比的相对量，因此，管理者应充分考虑一个群体内以及群体外相关人员激励的公平性。

3）差异化和多样化原则

所谓差异化就是针对不同的个人采用不同的激励方式。所谓多样化就是不应拘泥于一种方式，而应视情况不同，灵活运用多种激励方式。事实证明，在激励工作中只有坚持差异化和多样化原则，才能保证激励的有效性。

◆ **教学互动 9-1**

观点：物质激励与精神激励一样重要。

问题：无论何时何地，物质激励与精神激励真的一样重要吗？

要求：同"教学互动 1-1"的"要求"。

✿ **本章概要**

☆ **主要概念**

计划职能　组织　指挥职能　控制职能　协调职能　激励

☆ **内容提要**

● 本章主要介绍了饭店计划、组织、指挥、控制、协调与激励等职能管理方法。

● 计划职能就是企业组织根据环境的需要和自己的实际情况，确定组织在一定时期内的目标，并通过行动计划的编制、执行和监督来协调、组织各类资源以顺利达到目标的过程。简言之，计划就是要做什么和怎么做的行动指南。

● 组织作为管理的一种职能，是指围绕一个共同目标建立组织机构，对机构中的全体人员指定职位，明确职责，交流信息，并协调其工作，以求获得高效率的一系列工作过程。

● 指挥职能作为饭店管理的一项重要职能，就是运用组织权责，发挥领导权威，按照计划目标的要求，把饭店中各方面的工作统率起来，形成一个高效能的指挥系统。指挥是带有一定强制性的活动，强调命令要绝对服从，行动要雷厉风行、准确及时，以期提高管理的时效和质量。

● 控制职能作为饭店管理的一项重要职能，它通过不断地接受和交换企业内外的信息，按照计划标准，监督、检查实际工作的执行情况，发现偏差，找出原因，采取措施，并根据外部环境和内部条件的变化，纠正计划执行中的偏差，调整饭店的经营活动，有效地运用饭店的人、财、物和信息资源，使饭店的经营活动能按照预定的计划进行，或做适当调整，以确保计划的完成、目标的实现。

● 协调职能作为饭店管理的一项重要职能，是管理人员通过对不同部门、不同业务之间的沟通、联络等活动，使饭店各部门的业务活动和谐一致，既使饭店各部门、各业务间的活动有条不紊地进行，又使饭店各部门、各业务的开展符合饭店经营目标的要求，使各部门、各业务活动互相配合、互相衔接、互相制约、互相促进，形成有节奏的协调运转。

● 激励作为饭店管理的一项重要职能，是通过科学的方法激发人的内在潜力，开发人的能力，充分发挥人的积极性和创造性，使每个人都切实感到力有所用、才有所展、劳有所得、功有所奖，自觉地努力工作。激励作为饭店的职能管理之一，要求管理者要根据人的心理规律，通过某种方式激发人的动机，使之成为动力，激发人的内在潜力和能力，充分发挥人的积极性和创造性，朝饭店所期望的目标前进。

✿ 内容结构

本章内容结构如图9-2所示。

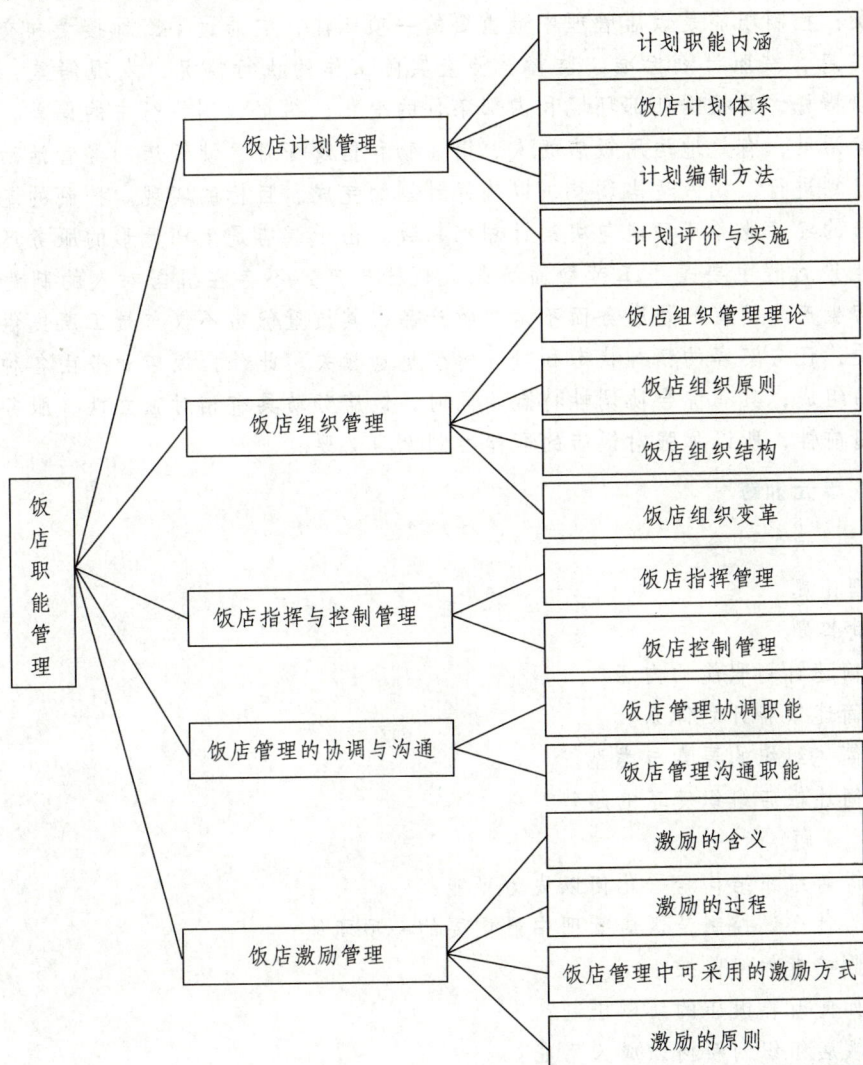

图9-2　本章内容结构图

✿ 重要观点

观点 9-1：权责对等原则是饭店组织管理最重要的原则之一。

常见质疑：人们对权力的偏好远远胜于责任的承担，权责对等只能是饭店组织管理的一种理想。

释疑：职权和职责是组织的两个基本要素。人们对负责任的恐惧心理和对权力偏好的心理是同时存在的。在组织管理中，行使权力者就必须承担相应的责任，职权与职责对等是必然的。在饭店组织中，若一个管理人员的权力大于责任，则会助长瞎指挥和滥用职权的不良现象；若一个管理者责任大于权力，他会因缺少工作所必须拥有的权力而使工作无法开展。贯彻权责相等原则必须正确处理职责划分和授权问题，以明确职责与权力，以保证两者的一致性。

观点 9-2：饭店采用的控制职能是职能管理中最重要的职能。

常见质疑：职能管理不分轻重，同等重要。

释疑：控制职能是饭店管理中最重要的一项职能，它通过不断地接受和交换企业内外的信息，按照计划标准，监督、检查实际工作的执行情况，发现偏差，找出原因，采取措施，并根据外部环境和内部条件的变化，纠正计划执行中的偏差，调整饭店的经营活动，有效地运用饭店的人、财、物和信息资源，使饭店的经营活动能按照预定的计划进行，或做适当调整，以确保计划的完成、目标的实现。控制的基本要求是使饭店的经营业务活动能与决策计划相一致。由于饭店是生产无形的服务产品的企业，其生产过程主要是手工劳动而不是大机器生产，不存在机器对人的制约性。而且，饭店生产和销售的是服务而不是实物产品，其质量优劣不仅与员工所提供的服务质量有关，还与宾客的精神状态和心理感受息息相关。此外，饭店业务由各种各样的服务产品组成，具有综合协调性特点。同时，饭店劳动具有相对独立性，服务水准具有适度超前性，所以加强对饭店的职能控制尤为必要。

✿ **单元训练**

✿ 传承型训练

▲ 理论题

△ 简答题

1）简述计划职能的内涵。

2）简述饭店计划体系。

3）简述组织的要素与类型。

4）简述饭店组织变革的趋势。

△ 讨论题

1）饭店组织结构扁平化何以成为可能？

2）为什么说控制是饭店管理中最重要的一项职能？

3）监控者如何监控？

4）如何改善饭店的协调机制？

5）饭店组织创新何以成为可能？

▲ 实务题

△ 规则复习

1）简述饭店目标管理的内涵。

2）饭店计划管理有哪些任务？

3）饭店计划有哪些指标？

4）简述编制计划的步骤与方法。

5）简述计划评价与实施。

6）饭店组织有哪些原则？

7）简述饭店组织的变革阻力与方法。

8）简述饭店指挥管理。

9）简述饭店控制管理。

10）简述饭店管理协调的原则、形式、范围与类型。

11）简述沟通的基本条件、过程、渠道与改善。

12）简述激励的过程、方式与原则。

△ 业务解析

1）在饭店日常管理控制之外，如何加强对监控者的监控？

2）滚动式计划编制法能否运用于饭店计划编制？能起到什么作用？

▲ 案例题

△ 案例分析

【训练目的】

同第 1 章本题型的"训练目的"。

【教学方法】

同第 1 章本题型的"教学方法"。

【训练任务】

同第 1 章本题型的"训练任务"。

【相关案例】

客房清洁员该听谁的？

背景与情境： 国内以山岳著称的某知名世界自然遗产地，其最知名的景观之一是云海，毗邻云海之巅的半山上建有一家四星级酒店。某一天，客房清洁员正在做客房保洁。按照保洁规程，保洁员开了房门之后，先打开窗户，然后开始收拾房间，此时窗外云海飘过、大雾弥漫，不巧客房部经理路过，见此情景，不禁大骂："窗外这么大的雾，还不赶快关窗，打开空调？不然，晚上床褥潮湿，客人如何安睡？"保洁员立刻关窗开空调。客房卫生尚未做完，总经理路过，见窗外阳光明媚，客房保洁员竟然不开窗，反而开空调，不禁大怒，骂道："窗外阳光明媚，不开窗，反开空调，本月奖金扣了！"客房保洁员坐立不安，不知该听谁的，只能怪天气故意与他作对。

问题：

1）该案例涉及本章的哪些知识点？

2）运用这些知识点的相关知识表征客房保洁员的应对之策。

【训练要求】

同第1章本题型的"训练要求"。

【成果形式】

1）训练课业：《"客房保洁员该听谁的？"案例分析报告》。

2）课业要求：同第1章本题型的"课业要求"。

△ 善恶研判

【训练目的】

见本章"学习目标"中"传承型学习"的"认知弹性"目标。

【教学方法】

采用"案例教学法"。

【相关案例】

"飘飘香"酒吧

背景与情境："飘飘香"是某家五星级饭店出租给专业酒吧经营者经营的酒吧。一天晚上，张先生和他的朋友一行5人到"飘飘香"喝酒，喝的是洋酒。酒过三巡，已有人不胜酒力，老往卫生间跑。但张先生热情好客，继续劝酒。第二天，5个人都出现头痛等不适症状，感觉喝了假洋酒。于是，他们便向饭店投诉，要求赔偿。饭店说，"飘飘香"是出租给别人经营的，要他们直接去找"飘飘香"经营者。

问题：

1）本案例涉及哪些道德伦理问题？为什么？

2）试对上述问题做出你的善恶研判。

3）说明你所做研判的依据。

4）请结合研判依据，分别对饭店和酒吧经营者的行为做出评价。

5）饭店应该如何处理客户的投诉？

【训练要求】

同第1章本题型的"训练要求"。

【成果形式】

1）训练课业：《"'飘飘香'酒吧"善恶研判报告》。

2）课业要求：同第1章本题型的"课业要求"。

✿ 创新型训练

▲ 拓展创新

拓展创新－Ⅱ

【训练目的】

见本章"学习目标"中"创新型学习"的"拓展创新"目标。

【教学方法】

采用"学导式教学法""项目教学法""创新教学法"。

【知识准备】

学生通过院资料室、校图书馆和互联网等途径，自主学习如下知识：

1）列入本教材"附录一"附表1"能力领域"中"与人交流""与人合作""革新创新"能力"初级"各技能点"'知识准备'参照范围"的知识。

2）列入本教材"附录三"附表3"能力领域"中"与人交流""与人合作""革新创新"能力"中级"各技能点的"基本要求"和"参照规范与标准"。

【训练任务】

1）自主学习"知识准备"所列知识。

2）查阅关于"饭店激励管理"的各种观点信息。

3）应用"知识准备"所列知识，依照相关要求和"参照规范与标准"，进行"拓展创新"强化训练。

4）撰写、讨论和交流训练课业。

【训练要求】

1）体验对"知识准备"所列知识的自主学习过程。

2）体验对"知识准备"所列知识的应用，以及对相关"要求"和"参照规范与标准"的遵循。

3）体验将关于"饭店激励管理"的各种观点信息中的诸多拓展性观念要素整合为一个内在一致、功能统一的新整体，形成一个带有原创性成分的《饭店激励管理研究》的"拓展创新"（中级）过程。

【训练时间】

本章课堂教学内容结束后的课余时间，为期一周。

【训练步骤】

1）将班级同学组成若干"拓展创新"项目团队，每队确定一人负责。

2）各团队根据训练项目需要进行角色分工。

3）各团队自主学习"知识准备"所列知识。

4）各团队应用"知识准备"所列知识，并遵循相关"要求"和"参照规范与标准"，系统体验关于本项目的如下技能操作：

（1）通过队内分工与合作，收集和处理本训练项目中存有争议的关于"饭店激励管理"的各种观点信息，分析、研究、讨论与交流其各自所长与不足。

（2）将关于"饭店激励管理"的各种观点信息中诸多拓展性观念要素整合为一个内在一致、功能统一的新整体，撰写带有原创性成分的《饭店激励管理研究》论文。

（3）以相互置疑和答疑的方式，在班级讨论、交流、相互点评其《饭店激励管理研究》论文。

（4）根据班级讨论交流结果，各团队修订和完善其《饭店激励管理研究》论文。

5）各团队总结本次"创新理论与方法知识应用"训练中的各项技能操作体验，形成作为最终形式的训练课业。

6）在校园网的本课程平台上展出经过修订和任课教师点评的优秀训练课业，供相互借鉴。

【成果形式】

1）训练课业：撰写《"拓展创新-Ⅱ"训练报告》。

2）课业要求：

（1）内容包括：训练团队成员与分工；训练过程；训练总结（关于"专业能力"和"通能"训练的总结）；附录。

（2）将《饭店激励管理研究》论文作为《"拓展创新-Ⅱ"训练报告》的"附件"。

（3）《饭店激励管理研究》应符合科学论文写作规范要求，做到创新方法运用正确，观点独到新颖，论据确凿合理，文字简洁准确。

（4）结构与体例参照本教材"课业范例"的"范例-6"。

（5）在校园网的本课程平台上展示经过教师点评的班级优秀《"拓展创新-Ⅱ"训练报告》，并将其纳入本课程的教学资源库。

✿ 建议阅读

［1］LI L，TSE C Y E，XIE L S.Hotel general manager profile in China：a case of Guangdong Province ［J］. International Journal of Contemporary Hospitality Management，1989（19）：263-274.

［2］LITTRELL R F.Desirable leadership behaviors of multi-cultural managers in China ［J］. Journal of Management Development，2002（21）：5-74.

［3］MAGNINI V P，FORD J B.Service failure recovery in China ［J］. International Journal of Contemporary Hospitality Management，2004（16）：279-286.

［4］LI L，TSE C Y E，GU B Y.The relationship between strategic planning and entrepreneurial business orientation ［J］. Chinese Economy，2006（39）：70-85.

［5］CHEN M，LYUY，LI Y，et al.The impact of high-commitment HR practices on hotel employees' proactive customer service performance ［J］. Cornell Hospitality Quarterly，2017，58（1）：94-107.

［6］LIN M，WU X，LING Q. Assessing the effectiveness of empowerment on service quality：A multi-level study of Chinese tourism firms ［J］. Tourism Management. 2017，61（4）：411-425.

［7］DOMÍNGUEZ-FALCÓN C，MARTÍN-SANTANA J D，DE SAÁ-PÉREZ P. Human resources management and performance in the hotel industry：The role of the commitment and satisfaction of managers versus supervisors ［J］. International Journal of Contemporary Hospitality Management，2016，28（3）：490-515.

第 10 章
饭店资源管理

▶ **学习目标**

10.1　饭店人力资源管理

10.2　饭店财力资源管理

10.3　饭店物力资源管理

10.4　饭店信息资源管理

▶ **本章概要**

▶ **单元训练**

▶ **建议阅读**

▶ **学习目标**

▷ **传承型学习**

通过以下目标，建构以"饭店资源管理"为阶段性内涵的"传承型"专业学力：

理论知识：学习和把握饭店资源管理的相关概念、饭店营业收入的分类与回收方式、饭店存货种类、设备管理思想演变、饭店管理软件发展趋势、饭店运作软件简介、饭店餐饮与库存管理软件，以及"知识链接"等陈述性知识；能用其指导"同步思考"、"深度思考"、"教学互动"和相关题型的"单元训练"；体验"饭店资源管理"中"理论知识"的"传承型学习"及其迁移。

实务知识：学习和把握饭店人力资源管理的目标、原则与基本内容，饭店人力资源管理的主要形式，饭店营业收入核算，饭店现金预算与存量分析，饭店赊销额与收款期的控制，饭店固定资产折旧的计提范围、年限与计提方法，饭店储备与库存管理，饭店采购费用控制与采购流程管理，饭店设备动态管理与综合管理，饭店信息管理制度，以及"业务链接"等程序性知识；能用其规范"同步解析"、"深度剖析"和相关题型的"单元训练"；体验"饭店资源管理"中"实务知识"的"传承型学习"及其迁移。

认知弹性：运用本章理论与实务知识研究相关案例，对"引例""同步案例""引领客人入住是否要按照流程？"等案例情境进行多元表征，体验"饭店资源管理"中"结构不良知识"的"传承型学习"及其迁移；依照相关行为规范对"张先生住1018房"和"服务员享用本该是客人享用的食品"等案例进行善恶研判，促进健全职业人格的塑造。

▷ **创新型学习**

通过以下目标，建构以"饭店资源管理"为阶段性内涵的"创新型"专业学力：

决策设计：参加"决策设计-Ⅲ"训练。通过阶段性学习和应用"知识准备"所列知识，对"饭店老板如何就两难问题进行决策？"案例情境进行多元表征，《决策方案》的设计、交流、点评与修订，《"决策设计-Ⅲ"训练报告》的撰写等活动，体验"饭店资源管理"中"结构不良知识"的"创新型学习"（高级）及其迁移。

引例：11 度的啤酒

背景与情境： 某餐厅来了一拨客人，点完菜后，又点了两瓶啤酒。其中有一位女客人说她不能喝酒，转身问服务员啤酒多少度？服务员说不上来，说："我给您拿一瓶来看看。"她拿来一瓶啤酒，边走边看，上面写着 11 度的字样，来到客人跟前，就说啤酒是 11 度。女客人说，度数太高，她不要了。一位男客人说："哪有这么高度数的啤酒？"他拿过来一看，才知道，11 度指的是麦芽汁的度数，啤酒酒精度是 3.5 度。服务员非常尴尬。

资料来源：佚名. 餐厅 10 个失败服务案例分析，回头客是这样没的［EB/OL］.（2016-03-11）［2016-04-15］. http://www.canyin168.com/glyy/glzx/hyfx/201603/66220.html.

这位服务员的尴尬，说明服务员的知识面严重狭窄，饭店的员工培训严重不足，这是明显的饭店人力资源管理问题。在饭店日常储备的软饮料中，如果只有啤酒可销售，则说明其物资储备不足，这是个物资管理问题，而相关的软饮料销售则可能影响饭店的营业收入。如果软饮料充足，而服务员不懂得推销，除了培训不足之外，也可能涉及信息沟通问题。这些都是饭店的资源管理问题。

10.1　饭店人力资源管理

人力资源是企业各项资源中最关键、最活跃。当今时代，人力资源的重要性日益突出，企业管理已经从强调对"物"的管理转向强调对"人"的管理。特别对于饭店这样的服务性企业而言，其管理的中心就是员工，即围绕如何调动员工的积极性，使企业更富有活力，实现资源的优化配置。

10.1.1　饭店人力资源管理目标与原则

1）概念

所谓**饭店人力资源管理**，<u>指企业为了实现组织的战略目标而进行的人力资源的获取、使用、保持、开发、评价与激励等一系列活动</u>。人力资源管理与生产、营销、财务等管理活动一样，是企业必不可少的基本管理职能。人力资源管理服务于企业的整体战略，以人的价值为中心，处理人与工作、人与人、人与组织的互动关系。在饭店管理工作中，最主要也最繁杂的工作就是人力资源管理的实际操作。

2）目标

饭店人力资源管理的目标是调动饭店员工的积极性和创造性，提高劳动效率。具体说来，包括三个方面的内容：

其一，造就一支优秀的员工队伍。饭店要正常运转并取得良好的经济效益和社会效益，不仅要有先进的管理方法，还要有一支优秀的员工队伍。

其二，建立一个精干、有序、高效的有机劳动组织。饭店人力资源管理需要做到职责分明、各尽所能、才尽其用、人尽其才。

其三，提升饭店组织的经营业绩。创造和谐、绩效导向的工作环境，使员工的积极性得以充分发挥，进而为顾客提供优质服务，为组织提升经济与社会效益。

3）原则

在饭店人力资源管理中，为了合理开发和利用人力资源，有效地挖掘员工的潜力和提高工作积极性，创造良好的人力资源管理体制，应遵循如下原则：

其一，任人唯贤。任人唯贤就是选拔和重用饭店中德才兼备、年富力强、成绩突出的员工。反对任人唯亲，杜绝任人唯亲，以免造成饭店经营的失败。

其二，唯才是举。推荐和晋升员工要以其才能和工作成绩、实际贡献为依据，要选拔那些乐于为饭店事业贡献才智的人。重视人才的使用，既是重视人力资源的开发利用，也是创造良好人事环境的重要举措，它不仅会给饭店培养出一支年轻有为的后备军，而且会直接创造出极大的财富。

其三，合理流动。饭店组织作为一个有机体，要坚持其活力，就要不断地更新换代，补充新成员，辞退不称职人员。只有保持饭店员工的合理流动，才能给饭店带来新的生机与希望，防止员工队伍老化。

其四，奖勤罚懒。加强对饭店员工业务水平、工作能力和工作态度的考核，并把考核结果作为员工晋级、奖励、惩罚的依据，真正起到奖勤罚懒、鼓励创造、重奖有贡献者的作用。

其五，最佳组合。在人力资源管理中，注意量才适用、知人善任、因事求才、因才施用、事得其人、人尽其才，通过工作分析和人事组合，达到劳动力匹配。

其六，有效激励。饭店各级管理人员要充分认识到人力资源开发利用的重要性，不要把人力资源管理看作人事部门的事，而要充分认识、了解员工心理，分析员工行为，有效地调动员工的积极性，把人力资源管理视为饭店全体管理人员分内的事，并在严密的管理制度上，辅之以灵活的管理方式和领导艺术，充分激发全体员工的创造力和积极性。

同步案例10-1

丽思卡尔顿的企业文化

背景与情境： 在品牌林立的奢华酒店"军团"中，丽思卡尔顿可谓是一个传奇。这个创立于1927年、当年业务遍及24个国家、员工近4万的品牌还有一个更为人乐道的特质，那就是堪称惊艳的"有温度的服务"。将这些标准精炼易懂地传递给员工的，竟然仅仅是一张小小的三折卡，被丽思人称为"信条卡"。在丽思，无论是总经理、高管还是普通员工，每个人都会随身携带一张这样的信条卡，上面明确写有"黄金标准"的全部内容，包括信条、座右铭、优质服务三步骤、员工承诺以及十二条服务信念。丽思信条卡上的座右铭——"我们以绅士淑女的态度为绅士淑女服务"，这句座右铭在业界被传为经典。在丽思，员工与客人都是值得尊敬的，一旦客人言行粗鲁，酒店会首先保护自己的员工，将客人拒之门外。丽思的领导者深知，要营造恭敬且有温度的服务文化，就必须在公司内部营造一种相互尊重的氛围，员工才能亲切自然地为客人提供优质服务，而非挂着机械的笑容，表达礼貌却生疏的问候。

在全球每一家丽思酒店，每天开始迎接客人之前，管理层都会带领员工对信条卡进行学习，为员工示范关键的动作要领和肢体语言，彼此交流心得，以便为客人提供更优质的服务。在这种长久而强化性的学习氛围下，丽思成功将日常运营和企业文化进行关联，同时也将企业的愿景、使命和价值观快速持久地传递给每一位员工。

资料来源：根据丽思卡尔顿饭店的宣传资料整理而成。

问题： 企业文化在酒店经营管理工作中有什么作用？丽思卡尔顿酒店如何将企业文化与日常人力资源管理工作结合？

10.1.2　饭店人力资源管理的基本内容

饭店人力资源管理包括六大基本模块：人力资源规划、招聘与配置、培训与开发、绩效管理、薪酬管理、劳动关系管理。其中，人力资源规划是人力资源管理起点，主要通过规划帮助组织预测未来的人员需求数量及基本素质构成；招聘与配置，以人力资源规划为基础，主要解决组织人员配置、人岗匹配的问题；培训与开发，其主题是对员工进行培训以及职业生涯规划，促进员工的发展；绩效管理是六大模块的核心，为其他各模块提供重要的决策依据，主旨在于提高员工的工作绩效，进而提升整个组织的绩效；薪酬管理，旨在为员工提供公平、有激励效果的薪酬与福利待遇，解决激励员工、企业留人的问题；劳动关系管理，旨在管理人、建立和谐劳资关系，帮助企业形成合理化人力资源配置的有效循环。上述工作各有侧重点，但紧密关联，任何一个环节的缺位、不当都会影响整个人力资源管理系统的失衡。因而，人力资源管理工作是一个有机的整体，而且根据不同情况，适时调整工作的重点，才能保证人力资源管理工作良性运作，并支持企业战略目标的最终实现。

1）人力资源规划

人力资源规划是指企业为实施发展战略和适应内外环境的变化，运用科学的方法对人力资源的需求和供给进行预测，并制订出适宜的计划和方案，从而使人力资源需求和供给达到平衡的过程。

（1）人力资源规划的意义。

①确保企业对人力资源的需求，促进企业总体战略目标的实现。

②能够预测企业组织中潜在的人员过剩或人力不足。饭店通过人力资源规划来分析供给和需求的差异，并采取适当的手段调整这种差异，以确保饭店对人力资源的需求得到有效的满足。

③有利于较好地控制人力资源成本。人力资源成本中最大的支出是工资，而工资总额在很大程度上取决于组织中的人员分布状况。饭店可以在预测未来发展趋势的前提下，逐步调整人员的分布状况，把人力资源成本控制在合理范围内。

④有利于提高人力资源利用率，促进人力资源合理有效流动。一方面，饭店可以通过人力资源规划建立稳定、有效的内部劳动力市场，维持内部人力资源供给和运作的稳定，另一方面，人力资源规划也有利于人才的合理流动，优化企业的人员结构。

（2）人力资源规划的要素与步骤。

①收集信息。收集的信息主要包括外部环境信息与内部环境信息。外部环境信息主要包括宏观经济发展趋势、本地竞争市场、劳动力市场的趋势、人口趋势、政府相关政策法规等；内部环境信息主要包括饭店经营战略、组织环境、人力资源结构等。

②人力资源需求预测。饭店要根据企业内外部环境因素的稳定性和复杂性等情况，预测实现企业目标所需的员工数量和类别。基本的预测方法包括趋势分析法、比

例分析法、德尔菲法等。

③人力资源供给预测。饭店人力资源供给分为内部供给和外部供给两部分。企业可以通过采用工作公告、人事记录及员工技能库等途径了解内部人力资源的供应状况。当企业内部的人力供给无法满足需要时，企业就需要了解企业外部的人力供给情况，主要考虑宏观经济形势、当地劳动力市场供求状况、职业市场状况等影响因素。

④制订人力资源规划方案。饭店根据分析预测所获得的人力资源供求信息，针对现实状况，制订具体的人力资源规划方案，从而协调人力资源供给与需求。

⑤人力资源规划的实施与反馈评估。饭店要对人力资源规划的执行结果进行评价，深入了解人力资源规划每一具体环节对结果的影响，以便为今后的人力资源规划工作提供参考和依据。

2）招聘与配置

员工招聘是按照企业经营战略规划的要求把优秀、合适的人招聘进企业，放在合适的岗位。招聘是饭店从业人员来源的主渠道。饭店员工招聘必须坚持"公开招聘、自愿报名、全面考核、择优录用"的原则，并注意招聘时机、招聘程序和招聘标准。

（1）招聘的基本流程。

①准备筹划。饭店根据业务经营需要和社会上劳动力资源状况进行需求分析、预算制定、招聘方案的制定，发布和管理招聘信息，筛选简历，通知面试，面试的准备和组织协调，确定招聘计划。

②发布招聘信息，通过各种渠道，使求职者获得招聘的信息。

③考核录用。考核录用包括全面考核和择优录用两项工作，确定最终人选以及通知录用。

④反馈与完善。应聘资料存档备案，储备档案管理并及时更新；招聘渠道的开拓与维护，招聘会的联系及相关物料的准备；不断完善招聘制度、流程和体系。

（2）编制定员。

在工作分析之后，饭店应该对招聘的员工进行合理的岗位安置，达到真正人尽其才、才尽其用。饭店定员要根据饭店的经营目标和质量要求，在明确单件劳动定额时间的基础上，计算出饭店每一项服务、每一类劳动所需要的人员，结合国内外其他饭店的用人标准来编制定员，压缩一切不必要的行政管理人员和一线人员，寻求合理、高效的人事组合，要以工作分析为前提，在合理定岗、定编的基础上，招收恰到好处的员工数目。根据饭店规模等级、饭店业务经营情况、饭店劳动手段的现代化程度和饭店业务的组织形式，确定饭店所需要设置的岗位，再按岗位需要定编定员。

编制定员的主要方法有：

①效率定员。按劳动定额编制定员表，即按照计划任务，如接待总人数及服务人员劳动效率（每人单位时间所能接待的人数）制定某项工作的劳动定员。

②岗位定员。按饭店的组织结构设置、岗位职责及工作量来定员。

③比例定员。根据饭店员工总人数的各类人员比例来定员。

④参照客房数量或床位数量来定员。例如，美国饭店定员比例为1∶0.6，即拥

有100间客房的饭店只需员工总数60人。我国高档饭店的定员比例一般在1∶1.5至1∶2.0之间，即每百间客房需用总人数为150人至200人。

⑤设备定员。根据设备数量及正常运转情况，按班次配备操作人员及维修人员。

◆ 教学互动10-1 ▶

观点：在人力资源管理中，上级通过授权让下级行使权力。这种做法应坚持做到"用人不疑、疑人不用"。

问题："用人不疑、疑人不用"适用于现代社会管理吗？

要求：同"教学互动1-1"的"要求"。

◆ 深度剖析10-1 ▶

饭店企业的科学授权

问题：饭店企业如何实现有效的授权？

解析与讨论：授权不是简单地把权力下放，或者直接当甩手掌柜，交代给下属就算完成任务，这样的授权难以取得良好的效果。

（1）要选择合适的授权对象。管理人员要授权一项工作，或一个事项，首先必须选择合适的人选，该人选的能力、素质、兴趣、特长等与授权的内容相匹配。

（2）要授予权力。授权注重的是授予权力而不只是工作事项。

（3）要明确目标责任。授权的最终目标是要达到目标，所以授权时，一定要明确目标任务与职责，这样员工才能很好地完成任务，必要时对员工进行培训。

（4）要经常性地检查指导。信任并不是不管不顾当甩手掌柜，要建立相应的检查督导制度，用制度来约束权力，发现偏移目标的情况要及时纠正。

（5）要充分信任授权对象。在特定情况，主管要给员工必要的帮助。

3）培训与开发

饭店优质服务需要有良好的工作态度和训练有素的服务人员。无论是合格的服务人员还是管理人员都离不开培训。培训是现代饭店管理过程中必不可少的工作。饭店通过培训等手段提高管理人员与员工的工作能力、知识水平和潜能发挥，最大限度地使员工的个人素质与工作需求相匹配，进而提升员工工作绩效。培训是给新员工或现有员工传授其完成本职工作所必需的基本技能的过程。开发主要是指管理开发，是一切通过传授知识、转变观念或提高技能来改善当前或未来管理工作绩效的活动。

（1）培训与开发的主要目的。

①提高工作绩效水平，提高员工的工作能力。

②增强组织或个人的应变和适应能力。

③提高和增强员工对组织的认同感和归属感。

（2）培训工作的流程。

饭店的培训是一个系统的工程，主要由确定培训需求、制订和实施培训计划以及进行培训评估和控制这三个步骤组成。

①培训需求分析。该部分包括组织需求与人员需求两部分。饭店需要确定组织的长期目标与短期目标，包括组织的人力资源需求分析、组织效率分析、组织文化分

析。人员培训需求分析包括人员的能力、素质和技能分析、工作绩效评估等。

②制订和实施培训计划。对于不同的培训对象与培训内容，培训计划也各不相同。通常培训计划包括企业培训意义、培训任务和目的、培训内容和形式、培训方法、培训时间和步骤、培训的考核及其要求等内容。

③培训的控制和评估。培训效果可以通过四个方面进行衡量：一是满意度评估，培训完后就可以对课程设计、方法、培训师等进行学员满意度的评估。二是技能评估，针对学员所掌握的技能与知识进行评估。三是行为类考核，一般在培训完成后员工返回工作岗位，对比员工前后行为有哪些得到了改善。四是结果评估，是否达到预期的培训效果，通常通过离职率、业绩完成率等组织业绩指标进行衡量。对饭店业而言，无论采用何种培训方法，受训者在获得知识技能、理念上的进步之后，要巩固培训效果，就必须进行实践，通过实践有效且持续地将所学到的知识、技能等运用于服务工作中。

（3）培训的方法与内容。

对于饭店企业，常用的培训方法包括讲授法、操作示范法、视听技术法、角色扮演法、网络学习、户外培训、案例演示与讨论法等。

饭店从总经理、部门经理、主管领班到服务员，可相应分为决策层（总经理、副总经理、饭店顾问等）、管理层（部门经理、经理助理）、执行层（主管领班等基层管理人员）和操作层（服务人员及各部门的工作人员）等四个层次，由于在不同层次工作的员工所需掌握和使用各种技能的比率各不相同，因而要分别进行不同层次的培训。培训从内容上大致上可分为以下四种：

①管理能力培训，其对象为饭店的中高层管理人员以及具有发展潜力的员工，这是企业提高工作效率和竞争能力的根本办法。

②专业技能培训，其对象是不同业务、职能部门的专业技术人员。

③基本技能培训，其对象是全体员工，如操作技能、团队沟通、服务礼仪、协作等，这是保证工作顺利完成、团队健康有序运作的前提。

④基本素质培训，包括公司文化传播、企业价值观灌输、诚信教育等，其培训对象也是全体员工，这是持续影响企业生存和发展的具有深远意义的企业文化力培育。

◆◆ **同步案例 10-2**

丽思卡尔顿酒店的招聘与培训

背景与情境： 丽思坚持"只选对的人"，也就是那些能够为客户提供超乎想象的体验的人。丽思会通过多重面试等长期而又复杂的流程来严格甄选员工，在这一过程中，包括结合顾问公司所给出的意见，对候选人做出全面系统的评判。即使是同一个职位，丽思的甄选流程也未必相同，经常采用为应聘者量身打造的个性化面试，有的员工甚至经历了 14 轮面试才得以加入。尽管耗费不菲的人力和财力成本，但丽思的领导者不愿走捷径，认为这样招聘成本反而会因此降低，激发希望加入丽思的候选人的荣誉感。因为这一特殊的流程，丽思卡尔顿的优秀员工比率高达 74%。

找到对的人仅仅意味着成功了一半，接下来要做的，是把对的人留住。丽思有一套成熟而完善的培训系统做支撑，还特别设立了全球培训中心。为了让新员工对"我们以绅士淑女的态度为绅士淑女服务"这句座右铭有深切感受，相信自己与客人受到同等的尊重，丽思高层和总经理在对新员工进行培训时，会逐一问候与祝贺，并娓娓讲述丽思的黄金标准。这种隆重热烈又细致入微的欢迎方式，对增加员工的自豪感和融入感起到了重要作用。在这一环节，既有经验丰富的培训师，也有老员工"现身说法"，培训内容包括酒店服务理念、优秀服务故事、工作心得等内容，现场还有情景模拟，鼓励新人把学到的知识应用到实践中，帮助员工清晰了解其在丽思所扮演的角色以及黄金标准背后的理念。丽思不是为了培训而培训，培训的真正意义在于让员工能够胜任工作。培训师在教学中会随时关注员工对课程的理解，并在收到反馈后及时给出指导意见。丽思的培训中有一个非常具有特色的流程，那就是认证。每一个新员工都有自己的培训清单，具体的培训项目写得清清楚楚，无论是其中哪个项目，结束后都要由培训师进行认证，全部培训认证结束后，有专门的培训总监对所有人的项目进行追踪，确保培训的到位。不仅如此，随着培训流程的不断完善，员工在入职一年后还要面临新的认证，丽思这种精益求精的理念既让员工对制度心存敬畏，又激发了员工在认证通过后的自豪感。

资料来源：佚名.【企业精神】以绅士淑女的态度为绅士淑女服务（解读丽思卡尔顿）［EB/OL］.［2019-11-19］. http://www.360doc.com/content/16/0316/07/29815737_542572800.shtml.

问题：

（1）结合该案例，思考对于饭店行业，"一开始就招聘合适的员工"与"把应聘者培训为合适的员工"哪个理念更合适？

（2）丽思卡尔顿酒店的培训工作有哪些特色？

分析提示：

（1）结合丽思卡尔顿酒店的招聘工作的基本理念，进行分析。

（2）关注培训工作的程序，以及培训结果的评估。

4）绩效管理

绩效管理是综合组织和员工绩效管理的系统，具体是指管理者与员工在相互理解的基础上确定绩效目标与达成绩效目标所需的知识、技能和能力，并通过人员管理和人员开发使组织、团队和员工取得更好的工作成果的管理过程。

（1）绩效管理的目的。

①向员工传达企业的目标，通过提高员工个人绩效提高饭店整体生产率和竞争力。

②以绩效评估结果为基础，做出调薪、晋升、调职、解雇、奖励等人力资源管理决策。

③对员工的表现予以及时、明确的反馈，发掘人员潜力，制订员工的发展计划。

饭店绩效管理的终极目标在于提升员工的工作绩效，进而提升组织的整体绩效。

（2）绩效管理的流程。

绩效管理并不简单地等同于绩效评估，绩效评估仅是绩效管理工作中的一部分。绩效管理是一个系统，它包括制订绩效计划、绩效诊断和辅导、绩效评价、绩效反馈和绩效改进等内容。

①制订绩效计划。绩效计划是整个绩效管理体系中重要的前馈控制环节，其作用在于使员工理解并接受组织的绩效目标，找准路线。员工需要与上级对工作职责、任务的轻重缓急、预期达到的工作效果、衡量绩效的标准、员工的自主权限、可能遇到的障碍及解决方法等问题进行探讨并达成协议。

②绩效诊断和辅导。管理者与员工共同分析引起绩效问题的原因，帮助员工克服工作困难。在饭店企业，由于服务与消费的同步性，顾客引起的不确定因素较多，管理者还要关注突发性的非例行事务，及时纠正员工工作过程中的偏差。

③绩效评价。根据绩效计划拟定的指标和标准，采用合理的评价方法，衡量员工各方面的绩效。

④绩效反馈和绩效改进。管理者与员工进行绩效评估面谈，使员工充分了解和接受绩效评估结果，并共同探讨绩效改进计划，确保员工持续性地改进工作结果。

5）薪酬管理

薪酬管理是指企业对员工的货币收入，以及各种有形的服务和福利之和进行管理。

（1）薪酬管理的基本原则

①合法目标。合法即遵守国家与地方的各项法律法规。当相关法律规定发生变化时，薪酬制度也应该随之调整，以保持一致。

②公平目标。公平是薪酬体系的基本原则，通常包括结果公平、程序公平、信息公平等。结果公平指劳动付出与收获相匹配，例如饭店给业绩突出的员工支付更高的薪酬，不同岗位的薪酬差距合理等。程序公平是指制定薪酬的制度与流程是合理、公正的。信息公平指薪酬制度与依据的信息应该是公开、透明、可获取的。

③效率目标。效率具体指饭店的薪酬制度与管理应该能有助于提高员工绩效，改进服务质量，增强对市场的反应能力，促进员工学习和团队建设，降低劳动力成本等。

（2）基本薪酬制度

饭店行业的基本薪酬制度通常包括以下三种，三者相互并不排斥，可互为补充。

①岗位工资制度。饭店按照员工所在工作岗位的不同，并根据员工完成规定岗位职责情况来支付薪酬。该制度主要考虑知识与技能、劳动强度、劳动条件和责任等因素，以确定各个职位的工资水平。

②技能工资制度。饭店根据劳动者的知识和技能确定工资，该制度有利于鼓励员工持续提升专业技能。

③绩效工资制度。饭店经常配合使用一些绩效工资制度，以区别员工个人的贡献大小，把员工收入与工作绩效紧密挂钩。

6）劳动关系管理

劳动关系是指员工与饭店在实现劳动过程中建立的社会经济关系。在饭店的经营过程中，劳资双方均有独立的利益，例如饭店总是千方百计降低成本，以追求利润最大化，而员工则追求工作稳定和收入最大化，这就不可避免产生双方权利与利益上的矛盾，并可能引发劳动争议。目前，饭店企业劳动关系管理主要存的问题包括劳动合同签订率较低、劳动合同中有一些侵犯劳动者权益的合同条款、企业未为员工全面支付法定福利、工作时长和支付的加班加点工资未符合国家劳动法规定等。

（1）劳动关系管理的意义

①保障企业内部各方面的正当权益，开发资源潜力，充分调动积极性。

②建立企业民主制度，为劳动者提供参与公共决策的空间。

③减少劳动冲突，改善企业内部劳动关系，建立尊重、信任、合作的工作环境。

（2）改善劳动关系的途径

①依法制定相应的劳动关系管理规章制度，进行法制宣传教育，明确全体员工的责、权、利。

②培训管理人员，提高其业务知识、法律意识与劳动关系管理能力。

③提高员工的工作生活质量，进行员工职业生涯设计，使其价值观与企业的价值观一致，这是改善劳动关系的根本途径。

④鼓励员工参与民主管理。企业的重大决策，尤其涉及员工切身利益的决定，应鼓励员工参与，从而更好地兼顾员工的利益。

⑤发挥工会或职代会及企业党组织的积极作用。通过这些组织协调企业与员工之间的关系，避免矛盾激化。

◆ **业务链接 10-1**

海底捞的绩效管理

2016年年中，海底捞重组了内部组织，实行扁平化管理，共设总部、教练、抱团小组及餐厅四个组成部分。店长的薪酬与餐厅的业绩、培养新店长及开设新餐厅的能力挂钩。海底捞的核心价值观是"双手改变命运"，所以制度体系就会围绕这个理念来设计，给员工提供了公平、清晰的晋升通道。海底捞几乎全部的店长都是内部员工晋升，绝大部分店长曾在服务员、杂工或清洁工等多个非管理职位任职。

新店长的培养采用师徒制。一方面，由店长推荐至少有10个职务经历的员工参加培训，培训后通过考试和评估的，有资格晋升为大堂经理；再由店长推荐候选人参加店长培训，培训结束后通过评估的，有机会成为店长。如果候选人培训后未通过评估，则店长和候选人须支付培训费用。而如果店长未能通过绩效评估并被免除经理职位，他的师傅和师爷将会有经济损失。另一方面，店长不仅可以对自己管理的店享有业绩提成，还能在其徒弟、徒孙管理的门店中获得更高比例的业绩提成，促使店长尽可能多地培养出能力、品行都合格的徒弟店长，并带领、指导他们开拓新门店。员工的培养也采用师徒制，每一位员工入职时均获配一位师傅，师傅在员工的职业生涯过程中定期提供指导及支持。海底捞考核店长有两个指标，就是员工满意度和顾客满意度。

2016年，海底捞开始试点计件工资制。在试点之前，西安的一家门店人手经常不够，上菜窗口有菜没人传。实现计件工资后，比如非管理层员工传菜0.4元/盘，服务生3元/顾客等，上菜窗口变成人在排队等菜，洗碗间、小吃房等有空的工作人员都来端菜了。实行了两个月后，店员从240人降到180人，员工平均收入增长30%。

众所周知，海底捞的员工福利远优于同行。比如，提供小区宿舍，统一被褥，专人打扫卫生和换洗被子等，宿舍有电脑、WiFi、电视、空调、洗衣机、沙发……对夫妻员工提供夫妻房，为员工子女提供教育补助，女性优秀员工有13个月的带薪产假……而海底捞的新员工培训，除了正常的工作知识外，还包括帮助员工去融入一个城市的生活。有员工评论说，这样的待遇，如何不让员工心存感激？

资料来源：佚名.海底捞人力资源体系［EB/OL］.［2019-11-19］. https://www.sohu.com/a/237467649_288154.

10.2　饭店财力资源管理

保证饭店资金供应、促进饭店有效经营、增收节支、提高饭店经济效益、促进饭店提高经营管理水平，是饭店财力资源管理的目标。资本是饭店财务活动的基本要素，饭店经营者运用投资者提供的资本对饭店进行经营，资本便成为饭店构成的支柱。因此，**饭店财力资源管理**是以饭店资本收益最大化为目标，对饭店资本进行优化配置和有效利用的一种资本运作活动，是研究饭店如何通过筹集、分配和运用资金，以尽可能少的资金取得较大经济效益的科学方法和科学理论。饭店应如何进行有效的资产管理以提高饭店资产的利用率、如何进行有效的资金管理以提高资金的使用效率等问题，是饭店财力资源管理的核心问题。

饭店加强营业收入管理是进行财力资源利用管理的基本前提，饭店加强对资金的现金存量管理、应收账款管理更是饭店财力资源管理的重要内容，加强固定资产折旧管理是进行财力资源回收利用的有效途径。加强对饭店存货管理即饭店在生产经营过程中为销售或者耗用而储备的物资，包括各种原材料、燃料、物料用品、低值易耗品、商品等的管理也是有效利用财力资源的一个重要途径（但饭店存货管理又是饭店物力资源管理的一个重要方面，故将此点置于本章下一节中讨论）。

10.2.1　饭店营业收入管理

1）营业收入分类

营业收入分为主营业务收入和其他业务收入。经常性、主要业务所产生的收入为主营业务收入；非经常性、兼营业务交易所产生的收入为其他业务收入。一般情况下，主营业务收入占企业收入的比重较大，对企业的经济效益产生较大影响，主营业务突出，企业经营也比较稳定。饭店的主营业务收入主要集中于客房、餐饮、康乐和商品销售等经营性收入。如果按照经营项目细分，饭店的客房收入可分为房费租金收入、房内食品饮料收入、洗衣收入等；餐饮收入可分为中餐厅、西餐厅、酒吧、咖啡厅收入；康乐收入可分为卡拉OK、桑拿、美容等项目收入；商品按所销售种类划分。

2）营业收入回收方式

饭店营业收入回收方式较之其他企业要简单得多，不外乎预收款、现金结算和事后结算三种方式。

（1）预收款实际上就是押金，是客人预订客房后预先交的定金，或客人入住饭店时交纳的住房押金，等于饭店预收的房费。

（2）现金结算是饭店在为客人提供服务的同时向客人收取的费用，如餐饮收入和商品销售收入，以及康乐服务收入。

（3）事后结算是指饭店向客人提供服务后，定期地或最后一次性结算，收取客人的全部消费费用。例如，饭店与旅行社、饭店与各类企事业等单位签订合同采用定期结算，为最常见的事后结算方式。

3）营业收入核算

其一，客房收入核算。在客人入住登记时，前厅接待处预计客人消费情况，向客人收取保证金，输入电脑，建立客账，客人离店时进行结算。客人住店期间，发生各种消费时请客人在账单上签字，及时输入电脑，并将账单及时送前厅结算处，待客人离店时，由结算处打印出账单，请客人审查签字，进行结算。为保证每天营业收入准确无误，饭店夜审员应根据电脑反映的当天营业收入数据和结算凭证，按权责发生制的原则编制"营业收入日报表"，夜班收款员按结算方式填写"缴款单"，并与日报表核对无误后，封包交财务总收银员，财务总收银员拆封并清点核对无误后，一联退给前厅结算处留存，另一联交财务部进行账务处理。

其二，餐厅酒吧收入核算。餐厅酒吧收入核算以提供服务为依据，可采用三种不同的服务模式和相应的收款核算形式。

业务链接10-2

餐厅酒吧收入核算

一是散客零点餐饮收入核算。散客零点用餐采用先提供服务，用餐后收费的结算方式。一般点菜单一式三联，一联交厨房配菜，一联交酒吧取酒水饮料，一联送收款员输入电脑作为结算凭证。客人结算时由收款员打出账单一式两联，一联交服务员向客人收费，一联连同点菜单作为编制"营业收入日报表的"的凭证。营业结束后一并清点核算。

二是宴会餐饮收入核算。客户举办宴会一般会向饭店预订，餐饮部接到预订订单后，根据订单要求准备配菜、酒水、饮料。宴会结束后，收银员根据宴会预订单，结合实际消费金额，扣除预订部已经向客人收取的预订款，打出账单进行结算。当日业务结束后，连同零点单据一并送财务核算。

三是酒吧收入核算。酒吧主要是经营各种酒水、饮料等，一般采用现金现收方式进行结算。客人消费时，由服务员开点菜单领取，结账时，凭点菜单收款。业务结束后，清点点菜单和现金，连同点菜单编制"营业收入日报表"。

其三，商品收入核算。饭店为客人提供旅游商品、纪念品、食品、饮料等所取得的销售收入都属于商品收入。核算一般以柜组为单位，柜组对实物负责，财务按售价金额核算。

其四，其他收入核算。其他收入是指康乐、商务、会议、场地租金等收入。康乐中心根据服务项目差别，一般采用先开单后结算的方式进行核算。商务中心也是根据服务项目需要，一般采用先服务后收费的方式。

10.2.2 饭店现金管理

饭店现金管理的目的是通过国家及饭店规定的各项现金管理制度的实施，有效地保证饭店随时获得经营所必需的现金，并从闲置的现金中得到最大的收益。饭店可根据现金预算中计划期内的现金收支量，预测收支差异的时间及数额。在现金不足时，设法筹措；在现金过剩时，将多余现金进行有效的投资。

1）饭店现金预算

搞好饭店现金预算是每一家饭店财务管理的重要内容。饭店的经营活动离不开一定数量的现金。伴随着营业活动的进行，随时会发生现金的流入和流出，如果没有足够的现金储备，当需要支付的时候，就会由于现金不足而无法偿还到期的债务，也会由于偿付能力不高，使饭店信用等级受到影响，从而在利用借款或商业信用时发生困难。

要编制现金预算，必须预测计划期的营业收入和支出，并根据以往的统计资料，确定营业额中现售与赊销的比例和成本中现付与赊付的比例。

2）饭店现金存量分析

饭店需要保存一定数量的现金，但保存多少现金为最佳方案，要根据饭店的不同规模和业务特点分别确定，不可同一而论。

现金的流动性最强，但它的盈利能力最差，即使是存入银行，其效率也是极低的。现金管理的重要任务就是探索减少现金存量的途径，并将多余的现金投到既能为饭店企业取得尽量多的收益，又能在饭店需要资金时能够及时地取得现金的项目。为此，饭店首先应设定一个合理的现金存量水平，当饭店现金超过这个合理水平时，则可考虑投资国债或购买短期证券等项目。如果饭店现金存量较多，短期内又不急需，即可考虑将一部分资金进行投资，以取得理想的投资报酬率，但将饭店现金改为资本金进行投资，要适量而行，不可失去控制，更不可投资过多项目，否则会捉襟见肘、资金不足。如果饭店现金存量有多余，又不足以进行新的投资项目，那么，短期的证券投资基金是较理想的投资方向，虽然它的收益率往往低于饭店的投资报酬率，但短期的证券投资基金可以较方便地从证券市场转换成现金，以应付临时性的需要。饭店企业拥有短期的证券投资基金也可以提高企业的信用程度，从而从信用机构取得较优惠的贷款。当然，一旦饭店现金不足，就要采取相应措施筹措解决。

10.2.3　饭店应收账款管理

住店客人在住店期间，并不是所有的饭店消费都是急需或必要的。为了扩大饭店产品销售，绝大多数饭店都允许住客采用签单的赊销方式来扩大销售，待客人离店时一并进行结算，这种赊销方式并不属于应收账款管理范围，仍然属于现金管理问题。饭店的赊销额度一般是给予旅行社或与饭店签订合同等业务来往单位，对给予业务往来单位赊销额度的控制和管理应是饭店应收账款管理的主要内容。

在整个流动资产中，因赊销而产生的债权资产占有一定的比重。债权资产比重越大，占压的资金也越多。控制债权资产规模、加速应收账款回收速度、提高资金使用效率，是饭店财力资源管理的重要内容。饭店应收账款是由于赊销劳务而应向客户收取款项的一种短期债权。由于赊销方式的运用在一定程度上可以扩大销售量，但同时也增加了呆账损失的风险，所以饭店要在分析、比较的基础上加强应收账款管理，严格控制赊销营业收入额和平均收款期，加速资金回笼，提高资金使用效率。

1）赊销额的控制

饭店为了扩大销售额，采取必要的信用政策非常重要。饭店信用政策的实施，目的是扩大销售，增加利润。饭店的信用政策主要包括信用期的长短、信用标准、收款和折扣策略，诸如对什么样的顾客给予信用，给多长时间的信用，顾客在信用期内提前付款会获得多大程度的优惠等。饭店每项信用政策的出台或修订都须进行成本与利润的对比分析，以期通过信用政策的实施给饭店带来更多的利润。

为防止逃账、呆账的发生，饭店在对顾客实施信用政策之前，需要对顾客的资信状况及偿债能力进行调查，即进行信用评估。在顾客三角债有增无减、诚信问题严重的情况下，加强信用评估非常重要。

饭店在进行信用评估的同时，需要制定信用期限和信用折扣政策。例如，饭店确定信用条件为"2/10，n/30"，表示顾客可以在30天内付款，如果顾客能提前在10天内付款，则可以给予2%的折扣。在信用条件中，30天即为信用期限，10天为折扣期限，2%为折扣率。饭店赊销额的大小取决于信用政策的松紧。饭店如果采用紧缩的信用政策，则营业收入中赊销收入比例较小，现销收入比例较大；反之，如果饭店采用松弛的信用政策，则营业收入中赊销收入的比例较大。饭店应根据自身的经营目标，评估顾客单位的信用程度，采取相应的信用政策，既使饭店扩大销售额，又不至于赊销太多，造成某些坏账、呆账损失。

2）收款期的控制

应收账款收款期越长，形成呆账的可能性越大，从而风险也就越大。控制应收账款的收款期，取决于如下几个方面：

（1）应收账款的收账政策。收账政策是指饭店收回过期账款的步骤或程序。例如，如果账款过期不超过10天，则不必打扰；如果账款被延误10天还没有结账，可打电话催问；如果过期30天仍未办理结账，除要打电话催问外，还可派人催讨；如果过了90天还没有办理结账，则要派人去讨账或由账款催收机构来处理，严重的可根据有关的法律条文诉诸法律解决。

（2）灵活运用现金折扣。为了鼓励顾客提前付款，可采用适当的现金折扣办法，从而缩短平均收款期。现金折扣的典型形式是"2/10，n/30"。以折扣刺激顾客尽早付款，缩短应收账款收款期。

（3）建立催收制度。饭店为加强应收账款的催收工作，可形成催收专人负责制。在明确了各类顾客可以赊欠的最高限额以后，要严格控制，一旦达到这一限额，会计人员应及时报告，以便采取措施。应定期将账单交给顾客，以便他们核对，并暗示他们应当付款。收款工作应设专人负责，为调动收款人收款的积极性，应将收款结果与奖惩制度挂钩，对收款成绩好的人要给予奖励。对于呆账或坏账，饭店也要有专门的对策。对于债务人破产或者死亡，以其破产财产或者遗产清偿后，仍然不能收回的应收账款，或者因债务人逾期未履行偿债义务超过2年仍然不能收回的应收账款，饭店按照财务制度的规定将坏账计入管理费用，即使在会计上将坏账损失做了处理之后，饭店也不能轻易地放弃债权人的权利。

10.2.4　饭店固定资产折旧管理

固定资产折旧是指饭店投资的固定资产在使用过程中由于损耗而转移到费用中去的那部分价值，这部分价值随着生产过程逐渐地转移到所生产的产品中，并从产品销售收入中逐步收回相应的货币资金。这部分因损耗而转移的价值，称为固定资产折旧。从固定资产折旧本身看，折旧费或长或短总是要提取的，没有多大区别。但如果从财力资源角度看，折旧费能否及时、尽早地提取，则关系到投资能否尽早回收，减少投资风险，满足货币时间价值的要求。倘若多提折旧，费用增大，利润减少，可少缴所得税。因此，固定资产折旧管理是加速投资回收利用的有效途径。

1）固定资产折旧的计提范围

做好固定资产折旧管理，必须先弄清折旧的计提范围。

以下固定资产计提折旧：

a.房屋及建筑物。

b.在用的机器设备、仪器仪表、运输车辆。

c.季节性停用、修理停用的设备。

d.融资租入的设备。

e.以经营租赁方式租出的固定资产。

以下固定资产不计提折旧：

a.房屋、建筑物以外的未使用、不需用的机器设备。

b.以经营租赁方式租入的固定资产。

c.已提足折旧继续使用的固定资产，未提足折旧提前报废的固定资产。

d.国家规定不提折旧的其他固定资产。

提取折旧按月初固定资产的账面数额提取，即凡在月中使用的固定资产当月不提折旧，从下个月起计提折旧，月中停止使用的固定资产，当月仍计提折旧，从下月起停提折旧。

2）饭店内各类固定资产规定的折旧年限

熟悉各类固定资产的规定折旧年限，对于强化折旧管理意义重大。

◆**业务链接10-3**◆

折旧年限

①房屋、建筑物类

a.房屋

营业用房	20~40年
非营业用房	35~45年
简易房	5~10年
b.建筑物	10~25年

②机器设备类

a.供电系统设备	15~20年
b.供热系统设备	11~18年
c.中央空调设备	10~20年
d.通信设备	8~10年
e.洗涤设备	5~10年
f.维修设备	10年
g.厨房用具设备	5~10年
h.电子计算机系统设备	8~10年
i.电梯	10年

j.相片冲印设备　　　　　　　　　　　　　　　　　　　　　　6~10年

k.复印、打字设备　　　　　　　　　　　　　　　　　　　　　3~8年

l.其他机器设备　　　　　　　　　　　　　　　　　　　　　　10年

③交通运输工具类

a.客车

大型客车（33座以上）　　　　　　　　　　　　　30万千米 8~10年

中型客车（32座以下）　　　　　　　　　　　　　30万千米 8~10年

小轿车　　　　　　　　　　　　　　　　　　　　30万千米 5~7年

b.行李车　　　　　　　　　　　　　　　　　　　 30万千米 7~8年

c.货车　　　　　　　　　　　　　　　　　　　　 50万千米 12年

d.摩托车　　　　　　　　　　　　　　　　　　　 15万千米 5年

④家具设备类

a.家具设备

营业用家具设备　　　　　　　　　　　　　　　　　　　　　5~8年

办公用设备　　　　　　　　　　　　　　　　　　　　　　　10~20年

b.地毯

纯毛地毯　　　　　　　　　　　　　　　　　　　　　　　　5~10年

混织地毯　　　　　　　　　　　　　　　　　　　　　　　　3~5年

化纤地毯　　　　　　　　　　　　　　　　　　　　　　　　3年

⑤电器及影音设备类

a.闭路电视播放设备　　　　　　　　　　　　　　　　　　　10年

b.音响设备　　　　　　　　　　　　　　　　　　　　　　　5年

c.电视机　　　　　　　　　　　　　　　　　　　　　　　　5年

d.电冰箱　　　　　　　　　　　　　　　　　　　　　　　　5年

e.空调器

柜式　　　　　　　　　　　　　　　　　　　　　　　　　　5年

窗式　　　　　　　　　　　　　　　　　　　　　　　　　　3年

f.电影放映机及幻灯机　　　　　　　　　　　　　　　　　　10年

g.照相机　　　　　　　　　　　　　　　　　　　　　　　　10年

h.其他电器设备　　　　　　　　　　　　　　　　　　　　　5年

⑥文体娱乐设备类

a.高级乐器　　　　　　　　　　　　　　　　　　　　　　　10年

b.游乐场设备　　　　　　　　　　　　　　　　　　　　　　5~10年

c.健身房设备　　　　　　　　　　　　　　　　　　　　　　5~10年

⑦其他设备类

a.工艺摆设　　　　　　　　　　　　　　　　　　　　　　　10年

b.消防设备　　　　　　　　　　　　　　　　　　　　　　　6年

3）固定资产折旧计算方法

固定资产折旧的计算方法分为静态计算法和动态计算法。前者分为直线法、余

额递减法、年数总和法；后者又分偿债基金法、年金法等。在这些折旧计算方法中，余额递减法、年数总和法又称快速折旧计算法，是目前许多饭店所采用的折旧方法。

①直线法。以固定资产的应计折旧金额，按估计使用年限平均计算折旧的方法，叫平均年限法或使用年限折旧法。在此法下，每期折旧费用都是相等的。如以时间为横坐标、金额为纵坐标，那么累计折旧额在图形上表现为一条上升的直线，所以称为直线法。

用平均年限法计算折旧的优点是简便、易懂，也可以利用日积月累的资料作为确定折旧率的依据，这样做比较切合实际。在实际应用中，通常用折旧率来计算折旧额，折旧率反映固定资产的损耗程度，公式为：

$$\text{固定资产年折旧率} = \frac{1 - \text{预计净残值率}}{\text{折旧年限}} \times 100\% \tag{10-1}$$

$$\text{月折旧率} = \text{年折旧率} \div 12 \tag{10-2}$$

$$\text{月折旧额} = \text{固定资产原值} \times \text{月折旧率} \tag{10-3}$$

预计净残值率按照规定选取，为固定资产原值的 3%～5%，低于 3% 或高于 5% 的由企业自主确定，并报主管财税机关备案。

◆◆ 业务链接 10-4

饭店平均折旧计算示例

某饭店的音响设备原始价值为 15 万元，预计可以使用 10 年，预计净残值率 4%。则：

$$\text{年折旧率} = \frac{1 - 4\%}{10} \times 100\% = 9.6\%$$

$$\text{月折旧率} = 9.6\% \div 12 = 0.8\%$$

$$\text{月折旧额} = 150\,000 \times 0.8\% = 1\,200 \text{（元）}$$

上述折旧率是按某一固定资产单独计算的，称为个别折旧率。还可采用分类或综合的折旧率，其计算公式如下：

$$\text{固定资产分类折旧率} = \frac{\sum \begin{array}{c}\text{该类固定资产按该类各固定资产}\\\text{个别折旧率计算的折旧额}\end{array}}{\sum \text{该类固定资产原值}} \times 100\% \tag{10-4}$$

$$\text{固定资产综合折旧率} = \frac{\sum \begin{array}{c}\text{全饭店各固定资产按各固定资产}\\\text{个别折旧率计算的折旧额}\end{array}}{\sum \text{全饭店固定资产原值}} \times 100\% \tag{10-5}$$

由于平均年限法只注重资产使用时间的长短，不计资产的使用程度，对于时间或强度上使用不均衡的一些资产如运输工具、专用设备等来说，以工作量法来分摊折旧较为合理。

工作量法是按照固定资产的预计工作量平均分摊折旧额的方法，每单位的折旧额是相同的。按照行驶里程计算折旧，其计算公式为：

$$\text{单位里程折旧额} = \frac{\text{原值} \times (1 - \text{预计净残值率})}{\text{规定的总行驶里程}} \tag{10-6}$$

这种折旧额的计算方法主要适用于磨损程度与工作量密切相关的固定资产。这样计算，便于折旧与收入相互衔接，保持费用的合理性。

在实际工作中，由于固定资产折旧都是一个月提取一次，为简便起见，对于按平均年限法提取的固定资产折旧，一般可编制固定资产折旧计算表，即按各部门所占用的固定资产总值，编制出每个月应提取固定资产折旧额的表格，每月只需照表编制凭证即可，如遇固定资产总值发生增减变化，只需做局部调整，按照调整后的折旧计算表编制凭证即可。

②加速折旧法。加速折旧法是在使用固定资产的初期折旧计提较多，以后逐年减少，其递减的速度越来越快。使用加速折旧法的理由是，固定资产在开始使用的时候，效率高、产量多、质量好，因而产生的营业收入也多，理应分摊较多的折旧。随着使用时间的增加，维修费用也逐渐增多，为了使各期的负担较为合理，折旧费逐期递减。使用加速折旧法有利于鼓励投资。《企业财务通则》规定，企业提取的固定资产折旧直接计入成本费用，不冲减资本金，不建立折旧基金，以保护所有者权益，扩大企业理财自主权。那么，如果使用加速折旧法，企业既可减少无形损耗的风险，又可早期多计提折旧，降低应税收入，少缴所得税，这实际上是推迟了饭店应缴纳所得税税款的时间，等于国家给饭店一笔无息的贷款。加速折旧法的流行，部分是出于所得税的考虑，也不失为加速投资资金回收的有效途径。

加速折旧法包括余额递减法和年数总和法，本书只介绍余额递减法这一比较容易为财政和税务管理部门接受的方法。

余额递减法是将固定资产的期初账面净值乘以一个固定不变的折旧率计算该期折旧额的一种方法。这一固定不变的折旧率为：

$$折旧率 = 1 - \sqrt[n]{\frac{固定资产净残值}{固定资产原始价值}} \qquad (10-7)$$

式中：n——预计固定资产使用年限。

$$年折旧额 = 年初固定资产净值 \times 折旧率 \qquad (10-8)$$

业务链接10-5

加速折旧法计算示例

某饭店通信设备的价值为150万元，净残值为15万元，预计使用年限为5年，则：

$$折旧率 = (1 - \sqrt[5]{\frac{15}{150}}) \times 100\%$$

$$\approx (1-0.63) \times 100\%$$

$$= 37\%$$

各年提取的折旧额为：

第1年折旧额 = 150×37% = 55.5（万元）

第2年折旧额 = （150-55.5）×37% ≈ 34.97（万元）

第3年折旧额 = （150-55.5-34.97）×37% ≈ 22.03（万元）

第4年折旧额 = （150-55.5-34.97-22.03）×37% ≈ 13.88（万元）

第5年折旧额 = （150-55.5-34.97-22.03-13.88）×37% ≈ 8.74（万元）

将5年折旧额相加，再加上预计净残值15万元，与固定资产原值基本相等。

由于饭店业是个风险较大的行业，实行加速折旧有利于饭店投资经营，加速折旧法是比较合理和可行的折旧方法。

◤ **知识链接10-1** ◢

财务管理要素

财务管理包括两大要素，分别是财务活动和财务关系。其中，财务活动是指企业再生产过程中的资金运动，即筹集、运用和分配资金的活动；财务关系是指企业在筹资、投资、运营和分配等财务活动过程中与利益相关各方发生的经济关系，主要包括企业与政府、企业与投资者、企业与债权人、企业与受资者、企业与债务人以及企业内部各单位之间的关系。企业的资金运动构成企业经济活动的一个独立方面，财务管理不仅表现物资的价值运动，而且体现了企业同社会各方面的经济利益关系。

10.3　饭店物力资源管理

饭店的物力资源主要包括两部分，一部分是消耗时间较长的设施设备，另一部分是易消耗的消费品物资。饭店物资设备管理是现代饭店的基础管理，只有建立起从总经理到一线员工都参与的物资设备管理体系，才能真正保证设备运转正常化和高质量的运营，物资消耗才能得到有效的控制。饭店设备管理的目标是追求设备最经济的寿命期费用和最高的综合效能，而饭店物资管理则应既能使客人感觉到舒适、方便、安全，又能降低成本，提高经济效益。

10.3.1　饭店物资管理

饭店物资管理是饭店经营管理的基础，直接影响饭店的服务质量。如果饭店物资不能按时供应，必然影响饭店的正常经营；如果物资质量较差，必然影响饭店服务质量；如果物资品种不全，必然影响饭店为客人提供高质量的服务。因此，饭店服务质量的优劣与饭店物资管理工作是密不可分的，饭店物资管理在现代饭店的经营管理中占有极其重要的地位。

饭店物资管理就是对饭店业务经营活动所需要的各种供应用品、家具用具、食品原材料、物料用品和工具等物资资料的采购、储备、使用所进行的一系列组织和管理工作。有计划、有组织地搞好物资管理工作，对于饭店完成接待任务、提高服务质量、节约物资消耗、加速资金周转、提高饭店经济效果，都有十分重要的意义。

饭店物资是指饭店在生产经营活动过程中所必需的各种劳动工具和生产消耗品的总和，包括各种小型设备、家具用品、食品原材料、工具、器皿、办公用品、物料用品等。它是饭店业务运转中必不可少的一个关键因素，对饭店内各种物资进行科学有效的管理，能节约成本费用支出，对饭店经济效益的提高具有非常重要的意义。饭店的物资管理，是对饭店物资材料进行计划、采购、保管、使用和回收，使之有效发挥应有的使用价值和经济效用的一系列组织和管理活动的总称。由于客人对饭店物资需要的数量和质量要求有所不同，且饭店物资的种类异常丰富，饭店的经营情况还直接影响到饭店的物资采购和使用，因此，对饭店物资进行管理具有一定的复杂性和艰巨性。饭店有许多物资的单价低，但是需求量大，如客房用品中的小香皂、牙刷、梳子等，由于这些物品价值较小，所以容易被管理人员所忽视。但是，由于这些物品需求量大，如果管理不善造成这些物品的丢失和浪费，势必会加大饭店的成本，影响饭店的经济效益。饭店物资管理的作用在于：保证饭店等级规模与市场环境相适应；合理制定消耗定额，为物品管理提供依据；编制采购计划，保证业务开展需要；加强物品使用管理，节省饭店费用开支；加快饭店资金周转。

10.3.2 饭店物资采购管理

物资储备是饭店经营活动必不可少的条件之一，具体需要考虑饭店所需的存货种类、储备管理、库存管理、采购费用控制和采购流程管理。

1）饭店存货种类

饭店存货具体包括原材料、燃料、低值易耗品、物料用品和商品。原材料包括饭店的食品原材料、调料、配料及有关半成品、成品等；燃料主要包括饭店所储备的各种固体、液体、气体燃料；低值易耗品包括客房和餐饮所用的低值易耗品；物料用品包括除以上原材料、燃料和低值易耗品外的饭店经营中所需要的经营管理用品，如床上用品、卫生用品、清洁用品等；商品为饭店对外销售的商品品种。

2）储备管理

饭店的储备物资是不断地处于销售或耗用和重新购置之中的，随着经营活动的开展而不断地改变其实物形态或流向销售领域或流向加工流程，原有的货物不断流出，新的货物不断流入。于是，在饭店的物资储备管理过程中，一方面要满足储备的经济性，以最少的成本完成储备；另一方面，要加强库存的仓库管理。

要了解、掌握饭店物资储存规律，做好饭店储存工作，必须先了解存储的基本原理。

①需求。饭店储备物资的目的是满足需求。如果是饭店经营中不需要用的物资，也就没有必要对其进行采购与存储。因此，饭店的物资需求有两种形式：一种为确定型需求，即需求量是明确的；另一种为随机型需求，即该物资在饭店经营中需要用，但用量多少、何时最为急需却不明确。前者如客房的低值易耗品，餐厅的米、面、油等；后者如餐厅的名酒等。

②补充（采购）。饭店存储的物资由于满足需求而被不断地耗费，为了保证饭店的经营运转，保证持续的供应，必须给予补充，采购必需的物资，以满足需求。

③费用。进行物资采购和存储都需要支付一定的费用。这些费用可分为以下三类：

第一，存储费。存储费是饭店为已采购的物资而支付的保管、储存费。其具体包括：储备物资所占据资金应付的利息；储备物资在储存过程中的损耗，以及由于产品更新而使储备物资被淘汰或贬值而蒙受的损失；储备物资的仓库、设备的折旧费，以及仓库的燃料动力费；仓库保管人员的工资、办公费、管理费等。

存储费随着物资在仓库的储存时间和数量的增加而增加。单位货物在单位时间的存储费的计量单位可表示为"元/箱·年"，也可用单位物资价格的百分比来表示，如存储费为每箱物资价格的3%。

第二，采购费。采购费主要包括采购物资的手续费、采购人员的差旅费、通信往来的费用等。采购费用与每次采购物资的数量无关。每次采购的数量多少不会引起采购费的增减，但与采购次数有关。采购次数越多，则采购费用越高。采购费用的计量单位可用"元/次"来表示。

第三，缺货损失费。缺货损失费是由于库存物资不足，饭店失去销售机会而引起的直接经济损失。例如，餐厅销售啤酒，每天的储备量为 50 箱，每箱 12 瓶，每瓶啤酒可盈利 0.80 元。如果某一天啤酒的实际需求量为 650 瓶，餐厅所储备的 600 瓶啤酒售完后便无货供应，因而失去了 50 瓶啤酒的销售机会，使餐厅减少 40 元的盈利。这 40 元就是餐厅因供应不足而蒙受的缺货损失费。实际上，饭店有些物资必须是始终都要保证供应而不能中断，如客房的低值易耗品，餐厅的米、面、啤酒等。饭店的这些物资缺货中断供应便不能正常营业，缺货损失费为无穷大。对这类物资就应采用不允许缺货的物资采购库存方法。

3）库存管理

（1）仓库管理。

仓库管理主要是做好库存物资的进出库管理和仓库内部保护管理。仓管员要做好仓库日常管理事务，经常检查仓库内的温度、湿度，确保饭店物资的仓库贮存条件。做好各种安全防范工作，确保货仓安全、不出事故。履行交接手续，确保次品或有问题物资不得入库。定期进行账货核对核查工作，定期健全仓库保管账目。严格遵守仓库保管纪律，有责任对违反仓库保管纪律的人员进行教育或开导。定期对仓库进行盘点，发现物资残损或变质、短少等及时查明原因，及时提出处理意见，报上级审查。对进出库物资要遵守饭店的物资出库工作程序，接到出库单后及时准备出库物资，并办好相关出库手续。按照饭店物资申领制度进行发放工作，先核实经上级领导审批签字后的申领单，按照申领单核对物资，确保无误。

（2）仓库保管方法。

库存管理遇到的中心问题是要对库存物资进行适当控制，加强物资的保管工作。饭店物资种类繁多，其重要程度、消耗数量、价值大小又都各不相同。因此，在实际使用上，还要有一些行之有效的方法，如双堆法。双堆法可以弥补仓管人员人力的不足。它是将库存物品视实际需要与备用时间长短区分为两堆，并标上明显的识别符号。一旦库存降至识别区域，即开始订购补充。这种方法的最大好处是简单易行，可以解决仓管人员个人易于忘事而物资太多又不易察觉的问题，极适合中小型饭店。若能加上科学的方法来决定两堆的数量及可行的识别方法，则其效果更加显著。

重点物资采购 ABC 分类法进行重点控制。饭店库存物品种类繁多，每个品种的数量、价值、重要性也不同，只有采取有重点的控制方式，才能实现有效管理。ABC 分类法是将库存物品依其价值大小区分为 A、B、C 三大类，然后依其顺序加以控制。所谓 A 类物品，就是品种数量只占库存总量的 10% 左右，而其价值占库存物品总价值的 70%；B 类物品数量则为库存总量的 20%，其价值约占 20%；C 类物品数量占库存总量的 70%，其价值却只有 10% 左右。

4）采购费用控制

饭店储存物资的原则是既不影响饭店的经营业务，又不积压资金，使饭店支付的采购、存储费用最低。管理人员要有正确的物资存储策略，使饭店为储存物资而支付的存储总费用达到最低限度。合理而经济的存储方法既可使饭店支付的总费用最少，又可避免缺货而蒙受的损失。这就需要管理人员运用定量分析的方法研究和确定物资经济、合理的储存数量，选择最合适的采购时间和确定最佳的采购数量，尽可能地降低存储总费用。

饭店所应采购的物资分为确定型和随机型两大类，确定型的物资库存又分为不允许缺货和允许缺货两种。饭店大部分物资都不允许缺货，故本书仅介绍不允许缺货的确定型库存模型。在众多的模型中，经济订购批量法最合适。

经济订购批量法假定饭店某项物资的全年需求量为S，饭店不会一次性地把全年的物资全部采购回来，每次采购量为Q，每次采购间隔时间为T。从发现库存量已经降到需要补充订货或进行采购时起，经联系发货、备料装运，到物资验收入库为止的一段时间为备运期M，物资实际到货时间比合同规定到货时间的延迟时间为到货延迟期N。

例如，某饭店每月销售客房3 000间，每间客房有低值易耗品13种，该饭店每月对低值易耗品的需求量是确定的，低值易耗品的储备就构成了一个确定型的不允许缺货的库存问题。由于S、M、N是确定不变的常量，解决进货多少和何时进货只要确定一个参数即可，即每次进货的批量或每隔多长时间进货一次。这种最经济的批量为经济订购批量。为求得经济订购批量，需要考虑以下两种费用：①采购费用；②存储费，指每存1元物资，1年内所需支出的费用。最经济的订货批量就是以上两种费用的总和最小时的订货量。

设：存储费为C元/单位货物·年，采购费用为F元/次。

已知全年的需求量为S，平均存储量为$\frac{1}{2}Q$，全年采购次数为S/Q。

则：全年的存储费用：

$$Y=\frac{1}{2}QC$$

全年的采购费用：

$$y=\frac{S}{Q}F$$

全年的总费用=Y+y=$\frac{1}{2}QC+\frac{S}{Q}F$

在取得全年最低总费用的情况下，得到经济订购批量为：

$$经济订购批量=\sqrt{\frac{2\times全年订购量\times每次订购费用}{单位保管费用}} \qquad (10-9)$$

$$订购次数=\frac{全年订购量}{经济订购批量} \qquad (10-10)$$

业务链接10-6

经济订购批量计算示例

某饭店餐厅预计每年销售啤酒18万箱，规定餐厅不允许缺货。每箱售价48元，每箱啤酒的存储费为售价的5%（包括损耗），每次采购费300元。计算最佳订购批量、全年最低总费用和订购次数。

$$经济订购批量 = \sqrt{\frac{2 \times 全年订购量 \times 每次订购费用}{单位保管费用}}$$

$$= \sqrt{\frac{2 \times 180\,000 \times 300}{48 \times 5\%}}$$

$$\approx 6\,708（箱/次）$$

$$全年的总费用 = Y + y = \frac{1}{2}QC + \frac{S}{Q}F$$

$$= \frac{1}{2} \times 6\,708 \times 2.4 + 180\,000 \div 6\,708 \times 300$$

$$= 8\,049.6 + 8\,050.09$$

$$= 16\,099.69（元/年）$$

$$订购次数 = \frac{全年订购量}{经济订购批量} = 180\,000 \div 6\,708 \approx 27（次）$$

5）采购流程管理

每个饭店都有一套成熟的采购管理制度。这里只是简单地介绍采购的一般程序，以利于对采购工作有一个大概的了解。

采购的基本工作程序为：申请—审批—采购—验收—保管。

◆◆◆ **业务链接 10-7** ◆

饭店采购管理流程

各饭店的采购管理各有不同，但基本流程一致。一般是根据本部门物资情况编制采购计划，制定采购数量和预算，交由总经理和财务部审批。

财务部对采购开支进行预算，预算审批通过后，开出请购单据交给采购组。采购人员进行调查，向上级呈报调查表，汇报询价情况，财务总监和总经理审核后确定最佳采购方案。采购员根据核准的采购计划与供应商洽谈，签订采购合同，开具订购单。采购员保持与供应商的联系，监督其按期、按质、按量交货。供应商按时、按质直接将货物送至饭店，由验收员根据进货验收单核对验货，将货物送仓库验收、入库，办理相关的入库手续。验收员将货物采购申请单、发票、入库单或采购合同一并交财务部核对审核，并办理报销或结算手续，财务部凭借收货凭证付款。仓管员（验收员）认真做好物品的保管工作及领发物品手续。

◆◆◆ **同步解析 10-1** ◆

饭店采购过程中要注意哪些问题？

问题： 在饭店采购过程中，需要特别注意哪些事项？

解析提示： （1）所有的采购都要通过总经理审批。所有的采购任务都由采购部完成，所有采购的物品（包括服务合同）要从三个竞价中选出，如果没有三个竞价，采购部必须说明原因。采购人员要对所购物品的质量及价格负责，并保证物品按采购申请单上的日期购货。如果提交采购申请单或订货单后价格上涨，采购部要查看其他供货商的价格并报知财务经理，最后由财务总监和总经理决定、审批。除工程、固定资产和维修等服务项目以外，餐饮申请购买的所有食品都必须得到厨师长的审批和确认。（2）日需食品、干货、饮品的采购，由食品库存保管员填写提单（市场单），一式三联，必须填写库存量和所需订购数量，然后送交厨师长，由厨师长检查订购数量，必要时做删减或增补，采购部门据此单寻找最合理的价格并填在市场单上，市场单一联送到收货部以确认所购物品，当收到所购物品后，收货员将票和市场单一起送到财务部。(3) 为了统一管理和发放，除仓库里没有的物品以外，各种物品的采购都必须通过物品库，当库存量低于正常标准时，物品库保管员要填写物品采购申请单，并由库房经理签字。如果是厨房用品，订购数量需厨师长审定，采购部根据物品的数量、质量、价格、发货期等因素，推荐合适的供货商，填好的表格送到财务总监和总经理处，由其认可、批准，根据批准后的申请单，采购部填写订购单，订购单按号码顺序发放，并记录备案，订购单一式五份。(4) 对于工程用品，各部门要在采购申请单上注明所需订购物品的品名，采购部要提供三个不同供货商的报价，并填写在申请单上，其中一个价格来自代理商，另外两个来自经销商，然后送到总经理处批准。批准后，采购部要填写订购单，并与申请单一起送到财务总监和总经理处报批。(5) 所有固定资产项目的申购表先由各部门经理审批签字，然后送到财务部检查，申请部门必须写出购置理由，申购表由财务总监审批后送到总经理处审批，如果某些项目金额超过人民币 20 000 元，还要送董事会财务审批。(6) 对于服务项目（修理和维修），先由各部门写出报告（备忘录），在报告中应写明服务的性质、原因以及服务的规格，申请服务的备忘录送到采购部以获取三个不同的报价，并填写在备忘录上，然后再送给总经理审批。批准后，采购部要填写采购单，和申请备忘录一起送给财务部和总经理最后审批。

10.3.3　饭店设备管理

设备管理又称设备工程，是以企业生产经营目标为依据，以提高设备效能为目的，在调查研究的基础上，运用各种技术、经济和组织措施，对设备从规划、设计、试制、制造、选型、安装与调试、使用与运行、维护与修理、改造、更新直至报废的整个寿命周期进行全过程的管理。

知识链接 10-2

设备管理思想演变

1) 演变进程

设备管理思想的演变主要经历了三个阶段，分别是事后维修时期、预防维修时期、设备综合管理时期。①事后维修时期。这一时期普遍实行的是设备坏了以后再修，由于设备结构简单，设备的维护与修理不需要专门技术，修理费用也较低，因此机器设备的维护与修理由设备的操作人员来完成。随着工业生产的发展，设备结构渐变复杂，设备修理难度逐步提高，设备的维修费用不断增加，设备维修需要由专门人员来承担，这样就从生产操作人员中逐步分离出一部分从事设备维修和管理的专门人员。②预防维修时期。20世纪50年代，苏联建立了一套计划预修制度，其以一套定额标准为基础，理论根据是设备的摩擦理论与磨损规律。欧美的预防维修的理论基础是设备的故障规律，即浴盆曲线。预防维修是有计划地进行设备的维护、检查和修理，以保证设备经常处于完好状态的一种技术组织措施，它包括对设备的日常维护、定期检查、精度检查、大修、中修、小修。③设备综合管理时期。为了摆脱传统设备管理的局限性，实现现代工业生产无事故、无缺陷、无伤亡、无公害的要求，世界上工业发达国家先后提出了设备综合管理理论。

2）设备综合工程学观

20世纪60年代，美国在经典的产品和设备寿命周期基础上吸取了寿命周期成本（Life Cycle Cost，LCC）、可靠性工程及维修性工程等现代理论，形成了后勤学（Logistics），定义为"研究资源需求、设备、供应和维修，并以后勤保障、计划作为对象的管理艺术、管理科学和工程技术活动"，被认为是体现设备周期管理的最为彻底的学科。这一观点认为，一个系统应包括基本设备和相应的后勤支援两部分。后勤支援的主要内容有：测试和辅助设备、备件和修理更换件、人员和培训、器材储运管理、辅助设施和技术资料等。基本设备和后勤支援的各个组成部分之间都必须在集成的基础上进行发展，建立最优平衡，以生产出费用效果良好的产品。1974年，英国工商部给设备综合工程学下的定义是：为了求得经济的寿命周期费用，而把适用于有形资产的有关工程技术、管理、财务以及其业务工作加以综合的科学就是设备综合工程学（Terotechnology）。其内容涉及设备、机器、装备、建筑物与构筑物的规划和设计的可靠性与维修性及它们的安装、投产试车、维修、改造和更新，以及有关设计、性能和费用信息方面的反馈。

3）全员生产维修观

1971年，日本在学习欧美维修理论的基础上，根据本国企业的管理经验，将可靠性工程理论和现代管理技术加以综合应用，逐步形成了全员生产维修（Total Productive Maintenance，TPM）。它是全员参加的，以提高设备综合效能为目标，以设备寿命周期为对象的生产维修制度。具体内容如下：目标是使设备的综合效能最大；建立包括设备整个寿命周期的生产维修系统（即管理设备的一生）；包括与设备有关的所有部门，如设备规划、设备使用、维修部门等；从最高管理部门到基层员工的全体人员都参加；开展小组自主活动推进生产维修与管理。

1）饭店设备动态管理

设备的动态管理是指已经投入使用的设备由于闲置、移装、调拨、租赁、借用、报废等情况引起的设备资产的变动而进行的管理。搞好设备动态管理的关键是制定变动操作程序和完备相关手续。

其一，闲置设备的封存与处理。闲置设备是指已经安装、验收、投入运行但当前又不需要运行的设备。闲置设备分为季节性闲置和弃用性闲置。短期的季节性闲置设备应该进行设备的封存和封存后的设备保养与管理，等待经营旺季来临或气候变化需要重新开始使用时进行设备的启封；弃用性闲置设备非但不能为饭店创造价值，反而占据饭店空间，甚至还要支付维护保养费，应及时对其进行处理。

其二，设备的移装、调拨和租赁。设备的移装是指设备在饭店内部的调动或安装位置的移动，凡已经列入固定资产的设备移动，需要填写"设备移装申请表"，报分管经理批准后实施。设备调拨是属于饭店集团间、饭店关联企业间的调拨，无论是有偿还是无偿调拨，都必须提出双方都能接受的合理费用，或建立完善的调拨手续。对于闲置设备进行借用或租赁，都必须健全相应的手续，按照要求计提折旧或支付租赁费，并保证对设备进行必要的维护保养。

其三，设备报废。凡列入固定资产的设备，如果要报废，必须提出申请，经过鉴定并报请上级领导批准后才能进行报废处理。设备未经批准报废之前，设备使用部门不得拆装、挪用，或进行零部件的拆装。工程部要定期编制设备变动情况汇总表，分送有关部门，作为设备资产卡片、账目调整和注销的依据。

2）设备的更新与改造

为了保持饭店设备的完好率，管理人员必须对饭店设备的维修、更新和改造给予充分的重视。如饭店使用的设备在使用到什么程度、使用多长时间进行更新是最有利的等，这些都是管理人员必须考虑的问题。

（1）饭店设备更新。

饭店设备的更新，主要是指用新的、效率更高的设备去更换陈旧的、已经不能继续使用的设备，或者虽可继续使用，但在技术上不能保证产品质量的设备。

这取决于设备的寿命。寿命分为：

①自然寿命。设备的自然寿命是指某种设备从开始使用到由于设备的机件磨损超过限度而无法使用为止的时间，即通常所说的设备寿命。设备的自然寿命是传统的设备更新策略的主要依据。

②技术寿命。设备的技术寿命是指某种设备从开始使用到该设备由于功能落后而造成产品缺乏竞争能力，被具有更好功能的设备所淘汰为止的时间。

③经济寿命。设备因使用而使其机件磨损，必须加以维修和保养。随着设备的逐步磨损和老化，为维修保养而支付的费用就会不断增加，或者由于设备落后而引起利润下降。在设备的自然寿命还未终结之前，对设备维修保养费用的增加、利润下降的损失等因素进行经济分析，找出各种费用之和最低的时间以决定对设备进行更新的年限。这个更新年限就是设备的经济寿命。

（2）设备更新要求。

①讲究经济效益，确定最佳的更新周期。确定设备的更新，既要考虑到该设备的自然寿命，又要考虑到设备的技术寿命和经济寿命。为了提高设备更新的经济效益，饭店更新设备应以设备的经济寿命为标准，通过对各种费用的分析和计算，找出最佳的更新年限。

◆ **业务链接 10-8**

最佳更新年限计算示例

佳能饭店 5 年前购进一台设备，价格为 150 000 元。5 年中，每年的维修费用、当年设备的残值和技术落后所造成的利润损失见表 10-1。

总费用为年平均折旧费、年维修费和技术落后损失费之和。由于折旧费是按照年平均来计提的，当使用年限为 4 年时，总费用已经超过设备的残值，按理说可以进行设备的更新，最佳更新年限是 3 年，即该设备的使用期已超过其经济寿命，应该给予更新。

表 10-1　　　　　　　　设备维护保养情况表　　　　　　　单位：元

使用年限	当年残值	年平均折旧费	维修费	技术落后损失费	总费用
1	125 000	30 000	1 500	0	31 500

续表

使用年限	当年残值	年平均折旧费	维修费	技术落后损失费	总费用
2	110 000	30 000	4 500	0	34 500
3	90 000	30 000	8 500	8 000	46 500
4	50 000	30 000	15 000	15 000	60 000
5	20 000	30 000	18 000	19 000	67 000

②注意克服薄弱环节，提高设备综合效率。由于饭店各设备能力的不平衡，所以总是存在着富余环节和薄弱环节，只有先更新薄弱环节的设备，才有利于提高设备的综合效率。

（3）设备更新形式。

设备更新的形式有以下两种：

①设备的原型更新。设备的原型更新，或叫简单更新、形式更新。这是指同型号的设备以新换旧。这类更新主要用来更换损坏、陈旧的设备。

②设备的技术更新。设备的技术更新是指以结构更先进、技术更完善、效率更高、性能更好、耗费能源和原材料更少、外观更新颖的设备来代替那些陈旧、落后的设备。设备的技术更新具有实现技术进步的重要意义。

同步思考 10-1

饭店设备更新标准是技术还是经济？

问题： 饭店设备技术大踏步发展之后，出现了结构更先进、技术更完善、效率更高、性能更好、耗费能源和原材料更少、外观更新颖的设备，此时，饭店设备技术更新的条件已经具备，但是更新设备需要比较大的投入，甚至出现更新设备后并不一定能够提高效益，反而增加成本负担的情况。那么，饭店设备更新标准是技术还是经济？

理解要点： 这是一个两难的问题，不更新设备可能造成技术落后，饭店竞争力下降；更新设备可能使成本大幅度增加，实际收益不升反降。因此，饭店应当权衡两者之间的利弊得失。建议讨论也循此思路进行。

（4）饭店设备改造。

饭店设备改造主要是指对原有设备进行技术改造，以改善和提高设备的性能、精度和效率。对现有设备进行改造，实质上是设备的局部更新，同样是提高饭店设备使用效率的重要途径。饭店在进行设备技术改造时，要充分考虑其改造的必要性、技术上的可能性和经济上的合理性，有计划、有步骤地对设备进行改造，使设备经过改造之后能达到预期的目的和要求。因此，饭店设备的改造方案要由专业技术人员详细计算，进行技术经济论证和经济效果分析。通常，设备改造应与大修结合起来进行，这样既能达到设备改造的目的，又能节约费用，是一种行之有效的、经济合理的方法。

3）饭店设备的综合管理

饭店设备的综合管理就是以饭店的经营目标为依据，运用各种技术的、经济的和组织的有效措施，对设备的选择、采购、安装、使用、维修、改造直至报废的全过程的综合管理。设备的综合管理以设备整个寿命周期为对象，以设备寿命周期费用最经济为管理目标，讲究全效率的设备管理。饭店设备的综合管理要注意以下六个问题：

其一，实行全过程管理。对设备的投资、计划、设计、制造、安装、调试、运转、维修、改造直到报废为止的全过程进行管理，以系统地提高设备各个环节的机能。

其二，实行最佳效率管理。对设备的技术、经济和管理等方面进行综合性的研究和管理，以提高设备技术性能，讲求全面的经济效果，提高设备的使用效率。饭店设备的选购不仅要考虑价格，而且要考虑费用，应从设备寿命周期总费用最低的角度出发，选择综合效率最高的设备。

其三，实行全员性管理。从饭店领导、管理人员一直到操作人员都参加设备管理工作。按班组进行设备管理，主要内容是减少设备故障及提高生产效率，小组成员分别承担相应的职责。

其四，采用完整的维修体制和方式。饭店设备维修，强调日常维修、事后维修、预防维修、生产维修、改善维修、预知维修、维修预防等维修方式，强调操作人员的日常检查，要以降低设备的整个寿命周期的总费用为目标，达到经济的生产维修目的。

其五，划分重点设备，加强重点管理。根据设备在饭店中的重要性和对饭店服务质量、设施水平档次的影响程度，采用评分方法，从使用设备中选出重点设备，对重点设备实行重点管理。

其六，重视维修记录和分析研究工作。完整地记录和收集设备的维修实施情况，并对这些原始材料进行分析研究，以便为重点设备管理、设备更新改造提供依据。

10.4 饭店信息资源管理

在饭店的运营过程中，计算机办公自动化是现代饭店的建设项目，饭店管理者并非在计算机设施上费脑筋，而是在信息保密、信息管理机制上伤神，于是，本节将与传统的教材有所区别，不再介绍饭店的计算机系统和信息建设知识，而是着重强调饭店的信息管理制度，并对饭店的运行软件做一简要介绍。

饭店信息资源管理是指现代饭店为达到预定的目标，饭店各级管理者有效地运用各种手段和方法进行的信息资料管理的全部工作，包括饭店信息的收集、处理和利用的全过程的工作与管理。

10.4.1 饭店信息管理制度

要根据饭店现有的计算机信息管理系统的要求，实施饭店信息管理制度，强化信息管理岗位职责，加强信息保密制度建设的方法，真正达到信息通畅、信息使用科学、信息保密严格的管理目标。

饭店信息管理制度的确定，要以饭店的计算机系统为依据。本书以饭店建立了完善的信息中心为例来说明信息管理制度问题。

1）工作制度

制度设立依据：该饭店已经建立了完善的信息管理中心，以饭店的信息中心高速运转为依据。

（1）饭店各部门要重视信息工作，充分利用饭店计算机网络系统，搞好管理信息系统信息的采集、传输、加工、存储和使用工作。饭店信息中心是管理信息系统信息工作的管理部门，负责信息工作的协调和考核。

（2）饭店信息中心在信息工作中，要根据需求确定并公布各部门必须输入计算机网络上的信息，将各部门输入计算机网络上的信息进行采集、加工后按"分类、分级、分用途"的原则存入共享信息数据库和综合信息数据库，根据各级领导的需求将相应的信息传输至相应的工作站供管理人员使用。

（3）各部门在信息工作中，根据信息中心确定的信息要求，按时、按质、按量完成向计算机网络输入信息的工作任务。各部门所需的已在计算机网络中存储的信息，信息中心应保证能通过计算机网络及时按质、按量向各部门提供。

（4）信息中心承担向上级主管部门传输计算机信息和接收上级主管部门发送的计算机信息的任务，传输工作必须按时、按质、按量完成，其他社会信息通过计算机网络引入饭店的工作由信息中心归口管理。

（5）凡是涉及机密级事项、秘密级事项的信息必须加密，经饭店总经理审查同意后方可进入计算机网络供指定部门或人员使用。管理信息系统信息的机密级鉴别由总经理室负责。各部门需要在网上发布信息，必须经总经理审查后才可发布。

（6）各部门结点、计算机的网络设置非管理人员不得更改，使用中网络出现问题时应及时向网络管理人员反映，保证有问题及时解决。

（7）在使用网络资源时，必须遵守国家的有关法律法规，不得利用网络资源发布与饭店经营业务无关的信息。

（8）为加强管理信息系统的信息工作，饭店设立信息资源管理领导小组，总经理任组长，信息中心设立数据信息部门经理，各部门主要负责人为本部门信息资源责任人，各部门设立兼职信息员（如助理等），组成饭店管理信息系统信息工作网络。信息员应选有较强事业心和责任感、熟悉本部门基本情况和工作业务、热爱信息工作的同志担任。

2）岗位职责

岗位职责设立依据：该饭店的信息管理采用信息中心全面管理，各部门分立信息点的管理体制，以饭店的信息中心高速运转为依据。

信息部门经理的职责如下：

承担饭店管理信息系统信息工作网络的日常工作，负责接收各部门信息员向网络系统输入的数据信息，按要求督促、检查各部门、各单位数据信息的及时上网，负责中心网络管理信息系统数据处理软件的运行和维护，遵守国家颁发的《中华人民共和国计算机信息系统安全保护条例》（以下简称《计算机信息系统安全保护条例》），管理中心网络系统的有关数据库和相关应用软件，及时、可靠地做好数据备份工作，从专业技术上指导各部门信息员开展信息工作。

各部门信息员的主要职责如下：

负责按时、按质、按量向管理信息系统输入指定的信息及报表，定期接收本部门需要从管理信息系统获得的信息，负责督促检查本部门上网工作站计算机病毒的防治工作，遵守国家颁发的《计算机信息系统安全保护条例》，负责使用本部门管理信息系统的有关软件，管理本部门的有关数据库和应用软件，及时做好数据备份工作，协助信息中心的数据信息部门经理做好管理信息系统的其他信息工作，定期对需要进行信息输入的员工进行技术培训，不断提高员工的信息使用效率，提高员工的业务素质。

3）信息管理保密制度

（1）电脑系统以用户密码和用户功能列表作为保密手段，每位电脑用户都拥有独立的密码和功能列表。

（2）每位电脑用户密码和功能列表由该用户所在部门的经理确定，各部门经理的密码和功能列表由总经理确定，网络管理工作人员必须按此规定为用户设置和增减功能，并及时印出最新的密码和功能列表清单报部门经理和总经理签字认可及存档。

（3）所有用户均应认真保管自己的密码，凡因密码泄露或让他人使用自己的密码而造成的任何后果，均由该密码的所有者负责。

（4）网络管理工作人员负责根据总经理及各部门的要求，为所有用户设置、查询和修改密码及功能列表。

（5）网络管理工作人员必须严格管理电脑储存的所有饭店营业数据，未经总经理允许，不得擅自给无关人员提供或查看任何饭店营业数据，不得擅自接待任何参观人员。

（6）电脑维护人员来店测试或修理电脑系统时，网络管理工作人员必须在场陪同，如发现其有查看饭店营业数据的操作时，应予以劝阻。

（7）饭店内所有有资格进入电脑机房的人员均应遵守信息管理保密制度，未经许可，不得擅自查阅或拿走任何电脑室中的资料、报表和文件等，包括印有饭店营业数据的打印纸。

职业道德与企业伦理 10-1

张先生住 1018 房

背景与情境：一天傍晚，某三星级饭店总机接到一位客人的电话，请转接住店张先生的房间电话，总机转接后，客房无人应接。总机话务员于是向客人说明张先生房间无人应接，请您自己去找他，他住在 1018 房。第二天，张先生投诉饭店泄露了他个人的住店隐私。

资料来源：作者根据题意整理而成。

问题：在本案例中，饭店是否泄露了客人的住店隐私？这一行为是否违背了饭店的服务道德？如何规避这类无意的泄密行为？

分析提示：

（1）在本案例中，饭店泄露了客人的住店隐私，而且是话务员无意之中泄密。

（2）客人入住饭店客房后，这一客房就成为客人的"家"，饭店对客人的入住行为应尽到保密责任，除非公安系统要求提供信息。因此，这一行为违背了饭店的服务道德。

（3）加强培训和职业道德教育直至采取一定程度的惩罚是规避这类泄密行为的最有效手段。

10.4.2　饭店信息管理软件

饭店的信息管理主要取决于计算机系统配置和饭店计算机管理软件，在信息技术异常发达的今天，在饭店的业务运作系统中，计算机管理软件起到了十分重要的作用。

1）饭店管理软件的发展趋势

（1）由单向软件向集成式一体化综合平台发展。

饭店管理信息系统在饭店中的应用是逐渐发展起来的，开始是利用计算机处理某一部门中的一些简单事务，因而相应的程序软件是专门针对某一部门的具体事务而设计的单向软件。随着计算机应用的逐步深入，信息化管理要求越来越高，饭店需要从整个饭店经营的角度出发，将饭店中所有的数据处理、文件管理、经营管理控制等都由计算机统一运作，这种集成式软件是饭店管理信息化的一个重要标志。随着互联网技术的不断发展，饭店管理软件不仅可以为酒店提供常规的管理功能，更能满足饭店对于在线营销、精细化运营、移动管理、数据分析与决策、成本控制、平台直连、物联网对接、供应链管理等多方面的需求，使用者也将不局限于前台、主管、总经理，老板都能积极参与其中。打造集饭店 IT、数据、运营、连接等服务为一体的综合性平台是未来饭店管理软件的发展趋势之一。

（2）由管理型向决策型发展。

饭店计算机管理信息系统的发展经历了启蒙型、事务型、管理型和管理决策型四个阶段。启蒙型软件是饭店使用计算机管理的摸索。事务型软件是计算机管理对饭店手工操作的集成，仅仅是提高了工作效率。管理型软件能参与饭店经营管理，提高饭店的管理质量和管理精度，具备一定的管理效益。管理决策型软件具有完备的预测分析能力，能科学地指导饭店管理者做出经营管理决策，其主要目标是提高饭店管理效益。目前国内少数饭店管理软件正向这一方面发展。

（3）由信息技术驱动向大数据驱动发展。

饭店使用管理软件的目的之一即利用信息技术对饭店内部的信息、数据等资源进行记录、审核、分析及决策。然而，在互联网飞速发展的今天，饭店对管理信息系统的诉求不断深入，需要充分了解客户的消费习惯及偏好、追求对客户的精准营销及服务，而简单的网络信息技术已经无法支撑饭店的新需求，因此，需要寻找更合适的技术通道来实现上述需求。大数据、云计算等新兴技术的发展则为饭店管理软件的更新换代提供了契机，利用大数据及云计算技术，能够极大地优化饭店管理系统，更好地掌握客户的需求以及偏好，使营销更具针对性，这是传统技术无法实现的。

（4）由常规化功能服务向个性化、智慧化功能服务发展。

在互联网的大背景下，网上预订的客户大幅度增加。因此，饭店在管理系统的设计上，不仅要满足线下客户需求，还要考虑线上客户的需求，进而增加一些新功能，主要包括：与更多线上平台合作、与主流通信软件合作、移动客户端开发等。随着千禧一代成为饭店消费的主体，饭店需开发更加个性化、人性化的功能来满足顾客日益增长的需求，如：微信营销、微信预订等新服务的设计，利用客户大数据分析对客户进行精准定位，深入了解客户偏好。

另外，随着互联网的快速发展，服务的智能化程度也包含在了饭店的核心竞争力中，智慧化也是饭店管理系统未来的主要发展趋势之一。饭店要在客户预订、饭店管理、营销服务等方面向智慧化发展；人工智能方面的投入也将极大地帮助饭店节约更多的人力、物力成本，提升饭店的核心竞争力，促进饭店的可持续发展。

（5）由单机向"互联网+"发展

饭店管理系统由最初供饭店内部使用的单机系统发展为以互联网为核心的交互系统，功能不断延伸，使用场景不断扩大。政府报告中提出的"互联网+"战略，为饭店管理软件的革新提供了一个新的发展思路。例如，系统对电子发票的支持将极大地促进"互联网+税务"的普及；系统对支付宝、微信等第三方软件付款的支持将推进"互联网+移动"的发展；系统对顾客隐私的保护将打造"互联网+监管"的利剑。目前，国内的饭店管理软件正向着交互互联、场景化、各部门相配合的综合性方向发展。

2）饭店运作软件简介

各饭店的电脑管理系统及其软件并不完全相同，但是，饭店管理系统的一些通用原则却是相同的。一个饭店管理系统包含了一整套电脑软件来支持前后台的各种经营活动。

（1）饭店前厅与客房管理软件系统。

前厅最常见的四套软件包括预订管理软件、客房管理软件、宾客账务管理软件和综合管理软件。

①预订管理软件。该管理软件是一个饭店内部管理模块，使饭店能迅速处理订房要求，及时准确地生成客房出租、营业收入和未来客源预测报告。大部分连锁饭店管理集团都参与远程预订网络即全球订房系统。全球订房系统主要是获取、处理、传递来自旅行社等的订房要求。中心订房系统主要用来沟通订房资料，跟踪预留房信息，按客房类型、房价差异来控制订房数量。由网络订房系统受理的宾客基本订房资料，经过全球订房系统或中心订房系统自动与饭店订房系统连接。饭店使用的店内订房模块能直接接收任何远程订房系统输入的资料。饭店的电脑订房记录、档案和营业收入预测会因接收到新的预订资料而瞬间更新，资料的实时更新功能促使电脑系统保持最新的订房状态以及订房作业控制。有的订房系统与饭店电脑系统之间能够实现同步双向沟通，做到瞬间更新客房和宾客信息。饭店内部订房模块能自动生成一系列预订管理报表，如预订资料分析、宾客账务资料，以及为已受理的订房者自动生成订房预订确认文件。有的预订管理软件还具备订金管理功能，如追踪订金是否到期、提出应付订金要求和记录订金收取资料。有的预订管理软件还包括客房升等控制功能、客史档案，以及大量的饭店信息，如客房档次、朝向、景色、房内客用品、房价等说明。

②客房管理软件。客房管理软件用于实现即时的客房状态管理，提供房价信息，办理入住登记，帮助员工协调对客服务，实现前厅的接待功能。客房管理软件提供即时的客房状态，总台接待员只要输入房号，电脑屏幕上马上会出现现时的客房状态。

客房部服务员在客房打扫完毕可供出租后，只需在自己部门的电脑终端输入此信息，客房管理软件即能把房态信息瞬间传送给前厅。对于有特殊要求的客人，接待员只要把客人的要求输入电脑系统，系统会按照要求提供可供选择的客房。有的客房管理系统还可将客房的维修要求或具体某间客房的特殊要求输入电脑，由工程师或房务中心去完成这些任务。与此同时，客房管理软件还能有效地调节客房预订功能，帮助预订部员工实现可售房的调节与控制，避免过多的超额预订，保证所有抵店宾客有房可住。

③宾客账务管理软件。宾客账务管理软件增强了饭店对客人账务的管理能力，有利于监控前厅的审计工作。宾客账务由电脑自动管理省却了对账单、账单架和收款机的需求。宾客账务管理软件系统可实现预先确定的宾客信用额度的控制，可以形成多个账单，一旦结账，各种累计挂账额能自动转成不同形式的应收账单以备转账或收取现金。宾客账务管理软件可以有效地监控住店客人的信用额度，可以及时汇总各营业点的宾客消费信息，通过前厅系统的连接数据自动地将宾客消费额汇集以利于及时结账。

④综合管理软件。综合管理软件是在集中预订管理、客房管理和客账管理系统的基础上形成综合性报告的管理软件。综合管理模块起到联系前台与后台系统的作用，以形成综合性报告，如结合预订管理系统和客房管理系统形成当日预期抵店客人名单和可出租客房数量的报告。

（2）与后台的接口。

一个复杂的饭店电脑管理系统包括前台与后台系统。前台与后台系统的软件模块可以相互独立，但是，饭店管理必须要有一个能对饭店各个区域实现经营控制的合成系统，即包括客房销售、电话计费、工资、账务分析等内容。只有一个合成系统，才能形成完整的财务报告。当然，后台系统依赖于前台系统所收集的信息。后台的应用软件主要包括：

①综合分类账务软件系统，包括应收账和应付账软件模块。应收账软件与前台客账系统连接，监管宾客账户和转账以及资金回收。应付账软件系统跟踪饭店采购及维持必要的饭店运转的现金流。

②人力资源管理软件系统，包括工资账务、人事资料记录以及用工一览表。工资账务包括时间和出勤记录、工资发放和应交税费。人事资料记录包括在职和离职的人事资料、用工档案及工作表现评估记录。用工一览表包括员工技能记录和人力储备与饭店人事安排需求等方面内容。

③财务报表软件用来帮助饭店制作财务报告及财务分析报告。

④存货清单控制软件用来控制库存水平、订购单、库存周转，计算库存使用量，进行库存管理和库存费用控制。

3）饭店餐饮与库存管理软件

餐饮业从最初使用收银机到使用计算机管理软件再到现在通过局域网进行通信并共享数据的方式，适应了大型餐饮业营业网点遍布广、需要实时掌握资源分配和营业数据的处理机制。餐饮管理软件需要充分考虑餐饮业经营过程烦琐、工作量大、缺乏足够的专职会计等特点，能够自动完成利润核算，自动生成各种日、月、年销售报表，台账报表，月报表，年报表等；兼顾管理工资人事，在节省一些人力资源的同时又提高工作效率，并降低出错概率；随时查看餐饮部的经营运作情况，并根据所使用的餐饮管理软件提供的每道菜的历史售价、成本、利润、销售额报表和各种排行榜，科学地决定应该发展哪些菜肴、撤销哪些菜肴；同时还能借助餐饮管理软件，清楚地看到哪些员工工作努力，哪些员工在消极怠工，哪个部门管理有方，哪个部门管理混乱。

（1）餐饮日常营业管理软件。

餐饮日常营业管理软件处理如下日常业务：

领位管理：在前台设领位计算机，监视餐厅占桌情况，将新来客人领到未被占据的桌子，或根据客人需要指定位置。

餐厅点菜：服务员（领桌员）记录客人所点菜单，送至点单计算机，录入计算机并打印菜单。利用软件快速录入方式和菜品编辑功能，将点菜人位号、特殊要求等录入、打印，送后台和厨房。

多台点菜：多台计算机同时点菜，收银台统一结账。

菜品管理：对菜品进行二级归类，无论输入的先后顺序，在账单上集中归类打印。

特色菜：根据需要随时增加特色菜，随时进行修改和增删菜品。

退菜作业：服务员记录客人所退菜号，由收银员进行计算机退菜作业，录入有关退菜信息，同时打印退菜单据，并根据退菜原因做出相关处理。

催菜操作：点单操作后，厨房打印催菜单，附桌号、服务员代码、时间和催菜信息。

加菜操作：厨房已出单，客人加菜，点菜员将该菜加入点菜区域，厨房打印新加菜单。

餐饮日常营业管理软件还包括计时收费、包餐管理、厨灶管理、远程厨房打印、顾客结账、分单结账、账单调整、预订操作、取消预订、成本核算、综合查询、交班报告、报表打印、资料管理、会员管理、宴会订餐、日审等功能。

（2）库存管理。

库存管理包括采购管理、入库管理、出库管理、报损管理、报丢管理、退货管理、调拨管理、退库管理、库存盘点、月末处理、综合查询、报表打印、资料管理等功能。

（3）基本资料管理。

餐厅资料管理：对与餐饮管理相关的基本资料进行维护和管理，主要包括菜单/酒水分类、菜品/酒水信息、菜品配料、菜品服务、折扣信息、餐厅情况、餐桌信息等基本信息管理维护。还有部门/员工管理、业务信息管理、库存资料管理、娱乐城资料管理、系统基本资料管理、公布栏信息管理等。

一套完整的管理软件一般还包括报表打印、综合查询、总经理决策系统和系统维护等功能。而其后台管理一般还包括账务处理系统、报表处理系统、工资管理系统、财务分析及经理查询系统、固定资产管理系统等内容。

总之，饭店管理软件必须能够适应现代饭店管理的发展趋势，满足日益复杂的管理需要。

◆ **深度剖析 10-2**

饭店管理软件发展趋势

问题： 信息技术、工程技术与软件技术的快速发展必然引起饭店管理软件的发展。这种发展趋势如何？能大致描绘出其基本特征吗？

理解与讨论： 这是一个大问题，需要大思路。

建议从两个方面来考虑：一是从信息技术、工程技术与软件技术的发展趋势来分析；二是从饭店管理需求与饭店管理软件的发展趋势来分析。当然，有能力者也可以结合现阶段最为流行的各类 APP 软件进行分析。

✦ **本章概要**

✿ **主要概念**

饭店人力资源管理　饭店财力资源管理　饭店物资管理　饭店信息资源管理

✿ **内容提要**

● 本章主要介绍了饭店资源管理，即饭店的人力资源、财力资源、物力资源和信息资源管理。

● 饭店的人力资源管理就是指对饭店从业人员进行招聘、培训、调配、发展、激励、升迁、补偿、协调直至退休的全过程的计划、组织、指挥和控制。人力资源管理包含两个层次：一是管理，即对人力资源进行计划、组织、指挥和控制；二是运作，即从招聘直至退休的全过程的培训、调配、发展、补偿、协调等实际操作。

● 饭店财力资源管理是以饭店资本收益最大化为目标，对饭店资本进行优化配置和有效利用的一种资本运作活动，是研究饭店如何通过筹集、分配和运用资金，以尽可能少的资金取得较大经济效益的科学方法和科学理论。饭店应如何进行有效的资产管理以提高饭店资产的利用率、如何进行有效的资金管理以提高资金的使用效率等问题，是饭店财力资源管理的核心问题。

● 饭店物力资源管理是现代饭店的基础管理，只有建立起从总经理到一线员工都参与的设备物资管理体系，才能真正保证设备运转正常化和高质量的运营，物资消耗才能得到有效的控制。饭店设备管理的目标是追求设备最经济的寿命期费用和最高的综合效能，而饭店的物资管理则应既能使客人感觉到舒适、方便、安全，又能降低成本、提高经济效益。

● 饭店信息资源管理是指现代饭店为达到预定的目标，饭店各级管理者有效地运用各种手段和方法进行的信息资料管理的全部工作，包括饭店信息的收集、处理和利用的全过程的工作与管理。

✿ **内容结构**

本章内容结构如图 10-1 所示。

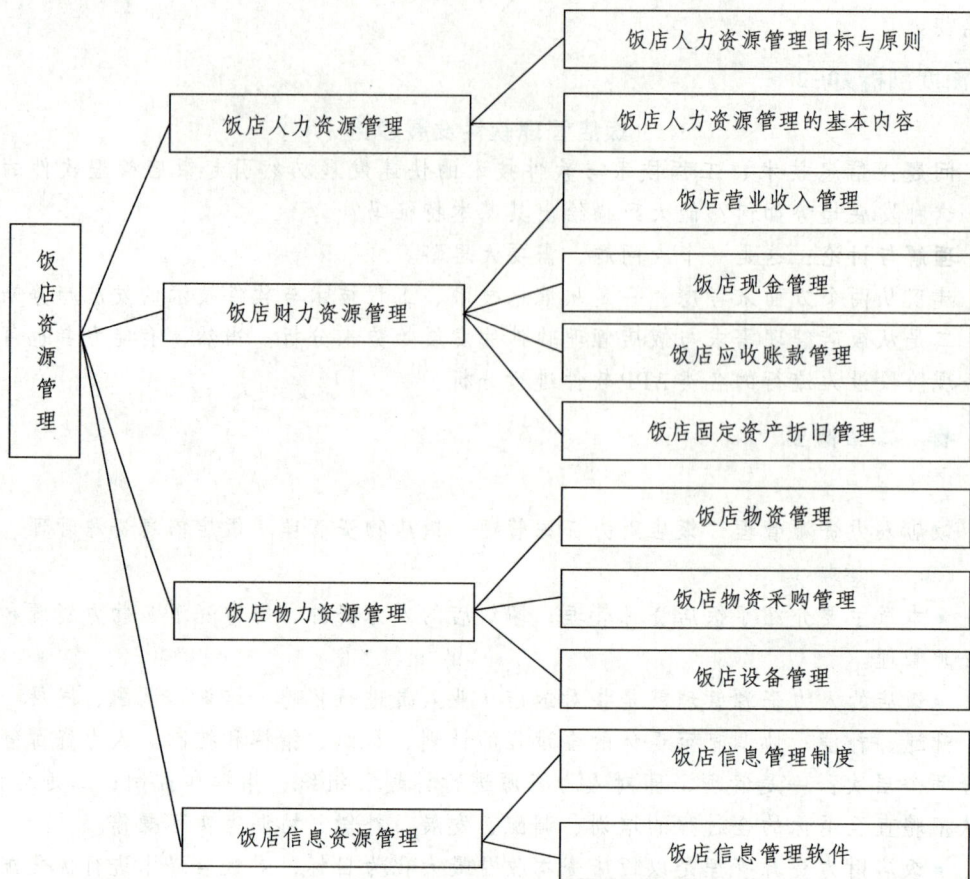

图 10-1　本章内容结构图

☆　重要观点

观点：用人要做到：用人不疑，疑人不用。

常见质疑：用人要疑，疑人要用。

释疑：饭店管理者在使用某一个人后，要积极支持下属的创造性劳动，允许新上岗的人犯错误，因为新上岗者所接受的工作，其难度一般要高于其以前所担任的工作，出现差错是完全可能的，管理者要在有控制的前提下，允许新上岗者犯错，要积极支持他的工作。在用人过程中，要坚持用人不疑，疑人不用，以免增加组织内的矛盾与冲突。

✿　**单元训练**

☆　传承型训练

▲　理论题

△　简答题

1）饭店人力资源管理目标是什么？

2）饭店人力资源管理原则有哪些？

3）饭店的绩效管理流程是什么？

4）简述余额递减法。

5）简述经济订购批量法。

6）简述信息管理制度。

△ 讨论题

1）饭店采购过程中要注意哪些问题？

2）饭店设备更新标准是技术还是经济？为什么？

3）饭店设备综合管理的含义就是所有设备都要认真科学管理，是这样吗？

4）未来 10 年，饭店管理软件会向哪些方向发展？为什么？

▲ 实务题

△ 规则复习

1）如何运用规定加速饭店设备折旧？

2）简述余额递减法及其所依据的原理。

3）简述经济订购批量法及其所依据的原理。

4）简要介绍餐厅酒吧收入的类别及内容。

5）简要回顾饭店各类资产的规定折旧年限，并阐述折旧管理的意义。

△ 业务解析

1）请结合西方国家典型的激励方式，举例说明中国企业的激励方式，并分析中西方国家在激励方式上的差异及优劣。

2）B 饭店的某设备原始价值为 40 万元，预计可以使用 20 年。请采用直线折旧法计算该设备的年折旧率、月折旧率、月折旧额。

3）B 饭店的另一设备价值 300 万元，净残值为 25 万元，预计使用年限为 10 年。请使用加速折旧法对该设备的折旧率及每年的折旧额进行测算。

▲ 案例题

△ 案例分析

【训练目的】

同第 1 章本题型的"训练目的"。

【教学方法】

同第 1 章本题型的"教学方法"。

【训练任务】

同第 1 章本题型的"训练任务"。

【相关案例】

引领客人入住是否要按照流程？

背景与情境： 小郭是一位大四的旅游管理专业实习生，在饭店的实习岗位是行李员。第一天上班时，他接到的第一位客人是一位港商。港商入住登记手续办好后，小郭帮助客人提上行李，按照服务流程，走在客人的左前方，引领客人到电梯口，他按好电梯门按钮，请客人先进，到达楼层后，他按住电梯门按钮，请客人先出，并继续引领客人走进客房，放好行李后，帮客人沏好一杯茶放在茶几上，说道："先生，请用茶。"接着他又用手示意，一一介绍客房设备设施："这是床头控制柜，这是空调开关……"这时，客人用粤语打断他的话，说："知道了。"但小郭仍然继续说："这是电冰箱，桌上文件夹内有'入住须知'和'电话指南'……"未等他说完，客人掏出钱包抽出一张港币不耐烦地塞给他。霎时，小郭愣住了，才发现自己介绍多了。

资料来源：作者根据学生实习汇报资料整理而成。

问题：

1）该案例涉及本章的哪些知识点？

2）运用这些知识点的相关知识表征行李员服务过程中所应具备的素质。

【训练要求】

同第1章本题型的"训练要求"。

【成果形式】

1）训练课业：《"引领客人入住是否要按照流程？"案例分析报告》。

2）课业要求：同第1章本题型的"课业要求"。

△ 善恶研判

【训练目的】

见本章"学习目标"中"传承型学习"的"认知弹性"目标。

【教学方法】

采用"案例教学法"。

【相关案例】

服务员享用本该是客人享用的食品

背景与情境："只有尊重员工、只有为员工提供学习与提高的机会才能调动员工的积极性。"这是不少人力资源管理教材提出的管理者与被管理者之间的不二法则。某饭店餐饮部的谭经理也是这样做的。谭经理在某城市的一家五星级饭店担任餐饮部经理，到任的第一天，当他上午10：00走进早餐厅时，发现近20名服务员在刚刚结束早餐服务的餐厅尽情享用本该是客人享用的食品，而餐厅杯盘狼藉。在后续的一个月内，谭经理开了10次例会，进行了5次培训，做了一次又一次的服务细则培训，但都没有明确指出这种服务员在刚刚结束早餐服务的餐厅享用食品的不当行为。所以，员工的这一行为依然持续。

问题：

1）在本案例中是否存在道德问题？为什么？

2）试对上述问题做出你的道德研判。

3）说明你所做善恶研判的依据。

4）应当如何在服务培训中解决服务员的上述行为问题？

【训练准备】

同第1章本题型的"训练准备"。

【训练要求】

同第1章本题型的"训练要求"。

【成果形式】

1）训练课业：《"服务员享用本该是客人享用的食品"善恶研判报告》。

2）课业要求：同第1章本题型的"课业要求"。

☆　创新型训练

▲　决策设计

决策设计－Ⅲ

【训练目的】

见本章"学习目标"中"创新型学习"的"决策设计"目标。

【教学方法】

采用"学导教学法""案例教学法""项目教学法""创新教学法"。

【训练任务】

1）体验对"附录三"附表3"解决问题"能力"高级"各技能点"基本要求"和"参照规范与标准"的遵循。

2）撰写《"决策设计－Ⅲ"训练报告》。

3）同第4章本题型的其他"训练任务"。

【训练准备】

知识准备：学生自主学习如下知识：

1）本章理论与实务知识。

2）本教材"附录一"附表1"解决问题"（高级）各技能点的"'知识准备'参照范围"所列知识。

3）"决策理论"与"决策方法"基本知识。

4）本教材"附录三"附表3"解决问题"能力"高级"各技能点"基本要求"和"参照规范与标准"。

指导准备：同第4章本题型的"指导准备"。

【相关案例】

饭店老板如何就两难问题进行决策？

背景与情境：某市蓝晶饭店是一家主题精品饭店，饭店经营的前3年都是以营销部的人员营销为主体，在现在这个"互联网+"时代，不采用网络预订简直是太落伍了。饭店老板考虑加入网络预订系统，但问题是网络预订公司要求每客返利25%的房费。老板真有点犯难：如果加入预订系统，在房价不可能提高的情况下，还要支付25%的返利；如果不加入，饭店入住率又有下降的趋势。

问题：

1）该问题涉及饭店信息管理中的哪些知识点？

2）在"互联网+"时代，饭店销售应走什么路径？

3）如果你是该饭店老板，如何就上述两难问题进行决策？为什么？

【设计要求】

1）形成性要求

（1）同第4章本题型（4）以外的其他"设计要求"。

（2）小组总结本次训练，形成《"决策设计－Ⅲ"训练报告》。

2）成果性要求

（1）训练课业：撰写《"'饭店老板如何就两难问题进行决策？'决策设计"训练报告》。

（2）课业要求：

①将《决策提纲》和《决策方案》作为《"'饭店老板如何就两难问题进行决策？'决策设计"训练报告》的附件。

②在校园网的本课程平台上展示班级优秀《"'饭店老板如何就两难问题进行决策？'决策设计"训练报告》，并将其纳入本课程的教学资源库。

③同第4章本题型的其他"成果性要求"。

✸ **建议阅读**

［1］WAJDA W. Innovation, sustainable HRM and customer satisfaction ［J］. International Journal of Hospitality Management，2019（76）：102-110.

［2］HEWAGAMA G, BOXALL P, CHEUNG G. Service recovery through empowerment？ HRM, employee performance and job satisfaction in hotels ［J］. International Journal of Hospitality Management，2019（81）：73-82.

［3］PAGE S J, BENTLEY T, TEO S, et al. The dark side of high performance human resource practices in the visitor economy ［J］. International Journal of Hospitality Management，2018（74）：122-129.

［4］ZHI Y C, WANG P, TURBAN E.Management support systems of state-owned enterprises in China ［J］. International Journal of Information Management，1997（17）：271-285.

［5］WU A, COSTA J, TEARE R. Using environmental scanning for business expansion into China and Eastern Europe：the case of trans-national hotel companies ［J］. International Journal of Contemporary Hospitality Management，1998（10）：257-263.

［6］ZHENG G, EMMETT S.An examination of hotel room pricing methods：practiced and proposed ［J］. Journal of Revenue and Pricing Management，2005（24）：369-380.

［7］WEI T, LOUIS M C, PETER K T.Service pricing：a multi-step synthetic approach ［J］. Journal of Services Marketing，1997（11）：53-65.

［8］陈方英. 基于委托-代理理论的饭店企业员工敬业度提升模式研究 ［J］. 旅游学刊，2007（12）：71-79.

［9］黄颖华. 饭店收入管理方法最新研究分析 ［J］. 旅游学刊，2005（20）：50-54.

课业范例

范例-1

△ 案例分析

【训练目的】

同第1章本题型的"训练目的"。

【教学方法】

同第1章本题型的"教学方法"。

【训练任务】

同第1章本题型的"训练任务"。

【相关案例】

如家酒店的合作模式

背景与情境： 如家酒店集团推出"管理直营"模式，请分析这是一种什么样的管理模式。

"管理直营"概念：如家快捷投资模式不同于传统的酒店加盟，投资者只需投资建设标准的如家快捷，随后由如家酒店集团进行经营管理。在此模式下运营的酒店被称为"管理店"。酒店的营业收入为投资者所有，如家酒店集团仅收取合理的管理费等费用，以管理直营的模式实现投资者的利益最大化。从服务支持的角度看，如家与传统的酒店加盟的最大区别见表范1-1。

表范1-1　　　　　　　　　　如家与传统的酒店加盟的区别

	传统的酒店加盟	如家管理店投资
服务支持	品牌使用、协助筹建、管理培训、提供该品牌管理经营技术、提供咨询指导等	品牌使用，协助筹建，开业前顾问服务，开业后酒店总经理统一经营管理，包括员工招聘、培训、酒店日常经营、财务管理、促销推广等全方位管理

资料来源：根据如家官网相关信息整理而成。

问题：

1）该案例涉及本章的哪些知识点？

2）运用这些知识点的相关知识表征如家的管理直营模式。

3）如家的管理直营模式有什么发展优势？

【训练要求】

同第1章本题型的"训练要求"。

【成果形式】

1）训练课业：《"如家酒店的合作模式"案例分析报告》。

2）课业要求：同第1章本题型的"课业要求"。

【训练要求】

1）了解本教材"附录二"附表2中"形成性训练与考核"的"参照指标"与"训练考核点"。

2）学生分析案例提出的问题，拟定《案例分析提纲》。

3）小组讨论、撰写《案例分析报告》。

4）班级交流、相互点评和修订各组的《案例分析报告》。

【成果形式】

1）训练课业：《"如家酒店的合作模式"案例分析报告》。

2）课业要求：

（1）将《案例分析提纲》作为《案例分析报告》的附件。

（2）规范要求：本教材"附录二"附表2中"课业训练与考核"的"参照指标"与"训练考核点"。

（3）在校园网的本课程平台上展示经过教师点评的班级优秀《案例分析报告》，并将其纳入本课程的教学资源库。

"如家酒店的合作模式"案例分析报告

案例分析人（   级   专业   班）

指导教师   （   大学   学院）

1）案例综述

饭店集团发展模式的选择对于集团的发展和扩展具有重要的作用。本案例以如家酒店集团的管理模式为研究对象，分析"管理直营"的概念，并对如家管理店投资与传统的酒店加盟模式进行比较，以期更好地了解饭店集团的发展模式，有助于根据饭店集团的特征选择合适的发展模式。

2）关于本案例涉及本教材第3章"知识点"的分析

本案例主要涉及第3章饭店集团不同发展模式的特征、区别、适用性等方面的知识点。（主要涉及知识点为直营连锁、特许经营和委托管理等三种集团发展模式的区别、联系与融合运用）

3）运用这些知识点的相关知识表征"如家的管理直营模式"

管理直营模式同时拥有直营连锁、特许经营和委托管理三种发展模式的特征，但又具有显著的不同，对其进行分析可以总结出以下四点内容：①直营连锁是指饭店集团公司通过投资、并购、控股等形式实现对成员饭店的直营，特点是各饭店完全接受总部的指挥，总部对各饭店实施人、财、物，以及商流、物流、信息流等统一经营；②特许经营通常是指饭店管理集团将其具有知识产权性质的品牌，包括先进的全球预订网络与营销系统、成熟定型的管理模式与服务标准等的使用权出售给饭店业主，由饭店业主依照品牌的质量标准与规范营运要求自主经营管理饭店，一定程度上可以有效地降低代理成本；③委托管理是指饭店业主与饭店管理公司签署管理合约来约定双方的权利、义务和责任，饭店业主雇用饭店管理公司作为自己的代理人，承担饭店经营管理职责，并定期获得管理酬金，属于管理直接输出；④相比较而言，管理直营模式具有显著的委托管理模式的特征，与此同时使用如家等具有知识产权性质的品牌，接受总部的全面指挥，也具有直营连锁和特许经营的特征。

4）关于如家的管理直营模式发展优势分析

对于兼具直营连锁、特许经营和委托管理三种模式特征的管理直营模式来说，其在发展过程中具有显著的优势。对于饭店业主而言，通过管理直营模式加盟如家酒店集团能够完全依托如家酒店集团实现饭店的经营管理，无须投入高额资本。对于如家集团而言：①该模式使如家酒店集团低成本实现集团规模扩张；②通过对加盟酒店全方位的管理实现严格的控制和直接经营管理，有利于管控质量，促进集团快速发展。

附件"范1-1"

"如家酒店的合作模式"案例分析提纲

1）关于"知识点"分析

（1）小组成员分别分析、研究如家的"管理直营模式"。

（2）小组讨论各成员收集的关于本案例的知识点，由组长汇总。

（3）小组讨论：本案例"背景与情境"是如何涉及知识点的。

（4）组长汇总"（3）小组讨论"的阶段性成果。

2）关于"管理直营模式"分析

（1）小组成员应用本案例"知识点"的相关知识，指出直营连锁、特许经营和委托管理三种模式的概念、特征及区别，逐一分析如家酒店的"管理直营模式"与这三种模式的联系与区别。

（2）小组讨论各成员分析的"如家酒店的管理直营模式"，由组长汇总。

3）关于本案例中"如家酒店的管理直营模式发展优势分析"

（1）从"管理直营模式"与直营连锁、特许经营和委托管理三种模式的联系中发现共同优势，从这四者的不同之处分析比较优势和差异优势。

（2）小组讨论各成员设计的"本案例中'如家酒店的管理直营模式发展优势分析'"，由组长汇总。

范例-2

△ 善恶研判

【训练目的】

依照相关行为规范对"超出标准的差旅费怎么办？"案例进行善恶研判，促进健全职业人格的塑造。

【教学方法】

采用"案例教学法"。

【训练准备】

1）了解本教材"附录二"附表2中"形成性训练与考核"的"参照指标"与"训练考核点"。

2）了解本教材"附录四"附表4中各"道德范畴"及其"参照规范与标准"。

3）了解与本案例"问题1）"相关的"伦理与道德"行为规范。

【相关案例】

超出标准的差旅费怎么办？

背景与情境： 一家国际知名的饭店集团与中国A市的五星级饭店"赫然饭店"签订合同进行委托管理。经营一年后，饭店业主与饭店管理集团进行了年终结算。在审计财务报表时，饭店业主发现管理公司的管理团队（共8人）在一年之中超出委托管理合同约定，每位管理人员多报销了两趟往返的探亲差旅费，超出金额合计15.36万元。饭店业主发现这一问题后，很为难：不让其报销，怕影响合作，不利于调动管理团队的工作积极性；让其报销，则违反合同约定，不知下一年度是否会发生更严重的情况。

问题：

1）本案例中存在哪些道德问题？

2）试对上述问题做出你的道德研判。

3）说明你所做善恶研判的依据。

4）请从委托-代理的道德风险角度，对这一委托管理合同的后续处理提出建议。

【训练要求】

1）学生分析案例提出的问题，拟出《善恶研判提纲》。

2）小组讨论、撰写小组《善恶研判报告》。

3）班级交流、相互点评和修订各组的《善恶研判报告》。

4）小组总结本次训练，形成《善恶研判报告》。

【成果形式】

1）训练课业：《"超出标准的差旅费怎么办？"善恶研判报告》。

2）课业要求：

（1）将《善恶研判提纲》作为《善恶研判报告》的附件。

（2）规范要求：本教材"附录二"附表2中"形成性训练与考核"的"参照指标"与"训练考核点"。

（3）在校园网的本课程平台上展示班级优秀《善恶研判报告》，并将其纳入本课程的教学资源库。

"超出标准的差旅费怎么办？"善恶研判报告

（项目组组长：　　　　　项目组成员：　　　　　　　　　　　　　　　）

1）案例综述

案例反映的是中国A市的五星级饭店"赫然饭店"发现管理公司的管理团队多报销差旅费，超出委托管理合同约定，并对其处理方式表示为难。若予以报销则违反合同约定，可能促使该行为恶化；若不予以报销，又可能会影响管理团队的积极性。整个案例体现了委托管理存在道德风险。

2）关于"案例中存在的道德问题"分析

委托管理合同中，代理人和委托人之间的信息是不完全对称的，代理人很有可能从事损害委托人利益的行动以实现自己的效用最大化，从而导致代理人的道德风险问题。本案例中，饭店管理公司接受五星级饭店"赫然饭店"的委托，对该饭店进行经营管理，并获得一定的管理薪酬。然而，管理公司的管理团队违背委托管理合同中关于差旅费报销的约定，超出委托管理合同约定的次数与款项，增加酒店的经营成本。

3）关于"对上述问题的道德研判"

案例中管理公司的管理团队行为不仅违反了委托管理合同的约定，也违反了作为代理人所应遵守的职业道德，破坏管理公司的企业信誉。管理公司接受饭店的委托，应该依照委托合同，以饭店利益为先对饭店进行经营和管理，实现饭店利益最大化。

4）关于"善恶研判的依据"分析

从业人员的职业道德与行业规范主要有：①一般性职业道德与行业规范。例如，医生的职业道德规范包括"作为医生，应时刻为病人着想，千方百计为病人解除病痛，救死扶伤，实行社会主义的人道主义"等。代理人受到委托人的委托，应该根据要求，尽可能使酒店收益最大化。②法律法规。代理人与委托人已经签订委托代理合同，代理人应该按照合同中关于权利、责任和利益的分配方案严格执行，确实保障代理人与委托人的利益不受侵害。

5）关于"案例中委托管理合同后续处理建议"的分析

在委托-代理关系中，道德风险必然导致委托人利益的损失，产生代理成本，包括：①向代理人支付的管理费、奖励提成，以及奖金与津贴等费用；②代理人为追求非货币物品，如品牌宣传等所导致的企业成本上升和利润的减少；③由代理人决策与使委托人利润最大化的最佳决策之间存在的差异所导致的企业效率的损失。为了有效地降低代理成本，委托人要通过契约关系对代理人进行监督和约束，通过激励机制的设置促使代理人提高管理效率，间接带来管理成本的减少和管理收益的提高。

实施明确的监督机制能够有效地降低道德风险的发生。对饭店管理公司的监督，建议在建立科学的评价指标的基础上，从加强财务预算控制和日常监督管理两方面进行。在日常的管理经营中，业主应该对管理公司外派人员的工作给予适度的配合和参与，在财务预算控制之外的经营管理范围内充分放权给管理公司。主要措施有：①建立完善的评价体系；②实施财务预算控制；③进行日常监督管理。

本案例中，饭店和管理公司已经签订委托管理合同，后续可通过建立有效的激励机制避免道德风险的发生。设置科学、合理的激励机制非常重要，其中如何确定费用定额和提成比例是饭店业主与管理公司激励机制设计的核心问题。①设置科学的管理定额；②选择科学的业绩奖励提成方案，包括单一激励方案、多激励比例方案、梯式激励性报酬方案、计算点数的激励性报酬方案、关联激励性报酬方案和分享方案等。

6）总结与结论

（1）饭店委托管理是一种以契约关系为核心的委托管理，在合同类型中属于委托合同。饭店业主雇用饭店管理公司作为自己的代理人，承担饭店经营管理职责。作为代理人，饭店管理公司以饭店业主的名义，拥有饭店的经营自主权，负责饭店日常经营管理，定期向饭店业主上交财务报表和饭店经营现金流，并根据合同约定获得管理酬金。然而，委托人关于代理人的努力程度和信息是不完全的，导致代理人可能从事高风险或者损害委托人利益的行动来实现自己效用的最大化。代理人的道德风险问题的产生不仅违反了合同规定，也违背了管理公司派出人员本身的职业操守，结果不仅损害了委托人的利益，也破坏了代理公司的信誉。因此，饭店业主需要通过"激励－约束机制"的建立解决并避免未来不必要的道德风险。

（2）本道德研判对我们有很好的教育和启示意义。不管是委托代理的管理团队，还是其他岗位的从业人员抑或是企业，均必须严格遵守职业道德和行业规范，不要有短视行为。这些违反职业道德和行业规范的行为可能可以获得短期的利益，但却危害了自己的信誉及企业的品牌，最终损害自身的职业生涯及企业的长期发展能力。

附件"范2-1"

"超出标准的差旅费怎么办？"研判提纲

（项目组组长：　　　　项目组成员：　　　　　　　　　　　　　　　　）

1）关于"案例涉及的道德伦理问题"分析

（1）小组成员分别分析本案例中"超出标准的差旅费怎么办？"所涉及的委托管理行为。

（2）小组成员分别分析、研究本案例中所涉及委托管理行为存在的道德伦理问题。

（3）小组讨论"（1）"和"（2）"，形成讨论纪要。

（4）组长分析、综合"（3）"的讨论纪要，形成阶段性成果。

2）关于"对案例中问题的道德研判"

（1）小组成员根据"讨论纪要"和组长的分析、综合，对各种行为的道德伦理问题逐一进行"善恶研判"。

（2）小组讨论各成员的"善恶研判"，对于存在道德伦理问题的委托管理行为分别进行批判。

（3）组长汇总讨论"2）"的研判内容，形成阶段性成果。

3）关于"做出道德研判的行为依据"分析

（1）小组成员分别通过网络及图书馆查找资料，研究"做出道德研判的行为依据"。

（2）小组讨论各种委托管理的职业操守及相关规定。

（3）组长汇总讨论"3）"的分析内容，形成阶段性成果。

4）关于"案例中委托管理合同后续处理建议"的分析

（1）小组成员分别对"后续处理建议"进行分析。

（2）小组讨论各成员对"后续处理建议"的分析。

（3）组长汇总讨论"（2）"的讨论内容，形成阶段性成果。

5）撰写、讨论与交流《"超出标准的差旅费怎么办？"善恶研判报告》

（1）组长组织组员综合以上阶段性成果，形成《"超出标准的差旅费怎么办？"善恶研判报告》。

（2）在班级讨论、交流各组的《"超出标准的差旅费怎么办？"善恶研判报告》。

（3）小组修改《"超出标准的差旅费怎么办？"善恶研判报告》，提交教师点评。

范例-3

▲ 实践题

"饭店选址"知识应用

【训练目的】

参加"'饭店选址'知识应用"的实践训练。在了解和把握本训练所及"能力领域"相关技能点的"参照规范与标准"基础上，通过对"知识准备"所列知识的运用，相关"参照规范与标准"的遵循，系列技能操作的实施，相应《实践报告》的准备、撰写、讨论与交流等有质量、有效率的活动，系统体验关于"'饭店选址'知识应用"专业技能的"传承型学习"及其迁移；通过"内化级"践行"道德领域"全选范畴的"参照规范与标准"，阶段性体验职业道德的"传承型学习"及其迁移，促进健全职业人格的塑造。

【教学方法】

采用"项目教学法"。

【训练准备】

知识准备：

1）第3章理论与实务知识。

2）表范3-1中各技能点的"参照规范与标准"。

3）表范3-2中各道德范畴的"参照规范与标准"。

4）与所选课业和技能操作相关的某种范本。

指导准备：

1）教师向学生阐明"训练目的"和"训练内容"。

2）教师指导学生设计《实践计划》和撰写《实践报告》。

3）教师向学生说明本次实践应该注意的问题。

【训练内容】

专业能力训练：其"能力领域""技能点""名称""参照规范与标准"见表范3-1。

表范3-1　　**专业能力训练领域、技能点、名称及其参照规范与标准**

能力领域	技能点	名称	参照规范与标准
"饭店选址"知识应用	技能点1	"饭店选址的考察因素"知识应用	1）能全面把握"饭店选址的考察因素"的理论与实务知识。 2）能正确应用上述知识，有质量、有效率地进行以下操作： （1）系统、全面地考察与饭店选址相关的"需求性变量""竞争性变量""规模性变量""物理性变量""消费偏好变量"等因素。 （2）参照相应文本，形成《饭店选址的阶段性考察资料Ⅰ》

续表

能力领域	技能点	名称	参照规范与标准
"饭店选址"知识应用	技能点2	"饭店选址的中观因素"知识应用	1）能全面把握"饭店选址的中观因素"的理论与实务知识。 2）能正确应用上述知识，有质量、有效率地进行以下操作： （1）系统、全面地考察饭店选择中的"地段、区域评价""社区经济环境""社区文化环境""社区生态环境"等因素。 （2）参照相应文本，形成《饭店选址的阶段性考察资料Ⅱ》
	技能点3	"饭店选址的微观因素"知识应用	1）能全面把握"饭店选址的微观因素"的理论与实务知识。 2）能正确应用上述知识，有质量、有效率地进行以下操作： （1）系统、全面地考察饭店选择中的"自然气候条件""水文地质条件""地形交通条件""饭店建造前基地评价"等因素。 （2）参照相应文本，形成《饭店选址的阶段性考察资料Ⅲ》
	技能点4	"饭店选址方法"知识应用	1）能全面把握"饭店选址方法"的理论与实务知识。 2）能正确应用上述知识，有质量、有效率地进行以下操作： （1）以定性方法为主、定量分析方法为辅，测定周围商圈的大小。 （2）采用雷利法则、哈夫法则、康帕斯法则、阿普波姆法则、饱和指数法则等方法测定商圈的相关数据。 （3）参照相应文本，形成《饭店选址的阶段性考察资料Ⅳ》
	技能点5	"饭店选址调研报告撰写"知识应用	1）从网上查阅并全面把握"饭店选址调研报告撰写"的相关知识。 2）能正确应用上述知识，有质量、有效率地进行以下操作： 综合《饭店选址的阶段性考察资料Ⅰ～Ⅳ》，参照相应文本，形成较为规范、完备的《饭店选址调研报告》

职业道德训练：其"道德范畴""名称""等级""参照规范与标准""选项"见表范3-2。

表范 3-2　　　　　　　　　　**职业道德训练选项表**

道德领域	道德范畴	名称	等级	参照规范与标准	选项
职业道德	范畴 1	职业观念	内化级	同本教材"附录四"附表 4 的参照规范与标准	√
	范畴 2	职业情感	内化级	同本教材"附录四"附表 4 的参照规范与标准	√
	范畴 3	职业理想	内化级	同本教材"附录四"附表 4 的参照规范与标准	√
	范畴 4	职业态度	内化级	同本教材"附录四"附表 4 的参照规范与标准	√
	范畴 5	职业良心	内化级	同本教材"附录四"附表 4 的参照规范与标准	√
	范畴 6	职业作风	内化级	同本教材"附录四"附表 4 的参照规范与标准	√
	范畴 7	职业守则	内化级	同本教材"附录四"附表 4 的参照规范与标准	√

【组织形式】

将班级学生分成若干实践团队，根据训练内容和项目需要进行角色划分。

【训练任务】

1）对表范 3-1 所列"能力领域"各技能点，依照其"参照规范与标准"实施阶段性基本训练。

2）对表范 3-2 所列"职业道德"选项，依照本教材"附录四"附表 4 的"参照规范与标准"实施"内化级"训练。

【训练要求】

1）训练前，引导学生了解并熟记本实践的"训练目的""训练准备""训练内容""训练任务"，将其作为本实践的操练点和考核点来准备。

2）通过"训练步骤"，将"训练任务"所列两种训练整合到本实践的"活动过程"与"成果形式"中。

3）系统体验对"专业能力训练"各技能点和"职业道德训练"全选范畴"参照规范与标准"的遵循。

【情境设计】

学生组成若干实践团队，就本项目进行必要的角色划分；各团队分别选择当地一家饭店，应用"饭店选址"的理论与实务知识，依照"训练步骤"，首先制订《实践计划》，再根据《实践计划》，系统体验表范 3-1 中各项技能操作，并在其中"内化级"践行表范 3-2 中的全选项行为规范；分析、总结此次实践活动的成功与不足，在此基础上撰写《实践报告》。

【训练步骤】

1）将班级学生组成若干个实践团队，每个团队确定 1～2 人负责。

2）各团队结合"情境设计"进行角色分工，根据项目需要制订本次《实践计划》。

3）各团队实施《实践计划》，应用"饭店选址"的理论与实务知识，系统体验如下技能操作：

（1）依照"技能点1"的"参照规范与标准"，体验"'饭店选址的考察因素'知识应用"中的各项技能操作，形成《饭店选址的阶段性考察资料Ⅰ》。

（2）依照"技能点2"的"参照规范与标准"，体验"'饭店选址的中观因素'知识应用"中的各项技能操作，形成《饭店选址的阶段性考察资料Ⅱ》。

（3）依照"技能点3"的"参照规范与标准"，体验"'饭店选址的微观因素'知识应用"中的各项技能操作，形成《饭店选址的阶段性考察资料Ⅲ》。

（4）依照"技能点4"的"参照规范与标准"，体验"'饭店选址方法'知识应用"中的各项技能操作，形成《饭店选址的阶段性考察资料Ⅳ》。

（5）依照"技能点5"的"参照规范与标准"，综合《饭店选址的阶段性考察资料Ⅰ～Ⅳ》，体验"'饭店选址调研报告撰写'知识应用"中的各项技能操作，形成较为规范、完备的《××饭店选址调研报告》。

4）在"'饭店选址'知识应用"之"专业能力"的上述基本训练中，"内化级"融入表范3-2中"职业道德训练"全选项的相关训练。

5）各团队总结本次实践的操练体验，分析其成功经验和存在的问题，提出改进建议。

6）各团队在此基础上撰写、讨论和交流作为最终成果形式的《实践报告》。

【成果形式】

训练课业：《"'饭店选址'知识应用"实践报告》。

课业要求：

（1）《实践报告》的内容包括：实践团队成员与分工；实践过程；实践总结（包括对"专业能力"各技能点和"职业道德"选项训练的成功与不足之分析说明）。

（2）将《实践计划》和《××饭店选址调研报告》以"附件"形式附于《实践报告》之后。

（3）在校园网的本课程平台上展示经过教师点评的班级优秀《实践报告》，并将其纳入本课程的教学资源库。

"'饭店选址'知识应用"实践报告

本团队以"XX实践操练团队"为名，以了解和熟记本实践的"训练目的""训练准备""训练内容""训练任务"为出发点，以"'饭店选址'知识应用"专业能力和"职业道德"选项的"内化级"践行训练为重点内容，通过对厦门市思明区XX饭店选址进行可行性调研，制订《"'饭店选址'知识应用"实践计划》，据此系统体验该饭店选址的各项技能操作，同时将"职业道德"的全选项融入此次实践操练的过程中。

现将本次实践操练报告如下：

一、实践团队成员分工

1.团队名称

本实践小组根据工作任务情况，团队命名为"XX"。设小组长1人，小组成员5人，共计6人。

2.角色分工

团队成员分别是林凯、陈文、赵伟、林静、孙强、李莉6人。实践小组组长由林凯同学担任，林凯同学理论基础知识比较扎实，有较强的组织能力和协调能力，能够很好地组织团队完成任务。根据分工，林凯为实践团队的组织人，负责安排实践进度、组织研讨，并主要负责饭店选址理论知识的收集和整理；陈文同学负责调研饭店发展机遇等相关信息的收集与整理；赵伟负责区域需求分析；林静负责区域饭店供给分析；孙强负责饭店选址的社会经济环境分析；李莉负责饭店选址的微观环境分析。除此之外，全员参加饭店的实地调研。

二、实践过程

1. 实地调研、资料收集与形成

本实践团队成员根据角色分工，分别针对饭店选址理论知识的收集和整理、调研饭店发展机遇等相关信息的收集与整理、区域饭店需求分析、区域饭店供给分析、饭店选址的社会经济环境分析、饭店选址的微观环境分析等，进行详细的资料搜索及分析，并结合"调研饭店微观选址环境"实际勘察，为深入了解饭店选址条件提供基础资料。

（1）饭店选址理论知识的收集和整理

深入进行饭店选址理论知识的收集和整理，梳理出各种相关理论与方法，形成《饭店选址的阶段性考察资料Ⅰ》。

（2）饭店发展机遇等相关信息的收集与整理

收集调研学校所在地的饭店发展机遇等相关信息，通过资料、数据的收集与整理，获取更深入的了解，形成《饭店选址的阶段性考察资料Ⅱ》。

（3）区域饭店需求分析

根据所在地的社会经济发展趋势，预测所在地的旅游业发展规模，在此基础上预测未来饭店需求量，形成《饭店选址的阶段性考察资料Ⅲ》。

（4）区域饭店供给分析

通过对所在地的已经营饭店的调查分析，收集在建饭店规模与数量，统计出所在地的饭店供给规模，形成《饭店选址的阶段性考察资料Ⅳ》。

（5）饭店选址的社会经济环境分析

通过对所在地社会经济环境分析，特别是拟选址的饭店店址周边3千米范围内的社会经济环境的调查，形成《饭店选址的阶段性考察资料Ⅴ》。

（6）饭店选址的微观环境分析

确定所在地的饭店选址位置后，对该店址周边社区的办公机构、人口结构、交通状况、市政设施和自然环境进行全面调查，形成《饭店选址的阶段性考察资料Ⅵ》。

（7）饭店实地微观环境调查

"调研饭店微观选址环境"实际勘察，主要包括店址周边社区的办公机构、人口结构、交通状况、市政设施和自然环境的全面调查，为深入了解饭店选址条件提供基础资料。微观环境对于饭店地块选择至关重要，通过对饭店选址的实地勘探，从自然气候条件、水文地质条件、地形交通条件、建造前基地评价内容等方面进行分析，结合前文的资料基础，以进一步探索该选址的可行性，形成《饭店选址的阶段性考察资料Ⅶ》。

2.撰写《调研报告》

实践小组组长组织团队成员汇总《饭店选址的阶段性考察资料Ⅰ～Ⅶ》，撰写《厦门市思明区XX饭店选址实践报告》。

3.实施"融入性"职业道德训练

本团队在实施上述"专业操练"的过程中，按照"实践要求"，依照表范3-2中列入的"职业道德训练"全选项，进行了"内化级"的融入性训练。

三、实践总结

1.关于"'饭店选址'知识应用"的专业能力训练

（1）通过对饭店选址理论知识的收集和整理、饭店发展机遇等相关信息的收集与整理、区域饭店需求分析、区域饭店供给分析、饭店选址的社会经济环境分析、饭店选址的微观环境分析、饭店实地微观环境调查，本团队加深了对饭店选址相关理论知识的理解，基本掌握饭店选址的基本程序及技能。

（2）通过对"饭店选址"知识的综合应用和饭店实地微观环境调查，系统体验了表范3-1中的各项技能操作，提升了"理论与实践相结合"的相关专业能力。

2.关于"职业道德"选项的"融入性"操练

实践前，本实践团队重温了列入本"实践题"表范3-2"职业道德训练选项表"中"职业道德"全选项的"参照规范与标准"，这对于我们实施其"融入性训练"是十分必要的，有助于克服实践过程中相关操作的盲目性。在实践过程中，我们在准备和实施"'饭店选址'知识应用"全方位训练的同时，在团队分工与合作中，习惯性（内化级）地融入了"职业理想""职业观念""职业良心""职业情感""职业态度""职业作风""职业守则"等"职业道德"的训练，进一步强化了我们的"职业道德素质"。这对于实现本课程"健全职业人格"建构的目标来说，是必不可少的。

3.成功与不足

（1）成功之处在于：

第一，饭店选址理论知识的收集和整理比较全面。

第二，饭店发展机遇等相关信息的收集与整理比较齐全。

第三，区域饭店需求分析比较科学。

第四，区域饭店供给的调查统计全面。

（2）不足之处在于：

第一，对拟选址饭店店址周边3千米范围内的社会经济环境的调查不够全面、深入。

第二，确定所在地的饭店选址位置后，受时间限制，对该店址周边社区的办公机构、人口结构、交通状况、市政设施和自然环境的全面调查明显不足。

第三，在饭店选址的实地勘探中，水文地质条件、地形交通条件、建造前基地评价内容等方面受专业知识限制，任务完成得不够专业。

附件"范3-1"

"'饭店选址'知识应用"实践计划

为了深入理解饭店选址相关知识并能够掌握及运用，特制订本次实践计划。

一、关于"'饭店选址'知识应用"的专业训练

1.开展团队实践任务的动员，进行前期准备。在教师的指导下，明确实践内容，根据实践任务需要进行角色分工，指定相关成员按照实践要求和需要，分别对以下内容进行资料收集与调研分析：（1）饭店选址理论知识的收集和整理；（2）饭店发展机遇等相关信息的收集与整理；（3）区域饭店需求分析；（4）区域饭店供给分析；（5）饭店选址的社会经济环境分析。

2.以"厦门市思明区XX饭店选址"为研究对象。通过前期资料收集与整理，掌握饭店选址需要考虑的基本要素，并以此为依据对饭店的选址要素进行考察，确定所在地的饭店选址位置后，对该店址周边社区的办公机构、人口结构、交通状况、市政设施和自然环境进行全面调查。

3.通过饭店实地微观环境调查，主要包括店址周边社区的办公机构、人口结构、交通状况、市政设施和自然环境的全面调查，为深入了解饭店选址条件提供基础资料。特别是通过对饭店选址的实地勘探，从自然气候条件、水文地质条件、地形交通条件、建造前基地评价内容等方面进行分析，结合前文的资料基础，以进一步探索该选址的可行性。

4.在上述调查的基础上，团队成员根据分工和分别收集与调研到的资料，分别提出有效的饭店选址分析框架及流程，最后由组长总纂《实践报告》。

二、关于"职业道德"的融入性训练

组织本团队全体成员，重温表范3-2"职业道德训练选项表"各选项的"参照规范与标准"，要求各成员将"职业道德"各范畴行为的"参照规范与标准"自觉地（"内化级"）融入专业训练的全部过程中。

附件"范3-2"

厦门市思明区XX饭店选址调研报告

一、前言

饭店行业是旅游行业的一个组成部分，是由多元素组成的一个行业。它能够代表一个国家、一个地方、一个城市的文明、文化，能够对一个国家、一个地方、一个城市的发展和开放起到积极的作用。从1982年开始，我国饭店行业起步至今已经有30多年了，饭店行业的发展先后经历了三个阶段：第一阶段，20世纪80年代，随着国家的改革开放，饭店行业在全国各行各业中率先对外开放，引进国际饭店集团的先进管理模式，投资主体以国有资本为主；第二阶段，20世纪90年代，各行各业兴建饭店，将其作为主营业务的一种补充，投资主体仍以国有资本为主；第三阶段，21世纪，随着北京申奥成功和上海世博会成功举办，饭店行业的潜在需求吸引了大量房地产商的投资，投资主体以民营资本为主。2008年，受到金融危机的冲击，饭店行业的发展受到一定的负面影响。但是从总体上来看，饭店发展趋势较好。近年来，国际旅游市场有一定的回落，但是国内旅游市场却有了较大规模的发展，国内掀起了一股旅游开发热潮，作为旅游六大要素之一的住宿——饭店业，具有良好的发展前景。

但是，由于饭店行业产品的特性，饭店的经营、管理及发展极易受到外界环境的影响，一直处于敏感、被动的地位，国际的、国内的、政治的、经济的重大事件都会

对饭店行业产生重大的影响。因此，饭店的选址调研非常有必要。

二、选址概况

1.建设地址

本项目饭店位于厦门市民族路86号，处于演武大桥与成功大道交会处，周边主要为居民区，靠近繁华路段及街区，西边靠海面海，北边临近鼓浪屿码头及中山路，南边靠近厦门大学及南普陀景区，东边临近万石植物园。

2.项目建设规模及建设内容

本饭店总建筑面积13.5万平方米，预计投资10.4亿元，设计包含客房、商场、会议室、健身房及餐饮等功能。饭店建筑为双栋，各29层；其中商场面积、休闲娱乐场所面积、会议室面积、健身房及餐饮面积总共为8万平方米；客房面积为5.5万平方米。

三、厦门饭店市场调研

（一）政策环境

厦门市不管是在星级饭店建设方面还是在投资方面均有较高的优惠政策，可参考如下：

1.厦门市鼓励星级饭店建设

2008年，《厦门市鼓励旅游业发展土地若干政策》针对星级饭店项目建设提出了一些优惠政策。

（1）新建旅游建设项目一律采用公开招标拍卖方式出让，但在制定旅游建设项目公开招标拍卖挂牌出让文件时，可以按工业用地作为挂牌底价。

（2）四、五星级饭店和国家级旅游度假区项目用地，土地使用年限按综合性用途确定，由40年无偿延长至50年。

（3）对于四、五星级饭店在改建及扩建过程中，在土地认定方面有相应的优惠政策。

2.鼓励旅游投资相关优惠政策

为了鼓励旅游设施投资，进一步促进旅游业的发展，厦门市政府相关部门还出台了《鼓励旅游设施投资促进旅游经济增长的扶持意见》（厦财行〔2010〕6号）。有关内容如下：鼓励社会资本参与本市旅游设施项目建设。对于非财政投资旅游设施项目，银行贷款总额超过人民币3 000万元以上的部分给予财政贴息补助，贴息率不高于中国人民银行同期贷款基准利率的50%，贴息补助年限不超过3年，每个项目每年贴息补助总额不超过人民币200万元。

通过对以上政策的了解及分析可知，厦门市政府鼓励星级饭店的建设，并提供了相关政策的支持。

（二）市场宏观背景

1.社会经济发展

（1）经济水平提升，服务业发展前景好

社会经济发展成为国内住宿业发展的支撑条件。近年来，我国经济发展水平得到了大幅度的提升。从图范附3-2-1可知，从1990年至2018年，国内生产总值产生了迅速的增长，主要得益于第二产业和第三产业的快速增长。第三产业的增长速度不亚于第二产业的增长速度，这也说明了近年来服务业发展前景很好，且未来仍然具有较好的发展前景。

（亿元）

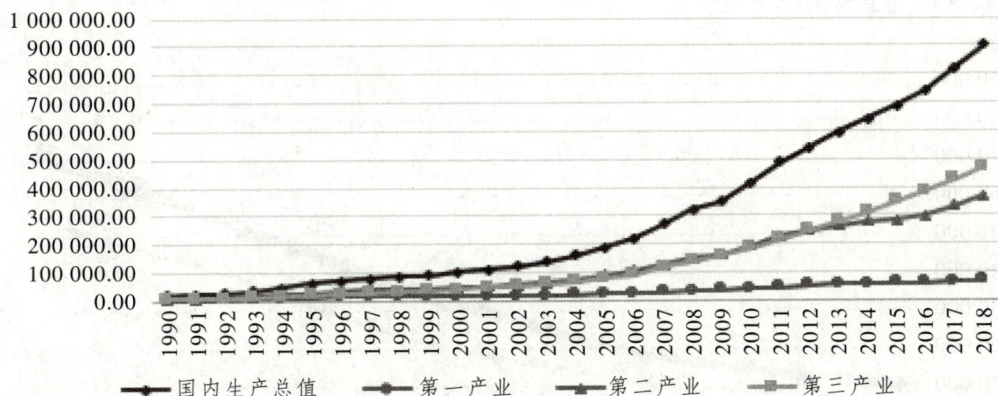

图范附3-2-1　国内生产总值趋势图

图范附3-2-2为国内生产总值构成，结合图范附3-2-1和图范附3-2-2可知，从1990年至2018年，国内生产总值不断增加，内部产值构成比例也发生了较大的变化。其中，第二产业占国内生产总值的比例较为稳定，而第一产业占国内生产总值的比重不断下降，相比之下，第三产业产值占国内生产总值的比重不断上升，将与第二产业相媲美。

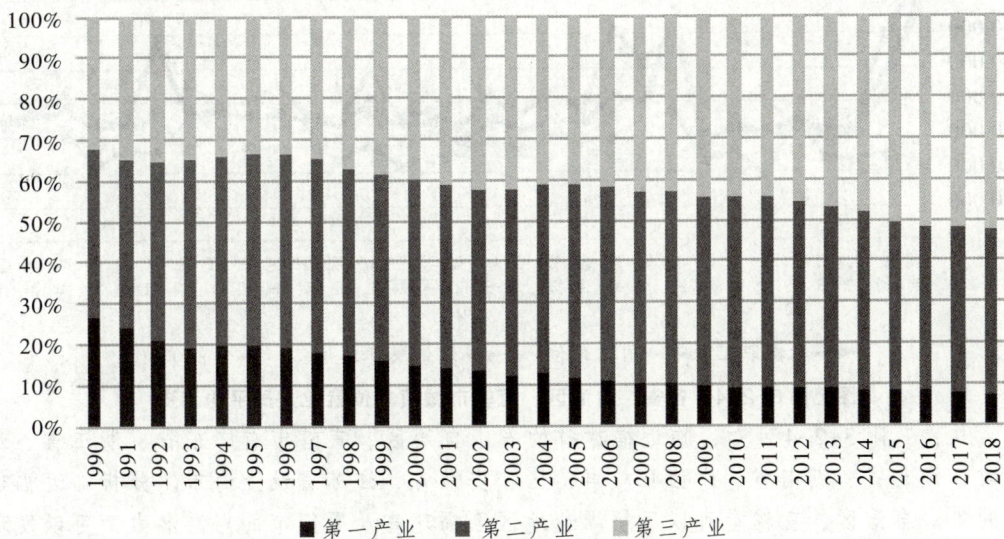

图范附3-2-2　国内生产总值构成

（2）人均收入提高，奠定出行条件基础

有时间和有钱是人们旅游的首要条件，而经济条件又能够反映人们对住宿条件的需求情况。图范附3-2-3和图范附3-2-4展示了城镇单位就业人员的工资随着时间的推移所发生的变化，以及各省、自治区、直辖市城镇单位就业人员的工资水平。

图范附3-2-3表明，城镇单位就业人员的工资随着时间的推移逐渐提升，且提升的速率逐渐加大，从侧面反映了人民经济水平的提升和人们生活水准的提高。图范附3-2-3还表明，国有企业单位及其他单位的工资水平明显高于城镇集体单位水平。因此，未来国有企业单位及其他企事业单位的员工仍是未来旅游业发展的主体，而城镇集体单位员工发展潜力巨大。

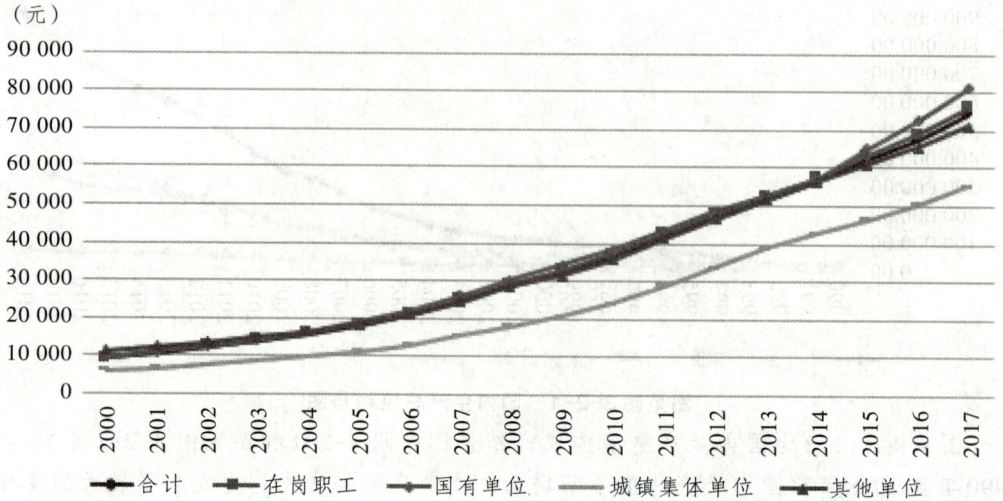

图范附3-2-3　城镇单位就业人员平均工资趋势图

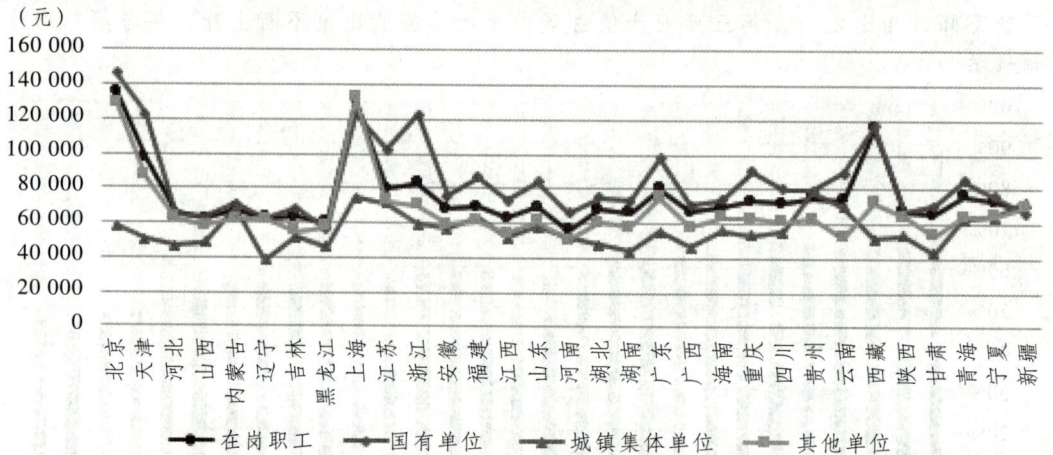

图范附3-2-4　各省、自治区、直辖市城镇单位就业人员平均工资

从图范附3-2-4可知，临近福建省的省、自治区、直辖市有广东省、浙江省、江西省、湖北省、湖南省、广西壮族自治区、安徽省、江苏省及上海市。分析临近福建省的省、自治区、直辖市可以了解周边地区至福建省及厦门市的出游潜力，可以发现广东、浙江、江苏及上海市的城镇单位就业人员工资水平较高，到福建厦门的潜在出游能力强。并且，这些地区的旅游资源与厦门的滨海资源、土楼文化等王牌景区具有较高的区分性，因此，住宿业受到这几个客源地的影响较大。

2. 旅游业发展趋势

住宿消费是旅游消费的重要组成部分，而旅游客人也是住宿业的主要客源之一。一个地区住宿业的发展情况将会直接受到旅游业发展的影响，旅游业具有淡旺季，住宿业也随之存在淡旺季的特点。关注国内旅游发展趋势，有利于预测未来旅游发展规模及发展前景，从而洞悉旅游住宿的发展需求。

　　图范附3-2-5为国内游客数量增长趋势图。与预期不同的是，在2010年之前，农村居民国内旅游人次高于城镇居民，2010年之后，城镇居民旅游人次超过农村居民，发生了爆发式的增长。相较于2010年的数据，城镇居民2017年国内旅游人数将近翻了4番，跃为国内游客主体，而农村居民出游人次则逐渐稳定。图范附3-2-6反映了国内旅客旅游总体消费变化趋势。从图范附3-2-6可以看出，近年来国内旅游消费总额发生较快的增长，其中旅游消费的主体为城镇居民，虽然农村居民的旅游消费总额有所增加，但是其占旅游消费总额的比例仍显著低于城镇居民旅游消费。

（百万人次）

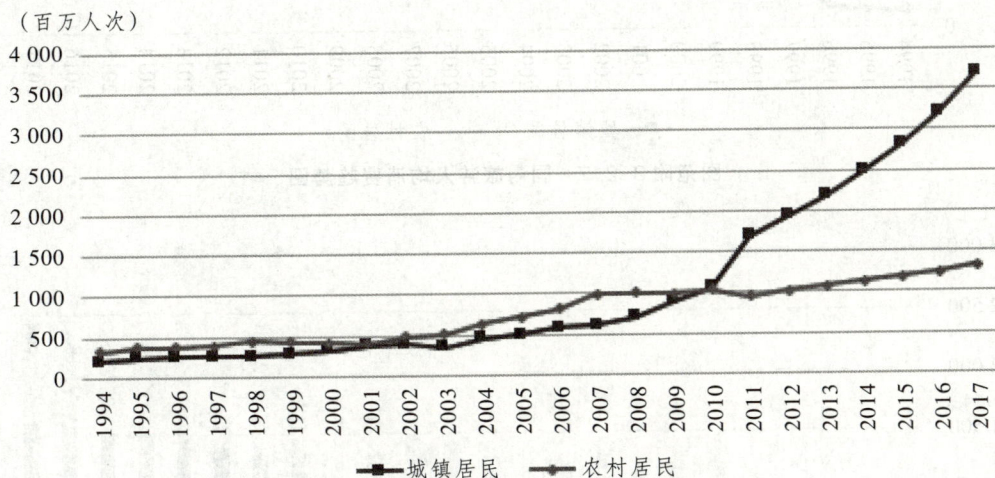

图范附3-2-5　国内游客数量增长趋势图

（亿元）

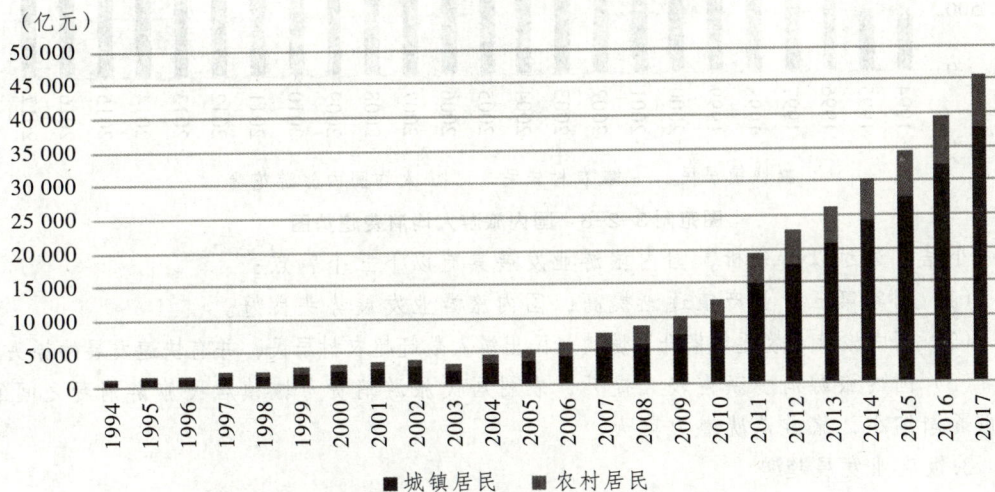

图范附3-2-6　国内旅客旅游总消费变化趋势图

　　图范附3-2-7和图范附3-2-8显示了国内旅游人均消费趋势，从中可发现国内旅游人均消费具有逐年攀升之势，且城镇居民旅游消费与农村居民旅游消费的差距先变大后变小，表明近几年农村居民人均旅游消费的增长速率逐渐超过城镇居民，且未来仍有继续缩小两者消费差距的趋势。

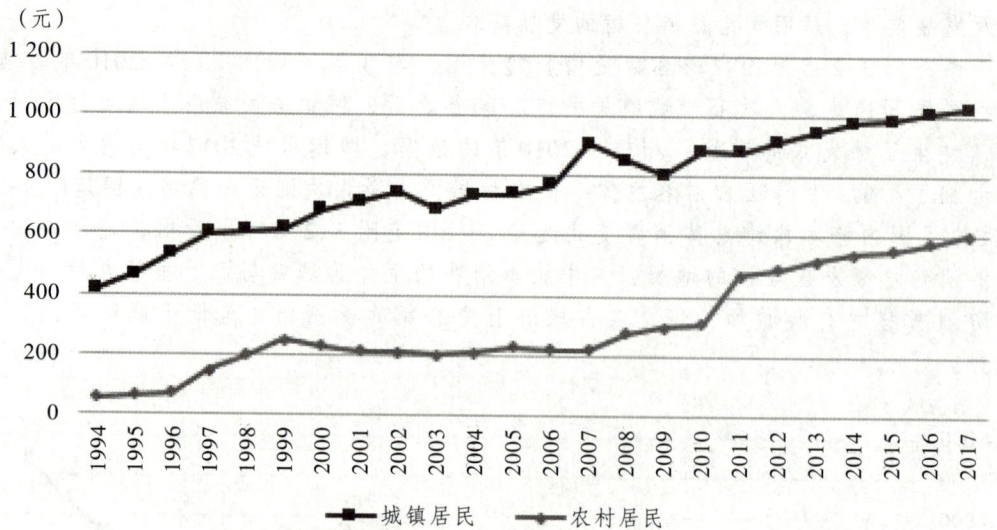

图范附3-2-7　国内旅游人均消费趋势图

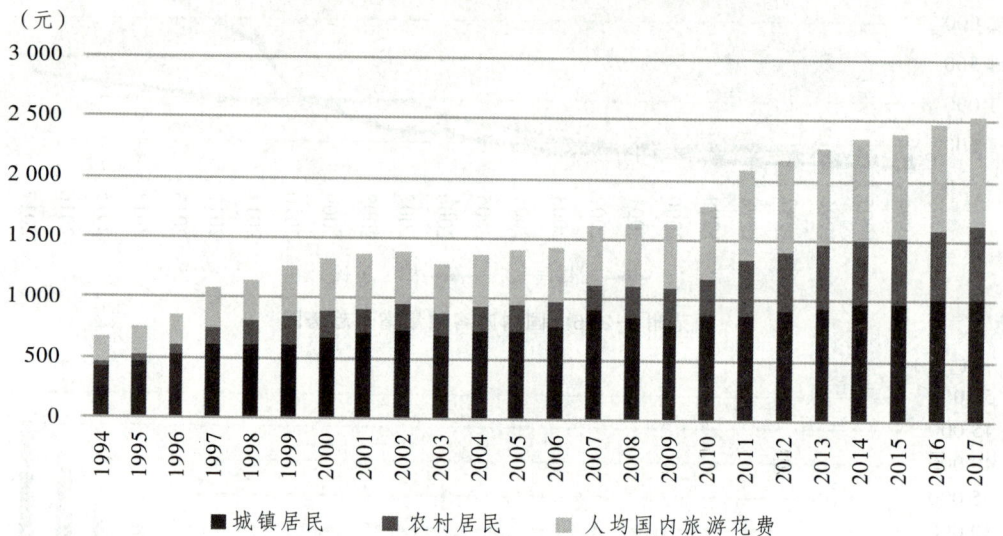

图范附3-2-8　国内旅游人均消费趋势图

小结：通过以上分析，国内旅游业发展具有以下三个特点：

（1）国家第三产业产值逐渐提高，国内旅游业发展势头良好。

（2）国内旅游人数逐年攀升，城镇居民出游人数赶超农村居民，并有快速发展的势头。

（3）国内旅游消费获得较大提升，农村居民旅游消费与城镇居民旅游消费之间的差距逐渐缩小，旅游消费潜力巨大。

3.饭店业发展趋势

图范附3-2-9为不同地区接待入境过夜游客数量，图范附3-2-10为不同地区登记的旅游住宿企业数量。由图范附3-2-9可以明显看出，各个地区接待入境过夜游客的数量逐渐增加，入境过夜游客接待数量以广东省最为突出，其次是浙江省、江苏省、上海市等。各个地区登记的旅游住宿企业数量与游客接待数量较为一致，图范附3-2-10表明登记的旅游住宿企业数量仍是以广东省为首，接着是河南省、浙江省及山东省。依照需求与供给相匹配的原则，福建省的旅游住宿企业数量与其入境过夜游客的接待量相比较低，一定程度上反映了旅游住宿业具有一定的发展空间。

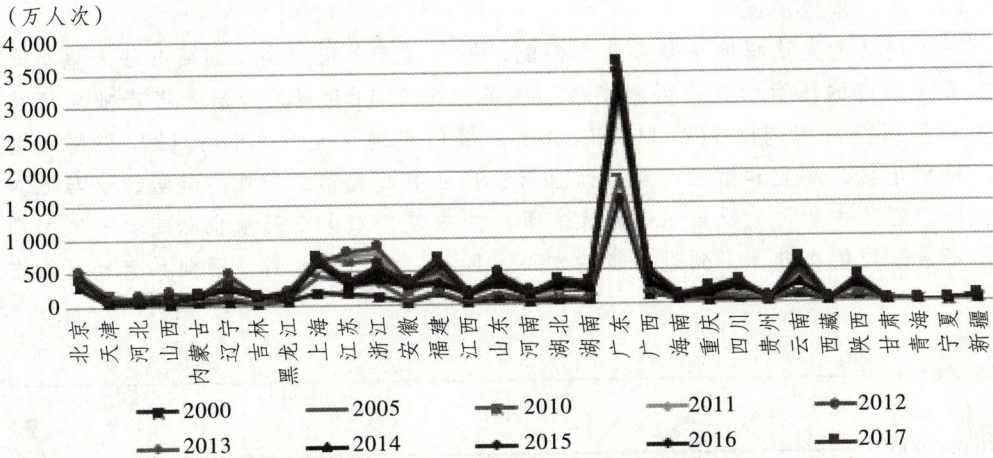

图范附3-2-9　不同地区接待入境过夜游客数量

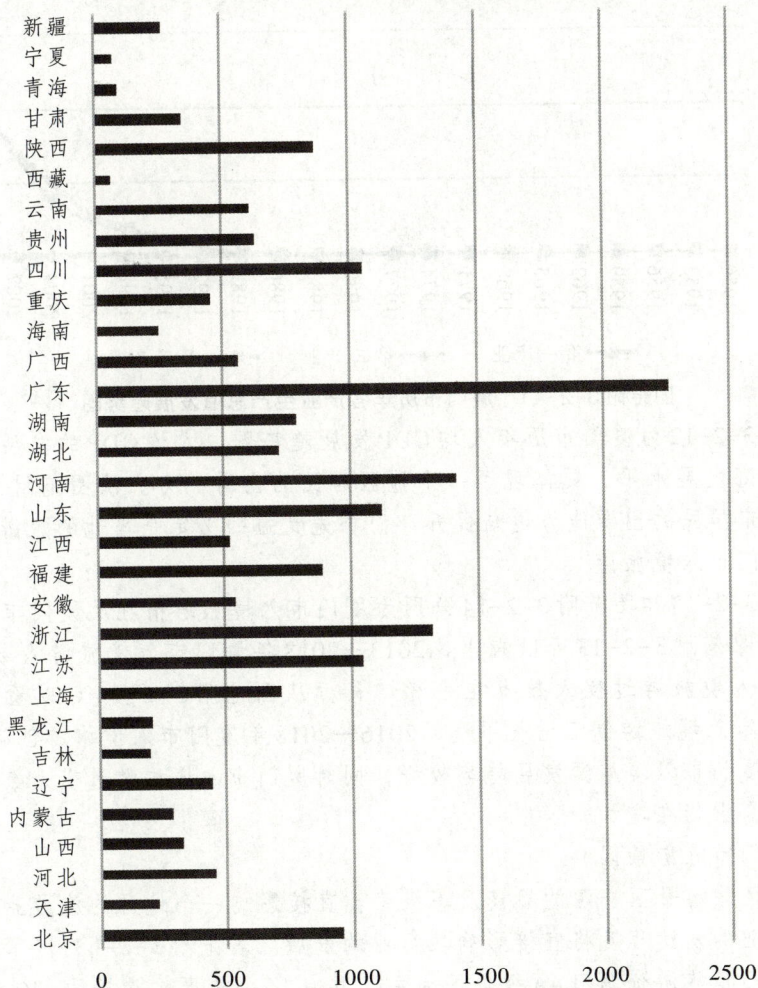

图范附3-2-10　不同地区登记的旅游住宿企业数量

（三）区域市场分析

1.饭店需求

（1）厦门市经济发展

一个地区的发达程度与服务业相匹配，地区生产总值越高，则商务往来也必定增加，那么相应的住宿业也会得到发展。图范附3-2-11为厦门市历年各产业生产总值发展趋势图。从图范附3-2-11可以看出，厦门市地区生产总值从1992年起飞速发展，特别是第二产业和第三产业，而且第三产业有超越第二产业的趋势，这与旅游产业在厦门经济中所占的比重越来越大有关。未来厦门市第三产业也必定会随着厦门市旅游产业地位的提升而得到进一步的发展，因此，厦门市旅游住宿业具有较好的发展前景。

（万元）

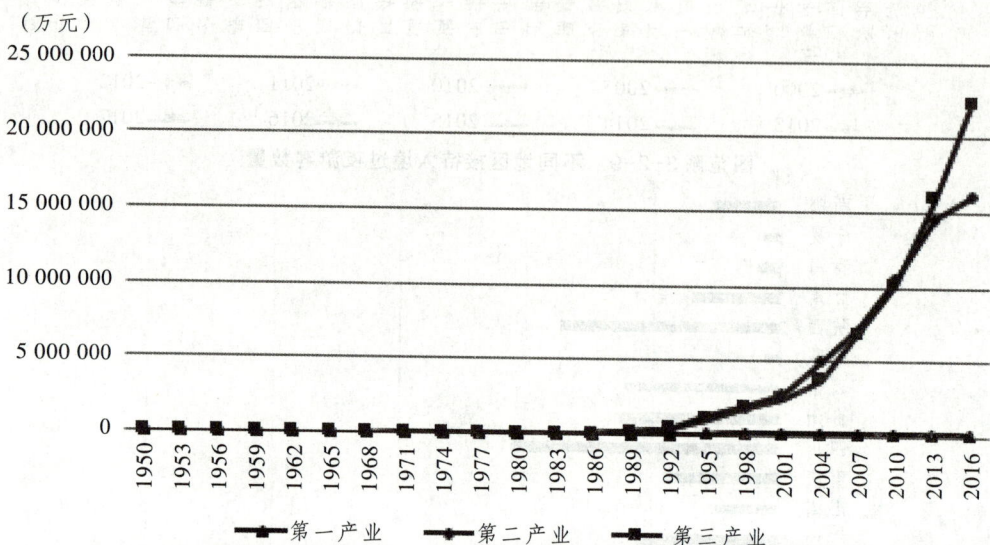

图范附3-2-11　厦门市历年各产业生产总值发展趋势图

图范附3-2-12为厦门市历年人均GDP发展趋势图，人均GDP的发展也反映了一个地区的经济发展水平，更体现了一个地区居民的出游能力。从图范附3-2-12可以看出，厦门市居民的出游能力逐渐提升，而首先受益的必定是当地的旅游业。

（2）厦门市入境旅游

图范附3-2-13和图范附3-2-14分别为厦门市入境旅游情况及厦门市入境旅游创汇情况。从图范附3-2-13可以看出，2013—2018年厦门市入境旅游人数逐年增长，并且厦门市入境旅游过夜人数也在平稳增长。从图范附3-2-14可以看出，2013—2015年厦门市入境旅游创汇增长平稳，2016—2018年厦门市入境旅游创汇增长较快。总体来看，厦门市入境旅游发展趋势较好，同时厦门市入境旅游过夜人数平稳增长也代表了饭店需求仍在增加。

（3）厦门市旅游景区

一个地区旅游景区资源的规模及等级将会直接影响一个地区的旅游业发展。众所周知，旅游业的发达程度将直接影响住宿业的发展。表范附3-2-1列出了厦门主要景区，其中厦门市旅游资源以4A级景区为主，共有14个景区，占据约64%的份额，还有7个3A级景区，以及核心的旅游资源鼓浪屿景区，表范附3-2-2和图范附3-2-15对

（元）

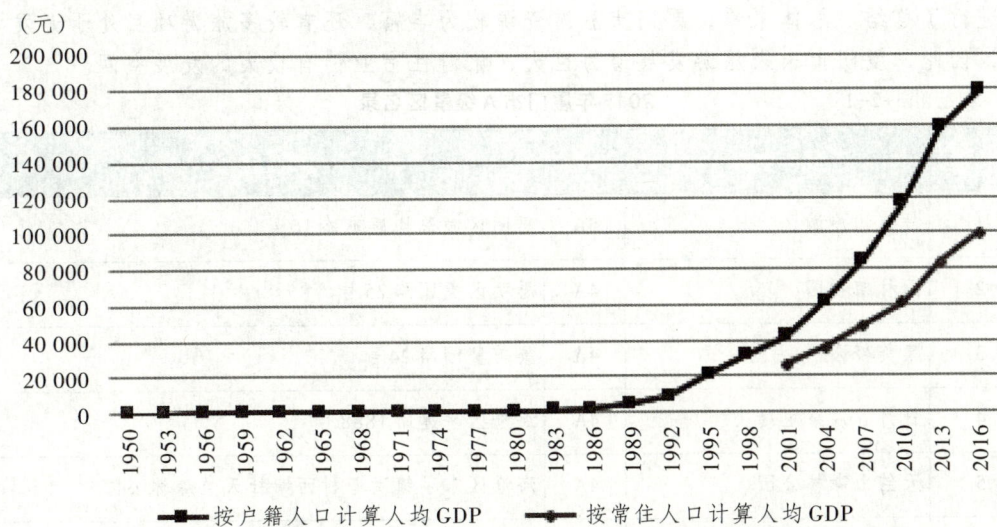

图范附3-2-12　厦门市历年人均GDP发展趋势图

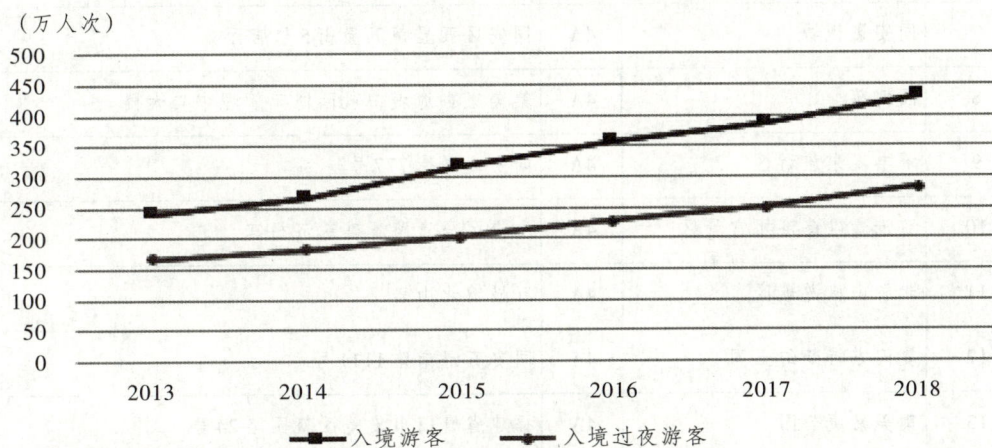

图范附3-2-13　厦门市入境旅游情况

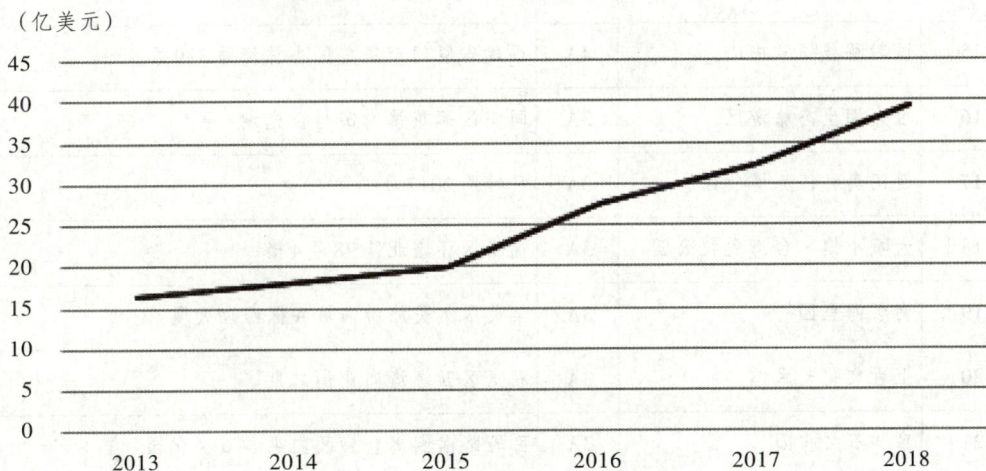

图范附3-2-14　厦门市入境旅游创汇情况

此进行了总结。总体来看，厦门市旅游资源较为丰富，还有较多旅游项目处于开发之中，因此，厦门市未来旅游发展潜力巨大，旅游住宿业仍有较大的发展空间。

表范附 3-2-1　　　　　　2017年厦门市A级景区名录

序号	景区名称	A级	单位地址
1	鼓浪屿旅游区	5A	思明区鼓浪屿鹿礁路16号
2	园林植物园	4A	思明区虎园路25号
3	集美鳌园	4A	集美鳌园路24号
4	日月谷温泉主题公园	4A	海沧区孚莲路1888号
5	天竺山森林公园	4A	海沧区东孚镇洪塘村西塘社天竺森林公园
6	胡里山炮台	4A	思明区曾厝垵2号
7	同安影视城	4A	同安区五显镇五显街5号店面
8	园博苑	4A	集美集杏海堤中段园博苑管理中心大楼
9	翠丰温泉旅游区	4A	同安汀溪街777号
10	海沧青礁慈济祖宫景区	4A	海沧区马青路青礁慈济祖宫
11	北辰山旅游景区	4A	五显镇北山岩
12	厦门方特梦幻王国	4A	同安石浔南路1111号
13	集美嘉庚公园	4A	福建省厦门市集美区鳌园路24号
14	老院子民俗文化风情园	4A	福建省厦门市集美区厦门北站南400米
15	诚毅科技探索中心	4A	福建省厦门市集美区杏林湾路339号
16	金光湖生态旅游区	3A	同安区莲花镇内田村金光湖1号
17	厦门奥林匹克博物馆	3A	吕岭路2017号
18	大嶝小镇·台湾免税公园	3A	翔安区环嶝北路98号4楼
19	南顺鳄鱼园	3A	集美区集美旅游商城A栋鳄鱼大厦
20	上古文化艺术馆	3A	湖里区五缘湾商业街二期
21	惠和石文化园	3A	吕岭路南侧忠仑公园内惠和石文化园
22	小嶝休闲渔村	3A	翔安区大嶝街道小嶝休闲渔村

表范附3-2-2　　　　　　　　**2017年厦门市星级景区数量分布**

级别	5A	4A	3A
厦门市星级景区个数分布	1	14	7

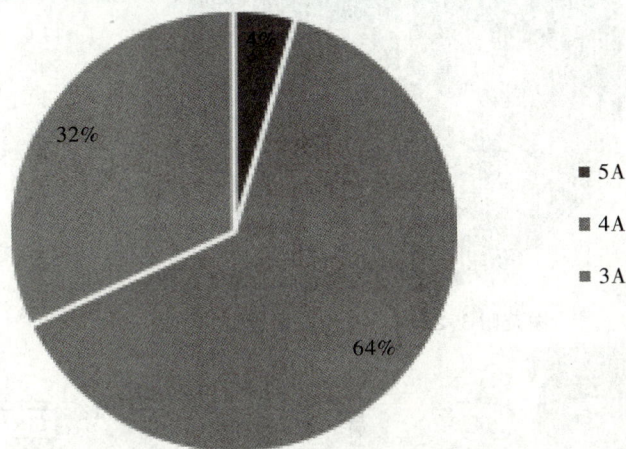

图范附3-2-15　厦门市星级景区个数分布

2.饭店供给

　　了解了厦门市发展对于住宿业的要求之后，有必要研究厦门市目前住宿业的供给情况，表范附3-2-3列出了厦门市星级饭店数目及未评星主要饭店数量。从表中得知，厦门五星级饭店有18家，四星级饭店有23家，三星级和二星级饭店分别有21家和1家，主要饭店分布在四星级及三星级，但是五星饭店的数量也比较多。因此，可以判断厦门市饭店星级集中在四、五星级左右。

表范附3-2-3　　　　　　　　**厦门市星级饭店个数统计**　　　　　　　　　单位：家

星级	五星	四星	三星	二星	未评星
厦门市饭店个数	18	23	21	1	—
项目地附近	3	3	6	1	2

　　关注项目饭店附近的星级饭店分布，有助于对饭店建设进行有效的定位。根据表中数据可得，项目地附近五星级、四星级、三星级饭店分别有3家、3家及6家，二星级饭店有1家，未评星主要饭店有2家，其中高星级饭店主要集中在厦禾路附近，距离项目地仍有一段距离。因此，结合项目地地理优势，发展高星级饭店具有较大优势。特别是从图范附3-2-16和图范附3-2-17中可以看出，结合厦门市旅游景点分布特点，项目地附近四星级饭店较少，可以重点考虑。

3.需求缺口

　　结合前面对于厦门市饭店需求及饭店供给的分析，可以得出以下几点结论：

　　（1）饭店需求：未来厦门市旅游经济还将持续发展，旅游住宿业具有较高的发展前景；入境旅游市场虽然部分有所增加，但是该市场不容乐观，应以中国香港、中国台湾、东南亚、韩国为主要客源市场；结合国内旅游的蓬勃发展，厦门市旅游住宿业的发展还是应坚持以服务国内游客为主、入境游客为辅的发展方向。

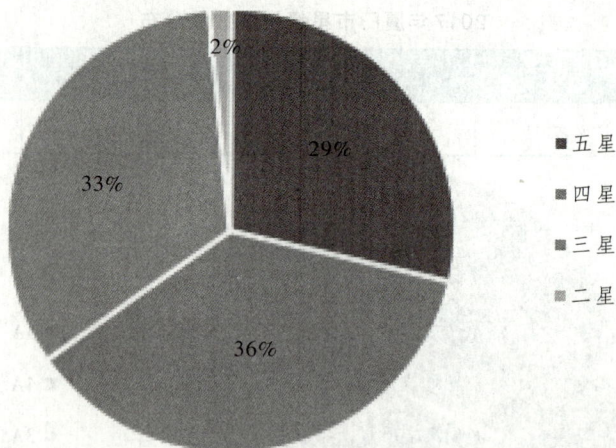

图范附3-2-16　厦门市星级饭店个数分布

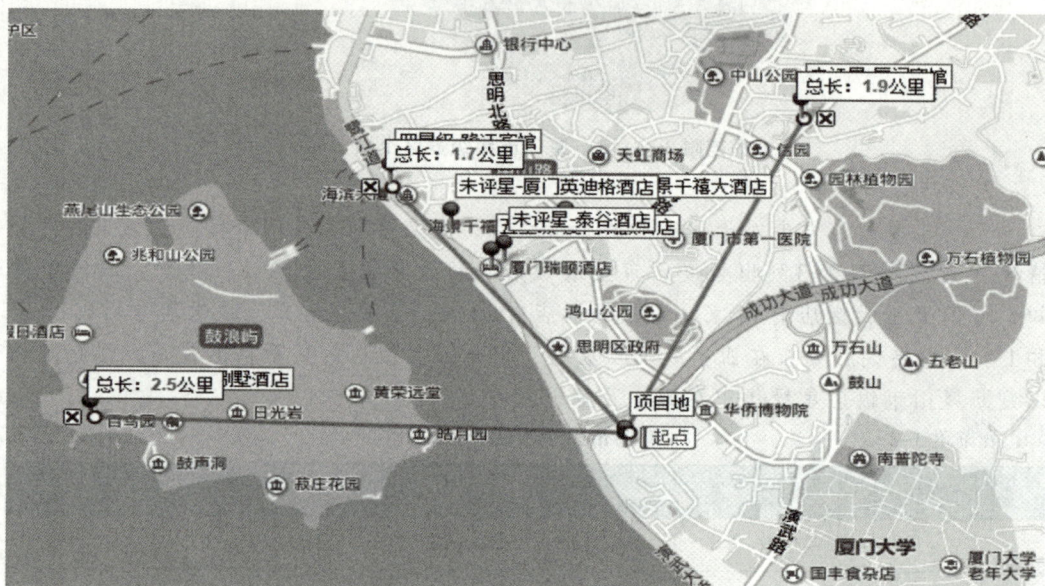

图范附3-2-17　市场竞争分析

（2）饭店供给：厦门市饭店供给以四星级、三星级及五星饭店为主，服务提供水平均较高，体现了厦门旅游住宿市场消费水平较高。

（3）结合以上两点关于厦门市饭店需求及饭店供给的分析，可以发现厦门饭店市场仍然具有发展空间。对于项目地旅游饭店建设的发展定位分析，高星级饭店有发展前景，且四、五级饭店是值得注意的方向。

三、选址分析

（一）竞争性变量

图范附3-2-17以项目地为起点，分析了周边星级饭店及未评星主要饭店的分布，可以发现项目地1千米以内没有高星级饭店，3千米以内的星级饭店主要分布在以项目地为起点2千米的位置，且分布较为集中。该饭店群主要集中分布在面对鼓浪屿的轮渡与中山路附近，有2家五星级饭店、1家四星级饭店和4家未评星饭店。4家未评星饭店有1家在鼓浪屿。而项目地附近有华侨博物馆、南普陀寺、厦大白城、厦门大学、胡里山炮台等景点，因此，相对于星级饭店集中地来说，直面竞争不会很激烈；另外，项目地周边景点密布，竞争优势凸显。

（二）物理性变量

1.所处街道性质

项目地隶属于厦门市思明区厦港街道，周边以居民区为主，商业开发率较低。因此，开发高星级饭店与周边的配套具有一定差异性。

2.停车场面积

项目地近距离的周边基本上没有停车场，但是项目地面积够大，可以建设停车场。

饭店周边的交通可达性不好，公交车只有86路及112路，公共交通成为一个问题。但是，饭店周边连接成功大道及演武大桥，交通路网发达。

3.饭店可见度状况

项目地饭店位于民族路86号，靠近演武大桥，靠近海边，因此从演武大桥来看，饭店的可见度高。

4.与最近旅游景点或旅游目的地的距离

项目地饭店靠近鼓浪屿5A级景区，且面向大海，饭店客房观景优势大。另外，项目地距离厦门大学、南普陀寺、厦大白城、胡里山炮台、华侨博物馆及植物园均较近，旅游优势得到凸显。

（三）小结

综合以上两点分析，在项目地建设饭店有优势也有劣势：

优势：饭店建设面积大，可开发空间广；靠近鼓浪屿，但又与鼓浪屿周边星级饭店群有一段距离，竞争不会太过激烈；靠近成功大道及演武大桥，长距离交通优势明显；面向大海，海景房建设有优势；周边有较多的著名景区，包括厦门大学、南普陀寺、厦大白城、胡里山炮台、华侨博物馆及植物园，旅游优势明显。

劣势：周边公共交通不方便；相对于星级饭店聚集群，距离中山路等商业聚集区较远；饭店可见度较低。

结合优势与劣势，项目地饭店的建设应该定位为高星级饭店，充分利用周边景区的吸引力，克服劣势，定位好、建设好、经营好本项目。

范例-4

▲ 自主学习

自主学习-范

【训练目的】

参加"自主学习-范"训练。在制订和实施《团队自主学习计划》的基础上，通过阶段性学习和应用"附录一"附表1"自主学习"（高级）"'知识准备'参照范围"所列知识，收集、整理与综合"饭店收益管理"前沿知识，讨论、撰写和交流《"饭店收益管理"最新文献综述》等活动，体验"饭店资源管理"中的"自主学习"（高级）及其迁移。

【教学方法】

同第1章本题型的"教学方法"。

【训练要求】

1）以班级小组为单位组建学生训练团队，各团队依照本教材"附录三"附表3"自主学习"（高级）的"基本要求"和各技能点的"参照规范与标准"，实施《团队自主学习计划》，自主学习本教材"附录一"附表1"自主学习"（高级）各技能点的"'知识准备'参照范围"所列知识。

2）各团队以自主学习获得的"学习原理""学习策略""学习方法"知识（高级）为指导，通过院资料室、校图书馆和互联网，查阅和整理近年以"饭店收益管理"为主题的国内外学术文献资料。

3）各团队以整理后的文献资料为基础，依照相关规范要求，讨论、撰写和交流《"饭店收益管理"最新文献综述》。

4）撰写作为"成果形式"的训练课业，总结自主学习和应用"学习原理""学习策略""学习方法"知识（高级），依照相关规范，准备、讨论、撰写和交流《"饭店收益管理"最新文献综述》的体验过程。

【成果形式】

1）训练课业：《"自主学习-范"训练报告》。

2）课业要求：

（1）将《"饭店收益管理"最新文献综述》作为《"自主学习-范"训练报告》的"附件"。

（2）《"饭店收益管理"最新文献综述》应符合"文献综述"规范要求，做到事实清晰、论据充分、逻辑清晰，不少于3 000字。

（3）同第1章本题型的其他"课业要求"。

"自主学习-范"训练报告

一、团队成员与分工

1.团队构成：本小组设小组长1人，小组成员5人，共计6人。

2.任务分工：小组长赵丽主要负责训练阶段及时间进度的安排，定期小组讨论的组织及主持，阶段性成果的汇总，文献综述成果的统合、整理及汇报；何明同学负责国内饭店收益管理方法相关学术文献的收集、整理及汇报工作；王畅畅同学负责国外饭店收益管理方法相关学术文献的收集、整理及汇报工作；林滨同学负责分析国内外饭店收益管理方法相关学术文献的分布（国内外分布和国内与国际的分布）及汇报工作；李芸同学负责饭店收益管理方法相关文献的研究取向及汇报工作；郭可颖同学负责比较饭店收益管理方法相关文献的研究方法及汇报工作。

二、训练过程

1.时间及进度安排

本训练为期三周。第一周完成"训练要求"中第"1）"项要求规定的任务；第二周完成"训练要求"中第"2）"和第"3）"项要求规定的任务；第三周完成"训练要求"中第"4）"项要求规定的任务。

2.训练实施

（1）训练第一周

在教师指导下，由组长组织团队成员实施《自主学习计划》，自主学习本教材"附录一"附表1"自主学习"（高级）各技能点的"'知识准备'参照范围"所列知识。

（2）训练第二周

在教师指导下，以自主学习获得的"学习原理""学习策略""学习方法"知识（高级）为指导，通过院资料室、校图书馆和互联网，查阅和整理近年以"饭店收益管理"为主题的国内外学术文献资料，形成《"饭店收益管理"最新文献综述》。

首先，我们对近10年（2006—2015年）的"饭店收益管理"文献进行搜索。其中，针对国外文献，以Science Direct、SSCI&SCI、Jstor、Elsevier数据库为基础（英文刊物主要限于SSCI刊物），分别以"hotel""revenue management""yield management"为"摘要（abstract）""篇名（title）""关键词（keywords）"，收集相关文献；针对国内文献，以中国知网（CNKI）数据库为基础，将"饭店收益管理"拆分成"饭店""收益管理"，并分别作为"关键词""篇名""主题"，搜索相关文献。通过总结发现，国内关于饭店收益管理的研究起步较晚，2000年开始出现较多相关的研究，从2008年开始，关于收益管理的研究大量出现，一直持续到现在。国外关于饭店收益管理的研究起步较早，起源于20世纪80年代；2007年开始，相关研究成果有了大幅上升。总体而言，国外关于饭店收益管理的研究成果多于国内的研究。

其次，各团队成员根据各自分工的饭店收益管理研究内容进行文献梳理和综述撰写工作。由团队总结得出：国内外关于饭店收益管理的研究成果均较为丰富，而国外研究起步较高，研究成果比国内丰富，研究程度比较深。然后，综合国内外研究成果发现，关于饭店收益管理的研究主要集中于以下几个方面：定价管理、客房分配、取消预订和超额预订、需求预测、模型研究、计算机系统应用。经小组讨论，形成对各部分研究综述的修改和完善意见。

最后，团队成员修改、完善相关研究内容的综述撰写工作。针对"饭店收益管理"的研究取向、覆盖领域、研究方法等进行补充性、滚雪球式的文献搜索，并讨论各自负责的工作。组长就修改后的各部分综述进行统合，形成《"饭店收益管理"最新文献综述》。本周末组长组织团队讨论，就最终综述成果进行汇报，各成员就本次训练进行经验交流和问题总结。

（3）训练第三周

组长组织团队成员总结对落实"训练要求"中第"1）"、第"2）"、第"3）"和第"4）"项要求的体验，撰写作为最终成果形式的《"自主学习-范"训练报告》。

三、训练总结

1.关于文献收集

团队成员能够在较短时间内掌握运用校内网络平台查找国内外学术文献的方法，在国内外学术期刊上成功收集到饭店收益管理研究相关学术文献。但是，由于国外文献（英文文献）缺少统一的数据库和平台，且由于语言的限制，小组成员在国外学术文献查找方面存在错查漏查、主题混淆的现象，需进一步加强针对国外学术文献的阅读能力和查找能力。

2.关于文献分类整理

团队成员能够按发表年份、期刊、研究内容、研究取向、研究方法等对海量文献进行分类整理，并从中总结相关研究的发展特征和趋势。但是，在学术期刊的等级、类别、质量的判断方面存在混淆，需进一步提升对国内外学术期刊背景信息的了解程度，能够辨识在旅游学术研究中具有较大影响力的国内外学术期刊。

3.关于文献综述撰写

团队成员能够在文献收集和整理的基础上，就自己所负责研究内容的相关研究成果进行综述撰写，并予以评述，但在对具体研究内容的归纳以及有代表性、影响力的学术成果的甄别方面存在不足，需进一步培养学术语言表达能力、归纳能力，培养对核心研究文献的甄别能力。

4.关于"自主学习"的融入性训练

《"饭店收益管理"最新文献综述》从资料收集、讨论、撰写到交流和修订，始终是在融入"自主学习"这一"通能"之"强化训练"的过程中进行的。不仅如此，本次训练还将其等级由本课程先前阶段的"初级"和"中级"提升到"高级"，从而进一步提高了我们的"自主学习"能力。

团队全体成员都认识到，在学科知识更新周期大大缩短的今日，相当多在校学习的知识在毕业后已经过时。只有在"授之以鱼"的同时"授之以渔"，即通过"学会学习"，导入关于"学习理论""学习方法""学习策略"的"自主学习"机制，才能赋予自身以应对"从学校到生涯"的"知识流变"之无限潜力。

附件"范4-1"

"饭店收益管理"最新文献综述

（项目组组长：　　　　　　项目组成员：　　　　　　　　　　）

一、文献收集与整理

1.文献资料收集

我们对10年来的"饭店收益管理"文献进行搜索。其中，针对国外文献，以Science Direct、SSCI&SCI、Jstor、Elsevier数据库为基础，分别以"hotel""revenue management""yield management"为"摘要（abstract）""篇名（title）""关键词（keywords）"，收集相关文献；针对国内文献，以中国知网（CNKI）数据库为基础，将"饭店收益管理"拆分成"饭店"或者"酒店"、"收益管理"，并分别作为"关键词""篇名""主题"，搜索相关文献。

2.文献资料分布

从时间分布来看，国内关于饭店收益管理的研究起步较晚，2000年开始出现较多相关的研究，2008年开始，关于收益管理的研究大量出现，一直持续到现在。国外关于饭店收益管理的研究起步较早，起源于20世纪80年代，2007年开始，相关研究成果有了大幅上升。总体而言，国外关于饭店收益管理的研究成果多于国内的研究。

二、文献成果综述

收益管理是近年来在服务行业广泛应用的一种管理模式，给许多酒店带来明显的效益增长。20世纪80年代中期，收益管理开始运用于酒店业。酒店管理者通过收益管理系统，可以准确地做出各种决策，并为酒店的收益做出很大的贡献。例如，自从建立收益管理系统以后，凯悦饭店俱乐部客房的预订率上升了，希尔顿饭店公司更是创造了空前的收入纪录。收益管理对提高酒店营业收入、获取收益和利润最大化均具有十分重要的现实意义。

酒店收益管理的研究主要可以概括为四个方面：需求预测、定价管理、超订和客房分配。除了这四个方面，也有学者研究不同的产品特征或者消费者特征，甚至是宏观及微观环境对酒店收益的影响。不同方向的研究是为了从不同方面提高酒店客房利用率，以及最大限度地提高客房售价，最终使酒店收益最大化。然而，酒店收益管理仍然面临以下问题：①提前接受低价需求客人，却拒绝后来的高价需求者，形成差价损失；②接受客人退订之前拒绝了其他客人的预订，降低客房的占用率。虽然酒店也可以通过较为准确的需求预测减少差价损失，但是由于酒店无法准确地预测客户需求，这部分损失无法完全避免。酒店也可以通过超额预订来解决由客人退订引起的酒店客房空置情况，但是超订中部分预订客人由于房满被拒绝入住而引起的满意度下降将会影响酒店的品牌及长期发展。因此，对饭店收益管理的研究现状进行回顾与总结，发现新的突破点，提高收益管理效果。

1.国内外收益管理研究现状

所谓收益管理是指企业在合适的时间、以合适的价格将适量的产品出售给合适的顾客，达到收益最大化的管理方法。对于酒店而言，就是如何在需求低时提高入住率，而在需求高时如何提高入住价格，使酒店收益最大化。由于酒店产品的使用和销售在时间和空间上是分离的，酒店的产品库存固定且易逝，为收益管理的发展提供了很大空间。很多研究学者从不同的切入点对酒店的收益管理进行了深入的分析。

1）酒店需求预测

酒店需求预测是酒店收益管理的基础，收益管理的其他模块都是基于需求预测进行的，因而预测是否准确直接决定了酒店收益管理的效果。

关于酒店需求预测研究，部分学者基于历史数据及实时数据建立了预测模型和预测曲线，取得了较好的效果。Mihir Rajopadhye等5位学者认为逐渐增强的不确定性增加了公司的收益风险。需求预测是最大化酒店收益的途径之一。其通过Holt-Winters方法，采用计量模型对需求进行分析和预测。其将需求预测分为两部分——长期预测及短期预测，最后通过赋予两种预测不同的权数，形成最终的需求预测。但是该研究没有将人力资本列入预测的考虑范围内，只使用历史数据以及实时预订数据进行数据分析，得出结果，因而，在实际操作中仍有改进的空间。侯铁珊、金统总结了酒店收益管理中的预测方法，其主要有四种：组合预测、古典pick-up预测、高级pick-up预测及回归预测。Larry R.Weatherford和Sheryl E.Kimes对预测模型进行对比分析，发现The Choice Hotel 的数据表明，pick-up及回归模型能够产生最少的失误，但是预测的效果却比较差，更深入的研究表明，指数平滑、pick-up、移动平均等模型是最稳健、有效的。也有部分学者研究个性特征对需求曲线的影响。Hu Meia和Zehui Zhan通过酒店客户预订数据分析顾客个人特征对客房选择的影响，并利用研究结果优化酒店对客房需求的预测效果。准确的需求曲线分析必定有利于酒店优化价格策略及客房分配方案。然而，顾客的预订行为是随机的，并受各种外界及个人因素的影响，因此，准确预测顾客需求是不可能的，酒店收益面对着不确定的风险。

2）客房定价

在确定客户需求曲线之后，酒店要根据需求曲线对产品进行定价，力求以尽可能高的价格将客房产品尽可能多地销售出去。但若价格定得太高，超过潜在消费者的保留价格，则酒店客房将无法全部销售；若客房定价太低，则会大大降低酒店的收益，甚至造成酒店无法收回成本。

在客房定价方面，赵海峰强调了正确选择最初费率的重要性以及酒店价格敏感度对收入的重大影响。宋镇清总结了3种定价方法，包括成本导向定价法、需求导向定价法、竞争导向定价法，以及5种价格策略，包括新产品价格策略、相关产品价格策略、差价策略、折扣价策略和心理定价策略。部分学者通过研究影响酒店产品定价的因素来帮助提高收益效果。Wei-Ting Hung 等3位学者收集了中国台湾不同酒店的数据，并分析、研究了酒店行业定价的主要决定因素，发现酒店年龄、市场情况、客房数、客服人员数量是主要决定因子。也有学者提出动态模型，优化定价策略。Heba Abdel Aziz 等4位学者提出了动态定价模型，为管理者提供更有效及流动化的决策支持。文中作者将需求曲线的价格弹性纳入模型，克服现有文献的框架缺点。但是该文献没有考虑取消预订及超订策略，因而在实际操作中仍有收益增大的空间。

虽然大多数学者关于酒店收益管理的研究均有助于最大化酒店收益，但是由于需求预测无法精准，酒店的客房定价也无法达到最优化。基于纯粹收益最大化，最优定价策略应该是严格基于需求预测，以顾客的保留价格销售给顾客。但是由于需求预测不够准确，价格最优化的可能性几乎为零。另外，在酒店客房差别定价过程中，可能被消费者感知为不公平。公平感知会对消费者行为产生重要的影响。为了检验消费者的不同特征对酒店价格策略公平感知的影响，Cindy Yoonjoung Heoa 和 Seoki Lee 在研究过程中将调查对象分为两组，一组认为酒店的价格策略是公平的，一组认为其是不公平的，并通过这两组分析个人特征对顾客公平感知的影响。这篇文章还提到了不满的感知可能导致顾客不会再次光顾，并且会传递对酒店不利的信息，对酒店的发展造成严重的影响。太过苛刻的定价，可能会使顾客感知不公平，并导致不良的结果。因此，定价面临两难的境地。

3）预订取消和超订

客人未出现或者取消预订一直是影响酒店收益最大化的关键要素。客人到时间点未出现或者临近住房时间退订，导致客房不能及时地销售出去，造成酒店收益损失。酒店面对这种问题，通常采取超订、收取退订费用以及限定退房时间等手段减少酒店损失。

部分学者研究未出现及取消预订客户的个性特征，从而为酒店收益经理的决策提供参考。熊伟、蓝文婷等学者对未出现及取消预订的客人行为进行数据分析，结果显示：整体上，未出现和取消预订的顾客以男性商务顾客居多，然而这种行为大多数是临时的，并且影响性价比及顾客对酒店的信任度。这些研究结果对优化酒店收益管理起到一定的作用。Dolores Romero Morales 等利用数据挖掘技术获取消费者取消预订的特征，并以此更好地优化酒店的收益。该文还对不同时间取消预订的顾客的行为影响要素进行研究，使收益经理对不同时间段的预订取消率做出预测并采取相应的收益管理措施。部分学者研究不同酒店的预订取消政策对酒店收益的影响。Chih-Chien Chen 和 Karen（Lijia）Xie 通过调查美国中心城市不同酒店的预订取消政策，分析了酒店基于预订取消费用和取消期限的预订取消政策。聚类分析研究结果发现，可以将酒店预订取消政策分为两类：严格型和宽松型政策。不同类别的酒店有不同的特征。同一地区的酒店倾向于采用同一种预订取消政策，而且高星级酒店倾向于采用宽松型预订取消政策。预订使消费者的购买和使用在两个不同的时间段进行。提前购买的消费者必须冒着价格下降的风险，同时也享受价格上涨的优惠；预订取消减少酒店收益，同时酒店也可以通过收取退订费用，获得相应的收入。该研究还发现，不同的酒店采取不同的预订取消政策也会影响消费者的预订行为。但是这篇文章没有考虑不同类别的预订取消政策对消费者选择的影响。

另外，王晓敏和徐以汛考虑酒店收益管理中的超订问题，在考虑可替代因素和风险偏好的前提下，决定每种房型的最佳超订量，力求减少由于客人取消预订或者不到而带来的损失。虽然超订可以解决部分由于顾客退订或者不到而引起的损失，但是这样的策略也有可能使酒店由于客房不够而拒绝客人入住。拒绝顾客入住会产生各种直接和间接成本，包括对被拒顾客进行补偿的直接成本、为被拒顾客提供食宿的供应成本、为被拒绝服务的顾客重新安排的成本和拒绝服务导致的不满意成本。这些成本之中既有短期显性成本又有长期隐性成本。这些成本对酒店收益的长期影响是不确定的。例如，不满意成本可能会直接影响酒店长期发展。

4）客房分配

客房分配是酒店收益管理的重要组成部分，酒店能否将客房以尽可能高的价格出售或者减少空置房，客房分配起着很大的作用。若客房主要集中在低价位，将会损失酒店的收益；同样地，若客房销售集中于高价位，则有可能造成客房空置，减少酒店收益。合理地进行客房分配将是酒店收益最大化的关键因素。

李罗针对酒店产品的易逝性，建立了考虑多日停留不同价格的客房分配随机模型，并通过数据仿真证明了该模型的可行性。同样地，宋敬普讨论了酒店分别在竞争和合作的两种情况下，对于低价房预留数目的设定策略。另外，他还提出，在竞争情况下存在唯一的纳什均衡解及合作情况下使两酒店总收益大幅度提高的条件。在客房分配的研究中，覃朝勇等4位学者研究顾客满意度对客房资源分配和收益的影响，基于消费者行为理论，建立了消费者离散选择模型，并在此基础上建立了酒店客房分配模型。该文利用VPRS方法对条件属性进行约简，并对模型参数进行估计，由此计算出各客房等级的保护水平，计算结果跟传统EMSR客房分配方法的结果相差不大。

5）模型研究

除了上述的实证分析及理论研究外，还有文献通过建立收益管理模型优化酒店收益管理。Murat Emeksiz 等3位学者在分析前人酒店收益管理模型的基础上，建立了5阶段的收益管理模型，包括前期准备、需求和供给分析、运用收益管理策略、效果评估、模型监测和反馈。这个模型从开始到结束详细地阐述了仅适用于高星级酒店收益管理模型的收益管理过程。然而，该文缺乏对收益管理过程采用的技术、客房空置以及对于客房如何以尽量高价格出售的阐述。Sidhartha S.Padhi 和 Vijay Aggarwal 基于历史数据提出了ANN收益管理方法，主要是用于在不确定环境下及复杂的成本结构下最大化酒店收益。该文通过神经网络及要素分析确认影响酒店收益的要素，并通过模糊目标法计算最大化收益时酒店各个产品的配额及价格，显著提高了酒店的收益。这些模型与方法可以归为以下4类：

①数学规划。贝克曼（Beckman，1958）提出的数学规划方法是初期的经典模型。早期费弗（Pfeiffer，1989）、兰伯特（Lambert等人，1989）、威福德（Weatherford，1995）等学者多采用静态的线性规划和概率分布模型。后来，贝特安等人（Bitran，1995）将动态规划模型应用到饭店客房配置问题中。

②经济学方法。经济分析模型主要是边际收入分析方法。早期克里（Curry，1990）提出了基于经济分析技术的数学模型。后来，马尔科夫随时间变化的需求强度理论（Youyi Feng等人，2000）、准马尔科夫决策过程（KSawaki，2003）等模型也被运用到了选择最优价格调整时间的问题上。

③阀值曲线。这种方法通常与强大的信息处理相配合，其效果取决于准确、翔实的信息收集能力。在一定程度上，阀值分析模型更侧重于一种满意度的控制，而不是寻求最优的解决方法，在最终的实现目的上比较保守。例如，王石（S.Wang，2001）提出了一个综合神经网络与动态编程的混合阀值曲线模型。

④专家系统。专家系统包括神经网络系统、知识发现技术等方法。此外，其他一些计算机仿真方法和人工智能搜索算法（如遗传算法、禁忌搜索等）也被越来越多地运用。

6）计算机收入管理系统设计

收益管理的实践一般基于计算机系统在饭店中的运用，计算机系统在收入管理过程中扮演着举足轻重的角色。学者们主要从系统设计的理论思路、编程技术的选用上，对模型怎样设计才更符合实际情况，尤其是系统模块和运行流程怎样更合理进行研究。一般地，系统设计主要考虑价格和停留时间两个因素。而有些学者则关注在现有基础上如何扩展与完善系统，以及还有哪些影响饭店收入的因素需要被纳入进来。首先，饭店产出管理系统（LYMSs）最需要统一类别的信息，饭店需要一个好的信息系统来记录所有数据（Kimes，1989a）。格里芬（Griffin，1994）归纳了LYMSs的27个成功要素。贝克等人（Baker等人，1999）提出，收入差距、需求强度和高峰差距是决定有无必要引入复杂的LYMSs的3个因素。后来，贝克等人（Baker等人，2002）又提出需考虑第4个因素——服务包价转换水平。此外，随着电子分销等低成本预订渠道的出现，客房预订贡献最大化的问题也引起了学者的关注（Sunmee Choi等人，2002）。

2.评述与展望

经过20多年的发展，饭店收入管理研究在深度与广度上都达到了相当高的水平；在研究方法上亦呈现出百花齐放的态势；描述方法、数学建模、统计分析、实证研究、计算机模拟实验、问卷调查、比较研究等众多研究手段都得到了应用。从发展趋势上看，饭店收入管理研究呈现出以下几个特点：

第一，收益管理研究正从一个战术问题转变为一个战略问题。收益管理是一个辅助决策的工具，还是一个实际上可以代替某些其他传统管理方法的过程？这是一个重要议题。如果不能客观地认识收益管理的系统性，那么研究将是不完善的，在实践中也难以取得应有的效果。

第二，研究需要从关注客房住宿收入转变到饭店总体收入上。毕竟，收益管理的目标应是实现饭店所有业务总收入的最大化，而不仅指客房收入。目前，收益管理技术主要运用在客房存量的管理上，少有运用到其他功能区间（如餐厅、会议厅等）的经营上。因此，如何建立、运作一个实现饭店总体收入最大化的收益管理系统，是今后应重点攻克的难点之一。

第三，在本文归纳的研究内容中，决策最优化问题是当前与未来的热点。在客房配置法则、模拟模型建立上都应进一步探索。在定价政策方面值得深入研究的课题有：怎样更好地了解各细分市场的价格弹性？饭店应如何针对不同的分销渠道定价？顾客对不同分销渠道不同价格的反应如何？不同的报价策略对顾客有什么影响？在停留时间控制方面，最准确的预测模型的研究仍将是焦点。关于团队业务、饭店其他功能区间的需求预测与超额预订研究也值得重视。

就我国而言，面对愈演愈烈的市场竞争，饭店业如何运用收益管理技术提高服务和运作水平，进而在整体上提高竞争力，是一个亟须深入研究的课题。与国外饭店集团相比，我国饭店收益管理实践才刚刚起步，还有很长的一段路要走。这时候，加强与国外同行的交流学习，加深对收益管理理论的认识应为当务之急。实施收益管理是一项系统工程，引入LYMSs或一项收益管理技术，都对饭店运作模式、组织结构、管理流程、人员配备等方面提出了新的要求，意味着传统管理方法的调整。另外，收益管理对员工素质与硬件环境提出了更高的要求。饭店需要加大对计算机收益管理系统、数据信息库等软硬件的投入和维护，更需要结合自身情况构建需求预测、客房存量控制、定价等决策支持模型。基于目前饭店业人力资源现状，饭店企业可考虑在技术上借助高等院校、科研机构的力量，开展相应研究。同时，LYMSs改变了部分传统的工作内容和方式，这将影响饭店员工招聘、选拔、培训、授权和服务品质的管理标准。总之，无论从市场成熟度还是企业规模上说，我国饭店业都具有自身的特点。鉴于工作休假制度、旅游者消费习惯和相关行业政策法规等宏观环境差异，我国饭店企业在借鉴国际经验的同时，必须把握好发展的方向和力度，以审慎负责的态度循序渐进。

参考文献

[1] 付检新. 收益管理在酒店中的应用——兼论我国酒店收益管理的误区 [J]. 企业技术开发, 2008, 27 (12): 81-84.

[2] RAJOPADHYE M, GHALIA M B, WANG P P, et al. Forecasting uncertain hotel room demand [J]. Information Sciences, 2001 (132): 1-11.

[3] 侯铁珊, 金统. 酒店收益管理中预测问题综述 [J]. 辽宁经济职业技术学院学报, 2005 (3): 27-28.

[4] WEATHERFORD L R, KIMES S E. A comparison of forecasting methods for hotel revenue management [J]. International Journal of Forecasting, 2009: 401-415.

[5] MEI H, ZHAN Z H. An analysis of customer room choice model and revenue management practices in the hotel industry [J]. International Journal of Hospitality

Management, 2013 (33): 178－183.

[6] 赵海峰. 费率优化: 强化您的酒店价格策略 [J]. 实务, 2010 (4): 56-57.

[7] 宋镇清. 基于定价管理的酒店收益管理研究分析 [J]. 中国集体经济, 2009: 58-60.

[8] HUNG W T, SHANG J K, WANG F C. Pricing determinants in the hotel industry: quantile regression analysis [J]. International Journal of Hospitality Management, 2010 (29): 378-384.

[9] AZIZ H, et al. Dynamic room pricing model for hotel revenue management systems [J]. Omega, 2011 (12): 471-481.

[10] HEO C Y, LEE S. Influences of consumer characteristics on fairness perceptions of revenue management pricing in the hotel industry [J]. International Journal of Hospitality Management, 2011 (30): 243-25.

[11] 熊伟, 蓝文婷. 基于no-show和取消预订的酒店顾客预订行为研究——以深圳大梅沙京基喜来登度假酒店为例 [J]. 旅游研究, 2012, 4 (3): 51-59.

[12] MORALES D R, WANG J B. Forecasting cancellation rates for services booking revenue management using data mining [J]. European Journal of Operational Research, 2010 (202): 554-562.

[13] CHEN C C, XIE K. Differentiation of cancellation policies in the U.S. hotel industry [J]. International Journal of Hospitality Management, 2013 (34): 66-72.

[14] WANG X F, XU Y F. Study on hotel overbooking with substitution under an exponential criterion [J]. Or Transactions, 2008, 12 (1): 35-42.

[15] 李罗. 易逝性酒店客房收益管理的客房分配模型 [J]. 台声 (新视角), 2005: 45-46.

[16] 宋敬普. 随机预订需求下的客房分配: 酒店收益管理博弈 [J]. 国际商务研究, 2012, 33 (3): 69-80.

[17] 覃朝勇, 李阳, 刘婷婷, 等. 基于顾客选择行为的客房分配模型研究 [J]. 广西大学学报: 自然科学版, 2012, 37 (5): 1064-1070.

[18] EMEKSIZ M, GURSOY D, ICOZ O. A yield management model for five-star hotels: computerized and non-computerized implementation [J]. Hospitality Management, 2006 (25): 536-551.

[19] PADHI S S, AGGARWAL V. Competitive revenue management for fixing quota and price of hotel commodities under uncertainty [J]. International Journal of Hospitality Management, 2011 (30): 725-734.

[20] KIMES S E. The basic of yield management [J]. Cornell Hotel and Restaurant Administration Quarterly, 1989a, 30 (3): 14-19.

[21] 黄颖华. 饭店收入管理方法最新研究分析 [J]. 旅游学刊, 2005 (5): 50-54.

范例-5

▲ 决策设计

决策设计-范

【训练目的】

参加"决策设计-范"训练。学习和应用其"知识准备"所列知识，研究"究竟采用哪个方案？"案例，撰写《"决策设计-范"训练报告》，体验"结构不良知识"的创新型学习及其迁移，阶段性建构以"饭店经营决策"业务情境中的"决策设计能力"为内涵的职业学力。

【教学方法】

采用"学导教学法""案例教学法""项目教学法""创新教学法"。

【训练任务】

1）体验对"附录三"附表3"解决问题"能力"高级"各技能点"基本要求"和"参照规范与标准"的遵循。

2）撰写《"决策设计-范"训练报告》。

3）同第4章本题型的其他"训练任务"。

【训练准备】

知识准备：学生自主学习如下知识：

1）第4章章理论与实务知识。

2）本教材"附录一"附表1"解决问题"（高级）各技能点的"'知识准备'参照范围"所列知识。

3）"决策理论"与"决策方法"基本知识。

4）本教材"附录三"附表3"解决问题"能力"高级"各技能点"基本要求"和"参照规范与标准"。

指导准备：同第4章本题型的"指导准备"。

【相关案例】

究竟采用哪个方案？

背景与情境： 某饭店决定投资建饭店消耗品生产厂，提出3个方案：一是建大厂，投资1 500万元；二是建小厂，投资800万元；三是先建小厂，如果经营得好再扩建，扩建再投资1 000万元。管理人员对未来10年中前4年、后6年的损益值和概率进行了预测，其数据如图范5-1所示。究竟该采用哪个方案？请用决策树法进行决策，并进行敏感性分析。

问题：

1）这一决策属于什么类型的决策？

2）该决策问题涉及哪些知识点？

3）如果你是饭店投资者，试应用决策原理与方法知识，就如何提高饭店决策的科学性进行优化设计。

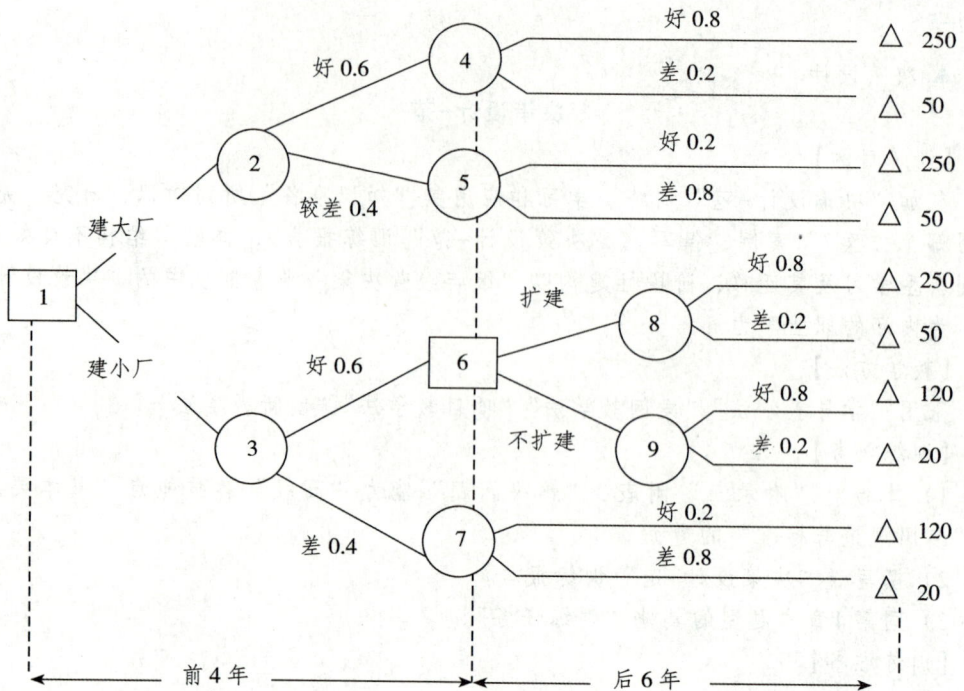

图范 5-1 某饭店决策树

【设计要求】

1）形成性要求：

（1）同第4章本题型（4）以外的其他"设计要求"。

（2）小组总结本次训练，形成《"决策设计-范"训练报告》。

2）成果性要求

（1）训练课业：撰写《"'究竟采用哪个方案？'决策设计"训练报告》。

（2）课业要求：

①将《决策提纲》和《决策方案》作为《"'究竟采用哪个方案？'决策设计"训练报告》的附件。

②在校园网的本课程平台上展示班级优秀《"'究竟采用哪个方案？'决策设计"训练报告》，并将其纳入本课程的教学资源库。

③同第4章本题型的其他"成果性要求"。

"决策设计-范"训练报告

一、团队成员与分工

1.团队构成

根据工作任务情况，本研究小组设小组长1人，小组成员3人，共计4人。

2.任务分工

小组长林思同学主要负责训练阶段及时间进度的安排，定期小组讨论的组织及主持，阶段性成果的汇总，训练报告成果的统合、整理及汇报；陈雨同学负责有关决策理论知识的收集与整理；钟彬彬同学负责对决策树进行计算，确定不同方案的预期收益；李虹同学负责对决策方案进行敏感性分析。

二、训练过程

1.时间及进度安排

本次训练为期两周。

第一周：在教师指导下，由组长组织小组成员复习本教材中有关决策理论的相关知识，并自主学习如下知识或规范："决策设计－范"的"训练目的"和"训练任务"；本教材"附录一"附表1"解决问题"（高级）技能点1的"'知识准备'参照范围"所列知识；"决策理论与方法"知识（高级）；本教材"附录三"附表3"解决问题"能力"高级"技能点1"基本要求"和"参照规范与标准"。

第二周：在教师指导下，组长组织小组成员自觉应用上述所学知识，分析研究"究竟采用哪个方案？"案例；拟定《"究竟采用哪个方案？"决策提纲》；研究、制订并在班级交流、相互点评和修订《"究竟采用哪个方案？"决策方案》；组长组织小组成员进一步自觉应用上述所学知识，撰写讨论稿，讨论和交流《"究竟采用哪个方案？"决策方案》。最后，组长组织小组成员总结本次训练，形成《"决策设计－范"训练报告》。

2.训练实施

在前期资料收集与理论准备的条件下，研究小组对"究竟采用哪个方案？"的案例问题进行讨论，情况如下：

（1）这一决策属于什么类型的决策？

这一部分的训练实施旨在自主学习和应用"附录一"附表1"解决问题"（高级）能力领域的"分析问题，提出对策"技能点的"'知识准备'参照范围"所列知识，分析研究"究竟采用哪个方案？"的"背景与情境"，就其3个问题进行决策设计。

根据决策的性质，即决策所依据的条件与决策目标的关系，可分为确定型决策、不确定型决策和风险型决策。其中，确定型决策是指已拟订的各种行动方案与决策目标之间都有明确的数量关系，且各种行动方案都只有一个自然状态。风险型决策是指已拟订的各种行动方案与目标之间的数量关系虽然明确，但方案中存在两个或两个以上的自然状态，但各种状态出现的概率（即出现的可能性）可以利用统计资料计算或进行估计而得到，也可用预测的方法求得。不确定型决策与风险型决策的其他条件都相同，只是状态出现的可能性无法估计。

考虑案例中的决策问题，该饭店面临3种方案：一是建大厂，投资1 500万元；二是建小厂，投资800万元；三是先建小厂，如果经营得好再扩建，扩建再投资1 000万元。每一种方案均在不同的自然状态，但是其出现的概率是可预知的。与3种性质的决策相比，可以看出案例中的决策为风险型决策。

（2）该决策问题涉及哪些知识点？

这一部分的训练实施旨在提升分析问题的技能，对应"附录一"附表1"解决问题"能力领域的"分析问题"技能点（分析问题的系统知识和技巧）。

该案例为风险型决策，要求根据决策树提供的知识进行决策分析，并对决策方案进行敏感性分析。该决策问题涉及的知识点有风险型决策的特征、概率论知识及风险型决策方法中的决策树法和敏感性分析法。

①由问题（1）我们知道，风险型决策的显著特征为，决策面临两种以上自然状

态，且每种状态都是随机的。决策者采取任何一种方案都可能遇到由两种以上自然状态引起的不同结果，但结果出现的概率是可以通过计算或判断获得的。风险型决策的最优方案只是成功可能性较大或损失较小的方案，所以称这种决策为风险型决策。

②由于风险型决策的最优方案只能是成功可能性较大或者损失较小的方案，因此概率论在风险型决策中的作用尤为凸显。因此，决策过程中需要运用概率论的知识对各种状态的概率进行估算。

③决策树法。决策树法是一种以图解为辅助进行风险型决策的方法。本案例需要在理解决策树的基础上，结合概率论知识对各种方案的损益进行核算。

④敏感性分析法。在拟订方案时，根据的是计算或估计所得到的各自然状态出现的概率以及方案的收益或损失值，而这些数值并非十分准确，有时甚至有很大的偏差。当实施决策选定的方案时，实际所产生的数据与拟订方案时预测和计算或估计的数据之间的变动，不仅会影响决策方案的选定，有时甚至会发生决策时被淘汰的方案恰恰是较好的方案的情况。对此，决策者必须事先进行分析，这种分析可通过计算转折概率的稳定性分析和逐项替换计算检验的敏感性分析来进行。因此，有必要掌握敏感性分析方法的知识，对决策方案的选择进行检验。

（3）就如何提高饭店决策的科学性进行优化设计。

研究小组首先拟定《"究竟采用哪个方案？"决策提纲》，作为小组讨论的依据（详见附件范5-1）。根据该提纲，研究小组进行热烈的讨论，对饭店决策相关的理论知识及决策方法进行回顾与讨论，并实际应用决策原理与方法知识，为该饭店提供科学性的决策方案（详见附件范5-2）。

三、训练总结

1.关于"'究竟采用哪个方案？'决策设计"训练

（1）通过"究竟采用哪个方案？"决策设计，小组成员加深了对饭店决策理论知识的理解，并掌握了风险型决策概率论、决策树法及敏感性分析方法等的运用程序。

（2）通过《"究竟采用哪个方案？"决策提纲》与详细方案的拟订与撰写，系统体验了饭店管理部分问题的决策过程、决策相关理论的运用及各项技能的操作，达到了全面建构解决饭店发展过程中实际问题职业学力的目的。

2.关于"通能"训练

在训练过程中，研究小组成员对"训练准备"中列入"知识准备"的知识以及"附录三"附表3"解决问题"能力（高级）的"'知识准备'参照范围"所列知识（特别是相应"决策理论与方法"知识）及相关技能点操作的"基本要求"和"参照规范与标准"进行了自主学习和应用。

本次"强化训练"的作用在于：通过对"解决问题"特别是"决策理论与方法"知识（高级）的自主学习与应用，不仅再次体验到"决策设计"之"自发操作"与"自觉操作"的原则区别，而且体验到"决策设计"从先前的"初级"和"中级"水平向"高级"水平的提升。

3.缺点与不足

本次训练存在两方面的不足：一方面，研究小组中有少数成员对"解决问题"能力（高级）特别是相应的"决策理论与方法"等"通能"知识的"自主学习和应用"

认识不足，在训练中未真正落到实处，因而对本次"决策设计"活动的参与不够积极，并存在一定程度的自发性和被动性；另一方面，由于案例饭店所处的环境不够明晰，无法具有针对性地根据企业的特点及环境的变化制订更加详尽的决策方案，一定程度上限制了决策的全面性。

四、附件

附件"范5-1"

"究竟采用哪个方案？"决策提纲

1.决策目标

遵循"附录三"附表3"解决问题"能力"高级"的"分析问题、提出对策"技能点的"参照规范与标准"，即"在提出解决问题的对策时，能分析探讨问题的实质，提出解决问题的最优方案"进行操作。具体而言，是通过对饭店面临的决策问题，结合风险型决策的理论知识及概率论知识，运用决策树法对案例中的问题进行科学的决策，并利用敏感性分析方法对决策方案的抗风险性进行判断。

2.依据材料

在"究竟采用哪个方案？"的决策过程中，要充分考虑风险型决策问题的特征，熟练地掌握概率论、决策树法及敏感性分析方法，通过科学、严谨的分析，为饭店选择最优的方案。

1）充分了解并掌握饭店决策理论及方法

对决策理论的相关理论知识进行深入了解，把握决策方法的程序及步骤，为提出解决方案奠定基础。

2）使用决策树法进行决策

根据题意画出决策树（此案例已给出），根据决策树法的步骤、程序对案例问题的不同方案进行核算，以损益为评价指标，对不同方案的优劣进行排序。

3）使用敏感性分析方法对方案进行分析

对于风险型决策而言，对各自然状态出现的概率的预测准确与否将直接影响决策方案的准确度，因此需要核算概率的变化对决策结果的影响。

4）对分析结果进行综合判断

结合决策树法的方案排序及敏感性分析，得出决策的稳定性，判断并选择饭店的最优决策方案。

3.决策方案设计

参见附件范5-2《"究竟采用哪个方案？"决策方案》。

附件"范5-2"

"究竟采用哪个方案？"决策方案

决策设计者　　　　　（　　　　　级　　　　专业　　　　　班）

指导教师　　　　　　（　　　　大学　　　　　　　学院）

一、决策树分析

案例中的决策树如图范附5-2-1所示：

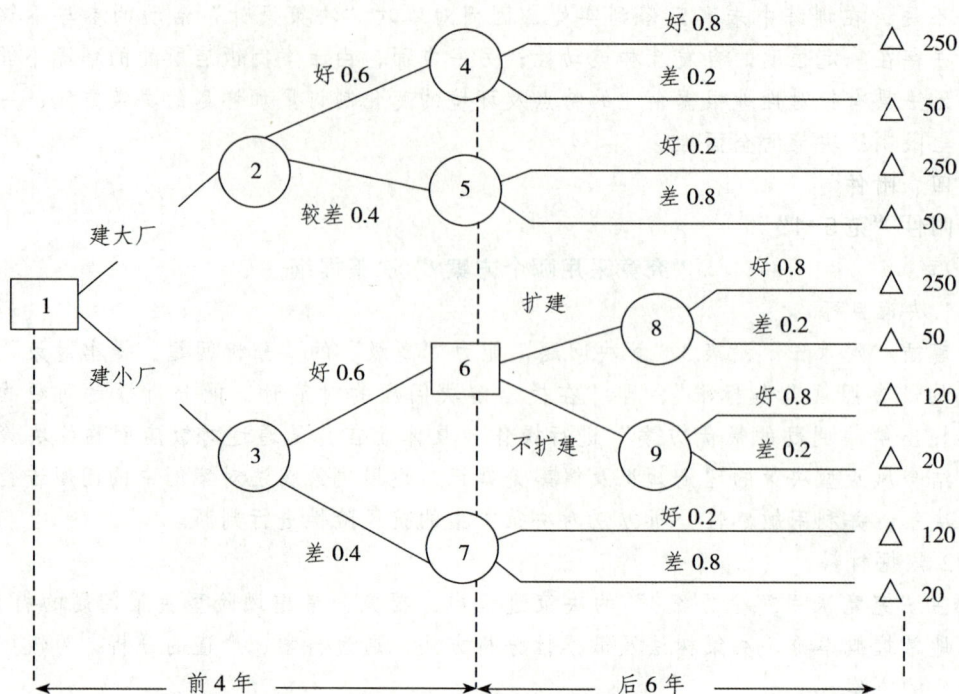

图范附5-2-1 某饭店决策树

分析：

步骤1：计算第3级别各点的收益期望值

点⑧：（250×0.8+50×0.2）×6=1 260（万元）

点⑨：（120×0.8+20×0.2）×6=600（万元）

点⑧与点⑨期望值相比，前者较大，所以应选择扩建，对不扩建进行删枝。把点⑧期望值减投资后所得260万元移到点⑥上来，这是第一次决策。

步骤2：计算第2级别各点的收益期望值

点④：（250×0.8+50×0.2）×6=1 260（万元）

点⑤：（250×0.2+50×0.8）×6=540（万元）

点⑥：1 260-1 000=260（万元）

点⑦：（120×0.2+20×0.8）×6=240（万元）

步骤3：计算第1级别各点的收益期望值

点②：（250×0.6+50×0.4）×4+1 260×0.6+540×0.4=1 652（万元）

点③：（120×0.6+20×0.4）×4+260×0.6+240×0.4=572（万元）

步骤4：计算各方案实际收益值

建大厂：1 652-1 500=152（万元）

建小厂：572-800=-228（万元）

步骤5：得出结论

通过计算，可以看出建大厂的期望收益为152万元，建小厂的期望收益为-228万元，建大厂的收益显著高于建小厂的收益。因此，可以得出结论，饭店应该采用直接建大厂的方案。

二、敏感性分析

通过比较、分析两种方案在不同概率下的收益情况，能够有效地检验决策方案在状态概率变化情况下的转变。表范附 5-2-1 分别列出当前 4 年较好的概率和后 6 年较好的概率取值变化时，建大厂与建小厂之间收益的差别。

表范附 5-2-1 　　　　　**两种方案在不同概率下的收益情况**

前4年较好的概率					
0.9	0.8	0.7	0.6	0.5	0.4
建大厂（万元）608	456	304	152	0	−152
建小厂（万元）−102	−144	−186	−228	−270	−312
差额（万元）710	600	490	380	270	160
后6年较好的概率					
0.9	0.8	0.7	0.6	0.5	0.4
建大厂（万元）176	152	128	104	80	56
建小厂（万元）−180	−228	−276	−324	−372	−420
差额（万元）356	380	404	428	452	476

由表范附 5-2-1 可知，不管较好概率如何变化，建大厂的收益期望值均大于建小厂的期望值，稳定性较高。因此，案例中饭店应该选择建大厂。

注：在本案例中不存在转折概率。当较好状态的概率逐步发生变化时，可能存在某个较好状态出现的概率值恰好使两个方案的期望值相等。我们称这个概率值为转折概率。这个概率值可以通过使两方案的期望值相等来求出它的数值。将计算或估计的状态概率与转折概率进行比较，如果两者相差较大，则说明决策是比较稳定的。

范例-6

▲ 拓展创新

拓展创新-范

【训练目的】

参加"拓展创新-范"训练。通过学习和应用其"知识准备"所列知识，系列技能操作的实施，《基于联立方程模型的饭店供需关系评价研究》论文的准备、讨论、撰写、交流与修订，《"拓展创新-范"训练报告》的撰写等活动，体验"基于联立方程模型的饭店供需关系评价"中的"创新型学习"（高级）及其迁移。

【教学方法】

采用"学导教学法""项目教学法""创新教学法"。

【知识准备】

学生通过学校图书馆和互联网等途径，自主学习如下知识：

1）关于"基于联立方程模型的饭店供需关系评价"的相关知识。

2）列入本教材"附录一"附表 1"能力领域"中"与人交流""与人合作""革新创新"能力"高级"各技能点"'知识准备'参照范围"的知识。

3）本教材"附录三"附表3"能力领域"中"与人交流""与人合作""革新创新"能力"高级"各技能点的"基本要求"和"参照规范与标准"。

【训练任务】

1）自主学习"知识准备"所列知识。

2）查阅关于"基于联立方程模型的饭店供需关系评价"的各种观点信息。

3）应用"知识准备"所列知识，依照相关要求和"参照规范与标准"，进行"拓展创新"强化训练。

4）撰写、讨论和交流训练课业。

【训练要求】

1）体验对"知识准备"所列知识的自主学习过程。

2）体验对"知识准备"所列知识的应用，以及相关"基本要求"和"参照规范与标准"的遵循。

3）体验将关于"基于联立方程模型的饭店供需关系评价"的各种观点信息中的诸多拓展性观念要素整合为一个内在一致、功能统一的新整体，形成一个带有原创性成分的《基于联立方程模型的饭店供需关系评价研究》的"知识创新"（高级）过程。

【训练时间】

本章课堂教学内容结束后的课余时间，为期三周。

【训练步骤】

1）将班级同学组成若干"知识创新"项目团队，每队确定1人负责。

2）各团队根据训练项目需要进行角色分工。

3）各团队自主学习"知识准备"所列知识。

4）各团队应用"知识准备"所列知识，并遵循相关"基本要求"和"参照规范与标准"，系统体验关于本项目的如下技能操作：

（1）通过队内分工与合作，收集和处理本训练项目中存有争议的关于"基于联立方程模型的饭店供需关系评价"的各种观点信息，分析、研究、讨论与交流其各自所长与不足。

（2）将关于"基于联立方程模型的饭店供需关系评价"的各种观点信息中诸多拓展性观念要素整合为一个内在一致、功能统一的新整体，撰写带有原创性成分的《基于联立方程模型的饭店供需关系评价研究》论文。

（3）以相互置疑和答疑的方式，在班级讨论、交流、相互点评其《基于联立方程模型的饭店供需关系评价研究》论文。

（4）根据班级讨论交流结果，各团队修订和完善其《基于联立方程模型的饭店供需关系评价研究》论文。

5）各团队总结本次"'创新理论与方法'知识应用"训练中的各项技能操作体验，形成作为最终成果的训练课业。

6）在校园网的本课程平台上展出经过修订和任课教师点评的优秀训练课业，供相互借鉴。

【成果形式】

训练课业：撰写《"拓展创新-范"训练报告》。

课业要求：

1）内容包括：训练团队成员与分工；训练过程；训练总结（关于"专业能力"和"通能"训练的总结）；附件。

2）将《基于联立方程模型的饭店供需关系评价研究》论文作为《"拓展创新-范"训练报告》的"附件"。

3）《基于联立方程模型的饭店供需关系评价研究》应符合科学论文写作规范要求，做到创新方法运用正确、观点独到新颖、论据确凿合理、文字简洁准确。

4）在校园网的本课程平台上展示经过教师点评的班级优秀《"拓展创新-范"训练报告》，并将其纳入本课程的教学资源库。

"拓展创新-范"训练报告

一、团队成员与分工

1.团队构成

根据工作任务情况，本研究小组设小组长1人，小组成员3人，共计4人。

2.任务分工

小组长赖思明同学主要负责训练阶段及时间进度的安排，数据调查的设计，定期小组讨论的组织及主持，阶段性成果的汇总，训练报告成果的统合、整理及汇报；王晓霞同学负责有关联立方程的收集与整理工作；付长军同学负责供需关系的理论梳理工作；张垚同学负责数据的统计分析工作。所有4位小组成员均参与数据的录入与统计工作。

二、训练过程

1.时间及进度安排

本次训练为期三周。

第一周：在教师指导下，由组长组织小组成员自主学习如下知识或规范：关于"基于联立方程模型的饭店供需关系评价"的相关知识；列入本教材"附录一"附表1"能力领域"中"与人交流""与人合作""革新创新"能力"高级"各技能点"'知识准备'参照范围"的知识；本教材"附录三"附表3"能力领域"中"与人交流""与人合作""革新创新"能力"高级"各技能点的"基本要求"和"参照规范与标准"。

第二周：在教师指导下，组长组织小组成员自觉应用上述所学知识，查阅关于"基于联立方程模型的饭店供需关系评价"的各种观点信息，将其中诸多拓展性观念要素整合为一个内在一致、功能统一的新整体，形成一个带有原创性成分的《基于联立方程模型的饭店供需关系评价研究》论文的"知识创新"（高级）过程。

第三周：组长组织小组成员总结本次训练，形成《"拓展创新-范"训练报告》。

2.训练实施

本团队在完成第一周学习任务的基础上，应用本次训练"知识准备"所列知识，对"基于联立方程模型的饭店供需关系评价研究"的相关问题进行了讨论、交流与汇总，情况如下：

（1）有关饭店供需的收集与整理工作

为了深入了解饭店供需的信息，小组成员王晓霞同学通过阅览大量文献，掌握了大量统计数据，总结出其中的主要指标。

（2）饭店供需评价的理论梳理工作

为掌握饭店供需评价的理论进展，小组成员付长军对国内外有关的文献进行了检索和梳理工作，并选择了核心的参考文献，以指导研究工作的具体开展。

（3）统计数据的收集与统计工作

在上述两方面工作的基础上，小组组长组织成员进行讨论，最终选定了饭店供需评价所需要的数据。通过预统计，最终确定了所选取的样本城市和数据量等。通过讨论，确定样本城市为厦门市。数据收集后，由小组成员一起合作，将之录入统计软件，供后续统计分析之用。

三、训练总结

1.关于"'基于联立方程模型的饭店供需关系评价研究'拓展创新"的专业能力训练

（1）通过"基于联立方程模型的饭店供需关系评价研究"拓展创新的训练过程，包括小组成员的交流、协作，资料梳理、解读和汇总，以及汇报材料的准备与汇报等，各小组成员加深了对基于联立方程模型的饭店供需关系评价等的理解；掌握了有关"基于联立方程模型的饭店供需关系评价研究"拓展创新的理论与方法。

（2）通过《"基于联立方程模型的饭店供需关系评价研究"拓展创新提纲》与《基于联立方程模型的饭店供需关系评价研究》论文的拟定与撰写，系统体验了饭店供需关系评价研究等各项技能的操作，团队成员在更高阶段体验了将"基于联立方程模型的饭店供需关系评价"的各种观点信息和诸多拓展性观念要素整合为一个内在一致、功能统一的新整体，形成一个带有原创性成分的《基于联立方程模型的饭店供需关系评价研究》论文的"知识创新"过程。

但是，美中不足的是，由于对各地旅游局有关饭店供需的数据接触较少，在实际的数据收集过程中，对于如何在短时间内迅速地寻找到准确的饭店供需数据，还有待进一步训练；此外，对于统计分析还需要加强锻炼，以待熟能生巧。

2.关于"通能"训练

通过在准备、讨论和撰写《基于联立方程模型的饭店供需关系评价研究》学术论文过程中融入对"知识准备"所列知识学习和运用的强化训练，以及对"附录三"附表3"能力领域"中"与人交流""与人合作""革新创新"能力"高级"各技能点的"基本要求"和"参照规范与标准"的遵循，不仅使"拓展创新"学术论文所要求的"拓展创新"由"自发"转变为"自觉"，而且进一步提高了团队成员"与人交流""与人合作""革新创新"的能力。这对于我们今后就业和创业，乃至整个职业生涯的可持续发展都是至关重要的。

附件"范6-1"

基于联立方程模型的饭店供需关系评价研究——以厦门市为例

内容提要：客观、准确地评价区域饭店业的供需关系是旅游饭店投资中迫切需要解决的一个难题，现有的单一定性研究并不能准确地描述饭店的供需关系。本文在文献梳理的基础上，构建了反映饭店供需关系的联立方程模型，并以厦门市为例进行了实证分析。研究表明：①饭店供需间存在显著程度不对称的影响关系；②居民可支配收入、城市年旅游接待人次等依旧是城市饭店需求的主要影响因子，在以国内游客为主要客源的背景下，汇率变动对城市饭店需求并没有显著影响；③城市饭店的长期供给主要受区域经济发展水平、旅游发展水平以及客房价格的影响，而反映区域经济发展水平的 GDP 和反映旅游市场发展状况的城市年游客接待量则是影响饭店短期供给的主要因素；④客房价格仅对饭店短期供给产生显著滞后影响；⑤厦门旅游发展指标与饭店经营性指标对城市饭店供需的影响与中国香港、拉斯维加斯等旅游业高度发达城市相比具有一定的共性特征。最后，基于研究结论提出了相应的政策建议。

关键字：饭店业　供需关系　联立方程

一、引言

作为旅游接待设施，旅游饭店是各地有效拉动旅游经济发展的必备设施，也是旅游业发展的基础和必要保障。由于高星级的旅游饭店投资额度比较大，回收期比较长，各地的饭店供给与需求又差别很大，造成很多旅游投资者望而却步。在理性思维之下，他们寄希望于能对未来 10 年或者 20 年的区域饭店供需关系做出比较准确的评价。然而，由于饭店供给是相对固定的，住宿需求却是波动的，旅游住宿业的供需不平衡俨然已成为一个世界性的普遍现象，客观、准确地评价区域饭店业供需也就成为旅游饭店投资中迫切需要解决的一个难题。

当我们深入研究这一问题时发现，国外已经研究了中国香港、拉斯维加斯等旅游业高度发达城市的饭店供需关系，①但这两座城市饭店业供需关系与厦门这一国内旅游热点城市的供需关系又具有明显的差异。为探究原因、解惑释疑，本文基于系统分析的视角，以饭店的供给和需求为内生变量，以饭店供给和需求的影响因素为外生变量，构建饭店供需关系的联立方程模型，以厦门市为例进行实证研究，分析厦门与中国香港、拉斯维加斯等城市饭店供需关系差异的原因，以期能为饭店供需关系及其内部影响机制的评价提供新的思路和方法，弥补饭店供需关系评价研究之不足。

二、理论分析与模型设定

（一）饭店供需关系评价及其影响因素分析

1. 饭店供需关系评价

从动态的角度分析，强劲经济增长推动的商务活动和旅游住宿是我国饭店需求增长的原动力，而经济的活跃和旅游业的发展所带来的巨大市场空间则积极促使我国饭店供给的剧增，供需关系在长期的均衡变动过程中互为影响、互为促进。但是，现有研究也表明，在中国旅游饭店供需协调的过程中，两者相互作用和影响的程度并不是对称的：旅游饭店需求的扩大通常能在旅游供给中得到价值体现，即表现为饭店供给数的增加和饭店经营绩效的提升，为旅游饭店业带来可观的经济效益；但旅游饭店供给的体现则是多因素相互作用的结果，需求并不是唯一因素，区域经济及市场发展同样制约着旅游饭店的供给水平。因此，饭店供需之间存在怎样的关联，还有待于进一步进行实证检验。

2. 饭店需求影响因素分析

已有研究表明，饭店需求的变动是多因素共同作用的结果。其中 Qu（2002）选取

---

① 参见 Qu（2002）、H.Tsai（2006）发表于国际饭店研究顶尖期刊——International Journal of Hospitality Management 上的两篇文章。

客房价格、旅游接待人次、汇率、居民可支配收入、CPI指数、经济危机作为饭店客房需求的影响因素进行实证，结果表明：客房价格、旅游接待人次、CPI指数及经济危机对中国香港饭店的客房需求具有显著影响。Haiyan Song（2010）同样以中国香港为研究对象进行分析，实证结果显示：区域经济发展水平、客房价格以及口碑效应是香港饭店客房需求的主要影响因素。H.Tsai（2006）在当期饭店客房需求影响因素的基础上，考虑了滞后一期客房价格的影响，虽然结果不显著，但也说明饭店需求除受到来自旅游者消费水平和宏观经济变动的影响外，还可能受到影响因素滞后期的影响。

3. 饭店供给影响因素分析

旅游业是一种敏感的产业，政局战事、汇率变动、天灾、国际经济形势等都可能成为行业的外部冲击源。这些外部冲击源同样会对饭店的供给造成较大冲击。Bailey（2009）以饭店为研究对象，验证了饭店入住率与货币汇率间的显著相关性；Vani K. Borooah（1999）以澳大利亚为例，考虑了饭店内部经营绩效对饭店客房供给的影响，研究表明每间客房收入、客房出租率及饭店经营利润率是饭店客房供给的主要影响因子[①]；Qu（2002）、H.Tsai（2006）在实证过程中均考虑了滞后项对饭店客房供给的影响，这表明饭店的供给影响并不是静态的，而是滞后变动的。

由上述分析可发现，饭店的供需关系并不是单纯的单因素影响，而是一个互相影响的内生化过程，国内现有的单一定性研究显然难以准确描述饭店的供需关系，因而，本文拟采用联立方程模型对饭店的供需关系进行实证检验。

（二）模型选择——联立方程模型

在现实经济领域中，经济现象是极为复杂的，变量之间往往不是单一的线性作用关系，而是互为依存、互为因果的，即一个经济变量影响另一个经济变量（或多个经济变量）；反过来这个变量又受到其他经济变量的影响，并由多个变量的行为同时决定。在这种情况下，传统单方程计量经济模型就无法准确描述这种互为依存关系的经济现象，而需借助更为有效的联立方程模型。目前，该模型已被广泛应用于宏观经济问题及房地产市场等领域的分析，但在旅游与饭店领域的应用还鲜有学者予以关注。

（三）模型设定及变量说明

国内外使用联立方程对饭店供需关系进行研究的文献很少，只有Hiemstra（1994）、Qu（2002）、H.Tsai（2006）等少数国外学者进行了相关的探索，国内尚无应用先例。其中，Hiemstra（1994）为住宿业供需关系评价提供了理论基础，构建了一个住宿业供需关系的理论模型；Qu（2002）利用联立方程对影响中国香港饭店供给和需求的因素进行了实证识别，并分析了这些因素对香港饭店业发展的整体影响。研究表明，客房价格和旅游接待人数对香港饭店的需求具有显著正向影响；客房出租率、上一期客房价格及劳动力成本等因素会显著影响香港饭店业的供给。文章还进一步考虑了1991年经济衰退和1998年亚洲金融危机对香港饭店客房需求和供给的影响。H.Tsai（2006）则以美国拉斯维加斯为研究对象，对其饭店客房供需关系的内部影响机制进行了评价，并利用二阶段最小二乘法（Two-stage Least-squares，2SLS）对构建的联立方程进行实证分析。结果表明：当期客房价格、3月期国债利率和上一年度客

---

① 已有研究从定性视角对我国饭店供需关系进行分析（宋志伟等，1999；刘晓霞，2002；戴斌等，2005；刘茵，2009）。

房博彩收入是饭店客房供给方程的主要决定因素，而消费者价格指数（CPI）则是饭店客房需求方程唯一的决定因素。

借鉴上述文献的研究思路及 Hiemstra 等（1994）构建的饭店供需模型，本文构建了如下反映饭店供需关系的联立方程模型：

需求：$Q_D = f(PR, X_1)$　　　　　　　　　　　　　　　　　　　（1）

短期供给：$PR_S = f(Q_D, OCC, X_2)$　　　　　　　　　　　　　（2）

长期供给：$Q_L = f(PR, X_3)$　　　　　　　　　　　　　　　　（3）

均衡条件：$OCC = Q_D / Q_L$　　　　　　　　　　　　　　　　（4）

式中：Q_D 表示饭店客房需求；OCC 表示饭店客房出租率；PR_S 表示当前客房价格；Q_L 表示饭店长期供给；X_1、X_2、X_3 分别表示影响需求、短期供给、长期供给的外生变量。

基于上述理论模型及供需影响因素的分析，本文拟以城市实际客房出租数为需求方程因变量，以当期客房价格和城市可供出租客房数作为短期供给和长期供给方程的因变量，为定量分析各外生变量的影响，考虑客房价格对供需的滞后影响，将计量检验模型设定如下：

需求：$QD_t = \alpha_1 + \alpha_2 PR_t + \alpha_3 ER_t + \alpha_4 INC_t + \alpha_5 ARR_t + \alpha_6 CPI_t + \alpha_7 PR_{t-1} + u_t$　　（5）

短期供给：$PR_t = \beta_1 + \beta_2 QD_t + \beta_3 OCC + \beta_4 GDP + \beta_5 ARR_{t-1} + \beta_6 PR_{t-1} + v_t$　　（6）

长期供给：$QL_t = \omega_1 + \omega_2 PR_t + \omega_3 GDP + \omega_4 ARR_t + \omega_5 OCC_t + \eta_t$ [①]　（7）

上述供给方程和需求方程的主要变量说明见表范附 6-1-1。

表范附 6-1-1　　　　　　　　　　　　**主要变量说明**

变量	变量含义	变量说明
内生变量：		
PR_t	当期客房价格	反映短期饭店客房的供给
QL_t	可供出租客房数	反映长期饭店客房的供给
QD_t	实际客房出租数	反映饭店客房的需求
前定变量：		
ER_t	美元兑人民币汇率	反映入境游客对饭店需求的影响
INC_t	城镇居民可支配收入	反映国内游客对饭店需求的影响
ARR_t	当期城市游客接待量	反映城市旅游发展对饭店需求的影响
CPI_t	消费者价格指数	反映物价变动对城市饭店需求的影响
OCC_t	客房出租率	反映整体市场行情对饭店供给的影响
GDP_t	城市国内生产总值	反映区域经济发展水平对饭店供给的影响
ARR_{t-1}	滞后一期城市游客接待量	反映上一期城市旅游发展对饭店需求的动态影响
PR_{t-1}	滞后一期客房价格	反映上一期房价对当期饭店供给的动态影响

注：参照现有研究，对城市国内生产总值做对数处理；实际客房出租数=可供出租客房数×客房平均出租率；客房出租率取同期各星级酒店出租率的平均数；客房价格取同期各星级饭店客房价格的平均数。

---

① 本文并未考虑客房价格的滞后项对饭店长期供给的滞后影响，一方面是方程中加入客房价格滞后项，模型估计系数的显著性较差，另一方面主要是基于现实考虑，即城市饭店长期供给的增长主要取决于区域经济发展水平和城市旅游发展水平，反映饭店内部经营指标的客房价格并不是其主要影响因子，故未考虑客房价格的滞后影响。

三、样本、数据与方法

（一）样本选择——厦门

本文选取厦门市旅游业与饭店业的相关数据做研究，一方面是厦门作为我国热点旅游城市，旅游人气指数和旅游饭店发展稳居全国前列，行业发展较为平稳，数据具有较强的连续性和可获得性；另一方面，厦门位居海峡西岸经济区、毗邻中国台湾的特殊地理区位让厦门在旅游发展，尤其是饭店业发展上存在一定的特殊性，这有助于发现一些不同于现有研究的结论。因此，选取厦门市作为实证研究对象。

（二）数据来源

本文所用数据来源于厦门市统计年鉴、国家统计年鉴及相关统计网站，样本年限为1999—2018年。其中，厦门市旅游接待人数来自厦门市旅游局网站公布的相关数据；客房价格、实际客房出租数及客房出租率根据《2018年厦门市旅游经济运行蓝皮书》及厦门市统计局网站数据整理而得；厦门国内生产总值数据来自《2018年厦门经济特区年鉴》；消费者价格指数、城镇居民可支配收入、美元兑人民币汇率来自《2018年中国统计年鉴》及国家统计局网站上的数据。变量的描述性统计见表范附6-1-2。

表范附6-1-2　　　　　　　　　　　　变量的描述性统计

	N	最小值	最大值	均值	标准差
QD	20	2 823.000	9 695.000	6 529.600	1 988.198
QL	20	5 312.000	14 333.000	10 387.650	2 716.719
PR	20	199.600	485.0000	374.641	85.371
OCC	20	0.532	0.690	0.621	0.043
ARR	20	688.640	8 900.320	3 362.715	2 464.832
CPI	20	98.600	105.900	102.015	1.960
INC	20	5 854.000	39 251.000	18 741.870	10 865.610
ER	20	6.142	8.280	7.317	0.864
GDP	20	4 405 368	47 914 100.000	20 654 240.000	13 875 154.000

资料来源：由历年厦门旅游经济统计数据、国家统计年鉴及相关统计网站等整理。

（三）回归方法

由于内生变量的存在，联立方程模型不能直接应用普通最小二乘法（OLS）来进行参数估计[①]，需要借助其他更为有效的估计方法。目前，常见的联立方程的计量估计方法主要包括单方程估计和系统方程估计两大类，其中单方程估计应用最为普遍的是二阶段最小二乘法（2SLS），这是一种被广泛用于恰好识别和过度识别联立方程的单方程估计法；系统矩估计（Generalized Method of Moments，GMM）则是最常用的一种系统方程估计法，一般而言，GMM的估计量较2SLS更为稳健，因为GMM允许随

---

① 内生变量通常是符合某种概率分布的随机变量，并且总是与随机扰动项相关，因而无论样本量有多大，应用普通最小二乘法来估计方程系数都会存在偏误（古扎拉蒂，1999）。

机误差项存在异方差和序列相关，而且还考虑了方程间的相互影响，因此，能够更好地描述整个经济系统的行为，评估结果更为贴近实际（高铁梅，2009；高辉，2011）。本文将同时使用这两种估计方法对模型进行估计，并对比其结果。

四、实证结果及分析

（一）变量相关性分析

在对联立方程模型进行计量回归之前，有必要对有关变量之间的相关性加以分析，以初步考察变量之间的关系。从变量的相关系数矩阵（见表范附6-1-3）可以看出，需求方程中各解释变量均与QD存在显著相关性，其中汇率ER与实际客房出租数QD存在显著负相关，即汇率的上升会降低城市的客房出租数，其他变量则为显著正相关；供给方程中的客房出租率OCC、城市国内生产总值GDP、城市游客接待量ARR等变量与被解释变量PR和QL存在显著相关关系，这表明城市饭店客房的供给与该地区市场的发展及区域经济发展水平是紧密相关的。

表范附6-1-3　　　　　　　　　　　**变量的相关性检验**

	OCC	ARR	QD	QI	PR	CPI	INC	ER	GDP
QD	0.8170***	0.8739***	1.0000	0.9897***	0.8544***	0.3777	0.9259***	−0.9019***	0.9238***
PR	0.6739***	0.8708***	0.8544***	0.8472***	1.0000	0.3325	0.9071***	−0.8534***	0.9095***
QL	0.7348***	0.8729***	0.9897***	1.0000	0.8472***	0.3383	0.9307***	−0.9228***	0.9248***

注：***表示在1%水平（双侧）上显著相关。

但仅靠单一的相关性分析并不能完整有效地描述出变量之间的相互影响，也不能刻画变量之间的动态变动效应。因此，本文将继续对联立方程模型进行回归分析，以系统考察我国饭店的供需关系及其内部影响机制。

（二）需求方程回归结果及分析

方程（5）的2SLS与GMM估计结果见表范附6-1-4。从表范附6-1-4中的估计结果来看，模型1和模型2的R^2、Adj-R^2较高，解释变量能对被解释变量90%以上的离差做出解释，说明模型对饭店需求的拟合效果较好；两个模型的DW值[①]也比较理想（接近2），表明模型随机误差项无自相关；从方程估计参数来看，GMM估计结果的显著性要优于2SLS的估计结果。

从反映旅游者消费能力的指标来看，城镇居民可支配收入在两个模型中都对城市饭店需求有显著正向影响，而消费者价格指数在两个方程中对城市饭店需求的影响都不显著。这结果表明，随着居民可支配收入的不断提升，居民的消费能力和消费水平也将不断提升，进而催生出更多的饭店住宿需求。这一结果也与行业发展实际相符合。

已有研究表明，汇率的变动将使得一国入境旅游产品的相对价格（相对于其他旅游目的地国家）发生变化，从而影响客源国对该国入境旅游需求水平（Dwyer, et al., 2000）。但从反映入境游客对饭店需求的影响来看，虽然汇率与饭店需求成正相关，但是在两个模型中均不显著。这一结果主要是因为，当前厦门饭店的住宿需求仍以国

[①]　当解释变量中存在被解释变量的滞后项时，DW值不再能有效地判断随机扰动项是否存在自相关，而需利用Durbin-Watson h做进一步判定，但DW h检验需要的样本量较大，在小样本中的结果并不可靠（Qu, 2002；高铁梅，2009），故本文依旧采用了DW进行自相关判定。

表范附6-1-4   **饭店需求方程计量回归结果**

估计方法	模型1 （2SLS估计）	模型2 （GMM估计）
常数项	−29 007.6700** （11 754.1100）	−30 098.5500*** （9 103.2780）
PR_t	−0.6962 （3.7567）	−0.2930 （3.0767）
ER_t	192.2097 （491.5187）	309.0837 （358.7471）
INC_t	4 143.9930*** （1 281.5860）	4 062.8790*** （694.3396）
CPI_t	−46.9559 （95.5885）	−44.9505 （0.0875）
ARR_t	−0.1931 （0.2006）	−0.2253** （0.0875）
PR_{t-1}	−0.4853 （3.7047）	1.5007 （3.4922）
R^2	0.9543	0.9512
Adj-R^2	0.9315	0.9268
F-statistic	41.8015	—
DW-Stat	1.9426	1.9859
J-Stat	12.0000	4.9332

注：①***、**和*分别表示在1%、5%和10%水平上显著。②括号内为各统计量的标准差。

内旅游者的住宿需求为主，以汇率为基础的入境游客的饭店需求仍然较为有限，因此，由汇率变动引发的住宿价格波动并未对厦门市饭店需求产生显著影响。

反映城市旅游发展水平的城市游客接待量在GMM模型中显著负相关于饭店客房的需求，在2SLS模型中不显著。通常地，游客接待量的提升意味着饭店潜在需求规模在扩大，通过市场营销手段，星级饭店可以吸引更多的游客入住酒店。但是，从模型估计结果来看，游客接待量的增加并不会有效提升消费者对饭店住宿的需求，城市仅是游客接待量相对增加了，但是对酒店的需求却可能会出现阶段性的"反降"。这一结果主要源于来厦游客的客源结构，即中短程旅游者偏多，特别是福厦高铁、沪深高铁的开通使得厦门一日游的短程旅游者增长速度较快，而沪深高铁将江浙地区的多日游缩短至一日或两日游，降低了游客的住宿需求。通过实证分析，我们发现中国香港、拉斯维加斯等旅游业高度发达城市，其饭店供需关系与厦门这一国内旅游热点城市饭店的供需关系存在一定的共性特征，即客房房价对饭店客房需求均为负向影响。

究其原因可能是，与中国香港和拉斯维加斯类似，厦门是中国热门旅游城市，其饭店业已趋于饱和，市场竞争相对激烈，加之城市的消费水平较高，游客旅游成本比较大，旅游者对价格变动较为敏感，高的客房价格将会抑制游客对饭店的需求。另外，为了分析客房房价的滞后项是否会对城市饭店客房的需求产生影响，在模型中加入了客房房价的滞后一期，发现前一期的客房房价对当期客房的需求的影响并不显著。

（三）供给方程回归结果及分析

方程（6）、方程（7）的 2SLS 与 GMM 估计结果见表范附 6-1-5。从模型的 R^2、$Adj\text{-}R^2$ 来看，长期供给方程的拟合效果要优于短期供给方程的拟合效果，其中模型 3 中 81% 以上的离差能被解释，模型 4 中有 78% 以上的离差能被解释变量解释，模型 5 和模型 6 中 90% 以上的离差能被解释变量解释，模型具有较强的说服力。

表范附 6-1-5　　　　　　　　　　**饭店供给方程计量回归结果**

估计方法	饭店短期供给方程		估计方法	饭店长期供给方程	
	模型 3 （2SLS 估计）	模型 4 （GMM 估计）		模型 5 （2SLS 估计）	模型 6 （GMM 估计）
常数项	−17.9772 （197.0010）	55.4133 （127.5999）	常数项	2 371.2220 （3 404.6220）	2 560.1190 （4 021.1970）
QD_t	−0.0295 （0.0223）	−0.0287** （0.0116）	PR_t	−8.7839 （5.4849）	−10.4377*** （4.6142）
PR_{t-1}	0.2766 （0.2358）	0.5086** （0.2035）	GDP_t	0.0005*** （0.0001）	0.0006*** （0.0001）
GDP_t	1.39E−05* （7.05E−06）	1.40E−05** （5.14E−06）	ARR_t	−1.7280*** （0.4884）	−2.0290*** （0.5440）
ARR_{t-1}	−0.0461 （0.0322）	−0.0541* （0.0248）	OCC_t	10 554.5000* （5 769.5140）	11 048.3400 （6 995.8710）
OCC_t	538.6198 （390.1921）	314.4866 （257.5759）			
R^2	0.8638	0.8465	R^2	0.936260	0.9298
$Adj\text{-}R^2$	0.8114	0.7875	$Adj\text{-}R^2$	0.919263	0.9111
F-statistic	16.4907		F-statistic	55.08318	
J-Stat	13.0000	2.9098	J-Stat	15.00000	7.2711

注：①***、**和*分别表示在 1%、5% 和 10% 水平上显著。②括号内为各统计量的标准差。

在短期供给方程中，实际客房出租数在 GMM 模型中显著为负，比较而言，需求对供给影响的显著程度要强于供给对需求影响的显著程度。GMM 的估计系数表明，实际客房出租数的增加将会降低客房的房价，即实际出租客房数每增加 1 000 间，客房价格将会降低 28.7 元。这就意味着，当客房剩余较多时（如旅游淡季），经营者通常会选择提供折扣或成套交易等优惠措施来降低客房价格，以便出租出更多的客房。

从反映城市旅游和饭店市场发展情况的指标来看，城市游客接待数在长期供给方程中均显著负相关于饭店的长期供给，这可以理解为：一方面，当城市旅游接待人次越多时，短期内市场会新增更多的客房供给，但是从市场长期发展来看，短期内新增的客房供给将逐渐拉低市场房价水平，进而降低城市饭店市场的整体绩效，进而影响城市客房的长期供给；另一方面，近年来厦门作为热门旅游城市，其非星级酒店市场日益繁荣，特色民宿、精品客栈等新型饭店业态不断涌现，特殊的住宿体验和经济的客房价格吸引了大量游客，这些非星级酒店在很大程度上稀释了星级饭店的客源，因而对饭店的长期供给产生负向影响。反映饭店市场发展的客房出租率对饭店的长期供给量并无显著影响。这主要是因为，长期来看，客房出租率仅是一个静态的经营性评价指标，其大小不能代表饭店市场是否具有投资空间，饭店供给未必增加。

值得注意的是，区域经济发展水平对饭店短期供给和长期供给的影响均为正向显著，即区域经济发展水平会显著增加城市饭店的短期与长期供给。这是因为随着区域经济发展越来越快，区域经济一体化进程将不断深化，城市经济体之间的商务会议、贸易洽谈渐趋频繁，由此带来的商务会议型旅游将日渐兴盛，这些新兴的旅游业态将极大地推动区域饭店业的发展，市场对星级酒店，尤其是高星级饭店的需求量也将愈趋旺盛。在此影响下，城市饭店客房的供给量将出现一定的增长。但从影响程度看，区域经济发展水平对城市饭店的短期和长期供给的影响力度有限。

从客房价格对饭店供给的影响来看，客房房价的滞后项在模型3不显著，但在模型4中是显著的，这说明客房房价对城市饭店客房的短期供给将产生滞后影响，即当期客房房价将受到前一期客房房价的影响。而在长期供给方程中，客房价格估计系数仅在GMM估计中显著负相关于饭店供给，在2SLS估计中并不显著，这一结果表明较高的客房房价在很大程度上会抑制饭店客房的长期供给，特别是当前非星级酒店日益兴起，过高的星级酒店房价将会降低游客的住宿需求，从而在长期层面上降低饭店的客房供给。总体来看，区域经济发展水平与行业发展成熟度仍是城市饭店业（星级酒店与非星级酒店）供给的主要影响因素。

五、结论与政策建议

本文在文献梳理的基础上，构建了反映饭店供需关系的联立方程模型，并利用厦门市饭店1999—2018年的数据进行了实证分析。研究表明：①从供给和需求相互影响的显著性来看，饭店需求对供给影响的显著程度要强于供给对需求影响的显著程度。②从供需的影响因素来看，居民可支配收入、城市年旅游接待人次等依旧是城市饭店需求的主要影响因子，在以国内游客为主要客源的背景下，汇率变动对城市饭店需求并没有显著影响；反映区域经济发展水平的GDP和反映旅游市场发展状况的城市年游客接待量是影响饭店短期供给的主要因素，区域经济发展水平、城市旅游发展水平以及客房房价则是饭店长期供给的主要影响因素。③从变量的滞后项影响来看，客房价格对饭店的需求无显著滞后影响，但对饭店客房短期供给存在滞后影响。④厦门旅游发展指标与饭店经营性指标对城市饭店供需的影响与中国香港、拉斯维加斯等旅游业高度发达城市相比具有一定的共性特征。

本文研究的政策含义是：强大的经济增长推动和旅游发展依旧是饭店供需水平发

展的主要推力，因此，在政府层面上，应通过有效的政策实施，促进区域旅游业和饭店业结构升级，优化产业运行环境，提升城市旅游业和饭店业的综合竞争力；在饭店经营层面，日益频繁的商务会议和贸易洽谈为当前城市饭店的发展提供了巨大的增长空间，饭店企业应适时开发、推出新产品，不断优化饭店产品结构，通过旅游服务的改善和创新，提升旅游饭店的竞争力；在投资者层面，居民消费能力和城市旅游人次的提升会带来饭店客房需求的显著提升，在旅游业快速发展的城市投资饭店业是可行的。

参考文献

［1］高佩佩，吴晋峰，等．中国旅游饭店供需系统的耦合协调度研究［J］．旅游论坛，2010（4）：423-426.

［2］QU H，XU P，TAN A.A simultaneous equations model of the hotel room supply and demand in Hong Kong［J］．International Journal of Hospitality Management，2002，21（4）：455-462.

［3］SONG H Y，LIN S S，WITT S F，et al.Impact of financial/economic crisis on demand for hotel rooms in Hong Kong［J］．Tourism Management，2011（32）：172-186.

［4］TSAI H，KANG B，YEH R J，et al.Examining the hotel room supply and demand in Las Vegas：a simultaneous equations model［J］．International Journal of Hospitality Management，2006（25）：517-524.

［5］BAILEY B，FLANEGIN F，RACIC S，et al.The impact of exchange rates on hotel occupancy［J］．Journal of Hospitality Financial Management，2009，17（1）：33-46.

［6］BOROOAH V K.The supply of hotel rooms in Queensland，Australia［J］．Annals of Tourism Research，1999，4（26）：985-1003.

［7］高铁梅．计量经济分析方法与建模：EViews应用及实例［M］．2版．北京：清华大学出版社，2009.

［8］温海珍，吕雪梦，张凌．房价与地价的内生性及其互动影响［J］．财贸经济，2010（2）：124-129.

［9］黄菁．环境污染与城市经济增长：基于联立方程的实证分析［J］．财贸研究，2010（5）：8-16.

［10］陈得文，苗建军．空间集聚与区域经济增长内生性研究——基于1995—2008年中国省域面板数据分析［J］．数量经济技术经济研究，2010（9）：82-93，106.

［11］孔煜，高波．中国房地产市场的量价波动关系——基于联立方程模型的实证分析［J］．中央财经大学学报，2012（12）：66-73.

［12］周彬，杜两省．"土地财政"与房地产价格上：理论分析和实证研究［J］．财贸经济，2010（8）：109-116.

主要参考文献

英文

[1] MORRISON A.Small firm statistics: a hotel sector focus [J]. The Service Industries Journal, 1998, 18 (1): 132-142.

[2] PRITCHARD A, MORGAN N, NIGEL M.Hotel babylon? Exploring hotels as liminal sites of transition and transgression [J]. Tourism Management, 2006 (27): 762-772.

[3] LALWANI A K.Interpersonal orientation of spouses and household purchase decision: the case of restaurants [J]. The Service Industries Journal, 2002, 22 (1): 184-200.

[4] BAILEY B, FLANEGIN F, RACIC S, et al.The impact of exchange rates on hotel occupancy [J]. Journal of Hospitality Financial Management, 2009, 17 (1): 33-46.

[5] ADAMS D, DISBERRY A, HUTCHISON N, et al.Retail location, competition and urban redevelopment [J]. The Service Industries Journal, 2002, 22 (3): 135-148.

[6] JEFFREY D, BARDENR R D, BUCKLEY P J, et al. What makes for a successful hotel? Insights on hotel management following 15 years of hotel occupancy analysis in England [J]. The Service Industries Journal, 2002 (4): 67-78.

[7] FISHER C D, YUAN X Y.What motivates employees? A comparison of U.S.and Chinese responses [J]. International Journal of Human Resource Management, 1998, 9 (3): 516-528.

[8] WEBESTER F E.A perspective on the evolution of marketing management [J]. Journal of Public Policy & Marketing, 2005, 24 (1): 121-126.

[9] SONG H Y, LIN S S, WITT S F, et al.Impact of financial/economic crisis on demand for hotel rooms in Hong Kong [J]. Tourism Management, 2011 (32): 172-186.

[10] TSAI H, KANG B, YEH R J, et al.Examining the hotel room supply and demand in Las Vegas: a simultaneous equations model [J]. International Journal of Hospitality Management, 2006, 25 (3): 517-524.

[11] FITZSIMMONS J A, FITZSIMMONS M A.Service management-operations, strategy, and information technology [M]. 3rd ed.New York: McGraw-Hill Education, 2001.

[12] JOHNSON C, VANETTI M.Locational strategies of international hotel chains

[J]．Annals of Tourism Research，2005，32（4）：1077-1099.

[13] KIM H.Sustainable tourism：a view from accommodation businesses [J]．The Service Industries Journal，2001，21（4）：133-146.

[14] LI L，TES C Y E，GUB Y.The relationship between strategic planning and entrepreneurial business orientation [J]．Chinese Economy，2006，39（6）：70-85.

[15] LI L，TSE C Y E，XIE L.Hotel general manager profile in China：a case of Guangdong Province [J]．International Journal of Contemporary Hospitality Management，2007，19（4）：263-274.

[16] LITTRELL R F.Desirable leadership behaviors of multi-cultural managers in China [J]．Journal of Management Development，2002，21（1）：5-74.

[17] LIZ D，LINDSAY S.The gap between male and female pay：what does the case of hotel and catering tell us? [J]．The Service Industries Journal，1998，18（4）：126-144.

[18] MAGNINI V P，FORD J B.Service failure recovery in China [J]．International Journal of Contemporary Hospitality Management，2004，16（5）：279-286.

[19] BOURASSA M A，CUNNINGHAM P H，HANDELMAN J M.How Philip Kotler has helped to shape the field of marketing [J]．European Business Review，2007，19（2）：174-192.

[20] AUNG M.The accor multinational hotel chain in an emerging market：through the lens of core competency concept [J]．The Service Industries Journal，2000，20（3）：43-60.

[21] PHILLIPS P，APPIAH-ADU K.Benchmarking to improve the strategic planning process in the hotel sector [J]．The Service Industries Journal，1998，18（1）：1-17.

[22] PINE R，QI P S.Barriers to hotel chain development in China [J]．International Journal of Contemporary Hospitality Management，2004，16（1）：37-44.

[23] PINE R，ZHANG H Q，QI P S.The challenges and opportunities of franchising in China's hotel industry [J]．International Journal of Contemporary Hospitality Management，2000，12（5）：300-307.

[24] QU H，TSANG N.Service quality gap in China's hotel industry：a study of tourist perceptions and expectations [J]．Journal of Hospitality & Tourism Research，1998，22（3）：252-267.

[25] QU H，XU P，TAN A.A simultaneous equations model of the hotel room supply and demand in Hong Kong [J]．International Journal of Hospitality Management，2002，21（4）：455-462.

[26] SHOVAL N，COHEN-HATTAB K．Urban hotel development patterns in the face of political shifts [J]．Annals of Tourism Research，2001，28（4）：908-925.

[27] SIU W S，FUNG M Y.Hotel advertisements in China：a content analysis [J]．Journal of Professional Services Marketing，1998（17）：158-167.

[28] GROSCHL S，DOHEKTY L.The complexity of culture：using the appraisal process to compare French and British managers in a UK-based international hotel organisation [J]．Hospitality Management，2006（25）：313-334.

［29］VARGO S L, LUSCH R F.Evolving to a new dominant logic for marketing ［J］. Journal of Marketing, 2004 （68）: 1-17.

［30］SUN L Y, ARYEE S, LAW K S.High-performance human resource practices, citizenship behavior and organizational performance: a relational perspective ［J］. Academy of Management Journal, 2007, 50 （3）: 558-577.

［31］HUI T K, YUEN C C.An econometric study on Japanese tourist arrivals in British Columbia and its implications ［J］. The Service Industries Journal, 1998, 18 （4）: 38-50.

［32］ANTHONY L.A study of management practices and competences within effective organization in the Irish tourism industry ［J］. The Service Industries Journal, 2007 （7）: 135-146.

［33］TSANG N, QU H L.Service quality in China's hotel industry: a perspective from tourists and hotel managers ［J］. International Journal of Contemporary Hospitality Management, 2000, 12 （5）: 316-326.

［34］BOROOAH V K.The supply of hotel rooms in Queensland, Australia ［J］. Annals of Tourism Research, 1999, 26 （4）: 985-1003.

［35］TUNG W, CAPELLA L M, TAT P K.Service pricing: a multi-step synthetic approach ［J］. Journal of Services Marketing, 1997, 11 （1）: 53-65.

［36］WILKIE W L, MOORE E S.Scholarly research in marketing: exploring th "4 eras" of thought development ［J］. Journal of Public Policy & Marketing, 2003, 22 （2）: 116-146.

［37］WU A, COSTA J, TEARE R.Using environmental scanning for business expansion into China and Eastern Europe: the case of transnational hotel companies ［J］. International Journal of Contemporary Hospitality Management, 1998, 10 （7）: 257-263.

［38］ZHANG H Q, WU E.Human resources issues facing the hotel and travel industry in China ［J］. International Journal of Contemporary Hospitality Management, 2004, 128 （7）: 424-428.

［39］ZHANG H Q, LAM T.Human resources issues in the development of tourism in China: evidence from Heilongjiang province ［J］. International Journal of Contemporary Hospitality Management, 2004, 16 （1）: 45-51.

［40］STEED E, GU Z.An examination of hotel room pricing methods: practiced and proposed ［J］. Journal of Revenue and Pricing Management, 2005, 3 （4）: 369-379.

［41］ZHI Y C, WANG P, TURBAN E.Management support systems of state-owned enterprises in China ［J］. International Journal of Information Management, 1997, 17 （4）: 271-285.

［42］ZHOU L X, MURRAY I, ZHANG B. People's perception of foreign hotel chains in China's market-an empirical study of the effects of country-of-origin and corporate identity ［J］. Journal of Travel & Tourism Marketing, 2001, 11 （4）: 43-65.

［43］GURSOY D.Routledge handbook of hospitality marketing ［M］. New York:

Routledge，2018.

[44] CHEN M，LYUY，LI Y，et al.The impact of high-commitment HR practices on hotel employees' proactive customer service performance［J］．Cornell Hospitality Quarterly，2017，58（1）：94-107.

[45] LIN M，WU X，LING Q. Assessing the effectiveness of empowerment on service quality：a multi-level study of Chinese tourism firms［J］．Tourism Management. 2017，61（4）：411-425.

[46] DOMÍNGUEZ-FALCÓN C，MARTÍN-SANTANA J D，DE SAÁ-PÉREZ P. Human resources management and performance in the hotel industry：the role of the commitment and satisfaction of managers versus supervisors［J］．International Journal of Contemporary Hospitality Management，2016，28（3）：490-515.

专著

[1] 汤姆. 商业突破思想：20个最重大商业决策背后的传奇故事［M］. 仇朝兵，张健康，李云飞，译. 海口：海南出版社，2004.

[2] 王大悟. 中国旅游饭店发展蓝皮书 1979—2000［M］. 北京：中国旅游出版社，2002.

[3] GEE C Y. 国际饭店管理［M］. 谷慧敏，译. 北京：中国旅游出版社，2002.

[4] 宝利嘉. 客户关系管理解决方案——CRM 的理念、方法与软件资源［M］. 北京：中国经济出版社，2002.

[5] 谷慧敏，秦宇. 国外著名饭店集团管理精要［M］. 沈阳：辽宁科学技术出版社，2001.

[6] 谷慧敏，田桂成. 饭店集团案例库：国际卷［M］. 北京：旅游教育出版社，2009.

[7] 谷慧敏，田桂成. 饭店集团案例库：中国卷［M］. 北京：旅游教育出版社，2008.

[8] 黄淑英. 现代饭店营销管理艺术［M］. 广州：广东旅游出版社，2002.

[9] 林璧属. 世界知名饭店集团发展模式：从案例分析入手［M］. 北京：旅游教育出版社，2014.

[10] 林璧属. 饭店企业文化塑造：理论与案例［M］. 北京：旅游教育出版社，2014.

[11] 韦伯. 新教伦理与资本主义精神［M］. 阎克文，译. 上海：上海人民出版社，2012.

[12] 饶勇. 现代饭店营销创新 500 例［M］. 广州：广东旅游出版社，2000.

[13] 王伯扬. 中国一流饭店：第 1～4 册［M］. 北京：中国建筑工业出版社，1997.

[14] 奚晏平. 世界著名酒店集团比较研究［M］. 2 版. 北京：中国旅游出版社，2012.

[15] 于学馥，宋存义. 不确定性科学决策方法［M］. 北京：冶金工业出版社，2003.

[16] 袁学娅. 中外饭店管理比较 [M]. 沈阳：辽宁科学技术出版社，2002.

[17] 张广瑞. 世界旅馆旅馆世界 [M]. 北京：中国经济出版社，1991.

[18] 周三多. 战略管理新思维 [M]. 南京：南京大学出版社，2002.

[19] 周三多，等. 管理学——原理与方法 [M]. 上海：复旦大学出版社，1999.

[20] 邹统钎，吴正平. 现代饭店经营思想与竞争战略——中外饭店管理比较研究 [M]. 广州：广东旅游出版社，1998.

[21] 邹统钎，等. 饭店战略管理——理论前沿与中国的实践 [M]. 广州：广东旅游出版社，2002.

[22] 蔡维灿. 经营预测与决策分析：理论、实践、案例 [M]. 北京：北京理工大学出版社，2012.

期刊

[1] 陈方英. 基于委托-代理理论的饭店企业员工敬业度提升模式研究 [J]. 旅游学刊，2007，22（12）：71-79.

[2] 陈瑞霞，王文君. SERVQUAL在我国饭店服务质量评价中的应用 [J]. 北京第二外国语学院学报，2005（3）：59-77.

[3] 陈旭. 酒店收益管理的研究进展与前景 [J]. 管理科学学报，2003，6（6）：72-82.

[4] 陈雪琼. 中国高星级酒店投资前市场分析研究综述 [J]. 江西财经大学学报，2006（3）：35-39.

[5] 陈震彬. 投资项目内部收益率的多因素敏感性分析 [J]. 工业技术经济，2002（4）：58-59.

[6] 陈志军，郑丽. 不确定性下子公司自主性与绩效的关系研究 [J]. 南开管理评论，2016，19（6）：91-100.

[7] 胡文俊，邓虹. 大数据时代对企业经营决策的影响分析 [J]. 商业经济研究，2016（7）：80-82.

[8] 丁云彪. 经济型酒店的投资与经营策略 [J]. 金融经济：理论版，2006（7）：32-33.

[9] 胡志毅，张兆干. 城市饭店的空间布局分析——以南京市为例 [J]. 经济地理，2002，22（1）：106-110.

[10] 黄颖华. 饭店收入管理方法最新研究分析 [J]. 旅游学刊，2005（5）：50-54.

[11] 霍云霈，杨新军，张兴国. 我国高档旅游宾馆空间分布特征与配置研究——以五星级宾馆为例 [J]. 人文地理，2006，21（2）：28-31.

[12] 李博. 国有酒店筹建问题剖析 [J]. 酒店现代化，2005（1）：1-3.

[13] 李光华，司静波，李思敏. 投资项目可行性研究的可信度研究 [J]. 现代商业，2011（2）：42-43.

[14] 李伟清. 饭店管理中收益管理理论的研究与运用 [J]. 经营管理，2006（4）：37-38.

[15] 李霞，白晓娟. 国内外酒店投资研究概况 [J]. 酒店现代化，2009（12）.

［16］林璧属．以第三方介入提升饭店服务质量［J］．旅游学刊，2004，19（6）：7-8.

［17］刘艳华．对饭店服务质量问题的再认识［J］．旅游学刊，2007，22（6）：64-68.

［18］马克非，李晓青，陈文亮．论可行性研究在项目建设中的作用［J］．科技信息，2010（14）：686.

［19］马勇，王勇．中外酒店投资的盈利模式研究［J］．饭店现代化，2005（5）：33-37.

［20］孟芳．中外饭店集团发展状况对比［J］．北京第二外国语学院学报，2000（5）：24-32

［21］孟薇．项目投资评价的两种盈亏平衡点比较分析［J］．价值工程，2004（6）：94-95.

［22］宁泽群．旅游饭店业的企业集团化发展与体制障碍［J］．旅游学刊，2002（1）：22-25.

［23］秦宇．论我国饭店集团发展过程中的几个误区——暨中国饭店集团演进的一个理论框架［J］．旅游学刊，2004（2）：55-58.

［24］瞿富强．房地产开发项目与一般建设项目可行性研究的比较与分析［J］．基建优化，2003（6）：38-39.

［25］曲延芬．论区域投资环境的评价［J］．工业技术经济，2001（6）：76-77.

［26］石林．浅谈项目可行性研究的不确定性分析［J］．中国工程咨询，2006（5）：28-29.

［27］唐娟．中国经济型酒店的投资模式与投资风险［J］．饭店现代化，2007（7）：33-36.

［28］王剑．我国产权式酒店投资分析［J］．合作经济与科技，2006（10）：29-30.

［29］王金池．培育细节文化提高企业竞争力［J］．商业研究，2002（9）：10-12.

［30］王勇，陈延辉．项目可行性研究工作中的问题与对策探讨［J］．建筑经济，2007（2）：75-78.

［31］伍蕾，郑向敏．基于AHP方法的我国酒店投资决策指标体系研究［J］．重庆工学院学报，2009（5）：77-81.

［32］席丽娟，徐虹．饭店收益管理的定价决策研究［J］．旅游科学，2005，19（2）：43-47.

［33］谢兰璋．投资环境的理论探讨——投资环境四维分析［J］．经济研究导刊，2007（5）：10-11.

［34］严庆光，戴雪英．酒店可行性研究究竟为谁而作［J］．大酒店，2003（10）：16-18.

［35］杨永堂．项目可行性研究中应注意的财务指标［J］．首席财务官，2008（6）：88-89.

［36］叶全良．世界饭店业的形成与发展［J］．中南财经政法大学学报，2003（1）：120-127.

[37] 张传洲. 项目投资动态评价净现值法与内部收益率法的比较分析 [J]. 广西会计，2003（4）：25-26.

[38] 张俐俐. 重视投诉处理是提高服务质量的有效途径 [J]. 旅游学刊，2005（2）：6-7.

[39] 张龙. 项目财务评价指标的分析与评价 [J]. 中国工程咨询，2004（2）：39-40.

[40] 张梦芳，黄亮. 经济型酒店投资风险的马氏仿真链预测 [J]. 浙江工业大学学报，2009，37（2）：346-349.

[41] 赵建明. 影响星级酒店投资效益的因素分析 [J]. 企业活力，2002（9）.

[42] 赵西萍，王磊，刘洪涛. 中国旅游饭店业跨国经营道路的探讨 [J]. 旅游学刊，1996（5）：14-17.

[43] 朱峰，吕镇. 国内游客对饭店服务质量评论的文本分析——以e龙网的网友评论为例 [J]. 旅游学刊，2006，21（5）：86-90.

[44] 邹统钎. 中国饭店企业集团化战略：发展模式与政策导向 [J]. 旅游学刊，1999（3）：13-16.

[45] 周智忠，骆照文. 东西方思维方式差异与饭店现代化管理简析 [J]. 旅游科学，2002（2）：37-38.

附 录

附录一　职业核心能力训练"知识准备"参照范围

附表1　　　　　　　职业核心能力训练"知识准备"参照范围表

能力领域	等级	技能点	"知识准备"参照范围
自主学习	初级	确定短期学习目标	激发学习动力的方法；学习的基本原理；学习的认知策略；确定目标的原则和方法；编写学习计划的基本规则；取得他人帮助和支持的方法与技巧
		实施短期学习计划	学习的基本原理；学习的方法和技巧；学习的认知策略；计划落实、控制和调整的方法和技巧；节约时间的诀窍
		检查学习进度	学习方法与学习效果的关系；学习认知策略与学习效果的关系；检查目标进度的方法和技巧（总结、归纳、测量）；成功学的基本要求
	中级	确定中期学习目标	学习的基本原理；学习的认知策略和元认知策略；确定目标的原则和方法；编写学习计划的基本规则；取得他人帮助和支持的方法或技巧
		实施中期学习计划	学习基本原理的知识；学习方法与技巧的知识；学习的认知策略和元认知策略知识；计划落实、控制和调整的方法和技巧的知识；关于方法的知识；时间管理诀窍知识
		检查学习进度	成功学的基本要点；学习的认知策略和元认知策略与应用知识；项目目标检查、总结、归纳的方法；学习迁移的原理与应用知识；学习的观察、认知记忆及提高效率的规律；养成良好学习习惯的方法
	高级	确定长期学习目标	收集和运用信息的方法；学习的认知策略、元认知策略和资源管理策略；有效资源利用的策略；项目论证和测评的方法；编写计划和检查调控计划执行的方法；团队合作的策略和方法
		实施长期学习计划	学习的方法和技巧的知识；学习的认知策略、元认知策略和资源管理策略知识；有关学习与实践关系原理知识；计划落实、控制和调整的方法和技巧知识；思维方法知识；目标管理诀窍的知识
		检查学习进度	成功学的基本要点；项目目标检查、总结、归纳的方法；学习迁移的原理与应用知识；学习的观察、认知记忆及提高效率的规律；养成良好学习习惯的方法

续表

能力领域	等级	技能点	"知识准备"参照范围
信息处理	初级	获取信息	信息的含义、特征与种类；信息收集的原则、渠道和方式；文献和网络索引法；一般阅读法；计算机和网络相关知识
		整理信息	信息的分类方法与原则；信息筛选方法与要求；信息资料手工存储方法；计算机信息存储方法；计算机其他相关知识
		传递信息	信息传递的种类与形式；口语和文字符号的信息传递技巧；现代办公自动化技术；计算机和网络相关技术
	中级	获取信息	信息的特征与种类；信息收集的范围、渠道与原则；信息收集方法（观察法、询访法）；计算机相关知识；网络相关知识
		开发信息	信息筛选、存储的方法与原则；信息资料的分析、加工的方法；新信息生成或信息预测的方法
		展示信息	口语和文字符号信息展示的技巧；多媒体制作与使用技术；计算机相关应用技术
	高级	获取信息	调查研究的方法和原理；信息收集的范围、方法（问卷法、检索法、购买法、交换法）和原则；信息收集方案选择；计算机和网络相关技术
		开发信息	信息资料鉴别方法；信息资料核校方法；信息资料分析方法；信息资料编写方法（主题提炼、标题选择、结构安排、语言组织）；信息资料加工方法；计算机信息生成知识
		展示信息	口语和文字符号的信息表达技巧；多媒体制作技术；科学决策知识；信息反馈方式与要求；网页设计与网络使用知识；知识产权知识
数字应用	初级	采集、解读数据信息	获取数据的方法（测量法、调查法、读取法）；数的意义（整数、小数、分数及百分数）；常用测量器具的功能与使用方法，常用单位，单位的换算；近似的概念与精度；图表（数表、扇形统计图、条形统计图、示意图）知识
		进行数字计算	计算方法（笔算、口算、珠算、计算器计算）；整数、分数四则运算；近似计算法；验算（逆算法、估算法、奇偶对应法）
		展示和使用数据信息	评价指标；最大值，最小值；平均值；精度
	中级	解读数据信息	获取数据信息的渠道与方法（测量法、调查法、读取法）；数的意义（整数、分数、正数、负数）；总量与分量，比例；误差、精度、估计；复合单位（如速度、速率等）；图表（数表、扇形统计图、条形统计图、折线图、示意图）知识
		进行数据计算	计算方法（笔算、计算器计算、查表、Excel等软件）；整式、分式四则运算、乘方、开方；近似计算（误差估计）；验算（逆算法、估算法、奇偶对应法）
		展示和使用数据信息	评价指标；最大值，最小值；平均值，期望值，方差；绝对误差，相对误差；图表的制作
	高级	解读数据信息	数据信息源的筛选原则（多样性、代表性、可靠性）；数据的采集方案；图表（数表、坐标、比例尺）；频率、频率稳定性；平均、加权平均；误差分析、估算
		进行数据计算	计算方法（笔算、计算器计算，查表，编程计算，Excel等软件）；整式、分式四则计算，乘方、开方；函数（幂函数、指数函数、对数函数、三角函数、反三角函数、复合函数）近似计算（误差分析）；验算（逆算法、估算法）
		展示和使用数据信息	评价指标；最大值，最小值；平均值，期望值，方差；绝对误差，相对误差；图表的制作

能力领域	等级	技能点	"知识准备"参照范围
与人交流	初级	交谈讨论	与人交谈主题相关的信息和知识；正确使用规范语言的基本知识；口语交谈方式和技巧；身体语言运用技巧
		阅读和获取资料	资料查询和搜索的方法；一般阅读的方法；文件资料归类的方法；词典类工具书的功能和使用方法；各种图表的功能；网上阅读的方法
		书面表达	与工作任务相关的知识；实用文体的应用；图表的功能和应用；素材选用的基本方法；写作的基本技法；逻辑和修辞初步技法
	中级	交谈讨论	与交谈主题相关的知识和信息；正确使用规范语言的基本知识；口语交谈的技巧；身体语言运用技巧；掌握交谈心理的方法；交谈的辅助手段或多媒体演示技术；会谈和会议准备基本要点
		简短发言	与发言主题相关的知识和信息；当众讲话的技巧（包括运用身体语言的技巧）；简短发言的辅助手段或多媒体演示技术
		阅读和获取资料	资料查询和搜索方法；快速阅读的原理与方法；文件归类的方法；各种图表的功能
		书面表达	与工作任务相关的知识；实用文体的应用；图表的功能和应用；素材选用的基本方法；文稿排版和编辑的技法；写作的基本技法；逻辑和修辞常用技法
	高级	交谈讨论	与会谈主题相关的知识和信息；语言交流的艺术和技巧；交谈的辅助手段或多媒体演示技术；总结性话语运用的技巧；谈判的心理和技巧；会议准备的基本要点；主持会议的相关程序
		当众讲演	与发言主题相关的知识和信息；演讲的技巧和艺术；演讲辅助手段或多媒体演示技术
		阅读和获取资料	资料查询和搜索方法；快速阅读的技巧；各种图表的功能
		书面表达	与工作任务相关的知识；实用文体的应用；图表的功能和应用；素材选用的基本方法；文稿排版和编辑的技法；写作的基本技法；逻辑和修辞技法
与人合作	初级	理解合作目标	活动要素的群体性与分工合作的关系；职业团队的概念、特征与种类，组织的使命、目标、任务；自身的职业价值，个人在组织中的作用
		执行合作计划	服从的基本概念，指令、命令的含义；求助的意义，人的求助意识；职业生活的互助性，帮助他人的价值
		检查合作效果	工作进度的概念，影响工作进度的因素；工作进程的检查，调整工作程序；工作汇报的程序和要领
	中级	制订合作计划	聚合型团队、松散型团队和内耗型团队的特征；组织内部的冲突情况，剖析内耗型团队的心理根源；合作双方的利益需求和社会心理需求
		完成合作任务	民族、学历、地域、年龄等差异；人的工作和生活习惯、办事规律；宽容的心态，容忍的方法
		改善合作效果	使他人接受自己意见、改变态度的策略；在会议上提出意见和建议的规则；改变自己的态度，接受他人批评指责的心理准备
	高级	调整合作目标	领导科学与管理方法；组织文化的形成与发展；目标管理与时间管理
		控制合作进程	人际交往与沟通的知识和相关能力；有效激励的方法与技巧；批评的途径、方法和注意事项
		达到合作目标	信息的采集与整理，组织经济效益的统计学知识；员工绩效测评的基本方法和程序；合作过程的风险控制意识和防范

能力领域	等级	技能点	"知识准备"参照范围
解决问题	初级	分析问题提出方案	分析问题的方法；归纳问题的方法；对比选择的方法；判断的方法；决策理论与方法；关于相关问题本身的专业知识和发展规律的认识
		实施计划解决问题	撰写工作计划的相关知识；信息检索、文献查询的有关方法；逻辑判断、推理的相关知识；解决问题的技巧
		验证方案改进方式	分析和检查问题的方法；跟踪调查的方法；工作总结的规则和写作方法
	中级	分析问题提出方案	分析问题的方法；归纳问题的方法；对比选择的方法；判断的方法；决策理论与方法；关于相关问题本身的专业知识和变化规律的认识
		实施计划解决问题	应用写作学中关于撰写工作计划的相关知识；信息检索、文献查询的有关方法；逻辑判断、推理的相关知识；解决问题的技巧；与他人合作的知识和方法
		验证方案改进计划	分析和检查问题的方法；跟踪调查的方法；工作总结的规则和写作方法
	高级	分析问题提出对策	决策科学的系统知识；形式逻辑、辩证逻辑思维的系统知识和方法；分析问题的系统知识和技巧；群体创新技法的系统知识；数学建模方法；关于相关问题本身的专业知识和变化规律的认识
		实施方案解决问题	关于撰写工作计划的系统知识；信息检索、文献查询的系统知识和方法；有关价值工程、现场分析和形态分析的知识；解决问题的技巧；有关进度评估的知识；与人合作的系统知识和方法
		验证方案改进计划	分析和检查问题的方法；跟踪调查的方法；工作总结的规则和写作方法；创新技法
革新创新	初级	揭示不足提出改进	关于思维和创造思维的一般知识；关于思维定式和突破思维障碍的知识；关于相关事物本身的专业知识和发展规律的认识
		做出创新方案	列举类技法和设问类技法的原理、特点、适用范围和具体操作的知识；有关分解类技法、组合类技法、分解组合类技法的原理、特点、适用范围和具体操作方法的知识；收集信息、案例的知识和方法
		评估创新方案	有关创新成果价值评定的知识；可行性分析的知识；撰写可行性报告的知识
	中级	揭示不足提出改进	有关思维障碍形成的知识；横向、逆向、灵感思维的知识；换向、换位思维的知识；逻辑判断和推理知识；关于相关事物本身的专业知识和发展规律的认识
		做出并实施创新方案	有关类比类技法和移植类技法的知识；有关德尔斐法和综摄法的知识；有关还原法、换向思考类技法的知识
		评估创新方案	有关项目可行性测评的技术；有关最佳方案评估的知识；撰写评估报告的知识
	高级	揭示不足提出改进	创新能力构成和提升的知识；有关事物运动、变化和发展的知识；灵活运用各种思维形式的知识；关于相关事物本身的专业知识和发展规律的认识
		做出并实施创新方案	有关价值工程、现场分析和形态分析的知识；针对不同事物运用不同创新方法的知识；综合运用各种创新方法的知识
		评估创新方案	可持续创新的知识；有关创新原理的知识；有关知识产权的知识；技术预测和市场预测知识

资料来源：劳动和社会保障部职业技能鉴定中心. 职业核心能力培训测评标准（试行）[M]. 北京：人民出版社，2007. 本表参照"资料来源"所列文献相关内容提炼、编制与同步修订。

附录二　案例分析训练考核参照指标

附表2　　　　　　　　　**案例分析训练考核指标和规范参照表**

参照指标		训练考核点	分项成绩
形成性训练与考核 $\sum 50$	个人准备 $\sum 20$	案例概况；讨论主题；问题理解；揭示不足；创新意见；决策标准；可行性方案	
	小组讨论 $\sum 15$	上课出席情况；讨论发言的参与度；言语表达能力；说服力大小；思维是否敏捷	
	班级交流 $\sum 15$	团队协作；与人交流；课堂互动等方面的满意度；讨论参与的深度与广度	
课业训练与考核 $\sum 50$	分析依据 $\sum 8$	分析依据的客观性与充分性	
	分析步骤 $\sum 8$	分析步骤的恰当性与条理性	
	理论思考 $\sum 8$	理论思考的正确性、深刻性与全面性	
	解决问题 $\sum 8$	理解问题与解决问题能力的达标性	
	革新创新 $\sum 10$	揭示不足与提出改进能力的达标性	
	文字表达 $\sum 8$	文字表达能力的强弱性	
总成绩100			
教师评语			签名： 20　年　月　日
学生意见			签名： 20　年　月　日

附录三　职业核心能力训练考核参照规范与标准

附表3　　　　　　　　**职业核心能力训练考核规范与标准参照表**

能力领域	等级	基本要求	技能点	参照规范与标准
自主学习	初级	具备学习的基本能力，在常规条件下能运用这些能力适应工作和学习要求	确定短期学习目标	能明确学习动机和目标，并计划时间、寻求指导
			实施短期学习计划	能按照行动要点开展工作、按时完成任务，使用不同方式，选择和运用不同的学习方法实现目标，并能对计划及时做出调整
			检查学习进度	能对学习情况提出看法、改进意见和提高学习能力的设想
	中级	主要用理解式接受法，对有兴趣的任务可以用发现法掌握知识信息；在更广泛的工作范围内灵活运用这些能力以适应工作岗位各方面需要	确定中期学习目标	能明确提出多个学习目标，列出实现各目标的行动要点，确定实现目标的计划，并运筹时间
			实施中期学习计划	能开展学习和活动，通过简单的课程和技能训练，提高工作能力
			检查学习进度	能证明取得的学习成果，并能将学到的东西用于新的工作任务
	高级	能较熟练灵活地运用各种学习法，在最短时间内掌握急需知识信息；能广泛地收集、整理、开发和运用信息，善于学习、接受新的事物，以适应复杂工作和终身发展的要求	确定长期学习目标	能根据各种信息和资源确定要实现的多个目标及途径，明确可能影响计划实现的因素，确认实现目标的时限，制定行动要点和时间表，预计困难和变化
			实施长期学习计划	能保证重点、调整落实、处理困难、选择方法，通过复杂的课程和技能训练提高工作能力
			检查学习进度	能汇总学习成果、成功经验和已实现的目标，证明新学到的东西能有效运用于新选择的职业或工作任务

续表

能力领域	等级	基本要求	技能点	参照规范与标准
信息处理	初级	具备进入工作岗位最基本的信息处理能力，在常规条件下能收集、整理并传递适应既定工作需要的信息	获取信息	能通过阅读、计算机或网络获取信息
			整理信息	能使用不同方法，从多个资源中选择、收集和综合信息，并通过计算机编辑、生成和保存信息
			传递信息	能通过口语、书面形式，用合适的版面编排、规范的方式展示、电子手段传输信息
	中级	在更广泛的工作范围内获取需要的信息，进行信息开发处理，并根据工作岗位各方面的需要展示组合信息	获取信息	能定义复杂信息任务，确定搜寻范围，列出资源优先顺序，通过询访法和观察法搜寻信息
			开发信息	能对信息进行分类、定量筛选、运算分析、加工整理，用计算机扩展信息
			展示信息	能通过演说传递信息，用文字图表、计算机排版展示组合信息，用多媒体辅助信息传达
	高级	广泛地收集、深入地整理开发、多样地传递、灵活地运用信息，以适应复杂的工作需要；具备信息处理工作的设计与评估能力，并表现出较强的组织与管理能力	获取信息	能分析复杂信息任务，比较不同信息来源的优势和限制条件，选择适当技术、使用各种电子方法发现和搜寻信息
			开发信息	能辨别信息真伪，定性核校、分析综合、解读与验证资料，建立较大规模的数据库，用计算机生成新的信息
			展示信息	能用新闻方式发布、平面方式展示、网络技术传递信息，利用信息预测趋势、创新设计，收集信息反馈，评估使用效果
数字应用	初级	具备进入工作岗位最基本的数字应用能力，在常规条件下能运用这些能力适应既定工作的需要	采集、解读数据信息	能按要求测量并记录结果，准确统计数目，解读简单图表，读懂各种数字，并汇总数据
			进行数字计算	能进行简单计算并验算结果
			展示和使用数据信息	能正确使用单位，根据计算结果说明工作任务
	中级	在更广泛的工作范围内，灵活地运用数字应用能力以适应工作岗位各方面的需要	解读数据信息	能从不同信息源获取信息，读懂、归纳、汇总数据，编制图表
			进行数据计算	能从事多步骤、较复杂的计算，使用公式计算结果
			展示和使用数据信息	能使用适当方法展示数据信息和计算结果，设计并使用图表，根据结果准确说明工作任务
	高级	具备熟练把握数字和通过数字运算来解决实际工作中的问题的能力，适应更复杂的工作需要	解读数据信息	能组织大型数据采集活动，通过调查和实验获取、整理与加工数据
			进行数据计算	能从事多步骤的复杂计算，并统计与分析数据
			展示和使用数据信息	能选择合适的方法阐明和比较计算结果，检查并论证其合理性，设计并绘制图表，根据结果做出推论，说明和指导工作

能力领域	等级	基本要求	技能点	参照规范与标准
与人交流	初级	具备进入工作岗位最基本的与人交流能力，在常规条件下能运用这些能力适应既定工作的需要	交谈讨论	能围绕主题，把握讲话的时机、内容与长短，倾听他人讲话，以多种形式回应；使用规范易懂的语言、恰当的语调和连贯的语句清楚地表达意思
			阅读和获取资料	能通过有效途径找到所需资料，识别有效信息，归纳内容要点，整理确认内容，会做简单笔记
			书面表达	能选择基本文体，利用图表、资料撰写简单文稿，并掌握基本写作技巧
	中级	在更广泛的工作范围内，灵活运用这些能力以适应工作岗位各方面的需要	交谈讨论	能始终围绕主题，主动把握讲话时机、方式和内容，理解对方谈话内容，推动讨论进行，全面准确传达信息或观点
			简短发言	能为发言做准备，当众讲话并把握讲话内容、方式，借助各种手段说明主题
			阅读和获取资料	能根据工作要求从多种资料来源筛选有用信息，看懂资料的观点、思路和要点，并整理汇总资料
			书面表达	能掌握应用文体，注意行文格式；组织利用材料，充实内容要点；掌握写作技巧，清楚表达主题；注意文章风格，提高说服力
	高级	在工作岗位上表现出更强的组织和管理能力，通过运用与人交流的能力适应更复杂的工作需要	交谈讨论	始终把握会议主题，听懂他人讲话内容并做出反应，主持会议或会谈，全面准确表述复杂事件或观点
			当众讲演	能为讲演做准备，把握讲演的内容、方式，借助各种手段强化主题
			阅读和获取资料	能为一个问题或课题找到相关资料，看懂资料的思路、要点、价值和问题，分析、筛选和利用资料表达主题
			书面表达	能熟悉专业文书，把握基本要求；有机利用素材，说明内容要点；掌握写作技巧，清楚、恰当地表达主题；采用适当风格，增强说服力
与人合作	初级	理解个人与他人、群体的合作目标，有效地接受上级指令；准确、顺利地执行合作计划；调整工作进度，改进工作方式；检查工作效果	理解合作目标	能确定合作的基础和利益共同点，掌握合作目标要点和本单位人事组织结构，明确个人在团队中的职责和任务
			执行合作计划	能接受上级指令，准确、顺利地执行合作计划
			检查合作效果	能通过检查工作进展情况，改进工作方式，促进合作目标实现
	中级	与本部门同事、内部横向部门、外部相关部门共同制订合作计划；协调合作过程中的矛盾关系，按照计划完成任务；在合作过程中遇到障碍时提出改进意见，推进合作进程	制订合作计划	能与本部门同事、组织内部横向部门、组织外部相关部门共同制订合作计划
			完成合作任务	能与他人协同工作，处理合作过程中的矛盾
			改善合作效果	能判断合作障碍，表达不同意见，接受批评建议，弥补双方失误
	高级	根据情况变化和合作各方的需要，调整合作目标；在变动的工作环境中，控制合作进程；预测和评价合作效果，达成合作目的	调整合作目标	能发现各方问题，协调利益关系，进行有效沟通，调整合作计划与工作顺序
			控制合作进程	能整合协调各方资源，妥善处理矛盾，排除消极因素，激发工作热情
			达到合作目标	能及时全面检查工作成效，不断改善合作方式

续表

能力领域	等级	基本要求	技能点	参照规范与标准
解决问题	初级	具备进入工作岗位最基本的解决问题能力，在常规条件下能根据工作的需要，解决一般简单和熟悉的问题	分析问题 提出方案	能用几种常用的办法理解问题，确立目标，提出对策或方案
			实施计划 解决问题	能准备、制订和实施被人认可并具有一定可行性的计划
			验证方案 改进方式	能寻找方法，实施检查，鉴定结果，提出改进方式
	中级	在有限的资源条件下，根据工作岗位的需要，解决较复杂的问题	分析问题 提出方案	能描述问题，确定目标，提出并选择较佳方案
			实施计划 解决问题	能准备、制订和实施获得支持的较具体计划，并充分利用相关资源
			验证方案 改进计划	能确定方法，实施检查，说明结果，利用经验解决新问题
	高级	在工作岗位上表现出更强的解决问题能力，在多种资源条件下，根据工作需要解决复杂和综合性问题	分析问题 提出对策	在提出解决问题的对策时，能分析探讨问题的实质，提出解决问题的最优方案，并证明这种方案的合理性
			实施方案 解决问题	在制订计划、实施解决办法时，能制订并实施获得认可的详细计划与方案，并能在实施中寻求信息反馈，评估进度
			验证方案 改进计划	在检查问题、分析结果时，能优选方法，分析总结，提出解决同类问题的建议与方案
革新创新	初级	在常规工作条件下，能根据工作需要，初步揭示事物的不足，运用创新思维和创新技法进行创新活动	揭示不足 提出改进	能揭示事物不足，提出改进意见
			做出创新 方案	能在采纳各方意见的基础上，确定创新方案的目标、方法、步骤、难点和对策，指出创新方案需要的资源和条件
			评估创新 方案	能进行自我检查，正确地对待反馈信息和他人意见，对创新方案及实施做出客观评估，并根据实际条件加以调整
	中级	根据工作发展需要，在更广泛的工作范围内揭示事物的不足，较熟练地运用创新思维和创新技法进行创新活动，并对创新成果进行分析总结	揭示不足 提出改进	能在新需求条件下揭示事物的不足，提出改进事物的创新点和具体方案
			做出并实施 创新方案	能从多种选择中确认最佳方案，并利用外界信息、资源和条件实施创新活动
			评估创新 方案	能按常规方式和专业要求，对创新改进方法和结果的价值进行评估，根据实际条件进行调整，并指导他人的创新活动
	高级	在工作岗位上表现出更强的创新能力，在复杂的工作领域，能根据工作需要揭示事物的不足，熟练运用创新思维和创新技法进行创新活动，对创新成果进行理论分析、论证、总结和评估，并指导他人的创新活动	揭示不足 提出改进	能通过客观分析事物发展与需求之间的矛盾揭示事物的不足，提出首创性的改进意见和方法
			做出并实施 创新方案	能根据实际需要，设计并实施创新工作方案，并在条件变化时坚持创新活动
			评估创新 方案	能按常规方式和专业要求，对创新方法和结果进行检测和预测风险；针对问题调整工作方案，总结经验，指导他人，提出进一步创新改进的方法

资料来源：劳动和社会保障部职业技能鉴定中心. 职业核心能力培训测评标准（试行）及训练手册［M］. 北京：人民出版社，2007. 本表参照"资料来源"所列文献相关内容提炼与编制。

附录四　职业道德训练考核参照规范与标准

附表4　　　　　　　　职业道德训练考核规范与标准参照表

道德领域	道德范畴	参照规范与标准
职业道德	职业观念	对职业、职业选择、职业工作、营销人员职业道德和企业营销伦理等问题具有正确的看法
	职业情感	对职业或职业模拟有愉快的主观体验、稳定的情绪表现、健康的心态、良好的心境，具有强烈的职业认同感、职业荣誉感和职业敬业感
	职业理想	对将要从事的职业种类、职业方向与事业成就有积极的向往和执着的追求
	职业态度	对职业选择或模拟选择有充分的认知和积极的倾向与行动
	职业良心	在履行职业义务时具有强烈的道德责任感和较高的自我评价能力
	职业作风	在职业模拟、职业实践或职业生活的自觉行动中，具有体现职业道德内涵的一贯表现
	职业守则	真诚公道，信誉第一；热情友好，宾客至上；不卑不亢，一视同仁；钻研业务，提高技能；锐意改革，勇于竞争

附录五　能力训练考核参照采分系数

附表 5　　　　　　　　　　　能力训练考核采分系数参照表

参照系数	达标程度
90% ~ 100%	能依照全部考核要求，圆满、高质地完成此种能力所属各项技能操作，其效率与稳定性俱佳
80% ~ 89%	能依照多数考核要求，圆满、高质地完成此种能力所属各项技能操作，其效率与稳定性较佳
70% ~ 79%	能依照多数考核要求，较圆满、高质地完成此种能力所属各项技能操作，其效率与稳定性一般
60% ~ 69%	能依照多数考核要求，基本完成此种能力所属各项技能操作，其效率与稳定性一般
60% 以下	只能依照少数考核要求，基本完成此种能力所属各项技能操作，其效率与稳定性较低